고졸 검정고시

기출문제집

머리말

꿈을 향해 나아가고 있는 검정고시 수험생 여러분!

　위대한 랍비 마빈 토케이어는 '영원히 살 것처럼 배우고 내일 죽을 것처럼 살아라'라고 했습니다. 하루를 살기 위해서는 하루를 살기 위한 지혜를 배워야 하고, 일생을 살기 위해서는 수많은 지혜를 배워야 한다는 진솔한 가르침을 주는 말이라고 생각합니다. 수험생 여러분! 때를 놓쳤고, 나이 들었고, 어려운 상황이라며 아름다운 내일을 포기하지 않기를 바랍니다.

　검정고시에 합격하는 길은 험하지도, 가파르지도 않습니다. 기본서로 성실하게 공부하고 복습하고 나서 기출문제집으로 난이도와 출제경향을 파악하면 길이 열립니다. 모의고사로 실력 점검을 하고 약점을 보완하면 시험장에서 당황하지 않고 편안하게 답을 찾을 수 있습니다.

　편저자들은 오랫동안 쌓인 경험과 판단으로 '기출문제집'을 만들었습니다. 기출문제를 풀어보면 어떻게 공부해야 하고 무엇에 집중해야 하는지 '감'을 잡을 수 있습니다. 여러분은 이 책을 다음과 같이 활용하기를 바랍니다.

첫째, 기본서로 공부하는 수험생은 실제 시험처럼 시간을 재어가면서 연도별로 풀어보기를 권합니다. 틀린 문제는 꼭 다시 풀어보고 기본서를 되짚어보기를 바랍니다.

둘째, 기출문제집으로 시작하는 수험생은 총정리 교재와 함께 공부하면서 보완하는 학습법을 권합니다.

셋째, 어떤 단계이든 기출문제에 익숙해져야 합니다. 과목별 오답노트를 꼼꼼하게 만들어 점검하면 같은 유형의 문제를 또 틀리지 않게 됩니다.

　수험생 여러분께 말씀드린 기출문제집 활용법대로 차근차근 나아가면 고득점으로 합격하리라 믿습니다. 여러분! 즐겁고 신명나게 공부하길 바랍니다.

- 편저자 일동

1 시험 과목 및 합격 결정

시험 과목 (7과목)	필수	국어, 수학, 영어, 사회, 과학, 한국사(6과목)
	선택	도덕, 기술·가정, 체육, 음악, 미술 과목 중 1과목
배점 및 문항	문항 수	과목별 25문항(단, 수학 20문항)
	배점	문항당 4점(단, 수학 5점)
합격 결정	고시합격	각 과목을 100점 만점으로 하여 평균 60점(소수점 셋째 자리에서 절사) 이상을 취득한 자를 합격자로 결정(단, 평균이 60점 이상이라 하더라도 결시과목이 있을 경우에는 불합격 처리)
	과목합격	시험성적 60점 이상인 과목은 과목합격을 인정하고, 본인이 원할 경우 다음 차수의 시험부터 해당 과목의 시험을 면제하며, 그 면제되는 과목의 성적은 이를 고시성적에 합산함 ※ 과목합격자에게는 신청에 의하여 과목합격증명서 교부

2 응시 자격

① 중학교 졸업자 및 이와 같은 수준 이상의 학력이 있다고 인정된 사람
   ※ 3년제 고등기술학교 졸업(예정)자의 경우에도 중학교 졸업자 및 이와 동등 이상의 학력이 있다고 인정된 사람이어야 함

② 고등학교에 준하는 각종 학교 졸업자 또는 졸업 예정자와 중학교 또는 동등 이상의 학력이 있는 자를 대상으로 하는 3년제 직업훈련 과정의 수료자

③ 초·중등교육법 시행령 제97조, 제101조, 제102조에 해당하는 사람

④ 보호소년 등의 처우에 관한 법률 시행령 제69조제3호에 해당하는 사람
   ※ 본 공고문에서 졸업 예정자는 최종 학년에 재학 중인 사람을 말함

┤ 응시자격 제한 ├

1. 고등학교 또는 초·중등교육법 시행령 제98조제1항제2호의 학교를 졸업한 사람 또는 재학 중인 사람(휴학 중인 사람 포함)
2. 공고일 이후 중학교 또는 초·중등교육법 시행령 제97조제1항제2호의 학교를 졸업한 사람
3. 고시에 관하여 부정행위를 한 사람으로서 처분일로부터 응시자격 제한 기간이 경과되지 않은 사람
4. 공고일 기준으로 이후에 1의 학교에 재학 중 제적된 사람(단, 장애인복지법 제32조의 규정에 의하여 등록된 장애인으로서 신체적·정신적 장애로 학업을 계속하는 것이 불가능하여 자퇴한 사람은 제외)

③ 제출서류(현장접수)

① 응시원서(소정서식) 1부

② 동일한 사진 2매(탈모 상반신, 3.5cm×4.5cm, 3개월 이내 촬영)

③ 본인의 해당 최종학력증명서 1부

- 졸업증명서(소정서식)

  ※ 상급학교 진학여부가 표시된 검정고시용에 한함

  졸업 후 배정받은 상급학교에 진학하지 않은 사람은 미진학사실확인서 추가 제출

- 초 · 중 · 고등학교 재학 중 중퇴자는 제적증명서
- 초등학교 및 중학교 의무교육 대상자 중 정원 외 관리대상자는 정원 외 관리증명서
- 초등학교 및 중학교 의무교육 대상자 중 면제자는 면제증명서(소정서식)
- 평생교육법 제40조에 따른 학력인정 대상자는 학력인정서
- 초 · 중등교육법 시행령 제96조제1항제2호 및 제97조제1항제3호에 따른 학력인정 대상자는 학력인정증명서(초졸 및 중졸 검정고시 합격자는 합격증서 사본 또는 합격증명서)
- 합격과목의 시험 면제를 원하는 사람은 과목합격증명서 또는 성적증명서
- 3년제 고등공민학교, 중 · 고등학교에 준하는 각종 학교의 졸업(예정)자는 졸업(예정)증명서
- 3년제 기술학교, 고등기술학교 졸업(예정)자, 3년제 직업훈련원의 수료자는 직전학교 졸업증명서

④ **신분증** : 주민등록증, 외국인등록증, 운전면허증, 대한민국 여권, 청소년증, 장애인등록증 중 하나

  ※ 온라인 접수 : 사진 1매, 본인의 해당 최종학력증명서 1부(현장접수와 동일)

시험에 관한 자세한 사항은 한국교육과정평가원 홈페이지(http://www.kice.re.kr)
또는 ARS(043-931-0603) 및 각 시 · 도 교육청 홈페이지에서 확인하시기 바랍니다.

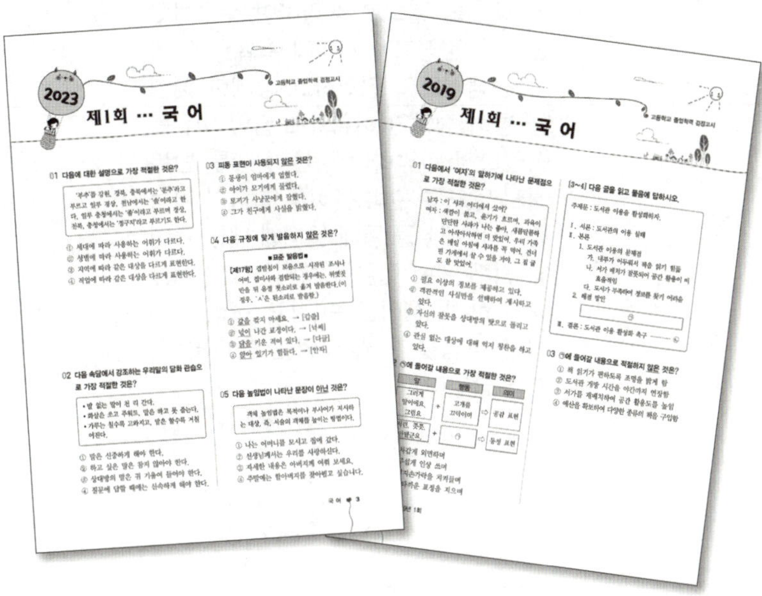

01

최신기출문제 수록

최근 기출문제를 수록하여 최근의 출제경향과 문제 유형에 대해 파악할 수 있습니다. 기출문제를 반복적으로 풀어보면서 문제의 유형과 자주 나오는 개념을 파악하여 확실하게 '내 것'으로 만들 수 있습니다.

친절하고 자세한 **해설**

문제 풀이에 집중할 수 있도록 정답 및 해설을 별도로 정리하여 수록하였습니다. 검정고시 시험에 특화된 각 과목 선생님들의 정확하고 상세한 해설을 통해 정답인 이유와 오답인 이유를 꼼꼼하게 파악하여 같은 실수를 반복하지 않도록 완벽한 이론 학습이 가능합니다. 해설을 통해 문제에 대한 풀이와 함께 관련 이론을 확인하여 개념을 다시 한 번 정리할 수 있고, 여러 가지 접근 방법을 통해 다양한 학습을 할 수 있습니다.

02

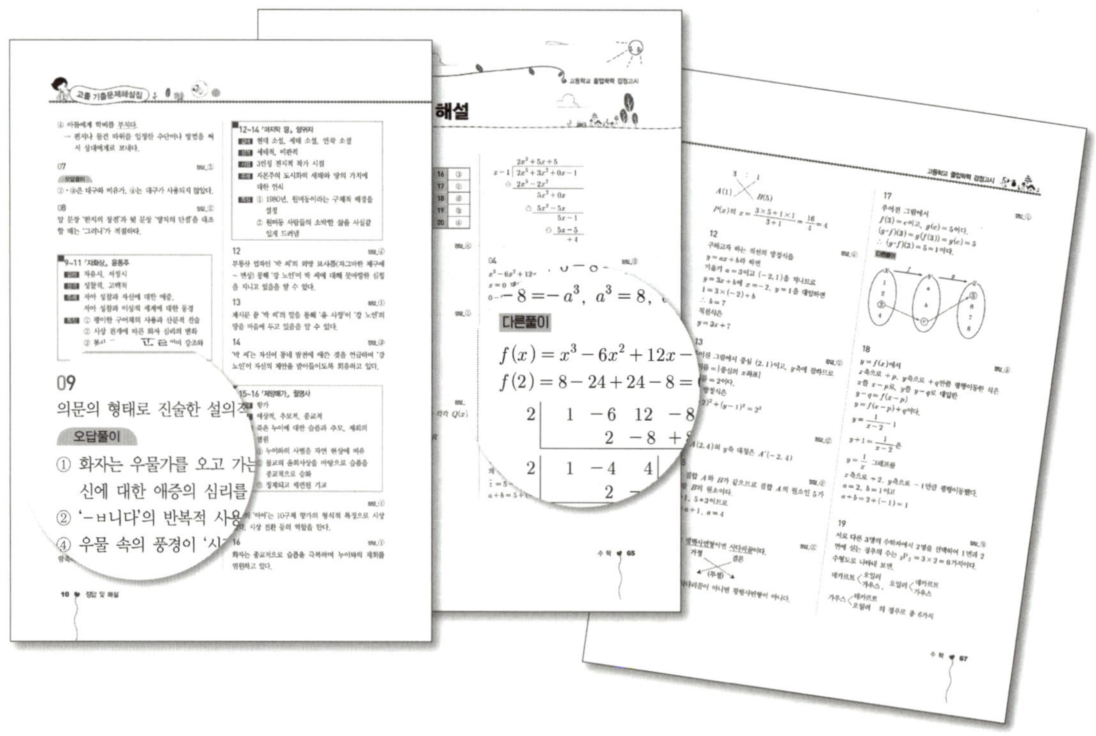

차 례

국 어

고등학교 졸업학력 검정고시 대비 기출문제

2025년 2회 8월 시행
2025년 1회 4월 시행
2024년 2회 8월 시행
2024년 1회 4월 시행
2023년 2회 8월 시행
2023년 1회 4월 시행
2022년 2회 8월 시행
2022년 1회 4월 시행
2021년 2회 8월 시행

똑 같 은 **기 출** 똑 똑 한 **해 설**

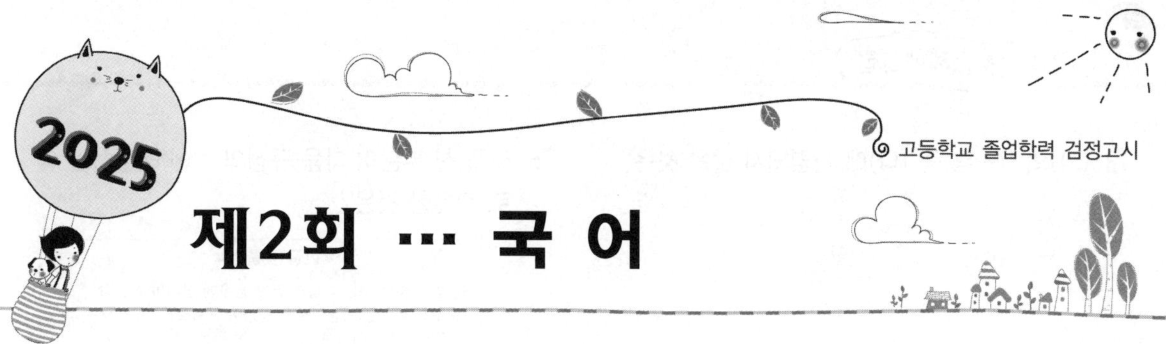

2025

제2회 ··· 국 어

01 밑줄 친 부분에 나타난 문제점으로 가장 적절한 것은?

> 형 : 내일 이모랑 할머니 선물을 사러 가자.
> 동생 : 이모와 함께 할머니 선물을 사러 가는 거야, 아니면 이모 선물과 할머니 선물을 사러 가는 거야?

① 중의적인 표현을 사용하고 있다.
② 줄임말을 과도하게 사용하고 있다.
③ 이해하기 어려운 전문어를 남용하고 있다.
④ 상황에 맞지 않는 관용 표현을 인용하고 있다.

02 다음 중 '동생'의 말하기 방법으로 가장 적절한 것은?

> 언니 : 이번 주말에 영화 보러 갈래?
> 동생 : 주말에 친구들과 발표 준비를 해야 해서 못 가.

① 자신의 잘못을 인정하며 사과하고 있다.
② 구체적인 이유를 제시하며 제안을 거절하고 있다.
③ 자신이 처한 상황을 설명하며 토론을 부탁하고 있다.
④ 상대방을 존중하며 문제 해결 방안을 건의하고 있다.

[3~4] (나)는 (가)를 토대로 작성한 글이다. 물음에 답하시오.

> (가) 작문 개요
>   **주제 : 공정 여행의 실천 방법과 의의**
> Ⅰ. 서론 : 공정 여행이 주목받게 된 배경 ····· ㉠
> Ⅱ. 본론 : 공정 여행의 실천 방법
>   가. 탄소 배출량이 적은 교통수단 이용 ···· ㉡
>   나. 지역 경제를 살리는 소비
>   다. 지역의 역사 알기 프로그램 참여 ······ ㉢
> Ⅲ. 결론 : 공정 여행의 의의 ····················· ㉣
>
> (나) 글의 초고
>   사람들이 여행을 하는 과정에서 자연이 ⓐ 훼손하기도 하고 여행지 주민에게 수익이 거의 돌아가지 않는 문제가 발생하기도 한다. 그래서 최근에는 환경과 지역에 유익한 공정 여행이 주목받고 있다.
>   공정 여행을 실천하려면 어떻게 해야 할까? 첫째, 대중교통이나 자전거를 이용하거나 도보로 이동한다. 그러면 탄소 배출량을 줄일 수 있다. ⓑ 자가용으로 여행을 할 때는 안전띠를 매야 한다.
>   둘째, 지역 주민이 운영하는 숙박 시설을 이용하거나 지역 재래시장에서 그 지역의 상품을 구매한다. ⓒ 그러나 여행자의 소비가 지역 주민의 소득으로 이어질 수 있다.
>   공정 여행은 다소 느리고 불편할 수 있지만, 환경을 보호하고
>   지역 경제를 ⓓ 활성화하는데 기여한다. 인간과 자연이 모두 행복해지는 공정 여행을 떠나 보자.

03 (가)의 ㉠~㉣ 중 (나)에 반영되지 <u>않은</u> 것은?

① ㉠   ② ㉡

③ ㉢   ④ ㉣

04 ⓐ~ⓓ에 대한 고쳐쓰기 방안으로 적절하지 <u>않</u>은 것은?

① ⓐ : '자연이'와 호응하도록 '훼손되기도'로 수정한다.

② ⓑ : 통일성을 해치는 문장이므로 삭제한다.

③ ⓒ : 잘못 사용된 접속 부사이므로 '그런데'로 바꾼다.

④ ⓓ : 띄어쓰기에 맞게 '활성화하는 데'로 고친다.

05 다음에서 설명하고 있는 음운 변동이 적용된 것을 〈보기〉에서 고른 것은?

> 모음 'ㅡ'로 끝나는 어간이 모음 'ㅏ/ㅓ'로 시작하는 어미와 결합하면 'ㅡ'가 탈락한다.

〈보기〉

ㄱ. (글을) 쓰ー + ー어 → 써
ㄷ. (줄을) 서ー + ー어 → 서
ㄴ. (잠을) 자ー + ー아 → 자
ㄹ. (문을) 잠그ー + ー아 → 잠가

① ㄱ, ㄴ
② ㄱ, ㄹ
③ ㄴ, ㄷ
④ ㄷ, ㄹ

06 밑줄 친 부분이 다음 규정의 ㉠에 해당하는 예로 적절한 것은?

> **■ 한글 맞춤법 ■**
> 【제30항】 사이시옷은 다음과 같은 경우에 받치어 적는다.
> 1. 순우리말로 된 합성어로서 앞말이 모음으로 끝난 경우
> (1) 뒷말의 첫소리가 된소리로 나는 것
> (2) 뒷말의 첫소리 'ㄴ, ㅁ' 앞에서 'ㄴ' 소리가 덧나는 것
> (3) 뒷말의 첫소리 모음 앞에서 'ㄴㄴ' 소리가 덧나는 것 … ㉠

① 고기를 <u>깻잎</u>에 싸서 먹었다.
② 보리와 쌀을 <u>맷돌</u>에 갈았다.
③ 너무 기뻐서 <u>잇몸</u>을 드러내고 웃었다.
④ 우리는 먼 <u>훗날</u>에 다시 만나자고 약속했다.

07 다음 높임법이 나타난 문장으로 적절한 것은?

> 주체 높임법은 문장의 주체를 높이는 방법이다.

① 아버지께서 신문을 보신다.
② 그는 착한 사람이었습니다.
③ 저는 어르신을 뵐 낯이 없습니다.
④ 아이가 할머니께 편지를 읽어 드렸다.

08 ㉠~㉣에 나타난 중세 국어의 특징으로 적절하지 <u>않은</u> 것은?

> 어·린百·빅姓·셩·이니르·고·져·홇 ㉠ ·
> 배이·셔·도 ㉡ 무·춤:내제 ㉢ ·쁘·들시·
> 러펴·디:몯홇 ㉣ ·노·미 하·니·라
>   – 「훈민정음」 언해본 –

① ㉠ : 모음으로 끝나는 체언 뒤에서 주격 조사 'ㅣ'가 쓰였다.

② ㉡ : 현대 국어에 없는 자음자가 쓰였다.

③ ㉢ : 단어의 첫머리에 두 개의 자음이 올 수 있었다.

④ ㉣ : 소리 나는 대로 이어 적기를 하였다.

[9~10] 다음 글을 읽고 물음에 답하시오.

가시리 가시리잇고 나는
□리고 가시리잇고 나는
　위 증즐가 대평셩□(大平盛代)

날러는 엇디 살라 □고
□리고 가시리잇고 나는
　위 증즐가 대평셩□(大平盛代)

잡□와 두어리마□□
선□면[1] 아니 올셰라
　위 증즐가 대평셩□(大平盛代)

셜온 님 보내□노니 나는
가시□ 듯 도셔 오쇼셔 나는
　위 증즐가 대평셩□(大平盛代)
　　　　　　　　　－ 작자 미상, 「가시리」－

1) 선□ 면 : 서운하면.

09 다음 중 윗글에 대한 설명으로 가장 적절한 것은?

① 해학적 표현이 나타나고 있다.
② 동일한 후렴구가 반복되고 있다.
③ 4음보의 율격이 주로 드러나고 있다.
④ 공간의 이동에 따라 시상이 전개되고 있다.

10 다음 중 윗글의 화자에 대한 설명으로 가장 적절한 것은?

① 떠나온 고향을 그리워하고 있다.
② 임과의 이별을 안타까워하고 있다.
③ 아름다운 자연의 모습을 예찬하고 있다.
④ 인물의 무능력한 모습을 조롱하고 있다.

[11~13] 다음 글을 읽고 물음에 답하시오.

[앞부분 줄거리] '그'는 '임 씨'에게 목욕탕 공사를 맡기지만 '임씨'를 못 미더워 한다. '임 씨'는 시간을 더 들여 옥상까지 꼼꼼히 공사를 마무리한 뒤 견적서를 받아 공사비를 수정하기 시작한다.

임 씨의 머릿속에서 굴러다니고 있을 숫자들에 잔뜩 애를 태우고 있는 스스로가 정말이지 역겨웠다.

"됐습니다, 사장님. 이게 말입니다. 처음엔 파이프가 어디서 새는지 모르니 전체를 뜯을 작정으로 견적[1]을 뽑았지요. 아까도 말씀드렸지만 일이 썩 간단하게 되었다 이 말씀입니다. 그래서 노임[2]에서 사만 원이 빠지고 시멘트도 이게 다 안 들었고, 모래도 그렇고, 에, 쓰레기 치울 용달차도 빠지게 되죠. 방수액도 타일도 반도 못 썼으니 여기서도 요게 빠지고

또…….”

임 씨가 볼펜심으로 쿡쿡 찔러 가며 조목조목 남는 것들을 설명해 갔지만 그의 귀에는 제대로 들리지 않았다. 뭔가 단단히 잘못되었다는 기분, 이게 아닌데, 하는 느낌이 어깨의 뻐근함과 함께 그를 짓누르고 있을 뿐이었다.

"그렇게 해서 모두 칠만 원이면 되겠습니다요.”

선언하듯 임 씨가 분홍 편지지를 아내에게 내밀었다. 놀란 것은 그보다 아내 쪽이 더 심했다. 그녀는 분명 칠만 원이란 소리가 믿기지 않는 모양이었다.

┌ "칠만 원요? 그럼 옥상은…….”
│ "옥상에 들어간 재료비도 여기에 다 들어 있습니다. 그거야 뭐 몇 푼 되나요.”
│ "그럼 우리가 너무 미안해서…….”
│ 아내가 이번에는 호소하는 눈빛으로 그를 쳐다보았다. 할 수 없이 그가 끼어들었다.
│ "계산을 다시 해 봐요. 처음에는 십팔만 원이라고
[A] 했지 않소?”
│ "이거 돈을 더 내시겠다 이 말씀입니까? 에이, 사장님도. 제가 어디 공일 해 줬나요. 조목조목 다 계산에 넣었습니다요. 옥상 일한 품값은 지가 써비스로다가…….”
│ "써비스?”
│ 그는 아연해서 임 씨의 말을 되받았다.
│ "그럼요. 저도 써비스할 때는 써비스도 하지요.”
└ 그는 입을 다물어 버렸다. 뭐라 대꾸할 말이 없었다.

　　　　　　　　　　　　　　(중략)

임 씨는 아내가 내민 7만 원을 주머니에 쑤셔 넣고 자리에서 일어섰다.

㉠ 그는 일 층 현관까지 내려가 임 씨를 배웅하기로 했다.

어두워진 계단을 앞서거니 뒤서거니 내려가면서 임 씨는 연장 가방을 몇 번이나 난간에 부딪쳤다. 시원한 밤공기가 현관 앞을 나서는 두 사람을 감쌌고 그는 무슨 말로 이 사내를 배웅할 것인가를 궁리해 보았다. 수고했다는 말도, 고맙다는 말도 이 사내의 그 '써비스'에 대면 너무 초라하지 않을까.

　　　　　　　　– 양귀자, 「비 오는 날이면 가리봉동에 가야 한다」–

1) 견적 : 어떤 일을 하는 데 필요한 비용 따위를 미리 어림잡아 계산함. 또는 그런 계산.
2) 노임 : '노동 임금'을 줄여 이르는 말.

11 윗글의 인물에 대한 설명으로 적절하지 않은 것은?

① '임 씨'는 공사비를 수정한 이유를 말하지 않았다.
② '아내'는 처음보다 공사비가 줄어서 놀라워했다.
③ '아내'는 '임 씨'에게 수정된 공사비를 주었다.
④ '임 씨'는 공사비를 받은 뒤 자리를 나섰다.

12 다음 중 [A]에 대한 설명으로 가장 적절한 것은?

① 장면의 빈번한 전환으로 사건을 전개하고 있다.
② 주로 대화를 통해 인물의 태도를 드러내고 있다.
③ 작품 속 서술자가 자신의 경험을 이야기하고 있다.
④ 계절의 변화를 통해 인물의 심리를 보여 주고 있다.

13 다음 중 ㉠의 이유로 가장 적절한 것은?

① '임 씨'에게 지불한 품값을 돌려받기 위해서
② '임 씨'에게 받은 분홍 편지지를 되돌려주기 위해서
③ '임 씨'가 공사 재료를 남긴 이유에 의구심을 느껴서
④ '임 씨'가 공사를 성실히 해 준 것에 고마움을 느껴서

[14~16] 다음 글을 읽고 물음에 답하시오.

모란이 피기까지는
나는 아직 나의 봄을 기둘리고 있을 테요
모란이 뚝뚝 떨어져 버린 날
나는 비로소 봄을 여읜 설움에 잠길 테요
오월 어느 날 그 하루 무덥던 날
떨어져 누운 꽃잎마저 시들어 버리고는
천지에 모란은 자취도 없어지고
뻗쳐 오르던 내 보람 서운케 무너졌으니
모란이 지고 말면 그뿐 내 한 해는 다 가고 말아
삼백예순 날 하냥1) 섭섭해 우옵네다
모란이 피기까지는
나는 아직 기둘리고 있을 테요 ㉠ 찬란한 슬픔의 봄을

　　　　　　　　– 김영랑, 「모란이 피기까지는」–

1) 하냥 : 늘.

14 다음 중 윗글에 대한 설명으로 가장 적절한 것은?

① 미각적 심상을 사용하여 대상을 표현하고 있다.
② 청자를 표면에 내세워서 시상을 전개하고 있다.
③ 수미상관을 활용하여 구조적 안정감을 주고 있다.
④ 명령의 어조를 사용하여 시적 의미를 강조하고 있다.

15 다음 중 ㉠에 사용된 표현 방법으로 가장 적절한 것은?

① 감정을 강조하기 위해 감탄사를 활용하는 방법

② 이미 알고 있는 사실을 의문 형식으로 제시하는 방법

③ 앞 구절의 끝을 다음 구절의 처음에서 반복하는 방법

④ 모순된 표현 속에 삶의 진실된 의미를 담아내는 방법

16 다음 중 윗글에 나타난 화자의 삶의 모습과 가장 가까운 것은?

① 소망하는 것을 기다리는 삶

② 도시를 벗어나 자연에 은거하는 삶

③ 목표 달성을 위해 효율성을 추구하는 삶

④ 개인의 성공보다는 다수의 이익을 중시하는 삶

[17~19] 다음 글을 읽고 물음에 답하시오.

[앞부분 줄거리] 이생은 아버지의 반대를 극복하고 최 여인과 혼례를 올린다. 홍건적의 난으로 최 여인은 목숨을 잃지만 귀신이 되어 다시 이생 앞에 나타나고, 부부는 즐거운 나날을 보낸다. 그러던 어느 날 여인이 이생에게 이별할 때가 왔다고 이야기하며 운다.

"저승길의 운수는 피할 수가 없답니다. 천제께서 저와 ㉠ 그대의 연분이 아직 끊어지지 않았고 또 아무 죄장(罪障)[1]이 없음을 살피시어, 환체(幻體)[2]를 빌려주어, 그대와 함께 잠시 애간장이 끊어지는 듯한 시름을 달래도록 하였던 것이지요. 하지만 오랫동안 인간 세상에 머물러 있으면서 이승 사람을 현혹할 수는 없지요."

(중략)

"내 차라리 그대와 함께 황천[3]으로 갈지언정 어찌 무료하게 홀로 여생을 보전하겠소? 지난번 난리가 있은 뒤 친척과 노복들이 각각 서로 흩어지고 돌아가신 부모님의 해골이 들판에 낭자하게 흩어져 있었을 때, 만일 낭자가 아니었더라면 누가 매장할 수 있었겠소? 옛사람 말씀에 '어버이 살아 계실 때는 예로써 섬기고, 돌아가신 뒤에는 예로써 장사 지내야 한다.'고 하였는데, 이런 일을 실천에 옮길 수 있었던 것은 모두 낭자의 천성이 효순하고 착하며 인정이 두터웠기 때문이었소. 그러하기에 너무도 감격하였소만, 다른 한편으로 스스로 부끄러움을 어찌 이길 수 있었겠소? 부디 낭자는 인간 세상에 남아서 백 년 뒤에 ㉡ 나와 함께 흙이 됨이 어떻겠소?"

여인은 대답하였다.

"낭군의 수명은 아직 여러 기(紀)가 남아 있지만, 저는 이미 귀신의 명부에 이름이 실려 있으니 오래 머물러 있을 수가 없습니다. 만약 굳이 인간 세상을 그리워하고 미련을 가져 저승 세계의 법령을 위반하게 된다면, 비단 저에게만 죄과가 미칠 뿐 아니라 아울러 그대에게도 누가 미칠 것이에요.

다만 ㉢ 저의 유해가 아무 곳에 흩어져 있으니, 만약 은혜를 베풀어 주시겠다면 유해를 바람과 햇볕에 그냥 드러나 있지 않게 해 주세요."

두 사람은 서로 바라보며 눈물을 줄줄 흘렸다.

여인은 말하였다.

"㉣ 낭군님, 부디 몸조심하세요."

말이 끝나자 여인은 점점 사라졌다. 그리고 마침내 아무 종적도 없게 되었다.

이생은 그녀의 유골을 거두어 부모의 묘소 곁에 부장[4]을 하였다. 장례를 지낸 뒤에도 이생은 여인을 추모하고 생각하다가, 병을 얻어 수개월 만에 세상을 떠났다.

이 이야기를 들은 사람들은 모두 애처로워하고 슬퍼하여 그들의 절의를 사모하지 않는 이가 없었다.

— 김시습, 「이생규장전」 —

1) 죄장 : 죄악이 좋은 인과응보를 얻는 데 장애가 됨을 이르는 말.
2) 환체 : 불교에서 덧없는 인간의 몸뚱이를 이르는 말.
3) 황천 : 저승.
4) 부장 : 합장. 여러 사람의 시체를 한 무덤에 묻음.

17 다음 중 윗글에 대한 설명으로 가장 적절한 것은?

① 권선징악이 이루어진 행복한 결말이 제시되고 있다.

② 꿈에서 깨어나 현실로 돌아오는 구조가 드러나고 있다.

③ 의인화한 대상의 시각으로 인간 세계를 풍자하고 있다.

④ 비현실적 요소를 활용하여 주제 의식을 나타내고 있다.

18 다음 중 윗글에서 알 수 있는 내용으로 가장 적절한 것은?

① '여인'은 불효한 죄로 죽음을 맞이하였다.

② '이생'과 '여인'은 백 년 뒤에 만나기로 약속하였다.

③ '이생'은 '여인'의 유골을 끝까지 수습하지 못하였다.

④ '이생'은 '여인'과 이별한 후에도 '여인'을 그리워하였다.

19 ㉠~㉣ 중 가리키는 대상이 나머지와 <u>다른</u> 것은?

① ㉠   ② ㉡

③ ㉢   ④ ㉣

[20~22] 다음 글을 읽고 물음에 답하시오.

'열두 가지 재주에 저녁거리가 간데없다.'는 말이 있습니다. (㉮) 뜻이지요. 그런데 시대가 달라졌습니다. 이제는 다양한 기술을 조합하는 것이 중요해졌지요. 그러다 보니 사회가 요구 하는 인재상도 변화하고 있습니다. 한 우물을 파되, 그 외에 다른 우물도 넓게 팔 줄 아는 사람을 원하고 있는 것이지요. 한마디로 ㉠ <u>여러 분야의 경계를 가로지르며 새로운 지식과 가치를 만들어 낼 줄 아는 사람</u>이어야 한다는 것입니다.

통섭(統攝)이라는 말은 원효 대사의 말에서 빌려 온 단어로, 사회 생물학자 에드워드 윌슨 교수의 책 『컨실리언스(Consilience)』를 우리말로 번역한 것입니다. 단어의 뜻은 줄기 '통(統)'과 잡다 '섭(攝)'이라는 한자를 합쳐, 큰 줄기를 잡아 다루는 것, 즉 '전체를 도맡아 다스리다.'입니다. 이제 통섭은 바람직한 미래 학문 형태로 거론되고 있습니다. 요즘에는 자연 과학과 인문 과학, 사회 과학이 각자의 지식을 융합한다는 의미로 쓰이고 있지요.

세상은 자꾸만 복잡해지고 있습니다. 그리고 우리 인간들이 해결해야 할 문제들도 그만큼 어려워지고 있지요. 한 사람이 나서서 해결할 수 있을 만큼 성격이 간단하지도 않습니다. 그래서 이런 문제에 접근하려면 결국 ㉡ <u>통섭형 인재</u>가 되어야 합니다. 그런데 통섭형 인재는 ㉢ <u>이것저것 조금씩 잘하는 팔방미인</u>이 아닙니다. 자신이 잘할 수 있는 것 하나가 확실하게 있되, ㉣ <u>다른 전문 분야에도 충분한 소양을 갖춰 그들과 공동 연구를 할 수 있는 인재</u>를 말합니다.

– 최재천, 『생각의 탐험』 –

20 다음 중 윗글에 대한 설명으로 가장 적절한 것은?

① 주요 용어의 의미를 풀이하고 있다.

② 구체적인 통계 자료를 활용하고 있다.

③ 글쓴이의 의견을 청유형으로 강조하고 있다.

④ 질문을 던진 후 그에 대한 답을 제시하고 있다.

21 다음 중 ㉮에 들어갈 말로 가장 적절한 것은?

① 김칫국부터 마신다는

② 목마른 사람이 우물을 판다는

③ 사람은 한 우물만 파야 한다는

④ 미운 아이에게 떡 하나 더 준다는

22 ㉠~㉣ 중 의미하는 바가 다른 것은?

① ㉠   ② ㉡

③ ㉢   ④ ㉣

[23~25] 다음 글을 읽고 물음에 답하시오.

(가) 한옥은 여러 과학적 방식을 활용해서 집 안 가득 시원한 바람을 맞아들여 잘 흐르도록 한다. 이를 한마디로 '통(通)'의 원리라 ㉮부를 수 있다. ⸙㉠⸙ '통'은 어려운 개념이 아니다. 통풍, 환기, 순환 등과 같은 말로, 한옥은 통의 원리를 구현하는 건강한 집이다.

(나) 한옥에서 통의 원리를 구현하는 방식은 크게 두 가지가 있다. 첫째, 거시 기후에 맞춰 집 안에 '바람길'을 내는 것이다. 여기서 거시 기후란 계절 같은 큰 시간 단위를 기준으로 한반도 전체에 걸쳐서 나타나는 기후 현상을 말한다. ⸙㉡⸙ 한옥 에서는 여름에 부는 바람인 남동풍의 방위에 맞춰 남향, 혹은 남동향으로 바람이 드나드는 바람길을 냈다. 한옥에서 바람길은 시원하고 통 크게 나 있어, 바람이 돌아 나가거나 머물거나 꺾어 가지 않도록 했다.

(다) 한옥에서 통의 원리를 구현하는 두 번째 방법은 미시 기후를 활용해서 마당에 찬 공기주머니를 만드는 것이다. 미시 기후란 숲과 산세, 지세와 물길 등 각 집의 주변을 둘러싼 개별적 상황에 따라 나타나는 구체적인 기후 현상이다. ⸙㉢⸙ 도시 에서의 도로나 빌딩, 농촌에서의 배산임수(背山臨水)1)는 미시 기후에 영향을 미치는 중요한 요소이다. 한옥에서

는 마당을 비워서 안마당에 찬 공기주머니를 만드는 방법으로 미시 기후를 활용한다.

(라) 마당의 공기가 열을 받아 더워지면 위로 올라가서 마당은 거의 진공과 유사한 상태가 만들어지고, 그러면 진공을 채우기 위해 바람이 불어온다. 이때 바람은 중문으로 들어오는 것과 대청2) 뒤에서 불어오는 것 두 가지가 있을 수 있는데 이 가운데 찬 것이 들어오게 된다. ⸙㉣⸙ 대개 대청 뒤에는 숲이 있는데, 이 곳의 찬바람이 집 안으로 들어온다.

– 임석재, 『지혜롭고 행복한 집 한옥』 –

1) 배산임수 : 지세(地勢)가 뒤로는 산을 등지고 앞으로는 물에 면하여 있음.
2) 대청 : 한옥에서, 몸채의 방과 방 사이에 있는 큰 마루.

23 다음 중 (가)~(라)의 내용을 전개하는 방식으로 가장 적절한 것은?

① (가) : 한옥의 다양한 종류를 나열하고 있다.

② (나)와 (다) : 한옥에서 통의 원리를 구현하는 방식을 나누어 제시하고 있다.

③ (다) : 한옥을 근거로 현대 가옥의 구조를 유추하고 있다.

④ (다)와 (라) : 한옥이 한국인의 정서에 미친 영향을 밝히고 있다.

24 ㉠~㉣ 중 다음 문장이 들어갈 곳으로 가장 적절한 것은?

> 둘 가운데 찬 것은 대청 뒤에서 부는 바람이다.

① ㉠   ② ㉡

③ ㉢   ④ ㉣

25 다음 중 밑줄 친 부분이 ㉮와 가장 유사한 의미
로 쓰인 것은?

① 생일에 친구들을 집으로 <u>불렀다</u>.

② 어머니가 아이를 손짓하여 <u>불렀다</u>.

③ 경기장에서 응원가를 힘차게 <u>불렀다</u>.

④ 사람들은 그를 불운한 천재라고 <u>불렀다</u>.

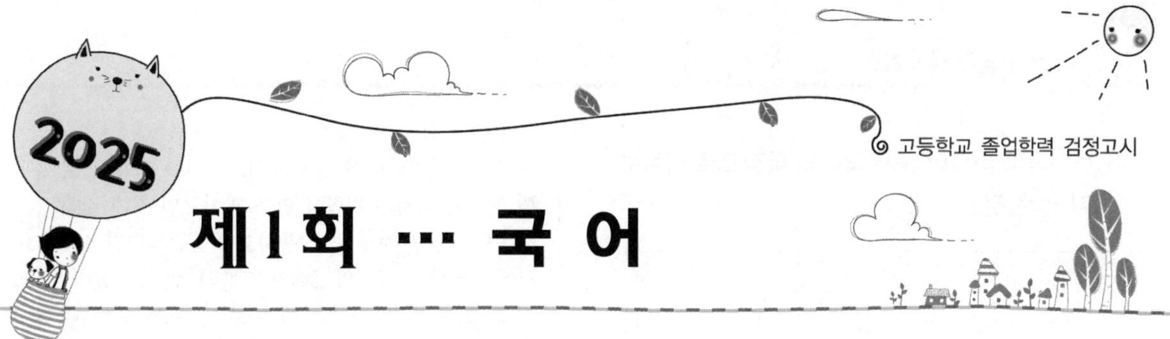

제1회 … 국어

01 '준희'의 말하기에 나타난 문제점으로 가장 적절한 것은?

> 민서 : 같이 떠들어도 늘 나만 혼나서 속상해. 나는 왜 이렇게 운이 없지?
> 준희 : 네가 평소에도 너무 떠드니까 그렇지. 혼나는 게 당연한 거 아니야?

① 과도한 줄임말을 사용하고 있다.
② 대화의 순서를 지키지 않고 있다.
③ 상대방의 기분을 고려하지 않고 있다.
④ 상대방이 이해하지 못하는 신조어를 사용하고 있다.

02 밑줄 친 부분에서 확인할 수 있는 말하기 방법으로 가장 적절한 것은?

> 손님 : 사장님, 티셔츠를 구입할 건데 원하는 문구를 새길 수 있을까요?
> 사장님 : 가능해요. 비용이 3,000원 추가됩니다.
> 손님 : 제가 스무 벌 이상 구입하면 문구 새기는 비용을 할인받을 수 있을까요?

① 자신의 제안에 문제가 있음을 인정하고 있다.
② 조건을 제시하며 자신의 요구를 전달하고 있다.
③ 상대방의 처지에 공감하며 자신의 이익을 포기하고 있다.
④ 상대방의 이익을 고려하지 않고 일방적으로 비난하고 있다.

03 다음 '표준 발음법' 규정이 적용되지 <u>않는</u> 것은?

> ■ 표준 발음법 ■
> 【제12항】 받침 'ㅎ'의 발음은 다음과 같다.
> 1. 'ㅎ(ㄶ, ㅀ)' 뒤에 'ㄱ, ㄷ, ㅈ'이 결합되는 경우에는, 뒤 음절 첫소리와 합쳐서 [ㅋ, ㅌ, ㅊ]으로 발음한다.

① 하얗게
② 괜찮은
③ 닳도록
④ 싫지만

04 밑줄 친 부분이 '진행상'이 <u>아닌</u> 것은?

> '진행상'은 어떤 동작이 시간의 흐름 속에서 계속 이어지고 있음을 나타내는 동작상이다.

① 꽃이 <u>시들어 간다.</u>
② 운동을 <u>하는 중이다.</u>
③ 간식을 다 <u>먹어 버렸다.</u>
④ 동생이 음악을 <u>듣고 있다.</u>

05 밑줄 친 부분이 '한글 맞춤법'에 맞지 <u>않는</u> 것은?

① 바람에 문이 <u>닫혔다.</u>
② 낮에 할머니를 <u>봬었다.</u>
③ 봉투에 우표를 <u>붙였다.</u>
④ 옷 가게에 손님이 <u>늘었다.</u>

06 ㉠~㉣에 나타난 중세 국어의 특징으로 적절하지 않은 것은?

> 불·휘기·픈남·군 ㉠ 부 루·매아·니:뮐
> ·씨 곶:됴·코여·름·하누·니
> ㉡:시·미기·픈 ㉢·므·른·구무·래
> 아·니그·츨·씨:내·히이·러 ㉣바·
> 루·래·가누·니
>
> — 「용비어천가」 제2장 —

① ㉠ : 현재 쓰이지 않는 ' '(아래 아)가 사용되었다.
② ㉡ : 글자 왼쪽의 방점으로 성조가 표시되었다.
③ ㉢ : 끊어 적기로 표기되었다.
④ ㉣ : 조사가 모음 조화에 따라 나타났다.

[7~8] (나)는 (가)를 토대로 작성한 글이다. 물음에 답하시오.

> **(가) 작문 개요**
> **주제 : 보행 중 휴대 전화 사용 제한**
> Ⅰ. 서론 : 보행 중 휴대 전화 사용에 대한 문제 제기 ······························· ㉠
> Ⅱ. 본론 : 보행 중 휴대 전화 사용을 제한하는 근거
>   1. 보행 중 교통사고가 증가함 ·············· ㉡
>   2. 돌발 상황에 대처하는 능력이 떨어짐 ··· ㉢
>   3. 건강에 악영향을 줌 ····················· ㉣
> Ⅲ. 결론 : 보행 중 휴대 전화 사용을 제한하는 대책 마련 촉구
>
> **(나) 글의 초고**
> 길에서 많은 사람들이 고개를 푹 ⓐ 숙인채 휴대 전화에 빠져 걷고 있는 모습을 쉽게 볼 수 있다. 이러한 보행 중 휴대 전화 사용은 보행자의 안전과 건강에 위협이 될 수 있다. 따라서 보행 중 휴대 전화 사용을 제한하는 방안 마련이 시급하다.
>
> 교통안전공단에서 실시한 '휴대 전화 사용이 보행 안전에 미치는 위험성 연구'에 따르면 휴대 전화 사용으로 인한 보행 중 교통사고가 최근 4년간 437건에서 848건으로 약 2배가량 증가 했다고 한다.
> ⓑ 또 어떤 연구 결과에 따르면, 보행 중 휴대 전화를 사용할 경우 목과 허리의 디스크 발병률이 높아진다고 한다. 왜냐하면 고개를 숙이고 걸으면 목과 허리가 뻣뻣해져 걸을 때의 물리적 충격이 몸에 그대로 전달되기 때문이다.
> 이처럼 보행 중 휴대 전화를 사용하는 것은 안전사고와 건강 문제 등을 일으키는 굉장히 위험한 행동이다. ⓒ 그 이유는 운전자가 안전띠를 매야 하기 때문이다. 이러한 위험을 줄이기 위해서는 보행 중 휴대 전화 사용을 제한하는 법안 제정 등의 ⓓ 대책을 시급히 마련되어야 한다.

07 (가)의 ㉠~㉣ 중 (나)에 반영되지 않은 것은?

① ㉠
② ㉡
③ ㉢
④ ㉣

08 (나)의 ⓐ~ⓓ에 대한 고쳐쓰기 방안으로 적절하지 않은 것은?

① ⓐ : 띄어쓰기가 잘못되어 있으므로 '숙인 채'로 고친다.
② ⓑ : 잘못된 접속어를 사용했으므로 '그러나'로 바꾼다.
③ ⓒ : 글의 통일성을 해치는 문장이므로 삭제한다.
④ ⓓ : 잘못된 조사를 사용했으므로 '대책이'로 수정한다.

[9~10] 다음 글을 읽고 물음에 답하시오.

저기 가는 저 각시 본 듯도 하구나
㉠ 천상 백옥경*을 어찌하여 이별하고
해 다 져 저문 날에 누굴 보러 가시는가
어와 너로구나 이내 사설 들어 보오
내 모습 이 거동이 임이 사랑함직 한가마는
어쩐지 날 보시고 너로다 여기심에
나도 임을 믿어 딴생각 전혀 없어
㉡ 아양이며 교태며 어지럽게 하였던지
반기시는 낯빛이 예와 어찌 다르신가
누워 생각하고 일어나 앉아 헤아리니
㉢ 내 몸의 지은 죄 산같이 쌓였으니
하늘을 원망하며 사람을 탓하겠는가
서러워 생각하니 조물주의 탓이로다
그것일랑 생각 마오 맺힌 일이 있습니다
임을 모셔 봐서 임의 일을 내 알거니
물 같은 몸이 편하실 때 몇 날일까
봄추위 여름 더위 어떻게 지내시며
가을철 겨울철은 누가 모셨는가
죽조반 조석 진지 예전과 같이 올리시나
㉣ 기나긴 밤에 잠은 어찌 주무시나

– 정철, 「속미인곡」–

* 백옥경 : 옥황상제가 산다는 곳. 여기에서는 임금이 있는 궁궐
을 가리킴.

09 윗글에 대한 설명으로 적절하지 않은 것은?

① 설의적 표현이 드러난다.
② 동일한 후렴구가 반복된다.
③ 4음보의 율격이 주로 드러난다.
④ 두 명의 화자가 대화하는 형식을 취한다.

10 ㉠~㉣에 대한 설명으로 적절하지 않은 것은?

① ㉠ : 백옥경을 떠난 까닭을 궁금해 하고 있다.
② ㉡ : 임의 태도가 변한 이유로 추측하고 있다.
③ ㉢ : 이별을 자신의 탓으로 돌리고 있다.
④ ㉣ : 임에 대한 원망이 드러나고 있다.

[11~13] 다음 글을 읽고 물음에 답하시오.

[앞부분 줄거리] 우리가 이사 온 지 3년째 되던 해, 나물 장수 아주머니가 우리 집 마당의 흰 철쭉을 망연히 바라보고 있음을 알게 된 나는 아주머니가 집터의 옛 주인이라고 생각한다.

"아주머니는 아마 전부터 이 동네에 길이 많이 익은 모양이지요?" 나물거리를 대강 사 챙겨 주고 나서 우리는 여자의 눈치를 살펴 가며 조심스럽게 그녀의 사연을 캐묻기 시작했다. 하고 보니 일은 과연 우리의 추측대로였다.

"이 동네 길만 익을라구요. 한 삼사 년 전까지만 해도 여기 이 자리엔 다른 집이 있었다오."

아주머니는 금세 눈치를 알아채고 한숨 끝에 천천히 사연을 털어놓았다. 아주머니는 원래 일정 말기에 황해도 안악 마을의 한 농촌 마을에서 갓 스물에 이곳으로 출가를 해 왔는데, 예의 흰 철쭉은 그녀가 시집을 오기 전에는 친정집 남새*밭 가에서 있었던 것이랬다. 그것을 어느 봄 친정어머니가 모처럼 딸네 집 먼 나들이를 오면서 고향 부모 정물로 파다 심어 주고 간 것이라 하였다. 그런데 친정어머니가 그것을 심고 간 그해 여름 바로 8·15 해방을 맞게 됐고, 이어 서로 간에 소식이나마 오갈 길이 끊기고 말았다는 것이었다. 다행히 그 ㉠ 철쭉이라도 해마다 흰 꽃을 피워 주어 아주머니는 그것으로 이 30여 년을 고향 식구들 대하듯 마음을 달래 왔노라고 하였다. 한데 어느 해부턴지 인근 땅값이 느닷없이 두 곱 세 곱으로 치솟는 바람에, 아주머니네를 포함한 온 동네가 마치 횡재라도 만난 듯 다투어 집과 땅을 팔고 너나없이 사방으로 흩어져 떠나갔다는 것이었다.

"그 몹쓸 땅값 바람에 멋모르고 모두 눈이 뒤집힌 게라요. 땅값에 눈이 아주 뒤집히지 않고서야 어찌 그리 쉽게 제 살던 집을 다 팔고 떠날 수 있었겠소."

아주머니는 뒤늦게 집을 팔고 떠난 것이 후회스러운 듯 아쉬운 한숨까지 지었다. 그래 아내가, 집을 팔더라도 그 철쭉이나 따로 파 옮겨다 심지 그랬느냐고, 짐짓 한마딜 어긋나게 묻고 들자, 아주

국 어 13

머니는 다시 북쪽 말 억양이 역력한 소리로,

"글쎄, 그땐 그럴 경황도 없었다우. 그땐 어찌 그리 쫓기 듯이 거래를 서둘러들 대던지 나무커녕 사람마저 깃들 곳을 제대로 마련하지 못한 채 터부터 비켜 나가 줘야 했을 형편이었으니까유."

변명이라도 하듯 한숨 섞어 말하고는 새삼 꽃 쪽으로 눈길을 보냈다.

흰 철쭉이 거기 남아 있게 된 것은 어쨌거나 그런저런 사연으로 해서였다. 그런데 이듬해 봄이 되어서였다. 아주머니네는 그때 이미 집값으로 받은 돈을 이 일 저 일로 거의 다 축내 버리고, 종내는 아들 내외와 성남 변두리에 셋방 한 칸을 얻어 살면서 인근 산간으로 나물 뜯이를 나다니고 있었는데, 하룻밤은 느닷없이 피곤한 잠결에 옛날 살던 집 철쭉꽃 꿈을 꾸게 되었다는 것이었다.

– 이청준, 「흰 철쭉」–

* 남새 : 채소

11 윗글에 대한 설명으로 적절한 것은?

① 인물의 사연을 요약적으로 진술하고 있다.
② 작품 밖 인물의 시각에서 사건을 서술하고 있다.
③ 장면 전환을 통해 인물 간 갈등을 표현하고 있다.
④ 편지 형식을 활용하여 인물의 심리를 표현하고 있다.

12 윗글의 내용으로 적절하지 <u>않은</u> 것은?

① 아주머니의 친정집은 황해도에 있었다.
② 아주머니는 해방을 계기로 친정집으로 이사 갔다.
③ 동네 사람들은 땅값이 올라 집을 팔고 사방으로 떠났다.
④ 아주머니네는 결국 집값으로 받은 돈을 거의 다 축내 버렸다.

13 ㉠의 의미로 가장 적절한 것은?

① 생계유지를 위한 수단
② 이웃과의 관계 악화의 원인
③ 세대 간 갈등 해소의 실마리
④ 고향 식구에 대한 그리움을 달래 주는 자연물

[14~16] 다음 글을 읽고 물음에 답하시오.

하늘은 날더러 ㉠ 구름이 되라 하고
땅은 날더러 바람이 되라 하네
청룡 흑룡 흩어져 비 개인 나루
잡초나 일깨우는 잔바람이 되라네
뱃길이라 서울 사흘 목계나루에
아흐레 나흘 찾아 박가분 파는
가을볕도 서러운 ㉡ 방물장수 되라네
<u>산은 날더러</u> 들꽃이 되라 하고
<u>강은 날더러</u> 잔돌이 되라 하네
산서리 맵차거든 풀 속에 얼굴 묻고 ┐
물여울 모질거든 바위 뒤에 붙으라네 │[A]
민물새우 끓어넘는 ㉢ 토방 툇마루 ┘
석삼년에 한 이레쯤 천치로 변해
짐 부리고 앉아 쉬는 ㉣ 떠돌이가 되라네
하늘은 날더러 바람이 되라 하고
산은 날더러 잔돌이 되라 하네

– 신경림, 「목계장터」–

14 윗글의 표현상 특징으로 적절하지 <u>않은</u> 것은?

① 반어적 표현을 활용해 화자의 상황을 강조하고 있다.
② 특정한 종결 어미를 반복하여 운율을 형성하고 있다.
③ 향토적 소재를 통해 토속적 분위기를 드러내고 있다.
④ 수미상관 구조를 통해 형태적 안정감을 조성하고 있다.

15 [A]의 밑줄 친 부분에 공통적으로 드러나는 의미로 가장 적절한 것은?

① 화자가 처한 고달픈 현실

② 화자가 즐거움을 느끼는 상황

③ 화자가 지향했던 이상적 세계

④ 화자가 도달하려는 학문적 성취

16 ㉠~㉣ 중 다음 밑줄 친 부분과 시적 의미가 가장 거리가 먼 것은?

> 이 시는 남한강 목계 나룻가를 배경으로, 장돌뱅이의 떠도는 삶을 노래하고 있다.

① ㉠ 　　　　② ㉡

③ ㉢ 　　　　④ ㉣

[17~19] 다음 글을 읽고 물음에 답하시오.

옛날 어느 마을에 혼자서 가난하게 사는 노파가 있었다. 노파는 이웃 장자네 집에 가서 베를 짜고 밭을 매서 얻어먹고 살았다. 어느 날 노파는 풀숲에서 이상한 알을 주워다 먹었는데 그 뒤로 자꾸 배가 불러 오기 시작했다. 열 달 만에 ㉠아기가 태어났는데 태어난 건 사람이 아닌 구렁이였다. 노파는 구렁이를 뒤주에 집어넣고서 삿갓을 덮어놓았다.

할머니가 아이를 낳았다는 소문을 듣고서 장자네 세 자매가 차례로 할머니를 찾아왔다. 큰딸과 둘째 딸은 뒤주 속의 구렁이를 보고서 징그럽다며 낯을 찡그리고 돌아갔다. 그런데 막내딸은 구렁이를 보자 환한 미소를 짓는 것이었다.

"어머, ㉡구렁덩덩신선비 님을 낳으셨네요!"

막내딸이 돌아가자 구렁이가 그 처녀한테 장가를 가겠노라고 했다. 노파가 머뭇거리자 구렁이는 한 손에 칼 들고 한 손에 불 들고 어머니 배 속으로 다시 들어가겠다고 했다. 할 수 없이 장자한테로 가서 아들의 뜻을 전하자 장자는 세 딸을 불러서

노파의 아들한테 시집을 가겠느냐고 물었다. 위의 두 딸은 손사래를 쳤지만 막내딸은 선뜻 시집을 가겠노라고 했다.

"그럼요. 구렁덩덩신선비 님이신걸요!"

장자는 말없이 고개를 끄덕였다.

막내딸의 혼사가 치러지는 날, ㉢구렁이는 바지랑대[1]를 타고 담에 올라 빨랫줄을 타고서 초례청[2]에 이르렀다. 혼례를 마친 첫날밤, 갯물에 목욕을 한 구렁이는 허물을 벗고서 사람이 되었다. 신선처럼 빛나는 멋진 선비였다. 신선비는 아내에게 허물을 건네 주면서 꼭꼭 잘 간직하라고 했다. 그 허물이 없어지면 자기가 돌아올 수 없다고 했다.

동생이 신선 같은 신랑을 얻자, 두 언니는 동생을 질투하기 시작했다. 신선비가 길을 떠나고 없는 즈음에 두 언니는 동생을 속여 뱀 허물을 훔쳐다가 아궁이에 넣어서 태워 버렸다. 집으로 돌아오던 신선비는 허물이 타는 냄새를 맡고서 오던 길을 돌아서서 멀리멀리 떠나가고 말았다.

남편을 잃은 막내딸은 중의 옷차림을 하고서 남편을 찾아 길을 나섰다. 농부 대신 논을 갈아 주고서 길을 묻고, 까치한테 벌레를 잡아 주고 길을 묻고, 할머니의 빨래를 대신 해 주고서 길을 물었다. 할머니가 알려 준 대로 물에 복주깨[3]를 띄우고 그 위에 올라선 막내딸은 홀연 낯선 세상에 이르렀다. 각시는 새 쫓는 ㉣아이한테 길을 물어 구렁덩덩신선비 집을 찾아내 숨어들었다. 밤이 깊자 구렁덩덩신선비가 마당으로 나와서 달을 보면서,

"달은 저리 밝은데 옛 각시는 어디서 무얼 하고 있을까?"

그러자 각시가 쏙 나서면서,

"신선비 님 옛 각시 여기 있다오."

– 작자 미상, 「구렁덩덩신선비」–

1) 바지랑대 : 빨랫줄을 받치는 긴 막대기
2) 초례청 : 혼례를 치르는 장소
3) 복주깨 : 강원, 충청 지역 방언으로, 놋쇠로 만든 밥그릇의 뚜껑을 말함.

17 윗글에 대한 설명으로 가장 적절한 것은?

① 시가 삽입되어 있다.

② 구체적인 지명이 언급되고 있다.

③ 비현실적인 요소가 제시되어 있다.

④ 역순행적 구성으로 사건이 전개되고 있다.

18 다음 밑줄 친 부분에 해당하는 내용으로 가장 적절한 것은?

> 이 이야기는 남편이 떠난 후, 장자네 막내딸이 남편을 찾아가는 과정에서 겪은 일을 담고 있다.

① 막내딸이 노파가 낳은 아이를 보러 감.

② 막내딸이 구렁이에게 시집가겠다고 함.

③ 막내딸과 혼례를 마친 구렁이가 사람이 됨.

④ 막내딸이 남편을 찾기 위해 농부 대신 논을 갈아 줌.

19 ㉠~㉣ 중 가리키는 대상이 <u>다른</u> 것은?

① ㉠   ② ㉡

③ ㉢   ④ ㉣

[20~22] 다음 글을 읽고 물음에 답하시오.

> 세계 각국의 주요 도시들은 이미 수십 년 전부터 걷기 좋은 도시를 조성하고자 노력해 왔다. 자동차를 생활필수품으로 여기는 미국에서조차 국민들의 건강 증진과 환경 보호를 위해 도시 설계를 운전자 중심에서 보행자 중심으로 변화시키는 추세이다. 미국에서는 비만의 위험성이 부각되고 걷기의 운동 효과가 ㉠ <u>주목받으면서</u> 오래전부터 걷기 좋은 도시 공간에 대한 연구를 활발하게 진행해 왔다. 미국의 공공 기관과 민간에서는 지역의 보행 환경에 관한 데이터를 수집하여 사용자에게 다양한 정보를 제공한다. 실제로 미국 주요 대도시에서는 시 정부 차원에서 가로망, 보도망, 횡단보도 등 도시 지리 정보를 수집하여 정보를 ㉡ <u>공개</u>한다.
>
> 한편 미국의 한 민간 기업에서는 거리의 '걷기 좋은 정도'를 수치화하여 사용자에게 정보를 제공한다. 이 업체는 미국, 영국, 호주의 여러 도시를 대상으로 하여, 보행 환경을 점수화하고 이를 바탕으로 걷기 좋은 도시의 순위를 매년 ㉢ <u>선정</u>해 발표한다. 예를 들면, 하나의 도시에 여러 지점을 선정하고 그 지점과 그 지점 주변에 위치한 학교, 식당, 상가 등 생활 편의 시설의 거리를 측정하여 해당 지점의 보행 환경에 대한 점수를 ㉣ <u>산출</u>한다. 해당 지점에서 도보 5분 정도의 가까운 거리 내에 편의 시설이 많을수록 그 지점은 높은 점수를 받는다. 각 도시의 점수는 이들 지점들이 받은 점수의 평균값이다. 이 업체에서 제공하는 점수는 도시 계획을 수립하려는 시 정부뿐만 아니라 각종 언론, 학계, 부동산 업계 등 다양한 분야에서 활용된다.
>
> – 황진욱 외, 「우리 동네는 얼마나 걷기 좋을까」 –

20 윗글에 대한 설명으로 가장 적절한 것은?

① 보행 환경을 점수화하는 방법을 설명하고 있다.

② 보행 환경에 대한 전문가의 견해를 인용하고 있다.

③ 걷기 좋은 도시에 대한 각국의 정의를 비교하고 있다.

④ 걷기 좋은 도시에 관한 상반된 주장을 절충하고 있다.

21 윗글의 내용과 일치하지 <u>않는</u> 것은?

① '미국'에서는 자동차를 생활필수품으로 여긴다.

② '미국'에서조차 도시 설계를 운전자 중심에서 보행자 중심으로 변화시키는 추세이다.

③ '미국의 공공 기관과 민간'에서는 지역의 보행 환경에 관한 다양한 정보를 사용자에게 제공한다.

④ '미국의 한 민간 기업'에서 제공하는 보행 환경 점수는 시 정부의 도시 계획 수립에만 활용된다.

22 ㉠~㉣의 사전적 의미로 적절하지 <u>않은</u> 것은?

  ① ㉠ : 사물의 존재 의의나 가치를 알아주지
아니함.

  ② ㉡ : 어떤 사실이나 사물, 내용 따위를 여러
사람에게 널리 터놓음.

  ③ ㉢ : 여럿 가운데서 어떤 것을 뽑아 정함.

  ④ ㉣ : 계산하여 냄.

[23~25] 다음 글을 읽고 물음에 답하시오.

통점[1]이 자극을 받아 통각 신경을 통해 통증 신호가 뇌로 전달될 때 우리는 통증을 느낀다. 통점을 구성하는 세포의 세포막에는 '통로'라는 세포 소기관[2]이 있다. 이 통로를 통해 세포의 안과 밖으로 여러 물질들이 오가면서 세포 사이에 다양한 신호가 전달된다.

인체의 부위가 손상되면 세로토닌, 히스타민 등의 통각 유발 물질이 만들어지는데, 이들이 통로를 통해 세포 안으로 들어오면서 세포는 통증 신호를 인식한다. 통증을 유발하는 대표적인 통로로는 치통, 피부염, 관절염 등의 염증성 통증에 관여하는 캡사이신 통로가 있다. 이 밖에도 상처를 입었을 때, 화상을 입었을 때 등 통증의 종류별로 다른 통로가 존재한다.

통증 신호를 뇌로 전달하는 통각 신경은 다른 감각 신경에 비해 매우 가늘어 신호를 느리게 전달한다. 예를 들어 몸길이가 30미터인 흰긴수염고래는 꼬리에 상처가 생기면 최대 1분 후에 아픔을 느낀다. 인간의 경우에도 압정을 모르고 밟았을 때 <u>㉠ 압정이 발바닥에 깊이 들어간 다음에야 아픔을 느끼게 된다.</u>

통각 신경은 다른 감각 신경에 비해 가늘기 때문에 더 빽빽하게 분포될 수 있다. 피부에는 1제곱센티미터당 약 200개의 통점이 있는데 만약 통각 신경이 굵다면 이렇게 많은 수의 통점이 배치될 수 없다. 이렇듯 통점이 빽빽하게 배치되면 아픈 부위를 보다 정확하게 알 수 있다. (㉮) 내장 기관에는 통점이 1제곱센티 미터당 4개에 불과해 아픈

부위를 정확히 알기 어렵다. 폐암과 간암이 늦게 발견되는 것도 폐와 간에 통점이 거의 없기 때문이다.

     – 김정훈, 「상처가 아니라 통증 때문에 죽는다?」–

1) 통점 : 피부 표면에 퍼져 있어 자극을 받으면 아픔을 느끼는 감각점
2) 세포 소기관 : 세포 내에서 특정한 기능을 수행하도록 분화된 구조

23 윗글의 내용과 일치하지 <u>않는</u> 것은?

  ① 통증 신호는 통각 신경을 통해 뇌로 전달된다.

  ② 인체의 부위가 손상되면 통각 유발 물질이 만들어진다.

  ③ 피부에는 1제곱센티미터당 약 200개의 통점이 있다.

  ④ 폐와 간에는 통점이 없기 때문에 폐암과 간암은 일찍 발견된다.

24 ㉠의 이유로 가장 적절한 것은?

  ① 통점에 자극이 없기 때문에

  ② 통각 신경이 발바닥에 없기 때문에

  ③ 통각 유발 물질이 나오지 않기 때문에

  ④ 통각 신경이 신호를 느리게 전달하기 때문에

25 ㉮에 들어갈 말로 가장 적절한 것은?

  ① 반면   ② 비록

  ③ 혹시   ④ 왜냐하면

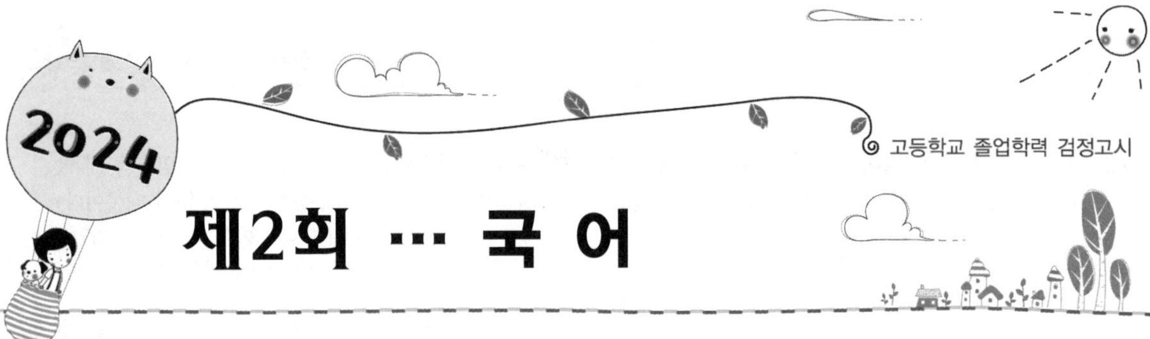

제2회 ··· 국어

01 [수정 후]에 반영된 언어 예절에 대한 설명으로 가장 적절한 것은?

[수정 전]		[수정 후]
은수야, 네 축구공 줘!	⇨	은수야, 네 축구공 좀 빌려줄 수 있겠니?

① 자신의 탓으로 돌려서 말한다.
② 자신을 낮추어 겸손하게 말한다.
③ 상대방의 부담을 덜어 주며 말한다.
④ 상대방과의 친밀도를 강조하며 말한다.

02 다음 발표에서 확인할 수 있는 말하기 방법으로 가장 적절한 것은?

> 발표자 : 여러분, 판다를 아시나요? (대답을 들은 후) 역시 이 자리에도 판다를 아시는 분들이 많군요. 오늘은 알고 보면 부지런한 동물인 판다에 관해 발표 하려고 합니다.

① 발표의 근거 자료를 신뢰하는지 청중에게 묻고 있다.
② 발표 내용을 청중이 정확히 이해하도록 예를 들고 있다.
③ 발표의 중심 화제를 청중이 알고 있는지 확인하고 있다.
④ 발표 내용의 순서를 제시하여 청중의 이해를 돕고 있다.

03 다음 '한글 맞춤법' 규정을 잘못 적용한 것은?

> **■ 한글 맞춤법 ■**
> **【제5항】** 한 단어 안에서 뚜렷한 까닭 없이 나는 된소리는 다음 음절의 첫소리를 된소리로 적는다.
> 다만 'ㄱ, ㅂ' 받침 뒤에서 나는 된소리는, 같은 음절이나 비슷한 음절이 겹쳐 나는 경우가 아니면 된소리로 적지 아니한다.

① 그릇에 밥을 <u>담뿍</u> 담았다.
② 벌레를 보고 <u>법석</u>을 떨었다.
③ 상대 팀은 예상보다 <u>훨씬</u> 강했다.
④ 얼마 전 다친 상처에 <u>딱찌</u>가 앉았다.

04 다음 피동 표현이 사용되지 <u>않은</u> 것은?

> 피동 표현은 일부 능동사의 어간에 피동 접미사 '-이-, -히-, -리-, -기-'를 붙여서 만들 수 있다.

① 들판이 눈으로 <u>덮였다</u>.
② 눈가에 눈물이 <u>맺혔다</u>.
③ 오빠가 구슬을 <u>굴렸다</u>.
④ 과일이 그릇에 <u>담겼다</u>.

05 ㉠~㉣에 나타난 중세 국어의 특징으로 적절하지 <u>않은</u> 것은?

> ㉠孔·공子·ᄌᆞ·ㅣ曾증子·ᄌᆞ드·려닐·러
> ᄀᆞᆯ·ᄋᆞ·샤·ᄃᆡ·몸·이며
> ㉡얼굴·이며머·리털·이·며·ᄉᆞᆯ·흔
> 父·부母:모·ᄭᅴ받ᄌᆞ·온거·시·라敢:
> 감·히헐·워샹히·오·디아·니홈·이·
> 효·도·ᄋᆡ비·르·소미·오㉢·몸·을셰·
> 워道:도·를行ᅙᅵᆼ·ᄒᆞ·야일·홈·을後:후
> 世:셰·예㉣·베퍼·ᄡᅥ父·부母:모·ᄅᆞᆯ:
> 현·뎌케:홈·이·효·도·ᄋᆡ무·ᄎᆞᆷ·이·
> 니·라
>
> − 『소학언해』 −

① ㉠ : 주격 조사 'ㅣ'가 쓰였다.
② ㉡ : 이어 적기로 표기되었다.
③ ㉢ : 방점으로 성조를 나타내었다.
④ ㉣ : 어두 자음군이 사용되었다.

[6~7] 다음 개요를 읽고 물음에 답하시오.

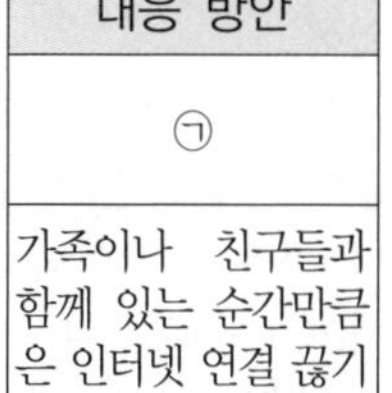

제목 : 인터넷에 지나치게 연결된 삶, 과잉 연결
　　　시대
Ⅰ. 서론 : 과잉 연결 시대의 의미와 문제 제기
Ⅱ. 본론 : 과잉 연결의 문제점과 일상에서의
　　　대응 방안

문제점		대응 방안
사이버 범죄에 쉽게 노출될 수 있음.	⇨	㉠
인간과 인간의 진정한 소통을 가로막음.	⇨	가족이나 친구들과 함께 있는 순간만큼은 인터넷 연결 끊기

Ⅲ. 결론 : ㉡ 과잉 연결 해소를 위한 적절한
　　　대응 권유

06 ㉠에 들어갈 내용으로 가장 적절한 것은?

① 개인 정보 보호에 힘쓰기
② 자료의 가공을 자유롭게 허용하기
③ 인터넷 접속 환경을 편리하게 개선하기
④ 학습 형태를 대면에서 비대면으로 전환하기

07 다음은 ㉡을 구체화한 결과이다. ⓐ~ⓓ의 고쳐쓰기 방안으로 적절하지 <u>않은</u> 것은?

> 　인터넷 과잉 연결 시대를 살아가는 우리는 범죄 노출과 소통 부재 등의 문제에 직면해 있다. 이렇게 많은 문제점이 있음에도 모든 ⓐ 연결과 끊는 것은 어렵다. ⓑ 운동 능력은 연습량에 비례하여 향상된다. ⓒ 다다익선(多多益善)이란 말처럼 과도한 연결이 오히려 해가 될 수 있음을 깨닫고, '위험한 편리'보다 '안전한 불편'을 선택해 보는 것은 ⓓ 어떻까?

① ⓐ : 조사를 잘못 사용했으므로 '연결이'로 바꾼다.
② ⓑ : 중심 내용과 어울리지 않으므로 삭제한다.
③ ⓒ : 문맥상 '과유불급(過猶不及)'으로 고친다.
④ ⓓ : 맞춤법에 어긋난 표현이므로 '어떨까'로 수정한다.

08 다음에서 설명하고 있는 음운 변동이 적용된 것은?

> 'ㄱ, ㄷ, ㅂ'이 뒤에 오는 비음 'ㄴ, ㅁ'의 영향을 받아 각각 비음 'ㅇ, ㄴ, ㅁ'으로 교체되어 발음되는 현상

① 축하[추카]　　　② 밥집[밥찝]
③ 굳이[구지]　　　④ 국물[궁물]

[9~11] 다음 글을 읽고 물음에 답하시오.

> 까마득한 날에
> 하늘이 처음 열리고
> 어데 닭 우는 소리 들렸으랴
>
> 모든 산맥들이
> 바다를 연모(戀慕)해 휘달릴 때도
> 차마 이곳을 범하던 못하였으리라
>
> 끊임없는 광음(光陰)¹⁾을
> 부지런한 계절이 피어선 지고
> 큰 강물이 비로소 길을 열었다
>
> 지금 눈 나리고
> 매화 향기 홀로 아득하니 　　　[A]
> 내 여기 가난한 노래의 씨를 뿌려라
>
> 다시 천고(千古)²⁾의 뒤에
> 백마 타고 오는 초인(超人)³⁾이 있어
> 이 광야에서 목 놓아 부르게 하리라
> 　　　　　　　　　　　 - 이육사, 「광야」 -
>
> ¹⁾ 광음(光陰) : 햇빛과 그늘, 즉 낮과 밤이라는 뜻으로 시간이나
> 　세월을 이르는 말.
> ²⁾ 천고(千古) : 아주 오랜 세월.
> ³⁾ 초인(超人) : 보통 사람으로는 생각할 수 없을 만큼 뛰어난 능
> 　력을 가진 사람.

09　윗글에 대한 설명으로 가장 적절한 것은?

① 시간의 흐름에 따라 시상을 전개하고 있다.
② 음성 상징어를 활용해 리듬감을 형성하고
　있다.
③ 반어적 표현을 통해 시적 상황을 부각하고
　있다.
④ 미완의 문장 종결을 통해 시적 여운을 주고
　있다.

10　각 연의 내용으로 적절하지 <u>않은</u> 것은?

① 1연에서는 새로운 세상이 열리는 모습을 그
　리고 있다.
② 2연에서는 외부 세력에 대한 호감을 드러내
　고 있다.
③ 3연에서는 끊이지 않는 세월의 흐름을 보여
　주고 있다.
④ 5연에서는 미래에 출현할 존재를 제시하고
　있다.

**11　[A]에서 알 수 있는 화자의 태도로 가장 적절한
　것은?**

① 인간이 자연에 순응하는 세계를 지향하고자
　한다.
② 고독한 상황에서 부정적 현실을 극복하고자
　한다.
③ 타인의 삶에 비추어 자신의 과거를 성찰하고
　자 한다.
④ 주어진 환경 속에서 자신의 운명을 회피하고
　자 한다.

[12~14] 다음 글을 읽고 물음에 답하시오.

> 　박 씨가 구슬발을 드리우고 부채를 쥐고 불을
> 붙이니, 불길이 오랑캐 진영을 덮쳐 오랑캐 장졸이
> 대열을 잃고 타 죽고 밟혀 죽으며 남은 군사는 살
> 기를 도모하여 다 도망하는지라. 용골대가 할 수
> 없어,
> 　"이미 화친을 받았으니 대공을 세웠거늘, 부질
> 없이 ⊙ 조그만 계집을 시험하다가 공연히 장졸만
> 다 죽였으니, 어찌 분하고 한스럽지 않으리오."
> 하고 회군하여 나설 제, ⓛ 왕대비와 세자, 대군이
> 며 장안 미색을 데리고 가는지라.
> 　박 씨가 시비 계화를 시켜 외치기를,
> 　"무지한 오랑캐야, 너희 왕 놈이 무식하여 은혜

지국(恩惠之國)[1]을 침범하였거니와, 우리 왕대비는 데려가지 못하리라. 만일 그런 뜻을 두면 너희들은 본국에 돌아가지 못하리라.”

(중략)

박 씨가 또 계화를 시켜 외치기를,

“너희가 일양 그리하려거든 내 재주를 구경하라.”

하더니, 이윽고 공중으로 두 줄기 무지개가 일어나며, 모진 비가 천지를 뒤덮게 오며, 음풍이 일어나며, 백설이 날리며, 얼음이 얼어 오랑캐 군중의 말발이 땅에 붙어 한 걸음도 옮기지 못하는지라. 그제야 오랑캐 장수들이 황겁하여 아무리 생각하여도 모두 함몰할지라. 마지못하여 오랑캐 장수들이 투구를 벗고 창을 버려, 피화당 앞에 나아가 꿇어 애걸하기를,

“오늘날 이미 화친(和親)[2]을 받았으나 왕대비는 아니 모셔 갈 것이니, ⓒ 박 부인 덕택에 살려 주옵소서.”

하고 여러 가지로 사정을 말하여 애걸하거늘, 박 씨가 주렴 안에서 꾸짖기를,

“너희들을 씨 없이 죽일 것이로되, 천시(天時)[3]를 생각하고 용서하거니와, 너희 놈이 본디 간사하여 넘치는 죄를 지었으나 이번은 아는 일이 있어 살려 보내나니, 조심하여 들어가며, 우리 세자, 대군을 부디 태평히 모셔 가라. 만일 그렇지 아니하면 ⓔ 내 오랑캐를 씨도 없이 멸하리라.”

– 작자 미상, 「박씨전」–

[1] 은혜지국(恩惠之國) : 은혜나 혜택을 베푼 나라.
[2] 화친(和親) : 나라와 나라 사이에 다툼 없이 가까이 지냄.
[3] 천시(天時) : 하늘의 도움이 있는 시기.

12 윗글에 대한 설명으로 가장 적절한 것은?

① 1인칭 주인공 시점에서 사건을 서술한다.
② 속담을 활용하여 인물의 심리를 묘사한다.
③ 인간을 위기에서 구하는 동물이 나타난다.
④ 초월적 능력을 발휘하는 인물이 등장한다.

13 ⓐ~ⓔ 중 가리키는 대상이 나머지와 <u>다른</u> 것은?

① ⓐ   ② ⓑ
③ ⓒ   ④ ⓔ

14 윗글에서 알 수 있는 내용으로 적절하지 <u>않은</u> 것은?

① ‘박 씨’는 오랑캐의 용맹함을 두려워하고 있다.
② ‘박 씨’는 오랑캐가 큰 죄를 지었다고 말하고 있다.
③ ‘박 씨’는 ‘계화’를 통해 자신의 의사를 전달하고 있다.
④ ‘박 씨’는 오랑캐에게 세자와 대군을 잘 모셔 가라고 말하고 있다.

[15~16] 다음 글을 읽고 물음에 답하시오.

두터비 파리를 물고 두험[1] 우희 치다라 안자
것넌산 바라보니 백송골(白松骨)[2]이 떠 잇거늘 가슴이 금즉하여 풀덕 뛰여 내닷다가 두험 아래 챳바지거고
모쳐라[3] 날낸 낼식만졍[4] 에헐질 번 하괘라[5]

– 작자 미상 –

[1] 두험 : 풀, 짚 또는 가축의 배설물 따위를 썩힌 거름.
[2] 백송골(白松骨) : 흰 송골매.
[3] 모쳐라 : 마침.
[4] 낼식만졍 : 나이기에 망정이지.
[5] 에헐질 번 하괘라 : 멍이 들 뻔하였구나.

15 윗글에 대한 설명으로 가장 적절한 것은?

① 10구체 형식을 갖추고 있다.
② 중장이 다른 장에 비해 길다.
③ 동일한 후렴구가 반복되고 있다.
④ 수미상관 구조로 이루어져 있다.

16 윗글의 표현상 특징에 대한 설명으로 가장 적절한 것은?

① 공감각적 심상을 통해 주제를 부각하고 있다.

② 해학적인 표현을 통해 대상을 희화화하고 있다.

③ 색채 이미지의 대비를 통해 계절감을 드러내고 있다.

④ 명령형 종결 표현을 통해 화자의 의지를 강조하고 있다.

[17~19] 다음 글을 읽고 물음에 답하시오.

[앞부분 줄거리] 실제 나이는 열여섯 살이지만 선천성 조로증으로 신체 나이가 여든 살이 넘은 소년 '아름'은 이제 서른세 살이 된 젊은 부모 '대수', '미라'와 함께 살아가고 있다. 이들은 '아름'의 치료비를 마련하려고, '아름'의 사연을 소개하는 텔레비전 방송에 출연한다.

S#17 아름이의 방(낮~해 질 녘)

아빠의 과거를 생각하며 글을 쓰던 아름이. 갑자기 얼굴이 일그러진다. 밀려오는 심장의 통증. 대수가 눈치챌까 봐 힘겹게 걸어가 방문을 닫고는, 약통에서 진통제를 꺼내 먹고 진정하려 한다. 식은 땀이 흐르고, 그렇게 괴로워하다가 약에 취해 꾸부린 채 까무룩 잠이 드는 아름이.

컷 투(cut to).[1] 시간 경과.

바닥에 엎드린 채 잠든 아름이의 주름진 손가락이 보인다. 어느새 불그스레 희미해진 햇살이 작은 창으로 길게 스며들고 있다. 그때 '띵' 전자 우편 수신을 알리는 소리. 잠에서 깨는 아름이.

접속해 보면 편지함에 ⊙ 편지 한 통이 와 있다. 보낸 사람 이름은 '이서하', 제목은 '아름에게'. 아름이, 고개를 갸웃거리며 편지를 열어 보면 편지 내용이 화면에 채워진다.

안녕? 나는 이서하라고 해. 열여섯 살, 너랑 같은 나이야.
네 전자 우편 주소는 방송국을 통해 겨우 받아냈어.
아마 나도 아픈 아이란 걸 알고 알려 준 것 같아.
방송을 본 후 너와 친구가 될 수 있을 것 같다는 생각이 들었어.
물론 아름이 너만큼은 아니겠지만, 일 분이 영원처럼 느껴지는 시간에 대해, 나도 조금은 알고 있거든. 행운을 빌어.

아름 이서하?

두근두근, 갑자기 가슴이 뛰고, 목이 바짝바짝 타면서, 온몸에 열기가 느껴지는 아름이.

S#18 아름이의 방, 집 앞 골목길(낮~밤)

서하(소리) (귀여운 말투로) 안녕? 나는 이서하라고 해. 너랑 같은 나이야.

환청으로 아름이의 귓가에 자꾸만 반복되는 서하의 목소리. 아름이, 책상 앞에 앉았지만 집중이 되질 않는다. 그렇게 날이 바뀌어도 떠나질 않는 환청.

컷 투(cut to). 침대에 누워 있는 아름이. 밤이 되어도 귓가에서 떠나질 않는 서하의 목소리.

서하(소리) (농염한 말투로) 안녕? 나는 이서하라고 해. 너랑 같은 나이야.

침대에서 벌떡 일어나는 아름이. 눈 밑에 눈 그늘이 내려와 있고 좀처럼 잠이 올 것 같지 않다.

컷 투(cut to). 집 앞 골목길의 아름이. 계속해서 귓가에 맴도는 목소리.

서하(소리) (청순한 말투로) 안녕? 나는 이서하라고 해. 너랑 같은 나이야.

– 김애란 원작, 최민석 외 각본, 「두근두근 내 인생」–

[1] 컷 투(cut to) : 한 장면에서 다른 장면으로 전환할 때 컷으로 바꾸는 촬영 기법.

17 윗글에 대한 설명으로 가장 적절한 것은?

① 무대 위에서 사건이 전개되고 있다.

② 장과 막을 구성단위로 사용하고 있다.

③ 등장인물이 관객과 직접 소통하고 있다.

④ 촬영을 고려한 전문 용어를 사용하고 있다.

18 ㉠의 기능으로 가장 적절한 것은?

① '아름'에게 경제적 어려움을 느끼게 한다.

② '아름'에게 투병 생활의 고통을 느끼게 한다.

③ '아름'에게 죽음에 대한 두려움을 느끼게 한다.

④ '아름'에게 또래 아이에 대한 설렘을 느끼게
한다.

19 윗글에서 알 수 있는 내용으로 적절하지 <u>않은</u>
것은?

① '아름'은 심장 통증으로 고통받고 있다.

② '서하'는 '아름'이 출연한 방송을 보았다.

③ '서하'는 집에 직접 찾아와서 '아름'을 만났다.

④ '아름'은 '대수'에게 걱정을 끼치지 않으려고
한다.

[20~22] 다음 글을 읽고 물음에 답하시오.

생명 과학이나 생명 공학 연구 활동에 종사하는
대부분의 과학자들은 인간 배아[1] 복제를 포함한
배아 연구를 정부가 규제하는 것은 과학자들의 연
구 자유를 ㉠ <u>침해</u>하는 행위라고 주장한다. 과학의
발전은 인위적으로 막아서는 안 되며, 과학자의 자
유로운 연구를 보장해야 한다는 논리이다. ㉮ <u>이와
같은 입장</u>에서는 인간 배아 복제를 지속적으로 연
구해 그 기술을 발전시키고 응용하면 암과 같은 난
치병을 치료할 수 있으며, 우리나라의 과학 기술
경쟁력을 높일 수 있다고 주장한다. 그런데 이러
한 주장을 비판하는 입장에서는 인간 배아 복제를
㉡ <u>초래</u>할 수 있는 연구에 엄격한 사회적 규제를
가해야 한다고 주장한다. 이들은 인간 배아 복제가
엄연한 생명체인 배아를 조작하고 실험하고 죽이
는 일련의 비도덕적 행위를 수반하므로 연구의 자
유라는 ㉢ <u>미명</u>하에 허용될 수 없는 일이라고 본
다. 아울러 이들은 만약 인간 배아 복제를 허용하
게 된다면 이는 곧 인간 개체 복제, 즉 인간 복제
로 나아가게 되는 길을 열어 주게 될 것이므로 사
전에 강력하게 규제할 필요가 있다고 주장한다.

이상에서 살펴본 바와 같이 생명 복제를 둘러싼
논쟁의 이면에는 연구의 자유를 어떻게 볼 것인가
하는 ㉣ <u>쟁점</u>이 자리하고 있다. 이처럼 과학 연구
의 자유와 한계를 어디까지로 설정할 것인가 하는
문제는 과학 연구에서 매우 중요한 논란거리가 되
어 왔다.

– 이영희, 「과학 연구의 자유와 규제」–

[1] 배아 : 단세포인 수정란이 다세포가 되기 위하여 연속적으로
분열하는 체세포 분열의 과정을 시작한 이후의 개체.

20 윗글에 대한 설명으로 가장 적절한 것은?

① 구체적인 통계 자료를 활용하고 있다.

② 화제에 대한 상반된 입장을 제시하고 있다.

③ 질문을 통해 독자의 호기심을 유발하고 있다.

④ 대상과 관련한 개인적인 경험을 제시하고
있다.

21 ㉮에 해당하는 내용으로 가장 적절한 것은?

① 과학 발전을 인위적으로 막아서는 안 된다.

② 과학자의 연구 자유는 과학 발전과 관련이
없다.

③ 배아 복제 연구는 엄격한 사회적 규제가 필요
하다.

④ 배아 복제 연구는 난치병 치료에 도움이 되지
않는다.

22 ㉠~㉣의 사전적 의미로 적절하지 <u>않은</u> 것은?

① ㉠ : 침범하여 해를 끼침.

② ㉡ : 일의 결과로서 어떤 현상을 생겨나게 함.

③ ㉢ : 그럴듯하게 내세운 명목이나 명칭.

④ ㉣ : 어떤 일을 서로 양보하여 협의함.

[23~25] 다음 글을 읽고 물음에 답하시오.

실학자들은 천주교와 함께 유입된 서양화를 대상의 '참다운 형상'을 묘사하는 데 적합한 화법으로 여겨 적극적으로 받아 들였다. 그런데 서양화법에 매료되었던 실학자들의 태도를 보면, 한 가지 특이한 사실이 발견된다.

박지원, 박제가, 홍대용과 같은 이용후생 학파(북학파)는 주로 서양화의 회화적 표현에 관심이 많았다. 이에 반해 이익이나 정약용 같은 경세치용 학파는 회화의 원리나 그림을 그릴 때 사용되는 기구에 더 많은 주의를 기울였다. 그들의 학문적 지향이 다르듯, 서양화법에 대한 인식 또한 특정 방면으로 나타나는 것이 흥미롭다.

조선 후기 실학자들의 관심을 받으며 유입된 서양화법은 다양한 분야의 그림에 영향을 끼쳤다. (㉠) 서양화법의 유행은 그리 오래 지속되지 않았다. 그 까닭은 무엇일까? 아마도 '눈'에 보이는 현상보다 '정신'을 중요시한 동양화의 전통이 강하게 작용했기 때문이라고 여겨진다.

[A]
예로부터 동양에서는 눈에 보이는 사실을 그대로 옮겨 그리기보다 '마음'으로 해석하여 표현하고자 했다. 그 결과 동양의 화가들은 먹과 선을 위주로 대상의 의미와 느낌을 전달하는 데 주력했다. 반면 서양에서는 눈에 보이는 것을 그대로 화폭에 담으려고 원근법과 화려한 색을 사용하여 사실적인 표현을 추구했다. 동양화와 서양화에 나타나는 이 같은 차이는 정신적인 것을 추구하는 동양인과 눈에 보이는 현상에 집중하는 서양인의 삶에 대한 태도의 차이에서 비롯된 것으로 보인다. 세상을 바라보는 인식과 태도의 차이가 결과적으로 그만큼 다른 회화적 표현을 낳았던 듯하다.

– 김정숙 외, 「실학, 조선의 르네상스를 열다」–

23 윗글의 내용과 일치하는 것은?

① 서양화법의 유행은 조선 시대 전반에 걸쳐 지속되었다.

② 이용후생 학파는 회화에 사용되는 기구에 관심이 많았다.

③ 이용후생 학파와 경세치용 학파는 학문적 지향이 달랐다.

④ 서양의 화가들은 먹과 선을 통해 대상의 의미를 드러내고자 했다.

24 ㉠에 들어갈 말로 가장 적절한 것은?

① 그러면 　　　　　② 따라서

③ 이처럼 　　　　　④ 하지만

25 [A]에 대한 설명으로 가장 적절한 것은?

① 동양화와 서양화의 개념을 정의하고 있다.

② 동양화와 서양화의 공통점을 분석하고 있다.

③ 동양화와 서양화의 회화적 표현이 서로 다른 이유를 제시하고 있다.

④ 동양화와 서양화의 작가에 대한 잘못된 통념을 반박하고 있다.

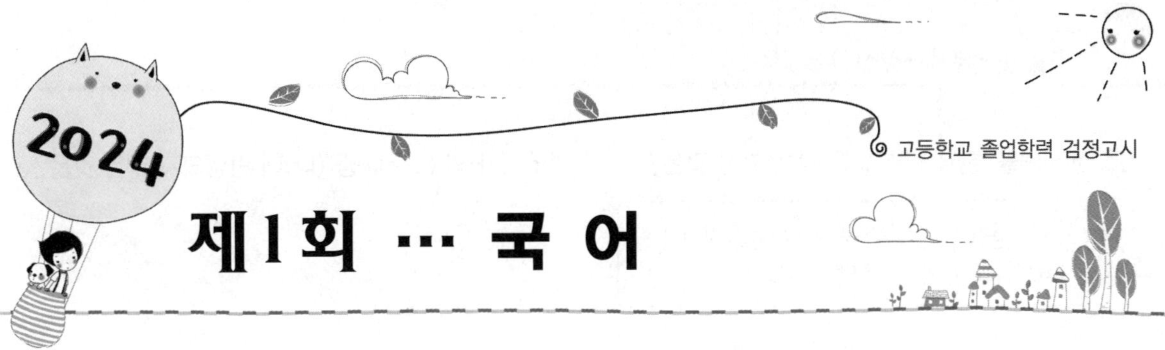

제1회 ··· 국 어

01 ㉠에 들어갈 내용으로 가장 적절한 것은?

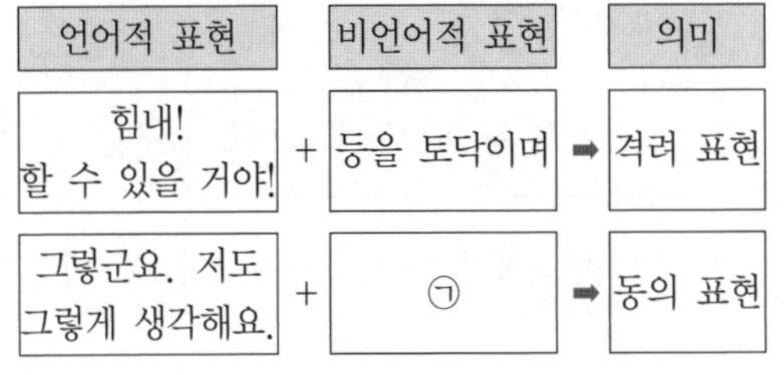

언어적 표현	비언어적 표현	의미
힘내! 할 수 있을 거야!	+ 등을 토닥이며 ⟹	격려 표현
그렇군요. 저도 그렇게 생각해요.	+ ㉠ ⟹	동의 표현

① 고개를 끄덕이며

② 무섭게 인상 쓰며

③ 양손을 내저으며

④ 차갑게 등을 돌리며

02 다음 대화에서 직원의 말하기에 나타난 문제점으로 적절한 것은?

> 손님 : 두 명 자리 있나요?
> 직원 : 죄송합니다. 30분 정도 웨이팅하셔야 해요. 오늘 메뉴가 저희 셰프님 시그니처 메뉴라서요. 괜찮으시면 왼쪽 웨이팅 룸으로 에스코트해 드릴까요?

① 외국어를 지나치게 많이 사용했다.

② 이해하기 어려운 줄임말을 사용했다.

③ 기분을 상하게 하는 비속어를 사용했다.

④ 상황에 맞지 않는 관용 표현을 사용했다.

03 다음 '표준 발음법' 규정이 적용되지 않는 것은?

> ■ 표준 발음법 ■
>
> 【제23항】 받침 'ㄱ(ㄲ, ㅋ, ㄳ, ㄺ), ㄷ(ㅅ, ㅆ, ㅈ, ㅊ, ㅌ), ㅂ(ㅍ, ㄼ, ㄿ, ㅄ)' 뒤에 연결되는 'ㄱ, ㄷ, ㅂ, ㅅ, ㅈ'은 된소리로 발음한다.

① 굳다

② 낙지

③ 답사

④ 볶음

04 다음을 참고하여 예문의 밑줄 친 부분에 사용된 상대 높임을 바르게 연결한 것은?

> 말하는 이가 듣는 이를 높이거나 낮추어 표현하는 방식을 상대 높임법이라고 한다. 상대 높임법은 대체로 문장을 끝맺는 종결 어미로 높임을 실현한다. 종결 어미에는 격식체와 비격식체가 있으며 다음과 같이 나누어진다.
>
> | 격식체 | 하십시오체 / 하오체 / 하게체 / 해라체 |
> |---|---|
> | 비격식체 | 해요체 / 해체 |

	예문	상대 높임
①	할머니께서 진지를 <u>드셨어요.</u>	하십시오체
②	어머니께서도 공원에 <u>가신대.</u>	하오체
③	선생님께 먼저 과일을 <u>드리시게.</u>	하게체
④	아버지를 모시고 큰댁에 <u>다녀왔습니다.</u>	해요체

05 ㉠~㉣을 '한글 맞춤법'에 맞게 고친 것은?

> ㉠ 며칠 뒤에 공장 문이 ㉡ 닫힐 것이라는 소문이 ㉢ 금세 ㉣ 붉어져 나왔다.

① ㉠ : 몇일
② ㉡ : 닷힐
③ ㉢ : 금새
④ ㉣ : 불거져

[6~7] (나)는 (가)를 토대로 작성한 글이다. 물음에 답하시오.

> (가) 초대 글 개요
> Ⅰ. 서두 : ㉠ 계절을 소재로 글을 시작함.
> Ⅱ. 본문
> 1. 축제 안내
>   가. ㉡ 축제 날짜 및 장소를 밝힘.
>   나. ㉢ 다채로운 행사가 준비되어 있음을 강조함.
> 2. 초대의 말
>   가. 축제에 초대하는 내용을 정중하게 표현함.
>   나. ㉣ 방문객에게는 작은 기념품을 증정함을 알림.
> Ⅲ. 맺음말 : 축제에 참여하여 즐거운 시간을 보내기를 바라는 내용을 강조함.
>
> (나) 모시는 글
>   따사로운 햇볕이 반가운 듯 나무들도 꽃망울을 터뜨리며 완연한 봄이 되었음을 알립니다. 더불어 설레는 마음으로 시작했던 새 학기도 어느덧 한 달이 지났습니다.
>   ○○고등학교는 개교 50주년을 맞이하였습니다. 이를 기념하기 위하여 공연과 전시, 체험 활동 등 다채로운 행사가 가득한 축제를 정성껏 준비하였습니다.
>   여러 가지 일로 바쁘시겠지만 학교 축제에 참석하셔서 자리를 빛내 주시기 바랍니다. 잠시나마 일상의 스트레스를 날려 버릴 수 있는 즐거운 시간을 보내실 수 있도록 노력 하겠습니다. 참석하시는 분들께는 작은 기념품도 증정할 예정입니다. (㉮   ) 감사합니다.

06 (가)의 ㉠~㉣ 중 (나)에 반영되지 <u>않은</u> 것은?

① ㉠
② ㉡
③ ㉢
④ ㉣

07 ㉮에 들어갈 내용을 〈조건〉에 따라 작성한 것으로 가장 적절한 것은?

> **조건**
> • 비유법을 활용할 것
> • 청유형 문장을 통해 참여를 촉구할 것

① 이번 축제가 우리 사이의 오작교가 되길 바랍니다.
② 이번 축제에서 친구와 행복한 추억을 만들어 봅시다.
③ 활짝 핀 봄꽃처럼 환한 미소가 가득한 축제를 함께 즐겨 봅시다.
④ 봄바람이 꽃망울을 열 듯 여러분의 마음을 열 수 있는 축제를 만들겠습니다.

08 ㉠~㉣에 나타난 중세 국어의 특징으로 적절하지 <u>않은</u> 것은?

> **[훈민정음 언해]**
> ㉠ 나·랏:말쓰·미中듕國·귁·에달·아文문字·쫑·와·로서르스뭇·디아·니홀·씨·이런젼·츠·로어·린百·빅姓·셩·이㉡니르·고·져·홇·배이·셔·도㉢무·춤:내제㉣·뜨·들시·러펴·디:몯홇·노·미하·니·라
>
> — 『월인석보(月印釋譜)』 —

① ㉠ : 'ᆞ (아래 아)'가 사용되었다.
② ㉡ : 두음 법칙을 지켜서 표기하였다.
③ ㉢ : 소리의 높낮이를 방점으로 표시하였다.
④ ㉣ : 이어 적기로 표기하였다.

[9~10] 다음 글을 읽고 물음에 답하시오.

> 이화(梨花)[1]에 월백(月白)하고 은한(銀漢)[2]이 삼경
> (三更)[3]인 제일지[4]춘심(一枝春心)을 자규(子規)[5]
> 야 알랴마는
> 다정(多情)도 병인 양하여 잠 못 들어 하노라.
> — 이조년 —
>
> [1] 이화 : 배꽃.
> [2] 은한 : 은하수.
> [3] 삼경 : 밤 열한 시에서 새벽 한 시 사이.
> [4] 일지 : 하나의 나뭇가지. 5) 자규 : 두견새.

09 윗글에 대한 설명으로 적절하지 <u>않은</u> 것은?

① 4음보의 율격이 드러나고 있다.
② 후렴구가 반복적으로 나타나고 있다.
③ 색채 이미지를 사용하여 표현하고 있다.
④ 초장, 중장, 종장의 형태로 이루어져 있다.

10 윗글의 화자에 대한 설명으로 가장 적절한 것은?

① 봄밤에 느끼는 애상적인 정서를 드러내고 있다.
② 자신의 운명을 거부하려는 태도를 나타내고 있다.
③ 이상적인 세계를 동경하는 마음을 나타내고 있다.
④ 과거를 회상하며 후회하는 감정을 드러내고 있다.

[11~13] 다음 글을 읽고 물음에 답하시오.

> 이장은 민 씨를 흘기듯 노려보았다.
> "왜, 농민보고 농민 궐기 대회[1] 꼭 나오라 캤는데, 뭐가 잘못됐나."
> 민 씨는 자신도 모르게 따지는 어조가 되었다.

"군 전체가 모두 모여도 몇 명 안 되었다면서요. 그런 자리에 황만근 씨가 꼭 가야 합니까. 아니, 황만근 씨만 가야 할 이유라도 있습니까. 따로 황만근 씨한테 부탁을 할 정도로." "이 사람이 뭐라 카는 기라. 이장이 동민한테 농가 부채[2] 탕감[3] 촉구 전국 농민 총궐기 대회가 있다, 꼭 참석해서 우리의 입장을 밝히자 카는데 뭐가 잘못됐단 말이라."

"잘못이라는 게 아니고요, 다른 사람들은 다 돌아왔는데 왜 황만근 씨만 못 오고 있나 하는 겁니다."

"내가 아나. 읍에 가 보이 장날이더라고. 보나 마나 어데서 술 처먹고 주질러 앉았을 끼라. 백 리 길을 깅운기를 끌고 갔으이 시간도 마이 걸릴 끼고."

다른 사람들은 말이 없었고 민 씨와 이장만이 공을 주고 받는 꼴이 되어 버렸다.

"글세, 그 자리에 꼭 황만근 씨만 경운기를 끌고 갔어야 했느냐 이 말입니다. 그것도 고장 난 경운기를."

"깅운기를 끌고 오라는 기 내 말이라? 투쟁 방침이 그렇다 카이. 깅운기도 그렇지, 고장은 무신 고장, ㉠ 만그이가 그걸 하루 이틀 몰았나. 남들이 못 몬다 뿌이지."

"그럼 이장님은 왜 경운기를 안 타고 가고 트럭을 타고 가셨나요. 이장님부터 솔선수범을 해야지 다른 동민들이 따라 할 텐데, 지금 거꾸로 되었잖습니까."

"내사 민사무소[4]에서 인원 점검하고 다른 이장들하고 의논도 해야 되고 올매나 ㉡ 바쁜 사람인데 깅운기를 타고 언제 가고 말고 자빠졌나. 다른 동네 이장들도 민소 앞에서 모이 가이고 트럭 타고 갔는 거를. 진짜로 깅운기를 끌고 갔으마 군 대회에는 늦어도 한참 늦었지. 군청에 갔는데 비가 와 가이고 온 사람도 및 없더마. 소리마 및 분 지르고 왔지. 군청까지 깅운기를 타고 갈 수나 있던가. 국도에 차들이 미치괘이맨구로 쌩쌩 달리는데 받히만 우애라고. 다른 동네서는 자가용으로 간 사람도 쎘어."

"그러니까 국도를 갈 때는 여러 사람이 한꺼번에 경운기를 여러 대 끌고 가자는 거였잖습니까. 시위도 하고 의지도 보여 준다면서요. 허허, 나 참."

"아침부터 바쁜 사람 불러내 놓더이, 사람 말을 알아듣도 못하고 엉뚱한 소리만 해 싸. 누구맨구로 반동가리가 났나." 기어이 민 씨는 버럭 소리를 지르고야 말았다.

"반편은 누가 반편입니까. 이장이니 지도자니 하는 사람들이 모여서 방침을 정했으면 그대로 해야지, 양복 입고 자가용 타고 간 사람은 오고, 방침대로 ⓒ 경운기 타고 간 사람은 오지도 않고, 이게 무슨 경우냐구요."

"이 자슥이 뉘 앞에서 눈까리를 똑바로 뜨고 소리를 빽빽 질러 쌓노. 도시에서 쫄딱 망해 가이고 귀농을 했시모 얌전하게 납작 엎드려 있어도 동네 사람 시키 줄까 말까 한데, 뭐라꼬? 내가 만그이 이미냐, 애비냐. ⓓ 나이 오십 다 된 기 어데를 가든동 오든동 지가 알아서 해야지, 목사리 끌고 따라다니까?"

– 성석제, 「황만근은 이렇게 말했다」–

1) 궐기 대회 : 어떤 문제의 해결책을 촉구하기 위하여 뜻있는 사람들이 함께 일어나 행동하는 모임.
2) 부채 : 남에게 빚을 짐. 또는 그 빚.
3) 탕감 : 빚이나 요금, 세금 따위의 물어야 할 것을 덜어 줌.
4) 민사무소 : '면사무소'의 방언(경상).

11 윗글에 대한 설명으로 가장 적절한 것은?

① 대화를 통해 인물 간의 갈등을 드러내고 있다.

② 서술자가 직접 경험한 사실을 객관적으로 제시하고 있다.

③ 자연물에 인격을 부여하여 인물의 심리를 보여주고 있다.

④ 과거와 현재를 교차하며 인물의 성격 변화를 보여주고 있다.

12 윗글에서 알 수 있는 내용을 〈보기〉에서 골라 바르게 묶은 것은?

|보기|

ㄱ. 대규모 토지 거래가 활발하게 이루어졌다.
ㄴ. 도시에서 농촌으로 귀농하는 사람이 있었다.
ㄷ. 산업화로 인해 농촌의 상권이 급격히 발달하였다.
ㄹ. 농촌 사회의 부채 문제 때문에 궐기 대회가 열렸다.

① ㄱ, ㄴ　　　　② ㄴ, ㄷ
③ ㄴ, ㄹ　　　　④ ㄷ, ㄹ

13 ㉠~㉣ 중 지칭하는 대상이 나머지와 <u>다른</u> 것은?

① ㉠　　　　② ㉡
③ ㉢　　　　④ ㉣

[14~16] 다음 글을 읽고 물음에 답하시오.

"백탑(白塔)이 현신함을 아뢰옵니다."

태복은 정 진사의 마두1)다. 산모롱이에 가려 백탑은 아직 보이지 않는다. 재빨리 말을 채찍질했다. 수십 걸음도 못가서 모롱이를 막 벗어나자 눈앞이 어른어른하면서 갑자기 한 무더기의 검은 공들이 오르락내리락한다. 나는 오늘에야 알았다. 인생이란 본시 어디에도 의탁할 곳 없이 다만 하늘을 이고 땅을 밟은 채 떠도는 존재일 뿐이라는 사실을. 말을 세우고 사방을 돌아보다가, 나도 모르는 사이에 손을 들어 이마에 얹고 이렇게 외쳤다.

"훌륭한 울음터로다! 크게 한번 통곡할 만한 곳이로구나!" 정 진사가 묻는다.

"하늘과 땅 사이의 툭 트인 경계를 보고 별안간 통곡을 생각하시다니, 무슨 말씀이신지?"

"그렇지, 그렇고말고! 아니지, 아니고말고. 천고의 영웅은 울기를 잘했고, 천하의 미인은 눈물이 많았다네. 하지만 그들은 몇 줄기 소리 없는 눈물을 옷깃에 떨굴 정도였기에, 그들의 울음소리가 천지에 가득 차서 쇠나 돌에서 나오는 듯했다는 말은 들어 본 적이 없다네. 사람들은 다만 칠정(七情) 가운데서 오직 슬플 때만 우는 줄로 알 뿐, 칠정 모두가 울음을 자아낸다는 것은 모르지. 기쁨[喜]이 사무쳐도 울게 되고[A]ㄷ 여움[怒]이 사무쳐도 울게 되고, 즐거움[樂]이 사무쳐도 울게 되고, 사랑함[愛]이 사무쳐도 울게 되고, 욕심[欲]이 사무쳐도 울게 되는 것이야. 근심으로 답답한걸 풀어 버리는 데에는 소리보다 더 효과가 빠른 게 없지. 울음이란 천지 간에서 우레와도 같은 것일세.

㉮ 지극한 정(情)이 발현되어 나오는 것이 저절로 이치에 딱 맞는다면 울음이나 웃음이나 무에 다르겠는가. ㉠ 사람의 감정이 이러한 극치를 겪지 못하다 보니 교묘하게 칠정을 늘어놓고는 슬픔에다 울음을 짝지은 것일 뿐이야. 이 때문에 상을 당했을 때 ㉡ 처음엔 억지로 '아이고' 따위의 소리를 울부짖지. 그러면서 ㉢ 참된 칠정에서 우러나오는 지극한 소리는 억눌러 버리니 그것이 저 천지 사이에 서리고 엉기어 꽉 뭉쳐 있게 되는 것일세. 일찍이 가생(賈生)2)은 울 곳을 얻지 못하고, ㉣ 결국 참다못해 별안간 선실(宣室)3)을 향하여 한마디 길게 울부짖었다네. 그러니 이를 듣는 사람들이 어찌 놀라고 괴이하게 여기지 않았겠는가."

– 박지원, 「아, 참 좋은 울음터로구나!」–

1) 마두(馬頭) : 역마(驛馬)에 관한 일을 맡아보던 사람.

2) 가생 : 가의(賈誼). 한나라 문제에게 등용되었으나 뜻을 이루지 못하고 쫓겨났다. 장사왕과 양왕의 대부로 있으면서 당시 정치적 폐단에 대한 상소문을 올린 것으로 유명하다.

3) 선실 : 임금이 제사 지내기 위해 목욕재계를 하는 곳.

14 윗글에 대한 설명으로 적절하지 <u>않은</u> 것은?

① 특정 행동에 대한 통념을 반박하고 있다.

② 특정 행동과 관련한 내용을 나열하여 설명하고 있다.

③ 특정 장소에서 글쓴이가 깨달은 바를 드러내고 있다.

④ 특정 계절에 대한 글쓴이의 인식 변화를 보여 주고 있다.

15 ㉠~㉣ 중 ㉮의 의미와 가장 유사한 것은?

① ㉠
② ㉡
③ ㉢
④ ㉣

16 윗글에 드러난 글쓴이의 생각으로 가장 적절한 것은?

① 근심을 풀기 위해 울수록 근심은 더 커진다.

② 인간의 칠정이 사무치면 울음과 연결될 수 있다.

③ 웃음과 울음은 원인이 되는 감정이 같을 수 없다.

④ 감정의 극치를 경험한 사람은 울음을 참아낼 수 있다.

[17~19] 다음 글을 읽고 물음에 답하시오.

내가 ㉠ 그의 이름을 불러 주기 전에는
그는 다만
하나의 ㉡ 몸짓에 지나지 않았다.
내가 그의 이름을 ㉢ 불러 주었을 때
그는 나에게로 와서
㉣ 꽃이 되었다.

내가 그의 이름을 불러 준 것처럼
나의 이 빛깔과 향기에 알맞은
누가 나의 이름을 불러다오.
그에게로 가서 나도
그의 꽃이 되고 싶다.

우리들은 모두
무엇이 되고 싶다.
너는 나에게 나는 너에게
잊혀지지 않는 하나의 눈짓이 되고 싶다.

– 김춘수, 「꽃」–

17 윗글의 표현상 특징으로 가장 적절한 것은?

① 유사한 시구를 반복하여 운율을 형성하고 있다.

② 반어적 표현을 사용하여 화자의 소망을 드러내고 있다.

③ 명사형으로 종결하여 화자의 단호한 의지를 강조하고 있다.

④ 촉각적 이미지를 활용하여 시적 대상을 생생하게 표현하고 있다.

18 윗글의 화자가 추구하는 삶의 모습과 가장 가까운 것은?

① 외부 세계와 단절된 삶

② 미래를 예측하여 대비하는 삶

③ 타인과 진정한 관계를 맺는 삶

④ 타인에게 의지하지 않는 독립적인 삶

19 〈보기〉는 [A]를 재구성한 것이다. [A]의 ㉠∼㉣과 〈보기〉의 밑줄 친 부분을 대응시켰을 때, 적절하지 <u>않은</u> 것은?

> **보기**
>
> 내가 구슬을 <u>꿰기 전에는</u>
> 그것은 다만
> 하나의 <u>돌멩이</u>에 지나지 않았다.
> 내가 구슬을 <u>엮어 주었을 때</u>
> 그것은 나에게로 와서
> <u>보배</u>가 되었다.

[A] 〈보기〉

① ㉠ ················· 꿰기 전

② ㉡ ················· 돌멩이

③ ㉢ ················· 엮어 주었을 때

④ ㉣ ················· 보배

[20∼22] 다음 글을 읽고 물음에 답하시오.

주어진 자료들을 대표하는 값으로 가장 유명하고 많이 활용되는 것이 평균이다. 한 집단을 평가할 때 또는 다른 집단과 비교할 때 평균은 유용한 수단이 된다. 그러나 평균이 대상을 잘 반영하는 대푯값이라고 판단하기 위해서는 전체 자료의 다양한 변수와 ㉠ 양상을 먼저 검토하는 것이 필요하다. 이런 점을 고려하지 않고 평균을 대푯값으로 삼으면 사실을 잘못 이해할 수 있다.

우리나라는 사계절이 뚜렷한 나라이다. 겨울에는 영하 10도 이하가 되기도 하고, 여름에는 30도 이상의 고온이 여러 날 ㉡ 지속되기도 한다. 이 때문에 우리나라 사람들은 계절별로 많은 옷을 가지고 있어야 한다. 그에 반해 미국의 하와이 지역은 월별 평균 기온이 연간 거의 변동 없이 유지된다. 그래서 보통의 경우는 반팔 옷으로 대부분의 시간을 지낼 수 있다. 만일 미국 하와이 지역의 사람이 우리나라의 연평균 기온이 12.5도라는 말만을 들었다면 어떤 생각을 할까? 자신이 사는 지역에 비해 일 년 내내 추운 곳이라고 생각 하지는 않을까?

그렇다면 월별 평균 기온만으로 충분할까? 그렇지 않을 수 있다. 우리나라에서는 환절기에 감기 환자가 많아진다. 그 이유는 낮과 밤의 기온 차인 일교차가 심하기 때문이다. 그래서 우리가 보통 여행을 갈 때도 해당 지역, 해당 기간의 평균 기온만이 아니라 하루의 최고와 최저 기온을 알아야 한다. 즉 자료의 범위를 정해 다양한 요소를 ㉢ 고려할 수 있어야 하는 것이다.

평균은 편리한 방법으로 다양하게 사용될 수 있지만, 대푯값으로 잘못 사용되면 사실을 정확하게 판단하지 못하게 만들 가능성이 매우 높다. 현대 사회는 점점 더 많은 변수들에 의해 ㉣ 다변화되는 양상을 보이고 있다. ㉮ <u>이는 평균의 시대가 가고 있음을 나타낸다.</u> 따라서 평균값을 이용하기에 적절한 상황과 적절하지 않은 상황을 파악하고, 전체 자료를 세분화 하여 이해하고 분석하려는 태도를 지니는 것이 매우 중요하다.

– 최제호, 「'평균'의 시대가 가고 있다」–

20 윗글의 내용 전개 방식으로 가장 적절한 것은?

① 구체적인 사례를 제시하고 있다.

② 다양한 해결 방안을 비교하고 있다.

③ 전문가들의 서로 다른 견해를 인용하고 있다.

④ 문제가 해결된 이후의 상황을 가정하여 설명하고 있다.

21 ㉮의 이유로 가장 적절한 것은?

① 평균이 집단 간의 비교에 가장 유용해서

② 평균이 편리하고 다양하게 사용되는 경우가 있어서

③ 평균이 전체 자료를 세분화하여 이해하는 데 유용해서

④ 평균이 다양한 특성을 반영하지 못하는 경우가 있어서

22 ㉠~㉣의 사전적 의미로 적절하지 <u>않은</u> 것은?

① ㉠ : 사물이나 현상의 모양이나 상태

② ㉡ : 어떤 상태가 오래 계속됨.

③ ㉢ : 생각하고 헤아려 봄.

④ ㉣ : 하나로 됨. 또는 그렇게 만듦.

[23~25] 다음 글을 읽고 물음에 답하시오.

> 도서관에서 책을 쉽게 찾으려면 먼저 컴퓨터로 책을 검색해야 한다. (㉠) 컴퓨터는 청구 기호를 알려줄 뿐 책을 직접 찾아 주지는 않는다. 청구 기호를 들고 책을 찾는 것은 사람의 몫이다.

> 청구 기호가 '410.912 ㅈ794ㅅ'인 책이 필요하다면 먼저 410번대의 책이 있는 책장을 찾아야 한다. 옆면에 400~413.8이라고 적힌 책장을 발견 했다면 410.912에 해당하는 책은 이 책장의 오른쪽에 있을 가능성이 높다. 왜냐하면 분류 기호가 낮은 책부터 왼쪽에서 오른쪽 방향으로 책을 꽂기 때문이다. 또 맨 위층에 있는 책일수록 분류 기호가 낮고 아래로 갈수록 커진다.
>
> 분류 기호가 비슷한 책 사이에서는 숫자의 크기를 비교하자. 410.9가 있다면 그 오른쪽에 410.911이 있고, 410.912는 더 오른쪽에 있다. 모든 숫자가 같다면 도서 기호의 문자는 국어사전에서처럼 'ㄱ, ㄴ, ㄷ……' 또는 'ㅏ, ㅐ, ㅑ, ㅒ……' 순으로 비교하면 된다.
>
> 청구 기호 앞에 한글이나 영어 알파벳이 붙어 있는 경우가 있는데 이것을 '별치 기호'라고 한다. 이는 책의 특성이나 이용 목적에 따라 별도의 장소에 책을 보관한다는 뜻이다. 예를 들어, '어'라고 적힌 책은 일반 자료실이 아닌 어린이 자료실에 가야 찾을 수 있다.
>
> 한 명의 저자가 같은 제목의 책을 연속물로 내는 경우는 '-' 기호를, 도서관에서 같은 책을 여러 권 보관한다면 '=' 기호를 써서 분류하기도 한다. '-1=2'라는 표시는 연속물의 제1권이며, 같은 책을 적어도 두 권을 보관하고 있는데 그중 둘째 책이라는 뜻이다. 때로는 책이 나온 해를 표현하기 위해 '2011' 같은 연도를 붙이기도 한다.
>
> ― 이재웅, 「도서 분류의 원리」―

▲도서 청구 기호의 구성

어410.8ㄱ391ㅅ-1=2	
어	별치 기호
410.8	분류 기호
ㄱ391ㅅ	도서 기호
-1=2	부가 기호

23 ㉠에 들어갈 말로 가장 적절한 것은?

① 그래서   ② 그런데

③ 이처럼   ④ 왜냐하면

24 윗글을 읽고 이해한 내용으로 적절하지 <u>않은</u> 것은?

① 책이 나온 연도를 청구 기호에 붙이기도 하는구나.

② 별치 기호가 있으면 별도의 장소에서 찾아야 하는구나.

③ 같은 책장의 아래층에 있는 책은 위층에 있는 책보다 분류 기호가 낮겠구나.

④ 도서 기호는 국어사전에서처럼 자음 또는 모음 순으로 비교하면 되는구나.

25 윗글의 내용을 바탕으로 〈보기〉의 책을 아래 책장에 꽂으려고 할 때 적절한 위치는?

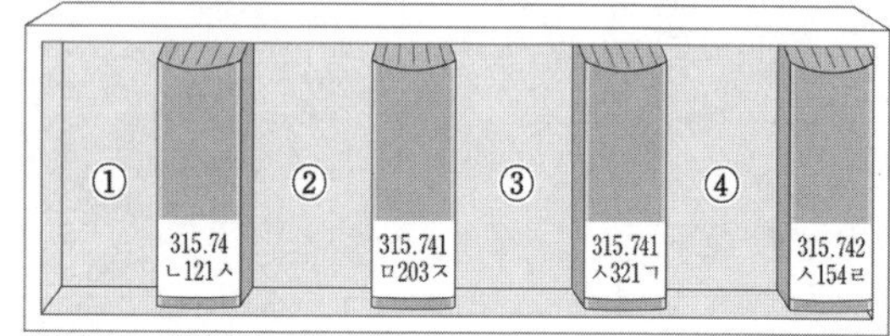

제2회 ··· 국어

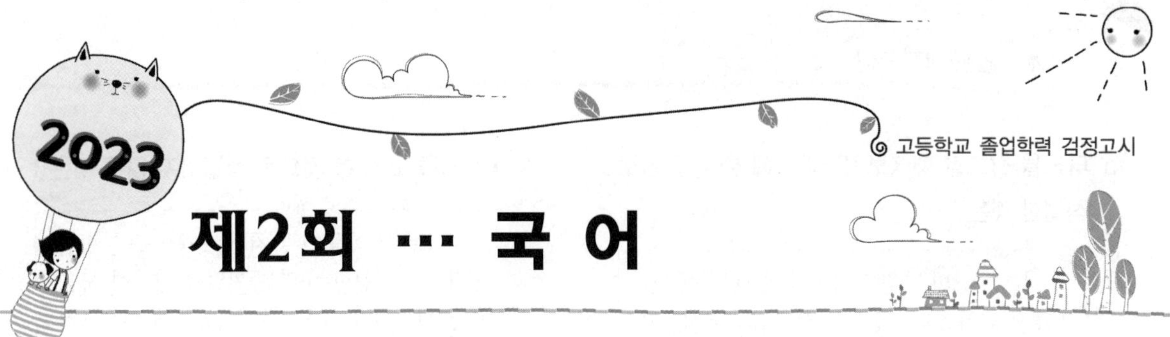

01 다음 대화에 나타난 특징으로 가장 적절한 것은?

1) 이데마(edema) : 부종, 몸이 붓는 증상
2) 만니톨(mannitol) : 부종의 치료에 이용되는 약제
3) 엔시드(ensid) : 진통제, 통증 완화제

① 신조어를 사용하고 있다.
② 전문어를 사용하고 있다.
③ 지역 방언을 사용하고 있다.
④ 관용 표현을 사용하고 있다.

02 수정 후에 반영된 언어 예절에 대한 설명으로 가장 적절한 것은?

[수정 전] 선생님께서 주신 자료가 너무 어려워서 그러는데, 혹시 쉬운 자료가 있을까요?

⬇

[수정 후] 선생님께서 주신 자료를 제가 잘 이해하지 못해서 그러는데, 혹시 쉬운 자료가 있을까요?

① 상대를 칭찬하며 말한다.
② 자신의 탓으로 돌려 말한다.
③ 상대의 의견에 동의하며 말한다.
④ 자신의 능력을 과시하며 말한다.

03 다음을 참고할 때 음운 변동에 관한 설명으로 적절한 것은?

■ 자음 체계표(일부) ■

조음 방법 \ 조음 위치	두 입술	윗잇몸	여린입천장
파열음	ㅂ	ㄷ	ㄱ
비음	ㅁ	ㄴ	ㅇ
유음		ㄹ	

① 심리[심니] : 앞 자음 'ㅁ'이 뒤 자음 'ㄹ'과 조음 방법이 같아짐.
② 종로[종노] : 앞 자음 'ㅇ'이 뒤 자음 'ㄹ'과 조음 위치가 같아짐.
③ 신라[실라] : 앞 자음 'ㄴ'이 뒤 자음 'ㄹ'과 조음 방법이 같아짐.
④ 국물[궁물] : 앞 자음 'ㄱ'이 뒤 자음 'ㅁ'과 조음 위치가 같아짐.

04 다음 한글 맞춤법 규정을 <u>잘못</u> 적용한 것은?

■ 한글 맞춤법 ■

【제15항】 용언의 어간과 어미는 구별하여 적는다.
[붙임 1] 두 개의 용언이 어울려 한 개의 용언이 될 적에, 앞말의 본뜻이 유지되고 있는 것은 그 원형을 밝히어 적고, 그 본뜻에서 멀어진 것은 밝히어 적지 아니한다.

① 인구가 <u>늘어나다</u>
② 갯벌이 <u>드러나다</u>
③ 집으로 <u>돌아가다</u>
④ 단추가 <u>떠러지다</u>

05 다음을 참고할 때 〈보기〉의 ㉠에 들어갈 말로 적절한 것은?

> 다른 사람의 말을 직접 인용할 때는 인용할 내용에 큰따옴표가 붙고 조사 '라고'가 사용된다. 간접 인용할 때는 인용할 내용에 조사 '고'가 붙고, 경우에 따라 인용문의 인칭대명사, 종결 어미가 바뀐다.

> **보기**
>
> **직접 인용 표현** 친구가 나에게 "너의 취미가 뭐야?"라고 물었다. ⬇
>
> **간접 인용 표현** 친구가 나에게 (㉠   ) 물었다.

① 나의 취미가 뭐냐고
② 그의 취미가 뭐냐고
③ 나의 취미가 뭐냐라고
④ 그의 취미가 뭐냐라고

06 ㉠에 들어갈 내용으로 가장 적절한 것은?

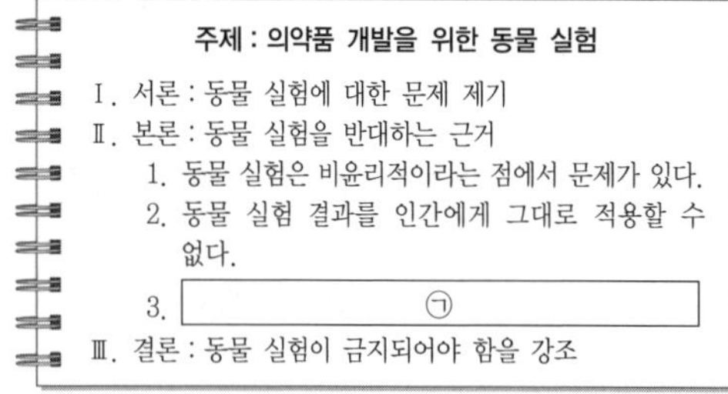

① 동물 실험을 대체할 실험 방안이 있다.
② 동물 실험이 인간에게 가져다주는 이익이 크다.
③ 동물 실험이 동물 학대를 의미하는 것은 아니다.
④ 동물 실험으로 의약품 개발 비용을 절감할 수 있다.

07 ㉠~㉣을 고쳐 쓴 것으로 적절하지 <u>않은</u> 것은?

> 메모는 기억을 ㉠ <u>유지되는</u> 가장 좋은 방법이다. ㉡ <u>충분한 수면은 기억력 향상에 도움을 준다.</u> 여러 가지 생각이 동시에 떠오르거나 기발한 생각이 스쳐 갈 때 이를 메모해 두면 유용하다. 과거에는 메모가 필요한 순간에 메모지나 필기구가 ㉢ <u>없더라도</u> 불편한 경우가 종종 있었다. ㉣ <u>그리고</u> 지금은 휴대 전화의 기능을 활용하여 전보다 쉽게 메모할 수 있게 되었다.

① ㉠ : '기억을'과 호응하도록 '유지하는'으로 수정한다.
② ㉡ : 통일성을 해치는 문장이므로 삭제한다.
③ ㉢ : 문맥을 고려하여 '없어서'로 고친다.
④ ㉣ : 잘못된 접속어를 사용했으므로 '따라서'로 바꾼다.

08 ㉠~㉣에 나타난 중세 국어의 특징으로 적절하지 <u>않은</u> 것은?

> 불·휘㉠기·픈남·ᄀᆞᆫ㉡ᄇᆞᄅ·매아·니:뮐·ᄊᆡ
> 곶:됴·코여·름·하ᄂᆞ니
> :시·미기·픈㉢·므·른·ᄀᆞᄆᆞ·래아·니그·츨·ᄊᆡ
> ㉣:내·히이·러바·ᄅᆞᆯ·래·가ᄂᆞ니
> — 「용비어천가」 제2장 —

① ㉠ : 소리 나는 대로 표기하고 있다.
② ㉡ : 현재 쓰이지 않는 모음이 있다.
③ ㉢ : 모음 조화를 지키고 있다.
④ ㉣ : 주격 조사 '히'가 사용되었다.

[9~11] 다음 글을 읽고 물음에 답하시오.

나 모기가 역거워
가실 때에는
말없이 고이 보내 드리우리다.

영변(寧邊)에 약산(藥山)
진달래꽃
아름 따다 가실 길에 뿌리우리다.

가시는 걸음걸음
놓인 그 꽃을
㉠ 사뿐히 즈려밟고 가시옵소서.

나 보기가 역겨워
가실 때에는
죽어도 아니 눈물 흘리우리다.

– 김소월, 「진달래꽃」 –

09 윗글의 표현상 특징으로 적절하지 않은 것은?

① 설의법을 사용하여 주제 의식을 강조하고 있다.
② 유사한 종결 어미를 반복해 리듬감을 형성하고 있다.
③ 반어적 표현을 활용하여 화자의 감정을 강조하고 있다.
④ 수미상관 구조를 통해 형태적 안정감을 형성하고 있다.

10 ㉠에 나타난 화자의 정서로 가장 적절한 것은?

① 고향에 대한 그리움
② 무기력한 삶에 대한 후회
③ 임을 향한 헌신적인 사랑
④ 정처 없이 떠도는 삶의 비애

11 윗글과 〈보기〉에 공통으로 나타나는 우리나라 시가 문학의 특징으로 가장 적절한 것은?

보기

아리랑 아리랑 아라리요
아리랑 고개로 넘어간다
나를 버리고 가시는 임은
십 리도 못 가서 발병 난다

– 경기 민요, 「아리랑」 –

① 3음보 율격을 지닌다.
② 자연 친화적 태도를 보인다.
③ 절기에 따른 풍속을 노래한다.
④ 마지막 구절 첫머리에 감탄사를 쓴다.

[12~13] 다음 글을 읽고 물음에 답하시오.

십 년을 경영하여 초려 삼간 지어 내니
나 한 간 달 한 간에 청풍 한 간 맛져 두고
강산은 들일 듸 업스니 둘러 두고 보리라

– 송순 –

12 윗글의 화자에 대한 설명으로 가장 적절한 것은?

① 세속적 삶을 지향하고 있다.
② 멀리 있는 임금을 걱정하고 있다.
③ 자연 속에서 소박하게 살고 있다.
④ 후학 양성에 대한 포부를 밝히고 있다.

13 ㉠~㉣ 중 윗글의 강산과 의미가 가장 유사한 것은?

㉠ 잔 들고 혼자 앉아 먼 ㉡ 뫼를 바라보니
그리던 ㉢ 님이 오다 반가움이 이러하랴
㉣ 말씀도 웃음도 아녀도 못내 좋아하노라

– 윤선도, 「만흥」 –

① ㉠   ② ㉡
③ ㉢   ④ ㉣

[14~16] 다음 글을 읽고 물음에 답하시오.

> "김병국 부친 되십니다."
> 중위가 나를 소개했다. 그리고 덧붙여, 내가 예편된 대위 출신으로 육이오 전쟁에 참전한 상이용사라고 말했다.
> "그렇습니까. 반갑습니다. 저는 윤영구라고 합니다. 앉으시지요."
> 윤 소령이 나를 회의용 책상으로 안내해 간이 철제 의자를 권했다. ㉠ 그는 호인다운 인상에 목소리가 시원시원하여, 중위의, 파견 대장은 인간적이란 말에 한결 신뢰감을 주었다.
> "불비한 자식을 둬서 죄, 죄송합니다. 자식 놈과 얘기해 보셨다면 아, 알겠지만 천성이 착한 놈입니다."
> 의자에 앉으며 내가 말했다.
> "어젯밤 마침 제가 부대에서 숙식할 일이 있어 장시간 ㉡ 그 친구와 얘기를 나눠 봤지요. 똑똑한 젊은이더군요."
> "요즘 제 딴에는 뭐 조류와 환경 오염 실태를 여, 연구한답시고…… 모르긴 하지만 그 일 때문에 시, 심려를 끼치지 않았나 하는데요?"
> "그렇습니다. 그러나 자제분은 군 통제 구역 출입이 어떤 처벌을 받는지 알 텐데도 무모한 행동을 했어요. 설령 하는 일이 정당하다면 사전에 부대 양해나 협조부터 요청해야지요."
>
> 〈중략〉
>
> [A] 윤 소령은 당번병을 불러 김병국 군을 데려오라 말했다. 한참 뒤, 사병과 함께 병국이 파견 대장실로 들어왔다. 땟국 앉은 꾀죄죄한 그의 몰골이 중병 환자 같았다. 점퍼와 검정 바지도 펄투성이여서 하수도 공사를 하다 나온 듯했다. 병국은 움푹 꺼진 동태눈으로 나를 보았다.
>
> "㉢ 이 녀석아, 넌 도대체 어, 어떻게 돼먹은 놈이냐! 통금 시간에 허가증 없이 해안 인대에 모, 못 다니는 줄 뻔히 알면서."
> 내가 노기를 띠고 아들에게 소리쳤다.
> "본의는 아니었어요. 사흘 사이 동진강 하구 삼각주에서 갑자기 새들이 집단으로 죽기에 그 이유를 좀 알아보려던 게……"
>
> 병국이 머리를 떨구었다.
> "그래도 변명은!"
> "고정하십시오. 자제분 의도나 진심은 충분히 파악했으니깐요."
> 윤 소령이 말했다.
> 병국은 간밤에 쓴 진술서에 손도장을 찍고, 각서 한 장을 썼다. 내가 그 각서에 연대 보증을 섬으로써 우리 부자가 파견대 정문을 나서기는 정오가 가까울 무렵이었다. 부대에서 나올 때 집으로 찾아왔던 중위가 병국이 사물을 인계했다. 닭털 침낭과 등산 배낭, 이인용 천막, 그리고 걸레 조각처럼 늘어진 바다오리와 꼬마물떼새 시신이 각 열 구씩이었다.
> "죽은 새는 뭘 하게?"
> 웅포리 쪽으로 걸으며 내가 물었다.
> "해부를 해서 사인을 캐 보려구요."
> "폐, 폐수 탓일까?"
> "글쎄요……"
> "㉣ 너도 시장할 테니 아바이집으로 가서 저, 점심 요기나 하자."
> 나는 웅포리 정 마담을 만나 이잣돈을 받아 오라던 아내 말을 떠올렸다. 병국이는 식사 따위에 관심이 없어 보였다.
> "아버지, 아무래도 새를 독살하는 치들이 있는 것 같아요."
> "그걸 어떻게 아니?"
> "갑자기 떼죽음당하는 게 이상하잖아요? 물론 전에도 새나 물고기가 떼죽음하는 경우가 있었지만, 이번은 뭔가 다른 것 같아요."
> "물 탓이야. 이제 동진강은 강물이 아니고 도, 독물이야. 조만간 이곳에서 세떼가 자취를 감추고 말 게야."
>
> – 김원일, 「도요새에 관한 명상」 –

14 윗글을 읽고 이해한 것으로 가장 적절한 것은?

① '나'는 '병국'의 일에 무관심하다.
② '병국'은 '윤 소령'의 입장을 동정한다.
③ '나'는 '윤 소령'의 행동에 실망감을 느낀다.
④ '병국'은 새들의 떼죽음에 의혹을 품고 있다.

15 [A]에 대한 설명으로 가장 적절한 것은?

① 과거 회상을 통해 사건의 원인을 밝히고 있다.
② 외양 묘사를 통해 인물의 처지를 보여 주고 있다.
③ 이국적 소재를 활용하여 인물의 상황을 강조하고 있다.
④ 장면의 빈번한 전환으로 갈등의 심화를 보여 주고 있다.

16 ㉠~㉣ 중 가리키는 대상이 다른 것은?

① ㉠   ② ㉡
③ ㉢   ④ ㉣

[17~19] 다음 글을 읽고 물음에 답하시오.

[앞부분 줄거리] 명나라 때 홍무와 부인 양씨는 뒤늦게 계월을 낳아, 남자 옷을 입혀 기른다. 난을 피하다가 부모와 헤어진 계월을 여공이 구해 평국이라는 이름을 지어 주고, 아들 보국과 함께 곽 도사에게 수학하게 한다. 평국은 보국과 함께 과거에 급제하고, 서달의 난이 일어나자 출전하여 공을 세운다. 그 후 평국은 병이 들어 어의에게 진맥을 받고 난 뒤 여자임이 밝혀진다.

계월이 천자께 ㉠ 상소를 올리자 임금께서 보셨는데 상소의 내용은 다음과 같았다.

'한림학사 겸 대원수 좌승상 청주후 평국은 머리를 조아려 백 번 절하고 아뢰옵나이다. 신첩이 다섯 살이 되기 전에 장사랑의 난에 부모를 잃었사옵니다. 그리고 도적 맹길의 환을 만나 물속의 외로운 넋이 될 뻔한 것을 여공의 덕으로 살아났사옵니다. 오직 한 가지 생각을 했으니, 곧 여자의 행실을 해서는 규중에서 늙어 부모의 해골을 찾지 못할 것이라는 점입니다. 그래서 여자의 행실을 버리고 남자의 옷을 입어 황상을 속이옵고 조정에 들었사오니 신첩의 죄는 만 번을 죽어도 아깝지 않습니다. 이에 감히 아뢰어 죄를 기다리옵고 내려 주셨던 유지(諭旨)[1]와 인수(印綬)[2]를 올리옵나이다. 임금을 속인 죄를 물어 신첩을 속히 처참하옵소서.'

천자께서 글을 보시고 용상(龍床)을 치며 말씀하셨다.

"평국을 누가 여자로 보았으리오? 고금에 없는 일이로다. 천하가 비록 넓으나 문무(文武)를 다 갖추어 갈충보국(竭忠報國)[3]하고, 충성과 효도를 다하며 조정 밖으로 나가서는 장수가 되고 들어와서는 재상이 될 만한 재주를 가진 이는 남자 중에도 없을 것이로다. 평국이 비록 여자지만 그 벼슬을 어찌 거두겠는가?"

[중간 줄거리] 천자의 중매로 계월과 보국은 혼인을 하게 된다. 혼인 후 계월은 규중에서 지내다가 오랑캐를 진압하라는 천자의 명을 받는다.

평국이 엎드려 아뢰었다.

"신첩이 외람되게 폐하를 속이고 공후의 작록을 받아 영화로이 지낸 것도 황공했사온데 폐하께서는 죄를 용서해 주시고 신첩을 매우 사랑하셨사옵니다. 신첩이 비록 어리석으나 힘을 다해 성은을 만분의 일이나 갚으려 하오니 폐하께서는 근심하지 마옵소서."

천자께서 이에 크게 기뻐하시고 즉시 수많은 군사와 말을 징발해 주셨다. 그리고 벼슬을 높여 평국을 대원수로 삼으시니 원수가 사은숙배(謝恩肅拜)하고 위의를 갖추어 친히 붓을 잡아 보국에게 전령(傳令)을 내렸다.

"적병의 형세가 급하니 중군장은 급히 대령하여 군령을 어기지 마라."

보국이 전령을 보고 분함을 이기지 못해 부모에게 말했다.

"계월이 또 소자를 중군장으로 부리려 하오니
이런 일이 어디에 있사옵니까?"
여공이 말했다.
"전날 내가 너에게 무엇이라 일렀더냐? 계월이
를 괄시하다가 이런 일을 당했으니 어찌 계월이
가 그르다고 하겠느냐? 나랏일이 더할 수 없이
중요하니 어쩔 수 없구나."

– 작자 미상, 「홍계월전」 –

1) 유지(諭旨) : 임금이 신하에게 내리는 글
2) 인수(印綬) : 벼슬에 임명될 때 임금에게 받는 도장을 몸에 차
   기 위한 끈
3) 갈충보국(竭忠報國) : 충성을 다해 나라의 은혜를 갚음.

17 윗글에 대한 설명으로 가장 적절한 것은?

① 인물의 말을 통해 대상을 평가하고 있다.
② 다른 사물에 빗대어 대상을 비판하고 있다.
③ 계절의 변화를 통해 비극적 상황을 강조하고
   있다.
④ 꿈과 현실을 교차하여 인물의 과거를 보여
   주고 있다.

18 윗글의 인물에 대한 설명으로 가장 적절한 것은?

① 천자는 '여공'을 중군장으로 삼고자 한다.
② '평국'은 천자로부터 능력을 인정받고 있다.
③ '보국'은 대원수인 '계월'의 권위를 인정하고
   있다.
④ '여공'은 '계월'이 아닌 '보국'의 편을 들어
   주고 있다.

19 ㉠의 중심 내용으로 가장 적절한 것은?

① 자신의 혼인을 부탁하고 있다.
② 천자를 속인 죄에 대해 벌을 청하고 있다.
③ 벼슬을 거두지 말아 달라고 간청하고 있다.
④ 여성에 대한 차별을 없애 달라고 요구하고
   있다.

[20~22] 다음 글을 읽고 물음에 답하시오.

부탄의 마을 치몽은 한눈에 봐도 가난한 마을이
다. 전기가 들어오지 않는 마을답게 변변한 세간도
없다. 그러나 매 순간 몸과 마음을 다해 손님을 대
접한다. 활쏘기를 구경하려고 걸음을 멈추면 집으
로 뛰어 들어가 돗자리를 꺼내 온다. 논두렁 길을
걷다 보면 어린 소년이 뛰어와 옷 속에 품은 달걀
을 수줍게 내민다. 이 동네 사람들은 행복해 보일
뿐만 아니라 우리를 행복하게 해 주기 위해서는 무
엇이든 할 준비가 되어 있는 것 같았다. 가진 게
별로 없는데도 아무렇지 않아 보였으며 빈한한 살
림마저도 기꺼이 나누며 살아가는 듯했다.
또한 치몽에서는 늘 몸을 움직여야만 한다. 집
바깥에 있는 화장실에 가기 위해서도, 공동 수돗가
에서 물을 받기 위해서도 움직여야만 한다. 빨래는
당연히 손으로 해야 하고, 쌀도 키로 골라야 하며,
곡물은 맷돌을 돌려 갈아야 한다. 난방이 되지 않
아 실내에서는 옷을 두껍게 입어야만 하며, 생활에
필요한 모든 것은 몸을 써야만 얻을 수 있다. 그런
데 그 불편함이 이상하게도 살아 있음을 실감케 한
다. 일상의 모든 자질구레한 일에 몸을 써야만 하
는 이 나라 사람들에게 부탄 정부가 2005년에 노
골적으로 물었다. "당신은 행복합니까?"라고. 그
질문에 단지 3.3퍼센트만이 행복하지 않다고 대답
했다고 한다. 이들의 이러한 모습을 보면 몸이 편
한 것과 행복은 별 상관이 없는 것 같다는 생각이
들곤 한다.
㉠ 이 나라에서의 삶은 그야말로 사는 것이다.
텔레비전으로 보고, 인터넷으로 검색하고, 카메라
로 찍는 삶이 아니라 몸을 움직여 직접 만들고 경
험하는 삶이다. 그러다 보니 부탄에서 일과 놀이는

ㄴ 으로 연결되어 있다. 그들은 노는 듯 일하고 일하듯 논다. 진정한 호모 루덴스[1]다. 이런 그들에게 놀이는 돈을 지불해야 얻을 수 있는 상품이 아니다. 이 나라 사람들은 아직 노동하기 위해 살지는 않는다.

– 김남희, 「왜 당신의 시간을 즐기지 않나요」 –

[1] 호모 루덴스(Homo ludens) : '노는 인간' 또는 '유희하는 인간'이라는 뜻으로 역사학자 하위징아(Huizinga, J.)가 제창한 개념

20 윗글의 서술상 특징으로 적절한 것을 〈보기〉에서 고른 것은?

〈보기〉

ㄱ. 구체적인 예를 들고 있다.
ㄴ. 비슷한 상황을 열거하고 있다.
ㄷ. 상대의 주장을 반박하고 있다.
ㄹ. 새로운 이론을 제시하고 있다.

① ㄱ, ㄴ   ② ㄱ, ㄷ
③ ㄴ, ㄹ   ④ ㄷ, ㄹ

21 ㉠과 가장 거리가 먼 것은?

① 불편해도 살아 있음을 느끼는 삶
② 대중 매체를 통해 놀이를 즐기는 삶
③ 몸을 움직여 직접 만들고 경험하는 삶
④ 가진 것이 별로 없어도 나누며 사는 삶

22 ㉡에 들어갈 말로 가장 적절한 것은?

① 대립적   ② 일시적
③ 유기적   ④ 수동적

[23~25] 다음 글을 읽고 물음에 답하시오.

라면이 국수나 우동과 다른 점은 면을 한 번 튀겨서 익혔다는 것이다. 그래서 끓이지 않고도 먹을 수 있고, 끓여서 먹더라도 금방 익혀 먹을 수 있다. 심지어 컵라면은 지속적으로 끓일 필요도 없고 단지 끓는 물을 붓기만 해도 먹을 수 있다. 그런데 왜 하필 3분을 기다려야 하는 걸까? 컵라면을 먹을 때마다 3분이 얼마나 긴 시간인지를 새삼 깨닫는다.

컵라면의 면발은 봉지 라면에 비해 더 가늘거나 납작하다. 면발의 표면적을 넓혀 뜨거운 물에 더 많이 닿게 하기 위해서다. 그리고 컵라면의 면을 꺼내 보면 ㉠위쪽은 면이 꽉 짜여 빽빽하지만, 아래쪽은 면이 성글게 엉켜 있다. 이는 중량을 줄이기 위해서가 아니고 따뜻한 물은 위로, 차가운 물은 아래로 내려가는 대류 현상 때문이다. 컵라면 용기에 물을 부으면 위쪽보다는 아래쪽이 덜 식는다. 따라서 뜨거운 물이 위로 올라가려고 하는데 이때 면이 아래쪽부터 빽빽하게 들어차 있으면 물의 대류 현상에 방해가 된다. 위아래의 밀집도가 다른 컵라면의 면발 형태는 뜨거운 물의 대류 현상을 원활하게 하여 물을 계속 끓이지 않아도 면이 고르게 익도록 하는 과학의 산물이다.

컵라면 면발에는 화학적 비밀도 있다. 봉지 라면과 비교했을 때 컵라면 면발에는 밀가루 그 자체보다 정제된 전분이 더 많이 들어가 있다. 라면은 밀가루로 만든 면을 기름에 튀겨 전분을 알파화[1]한 것이다. 하지만 밀가루에는 전분 외에 단백질을 포함한 다른 성분도 들어 있다. 면에 이런 성분을 빼고 순수한 전분의 비율을 높이면 그만큼 알파화가 많이 일어나므로, 뜨거운 물을 부었을 때 복원되는 시간도 빨라진다. 전분을 많이 넣을수록 면이 불어나는 시간이 빨라져 더 빨리 먹을 수 있게 되는 것이다. 하지만 전분이 너무 많이 들어가면 면발이 익는 시간이 빨라지는 만큼 불어 터지는 속도도 빨라져 컵라면을 다 먹기도 전에 곤죽이 되고 만다.

– 이은희, 「라면의 과학」 –

[1] 알파화 : 물과 열을 가해 전분을 익혀 먹기 쉽게 만드는 과정이나 상태

23 윗글에 반영된 글쓰기 계획으로 적절하지 <u>않은</u> 것은?

① 과학 용어를 사용하여 설명해야지.
② 대상과 관련된 경험을 제시해야지.
③ 다른 대상과 대조하여 설명해야지.
④ 구체적인 통계 자료를 활용해야지.

24 윗글을 통해 알 수 있는 내용으로 가장 적절한 것은?

① 컵라면의 면발은 단백질과 전분으로만 이루어져 있다.
② 국수나 우동의 면발은 모두 한 번 튀겨서 익힌 것이다.
③ 면발이 납작해지면 뜨거운 물에 닿는 표면적이 넓어진다.
④ 면에 전분 외에 다른 성분의 비율을 높이면 알파화가 많이 일어난다.

25 ㉠의 이유로 가장 적절한 것은?

① 대류 현상을 방해하기 위해서
② 전분의 비율을 낮추기 위해서
③ 컵라면의 중량을 줄이기 위해서
④ 면이 고르게 익도록 하기 위해서

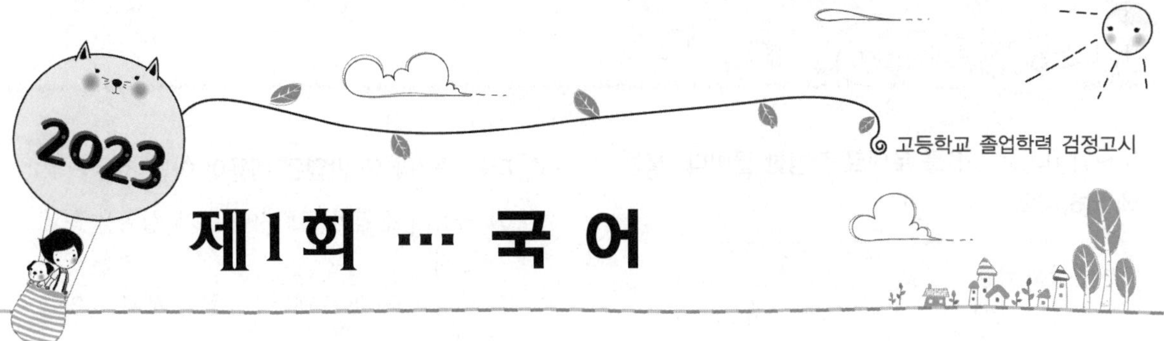

제1회 ··· 국 어

01 다음에 대한 설명으로 가장 적절한 것은?

> '부추'를 강원, 경북, 충북에서는 '분추'라고 부르고 일부 경상, 전남에서는 '솔'이라고 한다. 일부 충청에서는 '졸'이라고 부르며 경상, 전북, 충청에서는 '정구지'라고 부르기도 한다.

① 세대에 따라 사용하는 어휘가 다르다.
② 성별에 따라 사용하는 어휘가 다르다.
③ 지역에 따라 같은 대상을 다르게 표현한다.
④ 직업에 따라 같은 대상을 다르게 표현한다.

02 다음 속담에서 강조하는 우리말의 담화 관습으로 가장 적절한 것은?

> • 발 없는 말이 천 리 간다.
> • 화살은 쏘고 주워도, 말은 하고 못 줍는다.
> • 가루는 칠수록 고와지고, 말은 할수록 거칠어진다.

① 말은 신중하게 해야 한다.
② 하고 싶은 말은 참지 않아야 한다.
③ 상대방의 말은 귀 기울여 들어야 한다.
④ 질문에 답할 때에는 신속하게 해야 한다.

03 피동 표현이 사용되지 <u>않은</u> 것은?

① 동생이 엄마에게 업혔다.
② 아이가 모기에게 물렸다.
③ 토끼가 사냥꾼에게 잡혔다.
④ 그가 친구에게 사실을 밝혔다.

04 다음 규정에 맞게 발음하지 <u>않은</u> 것은?

> ■표준 발음법■
> 【제17항】 겹받침이 모음으로 시작된 조사나 어미, 접미사와 결합되는 경우에는, 뒤엣것만을 뒤 음절 첫소리로 옮겨 발음한다.(이 경우, 'ㅅ'은 된소리로 발음함.)

① 값을 깎지 마세요. → [갑쓸]
② 넋이 나간 표정이다. → [넉씨]
③ 닭을 키운 적이 있다. → [다글]
④ 앉아 있기가 힘들다. → [안자]

05 다음 높임법이 나타난 문장이 <u>아닌</u> 것은?

> 객체 높임법은 목적어나 부사어가 지시하는 대상, 즉, 서술의 객체를 높이는 방법이다.

① 나는 어머니를 모시고 집에 갔다.
② 선생님께서는 우리를 사랑하신다.
③ 자세한 내용은 아버지께 여쭤 보세요.
④ 주말에는 할아버지를 찾아뵙고 싶습니다.

[6~7] (나)는 (가)를 토대로 작성한 글이다. 물음에 답하시오.

> **(가) 작문 상황**
>   – 작문 과제 : ○○고등학교의 문제점을 찾아 해결 방안을 제안하는 건의문 쓰기
>   – 예상 독자 : ○○고등학교 교장 선생님
>
> **(나) 글의 초고**
>   교장 선생님께
>   안녕하세요? 저는 1학년 김△△입니다.
>   우리 학교는 주변 상권과 거리가 먼 곳에 위치하고 있어 학생들의 학교 매점 이용률이 매우 높습니다. 그런데 최근 저를 비롯해 매점에서 식품을 사 ㉠먹을 학생들이 배탈 난 일이 있었습니다. ㉡<u>저희 아버지께서도 위장염으로 오랫동안 고생을 하고 계십니다.</u> 이러다 보니 매점에서 판매하는 식품의 안전이 염려되어 한 가지 건의를 ㉢들이려고 합니다.
>   학교 매점에서 유해·불량 식품을 판매하지 않도록 '교내 식품 안전 지킴이' 제도를 도입해 주세요. 어린이 식생활 안전 관리 특별법에 의하면 초·중·고교 매점은 학생들에게 안전하고 영양가 있는 식품을 공급하도록 노력해야 합니다. ㉣하지만 우리 학교 매점에서는 그러한 노력을 소홀히 하고 있습니다.
>   학부모와 학생으로 구성된 '교내 식품 안전 지킴이' 제도를 도입하여 학생들에게 식품 안전 기초 교육을 실시하고 매점에서 유해·불량 식품을 판매하지 않도록 감독한다면, 학생들이 안전한 먹거리를 섭취하고 바람직한 식습관을 형성할 수 있을 것입니다.
>   다시 한번 '교내 식품 안전 지킴이' 제도를 도입해 주시기를 당부드립니다. 감사합니다.
>   1학년 김△△ 올림

06 다음 중 (나)에 반영된 내용이 <u>아닌</u> 것은?

① 자신의 경험과 관련지어 문제 상황을 드러낸다.

② 예상 독자가 수행할 수 있는 해결 방안을 제시한다.

③ 건의 내용이 받아들여졌을 때 예상되는 효과를 제시한다.

④ 주장을 뒷받침하기 위해 구체적인 설문 조사 결과를 제시한다.

07 ㉠~㉣을 고쳐 쓰기 위한 방안으로 적절하지 <u>않은</u> 것은?

① ㉠ : 시간 표현이 잘못되었으므로 '먹은'으로 고친다.

② ㉡ : 글의 통일성을 해치는 문장이므로 삭제한다.

③ ㉢ : 맞춤법에 어긋하므로 '드리려고'로 수정한다.

④ ㉣ : 잘못된 접속어를 사용했으므로 '그래서'로 바꾼다.

08 ㉠~㉣에 나타난 중세 국어의 특징으로 적절하지 <u>않은</u> 것은?

> ㉠<u>孔·공子·진曾증子·ᄌᆞ드·려닐·러ᄀᆞᆯᄋᆞ·샤</u>·디·몸·이며 얼굴·이며머·리털·이·며·술·흔 ㉡<u>父·부母:모·ᄭᅴ받ᄌᆞ·온</u> 거·시·라敢:감·히헐·워샹히·오·디아·니:홈·이:효·도·의 비·르·소미·오·몸·을셰·위道:도·를行ᄒᆡᆼ·ᄒᆞ·야 ㉢<u>일:홈·을</u> 後:후世:셰·예:베퍼·뻐 ㉣<u>父·부母:모롤:현·더케:홈·이</u> :효·도·의ᄆᆞ·ᄎᆞᆷ·이니·라
>
>   – 『소학언해』 (1587) –

① ㉠ : 모음 뒤에서 주격 조사 'ㅣ'가 사용되었다.

② ㉡ : 어두 자음군이 사용되었다.

③ ㉢ : 이어 적기로 표기되었다.

④ ㉣ : 조사가 모음 조화에 따라 표기되었다.

[9~11] 다음 글을 읽고 물음에 답하시오.

> ㉠ 매운 계절(季節)의 채찍에 갈겨
> 마침내 ㉡ 북방(北方)으로 휩쓸려오다.
>
> 하늘도 그만 지쳐 끝난 ㉢ 고원(高原)
> 서릿발 칼날진 그 위에 서다.
>
> 어데다 무릎을 꿇어야 하나
> 한 발 재겨 디딜 곳조차 없다.
>
> 이러매 눈 감아 생각해 볼밖에
> 겨울은 강철로 된 ㉣ 무지개인가 보다.
>
>   – 이육사, 「절정」 –

09 ㉠~㉣ 중 시적 의미가 가장 이질적인 것은?

① ㉠   ② ㉡

③ ㉢   ④ ㉣

10 윗글의 표현상 특징으로 적절한 것은?

① 동일한 구절을 반복하여 주제를 강조하고 있다.
② 상징적 표현을 사용하여 화자의 상황을 부각하고 있다.
③ 의인법을 활용하여 시적 대상과의 친밀감을 드러내고 있다.
④ 수미 상관을 활용하여 화자의 암울한 처지를 강조하고 있다.

11 다음을 참고할 때, 시인이 윗글을 통해 드러내려고 한 가치로 가장 적절한 것은?

> 이육사는 조선은행 대구 지점 폭발물 사건에 연루되어 수감 생활을 하는 등 열일곱 차례 옥고를 치른 항일 운동가였다.

① 편리성과 효율성을 중요시하는 자세
② 자연과 인간이 공존해야 한다는 신념
③ 운명에 순응하며 현실에 만족하는 태도
④ 극한의 상황에서도 꺾이지 않는 항일 의지

[12~14] 다음 글을 읽고 물음에 답하시오.

> [앞부분 줄거리] 1930년대의 어느 농촌 스물여섯 살 '나'는 성례를 시켜 주겠다는 장인의 말에 데릴사위로 들어와 새경 한 푼 받지 못한 채 일을 한다. 하지만 장인은 성례를 계속 미루며 '나'를 머슴처럼 부려 먹기만 한다. 억울한 '나'는 장인과 함께 구장에게 가서 의견을 묻기로 한다.

  구장님도 내 이야기를 자세히 듣더니 퍽 딱한 모양이었다. 하기야 구장님뿐만 아니라 누구든지 다 그럴게다. ㉠ 길게 길러 둔 새끼손톱으로 코를 후벼서 저리 탁 튀기며
  "그럼 봉필 씨! 얼른 성롈 시켜 주구려, 그렇게까지 제가 하구 싶다는 걸⋯⋯."
하고 내 짐작대로 말했다. 그러나 이 말에 장인님이 삿대질로 눈을 부라리고
  "아, 성례구 뭐구 기집애년이 미처 자라야 할 게 아닌가?"
하니까 고만 멀쑤룩해서 입맛만 쩍쩍 다실 뿐이 아닌가⋯⋯.
  "㉡ 그것두 그래!"
  "그래, 거진 사 년 동안에도 안 자랐다니 그 킨 은제 자라지유? 다 그만두구 사경[1] 내슈⋯⋯."
  "글쎄, 이 자식아! 내가 크질 말라구 그랬니, 왜 날 보구 떼냐?"
  "㉢ 빙모님은 참새만 한 것이 그럼 어떻게 앨 낳지유?(사실 장모님은 점순이보다도 귓배기 하나가 적다.)"

그러나 이 말에는 별반 신통한 귀정[2]을 얻지 못하고 도루 논으로 돌아와서 모를 부었다. 왜냐면, 장인님이 뭐라구 귓속말로 수군수군하고 간 뒤다. 구장님이 날 위해서 조용히 데리구 아래와 같이 일러 주었기 때문이다. (ⓔ 뭉태의 말은 구장님이 장인님에게 땅 두 마지기 얻어 부치니까 그래 꾀었다고 하지만 난 그렇게 생각 않는다.)

> "자네 말두 하기야 옳지. 암, 나이 찼으니까 아들이 급하다는 게 잘못된 말은 아니야. 하지만 농사가 한창 바쁠 때 일을 안 한다든가 집으로 달아난다든가 하면 손해죄루 그것두 징역을 가거든! (여기에 그만 정신이 번쩍 났다.) 왜 요전에 삼포 말서 산에 불 좀 놓았다구 징역 간 거 못 봤나. 제 산에 불을 놓아두 징역을 가는 이땐데 남의 농사를 버려주니 죄가 얼마나 더 중한가. 그리고 자넨 정장[3]을(사경 받으러 정장 가겠다 했다.) 간대지만, 그러면 괜스레 죄 될 쓰고 들어가는 걸세. 또, 결혼두 그렇지. 법률에 성년이란 게 있는데 스물하나가 돼야지 비로소 결혼을 할 수가 있는 걸세. 자넨 물론 아들이 늦을 걸 염려하지만, 점순이로 말하면 인제 겨우 열여섯이 아닌가. 그렇지만 아까 빙장님의 말씀이 올갈에는 열 일을 제치고라두 성례를 시켜 주겠다 하시니 좀 고마울 겐가. 빨리 가서 모 붓든 거나 마저 붓게. 군소리 말구 어서 가."
>
> (가)

– 김유정, 「봄·봄」 –

[1] 사경 : 새경. 머슴이 주인에게서 일한 대가로 받는 돈이나 물건
[2] 귀정 : 그릇되었던 일이 바른길로 돌아옴.
[3] 정장 : 소송을 제기하기 위해 소장(訴狀)을 관청에 냄.

12 윗글의 특징으로 적절하지 <u>않은</u> 것은?

① 주로 인물의 대화를 통해 사건이 전개되고 있다.
② 작품 밖의 서술자가 인물의 심리를 묘사하고 있다.
③ 어리숙한 인물의 언행을 통해 해학성을 드러내고 있다.
④ 농촌을 배경으로 설정해 당시의 생활상을 그리고 있다.

13 (가)에 나타난 구장의 설득 방법으로 적절하지 <u>않은</u> 것은?

① '나'의 잘못을 언급하며 대화를 시작하고 있다.
② 징역 간다는 말로 '나'에게 겁을 주고 있다.
③ 결혼에 대한 법률적 근거를 제시하고 있다.
④ 성례의 가능성을 제시하며 '나'를 회유하고 있다.

14 ㉠~㉣에 대한 설명으로 적절하지 <u>않은</u> 것은?

① ㉠ : 무관심한 '구장'의 모습을 희화화하고 있다.
② ㉡ : '구장'의 우유부단한 성격을 드러내고 있다.
③ ㉢ : '나'는 장인의 말에 근거를 들어 대응하고 있다.
④ ㉣ : '나'는 '뭉태'의 말에 전적으로 동의하고 있다.

[15~16] 다음 글을 읽고 물음에 답하시오.

속세에 묻힌 분들, 이내 생애 어떠한가.
옛사람 풍류에 미칠까 못 미칠까.
이 세상 남자 몸이 나만 한 이 많건마는
자연에 묻혀 산다고 즐거움을 모르겠는가.
초가집 몇 칸을 푸른 시내 앞에 두고
송죽 울창한 곳에 풍월주인 되었구나.
엊그제 겨울 지나 새 봄이 돌아오니
복숭아꽃, 살구꽃은 석양에 피어 있고
푸른 버들, 향긋한 풀은 가랑비에 푸르도다.
칼로 재단했는가, 붓으로 그려 냈는가.
조물주의 솜씨가 사물마다 신비롭구나.
수풀에 우는 새는 봄 흥취에 겨워 소리마다 교태로다.
물아일체이니 흥이야 다를 쏘냐.

– 정극인, 「상춘곡」 –

15 윗글에서 확인할 수 있는 가사의 특징으로 알맞은 것은?

① 4음보의 율격이 주로 나타난다.
② 후렴구를 사용하여 연을 나눈다.
③ 4구체, 8구체, 10구체의 형식이 있다.
④ 초장, 중장, 종장의 3장으로 구성된다.

16 윗글의 화자에 대한 설명으로 가장 적절하지 <u>않은</u> 것은?

① 세속적 공간을 떠나 자연에 묻혀 살고 있다.
② 옛사람의 풍류와 비교하며 자부심을 드러내고 있다.
③ 큰 고을의 주인이 되어 임금의 은혜에 감사하고 있다.
④ 아름다운 봄의 풍경을 감상하며 흥취를 느끼고 있다.

[17~19] 다음 글을 읽고 물음에 답하시오.

(가)
　　좌수(座首) 별감(別監) 넋을 잃고 이방, 호방 혼을 잃고 나졸들이 분주하네. 모든 수령 도망갈 제 거동 보소. 인궤[1] 잃고 강정 들고, 병부(兵符)[2] 잃고 송편 들고, 탕건[3] 잃고 용수[4] 쓰고, 갓 잃고 소반 쓰고. 칼집 쥐고 오줌누기. 부서지는 것은 거문고요 깨지는 것은 북과 장고라. 본관 사또가 똥을 싸고 멍석 구멍 생쥐 눈 뜨듯 하고, 안으로 들어가서,
　　"어, 추워라. 문 들어온다 바람 닫아라. 물 마르다 목 들여라."

〈중략〉

어사또 분부하되,
"너 같은 년이 수절한다고 관장(官長)[5]에게 포악하였으니 살기를 바랄쏘냐. 죽어 마땅하되 내 수청도 거역할까"
춘향이 기가 막혀,
"내려오는 관장마다 모두 명관(名官)이로구나. 어사또 들으시오. 충암절벽(層巖絕壁) 높은 바위가 바람 분들 무너지며, 청송녹죽(靑松綠竹) 푸른 나무가 눈이 온들 변하리까. 그런 분부 마옵시고 어서 바삐 죽여 주오." 하며,
"향단아, 서방님 어디 계신가 보아라. 어젯밤에 옥 문간에 와 계실 제 천만당부 하였더니 어디를 가셨는지 나 죽는 줄 모르는가."
어사또 분부하되, "얼굴 들어 나를 보라."
하시니 춘향이 고개 들어 위를 살펴보니, 걸인으로 왔던 낭군이 분명히 어사또가 되어 앉았구나. 반웃음 반울음에,
"얼씨구나, 좋을시고 어사 낭군 좋을시고. 남원 읍내 가을이 들어 떨어지게 되었더니, 객사에 봄이 들어 이화춘풍(李花春風) 날 살린다. 꿈이냐 생시냐? 꿈을 깰까 염려로다."

– 작자 미상, 「춘향전」 –

[1] 인궤 : 관아에서 쓰는 각종 도장을 넣어 두던 상자
[2] 병부(兵符) : 군대를 동원하는 표지로 쓰던 동글납작한 나무패
[3] 탕건 : 벼슬아치가 갓 아래 받쳐 쓰던 관(冠)의 하나
[4] 용수 : 죄수의 얼굴을 보지 못하도록 머리에 씌우는 둥근 통 같은 기구
[5] 관장(官長) : 관가의 장(長). 고을의 원을 높여 이르던 말

17 윗글에 대한 설명으로 알맞은 것은?

① 판소리로 공연되기도 하였다.
② 궁중에서 발생하여 민간으로 유입되었다.
③ 조선 시대 양반 계층에 한하여 향유되었다.
④ 우리 문자가 없었던 시기라 한자로 기록되었다.

18 (가)에 대한 설명으로 적절하지 <u>않은</u> 것은?

① 유사가 문장 구조를 반복하여 운율감을 드러내고 있다.
② 음성 상징어를 활용하여 긴박한 상황을 나타내고 있다.
③ 비유적 표현을 사용하여 인물의 행동을 보여주고 있다.
④ 단어의 위치를 의도적으로 뒤바꾸어 웃음을 유발하고 있다.

19 윗글에서 확인할 수 있는 내용으로 알맞은 것은?

① '춘향'은 '어사또'의 수청 제안을 거절했다.
② '어사또'는 지난밤에 옥 문간에서 '걸인'을 만났다.
③ '춘향'은 내려오는 관장을 모두 긍정적으로 평가했다.
④ '향단'은 '어사또'의 정체를 알고 기쁨의 눈물을 흘렸다.

[20~22] 다음 글을 읽고 물음에 답하시오.

(가) 현대인의 삶의 질이 점차 향상됨에 따라 도시공원에 대한 관심도 함께 높아지고 있다. 도시공원은 자연 경관을 보호하고, 사람들의 건강과 휴양, 정서 생활을 위하여 도시나 근교에 만든 공원을 말한다. 또한 도시공원은 휴식을 취할 수 있는 공간인 동시에 여러 사람과 만날 수 있는 소통의 장이기도 하다.

(나) 도시공원은 사람들이 선호하는 도시 시설 가운데 하나이지만 노인, 어린이, 장애인, 임산부 등 사회적 약자에게는 '그림의 떡'인 경우가 많다. 사회적 약자들은 그들의 신체적 제약으로 인해 도시공원에 접근하거나 이를 이용하기에 열악한 상황에 놓여 있기 때문이다.

(다) 우선, 도시공원이 대중교통을 이용해서 가기 어려운 위치에 있는 경우가 많다. 또한 공원에 간다 하더라도 사회적 약자를 미처 배려하지 못한 시설물이 대부분이다. 동선이 복잡하거나 안내 표시가 없어서 불편을 겪는 경우도 있다. 이런 물리적·사회적 문제점들로 인해 실제 공원을 ㉠ 찾는 사회적 약자는 처음 공원 설치 시 기대했던 인원보다 매우 적은 편이다.

(라) 도시공원은 일반인뿐 아니라 사회적 약자들도 동등하게 이용할 수 있는 공간이어야 한다. 이를 위해서는 ㉮ 사회적 약자를 배려한 도시공원 계획이 우선적으로 마련되어야 한다. 사회적 약자에게 필요한 것은 아무리 작은 쌈지공원[1]이라도 편안하게 접근하여 여러 사람과 소통하거나 쉴 수 있도록 조성된 공간이다.

– 이훈길, 「도시를 걷다」 –

[1] 쌈지 공원 : 빌딩 사이의 자투리땅에 조성한 공원

20 (가)~(나)의 중심 내용으로 적절하지 <u>않은</u> 것은?

① (가) : 도시공원의 정의와 기능
② (나) : 사회적 약자가 선호하는 도시 시설
③ (다) : 사회적 약자의 도시공원 이용이 어려운 이유
④ (라) : 바람직한 도시공원의 요건

21 밑줄 친 부분이 ㉠과 가장 유사한 의미로 쓰인 것은?

① 국산품을 <u>찾는</u> 손님이 많다.
② 산을 <u>찾는</u> 사람들이 늘고 있다.
③ 떨어진 바늘을 <u>찾는</u> 일은 어렵다.
④ 마음의 안정을 <u>찾는</u> 것이 좋겠다.

22 윗글을 고려하여 떠올린 ㉮의 구체적인 방안으로 적절하지 <u>않은</u> 것은?

① 공원 내에서 이동하기 쉽도록 동선을 설계한다.
② 공원 내에 바닥 조명을 설치하여 방향 유도 체계를 만든다.
③ 공원 내에 사회적 약자와 일반인의 공간을 분리하여 설계한다.
④ 대중교통을 이용해서 접근하기 쉬운 곳에 공원을 배치한다.

[23~25] 다음 글을 읽고 물음에 답하시오.

니체는 '망각은 새로운 것을 ㉠ <u>수용하게</u> 하는 적극적이고 능동적인 힘'이라고 말했다. 잊어버린다는 사실은 과거에 ㉡ <u>구속되지</u> 않고 현재를 살아가게 하는 원동력이 된다는 것이다. 그런데 자연스레 잊혀야 할 일들이 도무지 잊히지 않아 괴로워하는 사람들이 있다. 그들은 인터넷에 남아 있는 잊고 싶은 과거의 흔적이나 뜻하지 않게 퍼진 사진 때문에 고통받고 있다.

이러한 현실을 고려하여 '잊힐 권리'의 법적 보장 문제가 논의될 필요가 있다. '잊힐 권리'란 인터넷에 공개된 이용자 정보에 대해 당사자가 검색되는 것을 원하지 않을 경우, 해당 포털 사이트에 검색 결과의 삭제를 요구할 수 있는 권리를 말한다. ㉢ <u>노출되길</u> 원하지 않았던 정보가 인터넷에 유출되어 정신적 피해를 입고 있는 사람들에게는 자신의 정보가 올라간 사이트를 찾아다니며 일일이 삭제 요청을 하는 것 외에는 대응 수단이 없다. 그러나 이런 방식에는 분명 한계가 있으므로 법적으로 ㉣ <u>확실하게</u> 잊힐 권리를 보장해야 한다. 해당 정보가 단순한 개인 정보라면 사생활을 보호하기 위해서라도 그 정보의 삭제를 요청할 수 있는 권리를 지켜 주어야 한다.

㉮ 잊힐 권리의 보장으로 '알 권리'라고 하는 또 다른 권리가 침해된다고 주장하는 사람들도 있다. 잊힐 권리를 보장하게 되면 법적인 권력이나 자본을 소유한 사람들에게 악용될 소지가 크다는 것이다. 그러나 더욱 바람직하고 건강한 사회를 만들기 위해 잊힐 권리의 법적 보장에 대해 꼭 한번 고민해 볼 필요가 있다.

– 윤용아, 「잊힐 권리와 알 권리」 –

23 윗글을 읽은 후, 타인과 소통하며 이해를 확장하기 위해 한 활동으로 적절하지 <u>않은</u> 것은?

① 이 글에 나타난 '잊힐 권리'에 대한 핵심 내용을 요약한다.

② 친구들과 함께 '잊힐 권리'의 필요성을 주제로 토의를 진행한다.

③ 전문가를 대상으로 '잊힐 권리'의 법적 보장에 대한 인터뷰를 실시한다.

④ 인터넷 게시판에서 '잊힐 권리'의 법적 보장을 논제로 한 토론에 참여한다.

24 ㉮가 제시할 근거로 가장 적절한 것은?

① '알 권리'를 인정하면 사생활을 보호할 수 있기 때문이다.

② '알 권리'를 인정하면 망각이 쉽게 일어날 수 있기 때문이다.

③ '잊힐 권리'를 인정하면 정보 비공개로 인해 공익이 저해될 수 있기 때문이다.

④ '잊힐 권리'를 인정하면 정보 유출로 인한 고통이 늘어날 수 있기 때문이다.

25 ㉠~㉣을 고유어로 바꾸고자 할 때, 적절하지 <u>않은</u> 것은?

① ㉠ : 받아들이게   ② ㉡ : 얽매이지
③ ㉢ : 드러나길   ④ ㉣ : 올바르게

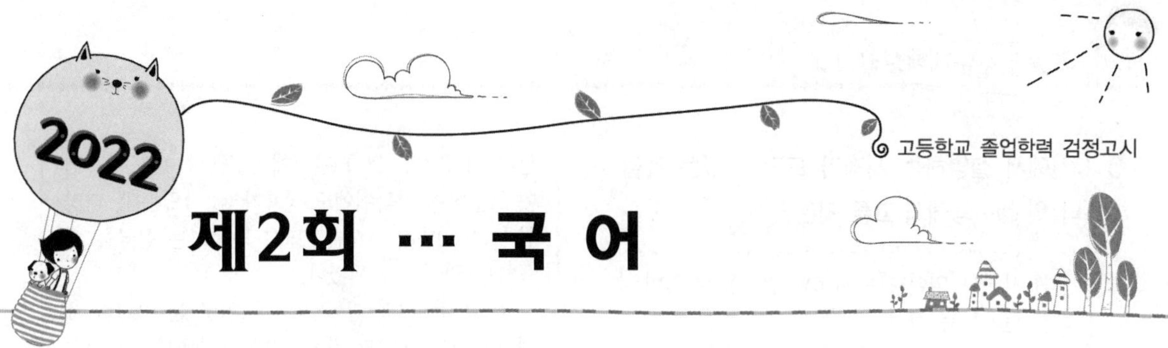

2022

제2회 ··· 국 어

01 다음 대화에서 '영준'의 말하기 방식에 대한 설명으로 적절한 것은?

> 정우 : 어제 친구랑 싸웠는데 친구가 화해할 생각이 없어 보여.
> 영준 : 그랬구나. 마음이 복잡하겠네. 그 친구도 시간이 지나면 화가 풀려서 괜찮아질 거야.

① 상대의 요청을 수용하며 말하고 있다.
② 전문가의 말을 인용하여 말하고 있다.
③ 통계 자료를 활용하여 설득하고 있다.
④ 상대의 기분을 고려하여 위로하고 있다.

02 ㉠에 들어갈 말로 가장 적절한 것은?

> 겸양의 격률 : 자신에 대한 칭찬은 최소화하여 표현한다.
>
> 〈사례〉
> 민아 : 나래야, 이번 발표 자료 정말 잘 만들었더라!
> 나래 : (　　　　　㉠　　　　　)

① 응, 다음에 만들 발표 자료도 기대해 줘.
② 당연하지. 내가 뭐 못하는 것 본 적 있니?
③ 아니야, 부족한 점이 많았는데 좋게 봐 줘서 고마워.
④ 그렇지? 내가 봐도 이번 자료는 참 잘 만든 것 같아.

03 다음 '표준 발음법' 규정이 적용되지 <u>않는</u> 것은?

> 【제17항】 받침 'ㄷ, ㅌ(ㄾ)'이 조사나 접미사의 모음 'ㅣ'와 결합되는 경우에는, [ㅈ, ㅊ]으로 바꾸어서 뒤 음절 첫소리로 옮겨 발음한다.

① 일이 많아 <u>끝이</u> 보이지 않는다.
② 그는 <u>굳이</u> 따라가겠다고 졸랐다.
③ 한옥 대문이 <u>여닫이</u>로 되어 있다.
④ 그는 <u>밭이랑</u>에 농작물을 심었다.

04 밑줄 친 부분이 '한글 맞춤법'에 맞게 쓰인 것은?

① 내가 너보다 먼저 <u>갈게</u>.
② 오늘은 <u>웬지</u> 기분이 좋다.
③ 그렇게 마음대로 하면 <u>어떻해</u>.
④ 날씨가 얼마나 <u>덥든지</u> 땀이 났다.

05 (가)에서 설명하는 시제가 드러나 있는 것을 (나)의 ㉠~㉣에서 고른 것은?

> (가) 사건이 일어나는 시점과 말하는 시점이 일치하는 시제
>
> (나) 오랜만에 비가 ㉠ 내린다. 긴 가뭄으로 ㉡ 근심하던 농부는 드디어 활짝 ㉢ 웃는다. 내일부터는 비가 자주 내린다니 앞으로 가뭄 걱정이 ㉣ 없겠다.

① ㉠, ㉡ ② ㉠, ㉢

③ ㉡, ㉣ ④ ㉢, ㉣

[6~7] (나)는 (가)를 토대로 작성한 글이다. 물음에 답하시오.

> (가)
>
> **제목 : 떡볶이의 어제와 오늘**
> Ⅰ. 처음 : 떡볶이의 유래에 대한 호기심 유발
> Ⅱ. 중간
>   1. 떡볶이의 유래인 조선 시대 궁중 떡볶이
>   2. ⓐ
> Ⅲ. 끝 : 세계적으로 인기를 얻고 있는 떡볶이

(나)

떡볶이는 우리나라 사람들이 가장 사랑하는 음식 중 하나이다. 떡볶이는 언제 처음 만들어졌을까?

떡볶이는 본래 조선 시대 궁궐에서 만들어 먹던 요리였다. 조선 시대의 떡볶이는 궁중 요리인 잡채와 유사한 음식이었다. 당면 대신 쌀떡을 넣고, 쇠고기와 각종 나물을 넣어 간장으로 양념을 한 것이다. ㉠ 떡볶이 외에도 조선 시대 궁중 요리로 유명한 것은 신선로가 있다.

궁중 요리였던 떡볶이는 1950년대부터 시중에 팔리면서 대중 음식이 되었다. 그 후로도 떡볶이에 시대상이 반영되면서 떡볶이는 여러 차례 변모했다. 가스가 ㉡ 공급하기 시작한 1970년대부터는 즉석에서 요리할 수 있어 길거리에서도 떡볶이를

팔기 시작했다. 2000년대에는 프랜차이즈 시스템이 등장하여 떡볶이에도 상표가 ㉢ 달렸는데, 다양한 소스·메뉴가 개발되면서 떡볶이는 한국을 대표하는 먹거리가 되었다.

떡볶이는 이제 한국인의 ㉣ 입맛 뿐 아니라 세계인의 입맛도 사로잡고 있다. 떡볶이는 비빔밥, 김치와 더불어 한식의 대표 주자로 전 세계의 한식 열풍을 이끌고 있다. 떡볶이가 앞으로도 계속 발전하여 세계인의 입맛을 사로잡기를 기대해 본다.

06 (나)의 내용을 고려할 때, (가)의 ⓐ에 들어갈 내용으로 가장 적절한 것은?

① 시대에 따른 떡볶이의 변모 과정

② 1950년대 떡볶이의 인기 요인 분석

③ 떡볶이 프랜차이즈화의 장점과 단점

④ 길거리에서 파는 떡볶이의 종류와 특징

07 ㉠~㉣의 고쳐쓰기 방안으로 적절하지 <u>않은</u> 것은?

① ㉠ : 글 전체의 내용과 상관없는 문장이므로 삭제한다.

② ㉡ : 주어와의 호응을 고려하여 '공급되기'로 바꾼다.

③ ㉢ : 문맥을 고려하여 '달렸지만'으로 바꾼다.

④ ㉣ : 띄어쓰기가 잘못되어 있으므로 '입맛뿐'으로 고친다.

08 ㉠~㉣에 나타난 중세 국어의 특징으로 적절하지 않은 것은?

【훈민정음 언해】

㉠ ·내·이·ᄅᆞᆯ爲·윙·ᄒᆞ·야:어엿·비너·겨·새·로·스·믈여·듧 ㉡ 字·ᄍᆞᆼ·ᄅᆞᆯ밍·ᄀᆞ노·니:사ᄅᆞᆷ:마·다:ᄒᆡ·ᅇᅧ ㉢ :수·ᄫᅵ니·겨 ·날·로 ㉣ ·ᄡᅮ·메便뼌安ᅙᅡᆫ·킈ᄒᆞ·고·져ᄒᆞᇙᄯᆞᄅᆞ·미니·라

- 『월인석보』 -

① ㉠ : 모음 뒤에서 주격 조사 'ㅣ'가 쓰였다.
② ㉡ : 모음 조화가 잘 지켜지고 있었다.
③ ㉢ : 현대 국어에 쓰이지 않는 'ㅸ'이 사용되었다.
④ ㉣ : 단어의 첫머리에 한 개의 자음만 올 수 있었다.

[9~11] 다음 글을 읽고 물음에 답하시오.

나는 이제 너에게도 슬픔을 주겠다.
사랑보다 소중한 슬픔을 주겠다.
겨울밤 거리에서 귤 몇 개 놓고
살아온 추위와 떨고 있는 ㉠ 할머니에게
귤값을 깎으면서 기뻐하던 너를 위하여
나는 슬픔의 평등한 얼굴을 보여 주겠다.
내가 어둠 속에서 너를 부를 때
단 한 번도 평등하게 웃어 주질 않은
가마니에 덮인 ㉡ 동사자가 다시 얼어 죽을 때
가마니 한 장조차 덮어 주지 않은
무관심한 ㉢ 너의 사랑을 위해
흘릴 줄 모르는 너의 눈물을 위해
나는 이제 너에게도 기다림을 주겠다.
이 세상에 내리던 함박눈을 멈추겠다.
보리밭에 내리던 봄눈들을 데리고
추워 떠는 ㉣ 사람들의 슬픔에게 다녀와서
눈 그친 눈길을 너와 함께 걷겠다.
슬픔의 힘에 대한 이야기를 하며
기다림의 슬픔까지 걸어가겠다.

– 정호승, 「슬픔이 기쁨에게」 –

09 윗글에 대한 설명으로 가장 적절한 것은?

① 미각적 심상을 사용하여 대상을 표현하고 있다.
② 역설적 표현을 활용하여 주제를 드러내고 있다.
③ 이국적 소재를 나열하여 시상을 전개하고 있다.
④ 청유형 문장을 반복하여 운율을 형성하고 있다.

10 윗글의 화자가 추구하는 삶의 모습과 가장 가까운 것은?

① 이웃과 더불어 사는 삶
② 자연을 동경하며 즐기는 삶
③ 현실에 만족하는 소박한 삶
④ 미래를 예측하여 대비하는 삶

11 ㉠~㉣ 중 시적 의미가 가장 이질적인 것은?

① ㉠　② ㉡
③ ㉢　④ ㉣

[12~14] 다음 글을 읽고 물음에 답하시오.

[앞부분 줄거리] '나'의 어머니는 다리 수술 후유증으로 6·25 전쟁 중 인민군에게 죽임을 당한 오빠에 관한 환각에 시달리고, 오랫동안 탈진 상태로 지낸다.

나는 어머니에게로 조심스럽게 다가갔다. 어머니의 손이 내 손을 잡았다. 알맞은 온기와 악력이 나를 놀라게도 서럽게도 했다.

"나 죽거든 행여 묘지 쓰지 말거라."

어머니의 목소리는 평상시처럼 잔잔하고 만만치 않았다.

"네? 다 들으셨군요?"

"그래, 마침 듣기 잘했다. 그렇잖아도 언제고 꼭 일러두려 했는데. 유언 삼아 일러두는 게니 잘 들어 뒀다 어김없이 시행토록 해라. 나 죽거든 내가 느이 오래비한테 해 준 것처럼 해 다오. 누가 뭐래도 그렇게 해 다오. 누가 뭐라든 상관하지 않고 그럴 수 있는 건 너밖에 없기에 부탁하는 거다."

"오빠처럼요?"

"그래, 꼭 그대로, 그걸 설마 잊고 있진 않겠지?"

"잊다니요. 그걸 어떻게 잊을 수가……."

어머니의 손의 악력은 정정했을 때처럼 아니, 나를 끌고 농바위 고개를 넘을 때처럼 강한 줏대와 고집을 느끼게 했다.

오빠의 시신은 처음엔 무악재 고개 너머 벌판의 밭머리에 가매장했다. 행려병사자[1] 취급하듯이 형식과 절차 없는 매장이었지만 무정부 상태의 텅 빈 도시에서 우리 모녀의 가냘픈 힘만으로 그것 이상은 가능한 일이 아니었다.

서울이 수복(收復)되고 화장장이 정상화되자마자 어머니는 오빠를 화장할 것을 의논해 왔다. 그때 우리와 합하게 된 올케는 아비 없는 아들들에게 무덤이라도 남겨 줘야 한다고 공동 묘지로라도 이장할 것을 주장했다. 어머니는 오빠를 죽게 한 것이 자기 죄처럼, 젊어 과부 된 며느리한테 기가 죽어 지냈었는데 그때만은 조금도 양보할 기세가 아니었다. 남편의 임종도 못보고 과부가 된 것도 억울한데 그 무덤까지 말살하려는 시어머니의 모진 마음이 야속하고 정떨어졌으련만 그런 기세 속엔 거역할 수 없는 위엄과 비통한 의지가 담겨 있어

종당엔 올케도 순종을 하고 말았다.

오빠의 살은 연기가 되고 뼈는 한 줌의 가루가 되었다. 어머니는 앞장서서 강화로 가는 시외버스 정류장으로 갔다. 우린 묵묵히 뒤따랐다. 강화도에서 내린 어머니는 사람들에게 묻고 물어서 멀리 개풍군 땅이 보이는 바닷가에 섰다. 그리고 지척으로 보이되 갈 수 없는 땅을 향해 그 한 줌의 먼지를 훨훨 날렸다. 개풍군 땅은 우리 가족의 선영[2]이 있는 땅이었지만 선영에 못 묻히는 한을 그런 방법으로 풀고 있다곤 생각되지 않았다. 어머니의 모습엔 운명에 순종하고 한을 지그시 품고 삭이는 약하고 다소곳한 여자 티는 조금도 없었다. 방금 출전하려는 용사처럼 씩씩하고 도전적이었다.

어머니는 ㉠ 한 줌의 먼지와 바람으로써 너무도 엄청난 것과의 싸움을 시도하고 있었다. 어머니에게 그 한 줌의 먼지와 바람은 결코 미약한 게 아니었다. 그야말로 어머니를 짓밟고 모든 것을 빼앗아 간, 어머니가 도저히 이해할 수 없는 분단이란 괴물을 홀로 거역할 수 있는 유일한 수단이었다.

어머니는 나더러 그때 그 자리에서 또 그 짓을 하란다. 이젠 자기가 몸소 그 먼지와 바람이 될 테니 나더러 그 짓을 하란다. 그 후 30년이란 세월이 흘렀건만 그 괴물을 무화(無化)시키는 길은 정녕 그 짓밖에 없는가?

"너한테 미안하구나, 그렇지만 부탁한다."

어머니도 그 짓밖에 물려줄 수 없는 게 진정으로 미안한 양 표정이 애달프게 이지러졌다.

아아, 나는 그 짓을 또 한 번 할 수밖에 없을 것 같다.

어머니는 아직도 투병 중이시다.

— 박완서, 「엄마의 말뚝 2」 —

1) 행려병사자 : 떠돌아다니다가 타향에서 병들어 죽은 사람.
2) 선영 : 조상의 무덤.

12 윗글에 대한 설명으로 가장 적절한 것은?

① 배경 묘사를 통해 인물의 심리를 암시하고 있다.

② 과거 회상을 통해 인물의 상황을 서술하고 있다.

③ 공간의 이동에 따라 인물 간 갈등이 심화되고 있다.

④ 다양한 인물의 경험을 삽화 형식으로 나열하고 있다.

13 윗글을 통해 알 수 있는 내용으로 적절하지 않은 것은?

① '어머니'는 자신의 뼛가루를 개풍군 땅이 보이는 곳에 뿌려 달라고 한다.

② '어머니'는 자신의 유언을 지킬 수 있는 사람은 '나'밖에 없다고 생각한다.

③ '올케'는 자신의 아들들을 생각해서 '오빠'를 공동묘지로 이장하자고 주장했다.

④ '올케'는 '오빠'의 죽음을 자신의 탓이라고 생각해 '어머니'와 합하는 것을 반대했다.

14 '어머니'에게 ㉠의 의미로 가장 적절한 것은?

① 자신의 운명에 대한 순종

② 분단의 비극에 맞서려는 의지

③ 자신의 질병 치유에 대한 염원

④ 가족의 선영에 묻히지 못하는 회한

[15~16] 다음 글을 읽고 물음에 답하시오.

> 동짓달 기나긴 밤을 한 허리를 베어 내어
> 춘풍(春風) 이블 아래 서리서리 넣었다가
> 어론 님[1] 오신 날 밤이어든 굽이굽이 펴리라
>
> – 황진이 –
>
> [1] 어론 님 : 사랑하는 임.

15 윗글에 대한 설명으로 가장 적절한 것은?

① 추상적 대상을 구체화하여 표현하고 있다.

② 우의적 표현을 통해 대상을 비판하고 있다.

③ 후렴구의 반복을 통해 운율을 형성하고 있다.

④ 자연과 인간을 대비하여 정서를 강조하고 있다.

16 윗글의 화자에 대한 설명으로 가장 적절한 것은?

① 자신에게 돌아오지 않는 임을 원망하고 있다.

② 임과 이별했던 순간을 떠올리며 자책하고 있다.

③ 임과 함께 더 많은 시간을 보내기를 소망하고 있다.

④ 임과의 추억을 떠올리며 현재의 삶에 만족하고 있다.

[17~19] 다음 글을 읽고 물음에 답하시오.

집에 오래 지탱할 수 없이 퇴락한 행랑채[1] 세 칸이 있어서 나는 부득이 그것을 모두 수리하게 되었다. 이때 그중 두 칸은 비가 샌 지 오래됐는데, 나는 ㉮ 그것을 알고도 어물어물하다가 미처 수리하지 못하였고, 다른 한 칸은 ㉠ 한 번밖에 비를 맞지 않았기에 급히 기와를 갈게 하였다.

그런데 수리하고 보니, 비가 샌 지 오래된 것은 서까래[2] · 추녀[3] · 기둥 · 들보[4]가 모두 썩어서 못 쓰게 되었으므로 경비가 많이 들었고, 한 번밖에 비를 맞지 않은 것은 재목들이 모두 완전하여 다시 쓸 수 있었기 때문에 경비가 적게 들었다.

나는 여기에서 이렇게 생각한다. 사람의 몸도 마찬가지다. ㉡ 잘못을 알고도 곧 고치지 않으면 몸이 패망[5]하는 것이 나무가 썩어서 못 쓰게 되는 이상으로 될 것이고, ㉢ 잘못이 있더라도 고치기를 꺼려하지 않으면 다시 좋은 사람이 되는 것이 집 재목이 다시 쓰일 수 있는 이상으로 될 것이다.

이뿐만 아니라, 나라의 정사[6]도 이와 마찬가지다. 모든 일에서, ㉣ 백성에게 심한 해가 될 것을 머뭇거리고 개혁하지 않다가, 백성이 못살게 되고 나라가 위태하게 된 뒤에 갑자기 변경하려 하면, 곧 붙잡아 일으키기가 어렵다. 삼가지 않을 수 있겠는가?

– 이규보, 「이옥설」 –

[1] 행랑채 : 대문간 곁에 있는 집채.
[2] 서까래 : 마룻대에서 도리 또는 보에 걸쳐 지른 나무.
[3] 추녀 : 네모지고 끝이 번쩍 들린, 처마의 네 귀에 있는 큰 서까래.
[4] 들보 : 칸과 칸 사이의 두 기둥을 건너지른 나무.
[5] 패망 : 싸움에 져서 망함.
[6] 정사 : 정치 또는 행정상의 일.

17 윗글에 대한 설명으로 가장 적절한 것은?

① 타인에게 들은 이야기를 전달하고 있다.
② 옛 문헌을 인용하여 신뢰성을 높이고 있다.
③ 구체적인 역사적 사건에 대한 견해를 제시하고 있다.
④ 글쓴이의 체험과 깨달음을 통해 교훈을 드러내고 있다.

18 ㉮와 의미가 유사한 것을 ㉠~㉣에서 고른 것은?

① ㉠, ㉡
② ㉠, ㉢
③ ㉡, ㉣
④ ㉢, ㉣

19 윗글을 읽은 독자의 반응으로 적절하지 <u>않은</u> 것은?

① '쇠뿔도 단김에 빼라.'라는 말처럼 나쁜 습관을 발견하면 바로 고쳐야겠군.
② 나쁜 습관을 바로 고치지 않으면 '호미로 막을 것을 가래로 막는다.'라는 말처럼 되겠군.
③ '까마귀 날자 배 떨어진다.'라는 말처럼 나쁜 습관이 우연히 좋은 결과를 가져오기도 하는군.
④ 사소하더라도 나쁜 습관을 방치하면 '가랑비에 옷 젖는 줄 모른다.'라는 말처럼 상황이 점점 안 좋아지겠군.

[20~22] 다음 글을 읽고 물음에 답하시오.

마을은 지역 사회를 기반으로 사람들 사이의 관계가 형성되어 있어야 하고, 물리적으로는 개인의 공간과 공공의 공간 사이에 중간적 성격의 공간이 있어야 한다. 이러한 공간을 '사이 공간'이라 하는데, 이는 통행을 목적으로 하는 공간이라기보다 주민들 사이에 사적 관계를 형성하는 공동의 영역이라 할 수 있다.

과거에는 개인이 생활을 하는 집과 일을 하는 장소가 멀리 떨어져 있지 않았다. ☐ ㉠ ☐ 사람들은 매일 두 공간 사이를 오가며 그곳에서 다양한 일을 경험했다. 개인의 집과 집 사이의 거리도 가까워서 이웃과 친밀한 사회적 관계를 형성할 수 있었다.

방에서 나오면 마당이 있고, 대문을 열면 골목길을 만나며, 길을 돌다 보면 굳이 의도하지 않더라도 사람들의 만남과 모임이 곳곳에서 발생하였다. 그래서 이웃과 친해질 기회가 많았다. 집의 형태는 독립적이지만 집 안팎을 살펴보면 모여 살 수 있는 구조였다.

아파트로 대표되는 오늘날의 주거 형태는 전통적 주거 형태와는 다른 특징을 보인다. 아파트는 하나의 건물 내에 수평적, 혹은 수직적으로 균일한 주거 공간이 밀집해 있고, 그곳에 거주자가 모여 사는데, 이는 현대의 한국식 공동 주택이 지닌 특징이라 할 수 있다.

이러한 공동 주택의 등장은 공동체적 관계를 변화시켰다. 아파트에는 '사이 공간'이 없다. 아파트에 사는 사람들은 공동의 현관을 통과한 후 승강기나 복도를 거쳐 곧바로 각자의 공간으로 들어가 버린다. 자연스럽게 이웃과 친해질 기회가 사라진 것이다. 주택의 형태나 외관만 보면 모두 같은 공간에 사는 유사한 집단으로 보이지만, 그 안에서의 생활 모습은 공유할 만한 것이 거의 없다.

– 전남일, 「공간이 달라지면 사는 풍경도 달라질까」 –

20 윗글의 내용 전개 방식으로 가장 적절한 것은?

① 대조를 통해 대상 간의 차이를 드러내고 있다.
② 질문을 통해 독자의 호기심을 유발하고 있다.
③ 통계 자료를 제시하여 내용을 뒷받침하고 있다.
④ 문제 상황과 이에 대한 해결 방안을 제시하고 있다.

21 윗글의 내용으로 적절하지 않은 것은?

① '사이 공간'은 통행보다 친분을 목적으로 한다.
② 과거에는 공동의 영역에서 사회적 관계를 형성했다.
③ 아파트는 '사이 공간'의 부재로 이웃과 친해지기 어렵다.
④ 아파트 주민들은 유사한 집단으로 생활 모습을 공유하고 있다.

22 ㉠에 들어갈 말로 가장 적절한 것은?

① 그래서　　　　② 그런데
③ 그러나　　　　④ 왜냐하면

[23~25] 다음 글을 읽고 물음에 답하시오.

인공지능은 컴퓨터 프로그램을 활용해 인간과 비슷한 인지적 능력을 구현한 기술을 말한다. 인공지능이 인간의 말을 알아듣고 명령을 실행하는 똑똑한 기계가 되는 것은 반길 일인가, 아니면 주인과 노예의 관계를 ㉠ 역전시키는 재앙이라고 경계해야 할 일인가? 세계적 물리학자 스티븐 호킹은 "인공지능은 결국 의식을 갖게 되어 인간의 자리를 대체할 것"이라고 말했다. '생각하는 기계'가 축복이 될지 재앙이 될지는 알 수 없으나, 분명한 것은 인류가 이제껏 고민해 본 적이 없는 문제와 마주했다는 점이다.

인공지능 발달이 우리에게 던지는 새로운 과제는 두 갈래다. 첫째는, 인류를 위협할지도 모를 강력한 인공지능을 우리가 어떻게 ㉡ 통제할 것인가의 문제이다. 로봇에 대응하기 위해 입법적 차원에서 로봇이 지켜야 할 도덕적 기준을 만들어 준수하게 하는 것이 방법이 될 수 있다. 또한 기술적 차원에서 다양한 상황에 관한 사회적 합의를 담은 알고리즘을 만들어 사회적 규약을 벗어나지 않는 범위에서 로봇이 작동하게 하는 방법을 모색할 수 있다.

둘째는, 생각하는 기계가 ㉢ 모방할 수 없는 인간의 특징을 찾아 인간의 가치를 높이는 것이다. 인공지능이 마침내 인간의 의식 현상을 구현해 낸다고 하더라도 인간과 인공지능은 여전히 구분될 것이다. 인간에게는 감정과 의지가 있기 때문이다. 감정은 비이성적이고 비효율적이지만 인간됨을 ㉣ 규정하는 본능이며, 인류의 역사와 문명은 결핍과 고통에서 느낀 감정을 동력으로 발달해 온 고유의 생존 시스템이다. 처음 마주하는 위험과 결핍은 두렵고 고통스러웠지만, 인류는 놀라운 유연성과 창의성으로 대응해 왔다. 이것은 기계에 가르칠 수 없는 속성이다. 여기에 ㉮ 인공지능 시대 우리가 가야 할 사람의 길이 있다.

– 구본권, 「로봇 시대, 인간의 일」 –

23 윗글의 내용으로 적절하지 <u>않은</u> 것은?

① 인공지능의 발달이 인간에게 축복이 될지 재앙이 될지는 알 수 없다.
② 입법적 차원과 기술적 차원에서 인공지능을 통제할 방법을 생각할 수 있다.
③ 인공지능이 인간의 의식 현상을 구현하면 인간과 인공지능은 구분될 수 없다.
④ 인류의 역사와 문명은 결핍과 고통에서 느낀 감정을 동력으로 발달해 왔다.

24 ㉠~㉣의 사전적 의미로 적절하지 <u>않은</u> 것은?

① ㉠ : 형세가 뒤집힘. 또는 형세를 뒤집음.
② ㉡ : 힘으로 으르고 협박함.
③ ㉢ : 다른 것을 본뜨거나 본받음.
④ ㉣ : 내용이나 성격, 의미 따위를 밝혀 정함.

25 ㉮에 해당하는 것으로 가장 적절한 것은?

① 인간을 위협하는 인공지능을 없앤다.
② 인간의 자리를 인공지능으로 대체한다.
③ 인간이 가진 감정을 인공지능에 부여할 방법을 찾는다.
④ 인간 고유의 속성을 발휘하여 인공지능 시대에 대응한다.

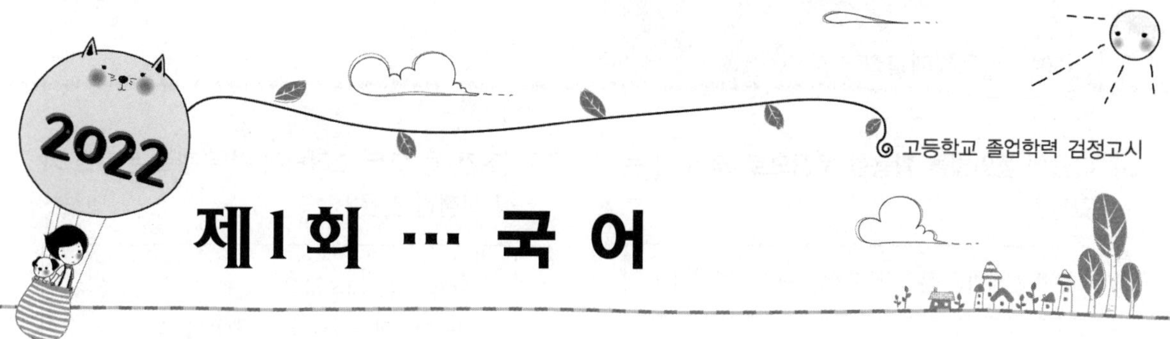

제1회 … 국 어

01 다음 중 '준수'의 말하기의 문제점으로 적절하지 <u>않은</u> 것은?

> 준수 : 야! 너 색연필 있지? 줘 봐!
> 민우 : 어쩌지? 미안하지만 지금은 나도 써야 해.
> 준수 : 내가 먼저 쓸 거야! 바로 줄 건데 뭘 그러냐? 색연필 빌려 주는 게 그렇게 아깝냐!

① 상대방의 상황을 무시하고 있다.
② 상대방에게 막무가내로 요구하고 있다.
③ 상대방의 기분이 상하게 표현하고 있다.
④ 상대방이 이해하지 못하는 관용 표현을 사용하고 있다.

02 다음 중 [A]에 대한 설명으로 가장 적절한 것은?

> 은희 : 축제를 앞두고 우리 춤 동아리에서 리허설을 하려고 하는데, 앞으로 축제 때까지 무대가 있는 강당을 우리가 사용하면 안 될까?
> 민수 : 그건 어렵겠어. 우리 뮤지컬 동아리도 춤추는 장면이 있는데, 전체 동작이 서로 맞지 않아서 강당에서 연습을 더 해야 해.

> 은희 : 그런 어려움이 있구나. 그러면 춤 동작은 우리가 도와줄 테니 이번 주만이라도 강당을 우리가 쓰도록 해 주면 좋겠어.　[A]
> 민수 : 그래, 괜찮네. 이번 주는 너희가 쓰고 다음 주는 우리가 쓸게.

① 일방적으로 자신의 입장을 강요하고 있다.
② 자신의 의도를 숨기고 상대방을 비난하고 있다.
③ 상대방의 처지에 공감하며 요구 사항을 전하고 있다.
④ 상대방의 의견을 반박하며 자신의 주장을 강조하고 있다.

03 다음 규정에 따라 발음하지 <u>않는</u> 것은?

> **표준발음법**
> **【제19항】** 받침 'ㅁ, ㅇ' 뒤에 연결되는 'ㄹ'은 [ㄴ]으로 발음한다.

① 강릉　　　　　② 담력
③ 송년　　　　　④ 항로

04 다음의 높임법을 활용한 문장으로 볼 수 없는 것은?

> 주체 높임법은 문장의 주체를 높이는 방법이다.

① 아버지께서는 늘 음악을 들으신다.
② 어머니께서는 지금 집에서 주무신다.
③ 선배는 선생님께 공손히 인사를 드렸다.
④ 할아버지께서는 어제 죽을 드시고 계셨다.

05 다음 중 끊어적기에 해당하지 <u>않는</u> 것은?

> 孔·공子·ㅣ 曾증子·ㅣ ᄃᆞ·려 닐·러 ᄀᆞᆯ·ᄋᆞ·샤·
> 디 ㉠·몸·이며 ㉡ 얼굴·이며 ㉢ 머·리털·이·
> 며·ᄉᆞᆯ·흔父·부母:모·씌받ᄌ·온 ㉣거·시·
> 라敢:감·히헐·워샹히·오·디아·니:홈·이:
> 효·도·이비·ᄅ·소미·오·몸·을셰·워道:
> 도·ᄅᆞᆯ行힝·ᄒᆞ·야일:홈·을後:후世:셰·예:베
> 퍼·ᄡᅥ父·부母:모ᄅᆞᆯ:현·뎌케:홈·이:효·도·
> 이ᄆᆞ·ᄎᆞᆷ·이니·라
>
> – 「소학언해」 (1587)

① ㉠   ② ㉡
③ ㉢   ④ ㉣

06 밑줄 친 부분이 '한글 맞춤법'에 맞지 <u>않는</u> 것은?

① 집에서 보약을 <u>다리다</u>.
② 가난으로 배를 <u>주리다</u>.
③ 그늘에서 땀을 <u>식히다</u>.
④ 아들에게 학비를 <u>부치다</u>.

07 〈조건〉을 모두 고려하여 만든 광고 문구로 가장 적절한 것은?

> **보기**
> • '고운 말을 사용하자.'는 주제를 드러낼 것
> • 비유법, 대구법을 모두 활용할 것

① 지금 바로 말하세요. 안 하면 모릅니다.
② 봄날처럼 따뜻한 말씨, 보석처럼 빛나는 세상!
③ 마음을 멍들게 하는 상처의 말은, 이제 그만!
④ 대화는 관계의 시작! 말로 마음의 문을 여실 거죠?

08 ㉠~㉣을 고쳐 쓴 것으로 적절하지 <u>않은</u> 것은?

> 한지는 바람이 잘 통하고 습도 조절이 잘되는 종이라서 창호지로도 많이 쓰인다. ㉠ <u>창문의 닫아도</u> 한지는 바람이 잘 통하고 습기를 잘 흡수해서 습도 조절 역할까지 한다. ㉡ <u>그러나</u> 한지에 비해 양지는 바람이 잘 통하지 않고 습기를 잘 흡수하지 못한다. ㉢ <u>최근 물가 상승으로 한지의 가격이 2배 이상 올랐다.</u> 한지가 살아 숨 쉬는 ㉣ <u>종이라도</u>, 양지는 뻣뻣하게 굳어 있는 종이라고 할 수 있다.

① ㉠ : 잘못된 조사를 사용했으므로 '창문을'로 바꾼다.
② ㉡ : 잘못된 접속어를 사용했으므로 '그러므로'로 바꾼다.
③ ㉢ : 글의 통일성을 해치는 문장이므로 삭제한다.
④ ㉣ : 문맥을 고려하여 '종이라면'으로 바꾼다.

[9~11] 다음 글을 읽고 물음에 답하시오.

산모퉁이를 돌아 논가 외딴 우물을 홀로 찾아가선 가만히 들여다봅니다.

우물 속에는 달이 밝고 구름이 흐르고 하늘이 펼치고 파아란 바람이 불고 가을이 있습니다.

그리고 한 사나이가 있습니다.
어쩐지 ㉠ 그 사나이가 미워져 돌아갑니다.

돌아가다 생각하니 그 사나이가 가엾어집니다.
도로 가 들여다보니 사나이는 그대로 있습니다.

다시 그 사나이가 미워져 돌아갑니다.
돌아가다 생각하니 그 사나이가 그리워집니다.

우물 속에는 달이 밝고 구름이 흐르고 하늘이 펼치고 파아란 바람이 불고 가을이 있고 추억(追憶)처럼 사나이가 있습니다.

– 윤동주, 「자화상(自畵像)」

09 윗글의 표현상의 특징으로 적절하지 <u>않은</u> 것은?

① 오고 가는 행위의 반복을 통해 시상을 전개하고 있다.
② '–ㅂ니다'의 반복적 사용을 통해 운율을 형성하고 있다.
③ 설의적 표현을 사용하여 비판적 인식을 드러내고 있다.
④ 시각적 심상을 사용하여 대상을 선명하게 나타내고 있다.

10 윗글에 대한 설명으로 적절하지 <u>않은</u> 것은?

① 1연에서 우물에 비친 자신의 모습을 들여다보고 있다.
② 2연에서 우물 속 풍경을 보며 비정한 현실에 분노하고 있다.
③ 4연에서 화자는 '사나이'에게 연민을 느끼고 있다.
④ 5연에서 미움의 감정이 그리움으로 변화하고 있다.

11 다음과 관련하여 윗글을 감상할 때, ㉠의 이유로 가장 적절한 것은?

'자화상'은 일제 강점기를 살았던 시인의 이상적 삶의 태도가 잘 드러나 있는 작품으로, 치열한 자아 성찰의 산물인 부끄러움과 암울한 시대에 대한 극복 의지가 담겨 있다.

① 이상적 가치를 이미 실현했기 때문에
② 경제적으로 안정된 삶을 추구하기 때문에
③ 현실에 저항하지 못하는 자신이 부끄럽기 때문에
④ 삶의 고통을 극복한 자신에게 당당함을 느끼기 때문에

[12~14] 다음 글을 읽고 물음에 답하시오.

[앞부분 줄거리] 원미동에 터를 잡고 사는 강 노인은 자신의 마지막 남은 땅에 밭농사를 지으며 그 땅을 팔지 않으려 하고 있다.

　서울 것들이란. 강 노인은 끙끙거리다 토막 난 욕설을 내뱉어 놓았다. 강 노인이 괭이를 내던지고 밭 끄트머리로 걸어가는 사이 언제 나왔는지 부동산의 박 씨가 알은체를 하였다. 자그마한 체구에 검은 테 안경을 쓰고, 머리는 기름 발라 착 달라붙게 빗어 넘긴 박 씨의 면상을 보는 일이 강 노인으로서는 괴롭기 짝이 없었다. 얼굴만 마주쳤다 하면 땅을 팔아 보지 않겠느냐고 은근히 회유를 거듭하더니 지난 겨울부터는 임자가 나섰다고 숫제 집까지 찾아와서 온갖 감언이설을 다 늘어놓는 박 씨였다.

〈중략〉

　"영감님, 유 사장이 저 심곡동 쪽으로 땅을 보러 다니나 봅디다. ㉠<u>영감님은 물론이고 우리 동네의 발전을 위해서 그렇게 애를 썼는데…….</u>"
　박 씨가 짐짓 허탈한 표정을 지으며 말하고 있는데 뒤따라 나온 동업자 고흥댁이 뒷말을 거든다.
　"참말로 이 양반이 지난겨울부터 무진 애를 썼구만요. 우리사 셋방이나 얻어 주고 소개료 받는 것으로도 얼마든지 살 수 있지라우. 그람시도 그리 애를 쓴 것이야 다 한동네 사는 정리로다가 그런 것이지요."
　강 노인은 가타부타 말이 없고 이번엔 박 씨가 나섰다.
　"아직도 늦은 것은 아니고, 한 번 더 생각해 보세요. 여름마다 똥 냄새 풍겨 주는 밭으로 두고 있느니 평당 백만 원 이상으로 팔아넘기기가 그리 쉬운 일입니까. 이제는 참말이지 더 이상 땅값이 오를 수가 없게 돼 있다 이 말씀입니다. 아, 모르십니까. 팔팔 올림픽 전에 북에서 쳐들어올 확률이 높다고 신문 방송에서 떠들어 쌓으니 이삼천짜리 집들도 매기1)가 뚝 끊겼다 이 말입니다."
　"영감님도 욕심 그만 부리고 이만한 가격으로 임자 나섰을 때 후딱 팔아 치우시요. 영감님이 아무리 기다리셔도 인자 더 이상 오르기는 어렵다는디 왜 못 알아들으실까잉. 경국이 할머니도 팔아 치우자고 저 야단인디……."

　고흥댁은 이제 강 노인 마누라까지 쳐들고 나선다. 강 노인은 아무런 대꾸도 없이 일하던 자리로 돌아가 버린다. 그 등에 대고 박 씨가 마지막으로 또 한마디 던졌다.
　"아직도 유 사장 마음은 이 땅에 있는 모양이니께 금액이야 영감님 마음에 맞게 잘 조정해 보기로 하고, 일단 결정해 뿌리시요!"
– 양귀자, 「마지막 땅」

1)상품을 사려는 분위기. 또는 살 사람들의 인기.

12 윗글에 대한 설명으로 가장 적절한 것은?

① 작품 속 서술자가 자신의 이야기를 들려주고 있다.

② 대화를 통해 인물 간 화해의 과정을 드러내고 있다.

③ 비현실적인 배경을 제시하여 신비로운 분위기를 보여 주고 있다.

④ 인물의 외양 묘사를 통해 인물에 대한 강 노인의 못마땅함을 보여 주고 있다.

13 윗글을 통해 알 수 있는 내용으로 적절한 것은?

① 유 사장은 강 노인의 땅을 마음에 두고 있다.

② 고흥댁은 받지 못한 소개료 때문에 생활고를 겪고 있다.

③ 신문 방송의 영향으로 집을 사려는 분위기가 고조되고 있다.

④ 박 씨는 강 노인에게 땅을 팔라고 말한 것을 후회하고 있다.

14 ㉠에 드러난 말하기 방식으로 가장 적절한 것은?

① 상대방의 지난 잘못을 들추며 비난하고 있다.

② 땅값이 앞으로는 오르지 않을 것이라 협박하고 있다.

③ 동네 발전에 애쓴 것을 언급하며 상대방을 회유하고 있다.

④ 상대방의 침묵에 대해 불쾌감을 드러내며 질책하고 있다.

16 ㉠에 나타난 화자의 태도로 가장 적절한 것은?

① 대상과 재회를 염원하고 있다.

② 자신의 처지를 한탄하고 있다.

③ 대상의 업적을 예찬하고 있다.

④ 이별한 대상을 원망하고 있다.

[15~16] 다음 글을 읽고 물음에 답하시오.

> 생사(生死) 길은
> 예 있으매 머뭇거리고,
> 나는 간다는 말도
> 못다 이르고 어찌 갑니까.
> 어느 가을 이른 바람에
> 이에 저에 떨어질 잎처럼,
> 한 가지에 나고
> 가는 곳 모르온저.
> 아아, ㉠ 미타찰(彌陀刹)에서 만날 나
> 도(道) 닦아 기다리겠노라.
>
>   – 월명사, 「제망매가(祭亡妹歌)」

15 다음을 참고하여 윗글을 탐구한 내용으로 가장 적절한 것은?

> 이 작품은 10구체 향가이다. 1~4행, 5~8행, 9~10행의 세 부분으로 나눌 수 있는데, 그중 마지막 부분이 낙구이다.

① 낙구는 감탄사로 시작되고 있군.

② 세 부분은 각각 연으로 구분되어 있군.

③ 10구체 향가는 후렴구로 마무리되고 있군.

④ 세 부분의 첫 어절은 각각 3음절로 시작되고 있군.

[17~19] 다음 글을 읽고 물음에 답하시오.

심청이 들어와 눈물로 밥을 지어 아버지께 올리고, 상머리에 마주 앉아 아무쪼록 진지 많이 잡수시게 하느라고 자반도 떼어 입에 넣어 드리고 김쌈도 싸서 수저에 놓으며,

"진지를 많이 잡수셔요."

심 봉사는 철도 모르고,

"야, 오늘은 반찬이 유난히 좋구나. 뉘 집 제사 지냈느냐?"

그날 밤에 꿈을 꾸었는데, 부자간은 천륜지간(天倫之間)이라 꿈에 미리 보여 주는 바가 있었다.

"아가 아가, 이상한 일도 있더구나. 간밤에 꿈을 꾸니, 네가 큰 수레를 타고 한없이 가 보이더구나. 수레라 하는 것이 귀한 사람이 타는 것인데 우리 집에 무슨 좋은 일이 있을란가 보다. 그렇지 않으면 장 승상 댁에서 가마 태워 갈란가 보다."

심청이는 저 죽을 꿈인 줄 짐작하고 둘러대기를,

"그 꿈 참 좋습니다."

하고 진짓상을 물려 내고 담배 태워 드린 뒤에 밥상을 앞에 놓고 먹으려 하니 간장이 썩는 눈물은 눈에서 솟아나고, 아버지 신세 생각하며 저 죽을 일 생각하니 정신이 아득하고 몸이 떨려 밥을 먹지 못하고 물렸다. 그런 뒤에 심청이 사당에 하직하려고 들어갈 제, 다시 세수하고 사당문을 가만히 열고 하직 인사를 올렸다.

“못난 여손(女孫) 심청이는 아비 눈 뜨기를 위하여 인당수 제물로 몸을 팔려 가오매, 조상 제사를 끊게 되오니 사모하는 마음을 이기지 못하겠습니다.”
울며 하직하고 사당문 닫은 뒤에 아버지 앞에 나와 두 손을 부여잡고 기절하니, 심 봉사가 깜짝 놀라,
“아가 아가, 이게 웬일이냐? 정신 차려 말하거라.”
심청이 여쭙기를,
“제가 못난 딸자식으로 아버지를 속였어요. 공양미 삼백 석을 누가 저에게 주겠어요. 남경 뱃사람들에게 인당수 제물로 몸을 팔아 오늘이 떠나는 날이니 저를 마지막 보셔요.”
심 봉사가 이 말을 듣고,

[A]
“참말이냐, 참말이냐? 애고 애고, 이게 웬 말인고? 못 가리라, 못 가리라. 네가 날더러 묻지도 않고 네 마음대로 한단 말이냐? 네가 살고 내가 눈을 뜨면 그는 마땅히 할 일이나, 자식 죽여 눈을 뜬들 그게 차마 할 일이냐? 너의 어머니 늦게야 너를 낳고 초이레 안에 죽은 뒤에, 눈 어두운 늙은 것이 품 안에 너를 안고 이집 저집 다니면서 구차한 말 해 가면서 동냥 젖 얻어 먹여 이만치 자랐는데, 내 아무리 눈 어두우나 너를 눈으로 알고, 너의 어머니 죽은 뒤에 걱정 없이 살았더니 이 말이 무슨 말이냐? 마라 마라, 못 하리라. 아내 죽고 자식 잃고 내 살아서 무엇하리? 너하고 나하고 함께 죽자. 눈을 팔아 너를 살 터에 너를 팔아 눈을 뜬들 무엇을 보려고 눈을 뜨리?”

– 작자 미상, 완판본 「심청전」

17 윗글의 내용과 일치하지 <u>않는</u> 것은?

① 심청은 자신이 떠나야 하는 까닭을 아버지에게 밝혔다.
② 심청은 아버지에게 하직 인사를 하기 위해 사당으로 들어갔다.
③ 심 봉사는 자신을 위해 제물이 되려는 심청의 결정을 만류하고 있다.
④ 심청은 자신이 떠난 후 조상의 제사를 지내지 못하는 것을 안타까워하고 있다.

18 꿈의 기능으로 가장 적절한 것은?

① 심청의 영웅적 능력을 드러낸다.
② 심청의 앞날에 일어날 일을 암시한다.
③ 심 봉사와 심청의 갈등 해소의 계기가 된다.
④ 심청이 겪었던 과거의 위기 상황을 보여 준다.

19 [A]에 대한 설명으로 적절한 것은?

① 설의적 표현을 통해 삶의 희망을 드러내고 있다.
② 의인화를 통해 현실을 우회적으로 비판하고 있다.
③ 해학적 표현을 통해 슬픔을 웃음으로 승화하고 있다.
④ 반복적인 표현을 통해 인물의 안타까운 심정을 드러내고 있다.

[20~22] 다음 글을 읽고 물음에 답하시오.

글을 잘 읽으려면 읽기 목적에 맞는 읽기 방법을 선택해야 한다. 읽기의 방법은 매우 다양한데, 이는 다음과 같이 몇 가지로 나누어 볼 수 있다.

첫째, 글을 읽을 때 소리를 내는지에 따라 음독(音讀)과 묵독(默讀)으로 나뉜다. 음독은 글을 소리 내어 읽는 방법이며, 묵독은 글을 소리 내지 않고 속으로 읽는 방법이다. 음독은 근대 이전에 보편적으로 사용된 읽기 방법으로, 요즘에는 개인이 혼자 글을 읽을 때 대체로 묵독을 사용한다. ⟨ ㉠ ⟩ 잘 이해되지 않는 부분의 뜻을 파악하거나 두 사람 이상이 함께 읽을 때는 음독이 사용되기도 한다.

둘째, 글을 읽는 속도에 따라 속독(速讀)과 지독(遲讀)으로 나뉜다. 속독은 중요한 내용을 중심으로 글을 빠르게 읽는 방법이며, 지독은 뜻을 새겨 가며 글을 천천히 읽는 방법이다. 속독은 주로 가벼운 내용이 담긴 글을 읽거나, 글을 읽을 시간이 부족하여 대강의 내용을 먼저 파악하고자 할 때 사용된다. 반면 깊이 있는 내용이나 전문적인 내용이 담긴 글을 읽을 때는 대체로 지독이 사용된다. 이때 전문 서적을 읽을 때처럼 글의 세부 내용을 자세하게 파악하며 읽는 것을 정독(精讀)이라고 하고, 문학 작품이나 고전을 읽을 때처럼 내용과 형식, 표현 등을 차를 우려내듯 여유롭게 음미하며 읽는 것을 미독(味讀)이라고 한다.

셋째, 글을 읽는 범위에 따라 통독(通讀)과 발췌독(拔萃讀)으로 나뉜다. 통독은 글 전체를 처음부터 끝까지 훑어 읽는 방법이며, 발췌독은 글에서 필요한 부분만 찾아 읽는 방법이다. 통독은 주로 글 전체의 내용이나 줄거리를 파악하고자 할 때 사용되며, 발췌독은 필요한 부분만 선별하여 특정 정보를 찾을 때 사용된다.

20 윗글에 대한 설명으로 적절하지 <u>않은</u> 것은?

① 읽기 방법을 기준에 따라 제시하고 있다.
② 다양한 읽기 방법의 개념을 설명하고 있다.
③ 비유적 표현을 통해 읽기 방법을 설명하고 있다.
④ 서로 다른 읽기 방법을 절충하여 새로운 읽기 방법을 보여 주고 있다.

21 ㉠에 들어갈 말로 가장 적절한 것은?

① 그러나　　　② 따라서
③ 예컨대　　　④ 왜냐하면

22 ㉮와 ㉯에 들어갈 읽기 방법으로 적절한 것은?

　　㉮　㉯　　　　　　㉮　㉯
① 속독 통독　　② 속독 발췌독
③ 지독 통독　　④ 지독 발췌독

[23~25] 다음 글을 읽고 물음에 답하시오.

우리 눈에 보이는 것들은 정말 '눈에 보이는 대로'만 존재할까? 신경과학 분야의 국제 학술지에 「우리 가운데에 있는 고릴라」라는 제목의 논문이 ㉠ 게재됐다. 하버드 대학교 심리학과 연구자들은 흰옷과 검은 옷을 입은 학생들을 두 조로 나누어 같은 조끼리만 농구공을 주고받게 하고 그 장면을 동영상으로 찍었다. 연구자들은 이 영상을 사람들에게 보여주면서 검은 옷을 입은 조는 무시하고, 흰옷을 입은 조의 패스 횟수만 세어 달라고 요구하였다. 실제 이 영상에는 고릴라 의상을 입은 학생이 가슴을 치고 퇴장하는 장면이 있는데, 그들의 절반은 이것을 전혀 인지하지 못했다. ㉮ 도대체 이들은 왜 고릴라를 보지 못했을까? 이것은 '무주의 맹시' 때문이다. 이는 시각이 ㉡ 손상되어 물체를 보지 못하는 것과 달리 물체를 보면서도 주의를 기울이지 않아서 인지하지 못하는 경우를 말한다.

인간은 눈을 통해 빛을 감지하고 사물을 보지만 눈 자체로 세상을 ㉢ 인식하는 것은 아니다. 눈으로 들어온 빛이 망막의 시각 세포에 의해 전기적 신호로 변환되고 이 신호가 시신경을 통해 뇌의 시각 피질로 들어올 때 세상을 본다고 느끼는 것이다. 시각 피질은 약 30개의 영역으로 구성된 복합적인 영역으로, 물체의 기본적인 이미지를 구분하는 영역, 형태를 구성하는 영역, 색을 담당하는 영역, 운동을 ㉣ 감지하는 영역 등 다양한 영역이 조합되어 종합적으로 사물을 인지한다. 예를 들어 시각 피질의 영역이 제 기능을 하지 못하면 세상이 흑백으로 보이며, 운동을 감지하는 영역이 손상되면 질주하는 자동차도 느리게 움직이는 것처럼 보인다.

이처럼 감각 기관으로 들어오는 정보를 고스란히 받아들이지 않고 제 입맛에 맞는 부분만 편식하는 것은 뇌의 보편적인 특성이다. 뇌의 많은 영역이 시각이라는 감각에 배정되어 있음에도 눈으로 받아들이는 모든 정보를 보이는 그대로 뇌가 빠짐없이 처리하기는 어렵다. 우리의 뇌는 선택과 집중, 적당한 무시의 과정을 거쳐 세상을 보기 때문에 있어도 보지 못하거나 잘못 보는 경우도 많은 것이다.

– 이은희, 「고릴라를 못 본 이유」

23 윗글에 대한 설명으로 적절한 것을 〈보기〉에서 고른 것은?

〈보기〉
ㄱ. 사례를 통해 내용을 설명하고 있다.
ㄴ. 질문을 통해 독자의 호기심을 유발하고 있다.
ㄷ. 시대에 따라 변화하는 통념을 보여 주고 있다.
ㄹ. 서로 다른 실험 결과를 대비하여 가설을 증명하고 있다.

① ㄱ, ㄴ
② ㄱ, ㄷ
③ ㄴ, ㄷ
④ ㄷ, ㄹ

24 ㉮의 이유로 가장 적절한 것은?

① 망막의 시각 세포는 흰색에만 반응하기 때문에
② 시신경이 손상되어 물체를 보지 못했기 때문에
③ 눈으로 들어오는 빛은 전기적 신호로 변환되지 못하기 때문에
④ 눈으로 들어오는 모든 정보를 처리하기 어려운 뇌의 특성 때문에

25 ㉠~㉣의 사전적 의미로 적절하지 <u>않은</u> 것은?

① ㉠ : 글이나 그림 따위를 신문이나 잡지 따위에 실음.
② ㉡ : 자기도 모르는 사이에 물건 따위를 잃어버림.
③ ㉢ : 사물을 분별하고 판단하여 앎.
④ ㉣ : 느끼어 앎.

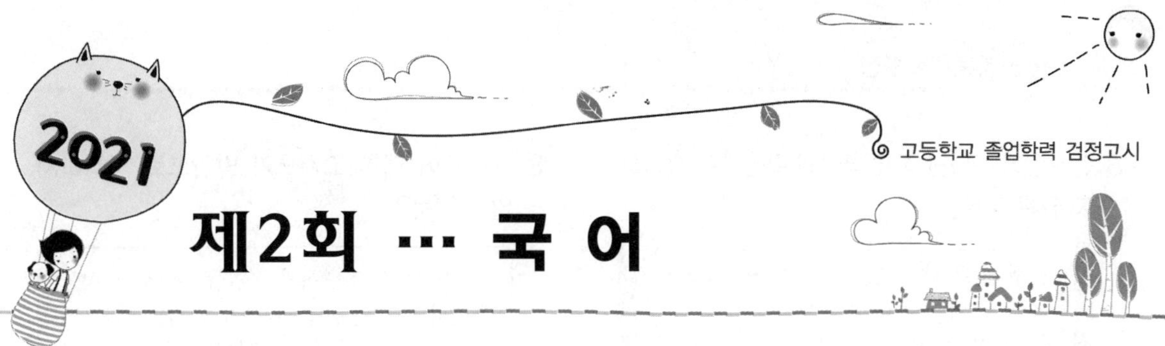

2021 제2회 ··· 국 어

01 다음 대화에서 영호의 말하기에 대한 설명으로 적절한 것은?

> 선생님 : 영호야, 이번에 낸 소감문 정말 잘 썼더라.
> 영호 : 아닙니다. 아직 여러모로 부족합니다.

① 자신을 낮추어 겸손하게 말하고 있다.
② 상대방의 의견에 동의하며 말하고 있다.
③ 대화 맥락에서 벗어난 내용을 말하고 있다.
④ 상대방의 기분을 고려하여 칭찬을 하고 있다.

02 다음 대화에서 손녀의 말하기의 문제점으로 적절한 것은?

> 손녀 : 할머니, 저 편의점 가서 혼밥*하고 올 게요.
> 할머니 : 혼밥이 뭐니?
> *혼밥 : '혼자 먹는 밥'의 의미로 쓰임.

① 생소한 지역 방언을 사용하였다.
② 직접 언급하기 꺼려하는 말을 사용하였다.
③ 맥락에 맞지 않는 관용 표현을 사용하였다.
④ 상대방이 이해하기 어려운 줄임말을 사용하였다.

03 다음 〈표준 발음법〉 규정에 따라 발음하지 <u>않는</u> 것은?

> **표준 발음법**
>
> 【제20항】 'ㄴ'은 'ㄹ'의 앞이나 뒤에서 [ㄹ]로 발음한다.

① 경주는 <u>신라</u>의 서울이다.
② 새로운 <u>논리</u>를 전개했다.
③ <u>설날</u> 아침에 세배를 했다.
④ 어제 그를 <u>종로</u>에서 만났다.

04 밑줄 친 부분이 한글 맞춤법에 맞게 쓰인 것은?

① 그 약속은 <u>반듯이</u> 지키겠다.
② 우체국에서 부모님께 편지를 <u>붙였다</u>.
③ 정답을 <u>맞힌</u> 사람에게 선물을 주겠다.
④ 김장을 하려고 배추를 소금물에 <u>저렸다</u>.

05 (가)에서 설명하는 시제가 드러나 있는 것을 (나)의 ㉠~㉣에서 고른 것은?

> (가) 사건이 일어나는 시점이 말하는 시점인 현재보다 앞서 일어난 사건의 시제
> (나) 어제 학교에서 책을 ㉠ <u>읽었다</u>. 오늘은 가까운 도서관에 와서 책을 ㉡ <u>읽는다</u>. 예전에 ㉢ <u>읽은</u> 책이 눈에 띄어 다시 보고 있다. 앞으로도 책을 많이 ㉣ <u>읽어야겠다</u>.

① ㉠, ㉡
② ㉠, ㉢
③ ㉡, ㉢
④ ㉢, ㉣

06 ㉠~㉣에 나타난 중세 국어의 특징으로 적절하지 <u>않은</u> 것은?

> 불·휘 기·픈 남·ᄀᆞᆫ ㉠ ᄇᆞᄅᆞ·매 아·니 :뮐·ᄊᆡ
> 곶:됴·코 여·름 ㉡ ·하ᄂᆞ·니
> ㉢ :ᄉᆡ·미 기·픈 ㉣ ·므·른 ·ᄀᆞᄆᆞ·래 아·니
> 그·츨·ᄊᆡ :내·히 이·러 바·ᄅᆞ·래·가ᄂᆞ·니
>
> — 『용비어천가』 제2장

① ㉠ : 모음 조화를 지키고 있다.

② ㉡ : 'ㆍ(아래아)'를 사용하고 있다.

③ ㉢ : 주격 조사가 생략되어 있다.

④ ㉣ : 이어 적기로 표기하고 있다.

07 다음 개요의 ㉠에 들어갈 내용으로 적절하지 <u>않은</u> 것은?

> 주제 : 공원 내 쓰레기 불법 투기를 근절하자.
>
> Ⅰ. 서론 : 공원 내 쓰레기 불법 투기 실태
> Ⅱ. 본론
>   1. 공원 내 쓰레기 불법 투기의 원인
>   가. 공중도덕 준수에 대한 시민 의식 부족
>   나. 쓰레기 불법 투기에 대한 공원 측 관리 소홀
>   2. 공원 내 쓰레기 불법 투기의 해결 방안
>   ㉠
> Ⅲ. 결론 : 공원 내 쓰레기 불법 투기 근절을 위한 실천 촉구

① 공원 내 목줄 미착용 반려견 출입 제한

② 공중도덕 준수를 위한 시민 대상 캠페인 실시

③ 쓰레기 불법 투기 계도를 위한 지도 요원 배치

④ 공원 내 CCTV 증설을 통한 쓰레기 불법 투기 단속

08 ㉠~㉣에 대한 고쳐쓰기 방안으로 적절하지 <u>않은</u> 것은?

> 인터넷 게임 중독자는 일상생활에 ㉠ 적응하거나 불편을 겪는 경우가 많다. 왜냐하면 인터넷 게임 중독은 뇌 기능을 저하시켜 의사 결정 및 충동 조절 능력을 ㉡ 떨어뜨리기 때문이다. ㉢ 인터넷은 정보 교환을 하기 위해 연결한 통신망이다. 인터넷 게임 중독의 문제를 명확히 인식하고, 이에 대한 경각심을 가져야 ㉣ 할것이다.

① ㉠ : 문맥을 고려하여 '적응하지 못하거나'로 바꾼다.

② ㉡ : '왜냐하면'과 호응하도록 '떨어뜨린다'로 바꾼다.

③ ㉢ : 글의 통일성을 해치는 문장이므로 삭제한다.

④ ㉣ : 띄어쓰기가 잘못되어 있으므로 '할 것이다'로 고친다.

[9~11] 다음 글을 읽고 물음에 답하시오.

> 흔들리는 나뭇가지에 꽃 한번 피우려고
> 눈은 ㉠ 얼마나 많은 도전을 멈추지 않았으랴
>
> ㉡ 싸그락 싸그락 두드려 보았겠지
> 난분분[1] 난분분 춤추었겠지
> ㉢ 미끄러지고 미끄러지길 수백 번,
>
> ㉣ 바람 한 자락 불면 휙 날아갈 사랑을 위하여
> 햇솜[2] 같은 마음을 다 퍼부어 준 다음에야
> 마침내 피워 낸 저 황홀 보아라
>
> 봄이면 가지는 그 한 번 덴 자리에
> 세상에서 ⓐ 가장 아름다운 상처를 터뜨린다
>
>   — 고재종, 「첫사랑」
>
> [1]난분분 : 눈이나 꽃잎 따위가 흩날리어 어지럽게.
> [2]햇솜 : 당해에 새로 난 솜.

09 윗글의 표현상 특징으로 적절하지 <u>않은</u> 것은?

① 자연 현상을 통해 시상을 전개하고 있다.

② 청유형 문장을 통해 화자의 정서를 드러내고 있다.

③ 감각적 이미지를 활용하여 대상을 구체화하고 있다.

④ 비유적 표현을 활용하여 시적 의미를 형상화하고 있다.

10 다음과 관련하여 윗글을 감상할 때, ㉠~㉣ 중 시적 의미가 가장 이질적인 것은?

> 나뭇가지에 쌓이는 눈꽃을 피우기 위한 '눈'의 노력

① ㉠   ② ㉡

③ ㉢   ④ ㉣

11 ⓐ의 시적 의미와 표현 방법으로 적절한 것은?

	시적 의미	표현 방법
①	성숙한 사랑의 가치	역설법
②	첫사랑에 대한 그리움	대구법
③	미래에 대한 불길한 예감	역설법
④	지나간 사랑에 대한 미련	대구법

[12~14] 다음 글을 읽고 물음에 답하시오.

[앞부분의 줄거리] '나'의 집에 세 살던 권 씨는 아내의 수술비를 빌리고자 하지만 나는 거절한다. 뒤늦게 나는 권 씨 아내의 수술비를 마련해 주지만, 권 씨는 그 사실을 모른 채 그날 밤 강도로 들어온다.

얌전히 구두까지 벗고 양말 바람으로 들어온 강도의 발을 나는 그때 비로소 볼 수 있었다. 내가 그렇게 염려를 했는데도 강도는 와들와들 떨리는 다리를 옮기다가 그만 부주의하게 동준이의 발을 밟은 모양이었다. 동준이가 갑자기 칭얼거리자 그는 질겁을 하고 엎드리더니 녀석의 어깨를 토닥거리는 것이었다. 녀석이 도로 잠들기를 기다려 그는 복면 위로 칙칙하게 땀이 밴 얼굴을 들고 일어나서 내 위치를 흘끔 확인한 다음 본격적인 작업에 들어갔다. 터지려는 웃음을 꾹 참은 채 강도의 애교스러운 행각을 시종 주목하고 있던 나는 살그머니 상체를 움직여 동준이를 잠재울 때 이부자리 위에 떨어뜨린 식칼을 집어 들었다.

"연장을 이렇게 함부로 굴리는 걸 보니 당신 경력이 얼마나 되는지 알 만합니다."

내가 내미는 칼을 보고 그는 기절할 만큼 놀랐다. 나는 사람 좋게 웃어 보이면서 칼을 받아 가라는 눈짓을 보였다. 그는 겁에 질려 잠시 망설이다가 내 재촉을 받고 후닥닥 달려들어 칼자루를 낚아채 가지고는 다시 내 멱을 겨누었다. 그가 고의로 사람을 찌를 만한 위인이 못 되는 줄 일찍이 간파했기 때문에 나는 칼을 되돌려준 걸 조금도 후회하지 않았다. 아니나 다를까, 그는 식칼을 옆구리 쪽 허리띠에 차더니만 몹시 자존심이 상한 표정이 되었다.

"도둑맞을 물건 하나 제대로 없는 주제에 이죽거리긴!"

"그래서 경험 많은 친구들은 우리 집을 거들떠도 안 보고 그냥 지나치죠."

"누군 뭐 들어오고 싶어서 들어왔나? 피치 못할 사정 땜에 어쩔 수 없이……."

나는 강도를 안심시켜 편안한 맘으로 돌아가게 만들 절호의 기회라고 판단했다.

"그 피치 못할 사정이란 게 대개 그렇습니다. 가령

식구 중의 누군가가 몹시 아프다든가 빚에 몰려서……."

그 순간 강도의 눈이 의심의 빛으로 가득 찼다. ㉠분개한 나머지 이가 딱딱 마주칠 정도로 떨면서 그는 대청마루를 향해 나갔다. 내 옆을 지나쳐 갈 때 그의 몸에서는 역겨울 만큼 술 냄새가 확 풍겼다. 그가 허둥지둥 끌어안고 나가는 건 틀림없이 갈기갈기 찢어진 한 줌의 자존심일 것이었다. 애당초 의도했던 바와는 달리 내 방법이 결국 그를 편안케 하긴커녕 외려 더욱더 낭패케 만들었음을 깨닫고 나는 그의 등을 향해 말했다.

– 윤흥길, 「아홉 켤레의 구두로 남은 사내」

12 윗글에 대한 설명으로 적절한 것은?

① 공간의 대비를 통해 주제를 강조하고 있다.
② 과거 회상을 통해 갈등의 원인을 보여 주고 있다.
③ 작품 속 인물의 시각으로 사건을 서술하고 있다.
④ 계절적 배경을 묘사하여 인물의 심리를 암시하고 있다.

13 윗글에 나타난 '나'의 심리로 가장 적절한 것은?

① '강도'의 행위에 대해 두려워하지 않고 있다.
② '강도'에 대해 분노와 적대감을 느끼고 있다.
③ '강도'가 자신의 집에 들어온 까닭을 궁금해하고 있다.
④ '강도'에게 한 자신의 우호적인 말에 끝까지 만족하고 있다.

14 ㉠의 이유로 가장 적절한 것은?

① 수술비를 마련해 준 것을 알게 되어서
② 주인 가족에 대한 미안한 마음이 들어서
③ 자신을 배려해 준 것에 고마운 마음이 들어서
④ 자신의 정체를 들킨 것 같아 자존심이 상해서

[15~16] 다음 글을 읽고 물음에 답하시오.

가시리 가시리잇고 나는
브리고 가시리잇고 나는
　　위 증즐가 대평셩딕(大平盛代)

날러는 엇디 살라 ㅎ고
브리고 가시리잇고 나는
　　위 증즐가 대평셩딕(大平盛代)

잡스와 두어리마ᄂᆞᆫ
선ᄒᆞ면 아니 올셰라
　　위 증즐가 대평셩딕(大平盛代)

셜온 님 보내옵노니 나는
가시ᄂᆞᆫ 듯 도셔 오쇼셔 나는
　　위 증즐가 대평셩딕(大平盛代)

– 작자 미상, 「가시리」

15 윗글에 대한 설명으로 적절한 것은?

① 후렴구의 반복을 통해 운율을 형성하고 있다.
② 선경후정을 통해 주제 의식을 강조하고 있다.
③ 자연과 인간을 대비하여 정서를 드러내고 있다.
④ 계절의 변화에 따라 대상의 속성을 드러내고 있다.

16 윗글의 화자에 대한 설명으로 적절하지 <u>않은</u> 것은?

① 1연 : 이별의 상황을 안타까워함.

② 2연 : 임에 대한 헌신과 순종을 다짐함.

③ 3연 : 임을 붙잡고 싶어 함.

④ 4연 : 임과의 재회를 간절히 소망함.

[17~19] 다음 글을 읽고 물음에 답하시오.

[앞부분의 줄거리] 옥영과 혼인하려던 최척은 왜병의 침입을 막기 위해 의병으로 전쟁에 나가게 된다. 전쟁에서 돌아온 최척은 옥영과 혼인해 행복하게 살지만, 또 다른 전란의 발생으로 옥영과 다시 헤어진다.

최척은 홀로 선창(船窓)에 기대 자신의 신세를 생각하다가, 짐 꾸러미 안에서 통소를 꺼내 슬픈 곡조의 노래를 한 곡 불어 가슴속에 맺힌 슬픔과 원망을 풀어 보려 했다. 최척의 통소 소리에 바다와 하늘이 애처로운 빛을 띠고 구름과 안개도 수심에 잠긴 듯했다. 뱃사람들도 그 소리에 놀라 일어나 모두들 서글픈 표정을 지었다. 그때 문득 일본 배에서 염불하던 소리가 뚝 그쳤다. 잠시 후 조선 말로 시를 읊는 소리가 들렸다.

[A]
왕자교(王子喬) 통소 불 제 달은 나지막하고
바닷빛 파란 하늘엔 이슬이 자욱하네.
푸른 난새 함께 타고 날아가리니
봉래산 안개 속에서도 길 잃지 않으리.

시 읊는 소리가 그치더니 한숨 소리, 쯧쯧 혀 차는 소리가 들려왔다. 최척은 시 읊는 소리를 듣고는 깜짝 놀라 얼이 빠진 사람 같았다. 저도 모르는 새 통소를 땅에 떨어뜨리고 마치 죽은 사람처럼 멍하니 서 있었다. 송우가 말했다.

"왜 그래? 왜 그래?"

거듭 물어도 대답이 없었다. 세 번째 물음에 이르러서야 비로소 최척은 뭔가 말을 하려 했지만 목이 막혀 말을 하지 못하고 눈물만 하염없이 흘렸다. 최척은 잠시 후 마음을 진정시킨 뒤 이렇게 말했다.

"저건 내 아내가 지은 시일세. 우리 부부 말곤 아무도 알지 못하는 시야. 게다가 방금 시를 읊던 소리도 아내 목소리와 흡사해. 혹 아내가 저 배에 있는 게 아닐까? 그럴 리 없을 텐데 말야."

그러고는 자기 일가가 왜적에게 당했던 일의 전말을 자세히 말했다. 배 안에 있던 사람들이 모두 놀랍고 희한한 일로 여겼다.

〈중략〉

옥영은 어젯밤 배 안에서 최척의 통소 소리를 들었다. 조선 가락인 데다 귀에 익은 곡조인지라, 혹시 자기 남편이 저쪽 배에 타고 있는 것이 아닐까 의심하여 시험 삼아 예전에 지었던 시를 읊어 본 것이었다. 그러던 차에 밖에서 최척이 말하는 소리를 듣고는 허둥지둥 엎어질 듯이 배에서 뛰어내려 왔다.

최척과 옥영은 마주 보고 소리치며 얼싸안고 모래밭을 뒹굴었다. 기가 막혀 입에서 말이 나오지 않았다. 눈물이 다하자 피눈물이 나왔으며 눈에 아무것도 보이지 않았다.

– 조위한, 「최척전」

17 윗글에 대한 설명으로 적절한 것은?

① 동물을 의인화하여 풍자 효과를 높이고 있다.

② 꿈과 현실을 교차하여 사건을 입체적으로 나타내고 있다.

③ 자연물에 감정을 이입하여 작품의 분위기를 드러내고 있다.

④ 인물의 행위에 대한 작가의 부정적 평가가 직접적으로 제시되어 있다.

18 [A]의 기능으로 가장 적절한 것은?

① 왜적에 대한 복수를 결심하는 계기

② 전란으로 헤어졌던 인물들이 재회하는 계기

③ 부귀를 누렸던 인물이 과거를 회상하는 계기

④ 사건의 전모를 깨달은 인물이 신분을 밝히는 계기

19 윗글의 인물에 대한 설명으로 가장 적절한 것은?

① '최척'은 자신의 처지를 떠올리며 퉁소를 불고 있다.

② '옥영'은 시를 지어서 '송우'의 물음에 화답하고 있다.

③ '옥영'은 염불 소리를 듣고 '최척'이 일본 배에 타고 있음을 확인하고 있다.

④ '최척'은 배 안의 사람들이 왜적에게 당했던 일의 전말을 듣고 망연자실하고 있다.

[20~22] 다음 글을 읽고 물음에 답하시오.

외부 효과란 누군가의 행동이 타인에게 이익이나 손실을 발생시키는 것을 말한다. 외부 효과가 타인에게 이익을 주면 긍정적 외부 효과인 외부 경제, 반대로 손실을 끼치면 부정적 외부 효과인 외부 불경제가 된다. 예컨대 꽃집에서 화사한 화분을 진열해 놓은 모습을 보면 기분이 좋아지지만, 낡은 트럭에서 내뿜는 시커먼 매연은 불편을 ㉠ 초래한다. 꽃집은 타인에게 외부 경제를, 매연을 내뿜는 트럭은 외부 불경제를 제공한 것이다.

누이 좋고 매부 좋은 외부 경제는 권장할 일이다. 그러나 본인에게는 좋지만 타인에게는 해를 끼치는 외부 불경제는 심각한 갈등과 비용을 ㉡ 유발하기에 늘 사회적 관심사가 된다. 따라서 외부 불

경제를 법으로 규제하거나 부정적 외부 효과를 시정하기 위해 ㉢ 고안된 세금인 '피구세'를 물리기도 한다. 피구세는 첫 제안자인 영국의 경제학자 아서 피구의 이름을 딴 것으로, 외부 불경제를 유발한 당사자에게 세금을 물림으로써 외부 효과를 내부화, 즉 본인 부담이 되게끔 만드는 것이다.

한편 피구세 중에서도 국민 건강과 복지에 나쁜 영향을 끼치는 특정 품목의 소비를 억제하기 위해 물리는 세금을 죄악세라고 한다. 일부 국가에서 ㉣ 논의되었던 설탕세(당 함유 제품에 부과하는 세금)가 이에 해당한다. 설탕은 본인의 건강을 해치는 것은 물론 사회적으로도 의료 수요 증가, 건강 보험 재정 악화 등의 부정적 외부 효과를 유발하므로 이를 억제하고자 세금을 부과하는 것이다.

– 오형규, 「외부 효과와 죄악세」

20 윗글에 대한 설명으로 적절하지 <u>않은</u> 것은?

① 개념을 풀이하며 화제를 제시하고 있다.

② 전문가의 이론을 시대순으로 설명하고 있다.

③ 구체적인 사례를 활용하여 이해를 돕고 있다.

④ 속담을 활용하여 설명 대상의 특성을 제시하고 있다.

21 윗글의 내용과 일치하는 것은?

① 외부 경제를 유발한 당사자에게는 피구세를 물린다.

② 낡은 트럭에서 내뿜는 매연은 외부 경제로 볼 수 있다.

③ 외부 불경제는 사회적 관심이 높으므로 규제하지 못한다.

④ 죄악세는 부정적 외부 효과를 억제하기 위해 물리는 세금이다.

22 ⑦~ⓔ의 사전적 의미로 적절하지 <u>않은</u> 것은?

① ⑦ : 일의 결과로서 어떤 현상을 생겨나게 함.

② ⓛ : 어떤 것이 다른 일을 일어나게 함.

③ ⓒ : 참고로 비교하고 대조하여 봄.

④ ⓔ : 어떤 문제에 대하여 서로 의견을 내어 토의함.

[23~25] 다음 글을 읽고 물음에 답하시오.

○○ 지역 신문 칼럼

20○○년 ○월 ○일

심폐 소생술을 배우자

텔레비전을 함께 보던 가족이 갑자기 의식을 잃고 쓰러졌을 때, 우리가 할 수 있는 일은 무엇일까요? 바로 심폐 소생술 입니다.

일반적으로 심장 정지 후 뇌가 손상되기 시작하고, 6분이 지나면 뇌사 상태가 됩니다. 이후 불과 10분 만에 사람은 생물학적 사망에 이르게 됩니다. 이를 통해 심정지 발생 후 초기 대응 시간이 환자의 생사를 좌우한다는 것을 알 수 있습니다. 따라서 심정지 환자를 발견하면 즉시 응급 처치를 해야 하는데, 이때 필요한 것이 심폐 소생술입니다.

하지만 많은 사람들이 심폐 소생술이 무엇인지, 이를 어떻게 해야 하는지 모를뿐더러 일부 사람들은 오히려 자신의 응급 처치가 환자에게 해를 끼칠지도 모른다고 걱정합니다. 이러한 걱정을 떨쳐 버릴 수 있는 가장 좋은 방법은 심폐 소생술을 배우는 것입니다. 실제와 유사한 상황에서 실습 위주의 심폐 소생술 교육을 받고 반복적으로 연습하면, 실제 상황이 발생했을 때 당황하지 않고 심폐 소생술을 실행할 수 있을 것입니다.

응급 상황은 예고 없이 찾아옵니다. 그럴 때 도울 방법을 몰라 응급 환자를 보고만 있을 수밖에 없다면 그 안타까움은 이루 말할 수 없을 것입니다. 소중한 생명을 ⑦ <u>지키기</u> 위해 심폐 소생술을 배우고 익힙시다.

---

23 윗글의 서술상 특징으로 가장 적절한 것은?

① 묻고 답하는 방법으로 중심 화제를 제시하고 있다.

② 다양한 관점에서 문제 해결 방법을 소개하고 있다.

③ 대립되는 의견을 절충하여 결론을 제시하고 있다.

④ 중심 화제의 한계를 제시하며 글을 마무리하고 있다.

---

24 윗글에서 알 수 있는 내용으로 적절하지 <u>않은</u> 것은?

① 심정지 환자 발생 시 되도록 빨리 응급 처치를 해야 한다.

② 실습 위주의 심폐 소생술 교육은 실제 상황 발생 시 유용하다.

③ 심정지의 발생 원인을 제거하기 위해 심폐 소생술 교육을 실시하고 있다.

④ 심폐 소생술 교육은 자신의 응급 처치가 환자에게 해가 될까 우려하는 사람들에게 도움이 된다.

---

25 밑줄 친 부분이 ⑦과 가장 유사한 의미로 쓰인 것은?

① 개는 집을 잘 <u>지키는</u> 동물이다.

② 경찰이 정문을 <u>지키고</u> 서 있었다.

③ 우리는 등교 시간을 꼭 <u>지켜야</u> 한다.

④ 누구든지 건강은 젊어서 <u>지켜야</u> 한다.

물방울이 바위를 뚫을 수 있음은
그 힘이 아니라 꾸준함이다.

MEMO

영 어

고등학교 졸업학력 검정고시 대비 기출문제

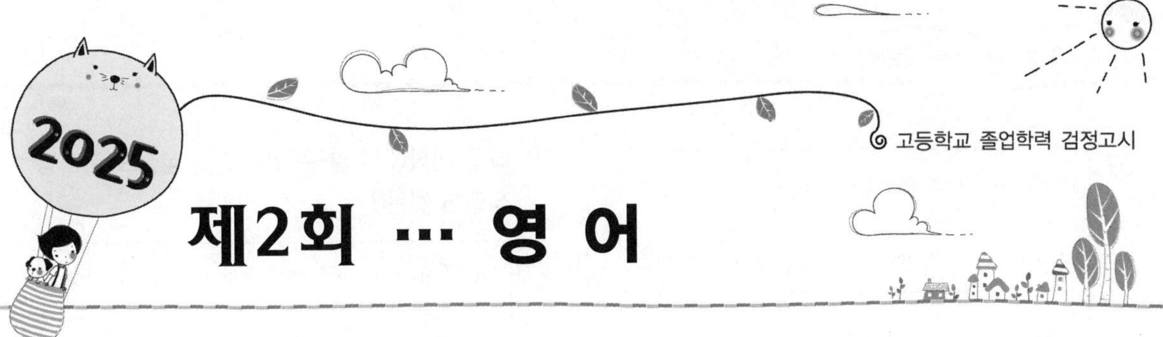

2025

제2회 ⋯ 영 어

[1~3] 다음 중 밑줄 친 부분의 뜻으로 가장 적절한 것을 고르시오.

01

> We need to find a <u>balance</u> between work and family life.

① 감정　　　　② 균형
③ 모험　　　　④ 학습

02

> Please <u>throw away</u> the trash after the picnic.

① 버리다　　　② 들여놓다
③ 보관하다　　④ 판매하다

03

> I studied hard, <u>so</u> I passed the test.

① 게다가　　　② 그래서
③ 반면에　　　④ 사실상

04 다음 중 밑줄 친 두 단어의 의미 관계와 <u>다른</u> 것은?

> The gift made me <u>happy</u>, but I became <u>sad</u> when I lost it.

① slow － fast
② wide － narrow
③ equal － same
④ easy － difficult

05 다음 안내문에서 언급되지 <u>않은</u> 것은?

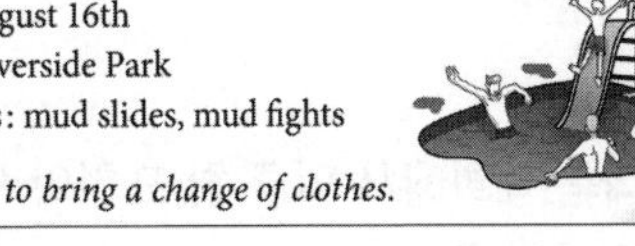

① 행사 날짜　　② 행사 장소
③ 활동 내용　　④ 참가 연령

[6~8] 다음 중 빈칸에 공통으로 들어갈 말로 가장 적절한 것을 고르시오.

06

> • He goes for a ______ every morning to stay healthy.
> • She wants to ______ her own shop someday.

① run　　　　② hand
③ will　　　　④ lose

07

- He told her the reason ______ he was crying.
- Can you tell me ______ you were absent?

① how   ② why
③ where   ④ which

08

- I'm really looking forward ______ going camping.
- My mom used ______ read books to me when I was little.

① as   ② to
③ for   ④ like

09 다음 대화에서 밑줄 친 표현의 의미로 가장 적절한 것은?

A : I accidentally broke the classroom window.
B : Oh, no! Did you tell the teacher?
A : Yes, I told her what happened and apologized.
B : Good. <u>Honesty is the best policy.</u>

① 정직이 최선의 방책이다.
② 진정한 배움에는 지름길이 없다.
③ 시간은 화살처럼 빨리 지나간다.
④ 일찍 일어나는 새가 벌레를 잡는다.

10 다음 대화에서 알 수 있는 A의 심정으로 가장 적절한 것은?

A : I just heard that I won the writing contest!
B : That's great. I knew you could do it.
A : I still can't believe it. I'm so delighted!
B : You deserve it. You worked really hard.

① 기쁨   ② 불만
③ 실망   ④ 평온

11 다음 대화가 이루어지는 장소로 가장 적절한 것은?

A : Hi, can I get a slice of cheese pizza and a coke?
B : Sure. Would you like anything else?
A : No, that's all. Do you accept credit cards?
B : Of course. Your total is nine dollars.

① 경찰서   ② 미용실
③ 소방서   ④ 음식점

12 다음 글에서 밑줄 친 <u>It</u>이 가리키는 것으로 가장 적절한 것은?

Jungle World is back! We are very pleased to announce this program. <u>It</u> will be held during the month of September. In this program, visitors can experience various animals and plants living in the jungle.

① plant   ② animal
③ program   ④ visitor

[13~14] 다음 대화의 빈칸에 들어갈 말로 가장 적절한 것을 고르시오.

13

A : Tomorrow is my sister's birthday.
B : Did you buy a present for her?
A : Yes. I bought this hat. __________?
B : Oh, it's beautiful. She will like it.

① Where do you live
② Why did you buy it
③ When is your birthday
④ What do you think of it

14

A : Where did you leave your umbrella?
B : __________________.

① I think I left it on the bus
② I can explain why he liked it
③ I helped my friend make lunch
④ I bought a new dress yesterday

15 다음 대화의 주제로 가장 적절한 것은?

A : Can you tell me how to make a comic book?
B : First, you have to choose a topic, and then write a short story.
A : I see. Do you draw the pictures afterwards?
B : That's right.

① 도서관 이용 규칙
② 만화책을 만드는 방법
③ 좋아하는 영화 장르
④ 이야기를 경청하는 태도

16 다음 글을 쓴 목적으로 가장 적절한 것은?

The school writing club is holding a weekly workshop to help students improve their writing skills. Each week, we will meet to share ideas, give feedback, and practice together. If you are interested in becoming a more confident writer, join us on Thursdays in room 205.

① 안부를 전하려고
② 예약을 승인하려고
③ 참가자를 모집하려고
④ 행사 취소를 공지하려고

17 다음 수영장 안내문의 내용과 일치하지 않는 것은?

① 9층에 위치해 있다.
② 오전 6시부터 오후 10시까지 운영한다.
③ 수영모를 착용해야 한다.
④ 음료는 판매하지 않는다.

18 다음 The Friendly Market에 대한 설명과 일치하지 <u>않는</u> 것은?

> The Friendly Market opens near City Hall. You can buy fresh vegetables, organic snacks, and handmade goods there. Anyone who comes to the market can get a free face painting. The market is held on Sundays from 8 a.m. to 3 p.m.

① 시청 근처에서 열린다.
② 유기농 간식이 판매된다.
③ 페이스 페인팅은 무료이다.
④ 일요일은 휴무일이다.

19 다음 글의 주제로 가장 적절한 것은?

> Do you ever feel like you can't control your anger? Here are some tips for you. First, take a deep breath when you feel upset. This helps calm your mind. Second, count to ten before reacting. It gives you time to think and respond calmly. Talking to someone you trust can also help.

① 미래에 유망한 직업
② 예술 작품 창조 과정
③ 분노를 조절하는 방법
④ 기후 변화가 가속화하는 이유

[20~21] 다음 글의 빈칸에 들어갈 말로 가장 적절한 것을 고르시오.

20

> Upcycling can turn old items into something new and useful. By reusing used objects for different purposes, you can ______ trash. For example, jeans you don't wear anymore can be transformed into bags or wallets. Through upcycling, you can add value to unwanted items.

① order
② teach
③ reduce
④ punish

21

> Many countries are facing a problem with low birth rates. Fewer babies are being born each year. This can lead to a smaller working population in the future. Thus, countries are trying to ______ policies that will help increase birth rates.

① cut
② stop
③ forget
④ develop

22 글의 흐름으로 보아 다음 문장이 들어가기에 가장 적절한 곳은?

> There, some sea animals eat this waste.

> Plastic is a useful material but can be harmful to the environment. (①) Plastic waste takes decades to break down, so it stays on the Earth for a long time. (②) Moreover, plastic waste is often washed out to the ocean. (③) Eventually these animals may end up on our dinner table. (④)

23 다음 글의 바로 뒤에 이어질 내용으로 가장 적절한 것은?

> Marathons are exciting events that attract thousands of runners every year. Runners train for months to prepare for the race. Participating in a marathon not only promotes physical fitness, but also provides a sense of accomplishment. However, there are several types of injuries people can get when they run a marathon.

① 마라톤으로 인한 부상의 유형
② 마라톤 경기 규칙의 변천사
③ 육상 선수를 위한 식단
④ 정신 건강의 중요성

[24~25] 다음 글을 읽고 물음에 답하시오.

> Everyone feels stress sometimes, especially when life gets busy. But too much stress can lead to various problems such as sleeplessness and anxiety. In order to ______ stress from harming your life, you need to manage it well. Stress management is the key to your well-being in the modern world.

24 윗글의 빈칸에 들어갈 말로 가장 적절한 것은?

① feed   ② raise
③ collect   ④ prevent

25 윗글의 주제로 가장 적절한 것은?

① 스트레스 관리의 중요성
② 봉사 활동의 중요성
③ 수면 부족의 위험성
④ 다양한 운동 방법

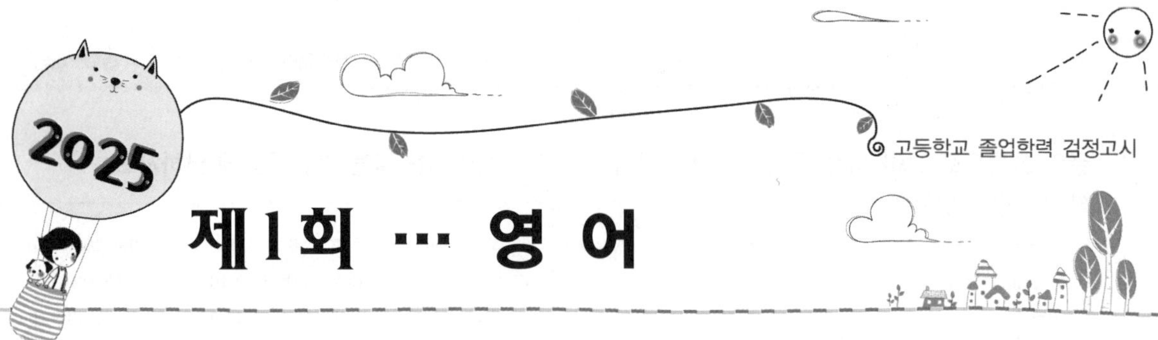

제1회 ··· 영 어

[1~3] 다음 중 밑줄 친 부분의 뜻으로 가장 적절한 것을 고르시오.

01

Teaching Korean to young kids was an interesting <u>experience</u> last winter.

① 경험　　　　② 분업
③ 설명　　　　④ 흥미

02

Students were encouraged to <u>take part in</u> the group activity.

① 수리하다　　　② 알아채다
③ 참여하다　　　④ 주문하다

03

She went swimming <u>despite</u> her fear of water.

① 제외하고　　　② 왜냐하면
③ 불구하고　　　④ 예를 들면

04 다음 중 밑줄 친 두 단어의 의미 관계와 <u>다른</u> 것은?

The street was <u>dark</u> while the church was <u>bright.</u>

① thick − thin　　② poor − rich
③ weak − strong　④ correct − right

05 다음 축제 안내문에서 언급되지 <u>않은</u> 것은?

Strawberry Festival
○ Date : April 15th − 16th
○ Location : The Spring Park
○ Activities : Picking, Eating contest, Jam making
Come and Enjoy!

① 날짜　　　　② 장소
③ 주차료　　　④ 활동 내용

[6~8] 다음 중 빈칸에 공통으로 들어갈 말로 가장 적절한 것을 고르시오.

06

• Please do not _____ the paintings on the wall.
• Let's keep in _____ after we graduate from high school.

① run　　　　② touch
③ report　　　④ increase

07

- Mom asked me ____ cleaned the house.
- He is the man ______ invented this machine.

① why
② who
③ when
④ where

08

- Finally, he came up ____ a great idea.
- Henry, I totally agree ____ you.

① in
② to
③ with
④ from

09 다음 대화에서 밑줄 친 표현의 의미로 가장 적절한 것은?

A : That man over there looks strange.
B : That's my neighbor David. He is one of the nicest people I know.
A : Really? I had no idea.
B : You know, "Don't judge a book by its cover."

① 가는 말이 고와야 오는 말이 곱다.
② 일찍 일어나는 새가 벌레를 잡는다.
③ 어려울 때 돕는 친구가 진정한 친구다.
④ 겉모습만으로 사람을 판단해서는 안 된다.

10 다음 대화에서 알 수 있는 B의 심정으로 가장 적절한 것은?

A : Why didn't you go to the game last night?
B : I had too much homework.
A : You really missed a great game.
B : I wish I could have gone.

① 아쉬움
② 두려움
③ 황홀함
④ 창피함

11 다음 대화가 이루어지는 장소로 가장 적절한 것은?

A : Where can I find the science books?
B : Oh, they are on the 2nd floor.
A : Thanks. How many books can I borrow?
B : You can take out seven books at a time.

① 도서관
② 정육점
③ 주차장
④ 철물점

12 다음 글에서 밑줄 친 It이 가리키는 것으로 가장 적절한 것은?

There are various ways people let go of their stress and maintain healthy lives. Yoga is one of them. It focuses on bringing harmony between mind and body. This leads to inner peace and can relieve your stress. Why don't you try this for your health?

① exam
② yoga
③ cooking
④ marathon

[13~14] 다음 대화의 빈칸에 들어갈 말로 가장 적절한 것을 고르시오.

13

> A : Let's go see a movie.
> B : Sure. _______________?
> A : I don't care. Anything but horror movies.
> B : What about a romantic comedy?
> A : Sounds good.

① Will you do me a favor
② How tall is that building over there
③ What kind of movie do you want to see
④ Could you show me the way to the theater

14

> A : Have you ever been abroad?
> B : _______________.

① No, I like vegetables more
② Yes, I have been to Vietnam twice
③ You should wear school uniforms at school
④ It is important to fasten your seat-belt at all times

15 다음 대화의 주제로 가장 적절한 것은?

> A : Have you heard about the dangers of strong sunlight?
> B : Yeah, people can experience severe sunburn when exposed to strong sunlight.
> A : Exactly. It can also cause skin cancer.

① 에너지를 절약하는 방법
② 식중독 예방을 위한 수칙
③ 유연성을 강화하기 위한 운동법
④ 강한 햇빛이 피부에 미치는 악영향

16 다음 글을 쓴 목적으로 가장 적절한 것은?

> I ordered several large shirts from your website last weekend. Yesterday, I got the package and found out that you sent me the wrong size. Please let me know how to exchange these items. I will be waiting for your response. Thank you.

① 교환 문의
② 부탁 거절
③ 예약 확인
④ 참가 신청

17 다음 안내문의 내용과 일치하지 <u>않는</u> 것은?

① 금요일 오후 6시에 시작한다.
② 작가와 사진을 찍을 수 있다.
③ 작가의 서명을 받을 수 있다.
④ 행사 중 음식을 먹을 수 있다.

18 다음 Isabella에 대한 설명과 일치하지 <u>않는</u> 것은?

> Isabella went to Australia on vacation. She expected to see the stars every night. However, she remained in her hotel for two days because it rained heavily. She just watched boring television shows. Luckily, she could finally see lots of stars on the last night. It was like a dream come true.

① 호주로 휴가를 갔다.
② 비가 많이 와서 이틀 동안 호텔에 남아 있었다.
③ 지루한 텔레비전 쇼를 보았다.
④ 마지막 날 밤에 별들을 볼 수 없었다.

19 다음 글의 주제로 가장 적절한 것은?

> Attention all passengers. The train to Busan has been canceled, and we are giving full refunds. Please bring your tickets to the information desk, or visit our website and submit the application form. We apologize for the inconvenience.

① 열차 취소로 인한 환불 안내
② 좋은 냉장고를 선택하는 기준
③ 건물의 문고리를 안전하게 설계하는 방법
④ 에스컬레이터에서 피해야 할 위험한 장난

[20~21] 다음 글의 빈칸에 들어갈 말로 가장 적절한 것을 고르시오.

20

> Who are ________? They are explorers who are chosen to travel into outer space. They are trained under harsh conditions to endure the severe environment of space. Staying calm in unexpected situations is also another important part of their training.

① dancers
② astronauts
③ communicators
④ psychologists

21

> Artificial Intelligence (AI) is a technology that can be very helpful. There are two ________ when using AI. First, you can get answers to your questions right away. Also, AI can create summaries of huge amounts of information rapidly. This helps users understand the main points more easily.

① damages
② mistakes
③ struggles
④ advantages

22 글의 흐름으로 보아 다음 문장이 들어가기에 가장 적절한 곳은?

> It is because you will be considered un-prepared and unorganized if you spend too much time.

> There are two things you need to re-member to give better speeches. (①) First of all, you should know what you intend to say. (②) Understanding the message of the speech you are giving is more im-portant than simply memorizing its script. (③) Secondly, managing your time effec-tively is important for the success of your speech. (④)

23 다음 글의 바로 뒤에 이어질 내용으로 가장 적절한 것은?

> These days, many restaurants deliver food. Some are open even after midnight. For this reason, you might easily order food at night when you feel hungry. However, eating late at night is not good for your body. There are three main rea-sons why this is so.

① 야식이 건강에 해로운 이유
② 제일 인기 있는 야식의 종류
③ 지역별 음식 문화의 발전 과정
④ 식당이 늦게까지 영업하는 이유

[24~25] 다음 글을 읽고 물음에 답하시오.

> Taekwondo is popular throughout the world. What makes people so attracted to it? People improve their physical abilities, such as in-creased flexibility. In addition, they can learn self-control by ______ it on a regular basis. For these reasons, it is now enjoyed internationally.

24 윗글의 빈칸에 들어갈 말로 가장 적절한 것은?

① cleaning
② removing
③ arresting
④ practicing

25 윗글의 주제로 가장 적절한 것은?

① 태권도의 변천 과정
② 세계 전통 의복의 특징
③ 태권도가 인기 있는 이유
④ 안전하게 운동하는 방법

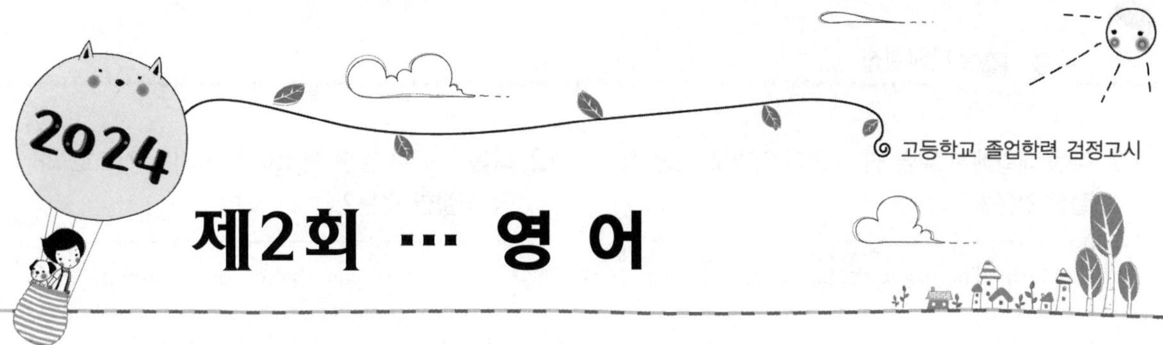

제2회 ··· 영 어

[1~3] 다음 밑줄 친 부분의 뜻으로 가장 적절한 것을 고르시오.

01

> I am lucky to have the <u>opportunity</u> to learn from him.

① 갈등 ② 기회
③ 법칙 ④ 인기

02

> Many people <u>are aware of</u> the health risks of energy drinks.

① 걷다 ② 놓다
③ 묻다 ④ 알다

03

> Our trip to the beach was canceled <u>due to</u> the storm.

① 게다가 ② 대신에
③ 때문에 ④ 반면에

04 다음 밑줄 친 두 단어의 의미 관계와 <u>다른</u> 것은?

> Every <u>flower</u> in the garden is beautiful, but I really love this red <u>rose</u>.

① color − gray
② sport − basketball
③ north − south
④ language − English

05 다음 마술 공연 안내문에서 언급되지 <u>않은</u> 것은?

① 관람 장소 ② 관람 연령
③ 티켓 가격 ④ 주차 정보

[6~8] 다음 빈칸에 공통으로 들어갈 말로 가장 적절한 것을 고르시오.

06

> • We will _____ ice cream for dessert.
> • Please put the books in alphabetical _____.

① drive ② order
③ respect ④ work

07

> • She believes ___ she can pass the exam.
> • He bought a car ___ is quiet and fast.

① that ② what
③ where ④ why

08

> • France is famous ___ the Eiffel Tower.
> • He called his friends and asked ___ help.

① for ② of
③ on ④ out

09 다음 대화에서 밑줄 친 표현의 의미로 가장 적절한 것은?

> A : Ah! There's a spider as big as my hand!
> B : As big as your hand? Really?
> A : Yes, it's huge!
> B : Let me check. Seeing is believing.

① 남의 것이 더 좋아 보인다.
② 눈으로 확인해야 믿을 수 있다.
③ 겉모습만으로 판단해서는 안 된다.
④ 눈에서 멀어지면 마음도 멀어진다.

10 다음 대화에서 알 수 있는 A의 심정으로 가장 적절한 것은?

> A : Finally, I booked tickets to see my favorite band!
> B : That's awesome! When is the concert?
> A : It's on Friday. I can't wait to see them perform live.
> B : You're so lucky. Enjoy it!

① 미안하다　　　　② 속상하다
③ 창피하다　　　　④ 행복하다

11 다음 대화가 이루어지는 장소로 가장 적절한 것은?

> A : Can you show me some short hair-styles?
> B : Sure. Here are some pictures. Do you like any of them?
> A : I like this one. Can you cut my hair like this?
> B : Absolutely, we can start right away.

① 식당　　　　　　② 약국
③ 미용실　　　　　④ 세탁소

12 다음 글에서 밑줄 친 It이 가리키는 것으로 가장 적절한 것은?

> Exercise can help you maintain a healthy weight. It burns calories and builds muscle, which is important for overall health. It will also help you feel more energetic and productive so you can focus on your work. By staying active, you can prevent many health problems.

① exercise　　　　② heart
③ problem　　　　④ stay

[13~14] 다음 대화의 빈칸에 들어갈 말로 가장 적절한 것을 고르시오.

13
> A : ______________________?
> B : Not too often, maybe once a week. How about you?
> A : I eat out almost every day. It's easier with my schedule.
> B : Yes, I understand.

① Are there any restaurants around here
② What kind of food do you eat
③ Where can I get easy recipes
④ How often do you eat out

14
> A : How can I improve my communication skills?
> B : One way is to ______________.

① eat more fruit and vegetables
② buy baking soda for your mom
③ wear gloves to keep your hands warm
④ practice speaking with people regularly

15 다음 대화의 주제로 가장 적절한 것은?

A : Do you know the benefits of drinking tea?
B : Sure. It can help you relax and reduce stress. Do you like to drink tea?
A : Yes, I do. I heard it can also help with digestion.

① 차 재배의 어려움
② 차를 우려내는 방법
③ 차를 마시는 것의 장점
④ 국가별 차의 종류와 특징

16 다음 글을 쓴 목적으로 가장 적절한 것은?

I live downstairs and have been hearing a lot of noise from your apartment lately. I can't sleep at night. Please keep the noise levels down, especially during the late hours. This would be greatly appreciated.

① 거절하려고　　② 동의하려고
③ 사과하려고　　④ 요청하려고

17 다음 동아리 안내문의 내용과 일치하지 <u>않는</u> 것은?

BREAKDANCING CLUB
Join us to learn some moves!

○ Tuesdays at 5:00 p.m. in Margaret Hall
○ No dance experience is required.
○ Bring your sneakers.
○ For more information, email us at dancer@email.com.

① 매주 화요일에 참여할 수 있다.
② 댄스 경험이 없어도 참여 가능하다.
③ 동아리 가입 시 운동화가 제공된다.
④ 이메일로 추가 문의를 할 수 있다.

18 다음 Paradise Resort에 대한 설명과 일치하지 <u>않는</u> 것은?

Paradise Resort is located in Thailand. The resort is next to the ocean, so you can enjoy swimming and fishing. Also, there are many diving spots where you can observe colorful marine life. The resort has restaurants where you can enjoy various dishes from around the world. Come visit us in paradise!

① 태국에 위치해 있다.
② 수영과 낚시를 즐길 수 있다.
③ 다이빙은 안전상의 이유로 금지된다.
④ 세계 여러 나라의 음식을 먹을 수 있다.

19 다음 글의 주제로 가장 적절한 것은?

Let me give you some tips that could make you look taller. First, avoid loose clothes. Many of you might prefer big and oversized clothes, but they can make you appear short. Second, wear similar colors. Wearing different colors divides your body and can cause you to look shorter.

① 옷을 저렴하게 구입하는 방법
② 키가 커 보이게 옷을 입는 방법
③ 신체 치수를 정확히 측정하는 방법
④ 나에게 어울리는 색상을 찾는 방법

[20~21] 다음 글의 빈칸에 들어갈 말로 가장 적절한 것을 고르시오.

20

Film-making can be ________ because it requires careful planning and teamwork. Finding the right locations, making schedules with actors, and managing a budget are all difficult tasks. Weather and technical issues during filming can also cause delays.

① challenging   ② selfish
③ independent   ④ wearable

21

What is a 3D printer? It's like a normal printer but a little ______. First, we don't put in ink but other materials like plastic or metal. Next, using software, we don't print out paper but real-life products like toys and even houses. Isn't that amazing?

① common   ② different
③ frequent   ④ wrong

22 글의 흐름으로 보아 다음 문장이 들어가기에 가장 적절한 곳은?

However, heavy snow fell unexpectedly.

On New Year's Day, my friend and I planned to climb a mountain near my town. (①) It stopped us from going up the mountain because it could have been dangerous. (②) As a result, we stayed indoors. (③) We were very disappointed but we hope to try again. (④)

23 다음 글의 바로 뒤에 이어질 내용으로 가장 적절한 것은?

Today, pets such as dogs, cats, and rabbits hold a special place in their owners' hearts. Many people spend a lot of time with their pets. Some people spend much money on them. Pets can mean a lot to their owners. Here are some reasons why.

① 반려동물을 입양할 때 유의할 점
② 반려동물이 주인들에게 중요한 이유
③ 가정에서 키울 수 있는 반려동물의 종류
④ 반려동물을 건강하게 키울 수 있는 방법

[24~25] 다음 글을 읽고 물음에 답하시오.

Humans are social beings. We cannot live alone and need support from others. We should try to do things in cooperation. When we work as a team, we can be more successful. Helen Keller once said, "Alone we can do so little; together we can do so much." None of us is as smart as all of us. When we keep this in mind, I'm sure that we will ______ a better society.

24 윗글의 빈칸에 들어갈 말로 가장 적절한 것은?

① build   ② forget
③ submit   ④ trick

25 윗글의 주제로 가장 적절한 것은?

① 협력의 중요성
② 사회적 약자의 의미
③ 목표 설정의 필요성
④ 계획적인 생활의 장점

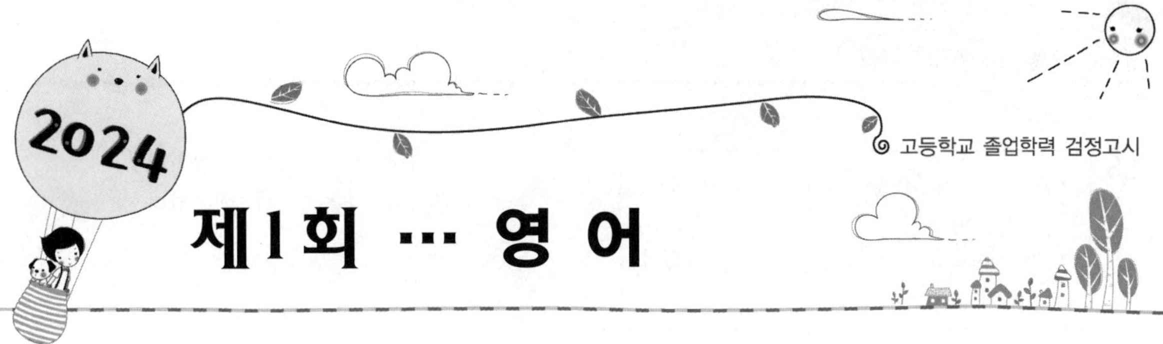

[1~3] 다음 밑줄 친 부분의 뜻으로 가장 적절한 것을 고르시오.

01

> I will call the restaurant and make a <u>reservation</u>.

① 변경   ② 예약
③ 취소   ④ 칭찬

02

> You need to <u>keep in mind</u>, "Slow and steady wins the race."

① 명심하다   ② 사용하다
③ 정돈하다   ④ 참여하다

03

> Do not use your cellphone <u>while</u> you are driving.

① 대신에   ② 동안에
③ 만약에   ④ 처음에

04 다음 밑줄 친 두 단어의 의미 관계와 <u>다른</u> 것은?

> It's <u>easy</u> to say you'll do something, but <u>difficult</u> to actually do it.

① heavy − light
② noisy − silent
③ painful − painless
④ rapid − quick

05 다음 콘서트 안내문에서 언급되지 <u>않은</u> 것은?

> **Fundraising Concert**
> • When : April 17th, 6 – 9 p.m.
> • Where : Lobby of Children's Hospital
> • Light snacks will be offered.
> *All funds will be donated to Children's Hospital.*

① 날짜   ② 장소
③ 출연진   ④ 기금 용도

[6~8] 다음 빈칸에 공통으로 들어갈 말로 가장 적절한 것을 고르시오.

06

> • Could you _____ my bag for me?
> • My school will _____ a music festival next month.

① hold   ② like
③ meet   ④ walk

07

> • I don't know _____ he is honest or not.
> • You will miss the bus _____ you don't leave now.

① if   ② that
③ what   ④ which

08

> • About 60 to 70 % of your body consists _____ water.
> • The garden is full _______ beautiful flowers.

① for
② in
③ of
④ to

09 다음 대화에서 밑줄 친 표현의 의미로 가장 적절한 것은?

> A : I'm having a hard time right now.
> B : Don't worry. I'm here for you, no matter what.
> A : Thank you. Your support means everything to me.
> B : Anytime. <u>A friend in need is a friend indeed.</u>

① 진정한 배움에는 지름길이 없다.
② 몸이 건강해야 마음도 건강하다.
③ 필요할 때 있는 친구가 진정한 친구다.
④ 사귀는 친구를 보면 그 사람을 알 수 있다.

10 다음 대화에서 알 수 있는 B의 심정으로 가장 적절한 것은?

> A : I've been waiting for 30 minutes. What happened?
> B : Sorry, but I thought we were meeting at 2 o'clock.
> A : No, that's the time the baseball game starts, so we were supposed to meet 30 minutes earlier.
> B : Oh, I totally forgot. I'm sorry for keeping you waiting.

① 미안하다
② 안심하다
③ 지루하다
④ 행복하다

11 다음 대화가 이루어지는 장소로 가장 적절한 것은?

> A : Did you get our tickets? Where are our seats?
> B : Let me see. J11 and J12.
> A : Great. Let's buy some snacks before we go in.
> B : That sounds good.

① 병원
② 약국
③ 은행
④ 영화관

12 다음 글에서 밑줄 친 <u>them</u>이 가리키는 것으로 가장 적절한 것은?

> Studies have shown that flowers have positive effects on our moods. Participants reported feeling less depressed and anxious after receiving <u>them</u>. In addition, they showed a higher sense of enjoyment and overall satisfaction.

① flowers
② moods
③ participants
④ studies

[13~14] 다음 대화의 빈칸에 들어갈 말로 가장 적절한 것을 고르시오.

13

A : The speech contest is tomorrow. I have cold feet.
B : Sorry, _________________?
A : I have cold feet. I'm nervous about tomorrow.
B : Oh, I see. Don't worry. I'm sure that you will do well.

① how would you like it
② would you say that again
③ what is the weather like today
④ where should I go for the contest

14

A : What do you like most about Korea?
B : _________________.

① That is what lots of people think
② That's because I prefer tea to coffee
③ I like the food delivery service most
④ I'm not satisfied with the monitor you chose

15 다음 대화의 주제로 가장 적절한 것은?

A : My lower back hurts a lot these days.
B : I think you should do something be-fore it gets worse.
A : Do you have any tips to reduce the pain?
B : Well, sit in a chair, not on the floor. And try to walk and stretch gently often.

① 의자를 고르는 방법
② 바닥을 청소하는 방법
③ 바른 자세로 걷는 방법
④ 허리 통증을 줄이는 방법

16 다음 글을 쓴 목적으로 가장 적절한 것은?

I'm worried about not having confidence in myself. My friends always seem to know what they're doing, but I'm never sure I'm doing the right thing. I want to build my confidence. I wonder whether you could give me some solutions to my problem. I hope you can help.

① 책을 추천하려고
② 방송을 홍보하려고
③ 조언을 구하려고
④ 초대를 수락하려고

17 다음 배드민턴장에 대한 안내문의 내용과 일치하지 <u>않는</u> 것은?

Central Badminton Center

Open Times :
• Monday to Friday, 10 a.m. to 9 p.m.

We provide :
• lessons for beginners only
• free parking for up to 4 hours a day
Proper shoes and clothes are required.

① 평일 오전 10시부터 오후 9시까지 운영한다.
② 상급자를 위한 수업이 준비되어 있다.
③ 하루 4시간까지 무료 주차가 가능하다.
④ 적절한 신발과 옷이 필요하다.

18 다음 rice에 대한 설명과 일치하지 <u>않는</u> 것은?

Rice is one of the major crops in the world. Since its introduction and cultivation, rice has been the main food for most Asians. In fact, Asian countries produce and consume the most rice worldwide. These days, countries in Africa have also increased their rice consumption.

① 세계의 주요 작물 중 하나이다.
② 대부분의 아시아 사람들의 주식이다.
③ 아시아 국가에서 가장 많이 생산한다.
④ 아프리카 국가에서 소비가 감소하고 있다.

19 다음 글의 주제로 가장 적절한 것은?

When you go abroad, you may find yourself in a place where the people, language, and customs are different from your own. Learning about cultural differences can be a useful experience. It can help you understand the local people better. It could also help you understand yourself and your own culture more.

① 사람들과 소통하는 방법
② 지역 문화 보존의 필요성
③ 해외여행을 할 때 주의할 점
④ 문화적 차이를 배우는 것의 유용성

[20~21] 다음 글의 빈칸에 들어갈 말로 가장 적절한 것을 고르시오.

20

Eating dinner lasts a long time in France because it is meant to be enjoyed with family and friends. French people don't _____ this process. Trying to finish dinner quickly can be interpreted as a sign of being impolite.

① enjoy　　　② rush
③ serve　　　④ warn

21

In life, it's important to take _____ for any choices that you make. If the result of your choice isn't what you wanted, don't blame others for it. Being in charge of your choices will help you learn from the results.

① conflict　　　② desire
③ help　　　④ responsibility

22 글의 흐름으로 보아 다음 문장이 들어가기에 가장 적절한 곳은?

On the other hand, there is a big advantage to it.

Taking online classes can be good and bad. (①) If you take classes online, you may worry about the lack of face-to-face communication. (②) Taking courses online makes it difficult to create strong relationships with your teachers and classmates. (③) You are free to take online classes anywhere, anytime. (④) By simply turning on your computer, you can start studying.

23 다음 글의 바로 뒤에 이어질 내용으로 가장 적절한 것은?

> Walking dogs is a common activity in the park. But with more people doing this, problems are arising in the park. To avoid these issues, please follow these guidelines when you walk your dog.

① 반려견을 키우면 좋은 점
② 반려견 산책 시 지켜야 할 사항
③ 반려견 관련 산업의 발전 가능성
④ 반려견이 아이들 정서에 미치는 영향

25 윗글의 주제로 가장 적절한 것은?

① 소비자 교육의 효과
② 상품 가격 결정의 원리
③ 전략적 상품 진열 방식
④ 매체 속 다양한 광고의 유형

[24~25] 다음 글을 읽고 물음에 답하시오.

> Have you noticed that shoes and socks are displayed together? They are items strategically placed with each other. Once you've already decided to buy a pair of shoes, why not buy a pair of socks, too? Remember that the placement of items in a store is not ______. It seems that arranging items gives suggestions to customers, in a way that is not obvious, while they shop.

24 윗글의 빈칸에 들어갈 말로 가장 적절한 것은?

① accurate ② enough
③ positive ④ random

제2회 … 영 어

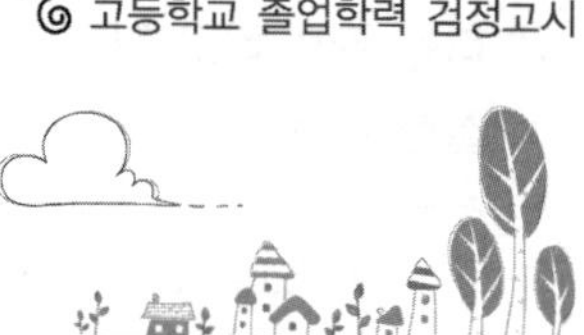

[1~3] 다음 밑줄 친 부분의 뜻으로 가장 적절한 것을 고르시오.

01

> Reading books is a great way to gain <u>knowledge</u>.

① 균형　　　　② 목표
③ 우정　　　　④ 지식

02

> She is never going to <u>give up</u> her dream even if she meets difficulties.

① 서두르다　　　② 자랑하다
③ 포기하다　　　④ 화해하다

03

> Many animals like to play with toys. <u>For example</u>, dogs enjoy playing with balls.

① 갑자기　　　　② 반면에
③ 예를 들면　　　④ 결론적으로

04 다음 밑줄 친 두 단어의 의미 관계와 <u>다른</u> 것은?

> <u>Spring</u> is my favorite <u>season</u> because of the beautiful flowers and warm weather.

① apple － fruit
② nurse － job
③ triangle － shape
④ shoulder － country

05 다음 광고문에서 언급되지 <u>않은</u> 것은?

> ***Cheese Fair***
>
> • **Date** : September 10th (Sunday), 2023
> • **Activities** : 
> 　－ Tasting various
> 　　kinds of cheese
> 　－ Baking cheese cakes
> • **Entrance Fee** : 10,000 won

① 날짜　　　　② 장소
③ 활동내용　　　④ 입장료

[6~8] 다음 빈칸에 공통으로 들어갈 말로 가장 적절한 것을 고르시오.

06

> • Are you ready to _______ your project to the class?
> • Stop worrying about the past and live in the _______ .

① grow　　　　② lose
③ forget　　　　④ present

07

> • John, __________ many countries are there in Asia?
>
> • He doesn't know ________ far it is from here.

① how　　　　② when
③ where　　　④ which

08

> • He needs to focus ____ studying instead of playing games.
>
> • Bring a jacket which is easy to put ____ and take off.

① as　　　　② of
③ on　　　　④ like

09 다음 대화에서 밑줄 친 표현의 의미로 가장 적절한 것은?

> A : How would you describe your personality, Sumi?
>
> B : I tend to be cautious. I try to follow the saying, "Look before you leap."
>
> A : Oh, you think carefully before you do something.

① 많으면 많을수록 좋다.
② 남이 가진 것이 더 좋아 보인다.
③ 행동하기 전에 신중하게 생각해라.
④ 오늘 할 일을 내일로 미루지 마라.

10 다음 대화에서 알 수 있는 A의 심정으로 가장 적절한 것은?

> A : I'd like to return these headphones.
>
> B : Why? Is there a problem?
>
> A : I'm not satisfied with the sound. It's not loud enough.

① 감사　　　　② 불만
③ 안도　　　　④ 행복

11 다음 대화가 이루어지는 장소로 가장 적절한 것은?

> A : There are so many people in this restaurant!
>
> B : Right. This place is well known for its pizza.
>
> A : Yeah. Let's order some.

① 식당　　　　② 은행
③ 문구점　　　④ 소방서

12 다음 글에서 밑줄 친 <u>it</u>이 가리키는 것으로 가장 적절한 것은?

> These days I'm reading a book, *Greek and Roman* Myths. The book is so interesting and encourages imagination. Moreover, <u>it</u> gives me more understanding about western arts because the myths are a source of western culture.

① book　　　　② pencil
③ language　　④ password

[13~14] 다음 대화의 빈칸에 들어갈 말로 가장 적절한 것을 고르시오.

13

A : ______________, cycling or walking?
B : I like cycling rather than walking.
A : Why do you like it?
B : Because I think cycling burns more calories.

① Where can I rent a car
② When does the show start
③ Why do you want to learn English
④ Which type of exercise do you prefer

14

A : How can we show respect to others?
B : I believe we should ______________.
A : That's why you are a good listener.

① watch a movie
② exchange this bag
③ turn left at the next street
④ listen carefully when others speak

15 다음 대화의 주제로 가장 적절한 것은?

A : Whenever I see koalas in trees, I wonder why they hug trees like that.
B : Koalas hug trees to cool themselves down.
A : Oh, that makes sense. Australia has a very hot climate.

① 코알라의 사회성
② 코알라 연구의 어려움
③ 코알라가 나무를 껴안고 있는 이유
④ 코알라처럼 나뭇잎을 먹는 동물들의 종류

16 다음 글을 쓴 목적으로 가장 적절한 것은?

I'm writing this e-mail to confirm my reservation. I booked a family room at your hotel for two nights. We're two adults and one child. We will arrive in the afternoon on December 22nd. I look forward to your reply.

① 확인하려고
② 안내하려고
③ 소개하려고
④ 홍보하려고

17 다음 기타 판매 광고문의 내용과 일치하지 <u>않는</u> 것은?

Tennis Competition
• Only beginners can participate.
• We will start at 10:00 a.m. and finish at 5:00 p.m.
• Lunch will not be served.
• If it rains, the competition will be canceled.

① 초보자만 참여할 수 있다.
② 오전 10시에 시작해서 오후 5시에 끝난다.
③ 점심은 제공되지 않는다.
④ 비가 와도 경기는 진행된다.

18 다음 Santa Fun Run에 대한 설명과 일치하지 <u>않는</u> 것은?

The Santa Fun Run is held every December. Participants wear Santa costumes and run 5km. They run to raise money for sick children. You can see Santas of all ages walking and running around.

① 매년 12월에 열린다.
② 참가자들은 산타 복장을 입는다.
③ 멸종 위기 동물을 돕기 위해 모금을 한다.
④ 모든 연령대의 산타를 볼 수 있다.

19 다음 글의 주제로 가장 적절한 것은?

Do you suffer from feelings of loneliness? In such cases, it may be helpful to share your feelings with a parent, a teacher or a counselor. It is also important for you to take positive actions to overcome your negative feelings.

① 인터넷의 역할
② 여름 피서지 추천
③ 외로움에 대처하는 방법
④ 청소년의 다양한 취미 활동 소개

[20~21] 다음 글의 빈칸에 들어갈 말로 가장 적절한 것을 고르시오.

20

For most people, the best _______ for sleeping is on your back. If you sleep on your back, you will have less neck and back pain. That's because your neck and spine will be straight when you are sleeping.

① letter   ② position
③ emotion   ④ population

21

Here are several steps to _______ your problems. First, you need to find various solutions by gathering all the necessary information. Second, choose the best possible solution and then put it into action. At the end, evaluate the result. I'm sure these steps will help you.

① solve   ② dance
③ donate   ④ promise

22 글의 흐름으로 보아 다음 문장이 들어가기에 가장 적절한 곳은?

Instead, we start with a casual conversation about less serious things like the weather or traffic.

When you first meet someone, how do you start a conversation? (①) We don't usually tell each other our life stories at the beginning. (②) This casual conversation is referred to as small talk. (③) It helps us feel comfortable and get to know each other better. (④) It's a good way to break the ice.

23 다음 글의 바로 뒤에 이어질 내용으로 가장 적절한 것은?

English proverbs may seem strange to non-native speakers and can be very hard for them to learn and remember. One strategy for remembering English proverbs more easily is to learn about their origins. Let's look at some examples.

① 꽃말의 어원에 관한 예시
② 영어 속담의 기원에 관한 예시
③ 긍정적인 마음가짐에 대한 예시
④ 친환경적인 생활 습관에 대한 예시

[24~25] 다음 글을 읽고 물음에 답하시오.

A book review is a reader's opinion about a book. When you write a review, begin with a brief summary or description of the book. Then state your ________ of it, whether you liked it or not and why.

24 윗글의 빈칸에 들어갈 말로 가장 적절한 것은?

① flight
② opinion
③ gesture
④ architecture

25 윗글의 주제로 가장 적절한 것은?

① 창의력의 중요성
② 진로 탐색의 필요성
③ 온라인 수업의 장점
④ 독서 감상문 쓰는 법

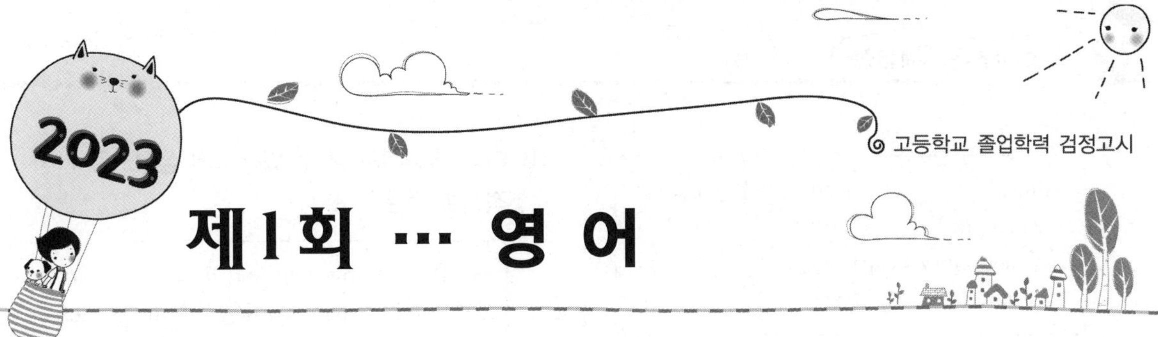

제1회 … 영 어

[1~3] 다음 밑줄 친 부분의 뜻으로 가장 적절한 것을 고르시오.

01

> It is my <u>duty</u> to take out the trash at home on Sundays.

① 갈등   ② 노력
③ 의무   ④ 자유

02

> People need to <u>depend on</u> each other when working as a team.

① 찾다   ② 내리다
③ 의존하다   ④ 비난하다

03

> I have met a lot of nice people, <u>thanks to</u> you.

① 덕분에   ② 대신에
③ 불구하고   ④ 제외하고

04 다음 밑줄 친 두 단어의 의미 관계와 <u>다른</u> 것은?

> A <u>polite</u> gesture in one country may be a <u>rude</u> one in another.

① smart − wise
② right − wrong
③ safe − dangerous
④ same − different

05 다음 행사 광고문에서 언급되지 <u>않은</u> 것은?

> **K-POP CONCERT 2023**
>
> **Eight World-famous K-Pop Groups Are Performing!**
> **Date** : June 8th(Thursday), 2023
> **Location** : World Cup Stadium
> **Time** : 7:30 p.m. − 9:30 p.m.
>
> 

① 날짜   ② 장소
③ 시간   ④ 입장료

[6~8] 다음 빈칸에 공통으로 들어갈 말로 가장 적절한 것을 고르시오.

06

> • We had to _______ up in order to get a better view.
> • I can't _______ people who don't follow rules in public.

① fail   ② begin
③ stand   ④ remind

07

- Jinsu, _________ museum will you visit tomorrow?
- A dictionary is a book _________ has explanations of words.

① how
② which
③ when
④ where

08

- My tastes are different _________ yours.
- English words come _________ a wide variety of sources.

① for
② off
③ from
④ about

09 다음 대화에서 밑줄 친 표현의 의미로 가장 적절한 것은?

A : Look, Junho. I finally got an A on my math exam!
B : You really did well on your exam. What's your secret?
A : I've been studying math everyday, staying up late even on weekends.
B : You are a good example of 'no pain, no gain.'

① 철이 뜨거울 때 내려쳐라.
② 수고 없이 얻는 것은 없다.
③ 시간은 화살처럼 빨리 지나간다.
④ 필요할 때 친구가 진정한 친구이다.

10 다음 대화에서 알 수 있는 B의 심정으로 가장 적절한 것은?

A : It's raining cats and dogs.
B : Raining cats and dogs? Can you tell me what it means?
A : It means it's raining very heavily.
B : Really? I'm interested in the origin of the expression.

① 불안
② 슬픔
③ 흥미
④ 실망

11 다음 대화가 이루어지는 장소로 가장 적절한 것은?

A : Good morning, how may I help you?
B : Wow, it smells really good in here.
A : Yes, the bread just came out of the oven.
B : I'll take this freshly baked one.

① 제과점
② 세탁소
③ 수영장
④ 미용실

12 다음 글에서 밑줄 친 It이 가리키는 것으로 가장 적절한 것은?

Smiling reduces stress and lowers blood pressure, contributing to our physical well-being. It also increases the amount of feel-good hormones in the same way that good exercise does. And most of all, a smile influences how other people relate to us.

① friend
② smiling
③ country
④ exercising

[13~14] 다음 대화의 빈칸에 들어갈 말로 가장 적절한 것을 고르시오.

13

> A : Matt, __________?
> B : How about the N Seoul Tower? We can see the whole city from the tower.
> A : After that, let's walk along the Seoul City Wall.
> B : Perfect! Now, let's go explore Seoul.

① where shall we go first

② what do you do for a living

③ how often do you come here

④ why do you want to be an actor

14

> A : What should I do to make more friends?
> B : It's important to ________________.

① get angry easily

② cancel your order now

③ check your reservation

④ be nice to people around you

15 다음 대화의 주제로 가장 적절한 것은?

> A : Can you share any shopping tips?
> B : Sure. First of all, always keep your budget in mind.
> A : That's a good point. What else?
> B : Also, don't buy things just because they're on sale.
> A : Thanks! Those are great tips.

① 현명하게 쇼핑하는 방법

② 일기를 써야 하는 이유

③ 건축 시 기둥의 중요성

④ 계단을 이용할 때의 장점

16 다음 글을 쓴 목적으로 가장 적절한 것은?

> Many people have difficulty finding someone for advice. You may have some personal problems and don't want to talk to your parents or friends about them. Why don't you join our online support group? We are here to help you.

① 거절하려고　　② 권유하려고

③ 비판하려고　　④ 사과하려고

17 다음 기타 판매 광고문의 내용과 일치하지 <u>않는</u> 것은?

> **For Sale**
> **Features** : It's a guitar with six strings.
> **Condition** : It's used but in good condition.
> **Price** : $150 (original price: $350)
> **Contact** : If you have any questions, call me at 014-4365-8704.

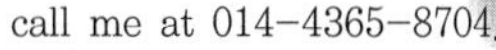

① 줄이 여섯 개 있는 기타이다.

② 새것이라 완벽한 상태이다.

③ 150달러에 판매된다.

④ 전화로 문의 가능하다.

18 다음 Earth Hour campaign에 대한 설명과 일치하지 <u>않는</u> 것은?

> Why don't we join the Earth Hour campaign? It started in Sydney, Australia, in 2007. These days, more than 7,000 cities around the world are participating. Earth Hour takes place on the last Saturday of March. On that day people turn off the lights from 8:30 p.m. to 9:30 p.m.

① 호주 시드니에서 시작했다.
② 칠천 개 이상의 도시가 참여한다.
③ 3월 마지막 주 토요일에 열린다.
④ 사람들은 그날 하루 종일 전등을 끈다.

19 다음 글의 주제로 가장 적절한 것은?

> Recent research shows how successful people spend time in the morning. They wake up early and enjoy some quiet time. They exercise regularly. In addition, they make a list of things they should do that day. Little habits can make a big difference towards being successful.

① 인간의 기본적인 욕구와 특성
② 운동 전 스트레칭이 중요한 이유
③ 합창에서 반드시 지켜야 할 규칙
④ 성공한 사람들의 아침 시간 활용 방법

[20~21] 다음 글의 빈칸에 들어갈 말로 가장 적절한 것을 고르시오.

20

> People who improve themselves try to understand what they did wrong, so they can do better the next time. The process of learning from mistakes makes them smarter. For them, every _______ is a step towards getting better.

① love
② nation
③ village
④ mistake

21

> I'd like to have a parrot as a _______. Let me tell you why. First, a parrot can repeat my words. If I say "Hello" to it, it will say "Hello" to me. Next, it has gorgeous, colorful feathers, so just looking at it will make me happy. Last, parrots live longer than most other animals kept at home.

① pet
② word
③ color
④ plant

22 글의 흐름으로 보아 다음 문장이 들어가기에 가장 적절한 곳은?

> However, despite its usefulness, plastic pollutes the environment severely.

> Plastic is a very useful material. (①) Its usefulness comes from the fact that plastic is cheap, lightweight, and strong. (②) For example, plastic remains in landfills for hundreds or even thousands of years, resulting in soil pollution. (③) The best solution to this problem is to create eco-friendly alternatives to plastic. (④)

23 다음 글의 바로 뒤에 이어질 내용으로 가장 적절한 것은?

> Beans have been with us for thousands of years. They are easy to grow everywhere. More importantly, they are high in protein and low in fat. These factors make beans one of the world's greatest superfoods. Now, let's learn how beans are cooked in a variety of ways around the world.

① 콩 재배의 역사
② 콩의 수확 시기
③ 콩 섭취의 부작용
④ 콩의 다양한 요리법

[24~25] 다음 글을 읽고 물음에 답하시오.

> Volunteering gives you a healthy mind. According to one survey, 96 % of volunteers report feeling happier after doing it. If you help others in the community, you will feel better about yourself. It can also motivate you to live with more energy that can help you in your ordinary daily life. Therefore, you will have a more __________ view of life.

24 윗글의 빈칸에 들어갈 말로 가장 적절한 것은?

① shy   ② useless
③ unhappy   ④ positive

25 윗글의 주제로 가장 적절한 것은?

① 외로움의 유용함
② 달 연구의 어려움
③ 자원봉사가 주는 이점
④ 온라인 수업 도구의 다양성

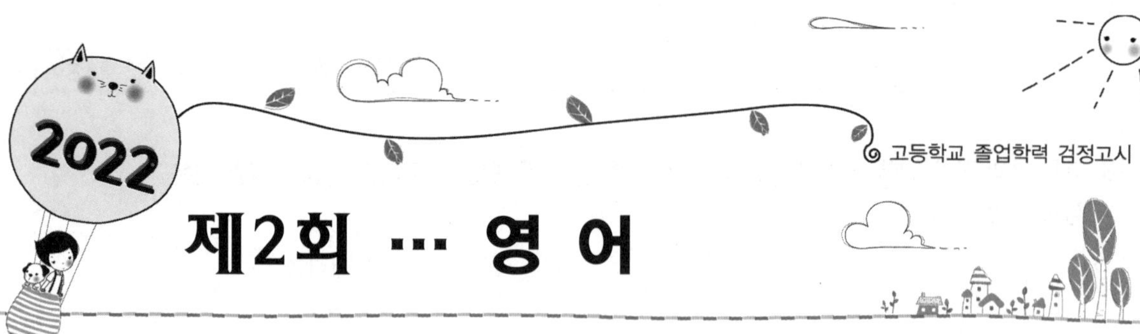

제2회 ··· 영 어

[1~3] 다음 밑줄 친 부분의 뜻으로 가장 적절한 것을 고르시오.

01

> To speak English well, you need to have <u>confidence</u>.

① 논리력　　② 자신감
③ 의구심　　④ 창의력

02

> The country had to <u>deal with</u> its food shortage problems.

① 생산하다　　② 연기하다
③ 처리하다　　④ 확대하다

03

> Sunlight comes in through the windows and, <u>as a result</u>, the house becomes warm.

① 그 결과　　② 사실은
③ 예를 들면　　④ 불행하게도

04 다음 밑줄 친 두 단어의 의미 관계와 <u>다른</u> 것은?

> Patience is <u>bitter</u>, but its fruit is <u>sweet</u>.

① new − old　　② clean − dirty
③ fine − good　　④ easy − difficult

05 다음 축제 안내문에서 언급되지 <u>않은</u> 것은?

> **Gimchi Festival**
> **Place** : Gimchi Museum
> **Events** :
> 　− Learning to make gimchi
> 　− Tasting various gimchi
> **Entrance Fee** : 5,000 won
> *Come and taste traditional Korean food!*

① 날짜　　② 장소
③ 행사 내용　　④ 입장료

[6~8] 다음 빈칸에 공통으로 들어갈 말로 가장 적절한 것을 고르시오.

06

> • Let's ＿＿ in front of the restaurant at 2 o'clock.
> • The hotel manager did his best to ＿＿ guests' needs.

① dive　　② meet
③ wear　　④ happen

07

> • Jim, ＿＿＿ are you going to come home?
> • Listening to music can be helpful ＿＿＿ you feel bad.

① how　　② who
③ what　　④ when

08

- Welcome. What can I do ________ you, today?
- I've spent almost an hour waiting ________ the bus.

① up
② for
③ out
④ with

09 다음 대화에서 밑줄 친 표현의 의미로 가장 적절한 것은?

A : I want to do something to help children in need.
B : That's great. Do you have any ideas?
A : I will sell my old clothes and use the money for the children. But it's not going to be easy.
B : Don't worry. <u>A journey of a thousand miles starts with a single step.</u>

① 모든 일에는 원인이 있다.
② 몸이 건강해야 마음도 건강하다.
③ 친구를 보면 그 사람을 알 수 있다.
④ 어려운 일도 일단 시작해야 이룰 수 있다.

10 다음 대화에서 알 수 있는 B의 심정으로 가장 적절한 것은?

A : Is this your first time to do bungee jumping?
B : Yes, it is. And I'm really nervous.
A : Bungee jumping is perfectly safe. You'll be fine.
B : That's what I've heard, but I'm still not sure if I want to do it.

① 만족
② 불안
③ 실망
④ 행복

11 다음 대화가 이루어지는 장소로 가장 적절한 것은?

A : Hello, I'm looking for a dinner table for my house.
B : Come this way, please. What type would you like?
A : I'd like a round one.
B : Okay. I'll show you two different models.

① 세탁소
② 가구점
③ 도서관
④ 체육관

12 다음 글에서 밑줄 친 <u>It(it)</u>이 가리키는 것으로 가장 적절한 것은?

A donation is usually done for kind and good-hearted purposes. <u>It</u> can take many different forms. For example, <u>it</u> may be money, food or medical care given to people suffering from natural disasters.

① donation
② nature
③ people
④ suffering

[13~14] 다음 대화의 빈칸에 들어갈 말로 가장 적절한 것을 고르시오.

13

A : Mary's birthday is coming. ________?
B : Good idea. What about giving her a phone case?
A : She just got a new one. How about a coffee mug?
B : Perfect! She likes to drink coffee.

① What is it for
② Where did you get it
③ Why don't we buy her a gift
④ What do you usually do after school

14

> A : What do you do for a living?
> B : _________________________ .

① I prefer winter to summer
② That wasn't what I wanted
③ I teach high school students
④ It'll take an hour to get to the beach

15 다음 대화의 주제로 가장 적절한 것은?

> A : I don't know what career I'd like to
>   have in the future.
> B : Why don't you get experience in dif-
>   ferent areas?
> A : Hmm… how can I do that?
> B : How about participating in job expe-
>   rience programs?
>   I'm sure it will help.

① 자원 개발의 필요성
② 진로 선택을 위한 조언
③ 자존감을 높이는 방법
④ 자원봉사 활동의 어려움

16 다음 글을 쓴 목적으로 가장 적절한 것은?

> We would like to ask you to put trash
> in the trash cans in the park. We are
> having difficulty keeping the park clean
> because of the careless behavior of some
> visitors. We need your cooperation.
> Thank you.

① 요청하려고   ② 사과하려고
③ 거절하려고   ④ 칭찬하려고

17 다음 캠프 안내문의 내용과 일치하지 <u>않는</u> 것은?

> – Fun and safe sports programs for children
>   aged 7–12
> – From August 1st to August 7th
> – What you will do :
>   Badminton, Basketball, Soccer, Swimming
> * Every child should bring a swim suit and
>   lunch each day.

① 7세부터 12세까지 어린이들을 대상으로 한다.
② 기간은 8월 1일부터 8월 7일까지이다.
③ 네 가지 스포츠 활동을 할 수 있다.
④ 매일 점심이 제공된다.

18 다음 학교 신문 기자 모집에 대한 설명과 일치하지 <u>않는</u> 것은?

> We're looking for reporters for our
> school newspaper. If you're interested,
> please submit three articles about school
> life. Each article should be more than
> 500 words. Our student reporters will
> evaluate your articles. The deadline is
> September 5th.

① 학교생활에 관한 기사를 세 편 제출해야 한다.
② 각 기사는 500단어 이상이어야 한다.
③ 담당 교사가 기사를 평가한다.
④ 마감일은 9월 5일이다.

19 다음 글의 주제로 가장 적절한 것은?

Gestures can have different meanings in different countries. For example, the OK sign means "okay" or "all right" in many countries. The same gesture, however, means "zero" in France. French people use it when they want to say there is nothing.

① 세계의 음식 문화
② 예술의 교육적 효과
③ 다문화 사회의 특징
④ 국가별 제스처의 의미 차이

[20~21] 다음 글의 빈칸에 들어갈 말로 가장 적절한 것을 고르시오.

20

Many power plants produce energy by burning fossil fuels, such as coal or gas. This causes air pollution and influences the ____________. Therefore, try to use less energy by choosing energy-efficient products. It can help save the earth.

① environment　　② material
③ product　　④ weight

21

The Internet makes our lives more convenient. We can pay bills and shop on the Internet. However, personal information can be easily stolen online. There are ways to ____________ your information. First, set a strong password. Second, never click on unknown links.

① cancel　　② destroy
③ protect　　④ refund

22 글의 흐름으로 보아 다음 문장이 들어가기에 가장 적절한 곳은?

But nowadays maps are more accurate because they are made from photographs.

(①) Thousands of years ago, people made maps when they went to new places. (②) They drew maps on the ground or on the walls of caves, which often had incorrect information. (③) These photographs are taken from airplanes or satellites. (④)

23 다음 글의 바로 뒤에 이어질 내용으로 가장 적절한 것은?

Sometimes we hurt others' feelings, even if we don't mean to. When that happens, we need to apologize. Then, how do we properly apologize? Here are three things you should consider when you say that you are sorry.

① 규칙 준수의 중요성
② 대화를 시작하는 방법
③ 효과적인 암기 전략의 종류
④ 사과할 때 고려해야 할 것들

[24~25] 다음 글을 읽고 물음에 답하시오.

Many people have trouble falling asleep, thus not getting enough sleep. It can have ____ effects on health like high blood pressure. You can prevent sleeping problems if you follow these rules. First, do not have drinks with caffeine at night. Second, try not to use your smartphone before going to bed. These will help you go to sleep easily.

24 윗글의 빈칸에 들어갈 말로 가장 적절한 것은?

① harmful   ② helpful
③ positive   ④ calming

25 윗글의 주제로 가장 적절한 것은?

① 스마트폰의 변천사
② 운동 부족의 위험성
③ 카페인 중독의 심각성
④ 수면 문제를 예방하는 방법

제1회 ··· 영 어

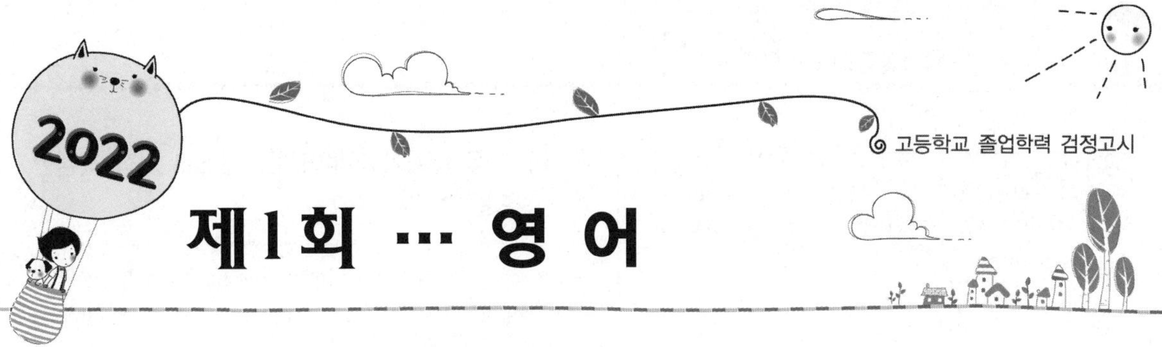

[1~3] 다음 밑줄 친 부분의 뜻으로 가장 적절한 것을 고르시오.

01

For children, it is important to encourage good <u>behavior</u>.

① 행동　　　　② 규칙
③ 감정　　　　④ 신념

02

She had to <u>put off</u> the trip because of heavy rain.

① 계획하다　　　　② 연기하다
③ 기록하다　　　　④ 시작하다

03

Many online lessons are free of charge. <u>Besides</u>, you can watch them anytime and anywhere.

① 마침내　　　　② 게다가
③ 그러나　　　　④ 예를 들면

04 다음 밑줄 친 두 단어의 의미 관계와 <u>다른</u> 것은?

While some people say that a glass is half <u>full</u>, others say that it's half <u>empty</u>.

① high－low　　　　② hot－cold
③ tiny－small　　　　④ fast－slow

05 다음 포스터에서 언급되지 <u>않은</u> 것은?

Happy Earth Day Event
When : April 22, 2022
Where : Community Center
What to do : • Exchange used things
　　　　　　　　• Make 100% natural shampoo

① 참가 자격　　　　② 행사 날짜
③ 행사 장소　　　　④ 행사 내용

[6~8] 다음 빈칸에 공통으로 들어갈 말로 가장 적절한 것을 고르시오.

06

• When you ______ the train, make sure you take all your belongings.
• Please ______ the book on the table after reading it.

① open　　　　② learn
③ leave　　　　④ believe

07

• Minsu, ______ are you going to do this weekend?
• No one knows exactly ______ happened.

① what　　　　② that
③ who　　　　④ if

08

> • Dad's heart is filled ______ love for me.
> • Alice was satisfied ______ her perfor-
> mance.

① at   ② in
③ for   ④ with

09 다음 대화에서 밑줄 친 표현의 의미로 가장 적절한 것은?

> A : What are you doing, Junho?
> B : I'm trying to solve this math prob-
> lem, but it's too difficult for me.
> A : Let's try to figure it out together.
> B : That's a good idea. <u>Two heads are better than one.</u>

① 수고 없이 얻는 것은 없다.
② 사공이 많으면 배가 산으로 간다.
③ 겉모습만으로 사람을 판단해서는 안 된다.
④ 혼자보다 두 명이 함께 생각하는 것이 낫다.

10 다음 대화에서 알 수 있는 B의 심정으로 가장 적절한 것은?

> A : Did you get the results for the English speech contest?
> B : Yeah, I just got them.
> A : So, how did you do?
> B : I won first prize. It's the happiest day of my life.

① 행복   ② 실망
③ 분노   ④ 불안

11 다음 대화가 이루어지는 장소로 가장 적절한 것은?

> A : Good morning. How may I help you?
> B : Hi, I'd like to open a bank account.
> A : All right. Please fill out this form.
> B : Thanks. I'll do it now.

① 은행   ② 경찰서
③ 미용실   ④ 체육관

12 다음 글에서 밑줄 친 <u>It</u>이 가리키는 것으로 가장 적절한 것은?

> One day, Michael saw an advertisement for a reporter in the local newspaper. <u>It</u> was a job he'd always dreamed of. So he made up his mind to apply for the job.

① actor   ② teacher
③ reporter   ④ designer

[13~14] 다음 대화의 빈칸에 들어갈 말로 가장 적절한 것을 고르시오.

13

> A : ______________________?
> B : I'm going to teach Korean to foreigners.
> A : Great. Remember you should volun-
> teer with a good heart.
> B : I'll keep that in mind.

① When is your birthday
② What did you do last Friday
③ What do you think about Korean food
④ What kind of volunteer work are you going to do

14

A : Have you decided which club you're going to join this year?

B : ______________________ .

① I left Korea for Canada

② I went to see a doctor yesterday

③ I've decided to join the dance club

④ I had spaghetti for dinner last night

15 다음 대화의 주제로 가장 적절한 것은?

A : Doctor, my eyes are tired from working on the computer all day. What can I do to look after my eyes?

B : Make sure you have enough sleep to rest your eyes.

A : Okay. Then what else can you recommend?

B : Eat fruits and vegetables that have lots of vitamins.

① 비타민의 부작용

② 눈 건강을 돌보는 방법

③ 수면 부족의 원인

④ 시력 회복에 도움 되는 운동

16 다음 글을 쓴 목적으로 가장 적절한 것은?

This is an announcement from the management office. As you were informed yesterday, the electricity will be cut this afternoon from 1 p.m. to 2 p.m. We're sorry for any inconvenience. Thank you for your understanding.

① 공지하려고　　② 불평하려고

③ 거절하려고　　④ 문의하려고

17 다음 박물관에 대한 안내문의 내용과 일치하지 않는 것은?

Shakespeare Museum

Hours
• Open daily : 9:00a.m. – 6:00p.m.

Admission
• Adults : $12
• Students and children : $8
• 10% discount for groups of ten or more

Photography
• Visitors can take photographs.

① 오전 9시부터 오후 6시까지 개방한다.

② 어른은 입장료가 12달러이다.

③ 10명 이상의 단체는 입장료가 10% 할인된다.

④ 모든 사진 촬영은 금지된다.

18 다음 2022 Science Presentation Contest에 대한 설명과 일치하지 않는 것은?

The 2022 Science Presentation Contest will be held on May 20, 2022. The topic is global warming. Contestants can participate in the contest only as individuals. Presentations should not be longer than 10 minutes. For more information, see Mr. Lee at the teachers' office.

① 5월 20일에 개최된다.

② 발표 주제는 지구 온난화이다.

③ 그룹 참가가 가능하다.

④ 발표 시간은 10분을 넘지 않아야 한다.

19 다음 글의 주제로 가장 적절한 것은?

> I'd like to tell you about appropriate actions to take in emergency situations. First, when there is a fire, use the stairs instead of taking the elevator. Second, in the case of an earthquake, go to an open area and stay away from tall buildings because they may fall on you.

① 지진 발생 원인
② 에너지 절약의 필요성
③ 환경 보호 실천 방안
④ 비상사태 발생 시 대처 방법

[20~21] 다음 글의 빈칸에 들어갈 말로 가장 적절한 것을 고르시오.

20

> These days, many people make reservations at restaurants and never show up. Here are some tips for restaurants to reduce no-show customers. First, ask for a deposit. If the customers don't show up, they'll lose their money. Second, call the customer the day before to __________ the reservation.

① cook   ② forget
③ confirm   ④ imagine

21

> Weather forecasters __________ the amount of rain, wind speeds, and paths of storms. In order to do so, they observe the weather conditions and use their knowledge of weather patterns. Based on current evidence and past experience, they decide what the weather will be like.

① ignore   ② predict
③ violate   ④ negotiate

22 글의 흐름으로 보아 다음 문장이 들어가기에 가장 적절한 곳은?

> To overcome this problem, soap can be made by volunteer groups and donated to the countries that need it.

> (①) Washing your hands with soap helps prevent the spread of disease. (②) In fact, in West and Central Africa alone, washing hands with soap could save about half a million lives each year. (③) However, the problem is that soap is expensive in this region. (④) This way, we can help save more lives.

23 다음 글의 바로 뒤에 이어질 내용으로 가장 적절한 것은?

> In the future, many countries will have the problem of aging populations. We will have more and more old people. This means jobs related to the aging population will be in demand. So when you're thinking of a job, you should consider this change. Now, I'll recommend some job choices for a time of aging populations.

① 노령화와 기술 발전
② 성인병을 관리하는 방법
③ 노화 예방 운동법 소개
④ 노령화 시대를 위한 직업 추천

[24~25] 다음 글을 읽고 물음에 답하시오.

Do you know flowers provide us with many health benefits? For example, the smell of roses can help _________ stress levels. Another example is lavender. Lavender is known to be helpful if you have trouble sleeping. These are just two examples of how flowers help with our health.

24 윗글의 빈칸에 들어갈 말로 가장 적절한 것은?

① insist   ② reduce

③ trust   ④ admire

25 윗글의 주제로 가장 적절한 것은?

① 고혈압에 좋은 식품

② 충분한 수면의 필요성

③ 꽃이 건강에 주는 이점

④ 아름다운 꽃을 고르는 방법

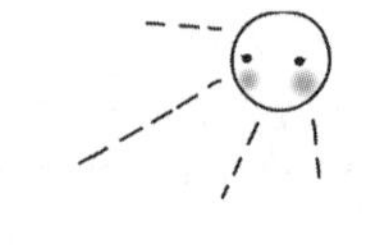

2021

제2회 ··· 영 어

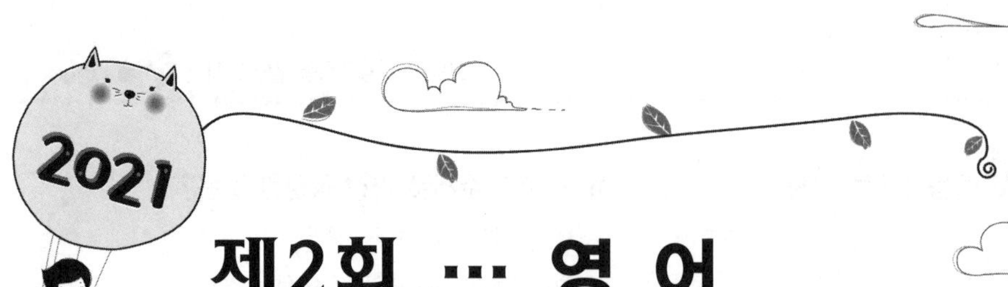

[1~3] 다음 밑줄 친 부분의 뜻으로 가장 적절한 것을 고르시오.

01

Science has brought many <u>benefits</u> to the world.

① 규칙　　② 목표
③ 의미　　④ 혜택

02

I will <u>get along with</u> my classmates better this year.

① 감탄하다　　② 어울리다
③ 실망하다　　④ 경쟁하다

03

<u>After all</u>, the news turned out to be true.

① 결국　　② 만약에
③ 적어도　　④ 예를 들면

04 다음 밑줄 친 두 단어의 의미 관계와 <u>다른</u> 것은?

When people ask me about my favorite <u>food</u>, I always answer that it is <u>pizza</u>.

① animal－horse
② danger－safety
③ vegetable－onion
④ emotion－happiness

05 다음 자선 달리기 행사 안내문에서 언급되지 않은 것은?

CHARITY RUN

Come out and show your support for cancer patients!
• Date : September 24th
• Time : 9 a.m.～4 p.m.
• Place : Asia Stadium

* Free T-shirts for participants

① 행사 날짜　　② 행사 시간
③ 행사 장소　　④ 행사 참가비

[6~8] 다음 빈칸에 공통으로 들어갈 말로 가장 적절한 것을 고르시오.

06

• She has a big smile on her ______.
• You should learn to ____ your problem.

① face　　② heat
③ meet　　④ walk

07

• Tom, ______ are you planning to go?
• There is a safe place ______ we can stay.

① who　　② what
③ where　　④ which

08

> • Please calm ______ and listen to me.
> • Could you turn ______ the volume?

① down ② for
③ into ④ with

09 다음 대화에서 밑줄 친 표현의 의미로 가장 적절한 것은?

> A : I'm going to Germany next week. Any advice?
> B : Remember to cut your potato with a fork, not a knife.
> A : Why is that?
> B : That's a German dining custom. <u>When in Rome, do as the Romans do.</u>

① 기회가 왔을 때 잡아야 한다.
② 진정한 배움에는 지름길이 없다.
③ 사귀는 친구를 보면 그 사람을 알 수 있다.
④ 다른 나라에 가면 그 나라의 풍습을 따라야 한다.

10 다음 대화에서 알 수 있는 B의 심정으로 가장 적절한 것은?

> A : How do you like your new job?
> B : It's a lot of work, but I like it very much.
> A : Really? That's great.
> B : Thanks. I'm very satisfied with it.

① 불안하다 ② 실망하다
③ 만족하다 ④ 지루하다

11 다음 대화가 이루어지는 장소로 가장 적절한 것은?

> A : I'd like to get a refund for this jacket.
> B : May I ask you what the problem is?
> A : It's too big for me.
> B : Would you like to exchange it for a smaller size?
> A : No, thank you.

① 옷 가게 ② 경찰서
③ 은행 ④ 가구점

12 다음 글에서 밑줄 친 <u>it</u>이 가리키는 것으로 가장 적절한 것은?

> One day in math class, Mary volunteered to solve a problem. When she got to the front of the class, she realized that <u>it</u> was very difficult. But she remained calm and began to write the answer on the blackboard.

① blackboard ② classroom
③ problem ④ school

[13~14] 다음 대화의 빈칸에 들어갈 말로 가장 적절한 것을 고르시오.

13

> A : _________________________?
> B : Sure, Mom. What is it?
> A : Can you pick up some eggs from the supermarket?
> B : Okay. I'll stop by on my way home.

① Why are you so upset
② Will you teach me how
③ Can you do me a favor
④ How far is the bus stop

14

A : How long have you been skating?
B : _______________________ .

① I went skiing last month
② I have been skating since I was 10
③ I will learn how to skate this winter
④ I want to go skating with my parents

15 다음 대화의 주제로 가장 적절한 것은?

A : What can we do to save electricity?
B : We can switch off the lights when we
　　leave rooms.
A : I see. Anything else?
B : It's also a good idea to use the stairs
　　instead of the elevator.

① 조명의 중요성
② 전기 절약 방법
③ 대체 에너지의 종류
④ 엘리베이터 이용 수칙

16 다음 글을 쓴 목적으로 가장 적절한 것은?

I want to express my thanks for writing
a recommendation letter for me. Thanks
to you, I now have a chance to study in
my dream university. I will never forget
your help and kindness.

① 감사하려고　　　② 거절하려고
③ 사과하려고　　　④ 추천하려고

17 다음 수영장 이용 규칙에 대한 안내문의 내용과 일치하지 <u>않는</u> 것은?

SWIMMING POOL RULES

You must :
• take a shower before entering the pool.
• always wear a swimming cap.
• follow the instructions of the lifeguard.

* Diving is not permitted.

① 수영 후에는 샤워를 해야 한다.
② 항상 수영모를 착용해야 한다.
③ 안전 요원의 지시를 따라야 한다.
④ 다이빙은 허용되지 않는다.

18 다음 International Mango Festival에 대한 설명과 일치하지 <u>않는</u> 것은?

The International Mango Festival, which
started in 1987, celebrates everything
about mangoes. It is held in India in
summer every year. It has many events
such as a mango eating competition and
a quiz show. The festival provides an op-
portunity to taste more than 550 kinds of
mangoes for free.

① 1987년에 시작되었다.
② 매년 여름 인도에서 열린다.
③ 망고 먹기 대회가 있다.
④ 망고를 맛보려면 돈을 내야 한다.

19 다음 글의 주제로 가장 적절한 것은?

The increasing amount of food trash is becoming a serious environmental problem. Here are some easy ways to decrease the amount of food trash. First, make a list of the food you need before shopping. Second, make sure not to prepare too much food for each meal. Third, save the food that is left for later use.

① 분리수거 시 유의 사항
② 장보기 목록 작성 요령
③ 음식물 쓰레기를 줄이는 방법
④ 올바른 식습관 형성의 필요성

[20~21] 다음 글의 빈칸에 들어갈 말로 가장 적절한 것을 고르시오.

20

The students at my high school have __________ backgrounds. They are from different countries such as Russia, Thailand, and Chile. I am quite happy to be in a multicultural environment with my international classmates.

① close　　　　② diverse
③ negative　　　④ single

21

Tate Modern is a museum located in London. It used to be a power station. After the station closed down in 1981, the British government decided to __________ it into a museum instead of destroying it. Now this museum holds the national collection of modern British artwork.

① balance　　　② forbid
③ prevent　　　④ transform

22 글의 흐름으로 보아 다음 문장이 들어가기에 가장 적절한 곳은?

What if your favorite flavor is strawberry?

Do you love ice cream? (①) Like most people, I love ice cream very much. (②) According to a newspaper article, your favorite ice cream flavor could show what kind of person you are. (③) For example, if your favorite flavor is chocolate, it means that you are very creative and enthusiastic. (④) It means you are logical and thoughtful.

23 다음 글의 바로 뒤에 이어질 내용으로 가장 적절한 것은?

As you know, many young people these days suffer from neck pain. This is because they spend many hours per day leaning over a desk while studying or using smartphones. But don't worry. We have some exercises that can help prevent and reduce neck pain. This is how you do them.

① 현대인들의 목 통증의 원인
② 목 통증을 유발하기 쉬운 자세
③ 목 통증을 예방하고 줄일 수 있는 운동법
④ 스마트폰 사용 시간과 목 통증의 상관관계

[24~25] 다음 글을 읽고 물음에 답하시오.

> When comparing tennis with table tennis, there are some similarities and differences. First, they are both racket sports. Also, both players hit a ball back and forth across a net. ___________, there are differences, too. While tennis is played on a court, table tennis is played on a table. Another difference is that a much bigger racket is used in tennis compared to table tennis.

24 윗글의 빈칸에 들어갈 말로 가장 적절한 것은?

① Finally   ② However

③ Therefore   ④ For example

25 윗글의 주제로 가장 적절한 것은?

① 탁구와 테니스의 경기 방법

② 탁구와 테니스의 운동 효과

③ 탁구와 테니스의 라켓 사용법

④ 탁구와 테니스의 유사점과 차이점

수 학

고등학교 졸업학력 검정고시 대비 기출문제

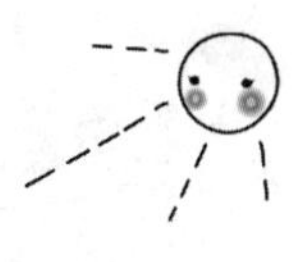

제2회 ··· 수 학

01 두 다항식 $A = 2x^2 + 5$, $B = x^2 - 4x$ 에 대하여 $A + B$는?

① $3x^2 - 4x + 5$
② $3x^2 - x + 5$
③ $3x^2 + 4x - 5$
④ $3x^2 + x - 5$

02 등식 $ax^2 + x = 4x^2 + bx$가 x에 대한 항등식일 때, 두 상수 a, b에 대하여 $a - b$의 값은?

① -3
② -1
③ 1
④ 3

03 다항식 $x^3 - 2x^2 + 5$를 $x - 1$로 나누었을 때, 나머지는?

① 2
② 4
③ 6
④ 8

04 다항식 $x^3 - 3x^2 + 3x - 1$을 인수분해한 식이 $(x - a)^3$일 때, 상수 a의 값은?

① 1
② 2
③ 3
④ 4

05 복소수 $3 - 4i$의 켤레복소수가 $a + bi$일 때, 두 실수 a, b에 대하여 $a + b$의 값은? (단, $i = \sqrt{-1}$)

① 1
② 4
③ 7
④ 10

06 이차방정식 $x^2 + 2x + 3 = 0$의 근에 대한 설명으로 옳은 것은?

① 한 근은 $x = -4$이다.
② 두 근의 합은 1이다.
③ 두 근의 곱은 3이다.
④ 중근을 갖는다.

07 $1 \leq x \leq 3$ 일 때, 이차함수 $y = -x^2 + 6x - 3$의 최솟값은?

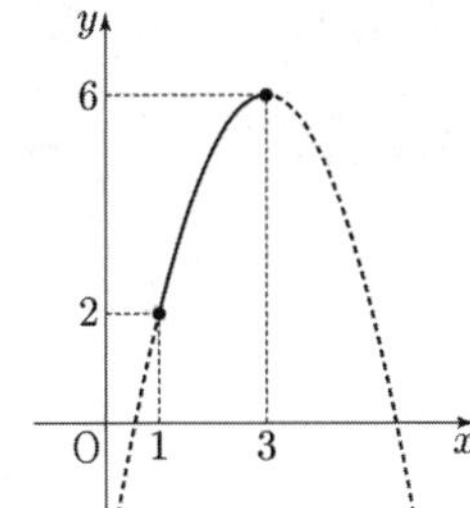

① 1
② 2
③ 3
④ 6

08 연립방정식 $\begin{cases} x + y = 5 \\ xy = a \end{cases}$의 해가 $x = 3$, $y = b$ 일 때, 두 상수 a, b에 대하여 $a + b$의 값은?

① -8
② -4
③ 4
④ 8

09 그림은 부등식 $|x-1| \leq 4$의 해를 수직선 위에 나타낸 것이다. 상수 a의 값은?

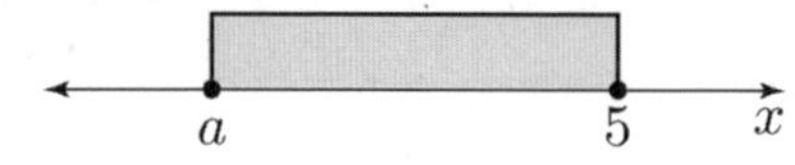

① -4

② -3

③ -2

④ -1

10 그림은 곧게 뻗은 어느 밭의 일부를 수직선 위에 나타낸것이다. 수직선 위의 두 점 $A(1)$, $B(8)$에 대하여 선분 AB를 $4:3$으로 내분하는 점 P에 허수아비를 세우려고 할 때, 점 P의 좌표는?

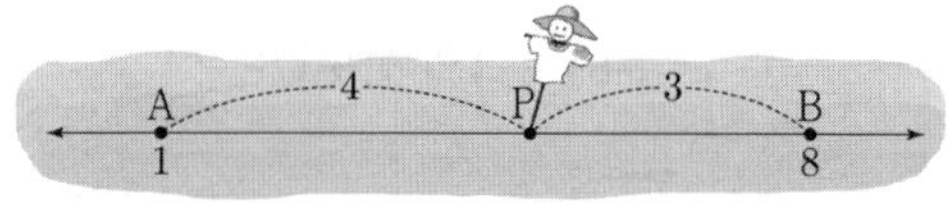

① 3

② 4

③ 5

④ 6

11 직선 $y = -x + 2$에 수직이고 점 $(0, 5)$를 지나는 직선의 방정식은?

① $y = x + 5$

② $y = -x + 5$

③ $y = x + 7$

④ $y = -x + 7$

12 중심의 좌표가 $(3, 3)$이고 x축과 y축에 동시에 접하는 원의 방정식은?

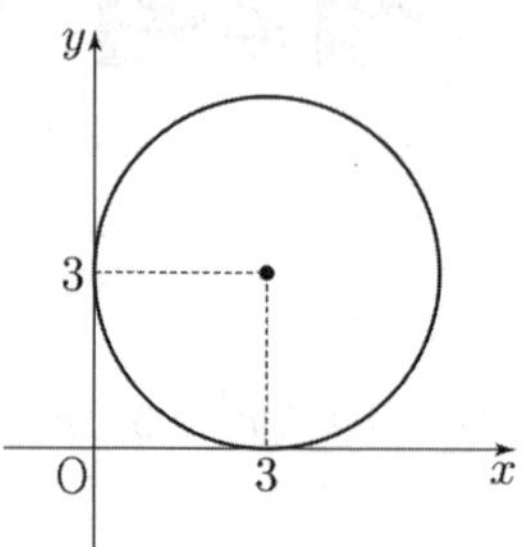

① $(x+3)^2 + (y+3)^2 = 3$

② $(x+3)^2 + (y-3)^2 = 3$

③ $(x-3)^2 + (y+3)^2 = 9$

④ $(x-3)^2 + (y-3)^2 = 9$

13 좌표평면 위의 점 $(-1, -4)$를 y축에 대하여 대칭이동한 점의 좌표는?

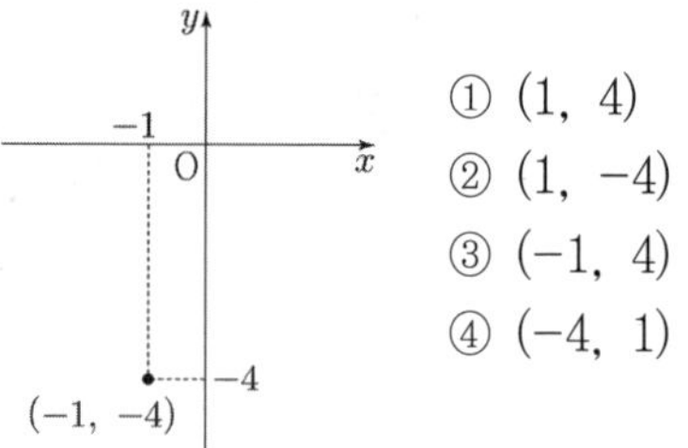

① $(1, 4)$

② $(1, -4)$

③ $(-1, 4)$

④ $(-4, 1)$

14 집합인 것을 〈보기〉에서 고른 것은?

〈보기〉

ㄱ. 큰 수의 모임

ㄴ. 자연수의 모임

ㄷ. 넓이가 작은 정삼각형의 모임

ㄹ. 10이상 20 이하인 홀수의 모임

① ㄱ, ㄷ   ② ㄱ, ㄹ

③ ㄴ, ㄷ   ④ ㄴ, ㄹ

15 두 집합 $A = \{2,\ 4,\ a+1\}$, $B = \{a-3,\ 4,\ 6\}$에 대하여 $A = B$일 때, 상수 a의 값은?

① 1 ② 3
③ 5 ④ 7

16 명제 '$x = 1$이면 $x^4 = 1$이다.'의 역은?

① $x^4 = 1$이면 $x = 1$이다.
② $x^4 = 1$이면 $x \neq 1$이다.
③ $x = 1$이면 $x^4 \neq 1$이다.
④ $x \neq 1$이면 $x^4 \neq 1$이다.

17 함수 $f : X \to Y$가 그림과 같을 때, $f^{-1}(a)$의 값은? (단, f^{-1}는 f의 역함수이다.)

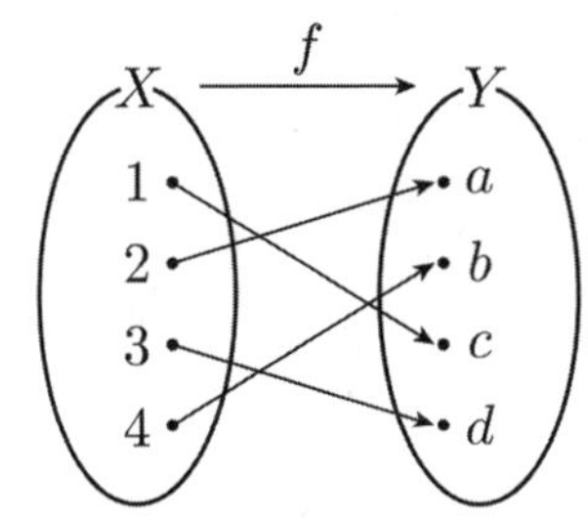

① 1
② 2
③ 3
④ 4

18 무리함수 $y = \sqrt{x-3} + b$의 그래프는 무리함수 $y = \sqrt{x}$의 그래프를 x축의 방향으로 a만큼, y축의 방향으로 5만큼 평행이동한 것이다. 두 상수 a, b에 대하여 $a + b$의 값은?

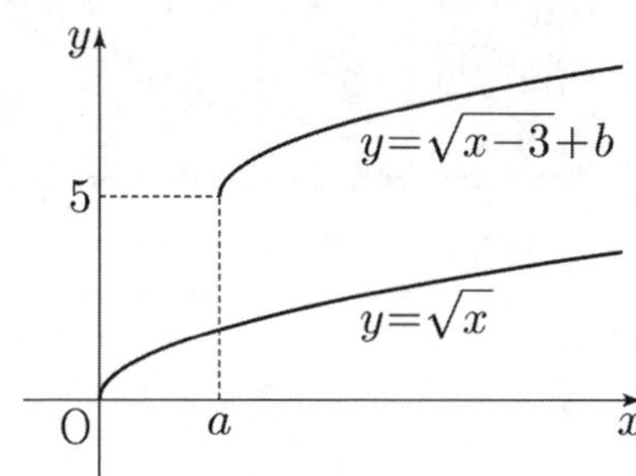

① 5
② 8
③ 11
④ 14

19 그림과 같이 5개의 직업 체험 프로그램이 있다. 이 중에서 서로 다른 2개의 프로그램을 택하여 순서대로 체험하는 경우의 수는?

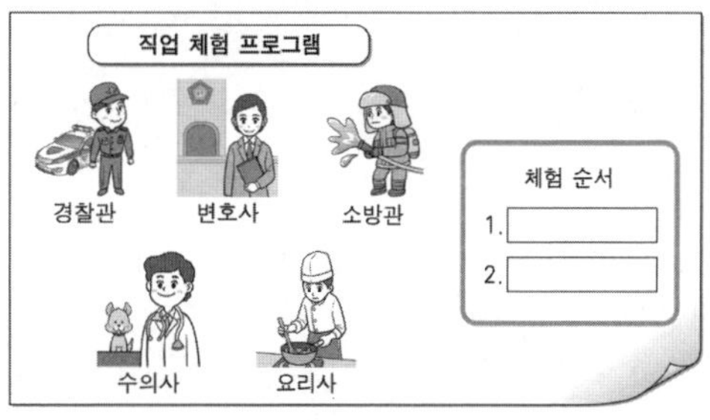

① 12 ② 16
③ 20 ④ 24

20 그림과 같이 4종류의 잡곡이 있다. 이 중에서 서로 다른 2종류의 잡곡을 선택하는 경우의 수는?

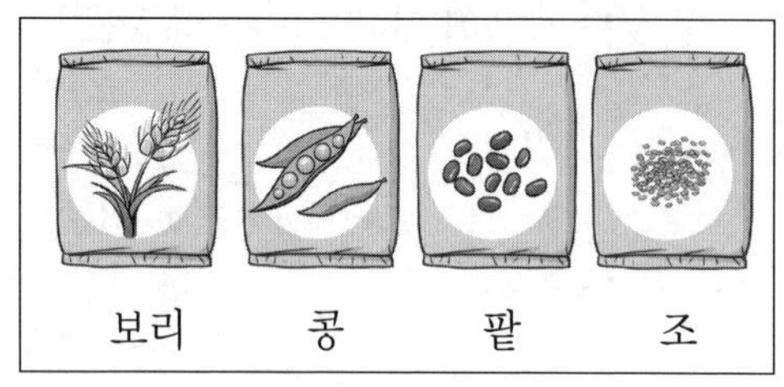

① 6 　　　② 7

③ 8 　　　④ 9

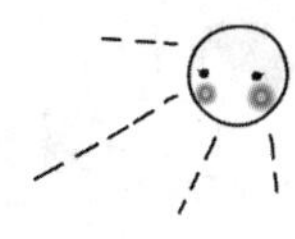

제1회 … 수 학

01 두 다항식 $A = 2x^2 + 3x$, $B = ax^2 + x$에 대하여 $A + B = bx$일 때, 두 상수 a와 b의 합은?

① -2 ② 0
③ 2 ④ 4

02 다항식 $x^3 + ax^2 - 4$가 $x - 1$로 나누어떨어질 때, 상수 a의 값은?

① 3 ② 4
③ 5 ④ 6

03 다항식 $x^3 + 8$을 인수분해 한 식이 $(x + 2)(x^2 + ax + 4)$일 때, 상수 a의 값은?

① -2 ② -1
③ 1 ④ 2

04 복소수 $z = a + 2i$에 대하여 $z + \bar{z} = 6$일 때, 실수 a의 값은?(단, $i = \sqrt{-1}$이고, $\bar{z}$는 z의 켤레복소수이다.)

① 1 ② 2
③ 3 ④ 4

05 이차방정식 $x^2 + ax + 4 = 0$이 서로 다른 두 실근을 가질 때, 자연수 a의 최솟값은?

① 4 ② 5
③ 6 ④ 7

06 이차방정식 $x^2 - 4x + a = 0$의 두 근이 $2 + \sqrt{2}$, $2 - \sqrt{2}$일 때, 상수 a의 값은?

① 2 ② 4
③ 6 ④ 8

07 $-1 \leq x \leq 2$일 때, 이차함수 $y = (x - 1)^2 + 2$의 최솟값은?

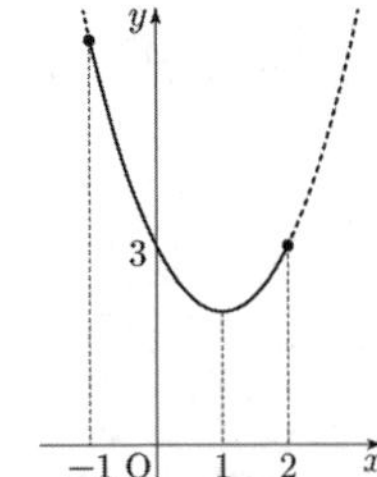

① -1
② 0
③ 1
④ 2

08 연립방정식 $\begin{cases} x - 2y = 0 \\ x^2 + 2y^2 = a \end{cases}$ 의 해는 $\begin{cases} x = 2 \\ y = b \end{cases}$ 또는 $\begin{cases} x = -2 \\ y = -1 \end{cases}$이다. 두 상수 a, b에 대하여 $a + b$의 값은?

① 4 ② 5
③ 6 ④ 7

09 이차부등식 $(x - 1)(x - 3) > 0$의 모든 해를 구한 것은?

① $x < 1$ ② $x > 3$
③ $1 < x < 3$ ④ $x < 1$ 또는 $x > 3$

10 좌표평면 위의 두 점 $A(-3, 5)$, $B(6, -1)$에 대하여 선분 AB를 $1:2$로 내분하는 점의 좌표는?

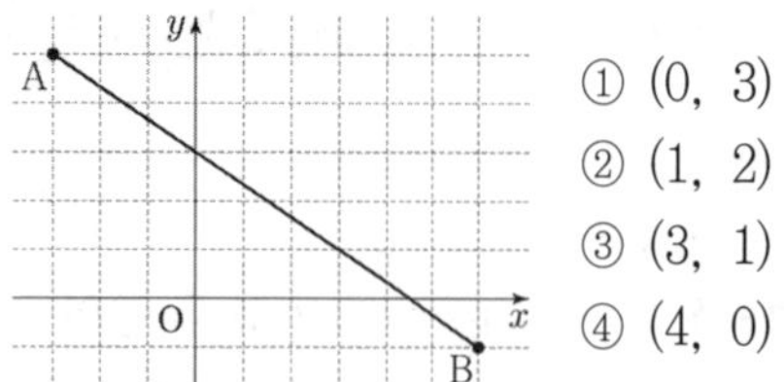

① $(0, 3)$

② $(1, 2)$

③ $(3, 1)$

④ $(4, 0)$

11 원점과 직선 $3x+4y-12=0$ 사이의 거리는?

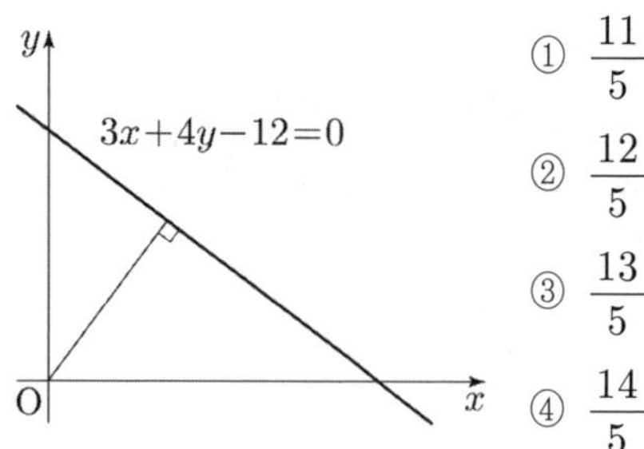

① $\dfrac{11}{5}$

② $\dfrac{12}{5}$

③ $\dfrac{13}{5}$

④ $\dfrac{14}{5}$

12 직선 $x=a$와 원 $x^2+y^2=9$가 만나지 않을 때, $a<5$인 자연수 a의 값은?

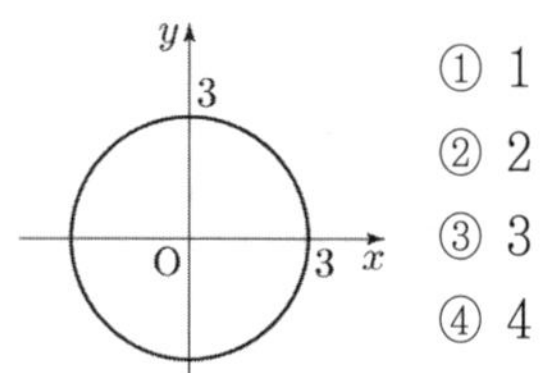

① 1

② 2

③ 3

④ 4

13 원 $(x-2)^2+(y-1)^2=1$을 x축에 대하여 대칭이동한 도형의 방정식은?

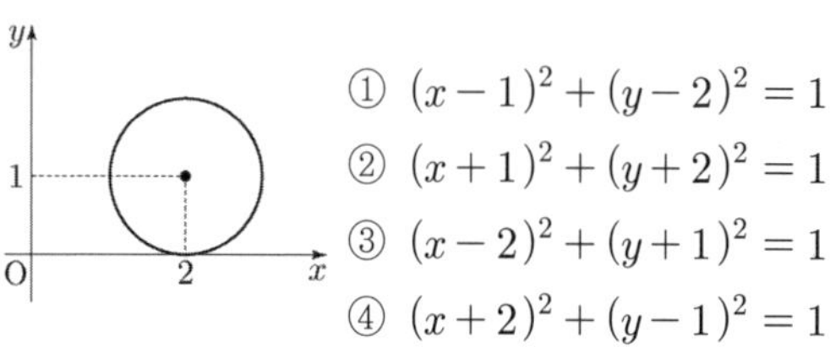

① $(x-1)^2+(y-2)^2=1$

② $(x+1)^2+(y+2)^2=1$

③ $(x-2)^2+(y+1)^2=1$

④ $(x+2)^2+(y-1)^2=1$

14 두 집합 $A=\{1,\ 3,\ 5,\ 7,\ 9\}$, $B=\{3,\ 4,\ 5,\ 6\}$에 대하여 $n(A \cup B)+n(A \cap B)$의 값은?

① 6

② 7

③ 8

④ 9

15 두 조건 '$p: x-3=0$', '$q: x^2-ax-3=0$'에 대하여 q가 p이기 위한 필요조건이 되도록 하는 상수 a의 값은?

① 0

② 2

③ 4

④ 6

16 두 함수 $f(x)=3x-1$, $g(x)=-2x+5$에 대하여 $(g \circ f)(1)$의 값은?

① -3

② -1

③ 1

④ 3

17 함수 $f:X \to Y$가 그림과 같을 때, $f^{-1}(4)$의 값은?(단, f^{-1}는 f의 역함수이다.)

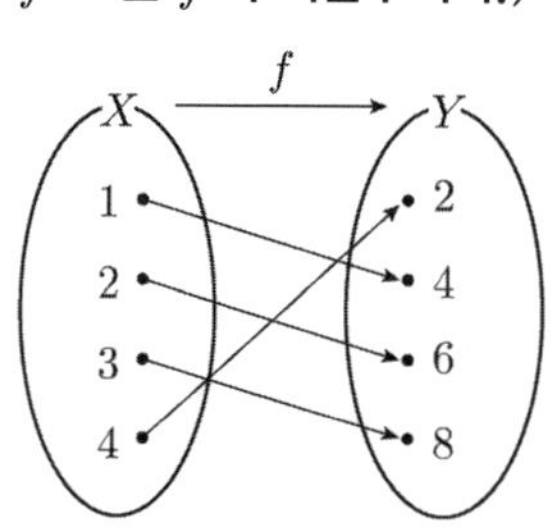

① 1

② 2

③ 3

④ 4

18 유리함수 $y = \dfrac{1}{x+a} + 2$의 그래프는 유리함수 $y = \dfrac{1}{x}$의 그래프를 x축의 방향으로 1만큼, y의 방향으로 b만큼 평행 이동한 것이다. 두 상수 a, b에 대하여 $a - b$의 값은?

① -3　　　　② -1

③ 1　　　　④ 3

19 그림과 같이 숫자 1, 2, 3, 4, 5가 각각 적힌 카드 5장이 있다. 이 중에서 2장을 동시에 뽑을 때, 카드에 적힌 수의 합이 3의 배수인 경우의 수는?

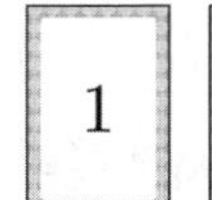

1	2	3	4	5

① 3　　　　② 4

③ 5　　　　④ 6

20 그림과 같이 아이스크림 위에 올릴 토핑 5 종류가 있다. 이 중에서 서로 다른 토핑 4개를 선택하는 경우의 수는?

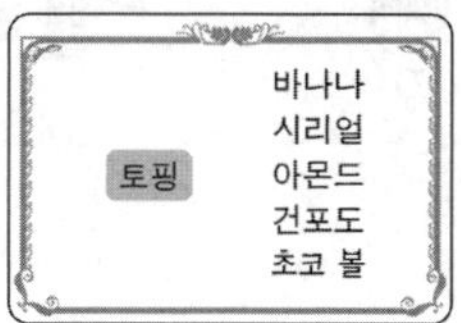

① 1　　　　② 5

③ 10　　　　④ 15

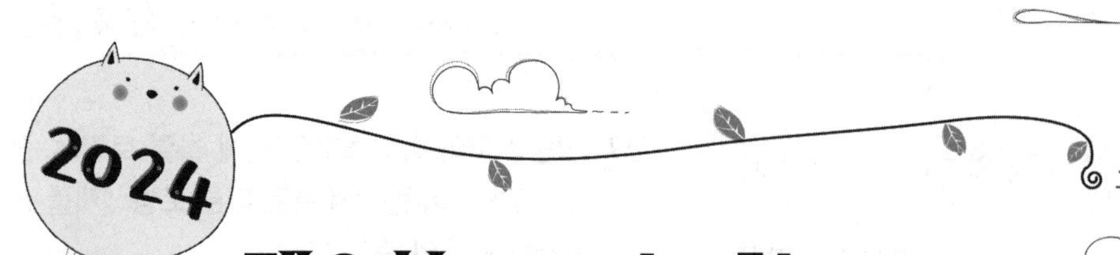
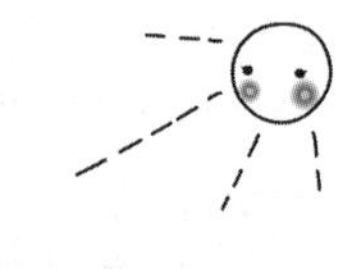

제2회 ··· 수 학

01 두 다항식 $A = 2x^3 + 3x$, $B = 3x + 2$에 대하여 $A - B$는?

① $2x^3 - 2$　　　　② $2x^3 + 2$

③ $2x^3 - x$　　　　④ $2x^3 + x$

02 다항식 $x^3 - 3x^2 + a$가 $x - 2$로 나누어떨어질 때, 상수 a의 값은?

① 1　　　　② 2

③ 3　　　　④ 4

03 다항식 $x^3 - 3^3$을 인수분해한 식이 $(x - 3)(x^2 + ax + 9)$일 때, 상수 a의 값은?

① 1　　　　② 3

③ 5　　　　④ 7

04 복소수 $5 - 3i$의 켤레복소수가 $5 + ai$일 때, 실수 a의 값은? (단, $i = \sqrt{-1}$)

① 1　　　　② 3

③ 5　　　　④ 7

05 이차방정식 $x^2 - 2x + a = 0$이 중근을 가질 때, 상수 a의 값은?

① 1　　　　② 2

③ 3　　　　④ 4

06 이차방정식 $x^2 - x - 6 = 0$의 서로 다른 두 실근을 α, β라고 할 때, $\alpha + \beta$의 값은?

① -6　　　　② -1

③ 1　　　　④ 6

07 $0 \le x \le 3$일 때, 이차함수 $y = -(x - 2)^2 + 3$의 최댓값은?

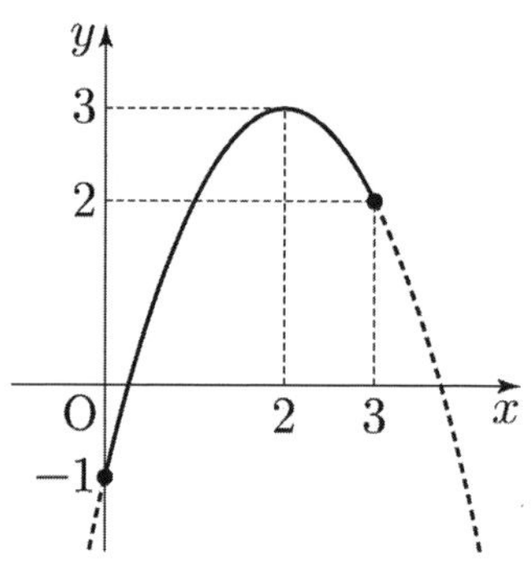

① -1　　　　② 0

③ 2　　　　④ 3

08 그림은 부등식 $|x+1| \geq 5$의 해를 수직선 위에 나타낸 것이다. 상수 a의 값은?

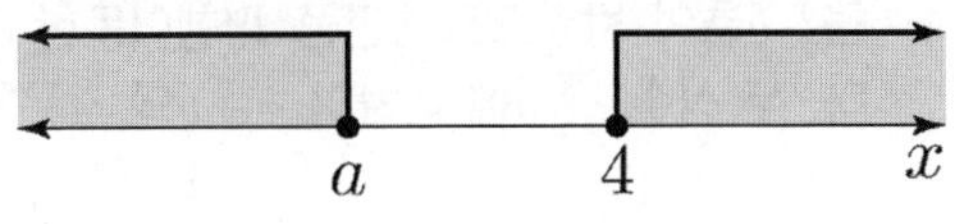

① -8 ② -7

③ -6 ④ -5

09 좌표평면 위의 두 점 A$(-2, -1)$, B$(2, 3)$에 대하여 선분 AB를 $3 : 1$로 내분하는 점의 좌표는?

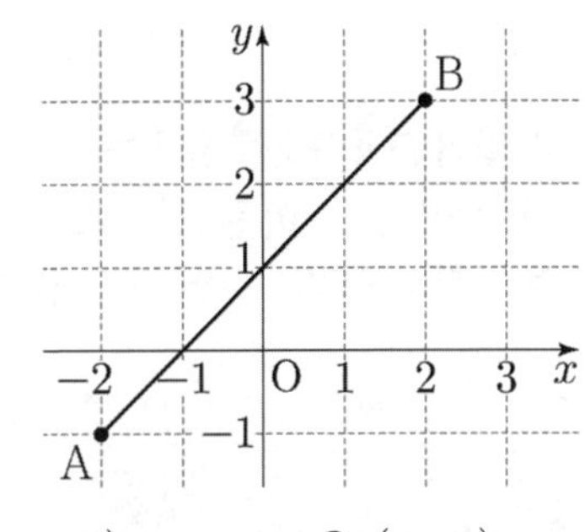

① $(-1, 0)$ ② $(1, 2)$

③ $(1, 3)$ ④ $(2, 1)$

10 원점과 직선 $x+y-2=0$ 사이의 거리는?

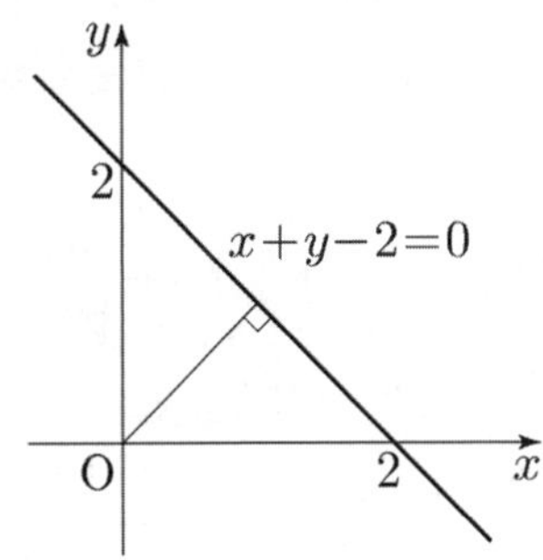

① 1 ② $\sqrt{2}$

③ $\sqrt{3}$ ④ 2

11 자연수 a에 대하여 직선 $y = a$와 원 $x^2 + y^2 = 4$가 서로 다른 두 점에서 만날 때, a의 값은?

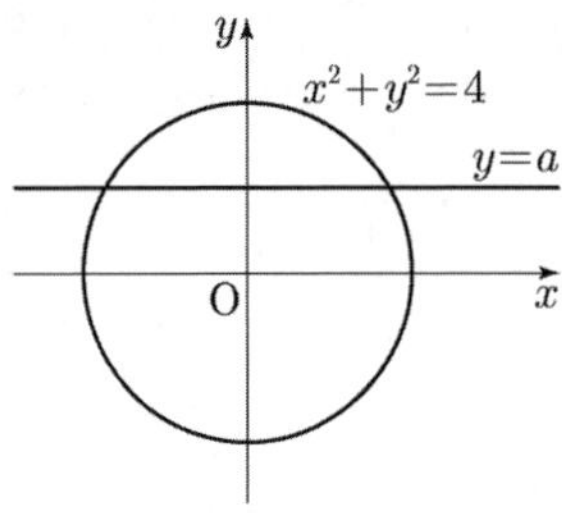

① 1 ② 2

③ 3 ④ 4

12 좌표평면 위의 점 $(1, 3)$을 직선 $y = x$에 대하여 대칭이동한 점의 좌표는?

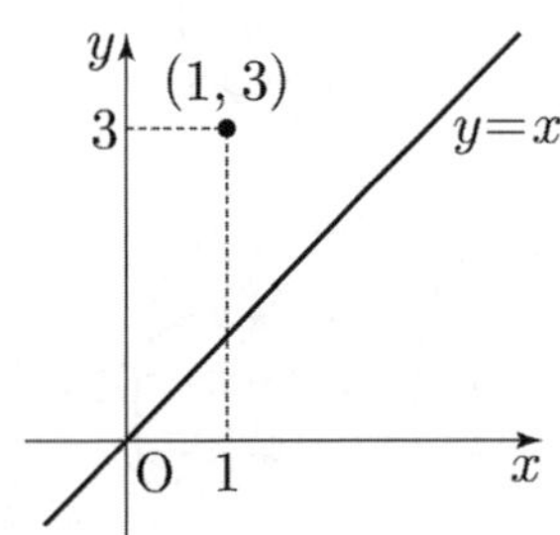

① $(-1, -3)$ ② $(-1, 3)$

③ $(3, -1)$ ④ $(3, 1)$

13 다음 중 집합인 것은?

① 작은 동물의 모임

② 유명한 가수의 모임

③ 키가 큰 사람의 모임

④ 7 이하의 자연수의 모임

14 두 집합 $A = \{2, 4, 6, 8\}$, $B = \{6, 7, 8\}$에 대하여 $A - B$는?

① $\{2, 4\}$ ② $\{2, 6\}$
③ $\{4, 8\}$ ④ $\{6, 8\}$

15 두 조건 '$p : x - 2 = 0$', '$q : x^2 - a = 0$'에 대하여 p가 q이기 위한 충분조건이 되도록 하는 상수 a의 값은?

① 1 ② 2
③ 3 ④ 4

16 두 함수 $f : X \to Y$, $g : Y \to Z$가 그림과 같을 때, $(g \circ f)(1)$의 값은?

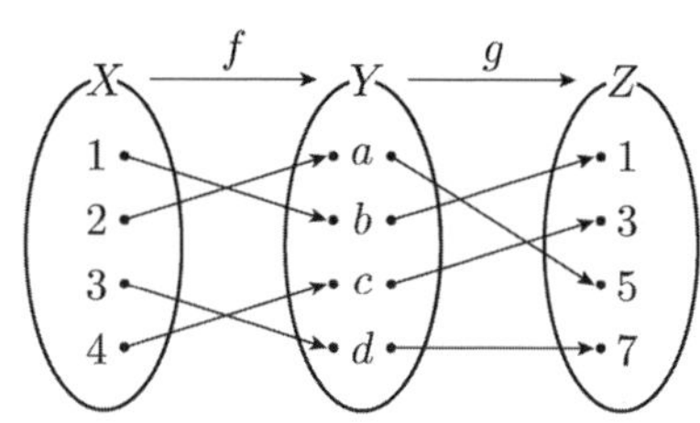

① 1 ② 3
③ 5 ④ 7

17 함수 $f(x) = 2x + 1$에 대하여 $f^{-1}(5)$의 값은? (단, f^{-1}는 f의 역함수이다.)

① 1 ② 2
③ 3 ④ 4

18 무리함수 $y = \sqrt{x - 2} + 4$의 그래프는 무리함수 $y = \sqrt{x}$의 그래프를 x축의 방향으로 a만큼, y축의 방향으로 b만큼 평행이동한 것이다. 두 상수 a, b에 대하여 $a + b$의 값은?

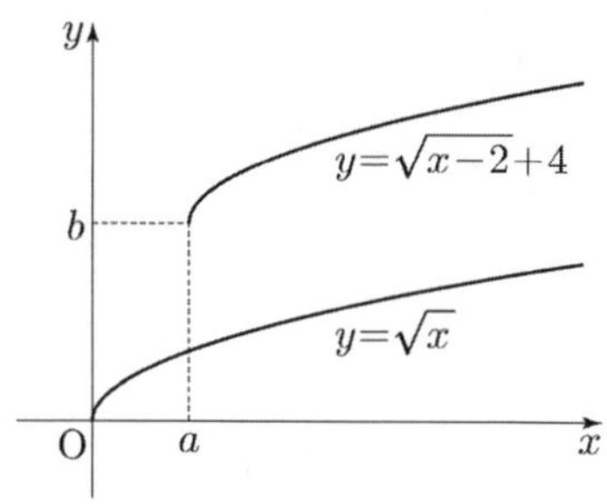

① 2 ② 4
③ 6 ④ 8

19 그림과 같이 한국 문화를 알리는 4종류의 카드가 각각 한 장씩 있다. 이 중에서 서로 다른 3 장의 카드를 택하여 일렬로 나열하는 경우의 수는?

① 12 ② 16
③ 20 ④ 24

20 그림은 유네스코에 등재된 우리나라 세계 기록 유산 중 5개를 나타낸 것이다. 이 중에서 서로 다른 2개의 세계 기록 유산을 선택하는 경우의 수는?

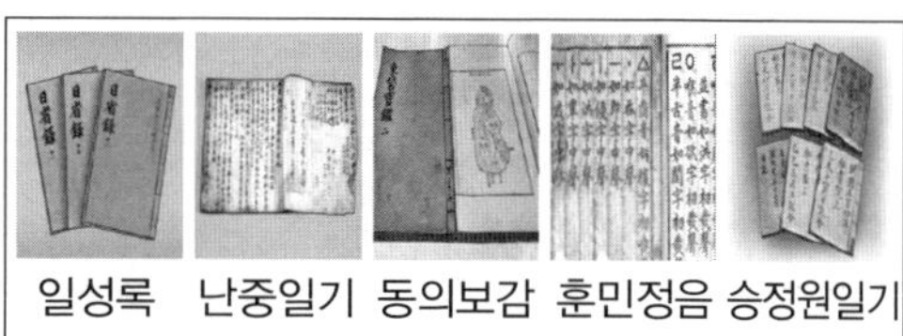

① 6 ② 8
③ 10 ④ 12

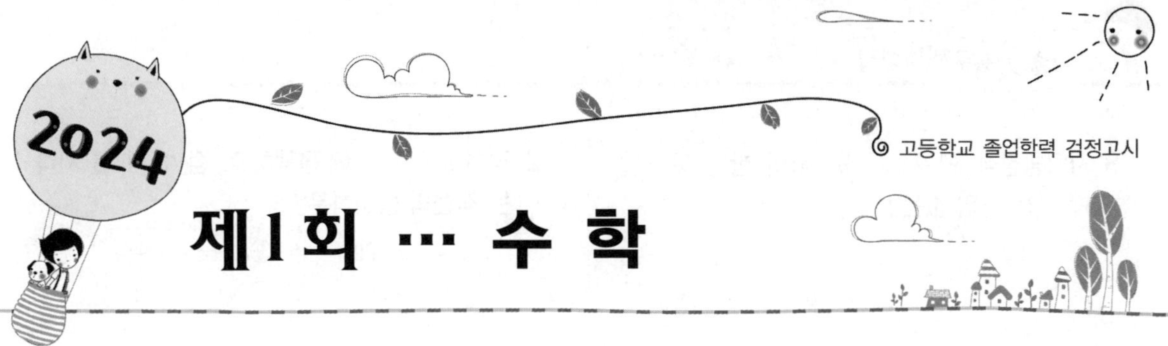

제1회 ··· 수 학

01 두 다항식 $A = 3x^2 + x$, $B = x^2 + 3x$에 대하여 $A + B$는?

① $4x^2 - 4x$ ② $4x^2 - 2x$

③ $4x^2 + 2x$ ④ $4x^2 + 4x$

02 등식 $x^2 + x + 3 = x^2 + ax + b$가 x에 대한 항등식일 때, 두 상수 a, b에 대하여 $a + b$의 값은?

① 2 ② 4

③ 6 ④ 8

03 다항식 $x^3 + 2x^2 + 2$를 $x - 1$로 나누었을 때, 나머지는?

① 1 ② 3

③ 5 ④ 7

04 다항식 $x^3 + 3x^2 + 3x + 1$을 인수분해한 식이 $(x + a)^3$일 때, 상수 a의 값은?

① -2 ② -1

③ 1 ④ 2

05 복소수 $4 + 3i$의 켤레복소수가 $a + bi$일 때, 두 실수 a, b에 대하여 $a + b$의 값은? (단, $i = \sqrt{-1}$)

① 1 ② 2

③ 3 ④ 4

06 두 수 1, 3을 근으로 하고 x^2의 계수가 1 인 이차방정식이 $x^2 - ax + 3 = 0$일 때, 상수 a의 값은?

① 1 ② 2

③ 3 ④ 4

07 $-1 \leq x \leq 1$일 때, 이차함수 $y = x^2 + 4x + 1$의 최솟값은?

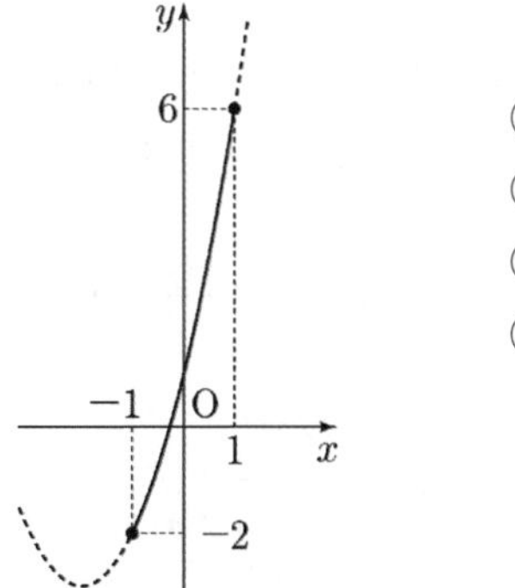

① -2

② -1

③ 0

④ 1

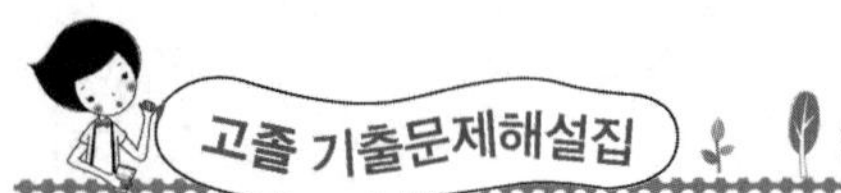

08 사차방정식 $x^4 + 2x - a = 0$의 한 근이 1일 때, 상수 a의 값은?

① -1　　　　② 1

③ 3　　　　　④ 5

09 연립방정식 $\begin{cases} 2x + y = 8 \\ x^2 - y^2 = a \end{cases}$ 의 해가 $x = 3,\ y = b$일 때, 두 상수 $a,\ b$에 대하여 $a + b$의 값은?

① 5　　　　　② 7

③ 9　　　　　④ 11

10 이차부등식 $(x - 2)(x - 4) \leq 0$의 해는?

① $x \leq 2$

② $x \geq 4$

③ $2 \leq x \leq 4$

④ $x \leq 2$ 또는 $x \geq 4$

11 수직선 위의 두 점 A(1), B(6)에 대하여 선분 AB를 2:3으로 내분하는 점 P의 좌표는?

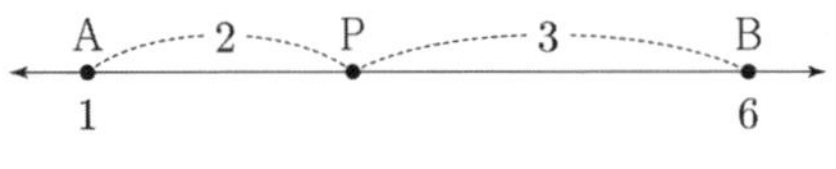

① 3　　　　　② $\dfrac{7}{2}$

③ 4　　　　　④ $\dfrac{9}{2}$

12 직선 $y = x - 3$에 평행하고, 점 $(0,\,4)$를 지나는 직선의 방정식은?

① $y = -x + 2$　　　② $y = -x + 4$

③ $y = x + 2$　　　　④ $y = x + 4$

13 중심의 좌표가 $(-2,\,2)$이고 x축과 y축에 동시에 접하는 원의 방정식은?

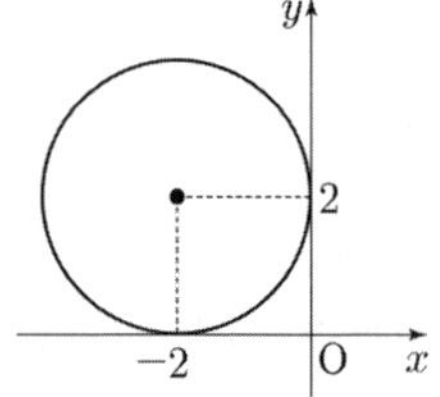

① $(x - 2)^2 + (y - 2)^2 = 4$

② $(x + 2)^2 + (y - 2)^2 = 4$

③ $(x - 2)^2 + (y + 2)^2 = 4$

④ $(x + 2)^2 + (y + 2)^2 = 4$

14 좌표평면 위의 점 $(3,\,-2)$를 원점에 대하여 대칭이동한 점의 좌표는?

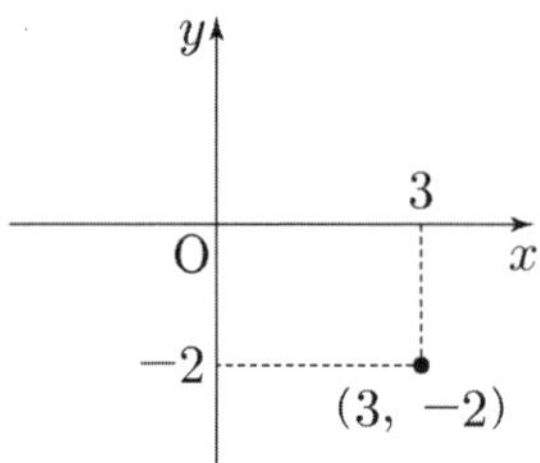

① $(-3,\,2)$　　　　② $(-2,\,3)$

③ $(2,\,-3)$　　　　④ $(3,\,2)$

15 두 집합 $A = \{1, 2, 3, 4\}$, $B = \{3, 4\}$에 대하여 $A - B$는?

① $\{1\}$ ② $\{1, 2\}$

③ $\{3, 4\}$ ④ $\{1, 2, 3\}$

16 전체집합이 $U = \{x|x$는 9 이하의 자연수$\}$일 때, 다음 조건의 진리집합은?

> x는 3의 배수이다.

① $\{1, 3, 5\}$ ② $\{3, 6, 9\}$

③ $\{1, 3, 5, 7\}$ ④ $\{2, 4, 6, 8\}$

17 두 함수 $f : X \to Y$, $g : Y \to Z$가 그림과 같을 때, $(g \circ f)(2)$의 값은?

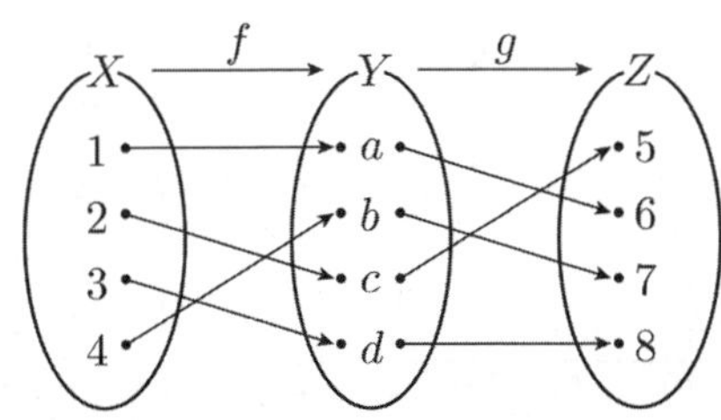

① 5   ② 6

③ 7   ④ 8

18 유리함수 $y = \dfrac{1}{x - 2} + 3$의 그래프는 유리함수 $y = \dfrac{1}{x}$의 그래프를 x축의 방향으로 a만큼, y축의 방향으로 b만큼 평행이동한 것이다. 두 상수 a, b에 대하여 $a + b$의 값은?

① 3   ② 4

③ 5   ④ 6

19 그림과 같이 입체도형을 그린 4개의 포스터가 있다. 이 중에서 서로 다른 2개의 포스터를 택하여 출입문의 상단과 하단에 각각 붙이는 경우의 수는?

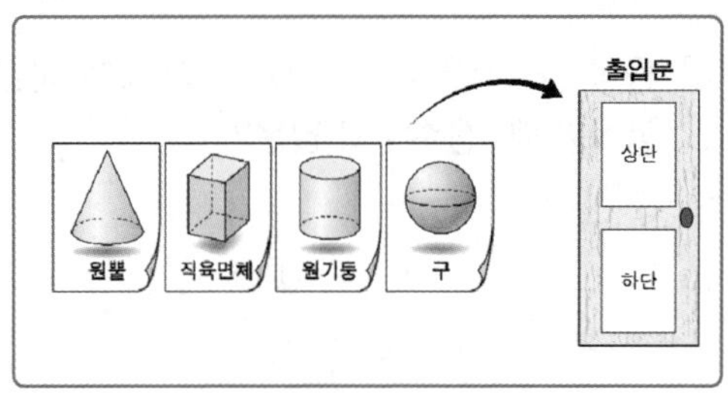

① 12   ② 13

③ 14   ④ 15

20 그림과 같이 4종류의 수학 수행 과제가 있다. 이 중에서 서로 다른 3종류의 수학 수행 과제를 선택하는 경우의 수는?

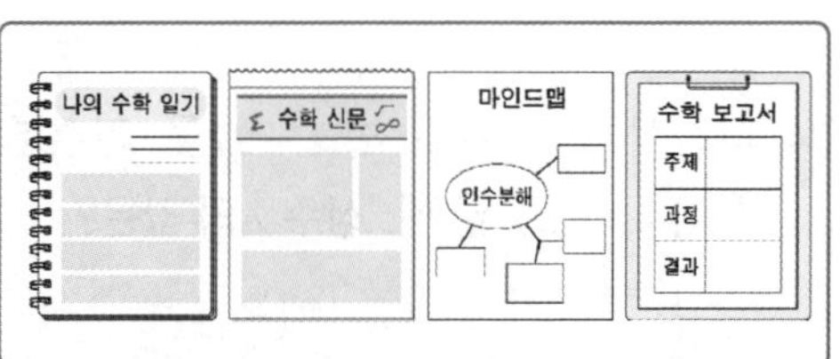

① 1   ② 2

③ 3   ④ 4

제2회 ··· 수 학

01 두 다항식 $A = 2x^2 + x$, $B = x^2 - 1$에 대하여 $A + 2B$는?

① $4x^2 + x + 2$ ② $4x^2 - x + 2$

③ $4x^2 + x - 2$ ④ $4x^2 - x - 2$

02 등식 $(x-2)^2 = x^2 - 4x + a$가 x에 대한 항등식일 때, 상수 a의 값은?

① 2   ② 4

③ 6   ④ 8

03 다항식 $x^3 - 3x + 7$을 $x - 1$로 나누었을 때, 나머지는?

① 5   ② 6

③ 7   ④ 8

04 다항식 $x^3 + 9x^2 + 27x + 27$을 인수분해한 식이 $(x+a)^3$일 때, 상수 a의 값은?

① 1   ② 2

③ 3   ④ 4

05 $i(2+i) = a + 2i$일 때, 실수 a의 값은? (단, $i = \sqrt{-1}$)

① -3 ② -1

③ 1   ④ 3

06 두 수 2, 4를 근으로 하고 x^2의 계수가 1인 이차방정식이 $x^2 - 6x + a = 0$일 때, 상수 a의 값은?

① 2   ② 4

③ 6   ④ 8

07 $0 \leq x \leq 3$일 때, 이차함수 $y = -x^2 + 4x + 1$의 최댓값은?

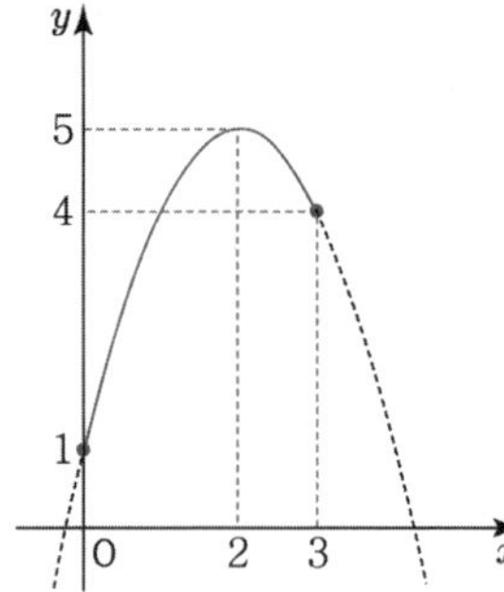

① 2

② 3

③ 4

④ 5

08 사차방정식 $x^4 - 3x^2 + a = 0$의 한 근이 2일 때, 상수 a의 값은?

① -4 ② -1

③ 2 ④ 5

09 연립방정식 $\begin{cases} x + 2y = 10 \\ x^2 + y^2 = a \end{cases}$의 해가 $x = 2$, $y = b$일 때, 두 상수 a, b에 대하여 $a + b$의 값은?

① 15 ② 18

③ 21 ④ 24

10 이차부등식 $(x+1)(x-4) \leq 0$의 해는?

① $x \geq -1$ ② $x \leq 4$

③ $-1 \leq x \leq 4$ ④ $x \leq -1$ 또는 $x \geq 4$

11 좌표평면 위의 두 점 $A(-1, 1)$, $B(2, 4)$에 대하여 선분 AB를 $1 : 2$로 내분하는 점의 좌표는?

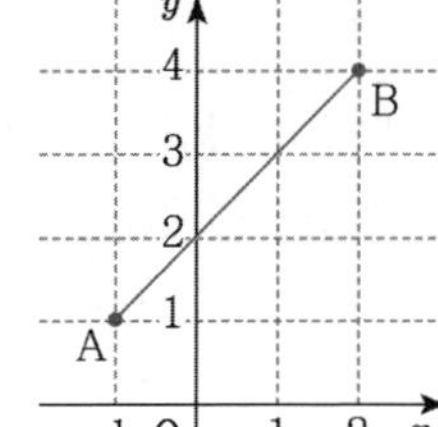

① $(-2, 0)$

② $(0, -2)$

③ $(0, 2)$

④ $(2, 0)$

12 직선 $y = x + 2$에 수직이고, 점 $(4, 0)$을 지나고 직선의 방정식은?

① $y = -x + 3$ ② $y = -x + 4$

③ $y = x - 3$ ④ $y = x - 4$

13 중심이 $(3, 1)$이고 x축에 접하는 원의 방정식은?

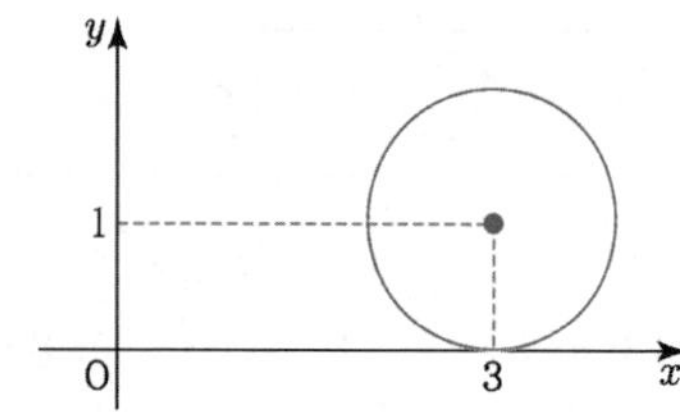

① $(x-3)^2 + (y-1)^2 = 1$

② $(x-3)^2 + (y-1)^2 = 9$

③ $(x-1)^2 + (y-3)^2 = 1$

④ $(x-1)^2 + (y-3)^2 = 9$

14 좌표평면 위의 점 $(2, 3)$을 $y = x$에 대하여 대칭이동한 점의 좌표는?

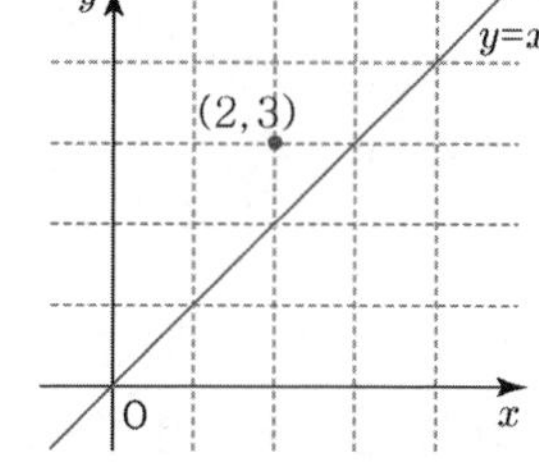

① $(-2, -3)$

② $(-2, 3)$

③ $(3, -2)$

④ $(3, 2)$

15 두 집합 $A = \{1, 3, 6\}$, $B = \{3, 5, 6\}$에 대하여 $A \cap B$는?

① $\{1, 3\}$ ② $\{1, 5\}$

③ $\{3, 6\}$ ④ $\{5, 6\}$

16 전체집합이 $U = \{1, 2, 3, 4, 5, 6\}$일 때, 다음 조건의 진리집합은?

> x는 짝수이다.

① $\{1, 3, 5\}$ ② $\{2, 4, 6\}$
③ $\{3, 4, 5\}$ ④ $\{4, 5, 6\}$

17 함수 $f : X \to Y$가 그림과 같을 때, $f^{-1}(c)$의 값은?

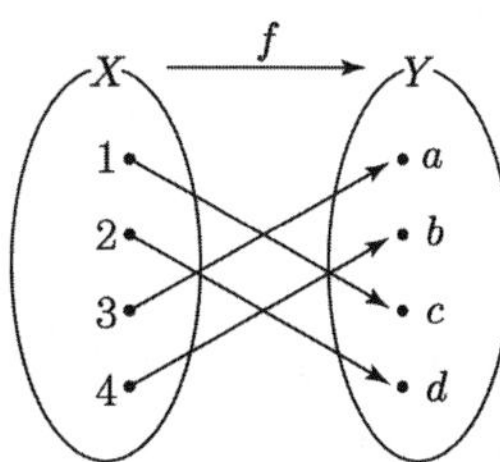

① 1
② 2
③ 3
④ 4

18 무리함수 $y = \sqrt{x-a} + b$의 그래프는 무리함수 $y = \sqrt{x}$의 그래프를 x축의 방향으로 1만큼, y축의 방향으로 4만큼 평행이동한 것이다. 두 상수 a, b에 대하여 $a+b$의 값은?

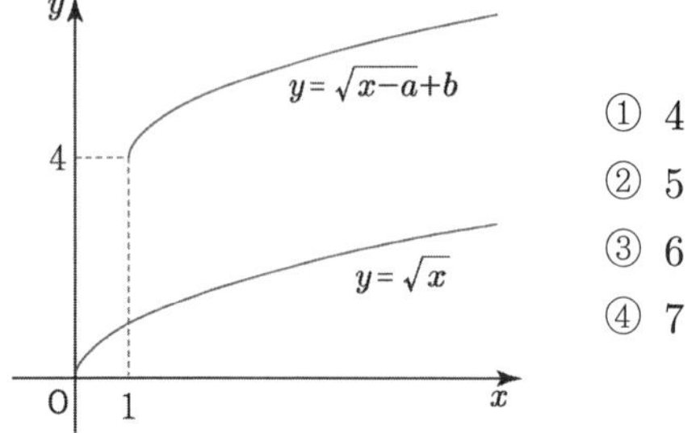

① 4
② 5
③ 6
④ 7

19 그림과 같이 등산로의 입구에서 쉼터까지 가는 길은 4가지, 쉼터에서 전망대까지 가는 길은 2가지가 있다. 입구에서 쉼터를 거쳐 전망대까지 길을 따라 가는 경우의 수는? (단, 같은 지점은 두 번 이상 지나지 않는다.)

① 5 ② 6
③ 7 ④ 8

20 그림과 같은 6종류의 과일이 있다. 이 중에서 서로 다른 2종류의 과일을 선택하는 경우의 수는?

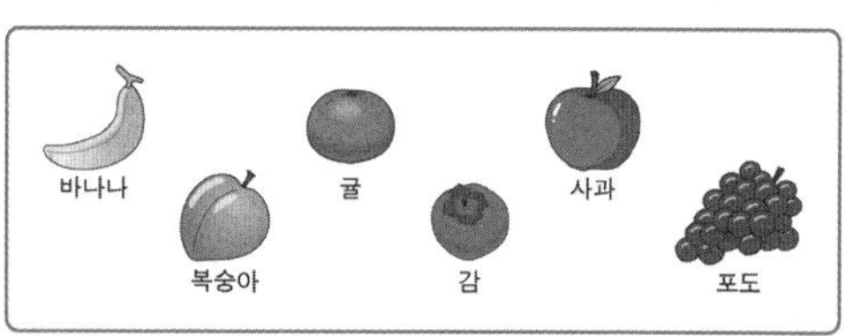

① 15 ② 18
③ 21 ④ 24

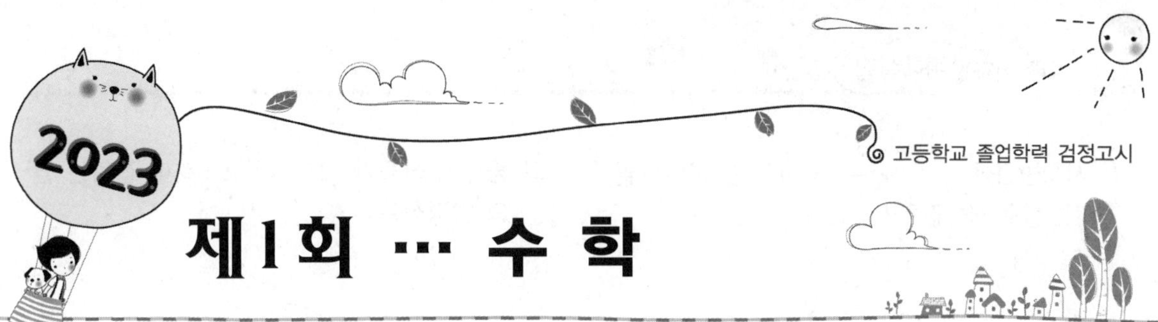

2023 제1회 ··· 수 학

01 두 다항식 $A = x^2 + 2x$, $B = 2x^2 - x$에 대하여 $A + B$는?

① $x^2 - 1$ ② $x^2 + x$

③ $3x^2 - x$ ④ $3x^2 + x$

02 등식 $x^2 + ax + 3 = x^2 + 5x + b$가 x에 대한 항등식일 때, 두 상수 a, b에 대하여 $a - b$의 값은?

① 2 ② 4

③ 6 ④ 8

03 다항식 $2x^3 + 3x^2 - 1$을 $x - 1$로 나누었을 때, 나머지는?

① 2 ② 3

③ 4 ④ 5

04 다항식 $x^3 - 6x^2 + 12x - 8$을 인수분해한 식이 $(x - a)^3$일 때, 상수 a의 값은?

① 1 ② 2

③ 3 ④ 4

05 복소수 $5 + 4i$의 켤레복소수가 $a + bi$일 때, 두 실수 a, b에 대하여 $a + b$의 값은? (단, $i = \sqrt{-1}$)

① 1 ② 3

③ 5 ④ 7

06 두 수 3, 4를 근으로 하고 x^2의 계수가 1인 이차방정식이 $x^2 - 7x + a = 0$일 때, 상수 a의 값은?

① 3 ② 6

③ 9 ④ 12

07 $-3 \leq x \leq 0$일 때, 이차함수 $y = x^2 + 2x - 1$의 최솟값은?

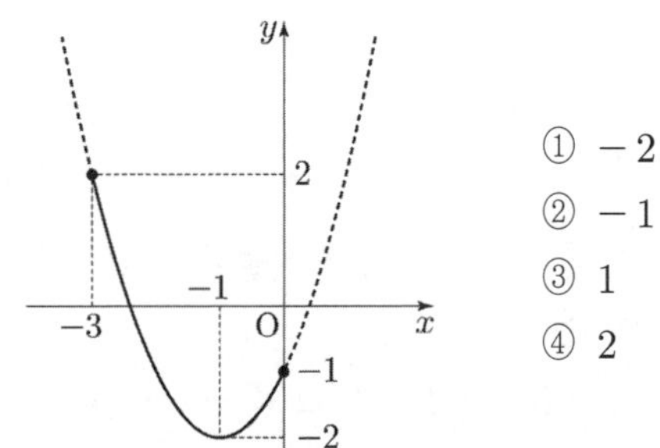

① -2

② -1

③ 1

④ 2

08 사차방정식 $x^4 + 2x^2 + a = 0$의 한 근이 1일 때, 상수 a의 값은?

① -3 　　　② -1
③ 1 　　　④ 3

09 연립방정식 $\begin{cases} x + y = 6 \\ xy = a \end{cases}$의 해가 $x = 4$, $y = b$

일 때, 두 상수 a, b에 대하여 $a + b$의 값은?

① 9 　　　② 10
③ 11 　　　④ 12

10 이차부등식 $(x+3)(x-2) \geq 0$의 해는?

① $x \geq -3$ 　　　② $-3 \leq x \leq 2$
③ $x \geq 2$ 　　　④ $x \leq -3$ 또는 $x \geq 2$

11 수직선 위의 두 점 $A(1)$, $B(5)$에 대하여 선분 AB를 $3:1$로 내분하는 점 P의 좌표는?

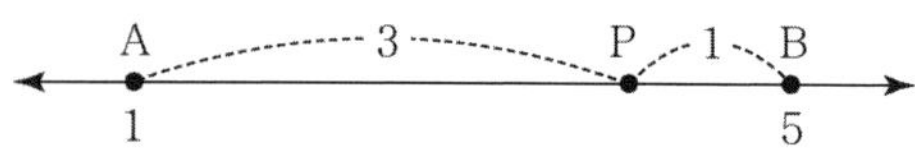

① 3 　　　② $\dfrac{7}{2}$

③ 4 　　　④ $\dfrac{9}{2}$

12 점 $(-2, 1)$을 지나고 기울기가 3인 직선의 방정식은?

① $y = -3x + 1$ 　　② $y = -3x + 7$
③ $y = 3x + 1$ 　　④ $y = 3x + 7$

13 중심의 좌표가 $(2, 1)$이고 y축에 접하는 원의 방정식은?

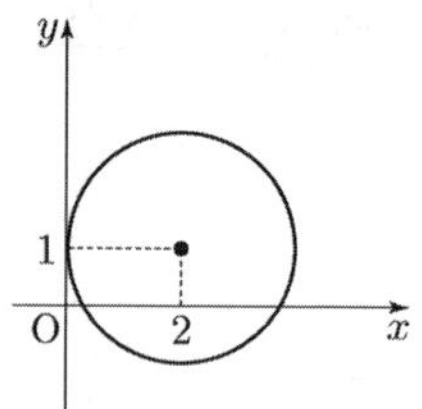

① $(x-2)^2 + (y-1)^2 = 1$
② $(x-2)^2 + (y-1)^2 = 4$
③ $(x-1)^2 + (y-2)^2 = 1$
④ $(x-1)^2 + (y-2)^2 = 4$

14 좌표평면 위의 점 $(2, 4)$를 y축에 대하여 대칭이동한 점의 좌표는?

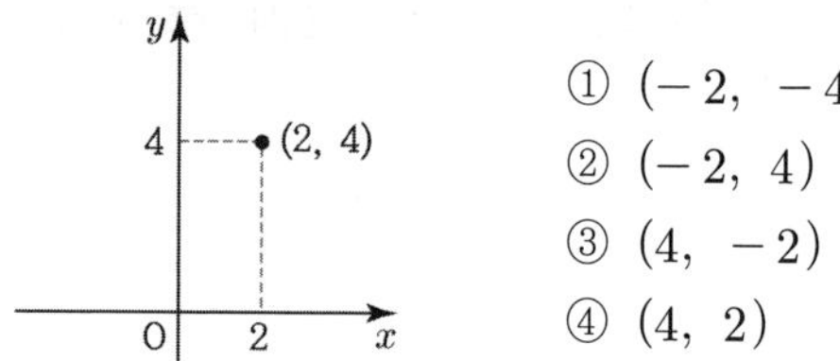

① $(-2, -4)$
② $(-2, 4)$
③ $(4, -2)$
④ $(4, 2)$

15 두 집합 $A = \{1, a-1, 5\}$, $B = \{1, 3, a+1\}$에 대하여 $A = B$일 때, 상수 a의 값은?

① 3 　　　② 4
③ 5 　　　④ 6

16 명제 '평행사변형이면 사다리꼴이다.'의 대우는?

① 사다리꼴이면 평행사변형이다.
② 평행사변형이면 사다리꼴이 아니다.
③ 사다리꼴이 아니면 평행사변형이 아니다.
④ 평행사변형이 아니면 사다리꼴이 아니다.

17 두 함수 $f : X \to Y$, $g : Y \to Z$가 그림과 같을 때, $(g \circ f)(3)$의 값은?

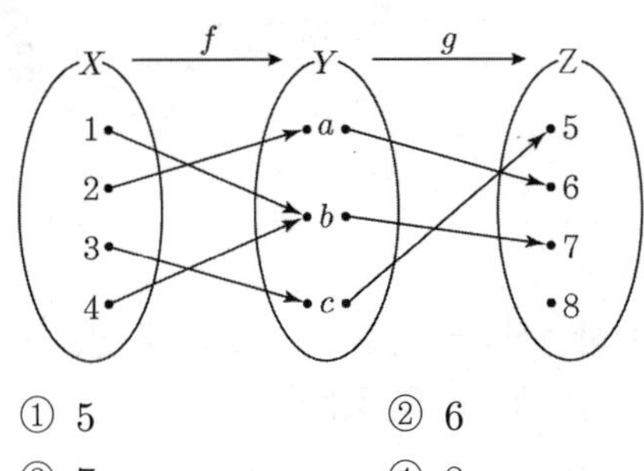

① 5 ② 6

③ 7 ④ 8

18 유리함수 $y = \dfrac{1}{x-2} - 1$의 그래프는 유리함수 $y = \dfrac{1}{x}$의 그래프를 x축의 방향으로 a만큼, y축의 방향으로 b만큼 평행이동한 것이다. 두 상수 a, b에 대하여 $a+b$의 값은?

① -1 ② 1

③ 3 ④ 5

19 그림과 같이 3명의 수학자 사진이 있다. 이 중에서 서로 다른 2명의 사진을 택하여 수학 신문의 1면과 2면에 각각 싣는 경우의 수는?

① 4 ② 5

③ 6 ④ 7

20 그림과 같이 수학 진로 선택 과목이 있다. 이 중에서 서로 다른 2과목을 선택하는 경우의 수는?

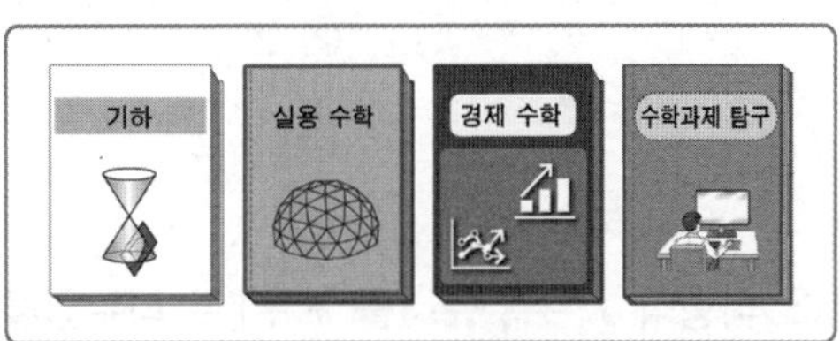

① 3 ② 4

③ 5 ④ 6

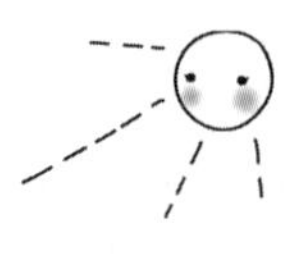

제2회 ··· 수 학

01 두 다항식 $A = 2x^2 + x$, $B = x + 1$에 대하여 $A - B$는?

① $x^2 + 1$
② $x^2 - x$
③ $2x^2 - 1$
④ $2x^2 + x$

02 등식 $x^2 + ax - 2 = x^2 + 5x + b$가 x에 대한 항등식일 때, 두 상수 a, b에 대하여 $a + b$의 값은?

① 1
② 2
③ 3
④ 4

03 다항식 $x^3 + 3x + 4$를 $x - 1$로 나누었을 때, 나머지는?

① 2
② 4
③ 6
④ 8

04 다항식 $x^3 + 6x^2 + 12x + 8$을 인수분해한 식이 $(x + a)^3$일 때, 상수 a의 값은?

① 2
② 4
③ 6
④ 8

05 복소수 $3 - 2i$의 켤레복소수가 $3 + ai$일 때, 실수 a의 값은? (단, $i = \sqrt{-1}$)

① 1
② 2
③ 3
④ 4

06 이차방정식 $x^2 + 5x + 4 = 0$의 두 근을 α, β라고 할 때, $\alpha\beta$의 값은?

① -2
② 0
③ 2
④ 4

07 $-1 \leq x \leq 2$일 때, 이차함수 $y = -(x-1)^2 + 3$의 최댓값은?

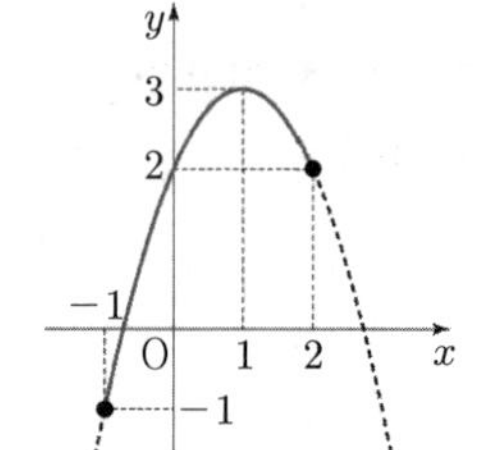

① 1
② 2
③ 3
④ 4

08 삼차방정식 $x^3 + ax^2 - 3x - 2 = 0$의 한 근이 1일 때, 상수 a의 값은?

① 3
② 4
③ 5
④ 6

09 연립방정식 $\begin{cases} x + y = 4 \\ x^2 - y^2 = a \end{cases}$ 의 해가 $x = 3$, $y = b$일 때, 두 상수 a, b에 대하여 $a + b$의 값은?

① 3
② 5
③ 7
④ 9

10 그림은 부등식 $|x-3| \le 3$의 해를 수직선 위에 나타낸 것이다. 상수 a의 값은?

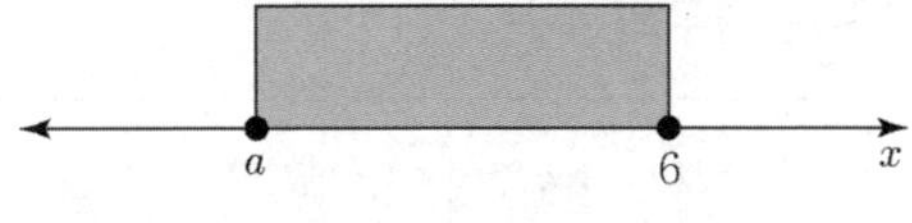

① 0   ② 1

③ 2   ④ 3

11 좌표평면 위의 두 점 $A(-3, -2)$, $B(1, 4)$에 대하여 선분 AB의 중점의 좌표는?

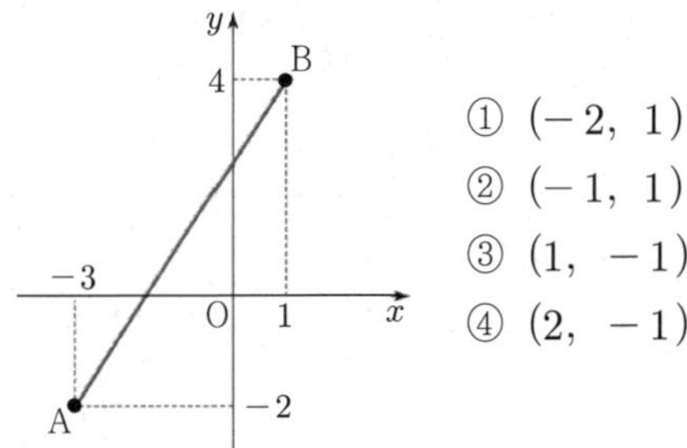

① $(-2, 1)$

② $(-1, 1)$

③ $(1, -1)$

④ $(2, -1)$

12 직선 $y = x-1$에 수직이고, 점 $(0, 3)$을 지나는 직선의 방정식은?

① $y = -x+1$ ② $y = -x+3$

③ $y = x+1$ ④ $y = x+3$

13 중심이 $(3, -1)$이고 원점을 지나는 원의 방정식은?

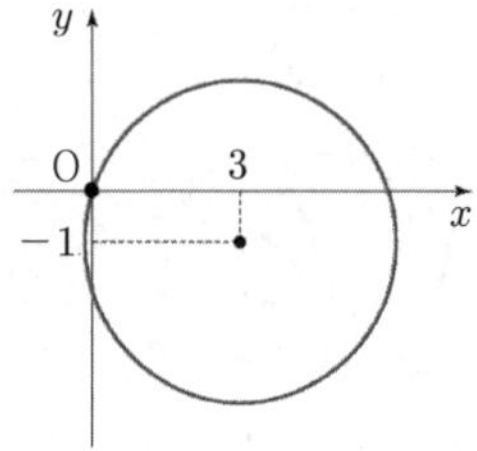

① $(x+3)^2 + (y+1)^2 = 10$

② $(x+3)^2 + (y-1)^2 = 10$

③ $(x-3)^2 + (y+1)^2 = 10$

④ $(x-3)^2 + (y-1)^2 = 10$

14 좌표평면 위의 점 $(3, 4)$를 x축의 방향으로 -1만큼, y축의 방향으로 -3만큼 평행 이동한 점의 좌표는?

① $(2, 1)$ ② $(2, 7)$

③ $(4, 1)$ ④ $(4, 7)$

15 두 집합 $A = \{1, 2, 3, 4\}$, $B = \{3, 4, 6\}$에 대하여 $n(A-B)$의 값은?

① 1   ② 2

③ 3   ④ 4

16 명제 '$x = 2$이면 $x^3 = 8$이다.'의 대우는?

① $x = 2$이면 $x^3 \ne 8$이다.

② $x \ne 2$이면 $x^3 = 8$이다.

③ $x^3 = 8$이면 $x = 2$이다.

④ $x^3 \ne 8$이면 $x \ne 2$이다.

17 함수 $f : X \to Y$가 그림과 같을 때, $f^{-1}(5)$의 값은? (단, f^{-1}는 f의 역함수이다.)

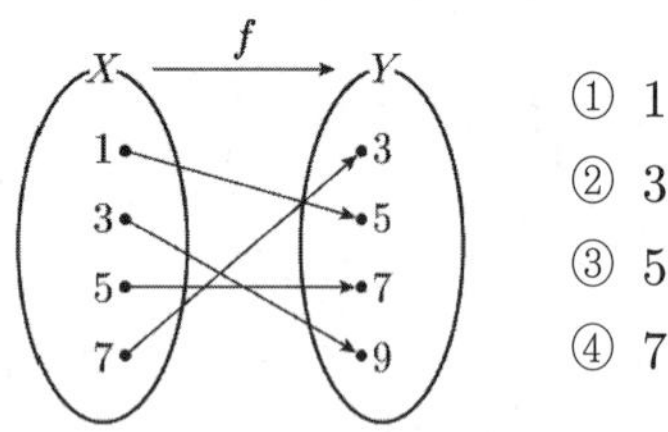

① 1
② 3
③ 5
④ 7

18 유리함수 $y = \dfrac{1}{x-1}$의 그래프는 유리함수 $y = \dfrac{1}{x}$의 그래프를 x축의 방향으로 a만큼 평행이동한 것이다. 상수 a의 값은?

① -1
② 0
③ 1
④ 2

19 그림과 같이 4점의 작품이 있다. 이 중에서 서로 다른 3점의 작품을 택하여 일렬로 나열하는 경우의 수는?

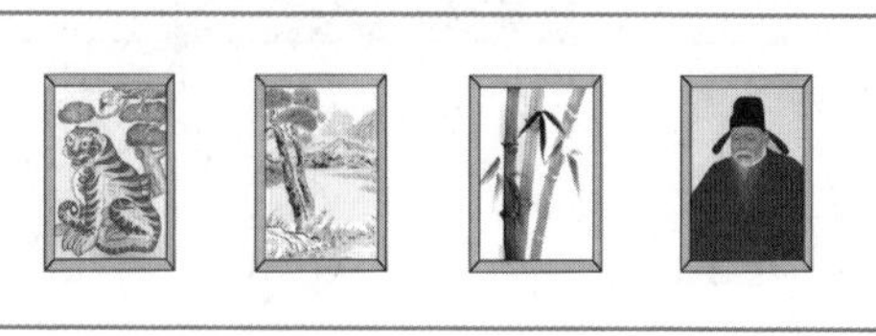

① 15
② 18
③ 21
④ 24

20 그림과 같이 5개의 방과 후 프로그램이 있다. 이 중에서 서로 다른 3개의 프로그램을 선택하는 경우의 수는?

① 8
② 10
③ 12
④ 14

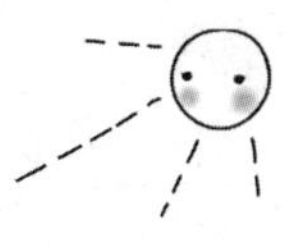

2022

제1회 ··· 수 학

01 다항식 $A = x^2 + 2x$, $B = 2x^2 - 1$에 대하여 $A + B$는?

① $x - 1$ ② $x^2 + 2$

③ $x^2 + x - 3$ ④ $3x^2 + 2x - 1$

02 등식 $(x+1)(x-1) = x^2 + a$가 x에 대한 항등식일 때, 상수 a의 값은?

① -2 ② -1

③ 0 ④ 1

03 다음은 조립제법을 이용하여 다항식 $x^3 - 2x^2 - x + 5$를 일차식 $x - 1$로 나누어 몫과 나머지를 구하는 과정이다. 이때, 몫은?

1	1	-2	-1	5
		1	-1	-2
	1	-1	-2	3

① $x + 2$ ② $2x + 1$

③ $x^2 - x - 2$ ④ $2x^2 + x + 1$

04 다항식 $x^3 - 9x^2 + 27x - 27$을 인수분해한 식이 $(x - a)^3$일 때, 상수 a의 값은?

① 1 ② 2

③ 3 ④ 4

05 $2 - i + i^2 = a - i$일 때, 실수 a의 값은? (단, $i = \sqrt{-1}$)

① -2 ② -1

③ 0 ④ 1

06 이차방정식 $x^2 + 3x - 4 = 0$의 두 근을 α, β라고 할 때, $\alpha + \beta$의 값은?

① -3 ② -1

③ 1 ④ 3

07 $0 \leq x \leq 2$일때, 이차함수 $y = x^2 + 2x - 3$의 최댓값은?

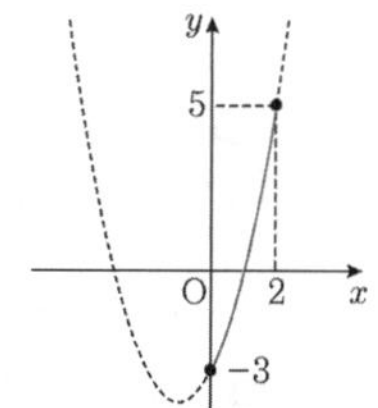

① 1

② 3

③ 5

④ 7

08 삼차방정식 $x^3 - 2x + a = 0$의 한 근이 2일 때, 상수 a의 값은?

① -4 ② -3

③ -2 ④ -1

09 연립방정식 $\begin{cases} x + y = 3 \\ x^2 - y^2 = a \end{cases}$ 의 해가 $x = 2$, $y = b$일 때, 두 상수 a, b에 대하여 $a + b$의 값은?

① 2 ② 4

③ 6 ④ 8

10 이차부등식 $(x+3)(x-1) \leq 0$의 해는?

① $x \leq -3$

② $x \geq 1$

③ $-3 \leq x \leq 1$

④ $x \leq -3$ 또는 $x \geq 1$

11 좌표평면 위의 두 점 $A(1, 2)$, $B(3, -4)$에 대하여 선분 AB의 중점의 좌표는?

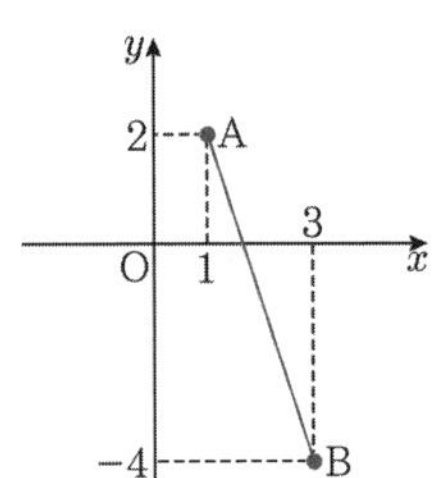

① $(-2, 1)$

② $(-1, 2)$

③ $(1, -2)$

④ $(2, -1)$

12 직선 $y = -2x + 5$에 평행하고 점 $(0, 1)$을 지나는 직선의 방정식은?

① $y = -2x - 3$ ② $y = -2x + 1$

③ $y = \dfrac{1}{2}x - 3$ ④ $y = \dfrac{1}{2}x + 1$

13 중심의 좌표가 $(2, 1)$이고 반지름의 길이가 3인 원의 방정식은?

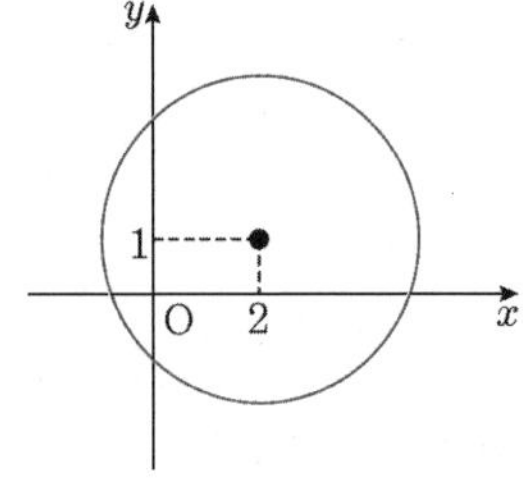

① $(x+2)^2 + (y+1)^2 = 9$

② $(x+2)^2 + (y-1)^2 = 9$

③ $(x-2)^2 + (y+1)^2 = 9$

④ $(x-2)^2 + (y-1)^2 = 9$

14 좌표평면 위의 점 $(-2, 1)$을 원점에 대하여 대칭이동한 점의 좌표는?

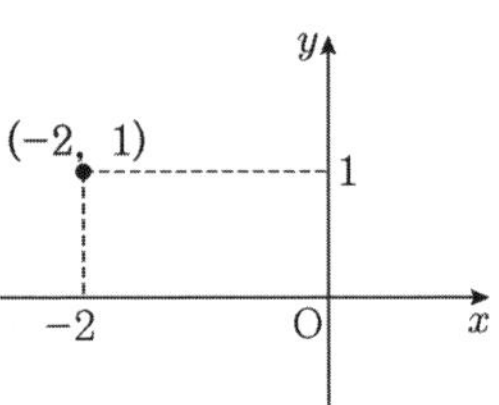

① $(-2, -1)$ ② $(-1, -2)$

③ $(1, -2)$ ④ $(2, -1)$

15 두 집합 $A = \{1, 3, 4, 5\}$, $B = \{2, 4\}$에 대하여 $A - B$는?

① $\{1\}$ ② $\{3, 4\}$

③ $\{1, 3, 5\}$ ④ $\{1, 3, 4, 5\}$

16 명제 '정삼각형이면 이등변삼각형이다.'의 역은?

① 이등변삼각형이면 정삼각형이다.

② 정삼각형이면 이등변삼각형이 아니다.

③ 정삼각형이 아니면 이등변삼각형이다.

④ 이등변삼각형이 아니면 정삼각형이 아니다.

17 함수 $f : X \rightarrow Y$가 그림과 같을 때, $f^{-1}(4)$의 값은?(단, f^{-1}는 f의 역함수이다.)

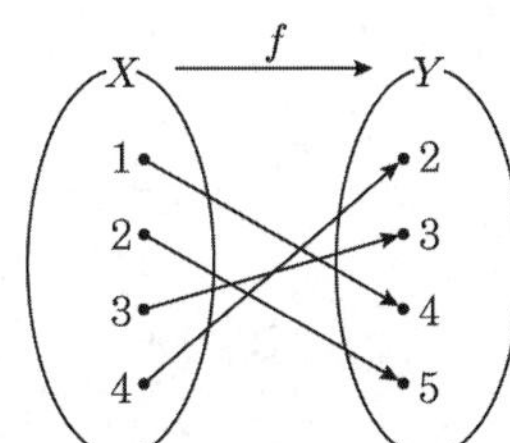

① 1

② 2

③ 3

④ 4

18 무리함수 $y = \sqrt{x - a} + b$의 그래프는 무리함수 $y = \sqrt{x}$의 그래프를 x축의 방향으로 2만큼, y축의 방향으로 3만큼 평행이동한 것이다. 두 상수 a, b에 대하여 $a + b$의 값은?

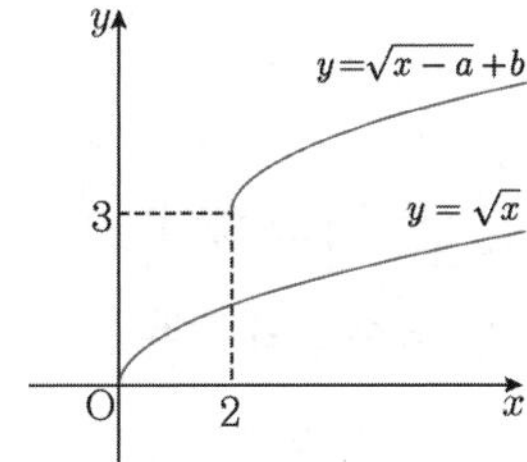

① 1

② 3

③ 5

④ 7

19 그림과 같이 3곳을 모두 여행하는 계획을 세우려고 한다. 여행 순서를 정하는 경우의 수는? (단, 한 번 여행한 곳은 다시 여행하지 않는다.)

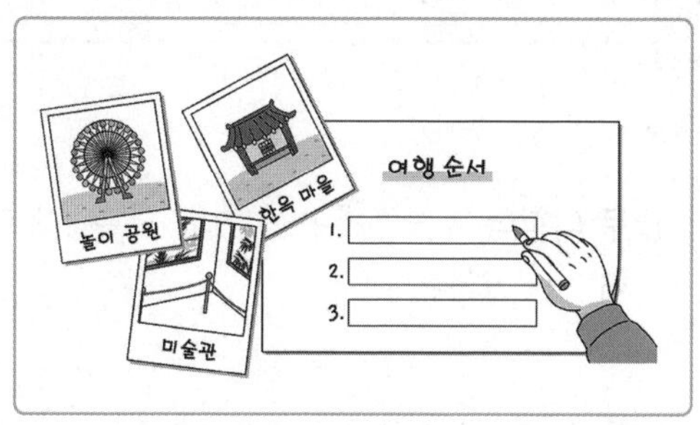

① 4 ② 6

③ 8 ④ 10

20 그림과 같이 4 종류의 꽃이 있다. 이 중에서 서로 다른 3 종류의 꽃을 선택하는 경우의 수는?

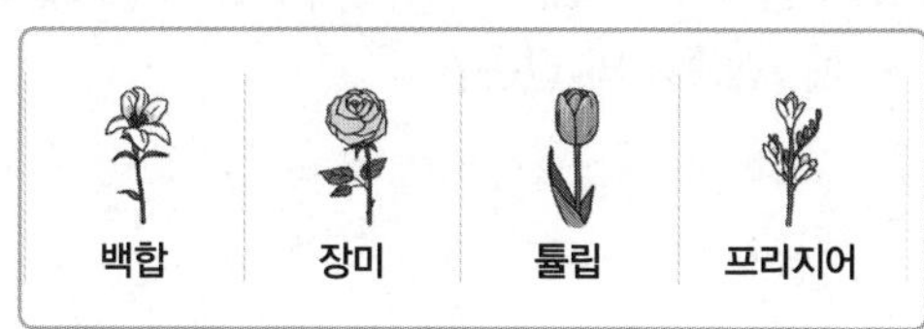

① 4 ② 5

③ 6 ④ 7

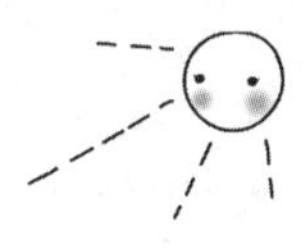

제2회 ··· 수 학

01 두 다항식 $A = 2x^2 + x$, $B = x^2 - x$에 대하여 $A - B$는?

① $x^2 - 2x$ ② $x^2 - x$

③ $x^2 + x$ ④ $x^2 + 2x$

02 등식 $x^2 + 3x - 7 = x^2 + ax + b$가 x에 대한 항등식일 때, 두 상수 a, b에 대하여 $a + b$의 값은?

① -5 ② -4

③ -3 ④ -2

03 다항식 $x^3 - 2x + a$가 $x - 1$로 나누어떨어질 때, 상수 a의 값은?

① 1   ② 2

③ 3   ④ 4

04 다항식 $x^3 + 3^3$을 인수분해한 식이 $(x + 3)(x^2 - 3x + a)$일 때, 상수 a의 값은?

① 1   ② 3

③ 6   ④ 9

05 $i(1 + 2i) = a + i$일 때, 실수 a의 값은? (단, $i = \sqrt{-1}$)

① -2 ② -1

③ 1   ④ 2

06 이차방정식 $x^2 - 4x - 5 = 0$의 두 근을 α, β라고 할 때, $\alpha + \beta$의 값은?

① 2   ② 3

③ 4   ④ 5

07 $-1 \leq x \leq 2$일 때, 이차함수 $y = x^2 - 3$의 최솟값은?

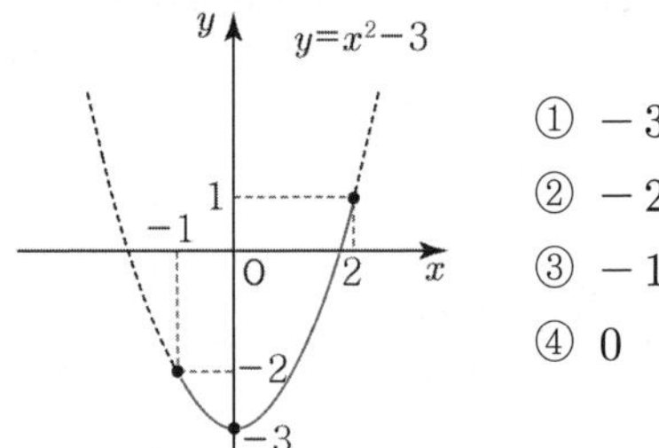

① -3 ② -2

③ -1 ④ 0

08 삼차방정식 $x^3 + ax^2 - 2x - 1 = 0$의 한 근이 1일 때, 상수 a의 값은?

① 1   ② 2

③ 3   ④ 4

09 연립부등식 $\begin{cases} 3x < 2x + 5 \\ 4x > 3x - 1 \end{cases}$의 해가 $-1 < x < a$일 때, 상수 a의 값은?

① 5   ② 6

③ 7   ④ 8

10 그림은 부등식 $|x-2| \leq 2$의 해를 수직선 위에 나타낸 것이다. 상수 a의 값은?

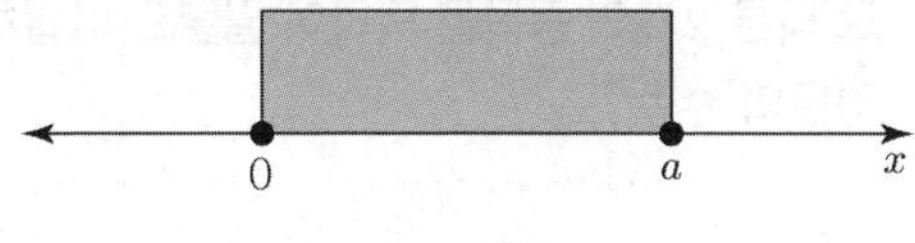

① 4　　　　② 5

③ 6　　　　④ 7

11 좌표평면 위의 두 점 $A(-2, 1)$, $B(2, 4)$ 사이의 거리는?

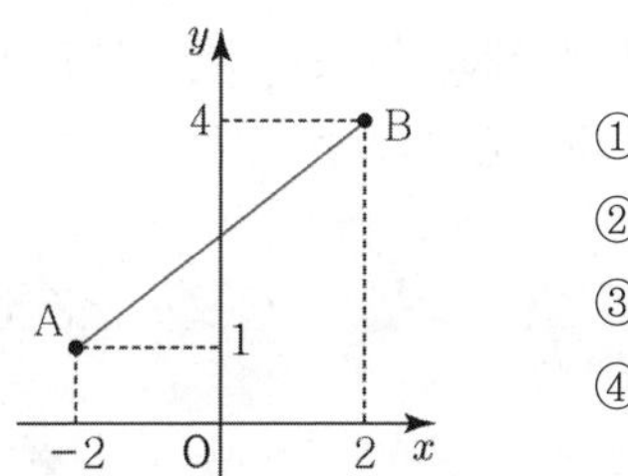

① 3

② 4

③ 5

④ 6

12 직선 $y = 2x + 3$에 평행하고, 점 $(0, 6)$을 지나는 직선의 방정식은?

① $y = \dfrac{1}{2}x + 1$　　　② $y = \dfrac{1}{2}x + 6$

③ $y = 2x + 1$　　　④ $y = 2x + 6$

13 두 점 $A(-1, -1)$, $B(3, 3)$을 지름의 양 끝 점으로 하는 원의 방정식은?

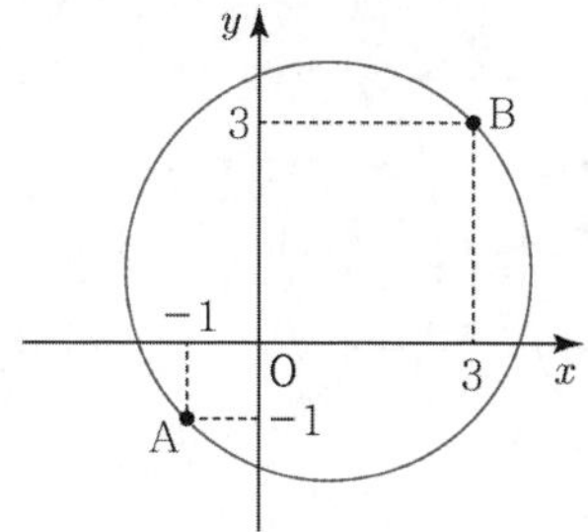

① $(x+1)^2 + (y+1)^2 = 8$

② $(x+1)^2 + (y-1)^2 = 8$

③ $(x-1)^2 + (y+1)^2 = 8$

④ $(x-1)^2 + (y-1)^2 = 8$

14 좌표평면 위의 점 $(2, 5)$를 x축에 대하여 대칭이동한 점의 좌표는?

① $(-2, -5)$　　　② $(-2, 5)$

③ $(2, -5)$　　　④ $(5, 2)$

15 두 집합 $A = \{1, 2, 3, 6\}$, $B = \{1, 2, 4, 8\}$에 대하여 $n(A \cap B)$의 값은?

① 2　　　　② 4

③ 6　　　　④ 8

16 명제 '$x = 1$이면 $x^3 = 1$이다.'의 역은?

① $x = 1$이면 $x^3 \neq 1$이다.

② $x \neq 1$이면 $x^3 = 1$이다.

③ $x^3 = 1$이면 $x = 1$이다.

④ $x^3 \neq 1$이면 $x \neq 1$이다.

17 함수 $f: X \to Y$가 그림과 같을 때, $(f \circ f)(2)$의 값은?

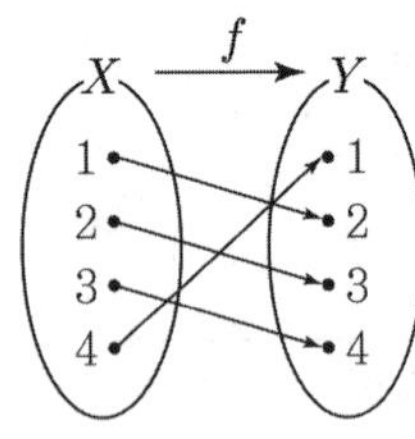

① 1
② 2
③ 3
④ 4

18 유리함수 $y = \dfrac{1}{x-a} + 4$의 그래프의 점근선은 두 직선 $x = 3$, $y = 4$이다. 상수 a의 값은?

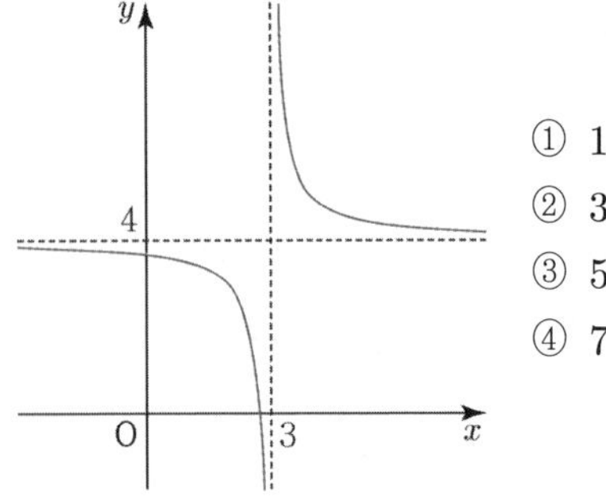

① 1
② 3
③ 5
④ 7

19 그림은 어느 하계 올림픽 경기 종목 중 4개의 종목을 나타낸 것이다. 이 4개의 종목에서 서로 다른 2개의 종목을 택하여 일렬로 나열하는 경우의 수는?

① 12
② 15
③ 18
④ 21

20 그림과 같이 5개의 정다면체가 있다. 이 5개의 정다면체에서 서로 다른 2개의 정다면체를 선택하는 경우의 수는?

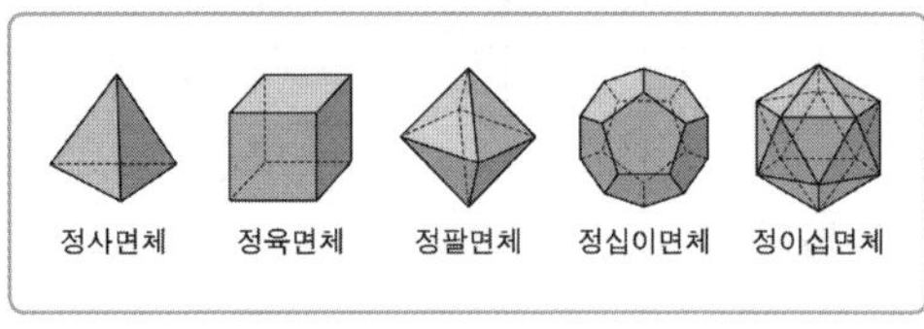

① 8
② 10
③ 12
④ 14

과 학

고등학교 졸업학력 검정고시 대비 기출문제

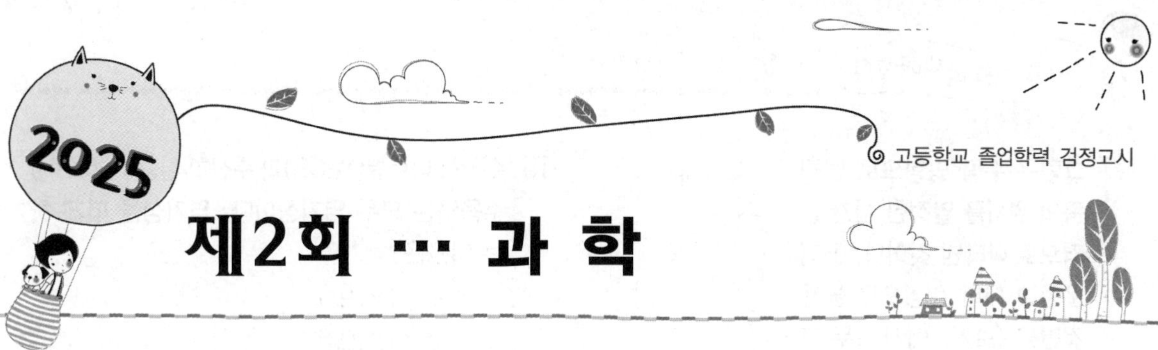

제2회 … 과 학

01 다음 설명에 해당하는 발전 방식은?

> • 바람의 운동 에너지를 이용하여 전기 에너지를 생산한다.
> • 바람의 방향과 세기에 따라 전력 생산량이 일정하지 않다.

① 수력 발전 　　② 조력 발전
③ 풍력 발전 　　④ 태양광 발전

02 다음 설명에서 ㉠에 해당하는 것은?

> 코일 근처에서 자석을 움직이면 코일에 전류가 유도되는데 이러한 현상을 　㉠　 라고 한다.

① 연료 전지 　　② 태양 전지
③ 화학 전지 　　④ 전자기 유도

03 다음 설명에서 ㉠, ㉡에 해당하는 것은?

> 고온·고압인 태양 중심부에서는 　㉠　 원자핵 4개가 융합하여 헬륨 원자핵 　㉡　 개로 변환되는 수소 핵융합 반응이 일어난다.

	㉠	㉡		㉠	㉡
①	철	1	②	철	4
③	수소	1	④	수소	4

04 어떤 열기관이 고열원에서 100 J의 열에너지를 공급받아 외부에 20 J의 일을 하고 저열원으로 80 J의 열에너지를 방출한다. 이 열기관의 열효율(%)은?

① 20 　　② 30
③ 40 　　④ 50

05 그림은 두 물체 A, B가 마찰이 없는 수평면에서 각각 일정한 속도로 운동하는 모습을 나타낸 것이다. 운동량의 크기는 A가 B의 몇 배인가?

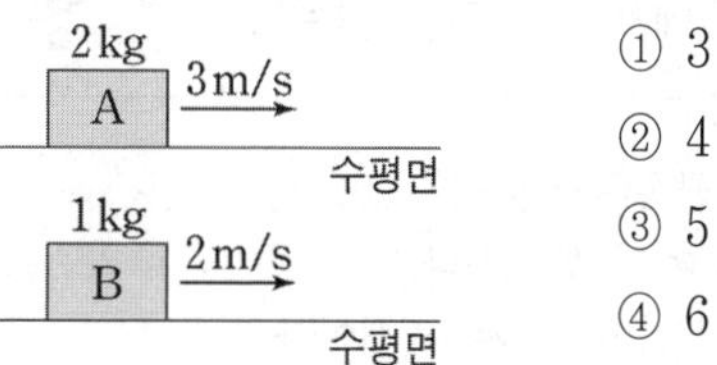

① 3
② 4
③ 5
④ 6

06 그림은 수소 분자의 형성 과정을 나타낸 것이다. 다음 중 수소 분자와 같이 공유 결합으로 형성된 것은?

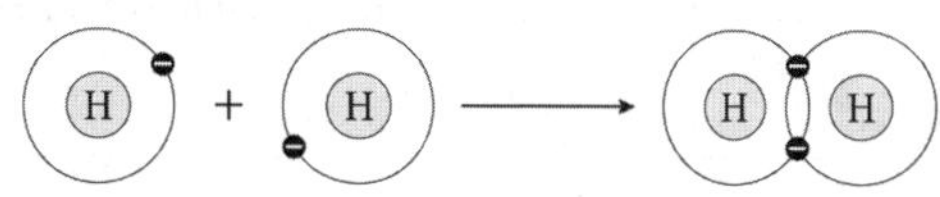

① 물(H_2O)
② 염화 칼슘($CaCl_2$)
③ 염화 나트륨($NaCl$)
④ 산화 마그네슘(MgO)

07 그림은 수평 방향으로 던진 공의 위치를 일정한 시간 간격으로 나타낸 것이다. 공의 운동에 대한 설명으로 옳은 것만을 〈보기〉에서 모두 고른 것은? (단, 중력 가속도는 $9.8 \ m/s^2$이고, 공기 저항은 무시한다.)

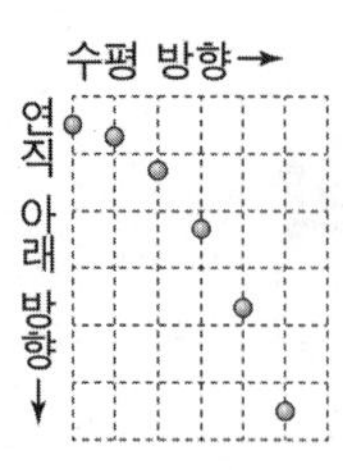

〈보기〉
ㄱ. 수평 방향의 속력은 일정하다.
ㄴ. 연직 방향의 속력은 일정하다.
ㄷ. 연직 아래 방향으로 중력이 작용한다.

① ㄱ
② ㄴ
③ ㄱ, ㄷ
④ ㄴ, ㄷ

08 그림은 염소 원자(Cl)의 전자 배치를 나타낸 것이다. 이에 대한 설명으로 옳은 것만을 〈보기〉에서 모두 고른 것은?

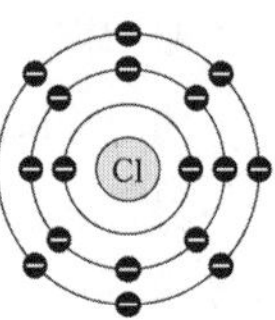

〈보기〉
ㄱ. 금속 원소이다.
ㄴ. 3주기 원소이다.
ㄷ. 원자가 전자는 7개이다.

① ㄱ
② ㄴ
③ ㄱ, ㄷ
④ ㄴ, ㄷ

09 다음 반응에서 산소를 얻어 산화되는 반응 물질은?

$$Fe_2O_3 \ + \ 3CO \rightarrow 2Fe \ + \ 3CO_2$$
산화 철(Ⅲ)　일산화 탄소　철　이산화 탄소

① Fe_2O_3
② CO
③ Fe
④ CO_2

10 수산화 나트륨(NaOH)과 수산화 칼슘(Ca(OH)$_2$) 수용액은 모두 염기성이다. 염기성을 띠게 하는 이온은?

① 수소 이온(H^+)
② 칼슘 이온(Ca^{2+})
③ 나트륨 이온(Na^+)
④ 수산화 이온(OH^-)

11 다음 설명에서 ㉠에 해당하는 것은?

수산화 칼륨(KOH) 수용액과 [㉠] 수용액을 혼합 했더니 중화 반응이 일어났다.

① HCl
② NaOH
③ Ca(OH)$_2$
④ Mg(OH)$_2$

12 그림은 탄소 나노 튜브를 나타낸 것이다. 이에 대한 설명으로 옳은 것은?

① 열전도성이 없다.
② 산소 원자로 이루어져 있다.
③ 그래핀이 튜브 형태로 결합된 것이다.
④ 구성 원자들이 정사면체 구조를 이룬다.

13 그림은 DNA에서 RNA가 전사되는 과정을 나타낸 것이다. ㉠과 ㉡에 해당하는 염기는? (단, 돌연변이는 없다.)

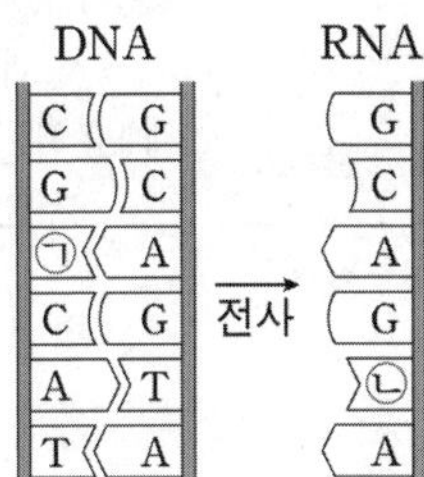

	㉠	㉡
①	T	A
②	T	U
③	U	A
④	U	G

14 DNA에 대한 설명으로 옳은 것만을 〈보기〉에서 모두 고른 것은?

〈보기〉
ㄱ. 이중 나선 구조이다.
ㄴ. 유전 정보를 저장한다.
ㄷ. 단위체는 아미노산이다.

① ㄱ ② ㄷ
③ ㄱ, ㄴ ④ ㄴ, ㄷ

15 그림은 세포막을 통한 물질의 이동을 나타낸 것이다. 이에 대한 설명으로 옳지 않은 것은?

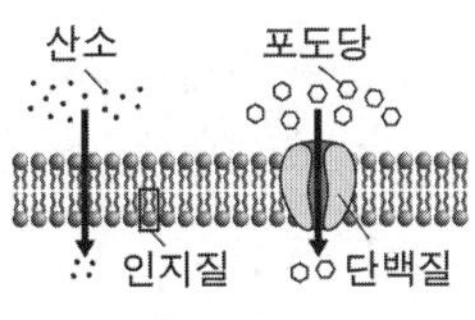

① 산소는 인지질 2중층을 통과한다.
② 산소가 이동하는 현상은 확산이다.
③ 포도당은 단백질을 통해 이동한다.
④ 포도당이 이동하는 현상은 삼투이다.

16 다음 설명에 해당하는 것은?

- 생명체 내에서 촉매 역할을 한다.
- 반응의 활성화 에너지를 낮추어 화학 반응이 빠르게 일어나도록 한다.

① 녹말 ② 효소
③ 포도당 ④ 셀룰로스

17 다음은 어느 생태계에 대한 설명이다. 이 생태계에서 소비자는?

숲에 빛이 들고 온도가 적절하여 참나무가 잘 자라면 다람쥐는 참나무의 열매를 먹고 산다.

① 빛 ② 온도
③ 참나무 ④ 다람쥐

18 그림은 어느 안정된 초원 생태계의 생태 피라미드를 나타낸 것이다. 이 생태 피라미드에서 개체 수가 가장 많은 단계는?

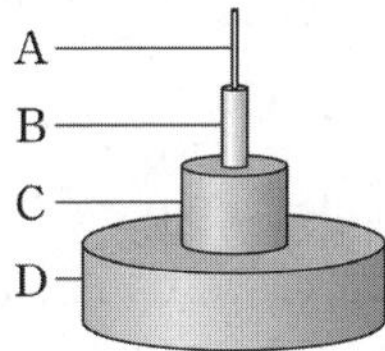

① A
② B
③ C
④ D

19 다음 현상을 일으키는 지구 시스템의 주된 에너지원은?

- 대기와 물이 순환한다.
- 다양한 날씨 변화가 일어난다.

① 조력 에너지 ② 태양 에너지
③ 바이오 에너지 ④ 지구 내부 에너지

20 다음 설명에 해당하는 지질 시대는?

> • 해양에서는 암모나이트가 번성하였다.
> • 공룡의 시대로 불릴 정도로 다양한 공룡이 번성하였다.

① 선캄브리아 시대
② 고생대
③ 중생대
④ 신생대

21 그림은 지권의 층상 구조를 나타낸 것이다. A~D는 각각 지각, 맨틀, 외핵, 내핵 중 하나 이다. 이에 대한 설명으로 옳은 것은?

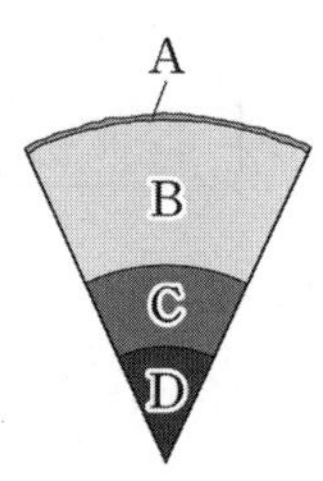

① A는 지각이다.
② B는 대부분 액체 상태이다.
③ C는 지권 전체 부피의 대부분을 차지한다.
④ D의 대류에 의해 판이 이동한다.

22 다음 설명에서 ㉠에 해당하는 것은?

> 수권의 해수는 수온의 연직 분포에 따라 몇 개의 층으로 구분된다. ㉠ 에서는 해수가 바람에 의해 잘 혼합되어 깊이에 따른 수온 변화가 거의 없다.

① 오존층
② 혼합층
③ 수온 약층
④ 심해층

23 다음 설명에 해당하는 지형은?

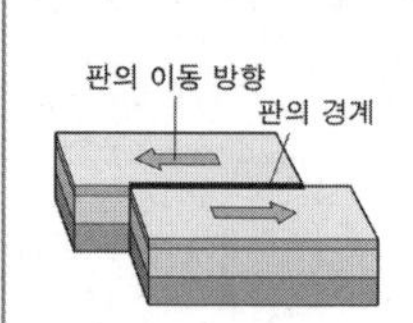

> ○ 보존형 경계에서 발달한다.
> ○ 산안드레아스 단층이 대표적인 예이다.

① 해구
② 해령
③ 변환 단층
④ 습곡 산맥

24 그림은 지질 시대 동안 생물 과의 수 변화와 대멸종 시기를 나타낸 것이다. A~D 중 지구 역사상 가장 큰 규모의 멸종이 일어난 시기는?

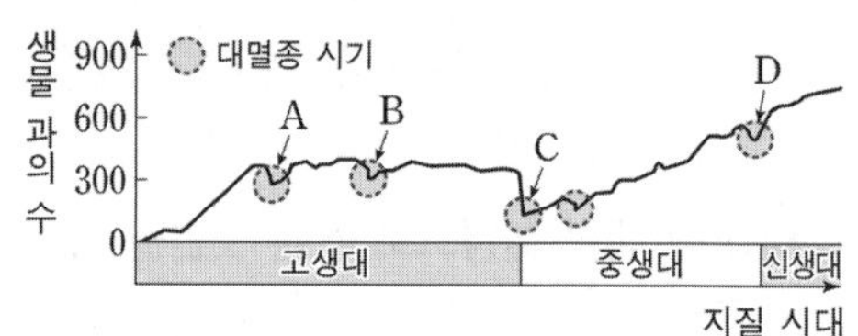

① A
② B
③ C
④ D

25 다음 설명에서 ㉠, ㉡에 해당하는 현상은?

> • ㉠ 는 자연적인 원인과 인위적인 원인에 의해 건조한 기후가 장기간 지속되면서 토지가 황폐해지는 현상이다.
> • ㉡ 는 무역풍이 약해지면서 적도 부근 동태평양의 표층 수온이 평상시보다 높은 상태가 지속되는 현상이다.

	㉠	㉡
①	장마	황사
②	사막화	장마
③	엘니뇨	황사
④	사막화	엘니뇨

제1회 ··· 과 학

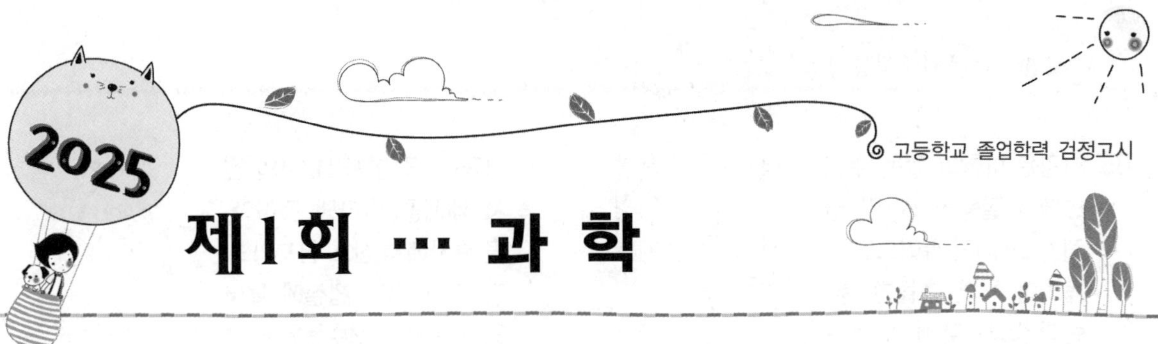

01 그림은 수소 연료 전지의 구조를 나타낸 것이다. ㉠에 해당하는 기체는?

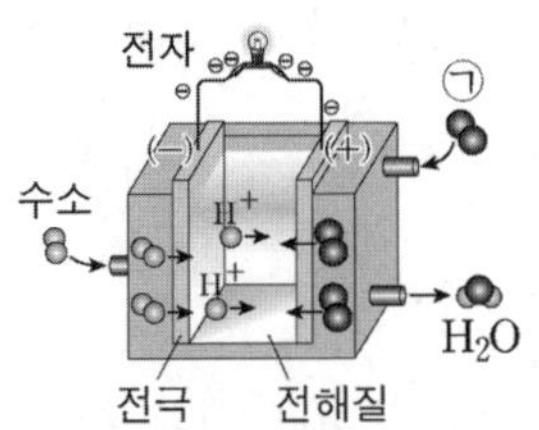

① 네온
② 산소
③ 헬륨
④ 아르곤

02 어떤 열기관이 고열원에서 100 J의 열에너지를 공급받아 외부에 25 J의 일을 할 때, 이 열기관에서 저열원으로 방출한 열에너지는?

① 25 J
② 50 J
③ 75 J
④ 100 J

03 그림은 코일과 자석을 이용한 전자기 유도 실험을 나타낸 것이다. 검류계의 바늘이 움직이는 경우만을 〈보기〉에서 모두 고른 것은?

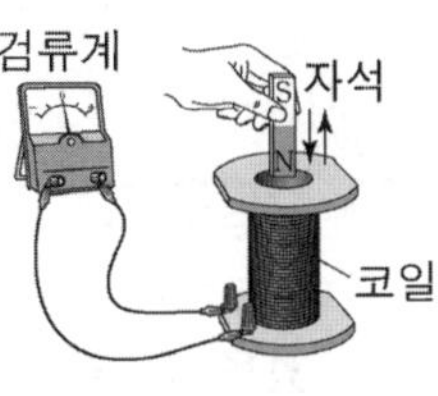

〈보기〉
ㄱ. 코일 속에 자석을 넣을 때
ㄴ. 코일 속에서 자석을 뺄 때
ㄷ. 코일과 자석이 움직이지 않을 때

① ㄴ
② ㄷ
③ ㄱ, ㄴ
④ ㄱ, ㄷ

04 그림은 동일한 위치에서 공 A, B를 수평 방향으로 던졌을 때, A, B의 위치를 일정한 시간 간격으로 나타낸 것이다. 수평 방향 속력은 B가 A의 몇 배인가? (단, 중력 가속도는 $10m/s^2$이고, 공기 저항은 무시한다.)

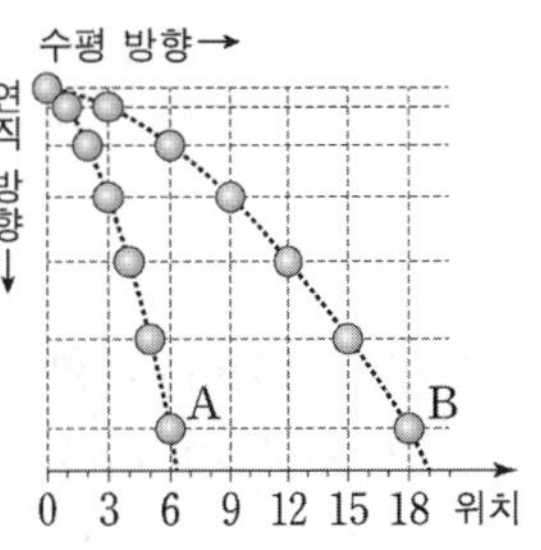

① 1
② 2
③ 3
④ 4

05 전기 에너지의 수송 과정에서 송전 전압을 높였을 때, 전류의 세기와 손실 전력의 변화가 옳게 짝 지어진 것은?

	전류의 세기	손실 전력
①	감소	감소
②	감소	증가
③	증가	감소
④	증가	증가

06 그림은 마찰이 없는 수평면에서 질량이 1kg인 물체가 2m/s의 속력으로 운동하여 벽과 충돌한 후, 반대 방향으로 1m/s의 속력으로 운동하는 모습을 나타낸 것이다. 이 물체가 받은 충격량의 크기는? (단, 공기 저항은 무시한다.)

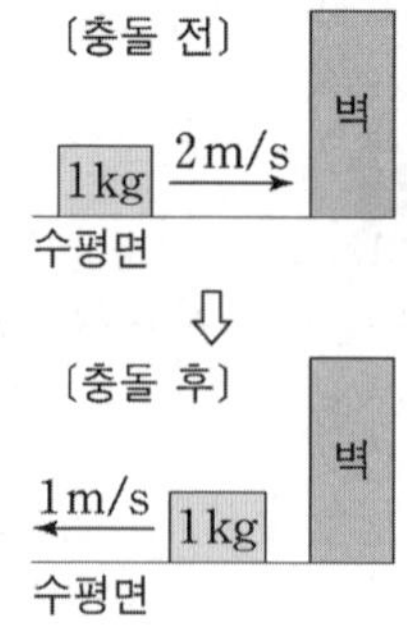

① 1 N·s
② 2 N·s
③ 3 N·s
④ 4 N·s

07 다음 물질의 수용액 중 BTB 지시약을 넣었을 때, 노란색이 나타나는 것은?

① H_2SO_4
② $NaOH$
③ KOH
④ $Ca(OH)_2$

08 그림은 주기율표의 일부를 나타낸 것이다. 임의의 원소 A, B에 대한 설명으로 옳은 것만을 〈보기〉에서 모두 고른 것은?

족 주기	14	15	16	17	18
1					
2			A	B	
3					

〈보기〉
ㄱ. A와 B는 같은 주기이다.
ㄴ. 원자 번호는 A가 B보다 크다.
ㄷ. A와 B는 원자가 전자의 수가 같다.

① ㄱ
② ㄷ
③ ㄱ, ㄴ
④ ㄴ, ㄷ

09 그림은 물 분자(H_2O)의 전자 배치를 나타낸 것이다. 물 분자에서 산소 원자의 가장 바깥 전자 껍질에 들어 있는 전자의 개수는?

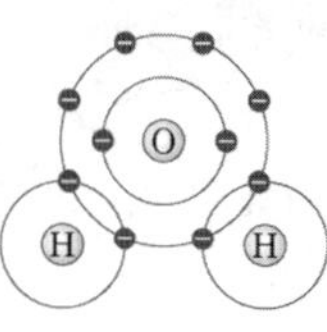

① 2
② 4
③ 6
④ 8

10 그림은 자석 위에 떠 있는 신소재 ㉠을 나타낸 것이다. 다음 설명에 해당하는 ㉠은?

○ 특정 온도 이하에서 전기 저항이 0이 되는 성질이 있다.
○ 자기장을 밀어내는 성질이 있어 자기 부상 열차에 활용할 수 있다.

① 고무
② 나무
③ 종이
④ 초전도체

11 그림은 황산 구리(Ⅱ) 수용액에 아연판을 넣었을 때 일어나는 반응을 모형으로 나타낸 것이다. 이 반응에서 환원되는 것은?

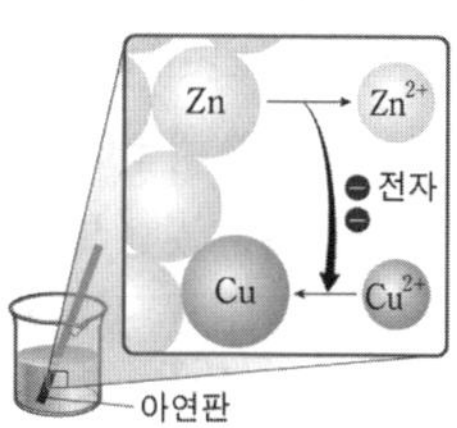

① Cu
② Cu^{2+}
③ Zn
④ Zn^{2+}

12 다음 설명의 ㉠, ㉡에 해당하는 이온이 옳게 짝 지어진 것은?

> 묽은 염산(HCl)과 수산화 나트륨(NaOH) 수용액을 중화 반응시킬 때, 반응한 ㉠과 ㉡ 의 수가 많을수록 열이 많이 발생한다.

	㉠	㉡
①	H^+	Na^+
②	H^+	OH^-
③	Cl^-	Na^+
④	Cl^-	OH^-

13 다음 설명에 해당하는 물질은?

> ○ 효소와 호르몬의 주성분이다.
> ○ 아미노산이 단위체가 되어 구성된다.

① 지질 ② 핵산
③ 단백질 ④ 탄수화물

14 그림은 어떤 동물 세포의 구조를 간략히 나타낸 것이다. A~D 중 다음 설명에 해당하는 세포 소기관은?

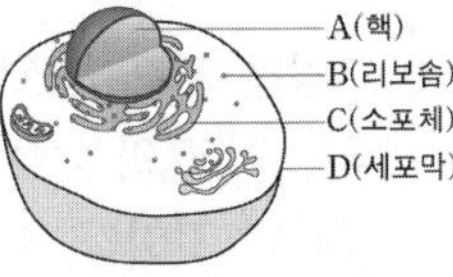

> ○ 세포의 생명 활동을 조절한다.
> ○ 생명체를 이루는 유전 정보가 저장되어 있다.

① A ② B
③ C ④ D

15 그림은 효소의 작용을 나타낸 모형이다. 효소에 대한 설명으로 옳지 <u>않은</u> 것은?

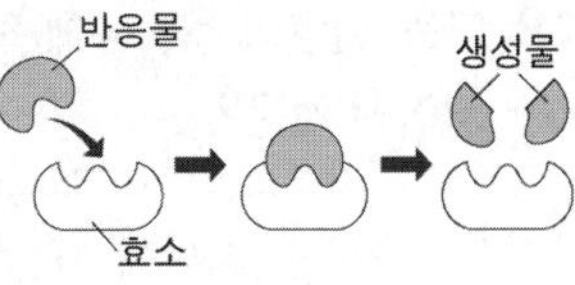

① 물질 대사를 촉진한다.
② 특정한 반응물에만 작용한다.
③ 반응 후에 생성물과 분리된다.
④ 반응이 끝난 효소의 구조는 반응 전과 다르다.

16 그림은 DNA에서 RNA가 전사되는 과정을 나타낸 것이다. ㉠에 해당하는 염기는? (단, 돌연변이는 없다.)

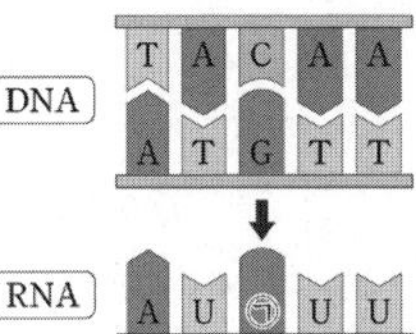

① A ② C
③ G ④ U

17 표는 서로 다른 지역 (가)~(라)에 서식하는 식물 종 A~E의 개체 수를 나타낸 것이다. 종 다양성이 가장 높은 지역은? (단, A~E 외의 종은 고려하지 않는다.)

지역＼종	A	B	C	D	E
(가)	60	5	10	15	10
(나)	0	0	35	35	30
(다)	15	40	0	35	10
(라)	20	20	20	20	20

① (가) ② (나)
③ (다) ④ (라)

18 다음 설명의 ㉠, ㉡에 해당하는 것이 옳게 짝 지어진 것은?

> 일정한 지역에 사는 같은 종의 개체들로 이루어진 무리를 ㉠ 이라 하고, 그 지역에 있는 여러 생물 종의 무리를 ㉡ 이라 한다.

	㉠	㉡
①	군집	개체군
②	개체군	군집
③	개체군	생물량
④	생물량	군집

19 그림은 생태계 평형이 유지되고 있는 어떤 생태계의 먹이 관계를 나타낸 것이다. 이에 대한 설명으로 옳은 것은? (단, 먹이 관계 이외의 다른 개체 수 변화 요인은 없다.)

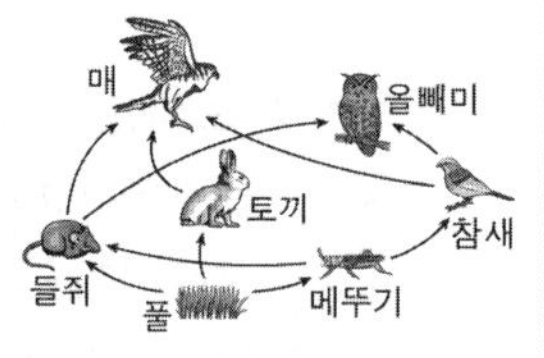

① 풀은 생산자이다.

② 토끼는 2차 소비자이다.

③ 참새가 사라지면 올빼미도 사라진다.

④ 매가 사라지면 들쥐의 개체 수는 일시적으로 감소한다.

20 그림은 태양의 흡수 스펙트럼과 수소, 헬륨 기체 방전관을 이용하여 얻은 스펙트럼을 각각 나타낸 것이다. 이에 대한 설명으로 옳은 것만을 〈보기〉에서 모두 고른 것은?

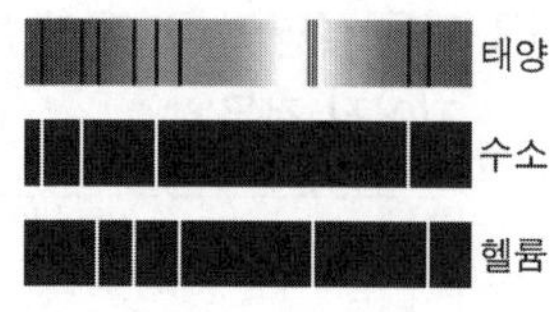

> **보기**
>
> ㄱ. 태양은 수소와 헬륨을 포함하고 있다.
> ㄴ. 헬륨 스펙트럼에는 흡수선이 나타난다.
> ㄷ. 태양의 대기는 다양한 원소로 구성되어 있다.

① ㄴ ② ㄷ

③ ㄱ, ㄴ ④ ㄱ, ㄷ

21 그림은 지구 시스템을 이루는 각 권의 상호 작용을 나타낸 것이다. 다음에서 설명하는 현상에 해당하는 상호 작용은?

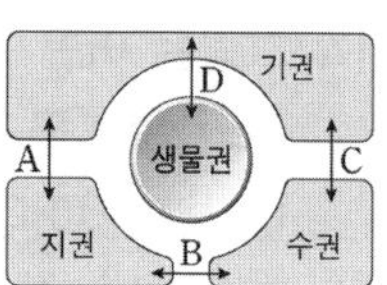

> 석회암 지대에서 지하수의 작용으로 석회 동굴이 만들어졌다.

① A ② B

③ C ④ D

22 다음은 지구에서 발생한 자연 현상이다. ㉠, ㉡을 일으키는 지구 시스템의 에너지원이 옳게 짝 지어진 것은?

> ○ 북태평양에서 강한 비바람을 동반한 ㉠ 태풍이 발생했다.
> ○ 아이슬란드에서 규모가 큰 ㉡ 지진이 발생했다.

	㉠	㉡
①	태양 에너지	태양 에너지
②	태양 에너지	지구 내부 에너지
③	지구 내부 에너지	태양 에너지
④	지구 내부 에너지	지구 내부 에너지

23 그림은 지구 내부 구조의 일부를 나타낸 것이다. A~D 중 판을 가리키는 구간은?

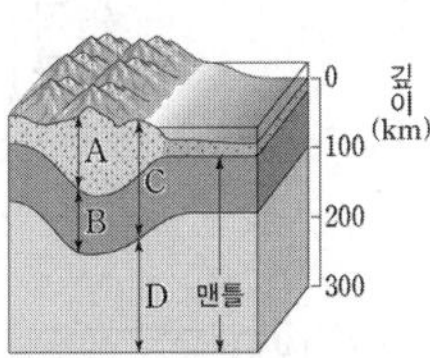

① A   ② B
③ C   ④ D

24 그림은 자연적 요인과 인위적 요인이 복합적으로 작용하여 발생한 현상을 나타낸 것이다. ㉠에 가장 적절한 것은?

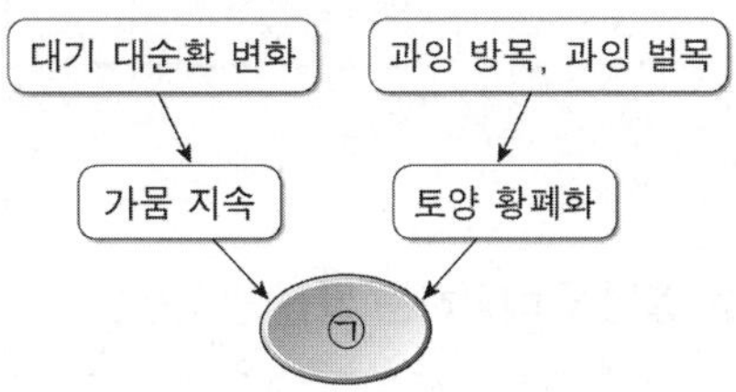

① 라니냐   ② 사막화
③ 엘니뇨   ④ 화산 활동

25 그림은 어느 지질 시대의 환경을 나타낸 것이다. 이 지질 시대에 출현하고 번성했던 생물은?

① 공룡   ② 매머드
③ 속씨식물   ④ 양치식물

제2회 ··· 과 학

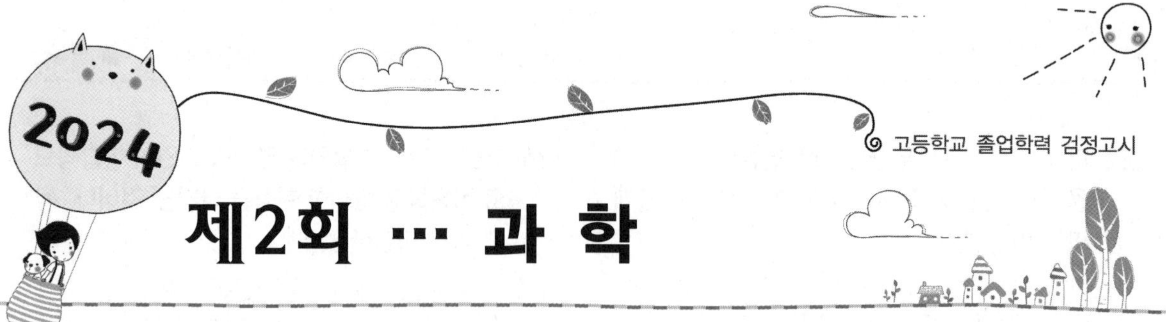

01 다음 설명에 해당하는 발전 방식은?

> 태양 전지를 사용하여 태양의 빛에너지를 전기 에너지로 직접 전환하며, 일조량에 따라 전력 생산량이 달라질 수 있다.

① 수력 발전　　　② 조력 발전
③ 파력 발전　　　④ 태양광 발전

02 그림과 같이 마찰이 없는 수평면에서 질량이 2 kg인 물체가 6 m/s의 일정한 속력으로 운동할 때 이 물체의 운동량(kg · m/s)의 크기는?

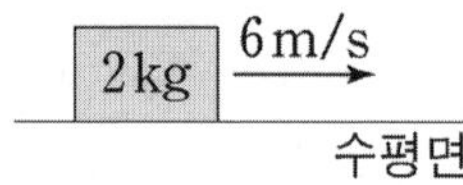

① 12　　　② 15
③ 18　　　④ 21

03 다음 설명에서 ㉠에 공통으로 해당하는 것은?

> ○ 코일 근처에서 자석을 움직이면 코일에 전류가 유도되는데 이러한 현상을 [㉠] (이)라 한다.
> ○ 변압기는 [㉠] 을/를 이용하여 전압을 변화시키는 장치로, 각 코일에 걸린 전압은 코일의 감은 수에 비례한다.

① 열효율　　　② 핵발전
③ 전자기 유도　　　④ 초전도 현상

04 그림은 수평 방향으로 던진 공의 위치를 일정한 시간 간격으로 나타낸 것이다. A와 B 지점에서의 물리량이 같은 것만을 〈보기〉에서 모두 고른 것은? (단, 중력 가속도는 10m/s²이고, 공기 저항은 무시한다.)

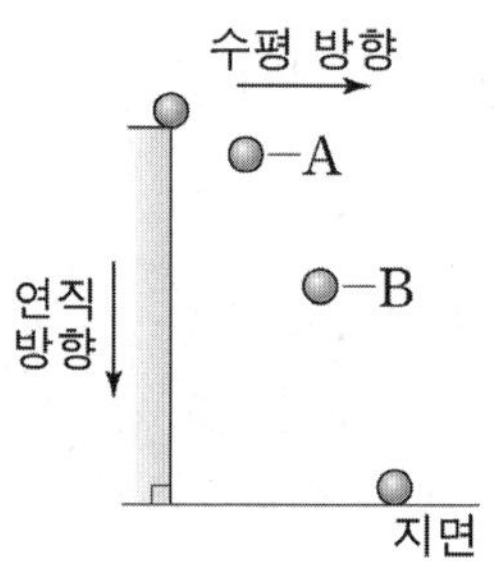

> **보기**
> ㄱ. 공의 수평 방향 속력
> ㄴ. 공의 연직 방향 속력
> ㄷ. 공에 작용하는 힘의 크기

① ㄴ　　　② ㄷ
③ ㄱ, ㄴ　　　④ ㄱ, ㄷ

05 어떤 열기관이 75J의 열에너지를 공급받아 외부에 15J의 일을 하고 60J의 열에너지를 방출할 때 이 열기관의 열효율은?

① 10%　　　② 15%
③ 20%　　　④ 25%

06 다음은 그래핀에 대한 설명이다. ㉠에 해당하는 것은?

> ○ 전기 전도성이 뛰어나다.
> ○ [㉠] 원자가 육각형 모양으로 배열된 평면 구조이다.

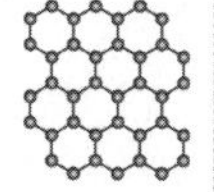

① 규소
② 산소
③ 질소
④ 탄소

07 다음은 원자의 전자 배치를 나타낸 것이다. 13족 원소는?

①
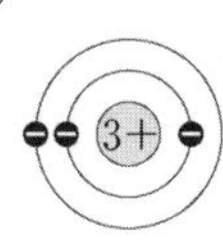

②
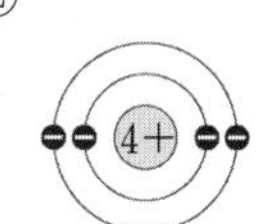

③
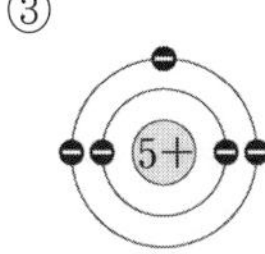

④
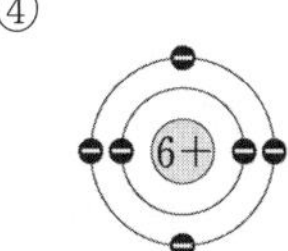

08 그림은 주기율표의 일부를 나타낸 것이다. 원소 (가)~(라) 중 가장 바깥 전자 껍질의 전자 수가 8개이고 반응성이 거의 없는 것은?

주기＼족	1	2		16	17	18
1						
2				(가)		(나)
3	(다)				(라)	

① (가)
② (나)
③ (다)
④ (라)

09 이온 결합 물질에 대한 설명으로 옳은 것만을 〈보기〉에서 모두 고른 것은?

> **보기**
> ㄱ. 산소 기체(O_2)가 해당한다.
> ㄴ. 수용액 상태에서 전류가 흐른다.
> ㄷ. 양이온과 음이온의 정전기적 인력에 의해 생성된다.

① ㄱ
② ㄴ
③ ㄱ, ㄷ
④ ㄴ, ㄷ

10 다음 중 물에 녹아 염기성을 나타내는 물질은?

① HCl
② $Ca(OH)_2$
③ H_2SO_4
④ CH_3COOH

11 그림은 수산화 나트륨($NaOH$) 수용액에 A 수용액을 넣어 중화 반응시키는 과정을 나타낸 것이다. A에 해당하는 것은?

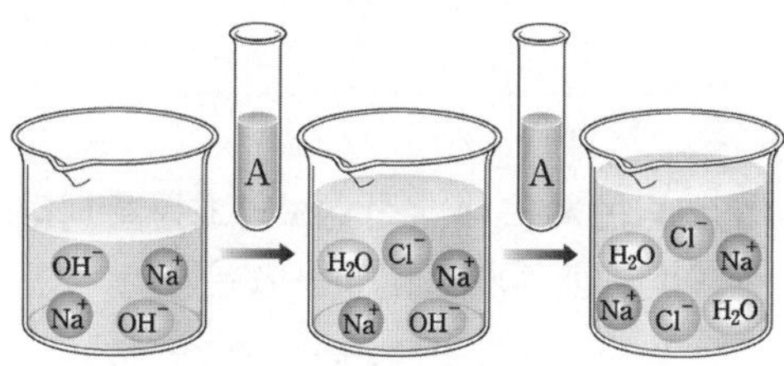

① HCl
② HNO_3
③ H_2CO_3
④ H_2SO_4

12 다음 화학 반응에서의 반응 물질 중 산화되는 것은?

> $$2CuO + C \rightarrow 2Cu + CO_2$$
> 산화 구리(Ⅱ)　　탄소　　구리　　이산화 탄소

① CuO
② C
③ Cu
④ CO_2

13 다음 설명에서 ㉠에 해당하는 것은?

> 같은 종의 무당벌레 개체군에서 겉날개의 색과 반점 무늬가 개체마다 달라지면 ㉠ 이/가 증가한다.

① 생물 대멸종
② 외래종 도입
③ 서식지 단편화
④ 유전적 다양성

14 다음 설명에 해당하는 물질은?

> ○ 핵산을 구성하는 기본 단위체이다.
> ○ 염기 및 당과 인산으로 구성되어 있다.

① 지질　　　　　② 포도당
③ 아미노산　　　④ 뉴클레오타이드

15 그림은 세포 내 유전 정보의 흐름을 나타낸 것이다. ㉠, ㉡에 해당하는 것은?

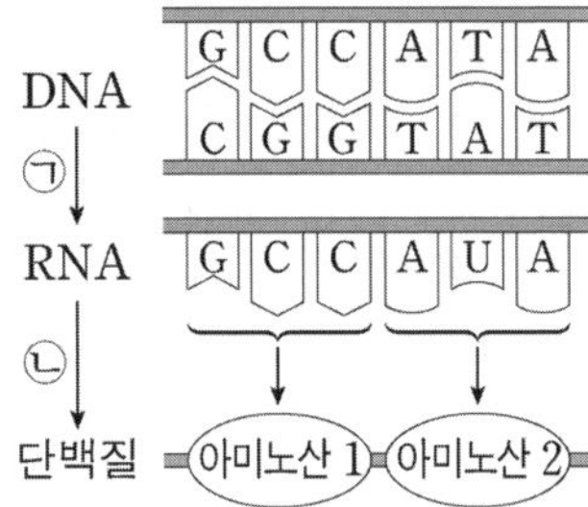

	㉠	㉡
①	번역	전사
②	전도	번역
③	전사	번역
④	전사	전도

16 그림은 세포막의 구조와 세포막을 통한 물질 A와 B의 이동을 나타낸 것이다. 이에 대한 설명으로 옳은 것만을 〈보기〉에서 모두 고른 것은?

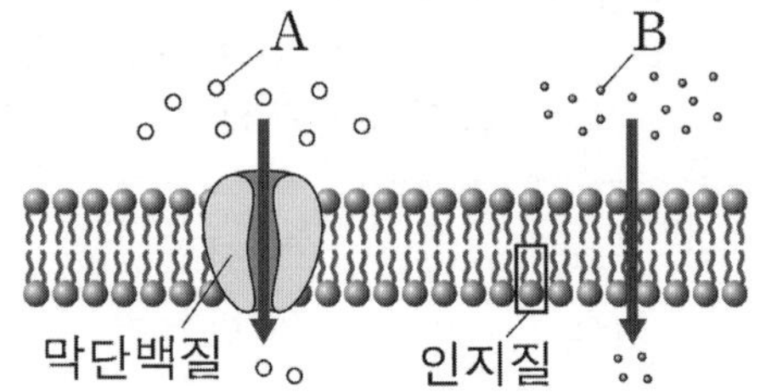

> **〈보기〉**
> ㄱ. A는 막단백질을 통해 이동한다.
> ㄴ. B는 인지질 사이로 확산한다.
> ㄷ. 세포막은 막단백질로만 구성되어 있다.

① ㄱ　　　　　　② ㄷ
③ ㄱ, ㄴ　　　　④ ㄴ, ㄷ

17 다음 설명에서 ㉠에 해당하는 것은?

> 항생제를 반복적으로 사용하다 보면 세균 집단 내에 항생제 내성 세균의 비율이 증가하게 된다. 이러한 현상은 다윈의 ㉠ (으)로 설명할 수 있다.

① 자연 선택
② 생태계 평형
③ 생태 피라미드
④ 생명 중심 원리

18 다음 설명에서 밑줄 친 ㉠, ㉡이 해당되는 생태계 구성 요소는?

> 한 그루의 ㉠ 참나무를 관찰했더니 ㉡ 햇빛을 강하게 받은 잎이 약하게 받은 잎보다 두꺼운 것이 확인되었다.

	㉠	㉡
①	생산자	분해자
②	생산자	비생물적 요인
③	소비자	분해자
④	소비자	비생물적 요인

19 그림은 어떤 안정된 생태계의 개체 수 피라미드를 나타낸 것이다. 이 생태계에 대한 설명으로 옳은 것만을 〈보기〉에서 모두 고른 것은?

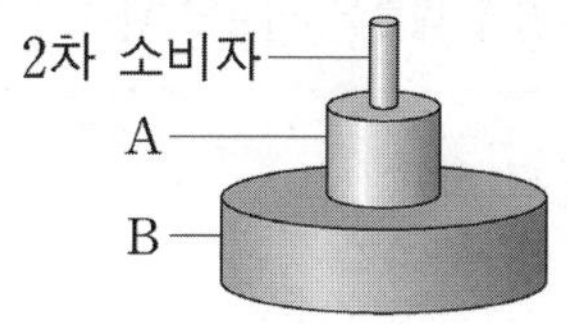

> **〈보기〉**
> ㄱ. A는 1차 소비자이다.
> ㄴ. 참새는 B에 해당한다.
> ㄷ. 상위 영양 단계로 갈수록 개체 수는 증가한다.

① ㄱ   ② ㄷ
③ ㄱ, ㄴ   ④ ㄴ, ㄷ

20 다음 설명에서 ㉠에 공통으로 해당하는 것은?

> ○ 지구의 지각을 구성하는 암석은 주로 규소와 ㉠ 이/가 결합한 규산염 광물로 이루어져 있다.
> ○ ㉠ 은/는 사람을 구성하는 원소 중 가장 많은 질량을 차지한다.

① 수소   ② 탄소
③ 산소   ④ 칼슘

21 다음 설명에서 ㉠, ㉡에 해당하는 것은?

> 태양 중심부에서는 ㉠ 원자핵 4개가 융합하여 ㉡ 원자핵 1개로 변환되는 수소 핵융합 반응이 일어난다.

	㉠	㉡
①	수소	철
②	수소	헬륨
③	헬륨	철
④	헬륨	수소

22 그림은 어느 해역의 깊이에 따른 수온 변화를 나타낸 것이다. 층 A~C에 대한 설명으로 옳은 것만을 〈보기〉에서 모두 고른 것은?

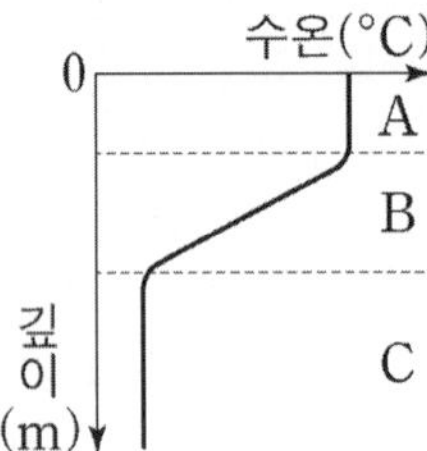

〈보기〉

ㄱ. A에서는 기권과 상호 작용이 일어난다.
ㄴ. B에서는 깊어질수록 수온이 높아진다.
ㄷ. C는 수온 약층이다.

① ㄱ
② ㄴ
③ ㄱ, ㄷ
④ ㄴ, ㄷ

23 그림의 A, B는 판의 경계 를 나타낸 것이다. 이에 대한 설명으로 옳은 것만을 〈보기〉 에서 모두 고른 것은?

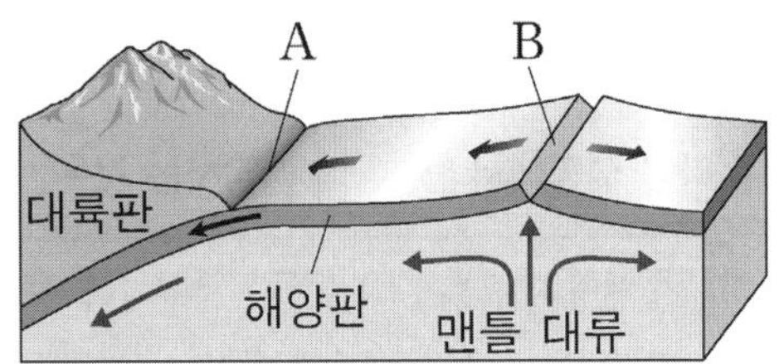

〈보기〉

ㄱ. A는 발산형 경계이다.
ㄴ. B에서는 판이 생성된다.
ㄷ. A, B에서는 모두 해구가 발달한다.

① ㄱ
② ㄴ
③ ㄱ, ㄷ
④ ㄴ, ㄷ

24 그림은 서로 다른 지질 시대 A~C의 표준 화석을 나타낸 것이다. 오래된 시대부터 순서대로 나열한 것은?

시대	A	B	C
표준 화석	삼엽충	암모나이트	매머드

① A － B － C
② A － C － B
③ B － A － C
④ C － A － B

25 다음 현상을 일으키는 지구 시스템의 주된 에너지원은?

○ 지진과 화산 활동을 일으킨다.
○ 맨틀 대류를 일으켜 판을 이동시킨다.

① 조력 에너지
② 풍력 에너지
③ 바이오 에너지
④ 지구 내부 에너지

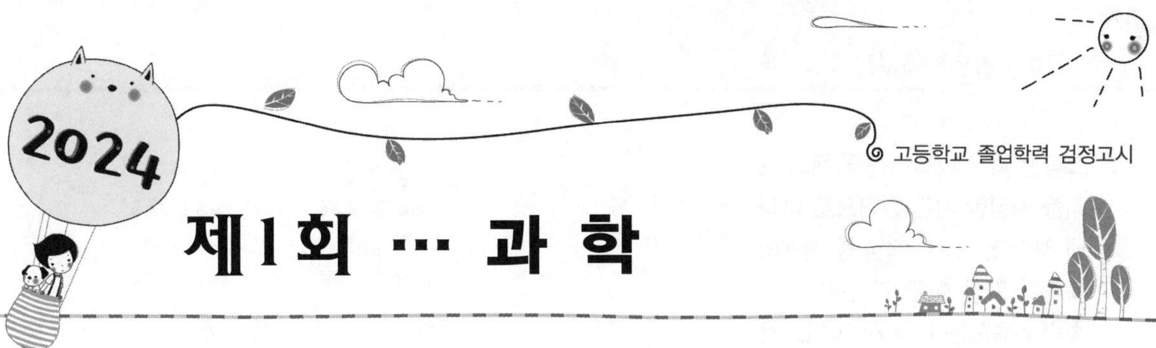

제1회 ··· 과 학

01 다음에서 설명하는 발전 방식은?

> • 파도 상황에 따라 전력 생산량이 일정하지 않다.
> • 파도의 운동 에너지를 전기 에너지로 전환한다.

① 파력 발전 ② 화력 발전
③ 원자력 발전 ④ 태양광 발전

02 그림은 전기 에너지의 생산과 수송 과정을 나타낸 것이다. 이에 대한 설명으로 옳은 것만을 〈보기〉에서 모두 고른 것은?

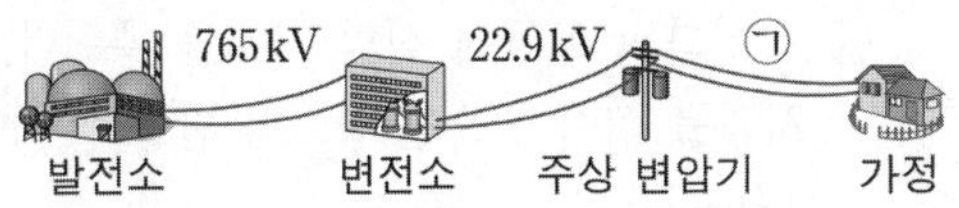

> [보기]
> ㄱ. 발전소에서 전기 에너지를 생산한다.
> ㄴ. ㉠에 해당하는 전압은 22.9 kV보다 작다.
> ㄷ. 수송 과정에서 손실되는 전기 에너지는 없다.

① ㄱ ② ㄷ
③ ㄱ, ㄴ ④ ㄴ, ㄷ

03 표는 같은 직선상에서 운동하는 물체 A~D의 처음 운동량과 나중 운동량을 나타낸 것이다. 물체 A~D 중 받은 충격량의 크기가 가장 큰 것은?

운동량(kg·m/s) 물체	처음 운동량	나중 운동량
A	2	5
B	3	7
C	3	8
D	4	10

① A ② B
③ C ④ D

04 그림은 고열원에서 100J의 열 에너지를 공급 받아 W의 일을 하는 열기관을 나타낸 것이다. 열기관에서 저열원으로 50 J의 열에너지를 방출할 때, 열기관이 한 일 W의 양은?

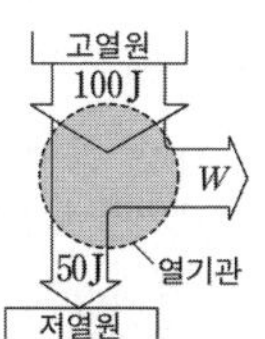

① 30J ② 40J
③ 50J ④ 60J

05 다음은 태양 내부에서 일어나는 반응에 대한 설명이다. ㉠에 해당하는 원소는?

> 고온·고압인 태양에서 수소 원자핵이 융합하여 ㉠ 원자핵이 생성되는 동안 줄어든 질량이 에너지로 전환된다.

① 질소 ② 칼슘
③ 헬륨 ④ 나트륨

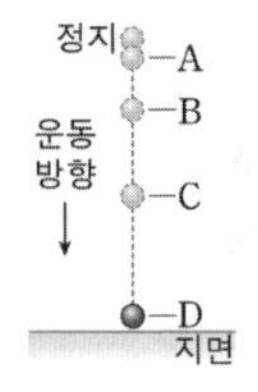

06 그림은 자유 낙하하는 물체의 위치를 일정한 시간 간격으로 나타낸 것이다. A~D 지점 중 물체의 속도가 가장 빠른 지점은? (단, 중력 가속도는 10 m/s 이고, 공기 저항은 무시한다.)

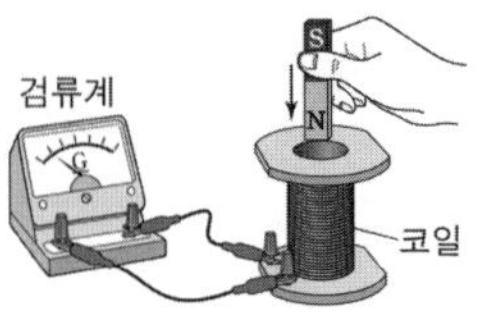

① A
② B
③ C
④ D

07 그림과 같이 자석을 코일 속에 넣을 때 발생하는 유도 전류의 방향을 변화시킬 수 있는 요인으로 옳은 것만을 〈보기〉에서 모두 고른 것은?

〈보기〉
ㄱ. 자석의 극을 바꾼다.
ㄴ. 자석을 더 빠르게 넣는다.
ㄷ. 더 강한 자석을 사용한다.

① ㄱ
② ㄷ
③ ㄱ, ㄴ
④ ㄱ, ㄷ

08 그림은 주기율표의 일부를 나타낸 것이다. 임의의 원소 A~D 중 원자가 전자 수가 가장 큰 원소는?

주기＼족	1	2		16	17	18
1						
2	A			B		
3	C				D	

① A
② B
③ C
④ D

09 그림은 나트륨 이온의 생성 과정을 모형으로 나타낸 것이다. 나트륨 원자가 잃은 전자의 개수는?

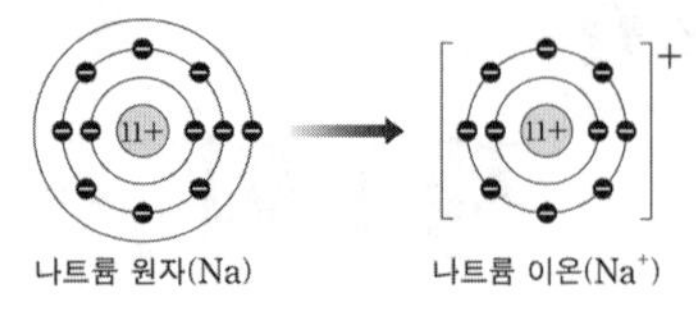

① 1개
② 2개
③ 3개
④ 4개

10 다음에서 설명하는 화학 결합에 의해 형성된 물질은?

- 금속 원소와 비금속 원소 사이에서 형성된다.
- 양이온과 음이온의 정전기적 인력에 의해 형성된다.

① 은(Ag)
② 구리(Cu)
③ 산소(O_2)
④ 염화 나트륨(NaCl)

11 다음 중 산화 환원 반응의 사례가 <u>아닌</u> 것은?
① 도시가스를 연소시킨다.
② 철이 공기 중에서 붉게 녹슨다.
③ 산성화된 토양에 석회 가루를 뿌린다.
④ 사과를 깎아 놓으면 산소와 반응하여 색이 변한다.

12 그림은 묽은 염산과 묽은 황산의 이온화된 모습을 나타낸 것이다. 두 수용액에 공통적으로 존재하는 ㉠에 해당하는 이온은? (단, ●, □, ○는 서로 다른 이온이다.)

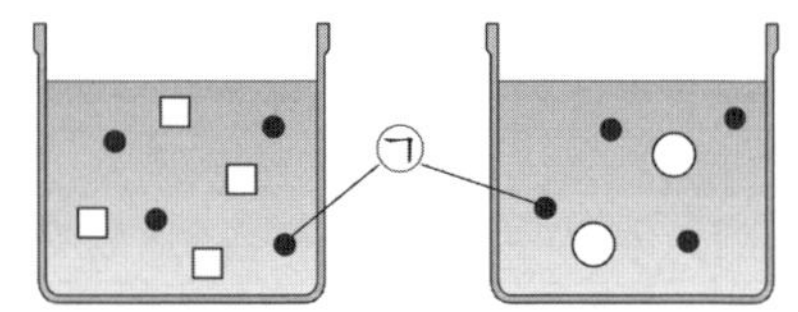

① 산화 이온(O^{2-})
② 수소 이온(H^+)
③ 염화 이온(Cl^-)
④ 황산 이온(SO_4^{2-})

13 그림은 단위체의 결합으로 물질 A가 만들어지는 과정을 나타낸 것이다. A에 해당하는 물질은?

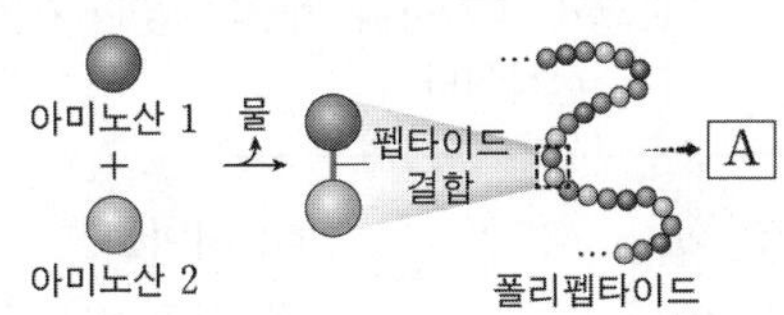

① 핵산　　　　　　② 단백질
③ 포도당　　　　　④ 글리코젠

14 그림은 서로 다른 지역에 서식하는 여우의 형태를 나타낸 것이다. 이러한 여우의 형태 차이에 영향을 주는 환경 요인은?

① 물　　　　　　　② 산소
③ 온도　　　　　　④ 토양

15 다음은 안정된 생태계의 개체 수 피라미드에서 생태계 평형이 깨진 후 평형을 회복하는 과정의 일부를 설명한 것이다. ㉠과 ㉡에 들어갈 말로 옳게 짝지어진 것은?

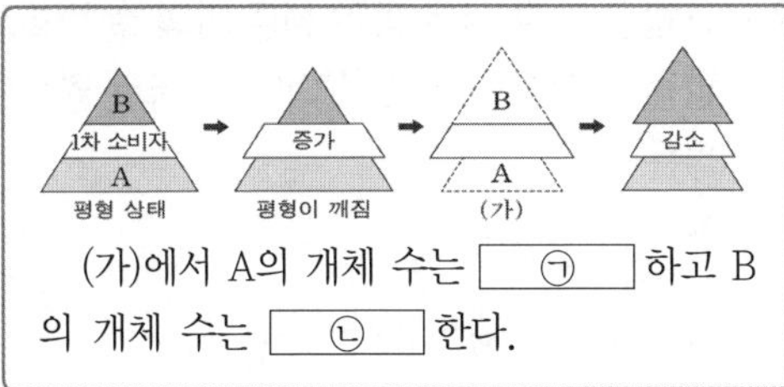

(가)에서 A의 개체 수는 　㉠　 하고 B의 개체 수는 　㉡　 한다.

　㉠　　㉡　　　　　㉠　　㉡
① 감소 감소　　　② 감소 증가
③ 증가 감소　　　④ 증가 증가

16 다음은 생명 시스템 유지에 필요한 물질에 대한 설명이다. ㉠에 해당하는 것은?

- 만일 　㉠　 이/가 없다면 음식을 먹어도 영양소를 소화, 흡수할 수 없다.
- 생명체는 물질대사를 하며, 물질대사에는 　㉠　 이/가 관여한다.

① 녹말　　　　　　② 효소
③ 인지질　　　　　④ 셀룰로스

17 그림은 DNA에서 RNA가 전사되는 과정을 나타낸 것이다. ㉠에 해당하는 염기는? (단, 돌연변이는 없다.)

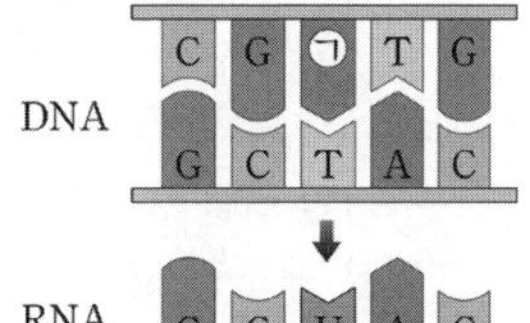

① A
② T
③ G
④ C

18 세포막을 경계로 세포 안팎에 농도가 다른 용액이 있을 때, 물 분자가 세포막을 통해 농도가 낮은 곳에서 높은 곳으로 이동하는 현상은?

① 삼투　　　　　　② 호흡
③ 광합성　　　　　④ 이화 작용

19 다음 설명에 해당하는 것은?

- 일정 지역에 서식하는 생물종의 다양한 정도이다.
- 서식하는 생물종이 많고 그 분포가 고르게 나타날수록 높다.

① 개체　　　　　　② 군집
③ 개체군　　　　　④ 종 다양성

20 화산 활동과 관련된 설명으로 옳은 것만을 〈보기〉에서 모두 고른 것은?

<보기>
ㄱ. 화산 활동은 태양 에너지에 의해 일어난다.
ㄴ. 대규모의 화산 폭발은 주변의 지형을 변화시킨다.
ㄷ. 화산 활동은 온천, 지열 발전 등과 같이 이롭게 활용 되기도 한다.

① ㄱ
② ㄷ
③ ㄱ, ㄴ
④ ㄴ, ㄷ

21 다음은 규산염 사면체에 대한 설명이다. ㉠에 해당하는 것은?

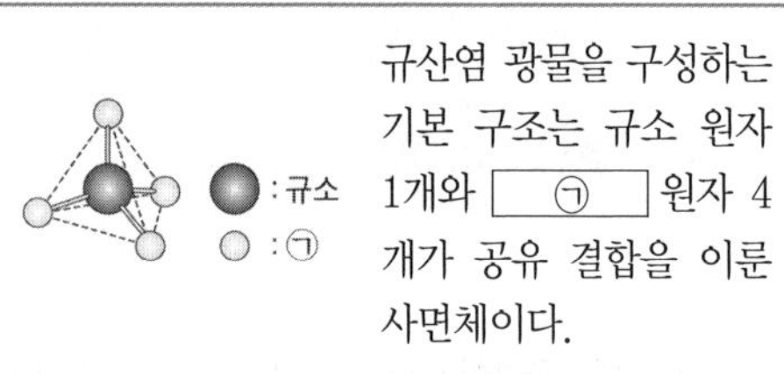

규산염 광물을 구성하는 기본 구조는 규소 원자 1개와 [㉠] 원자 4개가 공유 결합을 이룬 사면체이다.

① 산소
② 질소
③ 탄소
④ 마그네슘

22 그림은 지구 시스템을 이루는 각권의 상호 작용을 나타낸 것이다. 해저 지진 활동으로 인해 지진 해일이 발생하는 것에 해당하는 상호 작용은?

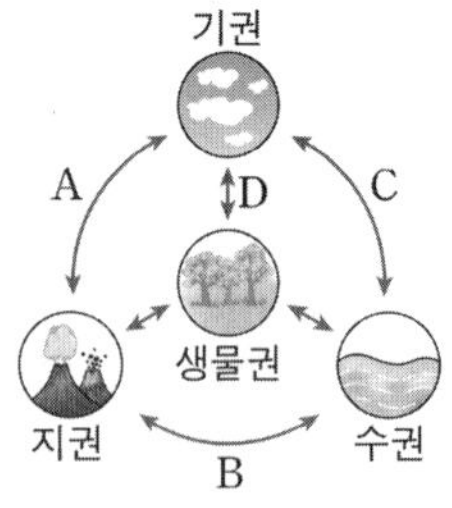

① A
② B
③ C
④ D

23 다음 설명에 해당하는 현상은?

화석 연료 등의 사용으로 온실 기체의 농도가 크게 증가하여 지구의 평균 기온이 상승하는 현상이다.

① 황사
② 사막화
③ 엘니뇨
④ 지구 온난화

24 그림은 판의 이동과 맨틀 대류를 나타낸 것이다. A~D 중 발산형 경계에 해당하는 것은?

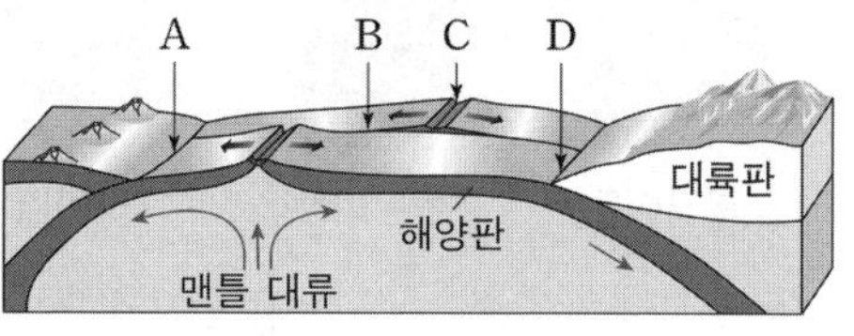

① A
② B
③ C
④ D

25 그림은 지질 시대 동안 생물 과의 수 변화와 대멸종 시기를 나타낸 것이다. A에서 멸종한 생물은?

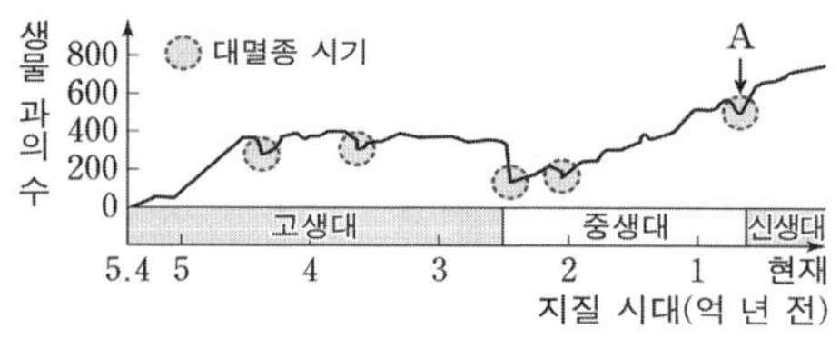

① 공룡
② 매머드
③ 삼엽충
④ 화폐석

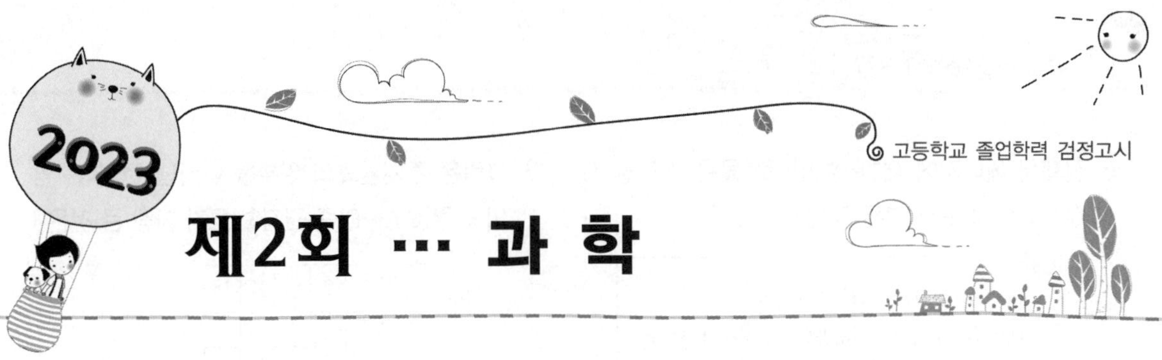

제2회 ··· 과 학

01 다음 중 밀물과 썰물에 의한 해수면의 높이차인 조차를 이용하여 전기 에너지를 생산하는 발전 방식은?

① 핵발전
② 조력 발전
③ 풍력 발전
④ 화력 발전

02 그림과 같이 물체에 한 방향으로 10N의 힘이 5초 동안 작용했을 때 이 힘에 의해 물체가 받은 충격량의 크기는?

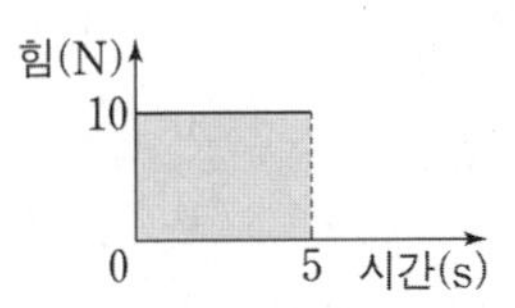

① 12N · s
② 30N · s
③ 50N · s
④ 80N · s

03 그림과 같이 막대자석을 코일 속에 넣었다 뺐다 하면 코일의 도선에 전류가 유도되어 검류계의 바늘이 움직인다. 이 현상은?

① 대류
② 삼투
③ 초전도
④ 전자기 유도

04 그림과 같이 공이 자유 낙하하는 동안 시간에 따른 속력의 그래프로 옳은 것은? (단, 공기 저항은 무시한다.)

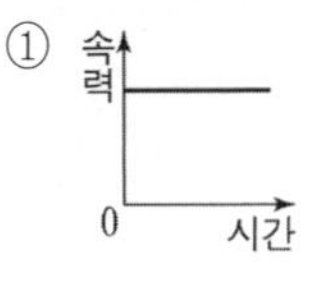

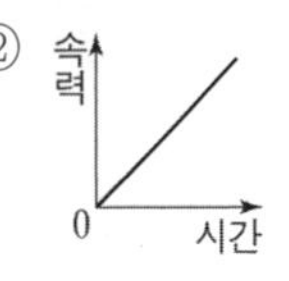

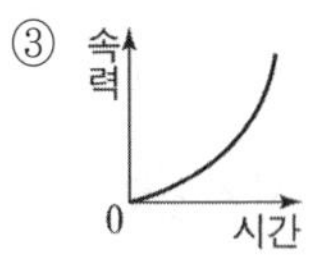

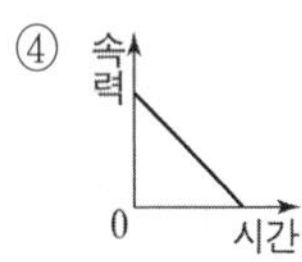

05 그림은 고열원에서 1000 J의 열에너지를 흡수하여 일 W를 하고 저열원으로 600 J의 열에너지를 방출하는 열기관의 1회 순환 과정을 나타낸 것이다. 이 열기관의 열효율은?

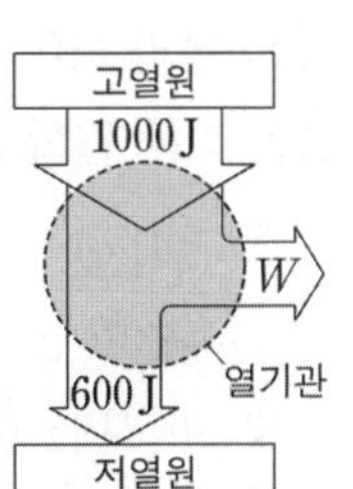

① 20%
② 40%
③ 80%
④ 100%

06 신재생 에너지에 대한 설명으로 옳은 것만을 〈보기〉에서 모두 고른 것은?

> **보기**
> ㄱ. 화석 연료보다 친환경적이다.
> ㄴ. 태양광 에너지는 신재생 에너지의 한 종류이다.
> ㄷ. 인류 문명의 지속 가능한 발전을 위해 신재생 에너지 개발이 필요하다.

① ㄱ, ㄴ   ② ㄱ, ㄷ
③ ㄴ, ㄷ   ④ ㄱ, ㄴ, ㄷ

07 다음 원자의 전자 배치 중 원자가 전자가 4개인 것은?

① 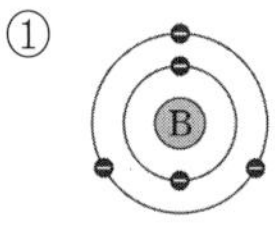
② 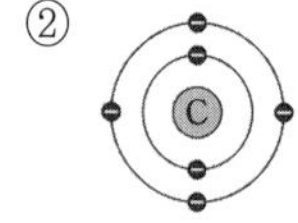
③ 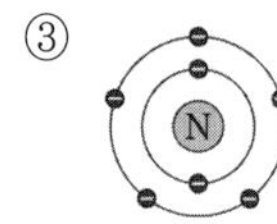
④ 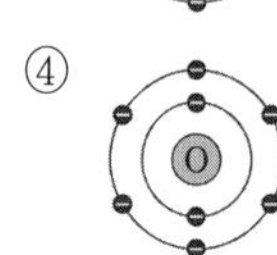

08 다음 중 그림과 같이 양이온과 음이온의 정전기적 인력에 의해 형성된 이온 결합 물질은?

① 철(Fe)
② 구리(Cu)
③ 마그네슘(Mg)
④ 염화 나트륨(NaCl)

09 그림은 주기율표의 일부를 나타낸 것이다. 임의의 원소 A~D 중 원자 번호가 가장 큰 것은?

족 주기	1	2	17	18
1	A			
2		B	C	
3				D

① A
② B
③ C
④ D

10 그림은 메테인(CH_4)의 분자 구조 모형을 나타낸 것이다. 메테인을 구성하는 탄소(C) 원자와 수소(H) 원자의 개수비는?

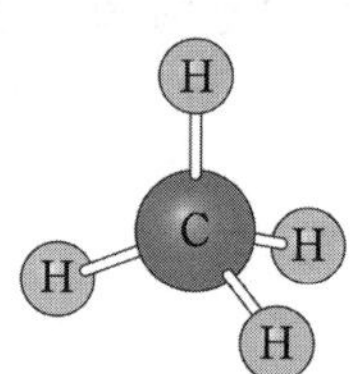

     <u>C</u>   <u>H</u>
① 1 : 2
② 1 : 3
③ 1 : 4
④ 2 : 3

11 다음은 철의 제련 과정에서 일어나는 산화 환원 반응의 화학 반응식이다. 이 반응에서 산소를 잃어 환원되는 반응 물질은?

Fe_2O_3 +	3CO	→	2Fe +	$3CO_2$
산화 철(Ⅲ)	일산화 탄소		철	이산화 탄소

① Fe_2O_3 ② CO
③ Fe   ④ CO_2

12 그림은 묽은 염산(HCl)과 수산화 나트륨 (NaOH) 수용액의 중화 반응 모형을 나타낸 것이다. 이온 ㉠은?

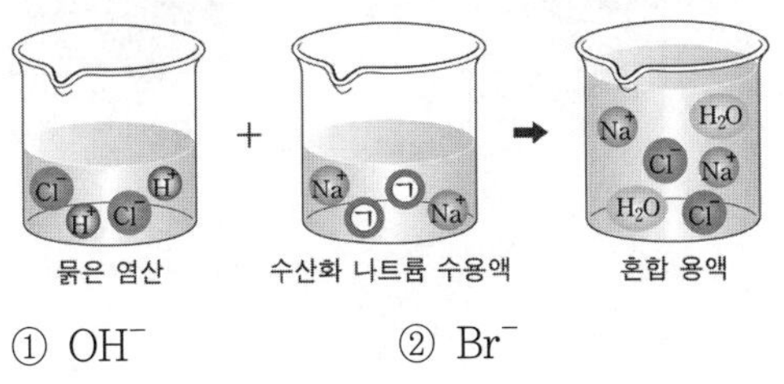

① OH⁻

② Br⁻

③ Cl⁻

④ F⁻

13 다음 중 세포에서 유전 정보를 저장하거나 전달하는 물질은?

① 물

② 지질

③ 핵산

④ 탄수화물

14 그림은 어떤 동물 세포의 구조를 나타낸 것이다. A~D 중 세포 호흡이 일어나 생명 활동에 필요한 에너지를 생산하는 세포 소기관은?

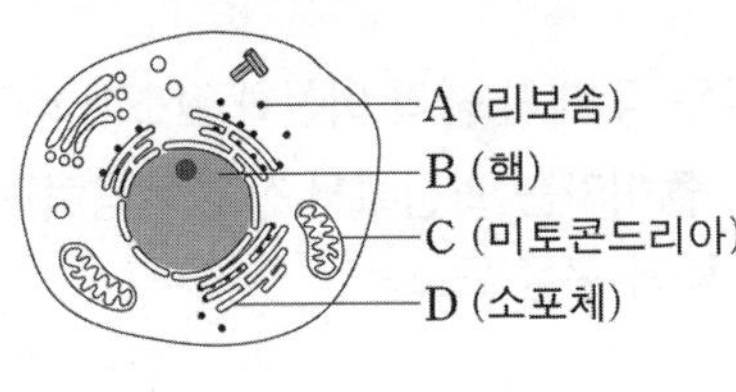

① A

② B

③ C

④ D

15 다음은 세포막을 경계로 물질이 이동하는 방법을 설명한 것이다. ㉠에 해당하는 것은?

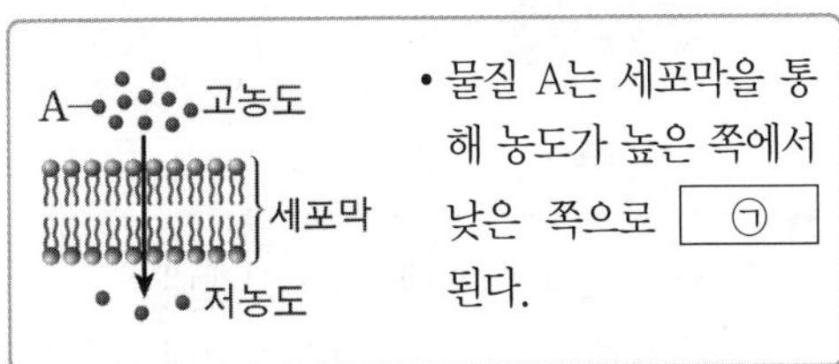

• 물질 A는 세포막을 통해 농도가 높은 쪽에서 낮은 쪽으로 ㉠ 된다.

① 확산

② 합성

③ 이화

④ 복제

16 그림은 과산화 수소의 분해 반응에서 효소인 카탈레이스가 있을 때와 없을 때의 에너지 변화를 나타낸 것이다. 이 반응에서 효소가 있을 때의 활성화 에너지는?

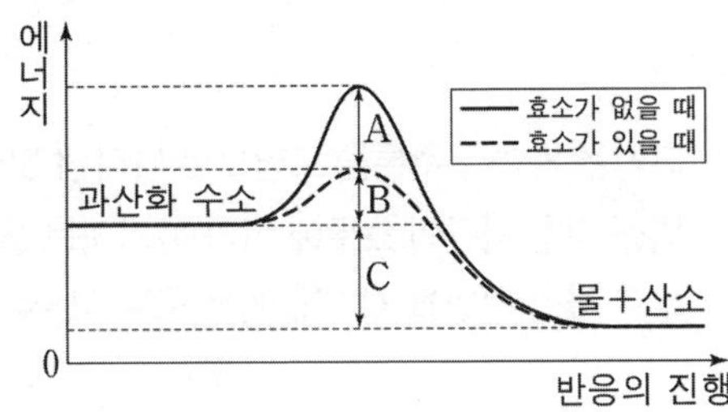

① A

② B

③ A＋B

④ B＋C

17 그림은 세포 내 유전 정보의 흐름 중 일부를 나타낸 것이다. 과정 (가)와 염기 ㉠은?

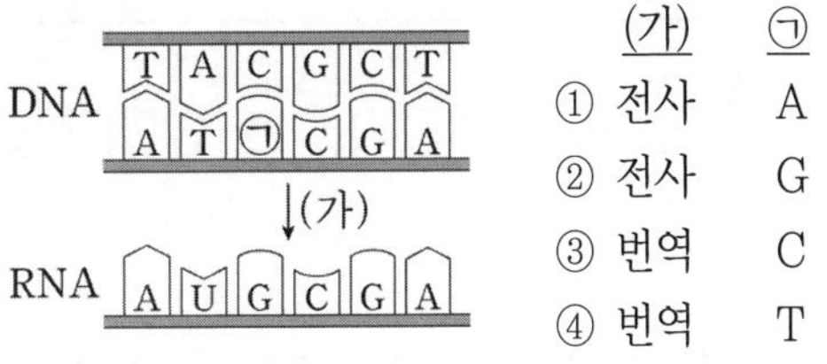

	(가)	㉠
①	전사	A
②	전사	G
③	번역	C
④	번역	T

18 그림은 생태계 평형이 유지되고 있는 생태계에서의 먹이 그물을 나타낸 것이다. 이 먹이 그물에서 개체 수가 가장 많은 생물은?

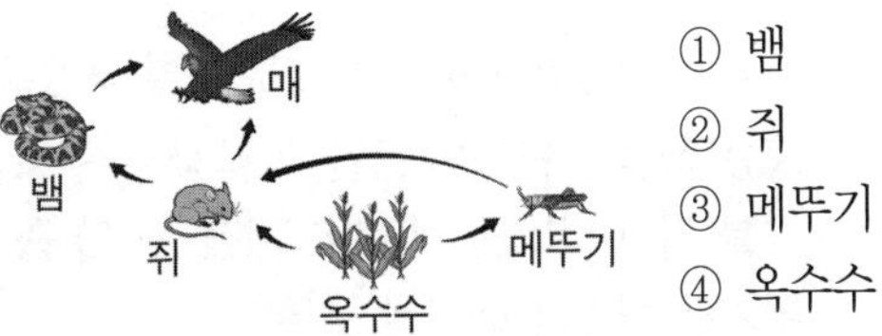

① 뱀

② 쥐

③ 메뚜기

④ 옥수수

19 다음 설명의 ㉠에 해당하는 것은?

> ┌─㉠─┐ 은 생태계 내에 존재하는 생물의
> 다양한 정도를 의미하며 유전적 다양성, 종 다
> 양성, 생태계 다양성을 포함한다.

① 초원
② 개체군
③ 외래종
④ 생물 다양성

20 그림은 빅뱅 우주론을 모형으로 나타낸 것이다. 빅뱅 이후 시간의 흐름에 따라 증가하는 물리량으로 옳은 것만을 〈보기〉에서 모두 고른 것은?

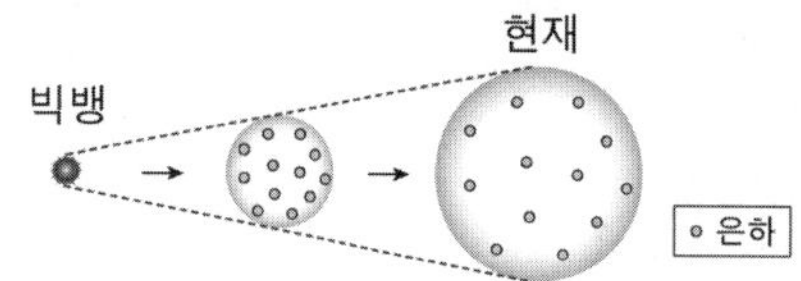

> 〈보기〉
> ㄱ. 우주의 크기
> ㄴ. 우주의 평균 밀도
> ㄷ. 우주의 평균 온도

① ㄱ
② ㄷ
③ ㄱ, ㄴ
④ ㄴ, ㄷ

21 다음 중 지구에서 온실 효과를 일으키는 기체가 <u>아닌</u> 것은?

① 헬륨
② 메테인
③ 수증기
④ 이산화 탄소

22 그림은 질량이 서로 다른 2개의 별 중심부에서 모든 핵융합 반응이 끝난 직후 내부 구조의 일부를 각각 나타낸 것이다. 지점 A~D 중 가장 무거운 원소가 생성된 곳은?

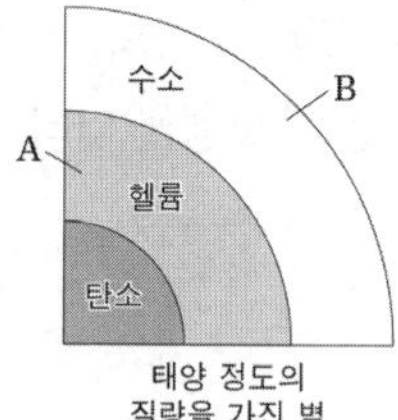

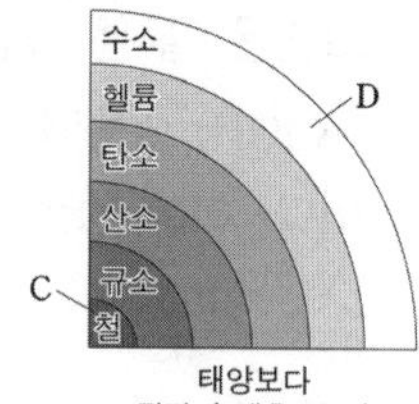

① A
② B
③ C
④ D

23 다음 설명에 해당하는 지형은?

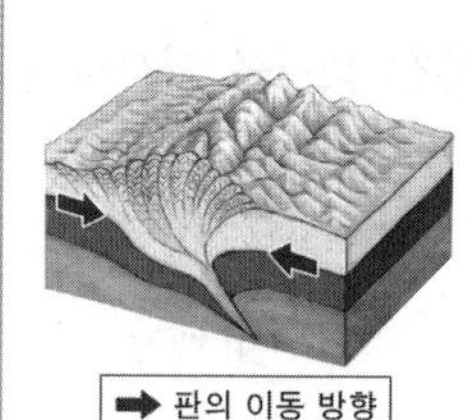

> • 두 판이 충돌하면서 높이 솟아올라 형성된 거대한 산맥이다.
> • 수렴형 경계가 존재하는 지역에서 발달할 수 있다.

① 해령
② 열곡
③ 습곡 산맥
④ 변환 단층

24 다음 중 대기 중의 이산화 탄소가 바닷물에 녹아 들어가는 과정에서 상호 작용하는 지구 시스템의 구성 요소는?

① 기권과 수권
② 지권과 수권
③ 기권과 생물권
④ 지권과 생물권

25 다음 설명에 해당하는 지질 시대는?

> • 지질 시대 중 기간이 가장 짧다.
> • 매머드와 같은 포유류가 매우 번성하였고 인류의 조상이 출현하였다.

① 선캄브리아 시대
② 고생대
③ 중생대
④ 신생대

제1회 ··· 과 학

01 그림은 핵분열 반응을 나타낸 것이다. 다음 중 이 반응을 이용하는 핵발전의 연료에 해당하는 것은?

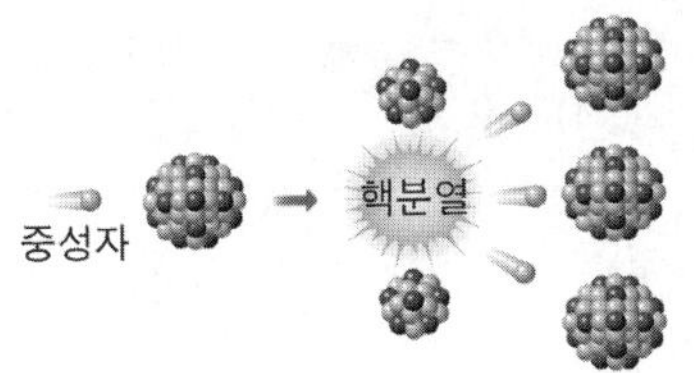

① 바람
② 석탄
③ 수소
④ 우라늄

02 열효율이 20%인 열기관에 공급된 열에너지가 100 J일 때 이 열기관이 한 일은?

① 10 J
② 20 J
③ 30 J
④ 40 J

03 그림은 자유 낙하하는 물체를 같은 시간 간격으로 나타낸 것이다. 구간A~C에서 물체의 운동에 대한 설명으로 옳은 것은? (단, 공기저항은 무시한다.)

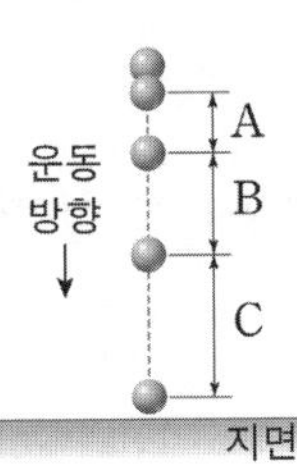

① A에서 가속도는 0이다.
② B에서 속도는 일정하다.
③ C에서 물체에 작용하는 힘은 0이다.
④ A와 B에서 물체에 작용하는 힘의 방향은 같다.

04 그림은 질량이 다른 두 물체A, B가 수평면에서 각각 일정한 속도로 운동하고 있는 모습을 나타낸 것이다. 두 물체의 운동량의 크기가 같을 때 B의 속도 v는?

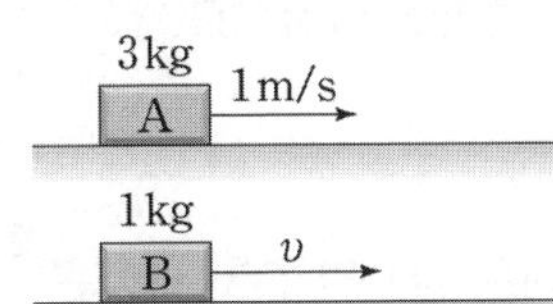

① 3 m/s
② 5 m/s
③ 7 m/s
④ 9 m/s

05 다음 설명에 해당하는 신소재는?

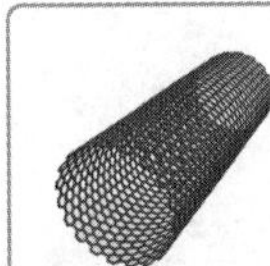

- 그래핀이 튜브 형태로 결합된 구조이다.
- 구리보다 열전도율이 뛰어나다.

① 고무
② 유리
③ 나무
④ 탄소 나노 튜브

06 설탕과 염화나트륨(NaCl)에 대한 설명으로 옳은 것만을 〈보기〉에서 모두 고른 것은?

〈보기〉
ㄱ. 설탕은 이온 결합 물질이다.
ㄴ. 설탕을 물에 녹이면 대부분 이온이 된다.
ㄷ. NaCl은 수용액 상태에서 전기가 통한다.

① ㄱ
② ㄷ
③ ㄱ, ㄴ
④ ㄴ, ㄷ

07 그림은 전기 에너지의 생산과 수송 과정을 나타낸 것이다. 이에 대한 설명으로 옳지 <u>않은</u> 것은?

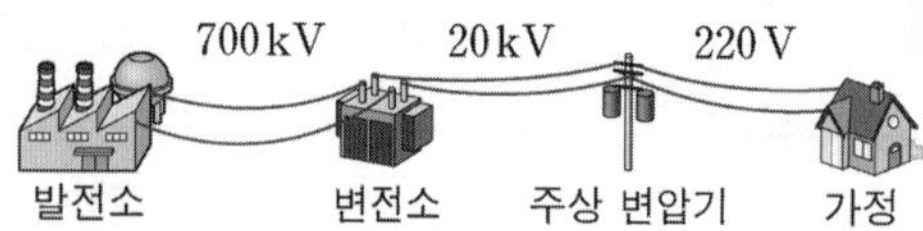

① 발전소는 전기 에너지를 생산하는 곳이다.
② 변전소는 전압을 바꾸는 역할을 한다.
③ 전력 수송 과정에서 전력 손실은 발생하지 않는다.
④ 주상 변압기는 전압을 220 V로 낮춰 가정으로 전기 에너지를 공급한다.

08 그림은 산소와 네온 원자의 전자 배치를 나타낸 것이다. 산소 원자가 안정한 원소인 네온과 같은 전자 배치를 하기 위해 얻어야 하는 전자의 개수는?

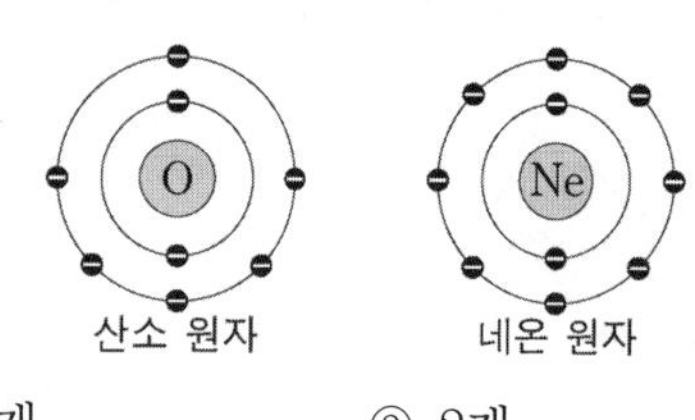

① 1개
② 2개
③ 3개
④ 4개

09 다음 설명의 ㉠에 해당하는 것은?

> 질산은($AgNO_3$) 수용액에 구리(Cu) 선을 넣어 두면 구리는 전자를 잃어 구리 이온(Cu^{2+})으로 산화되고, 은 이온(Ag^+)은 전자를 얻어 은(Ag)으로 ㉠ 된다.

① 산화
② 연소
③ 중화
④ 환원

10 수산화나트륨($NaOH$) 수용액은 붉은색 리트머스 종이를 푸른색으로 변하게 하는 성질이 있다. 다음 물질의 수용액 중 이와 같은 성질을 나타내는 것은?

① HCl
② KOH
③ HNO_3
④ H_2SO_4

11 다음 화학 반응식에서 수소 이온(H^+)과 수산화 이온(OH^-)이 반응하는 개수비는?

$$H^+ + OH^- \rightarrow H_2O$$

	H^+	OH^-		H^+	OH^-
①	1 :	1	②	1 :	2
③	2 :	1	④	3 :	2

12 그림은 단백질의 형성 과정을 나타낸 것이다. 단백질을 구성하는 단위체 A는?

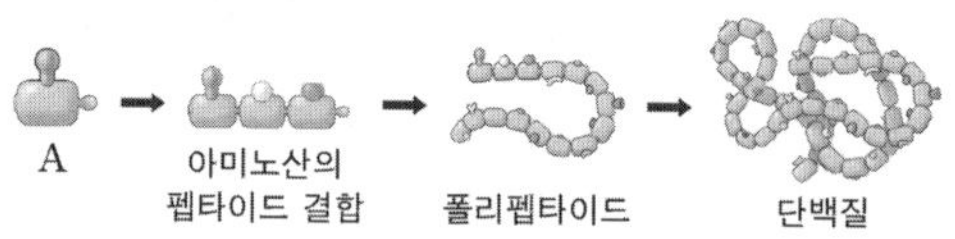

① 녹말
② 핵산
③ 포도당
④ 아미노산

13 다음 설명의 ㉠에 해당하는 것은?

> 한 생물종 내에서도 개체마다 유전자가 달라 다양한 형질이 나타난다. 하나의 종에서 나타나는 유전자의 다양한 정도를 ㉠ 이라고 한다.

① 군집
② 개체군
③ 유전적 다양성
④ 생태계 다양성

14 다음 중 생물이 생명 유지를 위해 생명체 내에서 물질을 분해하거나 합성하는 모든 화학 반응을 무엇이라고 하는가?

① 삼투
② 연소
③ 확산
④ 물질대사

15 그림과 같이 광합성이 일어나는 식물의 세포 소기관은?

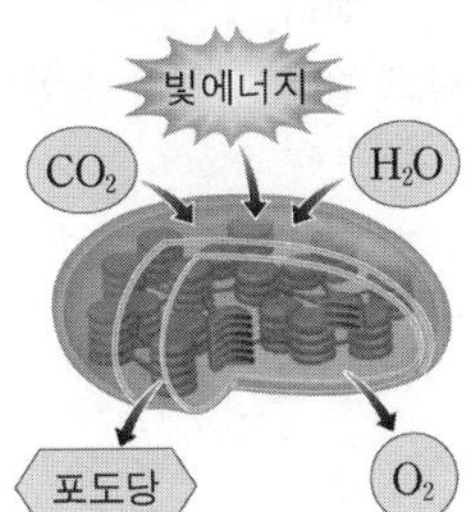

① 핵
② 엽록체
③ 세포막
④ 미토콘드리아

16 그림은 세포 내 유전 정보의 흐름을 나타낸 것이다. ㉠과 ㉡에 해당하는 물질은?

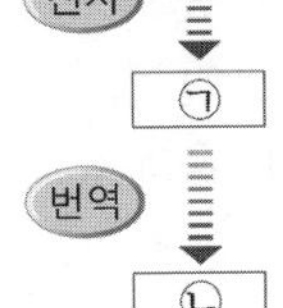

	㉠	㉡
①	단백질	단백질
②	단백질	RNA
③	RNA	단백질
④	RNA	RNA

17 다음 설명에 해당하는 것은?

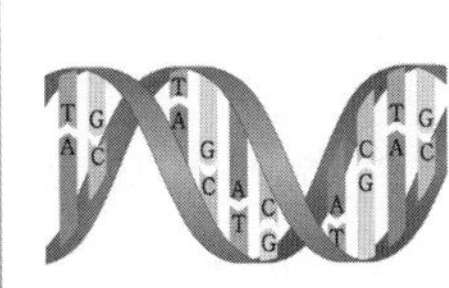

- 이중 나선 구조이다.
- A, G, C, T의 염기 서열로 유전 정보를 저장한다.

① 지방
② 효소
③ 단백질
④ DNA

18 그림은 생태계의 구성 요소 중 생물적 요인을 나타낸 것이다. A에 해당하는 생물은?

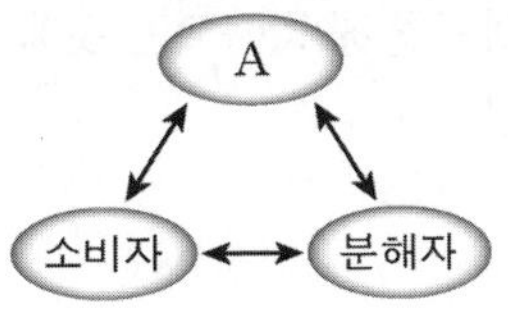

① 벼
② 토끼
③ 독수리
④ 곰팡이

19 그림은 어느 지질 시대의 표준 화석을 나타낸 것이다. 이 생물이 번성하였던 지질 시대는?

① 신생대
② 중생대
③ 고생대
④ 선캄브리아 시대

20 그림은 지구 내부의 층상 구조를 나타낸 것이다. A~D는 각각 지각, 맨틀, 외핵, 내핵 중 하나이다. 액체 상태인 층은?

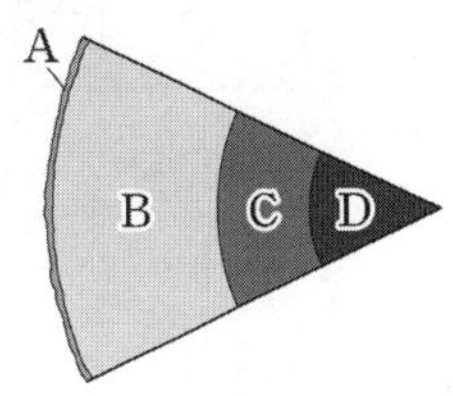

① A
② B
③ C
④ D

21 다음 판의 경계에 발달하는 지형은?

- 발산형 경계이다.
- 맨틀 대류 상승부이다.
- 판이 생성되는 곳이다.

① 해령
② 해구
③ 호상 열도
④ 변환 단층

22 그림은 지구 시스템을 이루는 각 권의 상호 작용을 나타낸 것이다. A~D 중 화산 활동에 의한 화산 가스가 대기 중에 방출되는 것에 해당하는 상호 작용은?

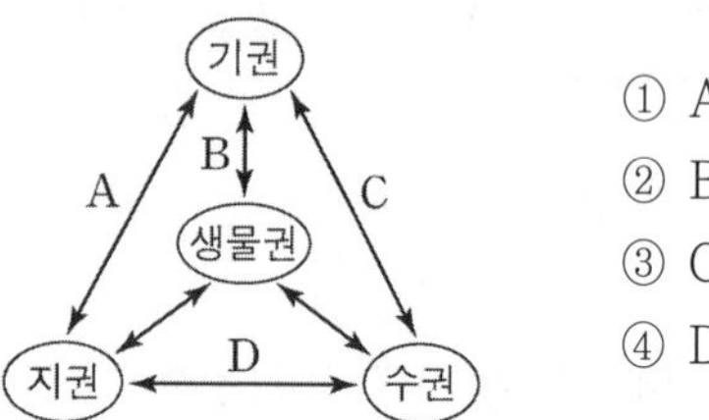

① A
② B
③ C
④ D

23 다음 설명의 ㉠에 해당하는 것은?

> 태평양의 적도 부분에서 부는 무역풍이 몇 년에 한 번씩 약해지면서 남적도 해류의 흐름이 느려져서, 동태평양 적도 해역의 표층 수온이 평상시보다 높아진다. 이러한 현상을 ㉠ 라고 한다.

① 사막화
② 산사태
③ 엘니뇨
④ 한파

24 그림은 수소 기체 방전관에서 나온 빛의 방출 스펙트럼을 분광기를 이용하여 맨눈으로 관찰한 것을 나타낸 것이다. 이에 대한 설명으로 옳은 것만을 〈보기〉에서 모두 고른 것은?

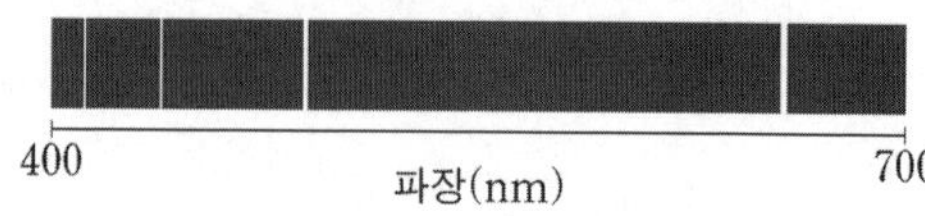

〈보기〉
ㄱ. 선스펙트럼이다.
ㄴ. 가시광선 영역에 속한다.
ㄷ. 헬륨의 스펙트럼도 같은 위치에 선이 나타난다.

① ㄱ
② ㄷ
③ ㄱ, ㄴ
④ ㄴ, ㄷ

25 그림은 질량이 태양 정도인 별의 중심부에서 핵융합 반응이 모두 끝났을 때의 내부 구조를 나타낸 것이다. ㉠에 해당하는 원소는?

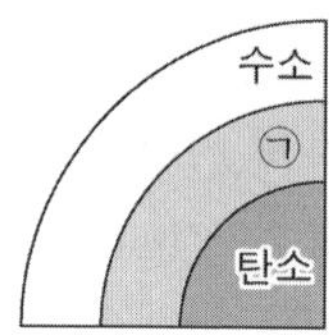

① 헬륨
② 산소
③ 철
④ 우라늄

2022

제2회 ··· 과 학

01 그림은 수평 방향으로 던져진 공의 위치를 같은 시간 간격으로 나타낸 것이다. 공의 운동에 대한 설명으로 옳지 않은 것은? (단, 공기 저항은 무시한다.)

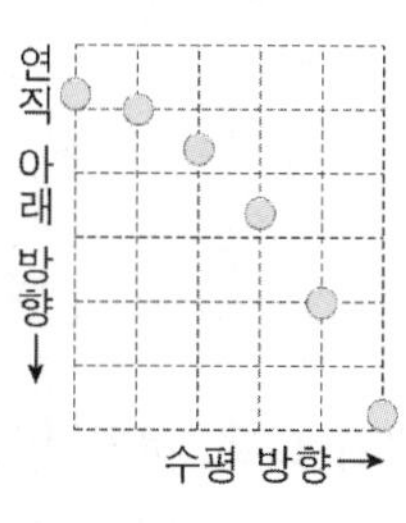

① 수평 방향의 속력은 일정하다.
② 수평 방향으로 힘이 계속 작용한다.
③ 연직 아래 방향의 속력은 증가한다.
④ 연직 아래 방향으로 힘이 계속 작용한다.

02 표는 어떤 물체가 운동 방향으로 힘을 받았을 때 처음 운동량과 나중 운동량을 나타낸 것이다. 이 물체가 받은 충격량(N·s)은?

처음 운동량(kg·m/s)	1
나중 운동량(kg·m/s)	4

① 1
② 2
③ 3
④ 4

03 어떤 열기관에 공급된 열이 200J이고, 이 열기관이 외부에 한 일이 40J일 때, 이 열기관의 열효율(%)은?

① 20
② 40
③ 60
④ 80

04 전력 수송 과정에 대한 설명으로 옳은 것만을 〈보기〉에서 모두 고른 것은?

〈보기〉
ㄱ. 변전소에서 전압을 변화시킨다.
ㄴ. 송전 전압을 낮추면 전력 손실을 줄일 수 있다.
ㄷ. 송전선에서 열이 발생하여 전기 에너지의 일부가 손실된다.

① ㄱ
② ㄴ
③ ㄱ, ㄷ
④ ㄴ, ㄷ

05 그림과 같은 원자로를 사용하는 핵발전에 대한 설명으로 옳은 것만을 〈보기〉에서 모두 고른 것은?

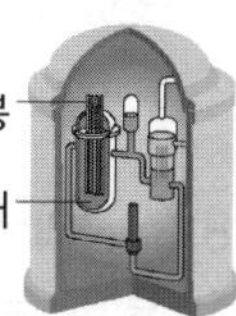

〈보기〉
ㄱ. 발전 과정에서 방사성 폐기물이 발생한다.
ㄴ. 핵분열에서 발생하는 열에너지를 이용하여 발전한다.
ㄷ. 발전 과정에서 배출되는 이산화 탄소의 양이 화력 발전보다 많다.

① ㄱ
② ㄷ
③ ㄱ, ㄴ
④ ㄴ, ㄷ

06 다음 중 태양 전지를 이용하여 태양의 빛에 너지를 전기 에너지로 직접 전환하는 발전 방식은?

① 수력 발전　　　② 풍력 발전
③ 화력 발전　　　④ 태양광 발전

07 그림은 주기율표의 일부를 나타낸 것이다. 원소 (가), (나)에 대한 설명으로 옳은 것은?

족 주기	1	2		17	18
1					
2	(가)			(나)	

① (가)와 (나)는 같은 족이다.
② (가)와 (나)는 같은 주기이다.
③ 원자 번호는 (가)가 (나)보다 크다.
④ (가)는 비금속 원소, (나)는 금속 원소이다.

08 소금의 주성분인 염화 나트륨($NaCl$)에 대한 설명으로 옳은 것만을 〈보기〉에서 모두 고른 것은?

〈보기〉
ㄱ. 공유 결합 물질이다.
ㄴ. 고체 상태에서 전기가 잘 흐른다.
ㄷ. 물에 녹으면 양이온과 음이온으로 나누어 진다.

① ㄱ　　　　　② ㄷ
③ ㄱ, ㄴ　　　④ ㄴ, ㄷ

09 그래핀에 대한 설명으로 옳은 것만을 〈보기〉에서 모두 고른 것은?

〈보기〉
ㄱ. 규소(Si) 원자로 이루어져 있다.
ㄴ. 한 층으로 이루어진 평면 구조이다.
ㄷ. 전기 전도성이 있다.

① ㄱ　　　　　② ㄷ
③ ㄱ, ㄴ　　　④ ㄴ, ㄷ

10 다음 화학 반응식은 마그네슘(Mg)과 산소(O_2)의 반응을 나타낸 것이다.

$$2Mg + O_2 \rightarrow 2MgO$$

이 반응에 대한 설명으로 옳은 것은?

① MgO은 생성물이다.
② 반응물의 종류는 1가지이다.
③ Mg은 환원된다.
④ O_2는 전자를 잃는다.

11 다음 중 물에 녹아 산성을 나타내는 물질은?

① HCl　　　　② KOH
③ $NaOH$　　　④ $Ca(OH)_2$

12 단백질에 대한 설명으로 옳지 <u>않은</u> 것은?

① 항체의 주성분이다.
② 단위체는 포도당이다.
③ 세포막의 구성 성분이다.
④ 단위체가 펩타이드 결합으로 연결된 물질이다.

13 그림은 식물 세포의 구조를 나타낸 것이다. A~D 중 빛에너지를 흡수하여 포도당을 합성하는 것은?

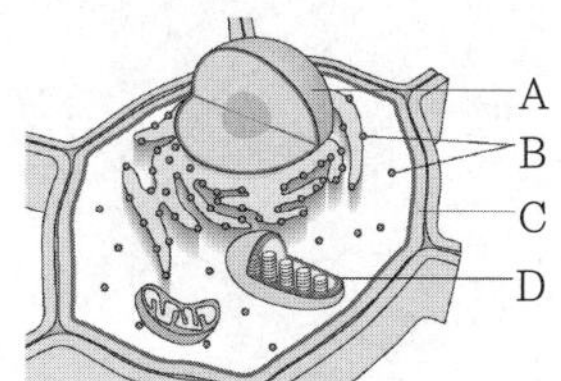

① A
② B
③ C
④ D

14 물질대사에 대한 설명으로 옳은 것만을 〈보기〉에서 모두 고른 것은?

〈보기〉
ㄱ. 세포 호흡은 물질대사에 속한다.
ㄴ. 에너지의 출입이 일어나지 않는다.
ㄷ. 효소는 물질대사에서 반응 속도를 변화시킨다.

① ㄱ
② ㄴ
③ ㄱ, ㄷ
④ ㄴ, ㄷ

15 그림은 두 가닥으로 구성된 DNA와 이 DNA에서 전사된 RNA를 나타낸 것이다. ㉠과 ㉡에 해당하는 염기는?

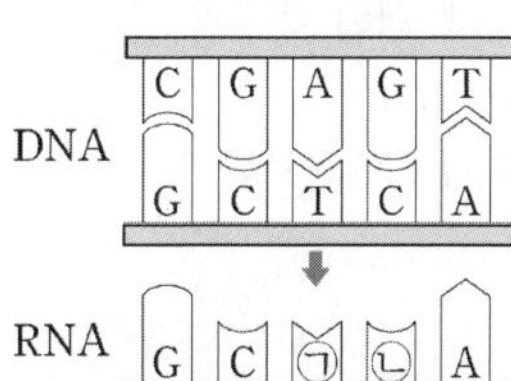

	㉠	㉡
①	T	A
②	T	C
③	U	A
④	U	C

16 생물 다양성에 대한 설명 중 옳은 것만을 〈보기〉에서 모두 고른 것은?

〈보기〉
ㄱ. 종 다양성은 동물에서만 나타난다.
ㄴ. 생태계 다양성은 종 다양성에 영향을 주지 않는다.
ㄷ. 유전적 다양성은 개체군 내에 존재하는 유전자의 변이가 다양한 정도를 말한다.

① ㄱ
② ㄷ
③ ㄱ, ㄴ
④ ㄴ, ㄷ

17 다음은 어떤 환경 요인에 대한 생물의 적응 현상이다. 이 환경 요인은?

사막여우는 북극여우에 비해 몸집은 작고, 몸의 말단 부위인 귀가 크다.

① 물
② 공기
③ 온도
④ 토양

18 그림은 안정된 생태계의 생태 피라미드를 나타낸 것이다. 이에 대한 설명으로 옳은 것은?

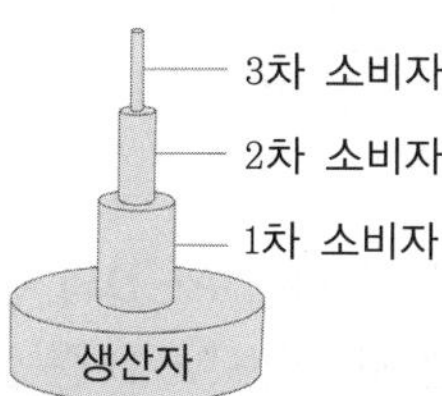

① 식물은 1차 소비자에 해당한다.
② 생물량은 2차 소비자가 가장 많다.
③ 초식동물은 3차 소비자에 해당한다.
④ 상위 영양 단계로 갈수록 에너지양은 줄어든다.

19 별의 진화 과정에서 원소의 생성에 대한 설명으로 옳은 것만을 〈보기〉에서 모두 고른 것은?

〈보기〉
ㄱ. 헬륨의 핵융합 반응으로 탄소가 생성된다.
ㄴ. 초신성 폭발로 철보다 무거운 원소가 생성된다.
ㄷ. 질량이 태양과 비슷한 별의 중심에서 철이 생성된다.

① ㄱ 　　② ㄷ
③ ㄱ, ㄴ 　　④ ㄴ, ㄷ

20 식물이 이산화 탄소를 대기로부터 흡수하는 과정에서 상호 작용하는 지구 시스템의 구성 요소는?

① 수권과 기권
② 수권과 지권
③ 생물권과 기권
④ 생물권과 지권

21 그림은 지질 시대 A~D의 길이를 상대적으로 나타낸 것이다. A~D 중 삼엽충이 번성한 시기는?

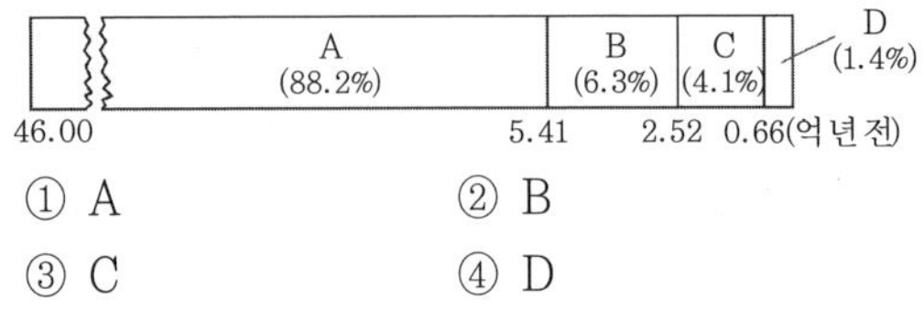

① A 　　② B
③ C 　　④ D

22 그림은 지각과 맨틀의 일부를 나타낸 것이다. A~D에 대한 설명으로 옳은 것은?

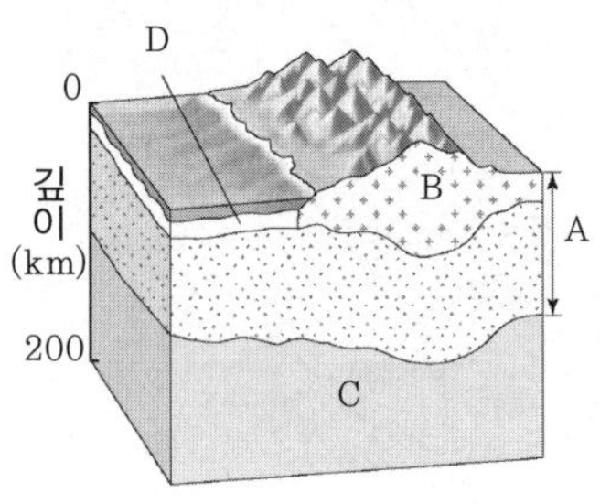

① A는 암석권이다.
② B는 맨틀이다.
③ C는 유동성이 없다.
④ D는 대륙 지각이다.

23 그림은 어떤 지역의 해수 깊이에 따른 수온 분포를 나타낸 것이다. 이에 대한 설명으로 옳은 것만을 〈보기〉에서 모두 고른 것은?

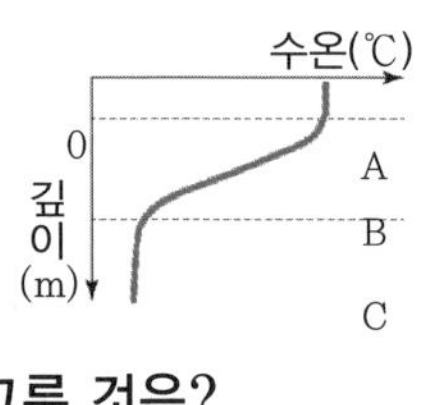

〈보기〉
ㄱ. A에서는 바람에 의해 해수가 잘 섞인다.
ㄴ. B는 수온 약층이다.
ㄷ. 수온은 A에서가 C에서보다 낮다.

① ㄱ 　　② ㄷ
③ ㄱ, ㄴ 　　④ ㄴ, ㄷ

24 빅뱅 우주론에 따른 우주의 생성 과정에 대한 설명으로 옳은 것만을 〈보기〉에서 모두 고른 것은?

> **보기**
> ㄱ. 우주가 팽창하면서 우주의 온도가 낮아진다.
> ㄴ. 수소 원자가 수소 원자핵보다 먼저 만들어졌다.
> ㄷ. 헬륨 원자핵이 수소 원자핵보다 먼저 만들어졌다.

① ㄱ   ② ㄴ
③ ㄱ, ㄷ   ④ ㄴ, ㄷ

25 지구 온난화로 인한 최근의 지구 환경 변화로 옳은 것만을 〈보기〉에서 모두 고른 것은?

> **보기**
> ㄱ. 지구의 평균 기온 하강
> ㄴ. 해수면의 평균 높이 상승
> ㄷ. 대륙 빙하의 분포 면적 증가

① ㄱ   ② ㄴ
③ ㄱ, ㄷ   ④ ㄴ, ㄷ

제1회 … 과 학

01 다음 설명에 해당하는 것은?

> - 특정 온도 이하에서 전기 저항이 0이 된다.
> - 초전도 현상이 나타날 때 자석 위에 뜰 수 있다.

① 고무
② 나무
③ 유리
④ 초전도체

02 태양광 발전의 특징으로 옳은 것만을 〈보기〉에서 모두 고른 것은?

> **보기**
> ㄱ. 태양 전지를 이용한다.
> ㄴ. 날씨의 영향을 받는다.
> ㄷ. 우라늄을 연료로 사용한다.

① ㄱ
② ㄷ
③ ㄱ, ㄴ
④ ㄴ, ㄷ

03 표는 수평 방향으로 던진 물체의 수평 방향 속도와 연직방향 속도를 시간에 따라 나타낸 것이다. ㉠+㉡의 값은?(단, 중력 가속도는 $10m/s^2$이고, 공기 저항은 무시한다.)

시간	속도(m/s)	
(s)	수평 방향	연직 방향
1	5	10
2	㉠	20
3	5	㉡
4	5	40

① 35
② 40
③ 45
④ 50

04 그림과 같이 자석을 코일 속에 넣었다 뺐다 하면 검류계의 바늘이 움직인다. 이 현상에 대한 설명으로 옳은 것만을 〈보기〉에서 모두 고른 것은?

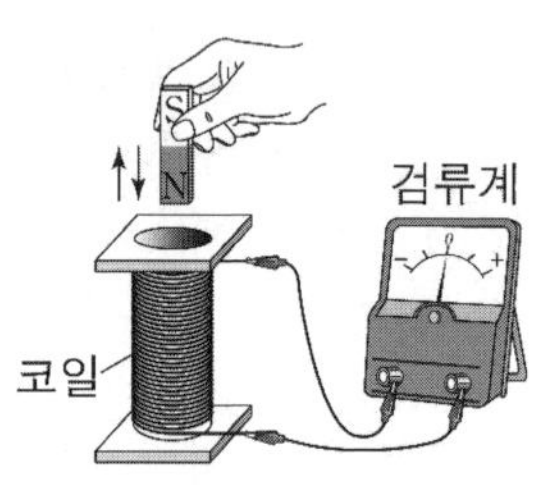

> **보기**
> ㄱ. 코일에 유도 전류가 흐른다.
> ㄴ. 검류계의 바늘은 한 방향으로만 움직인다.
> ㄷ. 발전기는 이러한 현상을 이용한다.

① ㄱ
② ㄴ
③ ㄱ, ㄷ
④ ㄴ, ㄷ

05 그림과 같이 수평면에서 질량이 3kg인 물체가 4m/s의 일정한 속도로 운동하다가 벽에 충돌하여 정지했다. 물체가 벽으로부터 받은 충격량의 크기는 몇 N·s인가?(단, 모든 마찰은 무시한다.)

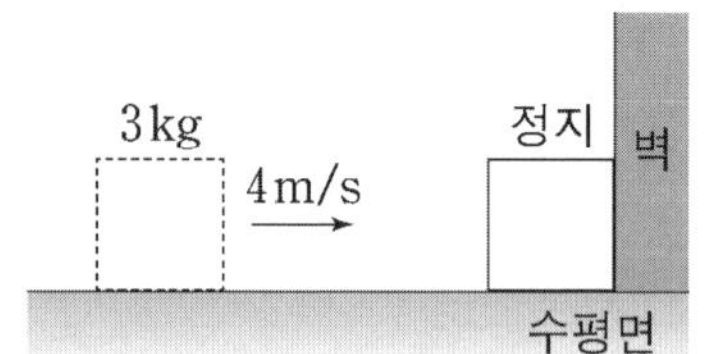

① 11
② 12
③ 13
④ 14

06 다음 중 수소와 산소의 화학 반응을 이용한 연료 전지에서의 에너지 전환은?

① 소리 에너지 → 열에너지

② 운동 에너지 → 핵에너지

③ 파동 에너지 → 빛에너지

④ 화학 에너지 → 전기 에너지

07 다음 중 소금을 구성하는 알칼리 금속 원소는?

① 수소   ② 질소

③ 나트륨   ④ 아르곤

08 다음 화학 반응식에서 산화되는 반응 물질은?

$$2Ag^+ + Cu \rightarrow 2Ag + Cu^{2+}$$

① Ag^+ ② Cu

③ Ag ④ Cu^{2+}

09 다음은 몇 가지 산의 이온화를 나타낸 것이다. 산의 공통적인 성질을 나타내는 이온은?

- $HCl \rightarrow H^+ + Cl^-$
- $H_2SO_4 \rightarrow 2H^+ + SO_4^{2-}$
- $CH_3COOH \rightarrow H^+ + CH_3COO^-$

① 수소 이온(H^+)

② 염화 이온(Cl^-)

③ 황산 이온(SO_4^{2-})

④ 아세트산 이온(CH_3COO^-)

10 그림은 플루오린 원자(F)의 전자 배치를 나타낸 것이다. 가장 바깥 전자 껍질에 들어 있는 전자의 개수는?

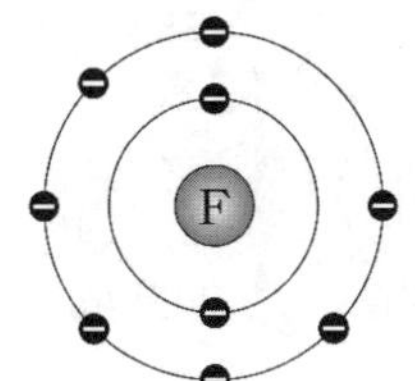

① 5개

② 6개

③ 7개

④ 8개

11 다음은 수소(H_2)의 연소 반응을 나타낸 화학 반응식이다. ㉠에 해당하는 것은?

$$2H_2 + \boxed{\text{㉠}} \rightarrow 2H_2O$$

① O_2 ② F_2

③ Cl_2 ④ N_2

12 그림은 주기율표의 일부를 나타낸 것이다. 임의의 원소 A~D 중 화학적 성질이 비슷한 원소끼리 짝지은 것은?

족 주기	1	2	17	18
1	A			
2			B	
3		C	D	

① A, C   ② A, D

③ B, C   ④ B, D

13 다음 중 생명체 내에서 화학 반응에 관여하는 생체 촉매는?

① 물   ② 녹말

③ 효소   ④ 셀룰로스

14 그림은 세포막의 구조와 세포막을 통한 물질의 이동을 나타낸 것이다. 이에 대한 설명으로 옳은 것만을 〈보기〉에서 모두 고른 것은?

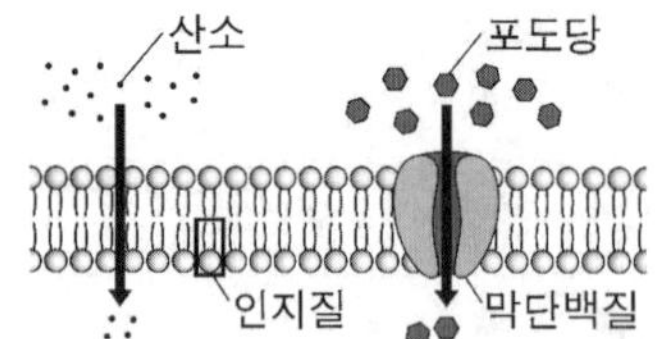

〈보기〉
ㄱ. 세포막은 인지질로만 구성되어 있다.
ㄴ. 산소는 인지질 2중층을 직접 통과한다.
ㄷ. 포도당은 막단백질을 통해 이동한다.

① ㄱ
② ㄷ
③ ㄱ, ㄴ
④ ㄴ, ㄷ

15 그림은 어떤 동물 세포의 구조를 나타낸 것이다. A~D 중 유전 물질인 DNA가 들어 있는 것은?

① A
② B
③ C
④ D

16 그림은 지각을 구성하는 규산염 광물의 기본 구조(SiO_4)를 나타낸 것이다. ㉠에 해당하는 원소는?

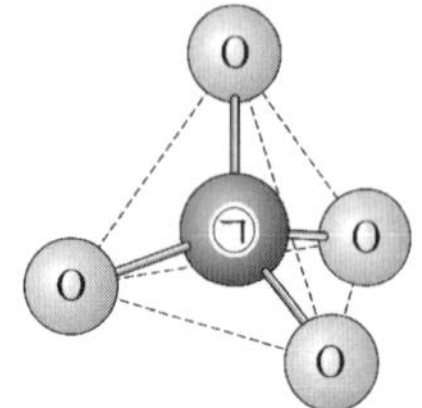

① Mg
② Si
③ Ca
④ Fe

17 다음은 지구 시스템 각 권의 상호 작용에 의한 자연 현상이다. 이와 관련된 지구 시스템의 구성 요소는?

• 지하수의 용해 작용으로 석회 동굴이 형성되었다.
• 파도의 침식 작용으로 해안선의 모양이 변하였다.

① 기권, 외권
② 수권, 지권
③ 외권, 생물권
④ 지권, 생물권

18 그림은 어느 해양 생태계의 에너지 피라미드를 나타낸 것이다. 다음 중 ㉠에 해당하는 생물은?

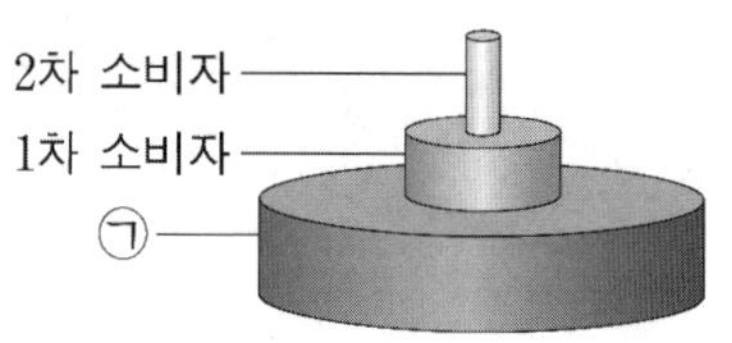

① 멸치
② 상어
③ 오징어
④ 식물 플랑크톤

19 다음 중 생물 다양성 보전을 위한 노력으로 적절한 것은?

① 폐수 방류
② 서식지 파괴
③ 무분별한 벌목
④ 멸종 위기종 보호

20 그림은 모든 핵융합 반응을 마친 어느 별의 내부 구조를 나타낸 것이다. 다음 중 중심부 ㉠에 생성된 금속 원소는?(단, 별의 질량은 태양의 10배이다.)

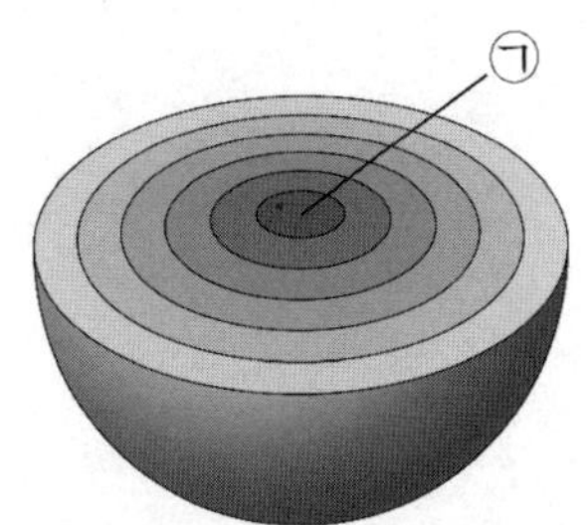

① 철
② 산소
③ 염소
④ 질소

21 다음 설명에 해당하는 지질 시대는?

- 판게아가 분리되었다.
- 다양한 공룡이 번성하였다.

① 선캄브리아 시대　② 고생대
③ 중생대　　　　　④ 신생대

22 다음 설명에 해당하는 물질은?

- 핵산의 한 종류이다.
- 염기로 아데닌(A), 구아닌(G), 사이토신(C), 유라실(U)을 가진다.

① RNA　　　　　② 지방
③ 단백질　　　　④ 탄수화물

23 다음 설명에 해당하는 것은?

- 특정한 지역 또는 지구 전체에 존재하는 생태계의 다양한 정도를 뜻한다.
- 사막, 숲, 갯벌, 습지, 바다 등 생물이 살아가는 서식환경의 다양함을 뜻한다.

① 내성　　　　　② 개체군
③ 분해자　　　　④ 생태계 다양성

24 그림은 지권의 층상 구조를 나타낸 것이다. A~D 중 다음 설명에 해당하는 것은?

- 맨틀 대류가 일어난다.
- 지권 전체 부피의 대부분을 차지한다.

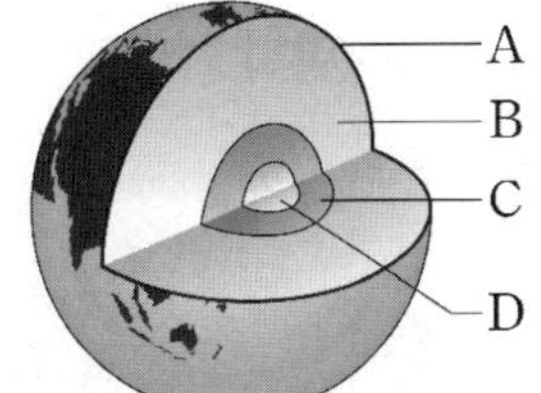

① A
② B
③ C
④ D

25 그림은 수소 핵융합 반응을 나타낸 것이다. 헬륨 원자핵 1개가 생성될 때 융합하는 수소 원자핵의 개수는?

① 2개　　　　　② 4개
③ 8개　　　　　④ 16개

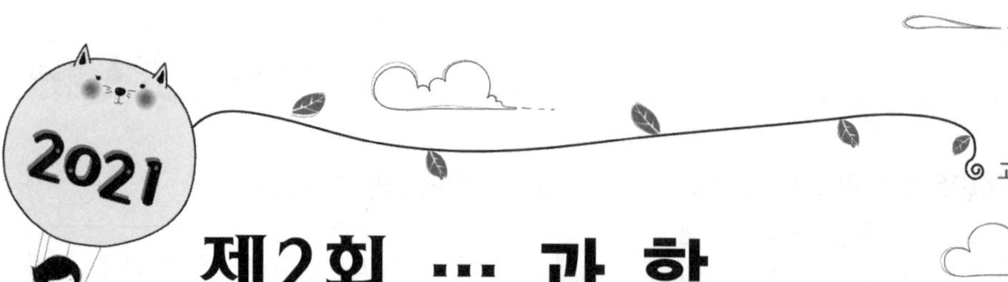

제2회 … 과 학

01 다음 중 질량이 있는 물체 사이에서 항상 당기는 방향으로 작용하는 힘은?

① 중력　　　　　② 마찰력

③ 자기력　　　　④ 전기력

02 다음 중 바람의 운동 에너지를 전기 에너지로 전환하는 발전 방식은?

① 수력 발전　　　② 풍력 발전

③ 화력 발전　　　④ 태양광 발전

03 다음 물체 A~D 중 운동량이 가장 큰 것은?

물체	질량(kg)	속도(m/s)
A	2	1
B	2	2
C	3	1
D	3	2

① A
② B
③ C
④ D

04 그림과 같이 코일에 자석을 가까이 할 때 발생하는 유도 전류의 세기를 크게 하는 방법으로 옳은 것만을 〈보기〉에서 모두 고른 것은?

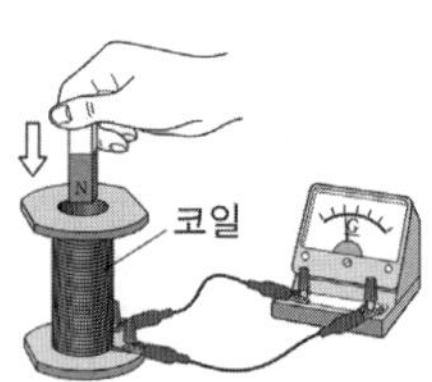

〈보기〉

ㄱ. 더 강한 자석을 사용한다.
ㄴ. 자석의 움직임을 더 빠르게 한다.
ㄷ. 단위 길이당 코일의 감은 수를 적게 한다.

① ㄱ
② ㄷ
③ ㄱ, ㄴ
④ ㄴ, ㄷ

05 그림은 변압기의 구조를 나타낸 것이다. 1차 코일과 2차 코일에 걸리는 전압 크기의 비 $V_1 : V_2$ 는? (단, 도선과 변압기에서 에너지 손실은 무시한다.)

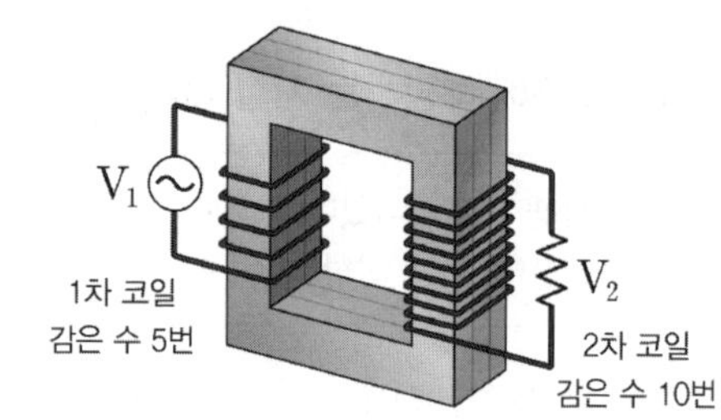

① 1 : 1
② 1 : 2
③ 2 : 1
④ 3 : 1

06 그림은 자유 낙하 하는 물체 A의 운동을 1초 간격으로 촬영한 것이다. ㉠ 구간의 거리는? (단, 공기 저항은 무시하고, 중력 가속도는 10 m/s²으로 한다.)

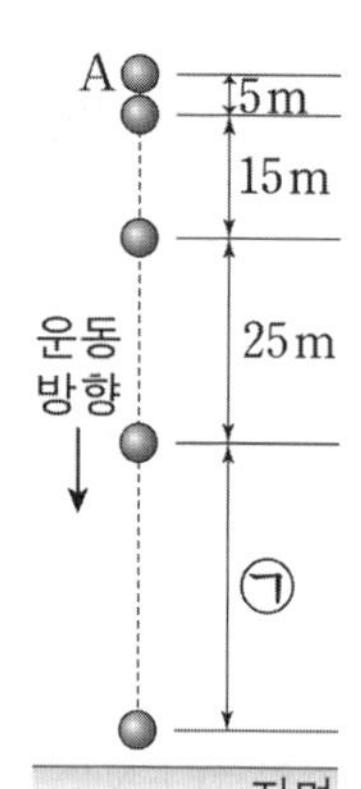

① 30m
② 35m
③ 40m
④ 45m

07 그림은 탄소의 원자 모형을 나타낸 것이다. 이에 대한 설명으로 옳은 것만을 〈보기〉에서 모두 고른 것은?

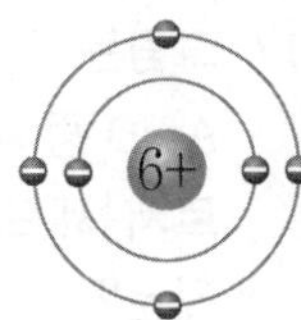

〈보기〉
ㄱ. 전기적으로 중성이다.
ㄴ. 원자 번호는 6번이다.
ㄷ. 원자가 전자는 5개이다.

① ㄱ
② ㄷ
③ ㄱ, ㄴ
④ ㄴ, ㄷ

08 표는 몇 가지 원소의 가장 바깥쪽 전자 껍질에 배치되어 있는 전자 수를 나타낸 것이다. 이 중 주기율표에서 같은 족에 속하는 원소를 고른 것은?

원소	가장 바깥쪽 전자 껍질의 전자 수
He	2개
Li	1개
Na	1개
Cl	7개

① Li, Cl
② He, Cl
③ Li, Na
④ He, Na

09 다음 중 인체의 약 70%를 차지하며, 수소 원자 2개와 산소 원자 1개가 공유 결합하여 생성된 물질은?

① 물(H_2O)
② 암모니아(NH_3)
③ 염화 나트륨($NaCl$)
④ 수산화 나트륨($NaOH$)

10 다음 신소재의 공통적인 구성 원소는?

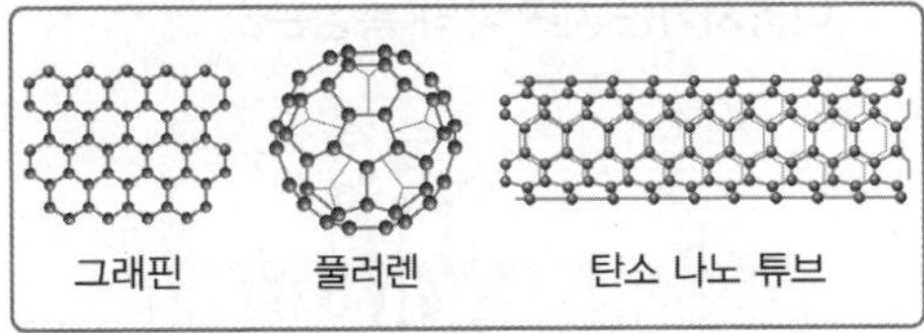

① 수소
② 염소
③ 질소
④ 탄소

11 다음은 몇 가지 염기의 이온화를 나타낸 것이다. 염기의 공통적 성질을 나타내는 이온은?

- $KOH \rightarrow K^+ + OH^-$
- $NaOH \rightarrow Na^+ + OH^-$
- $Ca(OH)_2 \rightarrow Ca^{2+} + 2OH^-$

① 칼륨 이온(K^+)
② 칼슘 이온(Ca^{2+})
③ 나트륨 이온(Na^+)
④ 수산화 이온(OH^-)

12 다음 중 산과 염기의 중화 반응 사례가 <u>아닌</u> 것은?

① 속이 쓰릴 때 제산제를 먹는다.
② 철이 공기 중의 산소와 만나 녹슨다.
③ 생선 요리에 레몬이나 식초를 뿌린다.
④ 산성화된 토양에 석회 가루를 뿌린다.

13 다음 설명에 해당하는 물질은?

- 기본 단위체인 아미노산의 다양한 조합으로 형성된 고분자 물질이다.
- 근육과 항체의 구성 물질이다.

① 핵산
② 단백질
③ 지방산
④ 셀룰로스

14 그림과 같이 물질을 종류에 따라 선택적으로 이동시키는 세포막의 특성은?

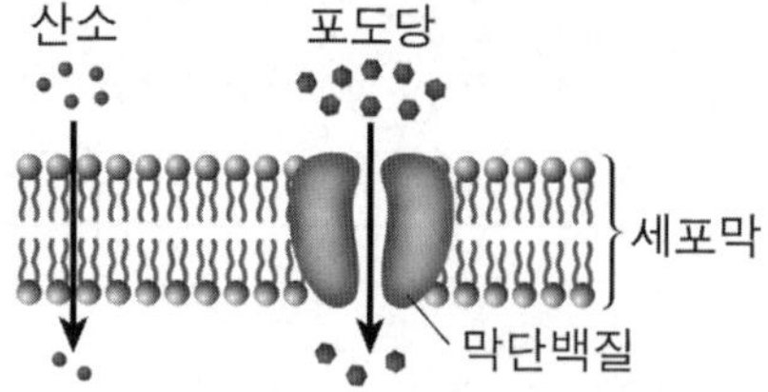

① 내성
② 주기성
③ 종 다양성
④ 선택적 투과성

15 다음 중 생명체 내에서 물질이 분해되거나 합성되는 모든 화학 반응은?

① 물질대사
② 부영양화
③ 먹이 그물
④ 유전적 다양성

16 그림은 세포 내 유전 정보의 흐름을 나타낸 것이다. 물질 ㉠은?

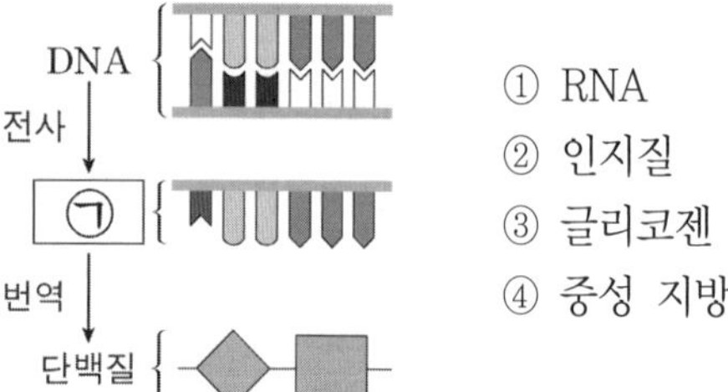

① RNA
② 인지질
③ 글리코젠
④ 중성 지방

17 그림은 식물 세포의 구조를 나타낸 것이다. A~D 중 세포막 바깥쪽에 있는 단단한 구조물로서 세포의 형태를 유지하는 역할을 하는 것은?

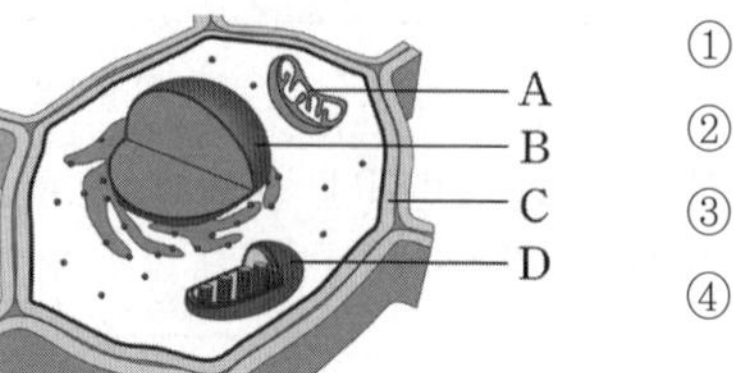

① A
② B
③ C
④ D

18 다음 중 벼, 메뚜기, 개구리 세 개체군이 살고 있는 지역의 안정된 생태계 평형 상태를 나타낸 것은? (단, 각 영양 단계의 면적은 생물량을 나타낸다.)

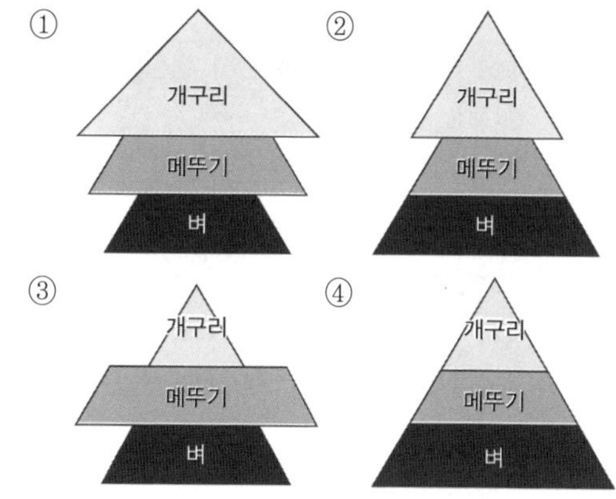

19 다음 중 생태계의 비생물적 요인은?

① 세균
② 온도
③ 곰팡이
④ 식물 플랑크톤

20 그림은 태양과 비슷한 질량을 가진 어느 별의 내부 구조이다. 다음 중 이 별에서 핵융합 반응으로 만들어진 원소는?

① 납
② 철
③ 구리
④ 헬륨

21 다음 중 밑줄 친 ㉠에서 상호 작용하는 지구 시스템의 구성 요소는?

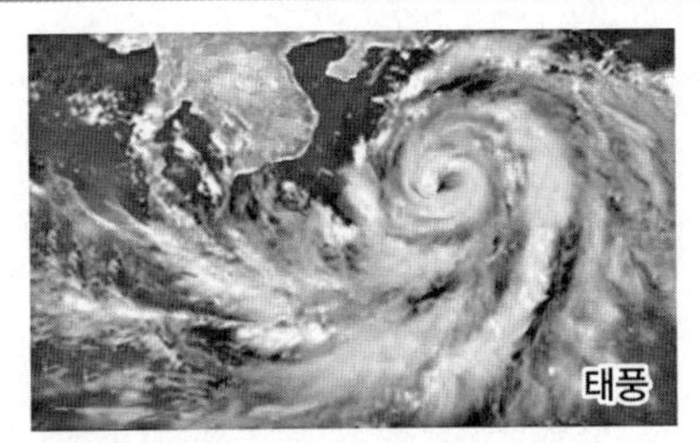

수온이 따뜻한 열대 해상에서 ㉠ 해수가 활발히 증발해 대기로 공급된 수증기가 응결하여 태풍이 발생한다.

① 수권과 기권
② 수권과 지권
③ 외권과 지권
④ 기권과 생물권

22 그림은 남아메리카판과 아프리카판의 경계와 두 판의 이동 방향을 화살표로 나타낸 것이다. 다음 중 발산형 경계 A에서 나타나는 지형은?

① 해구
② 해령
③ 습곡 산맥
④ 호상 열도

23 그림은 물의 순환을 나타낸 것이다. 다음 중 이 현상을 일으키는 지구 시스템의 주된 에너지원은?

① 전기 에너지
② 조력 에너지
③ 태양 에너지
④ 지구 내부 에너지

24 그림은 높이에 따른 기권의 기온 분포를 나타낸 것이다. A~D 중 자외선을 흡수하는 오존층이 있으며 대류가 일어나지 <u>않는</u> 안정된 층은?

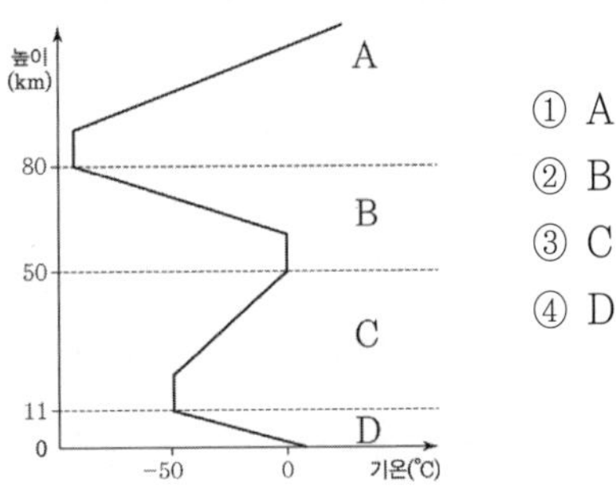

① A
② B
③ C
④ D

25 다음 설명에 해당하는 표준 화석은?

• 신생대에 번성하였다.
• 육지에 살았던 생물이다.

① 매머드
② 삼엽충
③ 화폐석
④ 암모나이트

MEMO

사 회

고등학교 졸업학력 검정고시 대비 기출문제

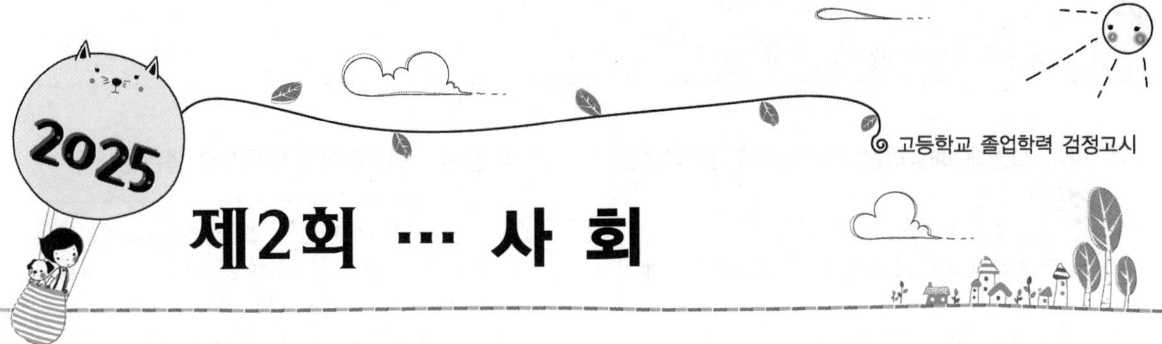

제2회 ··· 사 회

01 다음 중 ㉠, ㉡에 들어갈 내용으로 가장 적절한 것은?

> • 시민이 주권을 가지고 국가를 스스로 다스려야 한다는 이념을 (㉠)(이)라고 하며, 시민의 정치적 참여를 보장하는 것은 행복한 삶의 조건이다.
> • 인간이 자리 잡고 살아갈 수 있는 주거지와 주변 환경을 (㉡)이라고 하며, 쾌적한 자연환경과 안락한 주거 환경은 행복한 삶의 조건이다.

	㉠	㉡
①	민주주의	정주 환경
②	민주주의	도덕적 실천
③	경제적 안정	정주 환경
④	경제적 안정	도덕적 실천

02 다음에 해당하는 지역의 기후로 옳은 것은?

> • 분포 : 적도를 중심으로 하는 저위도 지역
> • 전통 가옥 : 개방적이고 지붕의 경사가 급한 고상 가옥
> • 전통 농업 : 카사바, 얌 등을 재배하는 이동식 화전 농업

① 열대 기후 ② 온대 기후

③ 냉대 기후 ④ 한대 기후

03 다음 사례를 초래한 자연관으로 가장 적절한 것은?

> • 햄버거용 소고기 생산을 위한 열대림 파괴
> • 인공 구조물과 제방 건설로 인한 해안 침식과 자연 경관 훼손

① 동물 중심주의 ② 생태 중심주의

③ 인간 중심주의 ④ 자원 민족주의

04 다음 중 ㉠, ㉡에 들어갈 내용으로 옳은 것은?

> **환경 문제 카드**
> (㉠)
> 극심한 가뭄과 과도한 경작으로 토양이 황폐화되고 사막으로 변하는 현상이다. 1994년 파리에서는 관련 문제에 대한 방지 협약이 체결되었다.

> **환경 문제 카드**
> **오존층 파괴**
> 염화 플루오린화 탄소의 사용으로 오존층이 파괴되는 현상이다. 관련 국제 협약으로는 1987년 캐나다에서 체결된 (㉡)이/가 있다.

	㉠	㉡
①	사막화	람사르 협약
②	사막화	몬트리올 의정서
③	해양 오염	람사르 협약
④	해양 오염	몬트리올 의정서

05 다음에서 설명하는 현상은?

> • 농업 중심 사회가 공업·서비스업 중심 사회로 변화함.
> • 영향 : 직업의 세분화, 생산력 및 생활 수준 향상 등

① 공동화 ② 교외화

③ 산업화 ④ 지역화

06 다음 설명에 해당하는 내용으로 가장 적절한 것은?

> • 컴퓨터 등을 악용하여 가상 공간에서 행해지는 모든 범죄
> • 사례 : 해킹, 스미싱(문자 결제 사기) 등

① 빨대 효과
② 문화 획일화
③ 사이버 범죄
④ 윤리적 소비

07 다음에서 설명하는 지역 조사 활동 단계로 가장 적절한 것은?

> • '전통 시장의 활성화 방안'을 조사 주제로 선정함.
> • 'OO 시장'을 조사 지역으로 선정함.
> • 조사 주제에 적합한 조사 내용을 계획함.

① 조사 계획의 수립
② 지역 정보의 수집
③ 지역 정보의 분석
④ 보고서 작성

08 다음에서 설명하는 기본권은?

> • 의미 : 모든 사회 구성원이 최소한의 인간다운 생활 보장을 국가에 적극적으로 요구할 수 있는 권리
> • 특징 : 독일 바이마르 헌법(1919)에 처음으로 명시됨.

① 사회권   ② 자유권
③ 참정권   ④ 평등권

09 다음 중 ㉠에 들어갈 내용으로 옳은 것은?

> (㉠)은/는 헌법에 보장된 국민의 기본권을 국가 기관이 부당하게 침해하는지의 여부를 헌법 재판소에서 심판하는 것이다.

① 권력 분립
② 민사 재판
③ 시장 경제
④ 헌법 소원 심판

10 다음 사례에 해당하는 것은?

> 1930년 영국은 식민지인 인도에 영국산 소금 수입을 강제하는 「소금법」을 시행하였다. 간디는 「소금법」 폐지 요구가 거부되자 이 법에 불복하는 시민들과 함께 평화 행진을 시작하였다. 경찰의 무력 진압에도 그들의 행진은 멈추지 않았다.

① 뉴딜 정책
② 석유 파동
③ 주민 소환
④ 시민 불복종

11 다음 중 ㉠에 들어갈 국제 문제로 가장 적절한 것은?

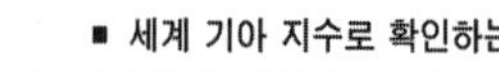

> ■ 세계 기아 지수로 확인하는 (㉠) 문제 ■
>
> 아프리카 중남부 대부분 지역의 기아 지수는 '심각' 혹은 '위험' 단계에 해당한다. 이 지역 주민들은 지속된 가뭄과 내전으로 인해 식량난과 영양실조를 겪고 있다.

① 빈곤
② 고령화
③ 성차별
④ 종교 박해

12 다음 중 ㉠에 들어갈 내용으로 옳은 것은?

> • (㉠)은 어떤 것을 선택함으로써 포기한 것들 가운데 가장 가치 있는 것을 의미한다.
> • 갑은 여행을 갈지 아르바이트를 할지 고민이다. 만일 여행을 선택한다면 이때의 (㉠)은 아르바이트로 얻을 수 있는 것의 가치에 해당한다.

① 고정 비용
② 기회비용
③ 매몰 비용
④ 평균 비용

13 다음 중 ㉠에 들어갈 내용으로 가장 적절한 것은?

> (㉠)은/는 경제학자 슘페터 (Schumpeter, J. A.)가 강조한 개념이다. 경영자가 이윤 창출을 위해 위험과 불확실성을 무릅쓰고 모험적이며 창의적인 정신을 발휘하는 것을 의미한다.

① 무임승차
② 인플레이션
③ 기업가 정신
④ 소비자 주권

14 다음에서 설명하는 국제기구는?

> • 목적: 세계 무역 장벽을 제거하기 위해 설립됨.
> • 주요 활동: 국제 거래 규칙을 정하고 국가 간 무역 분쟁을 조정함.
> • 영향: 자유 무역의 확산에 기여함.

① 유네스코(UNESCO)
② 국제 사면 위원회(AI)
③ 세계 보건 기구(WHO)
④ 세계 무역 기구(WTO)

15 다음에서 설명하는 것으로 가장 적절한 것은?

> 정부나 기업 등이 미래에 일정한 이자를 지급할 것을 약속하고 투자자로부터 돈을 빌린 후 제공하는 증서를 의미하며, 이자 수익을 기대할 수 있다.

① 세금
② 연금
③ 주식
④ 채권

16 다음에서 설명하는 사회 보장 제도는?

> 국가가 국민의 사회적 위험을 사전에 대비하고자 마련한 제도로, 국민 연금과 국민 건강 보험 등이 대표적이다.

① 공공 부조
② 사회 보험
③ 의료 급여
④ 사회 서비스

17 다음 중 ㉠에 해당하는 지역으로 옳은 것은?

> 이슬람교에서는 술과 돼지고기를 금기시하며, 이슬람교 신자들은 하루에 다섯 번씩 이슬람교의 성지인 (㉠) 을/를 향해 기도한다.

① 로마
② 메카
③ 갠지스강
④ 부다가야

18 다음 설명에 해당하는 문화권을 지도의 A~D 에서 고른 것은?

> 리오그란데강 북쪽 지역으로, 미국과 캐나다가 이에 해당 한다. 북서부 유럽 문화의 영향을 많이 받아 주로 영어를 사용하고 크리스트교의 비율이 높은 편이다.

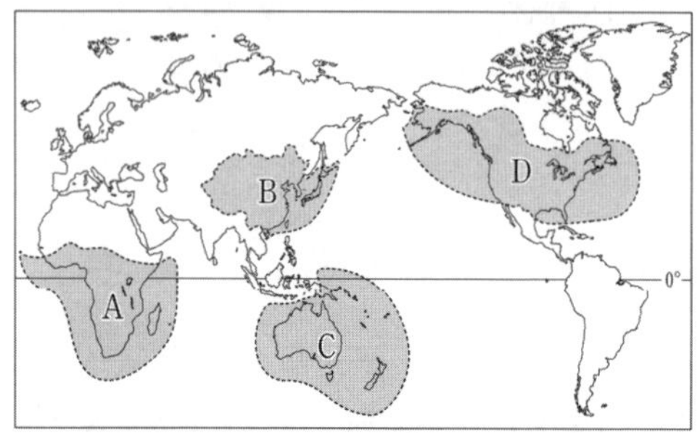

① A   ② B
③ C   ④ D

19 다음 ㉠, ㉡에 들어갈 내용으로 옳은 것은?

> ■ 문화 변동의 내재적 요인 ■
> • (㉠) : 존재하지 않았던 문화 요소를 만들어 냄.
> • (㉡) : 존재하고 있었지만 알려지지 않았던 것을 찾아냄.

	㉠	㉡
①	발견	발명
②	발명	발견
③	문화 병존	문화 동화
④	문화 융합	문화 병존

20 다음 중 ㉠에 들어갈 문화 이해 태도로 옳은 것은?

① 문화 사대주의
② 문화 상대주의
③ 문화 제국주의
④ 자문화 중심주의

21 다음에서 설명하는 것은?

> 다국적 기업의 본사와 국제 금융 기관 등이 집중된 세계적인 중심지로서 뉴욕, 런던, 도쿄 등이 대표적이다.

① 가상 공간
② 생태 도시
③ 세계 도시
④ 점이 지대

22 다음 내용에 해당하는 지역은?

> 러시아, 카자흐스탄, 투르크메니스탄, 이란, 아제르바이잔 등 5개 국가에 인접하고 있으며, 풍부하게 매장된 석유와 천연가스를 확보하기 위한 영유권 분쟁이 벌어지고 있다.

① 북극해
② 카슈미르
③ 카스피해
④ 팔레스타인

23 다음에서 설명하는 것은?

> - 개인이나 민간단체를 회원으로 하는 국제 사회의 행위 주체에 해당함.
> - 대표적인 예로 그린피스(Greenpeace), 국경 없는 의사회(MSF) 등이 있음.

① 국가
② 기업
③ 국제 비정부 기구
④ 정부 간 국제기구

24 다음 설명에 해당하는 인구 이동으로 가장 적절한 것은?

> - 높은 임금과 풍부한 일자리를 얻기 위해 주로 개발 도상국에서 선진국으로 이동함.
> - 소득 수준이 낮고 고용 기회가 적은 아프리카 사람들이 임금 수준이 높고 고용 기회가 많은 유럽으로 이동함.

① 경제적 이동
② 기후적 이동
③ 정치적 이동
④ 종교적 이동

25 다음 설명에 해당하는 자원은?

> - 18세기 산업 혁명 시기에 증기 기관의 연료로 사용되었음.
> - 오늘날 주로 제철 공업이나 화력 발전의 연료로 사용됨.

① 석유
② 석탄
③ 원자력
④ 천연가스

01 다음에서 설명하는 인간, 사회, 환경을 바라보는 관점으로 가장 적절한 것은?

> ○ 시대적 배경과 맥락을 토대로 살펴보는 것
> ○ 과거, 현재, 미래의 상호 연관성을 바탕으로 살펴보는 것

① 공간적 관점
② 생태적 관점
③ 시간적 관점
④ 윤리적 관점

02 다음과 같은 지역의 기후로 가장 적절한 것은?

특징	생활 양식
○ 기온의 일교차가 큼. ○ 강수량이 매우 적음. ○ 햇볕과 모래바람이 강함. ○ 주로 초원과 사막이 분포함.	평평한 지붕 작은 창 두꺼운 벽 좁은 골목 흙벽돌집　온몸을 감싼 옷

① 열대 기후
② 건조 기후
③ 온대 기후
④ 냉대 기후

03 다음 사례에 나타난 자연관으로 옳은 것은?

> ○ 황폐화된 숲을 복원하려는 사업
> ○ 자연을 있는 그대로 보전하려는 국립 공원 정책
> ○ 태양열 주택을 만들어 자연과 어울리는 주거 환경 조성

① 개인주의
② 생태 중심주의
③ 인간 중심주의
④ 자원 민족주의

04 다음 ㉠에 들어갈 내용으로 적절하지 않은 것은?

> **환경 문제 해결을 위한 노력**
> ○ 정부: 다양한 환경 정책 수립
> ○ 기업: ㉠
> ○ 시민 사회: 정부와 기업 활동에 대한 감시

① 친환경 기술 개발
② 오염 정화 시설 운영
③ 환경 관련 법률 준수
④ 화석에너지 사용 확대

05 산업화·도시화에 따른 변화로 옳은 것을 〈보기〉에서 고른 것은?

> **〈보기〉**
> ㄱ. 녹지 면적이 감소하였다.
> ㄴ. 공동체적 가치관이 확산되었다.
> ㄷ. 직업이 다양해지고 전문화되었다.
> ㄹ. 거주 공간이 촌락 중심으로 바뀌었다.

① ㄱ, ㄴ
② ㄱ, ㄷ
③ ㄴ, ㄹ
④ ㄷ, ㄹ

06 다음에서 설명하는 경제 주체는?

> ○ 이윤 극대화를 목적으로 한다.
> ○ 재화와 서비스의 공급자이자, 생산 요소의 수요자이다.

① 기업　　　　　② 정부
③ 소비자　　　　④ 국제기구

07 다음 야외조사 단계에 해당하는 활동으로 가장 적절한 것은?

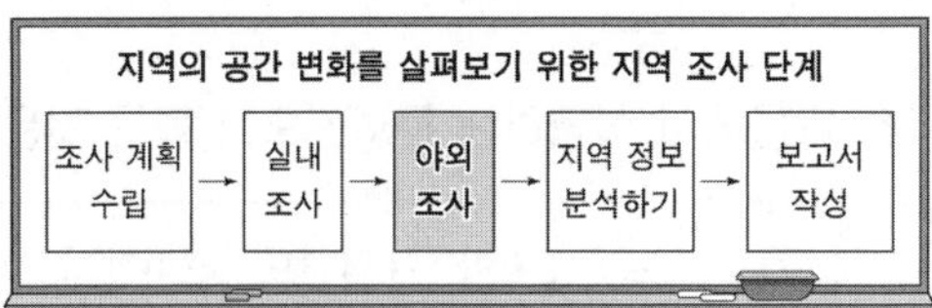

① 조사 주제와 지역을 선정한다.
② 지역 주민을 직접 만나 설문 조사 및 면담을 실시한다.
③ 지리 정보를 목적에 따라 그래프와 통계표로 표현한다.
④ 수집한 자료를 종합하여 지역의 발전 방안을 제시한다.

08 헌법이 보장하는 기본권 중 자유권에 대한 설명으로 옳은 것은?

① 국가 권력으로부터 간섭받지 않을 권리이다.
② 국가의 의사 결정 과정에 참여할 수 있는 권리이다.
③ 침해당한 기본권의 구제를 청구할 수 있는 권리이다.
④ 국가에 인간다운 생활의 보장을 요구할 수 있는 권리이다.

09 청소년의 노동권에 대한 설명으로 옳은 것을 〈보기〉에서 고른 것은?

> **〈보기〉**
> ㄱ. 근로 계약서를 작성해야 한다.
> ㄴ. 최저 임금의 적용을 받을 수 없다.
> ㄷ. 위험한 일이나 유해 업종의 일을 할 수 없다.
> ㄹ. 임금은 부모 또는 법정 대리인에게 지급해야만 한다.

① ㄱ, ㄴ　　　　② ㄱ, ㄷ
③ ㄴ, ㄹ　　　　④ ㄷ, ㄹ

10 다음 ㉠에 들어갈 용어는?

> 인간의 무한한 욕구에 비해 자원이 상대적으로 부족한 상태를 자원의 (㉠)이라고 한다.

① 다양성　　　　② 효율성
③ 획일성　　　　④ 희소성

11 정보화로 인한 생활의 변화로 옳은 것을 〈보기〉에서 고른 것은?

> **〈보기〉**
> ㄱ. 가상 공간을 통한 정보 교류의 감소
> ㄴ. 온라인 상점을 통한 물건 구매 증가
> ㄷ. 원격 교육과 전자 행정 서비스의 축소
> ㄹ. 재택근무와 화상 회의를 통한 업무 활성화

① ㄱ, ㄴ　　　　② ㄱ, ㄷ
③ ㄴ, ㄹ　　　　④ ㄷ, ㄹ

12 다음 상황을 배경으로 하여 등장한 경제 체제는?

> ○ 1970년대 석유 파동으로 인한 스태그플레이션 발생
> ○ 20세기 후반 정부의 과도한 시장 개입으로 정부 실패 및 재정 악화 발생

① 중상주의
② 자유방임주의
③ 수정 자본주의
④ 신자유주의

13 다음 ㉠에 들어갈 용어는?

> (㉠)은/는 한 나라가 다른 나라보다 더 적은 기회 비용으로 상품을 생산할 수 있는 능력이다.

① 담합
② 비교 우위
③ 외부 효과
④ 인플레이션

14 다음 중 금융 자산의 일반적인 특징으로 가장 적절한 것은?

① 채권은 정부나 공공 기관에서는 발행할 수 없다.
② 예금은 원금 손실의 위험성이 가장 높은 상품이다.
③ 적금은 자금 조달을 목적으로 회사가 발행하는 증권이다.
④ 주식은 투자자가 배당 수익, 시세 차익을 얻을 수 있는 자산이다.

15 다음 ㉠에 들어갈 내용으로 옳은 것은?

> 국가가 생활 유지 능력이 없거나 생활이 어려운 국민의 최저 생활을 보장하고 자립을 지원하는 제도인 공공 부조의 종류에는 (㉠) 이/가 있다.

① 국민연금
② 고용 보험
③ 국민 건강 보험
④ 국민 기초 생활 보장 제도

16 다음에서 설명하는 문화권으로 옳은 것은?

> ○ 오스트레일리아, 뉴질랜드, 태평양의 여러 섬을 포함한 지역임.
> ○ 영국 중심의 유럽 문화가 전파된 곳으로 주로 영어를 사용함.
> ○ 지리적으로 다른 대륙들과 떨어져 있으며 인구가 적은 편임.

① 북극 문화권
② 아메리카 문화권
③ 아프리카 문화권
④ 오세아니아 문화권

17 다음 중 힌두교의 일반적인 특징으로 옳은 것은?

① 유일신을 믿는다.
② 메카를 성지로 한다.
③ 소를 신성시하여 소고기를 먹지 않는다.
④ 대표적인 종교 경관으로는 십자가를 세운 예배당이 있다.

18 다음 ㉠, ㉡에 들어갈 문화 변동의 양상은?

> ○ (㉠)의 사례로는 전통적인 한옥 구조
> 물에 서양의 건축 양식을 결합한 새로운
> 모습의 성당을 들 수 있다.
> ○ (㉡)의 사례로는 라틴 아메리카 지역
> 원주민들이 자신들의 언어 대신에 그들을
> 식민 지배한 에스파냐나 포르투갈의 언어
> 를 사용하는 것을 들 수 있다.

	㉠	㉡
①	문화 동화	문화 병존
②	문화 병존	문화 융합
③	문화 융합	문화 동화
④	문화 융합	문화 병존

19 대화 속 '을'의 입장에 해당하는 문화 이해 태도는?

① 문화 사대주의 ② 문화 상대주의
③ 문화 제국주의 ④ 자문화 중심주의

20 다음 중 다문화 사회의 갈등 해결을 위한 노력으로 적절하지 <u>않은</u> 것은?

① 소수 문화를 배척한다.
② 다문화 교육을 강화한다.
③ 법과 제도적 지원을 확대한다.
④ 다양한 문화를 이해하고 존중하는 태도를 기른다.

21 다음 ㉠에 들어갈 용어로 가장 적절한 것은?

> **브랜드 개발을 통한 (㉠) 전략**
> ○ 지역이 가진 특성을 상징물이나 디자인으로 만들어 지역의 이미지 강화
> ○ 지리적 특성을 반영한 상품이 해당 지역에서 생산·가공되었음을 표시하여 우수성 인증

① 도시화 ② 산업화
③ 정보화 ④ 지역화

22 다음에서 설명하는 국제 사회의 행위 주체는?

> ○ 국제 사회를 구성하는 가장 기본적인 행위 주체
> ○ 일정한 영역과 국민을 바탕으로 주권을 가 진 집단

① 국가 ② 국제 연합
③ 다국적 기업 ④ 비정부 기구

23 다음 설명에 해당하는 분쟁 지역을 지도의 A~D에서 고른 것은?

> 이스라엘–팔레스타인 지역에서 발생한 종교 및 민족 간 갈등으로, 지금도 분쟁 중이다.

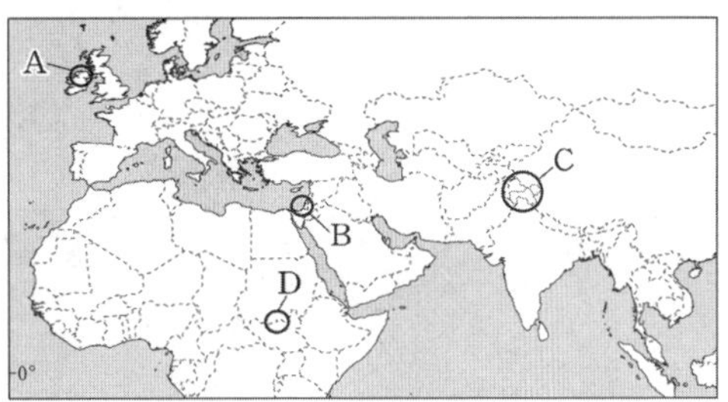

① A ② B
③ C ④ D

24 다음 ㉠에 들어갈 용어로 가장 적절한 것은?

> 갑국은 사망률이 낮아졌지만 출생률은 여전히 높게 나타나며, 인구가 급격하게 증가하면서 식량 및 자원의 부족과 빈곤의 확산 등 (㉠) 현상이 나타나고 있다.

① 고령화
② 저출산
③ 인구 과잉
④ 초고령 사회

25 다음에서 설명하는 자원으로 옳은 것은?

> ○ 냉동 액화 기술의 발달과 수송선의 개발로 소비량이 증가함.
> ○ 가정용 및 산업용 연료로 사용되는 비율이 높으며, 다른 화석 연료에 비해 연소 시 대기 오염 물질의 배출량이 적은 편임.

① 석유
② 석탄
③ 원자력
④ 천연가스

제2회 ··· 사 회

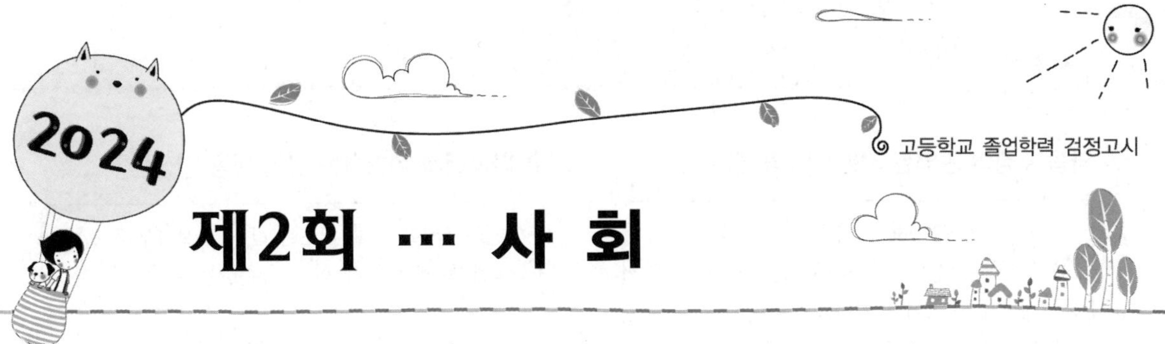

01 ㉠에 들어갈 내용으로 가장 적절한 것은?

> **학습 주제:** ㉠ **의 필요성과 사례**
>
> ○ 필요성: 시민의 권리를 능동적으로 행사하여 민주주의를 실현함으로써 시민으로서의 행복감을 높이기 위함.
> ○ 사례: 민원 제기, 청원 운동, 집회 참가 등

① 편익
② 시민 참여
③ 규모의 경제
④ 불완전 경쟁

02 ㉠에 들어갈 용어로 옳은 것은?

> 근대에 들어와 인간이라면 누구나 기본적 권리를 누릴 수 있다는 사상이 확산되었다. 이를 바탕으로 프랑스에서도 시민 혁명이 일어나 '인간과 시민의 권리 선언(1789)'을 통해 천부 ㉠ 을 명시적으로 언급함으로써 ㉠ 확립의 계기를 마련하였다.

① 억압
② 인권
③ 종전
④ 채권

03 ㉠, ㉡에 들어갈 내용으로 옳은 것은?

> 우리나라 헌법에서는 권력 분립의 원리를 실현하기 위해 ㉠ 은 국회에, ㉡ 은 정부에, 사법권은 법원에 속한다고 규정하고 있다.

	㉠	㉡		㉠	㉡
①	건강권	주거권	②	입법권	행정권
③	참정권	사회권	④	청구권	단결권

04 ㉠에 들어갈 내용으로 가장 적절한 것은?

> 시민 스스로 법을 지키려는 자세인 ㉠ 은 사회적 측면에서도 매우 중요하다. 구성원들의 ㉠ 이 잘 확립 되어야 정의 실현 및 사회 질서 유지가 가능하기 때문이다.

① 유동성
② 기회비용
③ 준법 의식
④ 인플레이션

05 다음에서 설명하는 경제 주체는?

> ○ 조세 정책을 세워 소득 불평등을 완화한다.
> ○ 공정 거래 위원회를 통해 불공정 거래 행위를 규제한다.

① 정부
② 기업가
③ 노동자
④ 소비자

06 다음에서 설명하는 것은?

> 특정 국가 간에 무역 특혜를 부여하기 위해 관세나 무역 장벽을 완화하거나 제거하기로 맺은 약정

① 브렉시트(Brexit)
② 님비(NIMBY) 현상
③ 누리 소통망(SNS)
④ 자유 무역 협정(FTA)

07 다음 주장이 반영된 자본주의 체제는?

> 대공황을 극복하기 위해서는 정부가 지출을 확대하여 실업자를 구제하는 등 적극적으로 시장에 개입해야 한다.

① 연고주의
② 상업 자본주의
③ 수정 자본주의
④ 자유 방임주의

08 ㉠에 들어갈 용어로 가장 적절한 것은?

> "계란을 한 바구니에 담지 말라."라는 격언은 투자의 위험을 줄이기 위해 다양한 금융 자산으로 ㉠ 을/를 구성해 분산 투자를 해야 함을 의미한다.

① 빨대 효과
② 외부 효과
③ 포트폴리오
④ 사이버 불링

09 다음에서 설명하는 용어는?

> 사회 구성원 전체의 이익이 개인의 이익과 조화를 이룸 으로써 공동체 모두에게 유익한 것

① 공동선
② 희소성
③ 무임승차
④ 인간 소외

10 사회 복지 제도 중 사회 보험의 사례를 〈보기〉에서 고른 것은?

> **보기**
>
> ㄱ. 국민연금
> ㄴ. 고용 보험
> ㄷ. 돌봄 서비스
> ㄹ. 재개발 사업

① ㄱ, ㄴ
② ㄱ, ㄹ
③ ㄴ, ㄷ
④ ㄷ, ㄹ

11 다음에서 설명하는 문화 변동 양상은?

> 기존의 문화 요소와 다른 사회로부터 전파된 문화 요소가 함께 공존하는 현상

① 발견
② 소멸
③ 문화 동화
④ 문화 병존

12 ㉠, ㉡에 들어갈 문화 이해 태도로 옳은 것은?

> ○ ㉠ 는 다른 문화를 더 우월한 것으로 믿고 자신의 문화를 무시하거나 낮게 평가하는 태도이다.
> ○ ㉠ 는 문화의 우열을 가릴 수 없다고 보며, 해당 사회의 환경과 역사적 맥락 속에서 문화를 바라보는 태도이다.

	㉠	㉡
①	문화 사대주의	문화 상대주의
②	문화 사대주의	자문화 중심주의
③	자문화 중심주의	문화 사대주의
④	자문화 중심주의	문화 상대주의

13 ㉠에 들어갈 내용으로 옳은 것은?

> **○○국 △△신문** ○○○○년 ○월 ○일
>
> **다문화 정책이 나아갈 방향**
>
> 현재 다문화 정책은 다양한 문화를 우리 사회의 주류 문화에 동화시키려는 ㉠ 이론을 바탕으로 하고 있다. 앞으로는 다양한 인종과 문화가 어울릴 수 있는 샐러드 볼 이론을 바탕으로 하는 정책이 필요할 것이다.

① 효용
② 용광로
③ 유리 천장
④ 로컬 푸드

14 한대 기후 지역의 전통 생활 모습으로 옳지 <u>않</u>은 것은?

① 순록 유목을 한다.
② 오아시스 주변에서 농업을 한다.
③ 폐쇄적인 가옥 구조가 나타난다.
④ 동물의 털가죽으로 의복을 만든다.

15 다음에서 설명하는 자연재해로 옳은 것은?

> ○ 분류 : 기후적 요인에 의한 자연재해
> ○ 영향 : 교통 혼란, 비닐하우스나 축사 등의 붕괴
> ○ 대책 : 자가용 이용 자제, 신속한 제설 작업

① 가뭄　　　　② 지진
③ 폭설　　　　④ 화산

16 국제 환경 문제 해결을 위한 협약으로 옳지 <u>않</u>은 것은?

① 교토 의정서　　　② 차티스트 운동
③ 몬트리올 의정서　④ 사막화 방지 협약

17 도시화가 가져온 변화로 옳은 것은?

① 열섬 현상이 사라졌다.
② 직업의 다양성이 증가하였다.
③ 도시의 인공 건축물이 감소하였다.
④ 공업 중심의 사회에서 농업 중심의 사회로 변화하였다.

18 다음에서 설명하는 용어는?

> 한 여성이 가임 기간(15~49세) 동안 낳을 것으로 예상되는 평균 출생아 수를 말한다.

① 고령화　　　　② 인구 구조
③ 인구 이동　　　④ 합계 출산율

19 지도에 표시된 (가) 문화권에 대한 설명으로 옳은 것은?

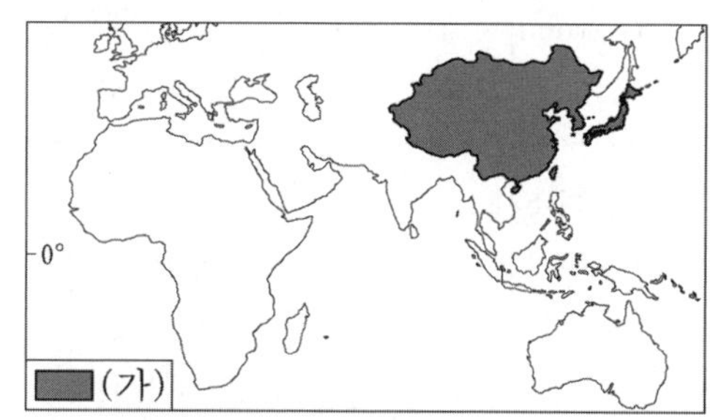

① 불교 문화가 나타난다.
② 고대 유럽 문명의 발원지이다.
③ 대표적인 원주민은 마오리족이다.
④ 사하라 사막 이남의 아프리카 지역이다.

20 이슬람교에　대한 설명으로 옳은 것은?

① 다신교이다.
② 소를 신성한 동물로 여긴다.
③ 돼지고기 먹는 것을 금기시한다.
④ 갠지스강에서 종교 의식으로 목욕을 한다.

21 인간과 자연의 공존을 위한 노력으로 옳지 <u>않</u>은 것은?

① 지속 가능한 발전을 추구한다.
② 생태 통로를 만들어 동물을 보호한다.
③ 인간의 이익을 위해 자연을 훼손한다.
④ 생태계 구성원으로서 환경친화적 가치관을 가진다.

22 다음에서 강조하는 세계화의 문제점으로 가장 적절한 것은?

> 세계화가 진행되면서 각 사회가 가지고 있는 고유한 문화가 사라질 수 있습니다. 예컨대 영어 사용이 확산되면서 영어를 제외한 다른 언어들이 소멸될 위기에 처해 있습니다.

① 저출산   ② 플랜테이션
③ 공간적 분업   ④ 문화의 획일화

23 다음에서 설명하는 국제기구에 해당하는 것은?

> ○ 국제 비정부 기구이다.
> ○ 전쟁·기아·질병·자연재해 등으로 고통받는 세계 각 지역의 주민들을 구호하기 위해 설립한 단체이다.

① 국제 통화 기금(IMF)
② 세계 무역 기구(WTO)
③ 국경 없는 의사회(MSF)
④ 경제 협력 개발 기구(OECD)

24 ㉠에 들어갈 내용으로 가장 적절한 것은?

> 정보화에 따른 문제점: ㉠
> ○ 개인의 행동이나 기록이 정보화 기기에 노출되는 빈도가 늘어남.
> ○ 폐회로 텔레비전(CCTV)의 발전으로 개인이 감시나 통제를 받을 수 있음.

① 환경 난민   ② 사생활 침해
③ 자원 민족주의   ④ 산아 제한 정책

25 밑줄 친 ㉠, ㉡에 대한 설명으로 옳은 것은?

> 오늘날 주로 사용되는 에너지 자원에는 ㉠ <u>석유</u>, ㉡ <u>천연가스</u> 등이 있다.

① ㉠은 고생대 지층에만 매장되어 있다.
② ㉠은 연소하면서 오염 물질을 배출하지 않는다.
③ ㉡은 18세기 산업 혁명의 주요 동력원이 되었다.
④ ㉠은 ㉡보다 현재 세계에서 소비량이 더 많다.

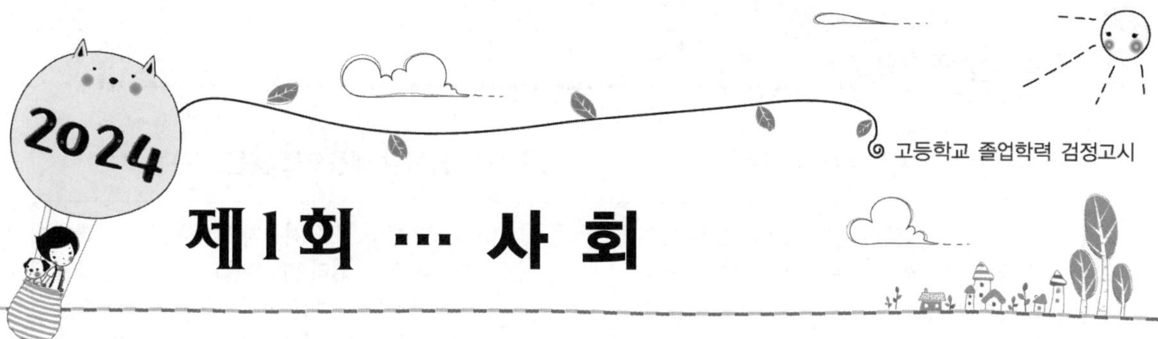

01 질 높은 정주 환경을 조성하기 위한 조건으로 적절한 것을 〈보기〉에서 고른 것은?

> **보기**
> ㄱ. 깨끗한 자연환경
> ㄴ. 안락한 주거 환경
> ㄷ. 생활 시설의 부족
> ㄹ. 빈부 격차의 심화

① ㄱ, ㄴ   ② ㄱ, ㄷ
③ ㄴ, ㄷ   ④ ㄷ, ㄹ

02 인권의 특성에 대한 설명으로 적절한 것을 〈보기〉에서 고른 것은?

> **보기**
> ㄱ. 누구나 침범할 수 있는 권리이다.
> ㄴ. 타인에게 양도할 수 있는 권리이다.
> ㄷ. 인간이 태어나면서부터 가지는 천부적 권리이다.
> ㄹ. 인간이라면 누구나 누릴 수 있는 기본적 권리이다.

① ㄱ, ㄴ   ② ㄱ, ㄷ
③ ㄴ, ㄷ   ④ ㄷ, ㄹ

03 다음에서 설명하는 기본권은?

> • 국가의 의사 결정 과정에 참여할 수 있는 권리이다.
> • 선거권, 공무 담임권, 국민 투표권 등이 있다.

① 사회권   ② 평등권
③ 청구권   ④ 참정권

04 다음에서 설명하는 경제 체제로 적절한 것은?

> • 시장에서의 자유로운 경쟁을 통해 상품의 생산, 교환, 분배, 소비가 이루어진다.
> • 개인이 재산을 자유롭게 획득하고 사용할 수 있는 사유재산 제도를 바탕으로 한다.

① 법치주의
② 자본주의
③ 공동체주의
④ 자문화 중심주의

05 ㉠에 들어갈 내용으로 알맞은 것은?

> **헌법 제37조** ② 국민의 모든 자유와 권리는 국가 안전 보장·질서 유지 또는 (㉠)을/를 위하여 필요한 경우에 한하여 법률로써 제한할 수 있으며, 제한하는 경우에도 자유와 권리의 본질적인 내용을 침해할 수 없다.

① 기후 변화
② 공공복리
③ 문화 동화
④ 비폭력성

06 ㉠, ㉡에 들어갈 사회 복지 제도는?

> • (㉠)은/는 일정 수준의 소득이 있는 개인과 정부, 기업이 보험료를 분담하여 구성원의 사회적 위험에 대비하는 제도이다. 그 예로 국민 건강 보험이 있다.
> • (㉡)은/는 저소득 계층이 최소한의 삶을 꾸릴 수 있도록 국가가 전액 지원하여 돕는 제도이다. 그 예로 국민 기초 생활 보장 제도가 있다.

	㉠	㉡
①	사회 보험	공공 부조
②	공공 부조	사회 보험
③	개인 보험	공공 부조
④	공공 부조	개인 보험

07 시장 실패에 대한 사례로 가장 적절한 것은?

① 자원이 효율적으로 배분된다.
② 공공재의 공급 부족 문제가 발생한다.
③ 생산량이 증가할수록 단위당 생산 비용이 감소한다.
④ 소비자가 윤리적인 가치 판단을 하고 상품을 소비한다.

08 편익에 대한 설명으로 적절한 것을 〈보기〉에서 고른 것은?

> **보기**
> ㄱ. 선택을 통해 얻게 되는 이익이다.
> ㄴ. 경기 침체와 동시에 물가가 상승하는 현상이다.
> ㄷ. 대가를 지급하고 난 뒤 회수할 수 없는 비용이다.
> ㄹ. 금전적인 이익뿐 아니라 비금전적인 것도 포함한다.

① ㄱ, ㄴ   ② ㄱ, ㄹ
③ ㄴ, ㄷ   ④ ㄷ, ㄹ

09 ㉠에 들어갈 내용으로 옳은 것은?

> • 노동조합을 통해 사용자와 자주적으로 교섭할 수 있는 권리이다.
> • 헌법 제33조 ① 근로자는 근로 조건의 향상을 위하여 자주적인 단결권·(㉠) 및 단체 행동권을 가진다.

① 문화권   ② 자유권
③ 행복 추구권   ④ 단체 교섭권

10 바람직한 생애 주기별 금융 설계에 대한 설명으로 가장 적절한 것은?

① 현재의 소득만을 고려한다.
② 생애 주기 전체를 고려하여 설계한다.
③ 중·장년기에는 저축하지 않고 소득의 전액을 지출한다.
④ 생애 주기의 각 단계에 따라 필요한 자금의 크기는 같다고 본다.

11 다음에서 설명하는 문화 변동의 요인은?

> • 문화 변동의 내재적 변동 요인이다.
> • 이미 존재하고 있었지만 알려지지 않은 문화 요소를 찾아낸 것이다.

① 발견   ② 전파
③ 비교 우위   ④ 절대 우위

12 다음 퀴즈에 대한 정답으로 옳은 것은?

① 사회 불평등   ② 소비자 주권
③ 문화 상대주의   ④ 스태그플레이션

13 ㉠에 들어갈 내용으로 적절한 것은?

> ■ **수업 주제 : 분배적 정의의 실질적 기준** ■
> • 분배적 정의의 실질적 기준 : (㉠), 업적, 능력
> • (㉠)에 따른 분배의 의미 : 인간다운 삶을 보장하기 위해 기본적인 욕구를 충족할 수 있도록 분배하는 것이다. 사회적 약자를 위해 더 많은 재화를 사용할 수 있다.

① 담합   ② 독점
③ 필요   ④ 특화

14 다음에 해당하는 기후 지역으로 옳은 것은?

> • 분포 지역 : 북극해 연안
> • 전통 산업 : 사냥 · 어로 · 순록 유목
> • 전통 의복 : 동물의 가죽이나 털로 만든 두꺼운 옷

① 열대 기후 지역   ② 건조 기후 지역
③ 온대 기후 지역   ④ 한대 기후 지역

15 ㉠에 들어갈 내용으로 가장 적절한 것은?

> ■ **사막화** ■
> • 의미 : 사막 주변 지역이 사막으로 변화하는 현상
> • 사례 지역 : 사하라 사막 이남의 사헬 지대
> • 원인 : (㉠)

① 녹지 확대   ② 인구 감소
③ 과도한 목축   ④ 일조량 부족

16 다음에서 설명하는 자연관은?

> • 인간을 자연보다 우월한 존재로 여기고, 인간의 이익이나 행복을 먼저 고려하는 관점

> 이다.
> • 산업화 · 도시화 과정에서 발생한 환경 파괴의 주된 요인으로 지적받기도 한다.

① 문화 사대주의   ② 생태 중심주의
③ 인간 중심주의   ④ 직접 민주주의

17 ㉠, ㉡에 해당하는 종교는?

> • (㉠) : 주로 인도에서 신봉하는 다신교로, 소를 신성시한다.
> • (㉡) : 성지인 메카를 향해 기도하며, 돼지고기와 술을 금기시한다.

	㉠	㉡
①	불교	힌두교
②	이슬람교	힌두교
③	불교	이슬람교
④	힌두교	이슬람교

18 저출산 문제 해결 방안으로 적절한 것을 〈보기〉에서 고른 것은?

> **보기**
> ㄱ. 보육 시설 확충
> ㄴ. 산아 제한 정책 실시
> ㄷ. 출산 장려금 지원
> ㄹ. 개발 제한 구역 확대

① ㄱ, ㄷ   ② ㄱ, ㄹ
③ ㄴ, ㄷ   ④ ㄴ, ㄹ

19 교통 · 통신의 발달이 가져온 변화로 가장 적절한 것은?

① 시공간의 제약이 크게 줄었다.
② 지역 간의 교류가 단절되었다.
③ 경제 활동의 범위가 축소되었다.
④ 다른 지역과의 접근성이 낮아졌다.

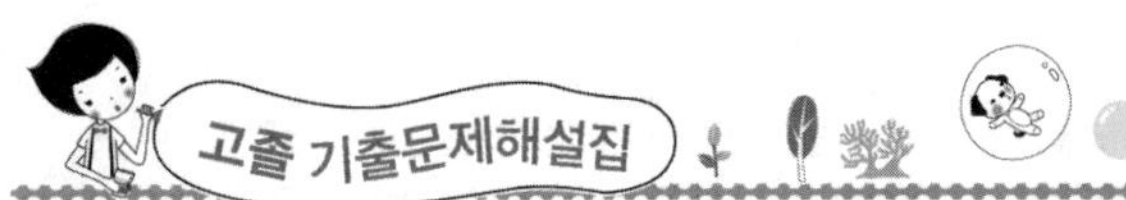

20 다음에서 설명하는 용어는?

> 기업의 규모가 커지면, 일반적으로 본사나 연구소는 자본과 기술 확보가 유리한 대도시에, 제품을 생산하는 공장은 저임금 노동력이 풍부한 지역에 각각 설립하게 된다.

① 공정 무역　　② 공간적 분업
③ 탄소 발자국　④ 지리적 표시제

21 ㉠에 들어갈 내용으로 옳은 것은?

> ■학습 주제 : (㉠)의 문제점■
> • 개인 정보 유출로 인한 사생활 침해
> • 프로그램 불법 복제 같은 사이버 범죄 증가

① 교외화　　　② 정보화
③ 님비 현상　 ④ 열섬 현상

22 다음에서 설명하는 문화권을 지도의 A~D에서 고른 것은?

> 리오그란데강 이남 지역으로, 남부 유럽의 문화가 전파되어 주로 에스파냐어와 포르투갈어를 사용하고 가톨릭을 믿는다. 원주민(인디오)과 아프리카인, 유럽인의 문화가 혼재되어 나타난다.

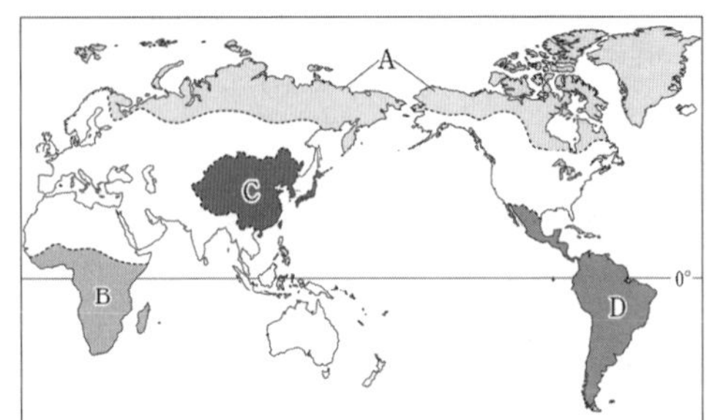

① A　　　　　② B
③ C　　　　　④ D

23 다음에서 설명하는 용어는?

> 일정한 지역 안의 인구를 성별, 연령별 등의 기준으로 나누어 본 것으로, 해당 지역의 사회·경제적 특성을 파악하는 데 유용하다.

① 인구 절벽
② 인구 과잉
③ 인구 구조
④ 인구 이동

24 다음에 대해 설명한 내용으로 가장 적절한 것은?

> • 그린피스(Greenpeace)
> • 국경 없는 의사회(MSF)

① 국제 비정부 기구이다.
② 자국의 이익 실현을 최우선으로 한다.
③ 국제 분쟁 지역에 평화 유지군을 파견한다.
④ 국가를 회원으로 하는 정부 간 국제기구이다.

25 ㉠에 들어갈 내용으로 옳은 것은?

> 자원의 특징 중 하나로 언젠가는 고갈된다는 성질을 자원의 (㉠)이라고 한다.

① 도시성　　　② 동질성
③ 유한성　　　④ 편리성

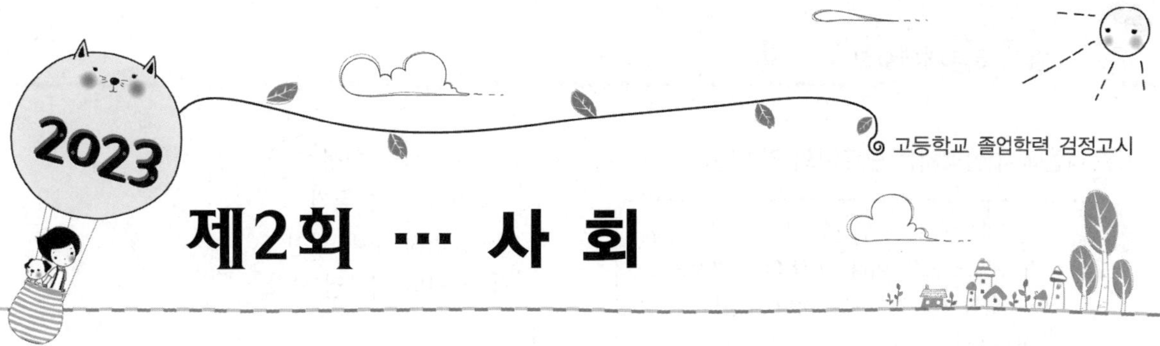

제2회 ··· 사 회

01 다음에서 강조하는 행복한 삶을 실현하기 위한 조건으로 가장 적절한 것은?

> 남을 돕고 남과 더불어 살아가려는 노력은 다른 사람을 행복하게 만들 뿐만 아니라 자신에게도 진정한 행복감을 가져다준다. 내적으로 성찰하고 옳은 일을 실천하는 것을 통해 개인은 만족감과 행복감을 얻을 수 있다.

① 경제 성장 ② 기업가 정신
③ 도덕적 실천 ④ 낙후된 주거 환경

02 ㉠에 들어갈 내용으로 옳은 것은?

> 우리나라가 시행하고 있는 (㉠)로 사회 보험과 공공 부조, 사회 서비스를 들 수 있다. 이러한 제도의 시행을 통해 사회 계층의 양극화를 완화하고 인간의 존엄성을 보장할 수 있다.

① 선거 제도 ② 권력 분립 제도
③ 사회 복지 제도 ④ 헌법 소원 심판 제도

03 ㉠에 들어갈 내용으로 가장 적절한 것은?

> **학습 주제: (㉠)의 의미와 목적**
>
> ○ 의미 : 국민의 기본권을 제한하거나 국민에게 의무를 부과할 때에는 의회에서 제정된 법률에 근거해야 함.
>
> ○ 목적 : 통치자의 자의적 지배 방지, 국민의 자유와 권리 보장

① 법치주의 ② 인권 침해
③ 준법 의식 ④ 시민 불복종

04 다음에서 설명하는 자산 관리의 원칙은?

> 모든 금융 상품은 정도의 차이가 있을 뿐 원금을 보전하는 데 위험이 따른다. 따라서 금융 상품을 선택할 때에는 투자한 자산의 가치가 온전하게 보전될 수 있는 가능성의 정도를 고려해야 한다.

① 공익성 ② 안전성
③ 접근성 ④ 정당성

05 문화 변동의 내재적 요인으로 옳은 것을 〈보기〉에서 고른 것은?

> **보기**
> ㄱ. 발견 ㄴ. 발명
> ㄷ. 문화 동화 ㄹ. 문화 전파

① ㄱ, ㄴ ② ㄱ, ㄹ
③ ㄴ, ㄷ ④ ㄷ, ㄹ

06 사회적 소수자에 대한 설명으로 가장 적절한 것은?

① 사회에서 항상 평등하게 대우받는다.
② 인종이라는 단일 기준에 의해 규정된다.
③ 우리 사회에서 장애인, 이주 외국인만 해당된다.
④ 자신들이 차별받는 집단의 구성원이라는 인식이 존재한다.

07 다음에서 설명하는 근로자의 권리는?

> 근로자들이 근로 조건의 향상을 위하여 자주적으로 노동조합이나 그 밖의 단결체를 조직·운영하거나 그에 가입하여 활동할 수 있는 권리이다.

① 단결권
② 선거권
③ 청구권
④ 환경권

08 시장 실패의 사례로 적절하지 <u>않은</u> 것은?

① 불완전 경쟁
② 보편 윤리 확산
③ 외부 효과 발생
④ 공공재의 공급 부족

09 ㉠에 들어갈 내용으로 가장 적절한 것은?

> 자문화 중심주의는 자기 문화를 기준으로 다른 문화를 부정적으로 평가하고, 문화 사대주의는 다른 문화를 우월한 것으로 믿고 자기 문화를 낮게 평가한다. 즉, 자문화 중심주의와 문화 사대주의는 문화의 상대성을 인정하지 않고 (㉠   )는 공통점이 있다.

① 다양한 문화의 공존을 추구한다
② 문화의 우열을 가릴 수 없다고 본다
③ 특정 문화를 기준으로 다른 문화를 평가한다
④ 각 문화가 해당 사회의 맥락에서 갖는 고유한 의미를 존중한다

10 다음 헌법 조항의 의의로 가장 적절한 것은?

> **헌법 제37조** ② 국민의 모든 자유와 권리는 국가 안전 보장·질서 유지 또는 공공복리를 위하여 필요한 경우에 한하여 법률로써 제한할 수 있으며, 제한하는 경우에도 자유와 권리의 본질적인 내용을 침해할 수 없다.

① 대도시권 형성
② 직업 분화 촉진
③ 윤리적 소비 실천
④ 국민의 기본권 보장

11 ㉠에 들어갈 내용으로 가장 적절한 것은?

> □□신문　　　　　○○○○년 ○월 ○일
> **세계화, 어떻게 바라보아야 할까**
> 세계화에 따라 자유 무역이 확대되면서 높은 기술력과 자본을 가진 선진국과 상대적으로 경쟁력을 갖추지 못한 개발 도상국 간의 경제적 차이로 국가 간 (㉠   )이/가 초래될 수 있다.

① 사생활 침해
② 인터넷 중독
③ 빈부 격차 심화
④ 문화 다양성 보장

12 다음 설명에 해당하는 것은?

> • 국제 사회의 행위 주체에 해당함.
> • 대표적인 예로 주권 국가들을 구성원으로 하는 국제 연합(UN), 세계 무역 기구(WTO)가 있음.

① 국가
② 다국적 기업
③ 자유 무역 협정
④ 정부 간 국제기구

13 다음 설명에 해당하는 것은?

> ○의미 : 새로운 정보 기술에 접근할 수 있는 능력을 보유한 자와 그렇지 못한 자 사이에 발생하는 경제적·사회적 격차
> ○해결 방안 : 정보 소외 계층에게 장비와 소프트웨어 제공 및 정보 활용 교육 실시

① 정보 격차
② 규모의 경제
③ 문화의 획일화
④ 지역 이기주의

14 건조 기후 지역의 전통 생활 모습으로 옳은 것을 〈보기〉에서 고른 것은?

> **보기**
> ㄱ. 순록 유목
> ㄴ. 고상식 가옥
> ㄷ. 오아시스 농업
> ㄹ. 지붕이 평평한 흙벽돌집

① ㄱ, ㄴ   ② ㄱ, ㄷ
③ ㄴ, ㄹ   ④ ㄷ, ㄹ

15 다음에서 설명하는 자연재해는?

> 주로 여름철 장마와 태풍의 영향으로 집중 호우 시 발생한다. 피해를 줄이기 위해서 제방 건설, 댐과 저수지 건설, 삼림 조성 등의 대책을 수립하고 시행해야 한다. 또한 예보와 경보 체계를 구축하고 지속적인 하천 관리가 필요하다.

① 가뭄   ② 지진
③ 홍수   ④ 화산

16 다음 설명에 해당하는 용어로 가장 적절한 것은?

> • 한 국가 내에서 도시에 거주하는 사람들과 도시 수가 증가하면서 도시적 생활 양식과 도시 경관이 확대되는 현상
> • 영향 : 인공 건축물 증가, 지표의 포장 면적 증가

① 도시화   ② 남초 현상
③ 유리 천장   ④ 지리적 표시제

17 다음에서 설명하는 내용으로 가장 적절한 것은?

> 인간이 만든 시설물에 의해 야생 동물들의 서식지가 분리되는 것을 막기 위해 인공적으로 만들 길

① 열섬   ② 생태 통로
③ 외래 하천   ④ 업사이클링

18 힌두교에 대한 설명으로 옳은 것을 〈보기〉에서 고른 것은?

> **보기**
> ㄱ. 메카를 성지로 한다.
> ㄴ. 인도의 주요 종교이다.
> ㄷ. 무함마드를 유일신으로 믿는다.
> ㄹ. 소를 신성시하여 소고기 식용을 금기시한다.

① ㄱ, ㄷ   ② ㄱ, ㄹ
③ ㄴ, ㄷ   ④ ㄴ, ㄹ

19 다음 설명에 해당하는 것은?

> 석유 자원의 수출을 통하여 자국의 경제적 이익을 추구하기 위해 결성된 것으로, 원유의 생산량과 공급량을 조절함으로써 세계 경제에 큰 영향을 끼치고 있다.

① 브렉시트(Brexit)
② 공적 개발 원조(ODA)
③ 국제 통화 기금(IMF)
④ 석유 수출국 기구(OPEC)

20 다음 설명에 해당하는 지역으로 옳은 것은?

> 중국의 남쪽에 위치한 바다로, 중국, 타이완, 베트남, 필리핀, 말레이시아 및 브루나이 등 여섯 나라로 둘러싸인 해역을 말한다. 다량의 원유와 천연가스가 매장되어 있는 것으로 추정되고 있어 영유권 갈등이 발생하고 있다.

① 북극해   ② 남중국해
③ 카스피해   ④ 쿠릴 열도

21 다음에서 설명하는 문화권을 지도의 A~D에서 고른 것은?

> 사하라 사막 이남의 중·남부 아프리카 일대로, 열대 기후 지역이 넓게 분포한다. 토속 종교의 영향이 남아 있으며, 부족 단위의 공동체 생활을 하는 주민이 많다.

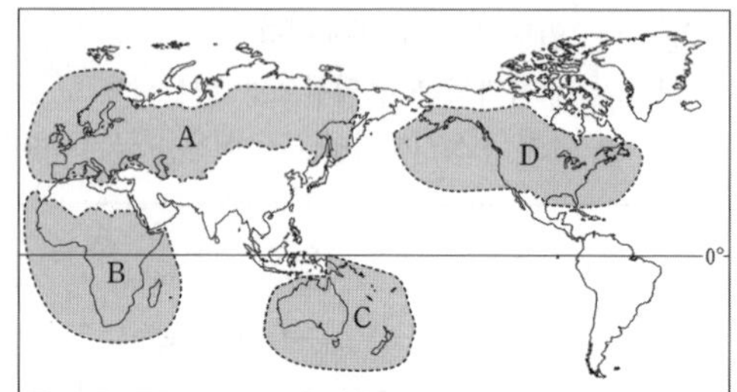

① A　　　　② B
③ C　　　　④ D

22 다음에서 설명하는 용어로 가장 적절한 것은?

> • 의미 : 느림의 삶을 추구하는 국제 도시 브랜드
> • 지정 조건 : 지역의 정체성을 드러낼 수 있는 유·무형의 자신 필요

① 슬로시티　　　② 플랜테이션
③ 환경 파시즘　　④ 차티스트 운동

23 고령화에 대한 대책으로 적절한 것을 〈보기〉에서 고른 것은?

> **〈보기〉**
> ㄱ. 의무 투표제 시행
> ㄴ. 노인 복지 시설 확충
> ㄷ. 노인 연금 제도 확대
> ㄹ. 산아 제한 정책 시행

① ㄱ, ㄴ　　　　② ㄱ, ㄹ
③ ㄴ, ㄷ　　　　④ ㄷ, ㄹ

24 ㉠에 들어갈 용어로 옳은 것은?

> ◦ 개념 : (㉠)
> ◦ 의미 : 개발 도상국에서 생산하는 제품에 정당한 가격을 지급하여 생산자가 경제적으로 자립할 수 있도록 해 주는 무역 방식

① 과점　　　　② 독점
③ 공정 무역　　④ 거점 개발

25 다음 설명에 해당하는 것은?

> 정부가 사업장을 대상으로 온실가스 배출 허용량을 정해 주고, 할당 범위 내에서 여분 또는 부족분에 대한 사업장 간 거래를 허용하는 제도이다.

① 전자 상거래
② 쓰레기 종량제
③ 빈 병 보증금제
④ 온실가스 배출권 거래제

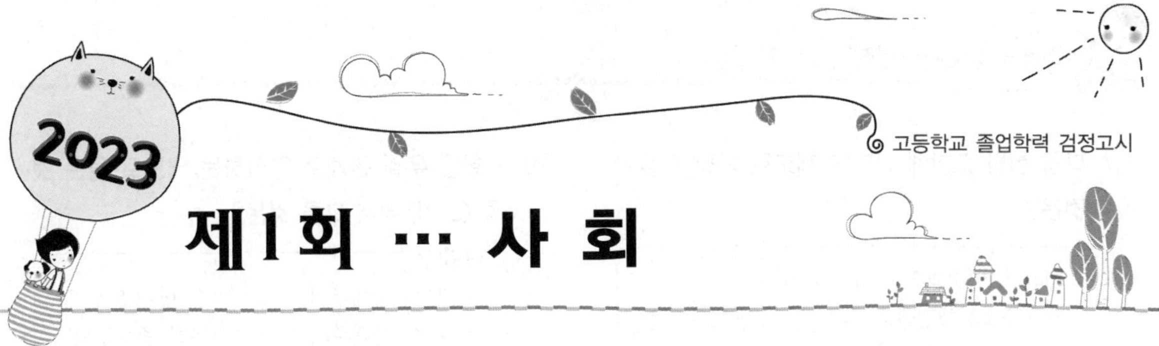

01 ㉠에 들어갈 내용으로 옳은 것은?

> 우리나라 법 체계에서 (㉠)은/는 국가의 통치 조직과 운영 원리 및 국민의 기본적 인권을 규정한 최고의 법이다.

① 명령　　　　② 법률
③ 조례　　　　④ 헌법

02 다음 설명에 해당하는 기본권은?

> 다른 기본권이 침해되었을 때, 이를 구제하도록 요구할 수 있는 권리이다. 청원권 등이 이에 해당한다.

① 자유권　　　　② 참정권
③ 청구권　　　　④ 평등권

03 ㉠에 들어갈 용어로 옳은 것은?

> (㉠)은/는 인간이라면 누구나 누릴 수 있는 기본적인 권리이다. 모든 사람이 차별 없이 누리는 보편성, 사람이라면 누구나 태어나면서부터 가지는 천부성, 박탈당하지 않고 영구히 보장되는 항구성, 누구도 침범할 수 없는 불가침성을 특성으로 한다.

① 능력　　　　② 의무
③ 인권　　　　④ 정의

04 다음 설명에 해당하는 것은?

> • 선택을 통해 얻게 되는 이익이다.
> • 물질적이고 금전적인 이익뿐 아니라 즐거움이나 성취감 같은 비금전적인 것도 포함한다.

① 편익　　　　② 희소성
③ 금융 자산　　　　④ 암묵적 비용

05 다음 설명에 해당하지 <u>않는</u> 것은?

> • 정부를 구성 단위로 하는 국제 사회의 행위 주체이다.
> • 국가들 사이의 이해관계를 조정하거나 국가 간 분쟁을 중재한다.

① 유럽 연합(EU)
② 다문화 사회
③ 세계 무역 기구(WTO)
④ 경제 협력 개발 기구(OECD)

06 ㉠에 들어갈 용어로 가장 적절한 것은?

> **탐구 활동 보고서**
>
> 주제: ㉠
>
> ◦ 정의: 시장에서 자원의 배분이 효율적으로 이루어지지 못하는 상태
> ◦ 사례: 독과점 문제 발생, 외부 효과의 발생, 공공재의 공급 부족

① 남초 현상　　　　② 시장 실패
③ 규모의 경제　　　　④ 소비자 주권

07 다음 헌법 조항에 나타난 제도로 가장 적절한 것은?

> 제40조 입법권은 국회에 속한다.
> 제66조 ④ 행정권은 대통령을 수반으로 하는 정부에 속한다.
> 제101조 ① 사법권은 법관으로 구성된 법원에 속한다.

① 권력 분립 제도　② 사회 보장 제도
③ 위헌 법률 심판　④ 헌법 소원 심판

08 다음에서 설명하는 것은?

> • 의미 : 국가가 생활 유지 능력이 없거나 생활이 어려운 국민의 최저 생활을 보장하고 자립을 지원하는 제도
> • 종류 : 국민 기초 생활 보장 제도 등

① 공공 부조　② 재무 설계
③ 정주 환경　④ 지리적 표시제

09 다음에서 설명하는 자산관리의 원칙은?

> • 원금에 비해 얻을 수 있는 이익의 정도
> • 금융 상품의 가격 상승이나 이자 수익을 기대할 수 있은 정도

① 다양성　② 수익성
③ 유동성　④ 편재성

10 문화를 우열 관계로 인식하는 태도로 옳은 것을 〈보기〉에서 고른 것은?

> **보기**
> ㄱ. 문화 상대주의　　ㄴ. 자유 방임주의
> ㄷ. 문화 사대주의　　ㄹ. 자문화 중심주의

① ㄱ, ㄴ　② ㄱ, ㄹ
③ ㄴ, ㄷ　④ ㄷ, ㄹ

11 ㉠에 들어갈 내용으로 가장 적절한 것은?

> **학습 주제 : (㉠)의 사례 조사하기**
> • 사례1 : 이산화탄소 배출을 줄이기 위해 지역 농산물을 구매한다.
> • 사례2 : 생산자들에게 정당한 몫을 주는 공정 무역 커피를 구매한다.

① 뉴딜 정책　② 유리 천장
③ 윤리적 소비　④ 샐러드 볼 이론

12 다음에서 설명하는 것은?

> 두 차례의 세계 대전을 겪은 뒤, 국제 연합(UN) 총회에서 인류가 당연히 누려야 할 권리를 규정하고 인권 보장의 국제적 기준을 제시한 선언이다.

① 권리 장전　② 바이마르 헌법
③ 세계 인권 선언　④ 미국 독립 선언

13 다음에 해당하는 문화 변동 양상은?

> 한 문화가 다른 문화에 흡수되어 소멸하는 현상

① 문화 갈등　② 문화 성찰
③ 문화 병존　④ 문화 동화

14 한대 기후의 특성에 따른 생활 모습으로 옳은 것을 〈보기〉에서 고른 것은?

> **보기**
> ㄱ. 순록 유목
> ㄴ. 이동식 화전 농업
> ㄷ. 가축의 털로 만든 옷
> ㄹ. 통풍을 위한 큰 창문

① ㄱ, ㄴ ② ㄱ, ㄷ
③ ㄴ, ㄹ ④ ㄷ, ㄹ

15 다음에서 설명하는 자연재해는?

> • 분류 : 지형적 요인에 의한 자연재해
> • 원인 : 급격한 지각 변동
> • 현상 : 높은 파도가 빠른 속도로 해안으로 밀려옴.

① 가뭄 ② 폭설
③ 지진 해일 ④ 열대 저기압

16 ㉠, ㉡에 해당하는 화석 연료로 옳은 것은?

> • (㉠) : 18세기 산업 혁명기에 증기기관의 연료로 사용
> • (㉡) : 현재 세계에서 가장 소비량이 많은 에너지 자원

	㉠	㉡		㉠	㉡
①	석유	천연가스	②	석유	석탄
③	석탄	천연가스	④	석탄	석유

17 ㉠에 들어갈 내용으로 가장 적절한 것은?

> **이슬람교 문화의 특징**
> ◦금기 음식: 돼지고기, 술
> ◦전통 의상: ㉠

① 게르 ② 판초
③ 부르카 ④ 마타도르

18 다음에서 설명하는 것은?

> • 대도시의 기능과 영향력이 주변 지역으로 확대되면서 형성되는 생활권이다.
> • 집과 직장의 거리가 멀어지는 사람들이 많아진다.

① 대도시권
② 누리 소통망(SNS)
③ 커뮤니티 매핑
④ 지리 정보 시스템(GIS)

19 다음 설명에 해당하는 것은?

> (㉠)의 원인
> • 도시의 아스팔트 도로와 콘크리트 구조물의 증가
> • 도시 내보의 인공 열 발생

① 슬럼 ② 열섬 현상
③ 빨대 효과 ④ 제노포비아

20 인구 분포에 영향을 미치는 사회적 요인으로 옳은 것은?

① 사막 ② 온화한 기후
③ 험준한 산지 ④ 풍부한 일자리

21 다음에 해당하는 분쟁 지역을 지도의 A~D
에서 고른 것은?

> 카슈미르 지역에서 발생한 인도와 파키스
> 탄의 분쟁

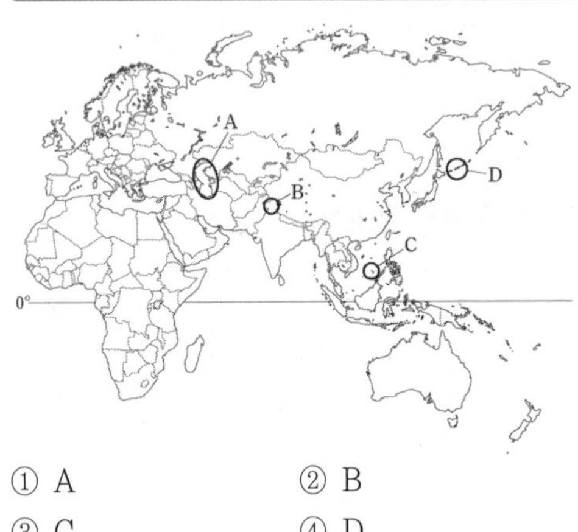

① A   ② B
③ C   ④ D

22 정보화로 인한 생활 양식의 변화로 적절하지
<u>않은</u> 것은?

① 시공간의 제약이 완전히 사라졌다.
② 원격 진료나 원격 교육이 가능해졌다.
③ 전자 상거래를 통해 물건을 구매할 수 있
   게 되었다.
④ 가상공간을 통해 개인의 정치적 의견을 토
   론할 수 있게 되었다.

23 산업화가 가져온 변화로 옳은 것을 〈보기〉에서
고른 것은?

> **〈보기〉**
> ㄱ. 녹지 면적 증가
> ㄴ. 농업 중심 사회 형성
> ㄷ. 직업의 다양성 증가
> ㄹ. 도시화의 촉진

① ㄱ, ㄴ   ② ㄱ, ㄷ
③ ㄴ, ㄹ   ④ ㄷ, ㄹ

24 다음에서 설명하는 것은?

> 각종 개발 사업이 시행되기 전에 환경에 미
> 치게 될 영향을 예측하고 평가하여 환경 오염
> 을 줄이려는 방안을 마련하는 제도이다.

① 용광로 정책   ② 공적 개발 원조
③ 환경 영향 평가   ④ 핵 확산 금지 조약

25 ㉠에 들어갈 내용으로 옳은 것은?

> **〈환경 문제 해결을 위한 노력〉**
> 1. 환경 보호를 위한 국제 비정부 기구의 노력
>   ○주요 활동: 환경 오염 유발 행위 감시활동
>   ○단체: ㉠

① 그린피스(Greenpeace)
② 브렉시트(Brexit)
③ 국제통화기금(IMF)
④ 세계보건기구(WHO)

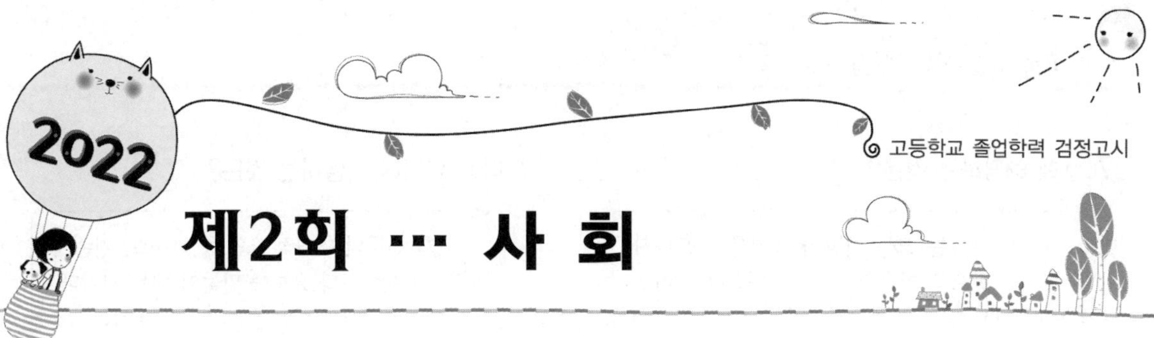

제2회 ··· 사 회

01 질 높은 정주 환경을 위한 조건으로 가장 적절한 것은?

① 빈곤의 심화
② 불평등의 증가
③ 안락한 주거 환경
④ 생활 시설의 부족

02 인권에 대한 설명으로 적절하지 <u>않은</u> 것은?

① 영구히 보장되어야 할 권리이다.
② 타인에게 양도할 수 있는 권리이다.
③ 인간으로서 당연히 누려야 할 권리이다.
④ 모든 사람이 차별 없이 누려야 할 권리이다.

03 ㉠에 들어갈 용어로 옳은 것은?

> 1. 문화를 이해하는 태도
>
> 가. (㉠)
> ○개념 : 합리적인 이유 없이 자기 사회의 문화는 우월하고 다른 사회의 문화는 열등하다고 여기는 태도
> ○장점 : 자기 문화에 대한 자부심이 높아져 사회 통합에 기여함.
> ○단점 : 다른 사회의 문화를 배척하는 태도로 이어질 수 있음.

① 문화 사대주의
② 문화 상대주의
③ 자문화 중심주의
④ 극단적 문화 상대주의

04 ㉠에 들어갈 용어로 가장 적절한 것은?

> 인종, 성별, 장애, 종교, 사회적 출신 등을 이유로 다른 사회 구성원으로부터 소외와 차별을 받는 사람들을 (㉠)(이)라고 한다.

① 소호
② 바우처
③ 사회적 소수자
④ 사물인터넷

05 다음에서 설명하는 기관은?

> 법원의 제청에 의한 법률의 위헌 여부 심판과 법률이 정하는 헌법 소원에 관한 심판 등을 관장한다.

① 정당
② 행정부
③ 지방 법원
④ 헌법 재판소

06 다음 설명에 해당하는 것은?

> 어떤 것을 선택함으로써 포기하게 되는 대안 중 가장 가치가 큰 것으로 명시적 비용과 암묵적 비용으로 구성됨.

① 편익
② 기회비용
③ 매몰비용
④ 물가 지수

07 ㉠에 해당하는 것은?

> (㉠)은/는 모든 사람이 대가를 지불하지 않고 공동으로 이용할 수 있는 재화나 서비스를 의미한다.

① 공공재 ② 비교 우위
③ 외부 효과 ④ 기업가 정신

08 다음에서 설명하는 금융 자산은?

> • 주식회사가 사업 자금 조달을 위해 발행한다.
> • 시세차익과 배당수익을 통해 이익을 실현할 수 있다.

① 대출 ② 주식
③ 국민연금 ④ 정기예금

09 다음에서 설명하는 사회 복지 제도로 옳은 것은?

> ○ 의미: 국가가 국민에게 발생하는 사회적 위험을 사전에 대비하여 건강과 소득을 보장하는 제도로, 일정액의 보험료를 개인과 정부, 기업이 분담함.
> ○ 종류: 국민 건강 보험, 고용 보험, 국민연금 등

① 개인 보험 ② 공공 부조
③ 기초 연금 ④ 사회 보험

10 다음 설명에 해당하는 것은?

> 문화 변동의 내재적 요인 중 하나로, 기존에 없던 새로운 문화 요소를 만들어 내는 것이다.

① 발견 ② 발명
③ 간접 전파 ④ 직접 전파

11 ㉠, ㉡에 들어갈 용어로 가장 적절한 것은?

> 일부 재화 및 서비스 생산의 경우에는 생산량이 (㉠)할수록 평균비용이 (㉡)하는 현상이 나타나는데 이를 규모의 경제라고 한다.

	㉠	㉡		㉠	㉡
①	증가	감소	②	증가	증가
③	감소	감소	④	감소	증가

12 퀴즈에 대한 정답으로 옳은 것은?

① 뉴딜 정책 ② 셧다운 정책
③ 용광로 정책 ④ 샐러드 볼 정책

13 자유주의적 정의관에 관한 설명으로 적절하지 않은 것은?

① 국가와 사회보다 개인이 우선한다.
② 개인은 독립적이고 자율적인 존재이다.
③ 개인의 자유를 가장 소중한 가치로 본다.
④ 국가가 개인의 삶의 목적과 방식을 결정한다.

14 다음에 해당하는 지역을 지도의 A~D에서 고른 것은?

> • '지구의 허파'라 불리는 열대림 지역
> • 무분별한 열대림 개발로 동식물의 서식지가 파괴되어 생물 종 다양성이 감소

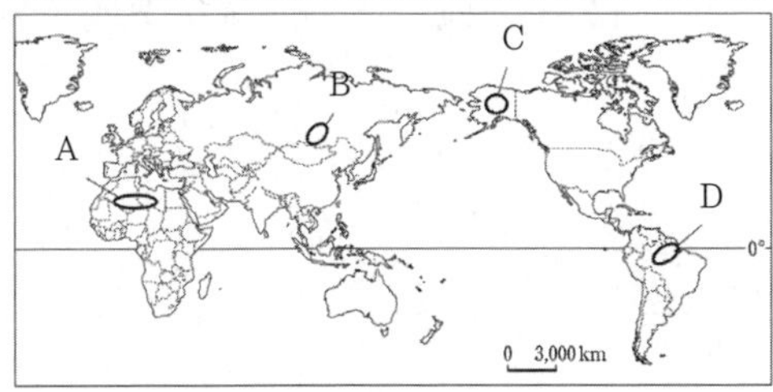

① A
② B
③ C
④ D

15 다음 현상의 사례로 적절하지 <u>않은</u> 것은?

> 　도시에 거주하는 사람들과 도시 수가 빠르게 증가하면서 도시적 생활 양식과 도시 경관이 확대되는 현상

① 농경지 증가
② 상업 시설 증가
③ 인공 건축물 증가
④ 지표의 포장 면적 증가

16 ㉠에 들어갈 종교로 옳은 것은?

> **종교의 특징을 반영하는 무역 전략 수립**
> • 제품 판매 전략 : (㉠)와 관련된 상품
> • 제품 기능 : 종교 성지인 메카 방향과 모스크의 위치를 알려주는 기능

① 불교
② 힌두교
③ 이슬람교
④ 크리스트교

17 열대 기후 지역의 전통 생활 모습으로 옳은 것을 〈보기〉에서 고른 것은?

> **보기**
> ㄱ. 순록 유목
> ㄴ. 오아시스 농업
> ㄷ. 얇고 간편한 의복
> ㄹ. 개방적인 가옥 구조

① ㄱ, ㄴ
② ㄱ, ㄷ
③ ㄴ, ㄷ
④ ㄷ, ㄹ

18 다음에서 설명하는 지역은?

> • 미국, 캐나다, 러시아, 덴마크, 노르웨이에 접해 있어 영유권 갈등이 있음.
> • 기후 변화로 빙하가 녹으면서 접근이 용이해져 석유, 천연가스 등의 자원 개발 가능성이 커짐.

① 기니만
② 북극해
③ 남중국해
④ 카슈미르

19 다음 설명에 해당하는 것은?

> • 의미 : 미래 세대가 필요로 하는 자원과 환경을 훼손하지 않으면서 현재를 살아가는 우리의 욕구를 동시에 충족시키는 것
> • 채택 : 1992년 국제연합 환경 개발 회의의 '의제 21'

① 유비쿼터스
② 플랜테이션
③ 성장 거점 개발
④ 지속 가능한 발전

20 다음에서 설명하는 것은?

> • 의미 : 인간과 자연환경이 조화를 이루며 공생할 수 있는 체계를 지향하는 도시
> • 사례 : 브라질의 쿠리치바, 스웨덴의 예테보리 등

① 슬럼 　　　　② 생태 도시
③ 성곽 도시 　② 고산 도시

21 ㉠, ㉡에 들어갈 자연관으로 옳은 것은?

> • (㉠) 자연관 : 자연은 영혼이 없는 물질로, 인간이 마음대로 이용하고 지배할 수 있는 대상이다.
> • (㉡) 자연관 : 모든 생명체가 자연의 일부이며, 인간도 자연을 구성하는 일부이다.

	㉠	㉡
①	생태 중심주의	자원 민족주의
②	자원 민족주의	인간 중심주의
③	인간 중심주의	생태 중심주의
④	생태 중심주의	인간 중심주의

22 밑줄 친 ㉠, ㉡에 대한 설명으로 옳은 것은?

> 에너지 자원은 각종 산업의 원료이며 일상생활과 경제 활동에 필요한 에너지를 생산하는 데 이용된다. 에너지 자원에는 ㉠ 석유, ㉡ 태양광 등이 있다.

① ㉠은 화석 에너지 자원이다.
② ㉡은 18세기 산업 혁명의 원동력이 되었다.
③ ㉠은 ㉡에 비해 고갈 위험이 낮다.
④ ㉡은 ㉠보다 세계 에너지 소비 비중이 높다.

23 ㉠에 해당하는 내용으로 가장 적절한 것은?

> (㉠) 문제 해결 정책
> ◦ 양육 및 보육 시설 확충
> ◦ 육아 비용 지원 및 가족 친화적 문화 확산

① 열섬 　　　　② 저출산
③ 사생활 침해 　④ 개인 정보 유출

24 ㉠, ㉡에 해당하는 자연 재해로 옳은 것은?

> • (㉠) : 강한 바람과 많은 비를 동반하여 피해를 주는 열대 저기압
> • (㉡) : 지각판의 경계에서 주로 발생하고, 땅이 갈라지고 흔들리면서 도로 등이 붕괴됨.

	㉠	㉡		㉠	㉡
①	태풍	지진	②	화산	한파
③	황사	태풍	④	황사	지진

25 다음 설명에 해당하는 사례는?

> 주권 국가들을 구성원으로 하고 있으며, 다양한 국제 사회의 문제를 조정하는 역할을 하는 정부 간 국제기구

① 국제연합 　　② 그린피스
③ 다국적 기업 　④ 국경 없는 의사회

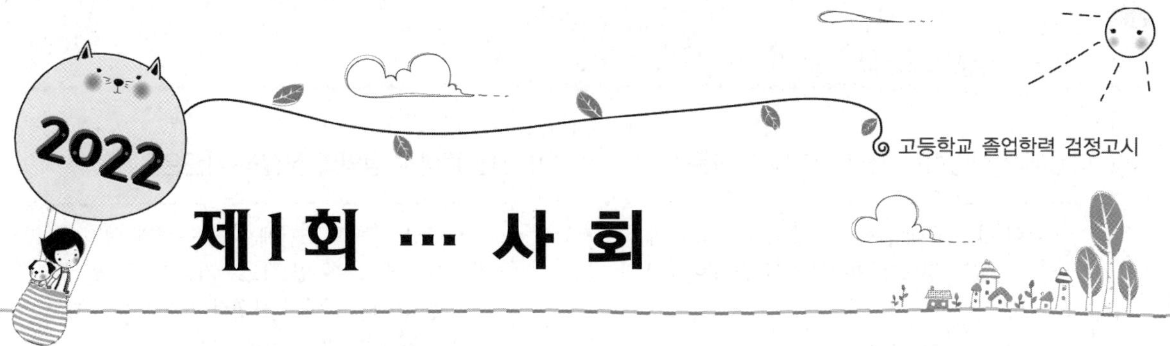

제1회 ··· 사 회

01 다음에서 강조하는 행복한 삶을 실현하기 위한 조건으로 가장 적절한 것은?

> 민주주의가 성숙한 나라일수록 국민의 인권이 존중되어 국민 각자가 원하는 삶의 방식을 자유롭게 추구할 수 있다. 독재 국가나 권위주의적 정치 체제에서는 국민의 의사가 자유롭게 표출되거나 정책으로 산출되기 어렵기 때문이다.

① 과밀화된 주거 환경
② 참여 중심의 정치 문화
③ 타인을 위한 무조건적인 희생
④ 분배를 지양한 경제적 효율성

02 참정권에 대한 설명으로 옳은 것은?

① 국가 권력의 간섭을 받지 않을 권리이다.
② 국가의 의사 결정 과정에 참여할 권리이다.
③ 기본권을 침해당했을 때, 이를 구제하기 위한 권리이다.
④ 차별 받지 않고 동등한 인격체로서 대우 받을 권리이다.

03 다음에서 설명하는 제도는?

> • 의미 : 국가 권력을 서로 다른 국가 기관이 나누어 행사하도록 함.
> • 목적 : 국가 기관 간의 견제와 균형을 통한 권력 남용 방지

① 권력 분립 제도
② 계획 경제 제도
③ 시장 경제 제도
④ 헌법 소원 심판 제도

04 다음 내용에 해당하는 것은?

> • 양심적이고 비폭력적이며 공공성을 가진 행위이다.
> • 잘못된 법이나 정책을 바로잡기 위해 의도적으로 법을 위반하는 행위이다.

① 선거
② 국민 투표
③ 민원 제기
④ 시민 불복종

05 다음에서 설명하는 근로자의 권리는?

> 사용자와 분쟁이 발생한 경우 근로자들이 주장을 관철하기 위해 업무의 정상적인 운영을 저해할 수 있는 권리이다.

① 청원권
② 재판권
③ 단체 행동권
④ 공무 담임권

06 시장 실패의 사례에 해당하는 것을 〈보기〉에서 고른 것은?

> **보기**
> ㄱ. 기회비용의 발생
> ㄴ. 규모의 경제 발생
> ㄷ. 독과점 문제 발생
> ㄹ. 공공재의 공급 부족 발생

① ㄱ, ㄴ
② ㄱ, ㄷ
③ ㄴ, ㄹ
④ ㄷ, ㄹ

07 다음에서 설명하는 자산 관리의 원칙은?

> 돈이 필요할 때 금융 자산을 현금으로 쉽게 바꿀 수 있는 정도를 의미하며 '환금성'이라고도 한다.

① 유동성   ② 안전성
③ 수익성   ④ 보장성

08 수정 자본주의에 대한 옳은 설명을 〈보기〉에서 고른 것은?

> **〈보기〉**
> ㄱ. 정부의 시장 개입을 강조한다.
> ㄴ. 대공황을 계기로 1930년대에 등장하였다.
> ㄷ. 절대 왕정의 중상주의로 인해 발달하였다.
> ㄹ. 개인의 경제적 자유를 최대한 보장해야 한다고 본다.

① ㄱ, ㄴ   ② ㄱ, ㄷ
③ ㄴ, ㄹ   ④ ㄷ, ㄹ

09 퀴즈에 대한 정답으로 옳은 것은?

① 공공 부조   ② 사회 보험
③ 사회 서비스   ④ 적극적 우대 조치

10 ㉠에 들어갈 정의의 실질적 기준은?

> 타고난 신체적 조건에 따라 능력과 업적에 차이가 나타날 수 있으므로 기본적 (㉠)에 따른 분배를 위하여 사회적 약자에 대한 다양한 지원 정책을 확대해야 한다.

① 신뢰   ② 필요
③ 종교   ④ 관습

11 ㉠에 들어갈 것으로 가장 적절한 것은?

> (㉠)의 사례
> • 우리나라에 전래된 불교와 전통 토착 신앙이 결합하여 만들어진 새로운 산신각
> • 아프리카 흑인의 고유 음악과 서양의 악기가 결합하여 만들어진 새로운 재즈 음악

① 발명   ② 발견
③ 문화 소멸   ④ 문화 융합

12 다음에서 설명하는 것으로 가장 적절한 것은?

> 인류의 보편적 가치에 어긋나는 식인 풍습, 명예 살인 등의 문화까지도 해당 사회에서 고유한 의미와 가치가 있다는 이유로 인정하는 태도

① 문화 절대주의
② 문화 사대주의
③ 자문화 중심주의
④ 극단적 문화 상대주의

13 다음에서 설명하는 국제 사회의 행위 주체는?

> • 의미 : 개인이나 민간단체를 회원으로 하는 국제 사회의행위 주체
> • 역할 : 국제 사회의 보편적 가치와 관련된 다양한 활동을 함.

① 정당
② 국가 원수
③ 국제 비정부 기구
④ 정부 간 국제기구

14 다음 사례에 나타난 자연관은?

> • 인간이 만든 시설물 때문에 야생 동물의 서식지가 파괴되는 것을 막기 위해 조성한 길
> • 인간과 자연환경이 조화를 이루며 공생할 수 있는 지속 가능한 체계를 갖춘 도시 설계

① 인간 중심주의
② 생태 중심주의
③ 개인주의 가치관
④ 이분법적 세계관

15 도시화가 가져온 변화로 옳지 <u>않은</u> 것은?

① 상업 시설 증가
② 인공 구조물 증가
③ 직업의 다양성 증가
④ 1차 산업 종사자 비율 증가

16 다음과 같은 생활 모습이 나타나게 된 원인은?

> • 전자 상거래와 원격 근무의 활성화
> • 누리 소통망(SNS)의 보편화로 인한 정치 참여 기회 확대

① 정보화
② 공정 무역
③ 윤리적 소비
④ 공간적 분업

17 다음에서 설명하는 지역을 지도에서 고르면?

> • 자연 환경 : 겨울이 길고 몹시 추운 날씨
> • 전통 생활양식 : 순록 유목, 털가죽 의복, 폐쇄적 가옥 구조

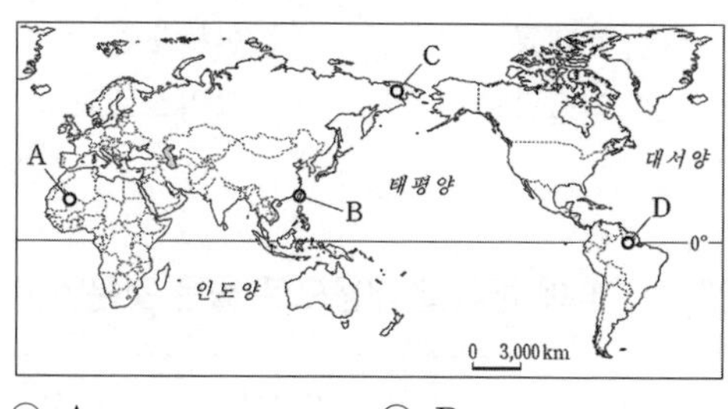

① A
② B
③ C
④ D

18 ㉠에 들어갈 검색어로 적절한 것은?

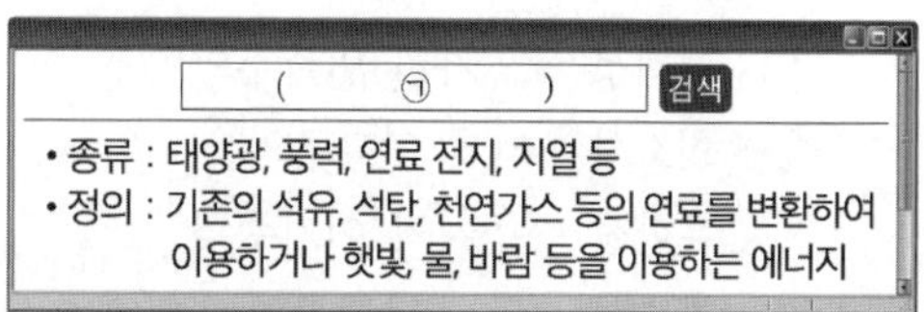

① 사물 인터넷
② 브렉시트(Brexit)
③ 신 · 재생 에너지
④ 지리 정보 시스템(GIS)

19 다음 설명에 해당하는 자연재해는?

> • 분포 : 판과 판의 경계에서 자주 발생됨.
> • 피해 사례 : 건물이 무너지고, 땅이 흔들림.

① 가뭄
② 지진
③ 황사
④ 산성비

20 다음 내용에 해당하는 종교는?

> • 수많은 신들이 새겨진 사원
> • 소를 신성시하여 소고기 식용을 금기시 함.
> • 죄를 씻기 위해 갠지스 강에 모여든 사람들

① 유대교 ② 힌두교
③ 이슬람교 ④ 크리스트교

21 ㉠, ㉡에 들어갈 내용으로 옳은 것은?

> • (㉠) : 자원이 지구상에 고르게 분포하지 않고 특정한 지역에 치우쳐 분포한다.
> • (㉡) : 자민족이나 자국의 이익을 위해 보유하고 있는 자원을 전략적으로 사용하는 것이다.

	㉠	㉡
①	편재성	자원 민족주의
②	희소성	연고주의
③	유한성	지역 이기주의
④	가변성	다원주의

22 ㉠에 들어갈 용어로 가장 적절한 것은?

> (㉠)
> • 정의 : 특정 지역이 그 지역의 고유한 전통이나 특성을 살려 세계적인 경쟁력을 갖추려고 노력함.
> • 사례 : 지리적 표시제, 장소 마케팅, 지역 브랜드화

① 교외화 ② 도시화
③ 지역화 ④ 산업화

23 다음 내용에 해당하는 지역은?

> 이스라엘과 주변 이슬람교 국가들 간의 민족·종교·영토 등의 문제가 얽힌 분쟁 지역

① 난사 군도 ② 쿠릴 열도
③ 카슈미르 ④ 팔레스타인

24 ㉠, ㉡에 들어갈 인구 문제는?

> • (㉠)을/를 해결하기 위해 정년 연장, 노인 복지시설 확충, 노인 연금 제도 등이 필요하다.
> • (㉡)을/를 해결하기 위해 출산과 양육 지원, 양성평등을 위한 고용 문화 확산 등이 필요하다.

	㉠	㉡
①	고령화	노인 빈곤
②	저출산	노인 빈곤
③	남초 현상	이촌향도
④	고령화	저출산

25 다음 조약의 체결 목적으로 가장 적절한 것은?

> • 몬트리올 의정서 • 파리 기후 변화 협약

① 난민 문제 해결
② 국제 테러 방지
③ 국제 환경 문제 해결
④ 생산자 서비스 기능 확대

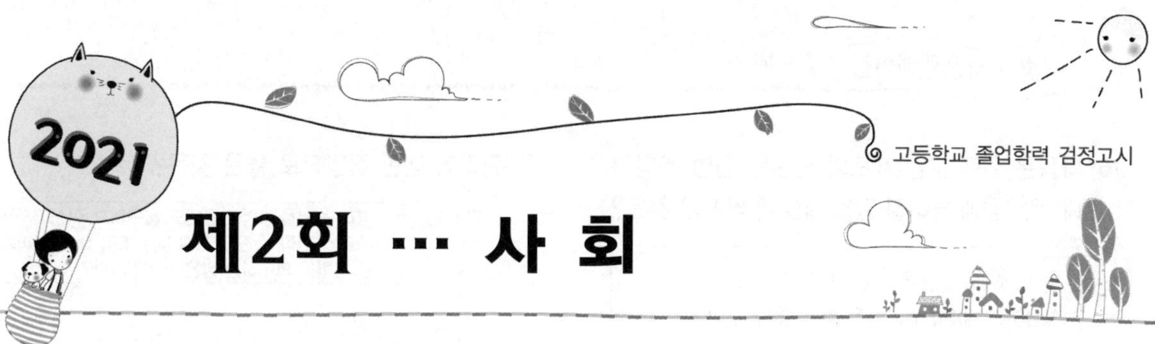

제2회 ··· 사 회

01 ㉠에 들어갈 것은?

> • 모든 국민은 인간으로서의 존엄과 가치를 가지며, (㉠)을/를 추구할 권리를 가진다. …….
>
> – 헌법 제10조 –
>
> • 아리스토텔레스는 (㉠)을/를 인간 존재의 목적이고 이유라고 하였다.

① 복지　　　　② 봉사
③ 준법　　　　④ 행복

02 (가)~(다)는 인권 보장과 관련된 사건이다. 발생 시기가 이른 순서대로 나열한 것은?

> (가) 영국 권리 장전 승인
> (나) 독일의 바이마르 헌법 제정
> (다) 국제 연합[UN]의 세계 인권 선언 채택

① (가) – (나) – (다)
② (가) – (다) – (나)
③ (나) – (가) – (다)
④ (나) – (다) – (가)

03 다음에서 설명하는 것은?

> • 의미 : 비슷한 상품을 생산하는 기업들끼리 생산량과 가격을 사전에 협의하여 결정하는 것
> • 영향 : 시장의 자유로운 경쟁 제한, 소비자의 선택권 침해

① 신용　　　　② 예금
③ 담합　　　　④ 채권

04 ㉠에 들어갈 것은?

> **경제신문**　　　○○○○년 ○월 ○일
>
> **대공황 극복의 길을 열다!**
>
> 1933년 미국의 루스벨트 대통령은 (㉠)으로 대공황 극복에 나섰다. (㉠)은 실업 구제 사업과 대규모 공공사업 등을 통해 유효 수요를 늘리려는 의도로 시작되었다.

① 뉴딜 정책　　　② 석유 파동
③ 시민 불복종　　④ 보이지 않는 손

05 다음에서 설명하는 것은?

> 국가가 보유한 생산 요소를 특정 상품 생산에 집중 투입하여 전문성과 생산성을 높이는 생산 방식이다.

① 화폐　　　　② 펀드
③ 편익　　　　④ 특화

06 다음은 권력 분립 제도와 관련된 헌법 조항이다. ㉠, ㉡에 들어갈 말을 알맞게 짝지은 것은?

> 제40조 입법권은 (㉠)에 속한다.
> 제66조 제4항 (㉡)은 대통령을 수반으로 하는 정부에 속한다.

	㉠	㉡		㉠	㉡
①	법원	사법권	②	법원	행정권
③	국회	사법권	④	국회	행정권

07 바람직한 생애 주기별 금융 설계에 대한 설명으로 적절한 것을 〈보기〉에서 고른 것은?

> **보기**
> ㄱ. 생애 주기 전체를 고려하여 설계한다.
> ㄴ. 생애 주기별 과업을 바탕으로 재무 목표를 설정한다.
> ㄷ. 중·장년기에는 저축하지 않고 수입 전액을 지출한다.
> ㄹ. 미래 소득은 제외하고 현재 소득만을 고려하여 설계한다.

① ㄱ, ㄴ   ② ㄱ, ㄷ
③ ㄴ, ㄹ   ④ ㄷ, ㄹ

08 다음에서 설명하는 문화 변동의 양상은?

> • 의미 : 한 사회 내에 기존의 문화 요소와 전파된 다른 사회의 문화 요소가 각각 나란히 존재하는 것
> • 사례 : 필리핀 사람들은 미국에서 전파된 영어와 자국의 필리핀어를 공용어로 사용함.

① 문화 갈등   ② 문화 융합
③ 문화 성찰   ④ 문화 병존

09 퀴즈에 대한 정답으로 옳은 것은?

① 가상 현실   ② 유리 천장
③ 사이버 범죄   ④ 소비자 주권

10 문화 사대주의에 대한 설명으로 옳은 것은?

① 문화의 우열을 평가하지 않는다.
② 자기 문화를 가장 우수한 것으로 생각한다.
③ 자기 문화를 기준으로 다른 문화를 부정적으로 본다.
④ 다른 문화를 자기 문화보다 우월한 것으로 믿고 동경한다.

11 ㉠에 들어갈 것으로 가장 적절한 것은?

> (㉠)의 사례
> • ○○기업은 오염 물질을 배출하여 사람들에게 피해를 주지만 어떠한 보상도 해 주지 않는다.
> • 양봉업자가 과수원 주변에 꿀벌을 쳐서 과수원 주인은 더 많은 과일을 수확할 수 있게 되었지만 양봉업자에게 그 대가를 지급하지 않는다.

① 외부 효과   ② 공정 무역
③ 규모의 경제   ④ 윤리적 소비

12 다음에서 설명하는 것은?

> 여러 민족의 다양한 문화를 하나로 녹여 그 사회의 주류 문화에 동화시키고자 하는 다문화 정책이다.

① 용광로 정책   ② 셧다운제 정책
③ 고용 보험 정책   ④ 샐러드 볼 정책

13 자유주의적 정의관에 대한 설명으로 옳은 것은?

① 개인보다 국가나 사회가 우선한다.
② 개인의 자유에 최고의 가치를 부여한다.
③ 개인의 이익 추구보다 공동선의 달성을 중시한다.
④ 인간의 삶에서 개인보다 공동체가 가지는 의미를 중시한다.

14 다음과 같은 특징이 나타나는 기후 지역은?

> • 기후 : 강수량이 적음.
> • 농업 : 오아시스나 외래 하천 부근에서 관개 시설을 이용해 밀, 대추야자 등을 재배함.
> • 전통 가옥 : 지붕이 평평한 흙벽돌집

① 열대 기후 지역　　② 건조 기후 지역
③ 온대 기후 지역　　④ 한대 기후 지역

15 다음에서 설명하는 자연재해는?

> • 저위도의 열대 해상에서 발생하여 우리나라에 영향을 미치는 열대 저기압
> • 강한 바람에 많은 비를 동반하여 큰 피해를 유발함.

① 가뭄　　　　② 지진
③ 태풍　　　　④ 폭설

16 ㉠에 들어갈 내용으로 적절하지 <u>않은</u> 것은?

> 도시에서는 인공 구조물과 아스팔트, 콘크리트 등의 포장 면적이 증가하여 (　㉠　).

① 녹지 면적이 감소한다
② 농경지 확보가 유리해진다
③ 도심에 열섬 현상이 나타난다
④ 빗물이 토양에 잘 흡수되지 않는다

17 다음에서 설명하는 에너지 자원은?

> • 화석 연료이며, 연소 시 대기 오염 물질의 배출이 적음.
> • 냉동 액화 기술의 발달과 수송선이 개발되면서 소비량이 증가함.

① 석유　　　　② 석탄
③ 원자력　　　④ 천연가스

18 다음에서 설명하는 것은?

> • 의미 : 온라인상에서 사람과 사람을 연결해 주어 정보를 공유할 수 있는 서비스
> • 영향 : 인간관계 방식의 다양화와 정치 참여 기회의 확대

① 브렉시트(Brexit)
② 누리 소통망[SNS]
③ 인플레이션(inflation)
④ 배리어 프리(barrier free)

19 다음에서 설명하는 종교는?

> • 모스크에서 예배하며, 돼지고기와 술을 금기시한다.
> • 라마단 기간에 단식을 한다.

① 불교　　　　② 힌두교
③ 이슬람교　　④ 크리스트교

20 다음에서 설명하는 문화권은?

> • 역사 : 에스파냐와 포르투갈의 진출로 유럽 문화가 전파됨.
> • 언어 및 종교 : 에스파냐어와 포르투갈어, 가톨릭교
> • 인종(민족) : 원주민(인디오), 백인, 흑인, 혼혈인

① 북극 문화권
② 동아시아 문화권
③ 오세아니아 문화권
④ 라틴 아메리카 문화권

21 다음에서 설명하는 도시는?

> 다국적 기업의 본사, 생산자 서비스 기능, 금융 업무 기능 등이 집중되어 있고, 뉴욕, 런던, 도쿄 등이 대표적인 도시이다.

① 공업 도시
② 생태 도시
③ 세계 도시
④ 슬로 시티

22 ㉠에 들어갈 것으로 가장 적절한 것은?

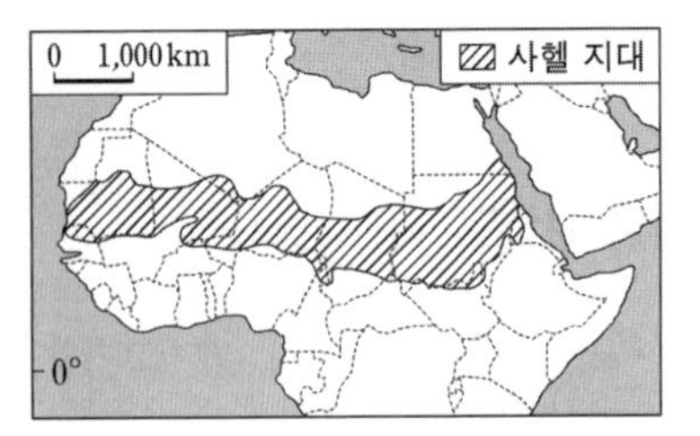

(㉠)는 극심한 가뭄이나 인간의 과도한 농경 및 목축으로 인해 토지가 황폐화되는 현상으로, 사헬 지대에서 대표적으로 나타난다.

① 사막화
② 산성비
③ 열대림 파괴
④ 폐기물 해양 투기

23 다음에 해당하는 갈등 지역은?

> • 갈등 당사국 : 중국, 필리핀, 브루나이, 말레이시아, 베트남 등
> • 내용 : 원유 및 천연가스 매장지 영유권 분쟁

① 기니만
② 카슈미르
③ 난사 군도
④ 쿠릴 열도

24 다음에 해당하는 인구 문제는?

> • 원인 : 결혼 및 자녀에 대한 가치관 변화와 여성의 사회 진출 증가
> • 영향 : 향후 노동력 부족 및 인구 감소

① 저출산
② 성차별
③ 인구 과잉
④ 인종 갈등

25 다음에서 설명하는 것은?

> • 두 개 이상의 주권 국가로 구성되어 국제법상 독자적인 지위를 갖는 조직이다.
> • 유럽 연합[EU], 국제 통화 기금[IMF] 등이 해당한다.

① 정당
② 국제기구
③ 이익 집단
④ 비정부 기구

한국사

고등학교 졸업학력 검정고시 대비 기출문제

2025년 2회 8월 시행
2025년 1회 4월 시행
2024년 2회 8월 시행
2024년 1회 4월 시행
2023년 2회 8월 시행
2023년 1회 4월 시행
2022년 2회 8월 시행
2022년 1회 4월 시행
2021년 2회 8월 시행

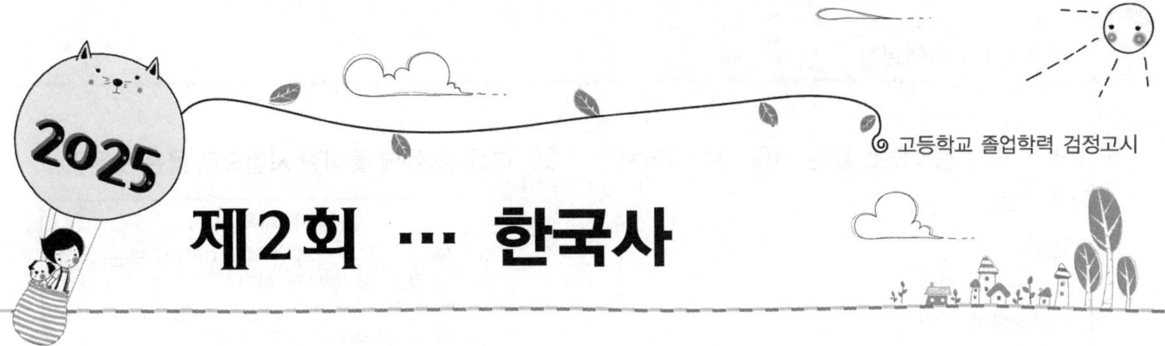

2025 제2회 ··· 한국사

01 다음 중 ㉠에 들어갈 유물로 옳은 것은?

〈 ○○○ 시대의 생활 〉
○생활 모습
 - 농경과 목축의 시작
 - 정착 생활
○대표 유물: 가락바퀴, ㉠

① 상감 청자
② 호우명 그릇
③ 빗살무늬 토기
④ 불국사 3층 석탑

02 다음 설명에 해당하는 책은?

- 일연이 민간에서 전승되는 자료를 수집하여 지은 책이다.
- 단군 신화, 전설, 향가, 불교 관련 내용 등이 수록되어 있다.

① 동의보감
② 목민심서
③ 삼국유사
④ 조선책략

03 다음 중 ㉠에 들어갈 사건으로 옳은 것은?

〈 고대 국가의 발전 과정 〉

시기	4세기	5세기	6세기
국가	백제	고구려	신라
역사적 사건	근초고왕이 마한을 복속하였다.	㉠	진흥왕이 한강 유역을 차지하였다.

① 광해군이 대동법을 시행하였다.
② 장수왕이 평양으로 천도하였다.
③ 정조가 탕평 정책을 실시하였다.
④ 공민왕이 반원 정책을 추진하였다.

04 다음 설명에 해당하는 제도는?

　군포는 농민에게 큰 부담이었다. 조선 영조는 농민이 부담하는 군포를 1필로 줄여 주었고, 부족한 재정 수입은 결작, 선무군관포 등을 내게 하여 보충하였다.

① 균역법
② 삼림령
③ 합영법
④ 신문지법

05 고려 광종의 정책으로 옳은 것을 〈보기〉에서 고른 것은?

〈보기〉
ㄱ. 과거제 시행
ㄴ. 척화비 건립
ㄷ. 훈민정음 창제
ㄹ. 노비안검법 실시

① ㄱ, ㄴ
② ㄱ, ㄹ
③ ㄴ, ㄷ
④ ㄷ, ㄹ

06 다음 설명에 해당하는 인물은?

한국사 인물 카드

〈 주요 활동 〉
- 불교 대중화에 힘씀.
- 화쟁 사상을 주장함.
- 『대승기신론소』를 저술함.

① 김구
② 원효
③ 김옥균
④ 전태일

07 다음 설명에 해당하는 사건은?

• 배경 : 1905년 제2차 한·일 협약 체결로 대한 제국의 외교권이 박탈됨.
• 특징 : 유생뿐만 아니라 평민 출신 의병장도 활약함.

① 을사의병
② 아관 파천
③ 새마을 운동
④ 김흠돌의 난

08 다음 중 ㉠에 들어갈 사건으로 옳은 것은?

답사 계획서
○주제 : [㉠]의 흔적을 따라가 보는 여행
○답사 장소 및 역사적 사건
 - 한산도 : 이순신의 한산도 대첩
 - 진주 : 김시민의 진주 대첩

① 을미사변
② 임진왜란
③ 살수 대첩
④ 청산리 전투

09 다음 설명에 해당하는 사건은?

○ 1866년에 흥선 대원군의 천주교 박해를 구실로 프랑스 군대가 강화도를 침입함.
○ 양헌수가 이끄는 조선군이 정족산성에서 프랑스군을 물리침.

① 병인양요
② 정읍 발언
③ 만적의 난
④ 매소성 전투

10 다음 중 ㉠에 들어갈 내용으로 옳은 것은?

한국사 신문 ○○○○년 ○○월 ○○일
통리기무아문에서 개화 정책을 추진하다!
강화도 조약 체결 이후 정부는 개화 업무를 총괄할 기구로 통리기무아문을 설치하여 개화 정책을 추진하였는데, 국방력 강화를 위해서 [㉠]

① 동북 9성을 쌓았다.
② 경복궁을 중건하였다.
③ 강동 6주를 설치하였다.
④ 신식 군대인 별기군을 창설하였다.

11 다음 내용에 해당하는 사건은?

> 농민군이 황토현과 황룡촌 전투에서 승리하고 전주성을 점령하자 정부는 농민군과 전주 화약을 체결하였다. 이후 농민군은 전라도 50여 개 군현에 집강소를 설치하여 각종 개혁을 실천하였다.

① 나·당 전쟁
② 한·일 협정
③ 동학 농민 운동
④ 광주 학생 항일 운동

12 다음 중 ㉠에 들어갈 내용으로 옳은 것은?

> 〈 1910년대 일제의 식민 통치 〉
> - 헌병 경찰제 시행
> - 토지 조사 사업 실시
> - [　㉠　] 공포

① 영정법
② 호포제
③ 회사령
④ 유신 헌법

13 다음 중 ㉠에 들어갈 운동으로 옳은 것은?

> 이 조형물은 1907년에 대구에서 시작된 [㉠]을 기념하는 것이다. [㉠]은 국민들이 성금을 모아 대한 제국의 국채 1,300만원을 갚고 국권을 회복하자는 운동이다.

① 형평 운동
② 브나로드 운동
③ 백제 부흥 운동
④ 국채 보상 운동

14 다음 중 ㉠에 들어갈 사건으로 옳은 것은?

> 1928년 라이징 선 석유 회사에서 일본인 감독이 한국인 노동자를 구타한 사건이 계기가 되어, 1929년 [　㉠　] 이 일어났다. 국내는 물론이고 국외 노동 단체까지 지지를 보내왔지만 일제의 탄압으로 실패하였다.

① 광무개혁
② 귀주 대첩
③ 원산 총파업
④ 위화도 회군

15 다음 질문에 대한 답으로 옳은 것은?

① 독립신문
② 경국대전
③ 삼국사기
④ 독서삼품과

16 다음 중 밑줄 친 '이 운동'에 해당하는 것은?

> 1920년 평양에서 조만식 등의 주도로 시작되어, 전국으로 확산되었다. 이 운동은 '내 살림 내 것으로', '조선 사람 조선 것' 등의 구호를 앞세우며 민족 산업의 보호와 육성을 위해 토산품 애용, 근검저축 등을 주장하였다.

① 교조 신원 운동
② 물산 장려 운동
③ 6·10 만세 운동
④ 고구려 부흥 운동

17 다음 중 ㉠에 들어갈 내용으로 옳은 것은?

> **한국사 묻고 답하기**
> **학생 질문** 3·1운동을 계기로 일어난 변화에 대해 알려 주세요.
> **교사 답변** 일제의 통치 방식이 '문화 통치'로 바뀌게 되었습니다.
> **교사 답변** ㉠

① 비변사의 기능이 확대되었습니다.
② 대한민국 임시 정부가 수립되었습니다.
③ 도병마사가 도평의사사로 개편되었습니다.
④ 관료전이 지급되고 녹읍이 폐지되었습니다.

18 다음 중 ㉠에 들어갈 법으로 옳은 것은?

> 중·일 전쟁을 일으킨 일제는 1938년에 전쟁 수행을 위하여 ㉠ 을 제정하고 이를 한반도에도 적용하였다. 이후 일제는 이 법에 근거하여 국민 징용령 등 각종 통제 법령을 공포하고, 전시 동원 체제를 강화하였다.

① 과전법
② 진대법
③ 노비종모법
④ 국가 총동원법

19 다음 중 ㉠에 들어갈 지역으로 옳은 것은?

① 독도
② 진도
③ 강화도
④ 제주도

20 다음 중 ㉠에 들어갈 사건으로 옳은 것은?

> 학습 주제: ㉠
> - 개최 시기 및 장소: 1943년, 이집트
> - 참여국: 미국, 영국, 중국
> - 목적: 제2차 세계 대전 전후 처리 논의
> - 내용: '적당한 시기'에 한국의 독립 약속

① 한성 조약
② 화백 회의
③ 카이로 회담
④ 남북 적십자 회담

21 다음 설명에 해당하는 전쟁은?

> 1950년 북한군이 남침을 감행하였고 낙동강 일대까지 진출하였다. 이에 맥아더 유엔군 총사령관은 인천 상륙작전을 감행하여 전세를 역전시켰다. 이후 1·4 후퇴를 거쳐 38도선 일대에서 공방전이 지속되다가 1953년 정전 협정이 체결되었다.

① 신미양요
② 정묘호란
③ 6·25 전쟁
④ 봉오동 전투

22 다음 중 ㉠에 들어갈 내용으로 옳은 것은?

> 〈 반민족 행위자 처벌을 위한 노력 〉
> 제헌 국회는 반민족 행위 처벌법을 제정하고, 이를 근거로 반민족 행위 특별 조사 위원회(반민 특위)를 조직하였다. 반민 특위는 1949년 1월부터 각종 자료, 증언 등을 바탕으로 ㉠

① 국자감을 설치하였다.
② 친일파를 검거하였다.
③ 현량과를 실시하였다.
④ 조선 의용대를 조직하였다.

23 다음 설명에 해당하는 것은?

> 박정희 정부는 1967년부터 1971년까지 기간산업을 육성하여 산업 구조를 개편하고 사회 간접 자본의 확충에 주력하였다. 이 시기에 경부 고속도로가 개통되었고 포항 제철을 짓기 시작하였으며 경제가 급속히 성장하였다.

① 만민 공동회
② 산미 증식 계획
③ 제1차 미·소 공동 위원회
④ 제2차 경제 개발 5개년 계획

24 다음 설명에 해당하는 사건은?

> 1980년 신군부의 계엄령 확대와 휴교령에 반대하여 광주에서 시위가 일어났다. 광주의 학생과 시민들은 '광주 시민 궐기문'을 발표하고 격렬하게 저항하였다.

① 예송 논쟁
② 기벌포 전투
③ 홍경래의 난
④ 5·18 민주화 운동

25 다음 중 ㉠에 들어갈 정부로 옳은 것은?

① 장면 정부
② 김대중 정부
③ 이명박 정부
④ 이승만 정부

제1회 ··· 한국사

01 ㉠에 들어갈 유물로 옳은 것은?

> **○○ 박물관 기획전**
> 〈 손으로 체험하는 청동기 시대 〉
> ▶ [㉠] 모형 만들기
> ▶ 비파형 동검 모형 만들기

① 고인돌　　　　② 칠지도
③ 혼천의　　　　④ 팔만대장경

02 다음 정책을 펼친 왕은?

> ○ 평양으로 천도하여 남진 정책을 추진함.
> ○ 백제의 수도인 한성을 함락하고 한강 유역을 장악함.

① 광종　　　　② 정조
③ 문무왕　　　　④ 장수왕

03 ㉠에 들어갈 내용으로 옳은 것은?

> 〈 신문왕의 업적 〉
> - 국학 설립
> - [㉠]
> - 9주 5소경 체제 정비

① 녹읍 폐지
② 별기군 창설
③ 장용영 설치
④ 『경국대전』 완성

04 다음에서 설명하는 인물은?

> ○ 고려 제11대 왕인 문종의 넷째 아들이다.
> ○ 해동 천태종을 창시하고, 교종을 중심으로 선종을 통합하려 하였다.

① 김구　　　　② 의천
③ 신채호　　　　④ 이차돈

05 ㉠에 해당하는 것은?

> **한국사 신문**
> **특집 기사**　　외교로 거란의 침입을 극복한 서희
> 거란은 고려에 송과의 관계 단절을 요구하였다. 고려가 이를 거부하자, 거란은 고려를 침략하였다. 이에 고려의 서희는 외교 담판을 벌여 거란의 요구를 수용할 것을 약속하고, 그 대가로 압록강 일대의 [㉠] 을/를 확보하였다.

① 대마도　　　　② 우산국
③ 청해진　　　　④ 강동 6주

06 밑줄 친 ㉠에 해당하는 내용으로 옳은 것은?

> 중종은 훈구를 견제하고자 조광조를 비롯한 사림을 등용하였다. 조광조는 유교적 도덕 정치를 강조하며 ㉠ 개혁을 추진하였다.

① 당백전 발행
② 현량과 실시
③ 산미 증식 계획 추진
④ 정동행성 이문소 폐지

07 다음 대화 내용에 해당하는 제도는?

① 대동법　　　　② 방곡령
③ 전시과　　　　④ 치안 유지법

08 흥선 대원군 집권 시기에 시행되었던 정책으로 옳은 것을 〈보기〉에서 고른 것은?

|보기|
ㄱ. 척화비 건립　　　ㄴ. 호포제 시행
ㄷ. 회사령 폐지　　　ㄹ. 훈민정음 창제

① ㄱ, ㄴ　　　　② ㄱ, ㄷ
③ ㄴ, ㄹ　　　　④ ㄷ, ㄹ

09 다음 설명에 해당하는 것은?

○ 조선이 맺은 최초의 근대적 조약이자 불평 등한 조약이다.
○ 부산 외 2개 항구의 개항과 조선 연해에 대 한 측량권 및 영사 재판권을 허용하는 내 용도 포함되어 있다.

① 톈진 조약
② 훈요 10조
③ 강화도 조약
④ 한·미 상호 방위 조약

10 가상 일기의 내용과 관련 있는 사건으로 가장 적절한 것은?

1894년 ○월 ○일
우리는 전주성을 점령한 후 정부와 전주 화약을 체결하였고, 정부로부터 폐정 개혁을 약속 받았다.

1894년 △월 △일
일본군이 경복궁을 침범하여 내정을 간섭하고 있다. 우리는 나라를 위해 다시 힘을 뭉쳐 외세를 물리쳐야겠다.

① 예송 논쟁
② 동학 농민 운동
③ 물산 장려 운동
④ 원종과 애노의 난

11 ㉠에 들어갈 내용으로 옳은 것은?

〈 독립 협회의 활동 〉
- 독립문 및 독립관 건립
- 강연회 및 토론회 개최
- 　　㉠

① 탕평책 실시
② 만민 공동회 개최
③ 수선사 결사 조직
④ 22담로에 왕족 파견

12 다음 내용의 시기에 볼 수 있는 모습은?

일본은 1930년대 침략 전쟁을 확대하면서 한국인을 일본인으로 동화시키는 민족 말살 정 책을 시행하였다.

① 당으로 유학을 떠나는 승려
② 유신 체제에 저항하는 시민
③ 황국 신민 서사를 암송하는 학생
④ 몽골과의 강화를 반대하는 삼별초

13 다음에서 설명하는 것은?

> ○ 명성 황후 시해 사건과 단발령이 원인이 되어 발생함.
> ○ 유인석, 이소응 등 반일 의식을 가진 유생층이 주도함.

① 병자호란
② 을미의병
③ 무신 정변
④ 브나로드 운동

14 다음 설명에 해당하는 것은?

> ○ 1923년에 경남 진주에서 조직되어 백정에 대한 사회적 차별 철폐를 주장함.
> ○ 다른 사회 운동 단체와 연대하여 항일 민족 운동을 전개함.

① 별무반
② 신민회
③ 화랑도
④ 조선 형평사

15 ㉠에 해당하는 것은?

> 〈 ㉠ 의 활동 내용 〉
> - 한글 맞춤법 통일안과 표준어를 제정
> - 우리말 큰사전 편찬을 시도

① 근우회
② 수신사
③ 조선어 학회
④ 신흥 무관 학교

16 ㉠에 들어갈 내용으로 옳은 것은?

> ㉠ 기념 영화 콘티
> 장면1 – 나주역에서 일본인 학생이 한국인 여학생을 희롱하자 한·일 학생 간에 다툼이 벌어짐.
> … (중략) …
> 장면5 – 신간회가 진상 조사단을 파견함.

① 임술 농민 봉기
② 제주 4·3 사건
③ 7·4 남북 공동 성명
④ 광주 학생 항일 운동

17 ㉠에 해당하는 운동은?

> 박정희 정부는 1970년부터 농가 소득을 높이고, 낙후된 농촌을 근대화하여 도시와 농촌을 균형 있게 발전시키고자 ㉠ 을 실시하였다.

① 3·1 운동
② 새마을 운동
③ 교조 신원 운동
④ 금 모으기 운동

18 ㉠에 해당하는 시기에 들어갈 사건은?

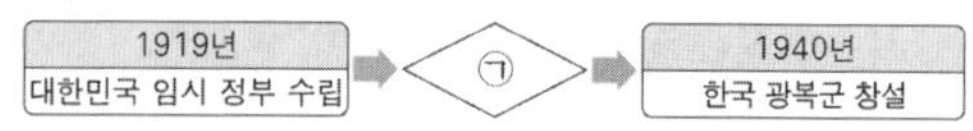

① 규장각 설치
② 서경 천도 운동
③ 쌍성총관부 공격
④ 국민 대표 회의 개최

19 ㉠에 들어갈 내용으로 옳은 것은?

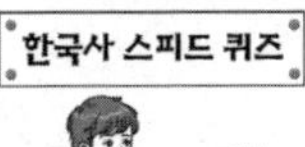

① 독도　　　　　② 강화도
③ 거문도　　　　④ 제주도

20 ㉠에 해당하는 것은?

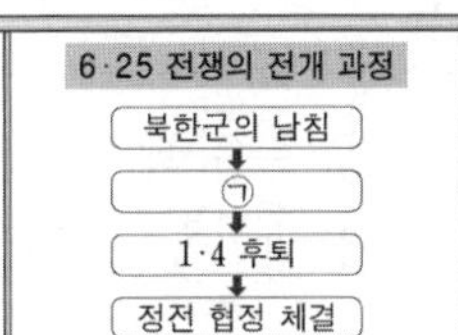

① 귀주 대첩
② 명량 대첩
③ 안시성 전투
④ 인천 상륙 작전

21 다음 내용이 원인이 되어 발생한 사건은?

> 1960년, 자유당과 이승만 정부는 이기붕을 부통령에 당선시키고자 하였다. 이를 위해 투표함 바꿔치기, 개표 조작 등의 부정을 행하였다.

① 아관 파천　　　② 4·19 혁명
③ 카이로 회담　　④ 홍경래의 난

22 다음에서 설명하는 사건은?

> 홍범도의 대한 독립군, 최진동의 군무 도독부군 등은 연합부대를 편성하여 일본의 공격에 대비하였다. 1920년 6월, 독립군 연합 부대는 추격해 오는 일본군을 기습 공격하여 승리하였다.

① 3포 왜란　　　② 기벌포 전투
③ 봉오동 전투　　④ 위화도 회군

23 ㉠에 들어갈 내용으로 가장 적절한 것은?

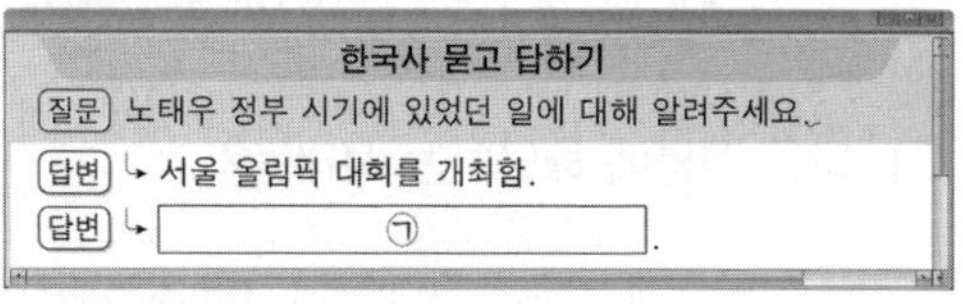

① 금융 실명제를 시행함
② 남면북양 정책을 실시함
③ 친명 배금 정책을 추진함
④ 남북 기본 합의서를 발표함

24 ㉠에 해당하는 인물은?

① 김홍집　　　　② 방정환
③ 윤봉길　　　　④ 전태일

25 다음에서 설명하는 사건은?

> ○ 전개 : 4·13 호헌 조치에 맞서 시민들이 호헌 철폐와 독재 타도를 외치며 전국적으로 시위를 벌임.
> ○ 결과 : 정부가 시민들의 요구를 받아들여 대통령 직선제 개헌안을 수용함.

① 만적의 난　　　② 5·10 총선거
③ 국채 보상 운동　④ 6월 민주 항쟁

제2회 ··· 한국사

01 다음 설명에 해당하는 시대는?

> ○ 농경과 목축을 시작하여 식량을 생산함.
> ○ 대표적인 유물은 빗살무늬 토기임.

① 구석기 시대
② 신석기 시대
③ 청동기 시대
④ 철기 시대

02 ㉠에 들어갈 국왕으로 옳은 것은?

① 세종
② 공민왕
③ 광해군
④ 진흥왕

03 다음에서 설명하는 불교의 종파는?

> ○ 경전 공부보다 참선 수행을 강조함.
> ○ 호족 세력의 적극적인 후원을 받음.
> ○ 대표적인 사원으로 '9산선문'이 있음.

① 서학
② 선종
③ 대종교
④ 천도교

04 ㉠에 들어갈 내용으로 옳은 것은?

> 인종은 묘청, 정지상 등 서경 세력을 등용하였다. 이들은 칭제 건원과 금국 정벌, ㉠ 등을 주장하였다. 이들의 주장이 좌절되자 묘청은 반란을 일으켰다.

① 개항 반대
② 녹읍 폐지
③ 서경 천도
④ 반민족 행위자 처벌

05 다음 질문에 대한 답으로 옳은 것은?

① 택리지
② 삼국유사
③ 홍길동전
④ 대동여지도

06 ㉠에 들어갈 내용으로 옳은 것은?

> **〈수행 평가 계획서〉**
>
> 주제: 정조의 개혁 정치
>
> ○ 1모둠: 영조의 탕평책 계승
> ○ 2모둠: ㉠

① 규장각 설치
② 유신 헌법 제정
③ 수선사 결사 결성
④ 통리기무아문 설치

07 다음에서 설명하는 정책은?

> ○ 배경 : 방납의 폐단
> ○ 내용 : 공납을 토산물 대신 쌀, 옷감, 동전 등으로 납부
> ○ 결과 : 공인의 등장, 상품 화폐 경제의 발달

① 대동법　　　　② 양천제
③ 전시과　　　　④ 호포제

08 다음에서 설명하는 나라는?

> ○ 제너럴셔먼호 사건을 구실로 신미양요를 일으킴.
> ○ 서구 열강 중 최초로 조선과 근대적 조약을 체결함.

① 독일　　　　② 미국
③ 영국　　　　④ 베트남

09 밑줄 친 '개혁 정강'의 내용으로 옳은 것은?

> 1884년 급진 개화파는 우정총국 개국 축하연을 이용하여 갑신정변을 일으켰다. 이들은 개혁 정강을 마련하여 근대적 개혁을 추진하려 했으나, 청군의 개입으로 실패하였다.

① 율령 반포
② 모내기법 보급
③ 정동행성 설치
④ 인민 평등권 보장

10 다음에서 ㉠ 시기에 들어갈 사건은?

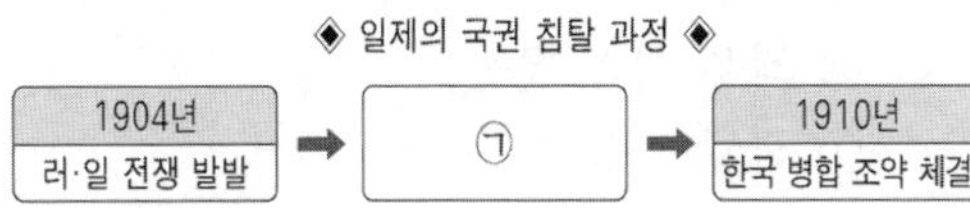

① 붕당 형성　　　　② 예송 논쟁
③ 무신 정권 수립　　④ 을사늑약 체결

11 다음에서 설명하는 단체는?

> ○ 1907년 안창호, 양기탁 등이 비밀 결사로 조직함.
> ○ 실력 양성을 도모하고 국외 독립운동 기지를 건설함.

① 별기군　　　　② 비변사
③ 승정원　　　　④ 신민회

12 다음에서 설명하는 인물은?

① 이황　　　　② 강감찬
③ 전봉준　　　　④ 을지문덕

13 ㉠에 들어갈 내용으로 옳은 것은?

> 2차 갑오개혁 시기에 　㉠　 이/가 반포되었다. 이로 인해 소학교, 외국어 학교, 사범 학교 등 많은 관립 학교가 세워지며 근대적 교육 제도가 마련되었다.

① 교육입국 조서
② 신라 촌락 문서
③ 조선 혁명 선언
④ 7·4 남북 공동 성명

14 ㉠에 들어갈 내용으로 옳은 것은?

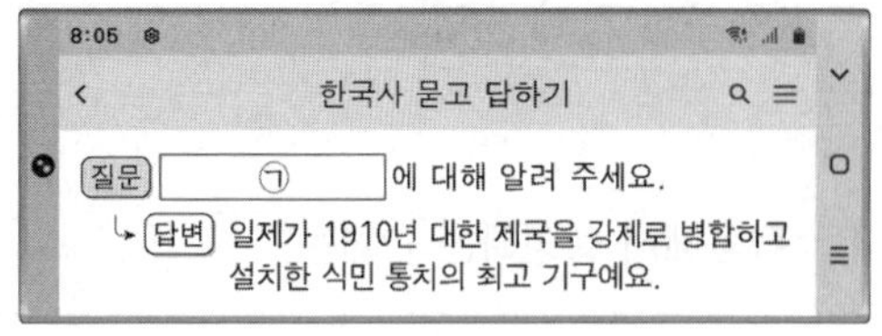

① 삼별초　　　　② 도병마사
③ 제가 회의　　　④ 조선 총독부

15 ㉠에 들어갈 인물로 옳은 것은?

〈조별 과제: 민족주의 사학자와 저서 알아보기〉

○ 1조 : 박은식 - 한국통사, 한국독립운동지혈사

○ 2조 : [㉠] - 조선사연구초, 조선상고사

① 궁예　　　　　② 신채호
③ 이성계　　　　④ 정약용

16 교사의 질문에 대한 답으로 옳지 않은 것은?

1919년 3월 1일 시작된 거국적인 만세 운동이
국내외에 끼친 영향에 대해 말해 볼까요?

① 강화도 조약이 체결되었어요.
② 대한민국 임시 정부가 수립되었어요.
③ 중국의 5 · 4 운동에 영향을 주었어요.
④ 일제가 통치 방식을 이른바 문화 통치로
　바꿨어요.

17 ㉠에 들어갈 민족 운동은?

　1931년 동아일보는 문맹 퇴치와 미신 타
파를 목표로 농촌 계몽 운동을 전개하였다.
이 운동은 러시아어로 '민중 속으로'라는 뜻
의 [㉠]으로 불리기도 하였다.

① 북벌 운동
② 새마을 운동
③ 브나로드 운동
④ 금 모으기 운동

18 ㉠에 해당하는 단체는?

＊연표로 보는 [㉠]의 활동

1919	1923	1924
김원봉을 중심으로 만주 지역에서 결성	김상옥, 종로 경찰서에 폭탄 투척	김지섭, 일본 왕궁에 폭탄 투척

① 의열단
② 보안회
③ 황국 협회
④ 통일 주체 국민 회의

19 다음 설명에 해당하는 것은?

○ 제1차 미 · 소 공동 위원회 결렬 이후 중도
　좌파 여운형, 중도 우파 김규식을 중심으로
　한반도 통일 정부 수립을 목적으로 추진
○ 냉전 체제가 격화되고 여운형이 암살당하
　면서 약화

① 형평 운동
② 위정척사 운동
③ 좌우 합작 운동
④ 국채 보상 운동

20 ㉠에 들어갈 내용으로 옳은 것은?

> 1941년 대한민국 임시 정부는 조소앙의 ㉠를 기초로 하여 건국 강령을 발표하였다. ㉠는 정치, 경제, 교육에서의 균등을 바탕으로 개인과 개인, 민족과 민족, 국가와 국가 간의 균등을 추구하자는 주장이다.

① 삼균주의　　② 돈오점수
③ 시무 28조　　④ 최혜국 대우

21 밑줄 친 '전쟁'으로 옳은 것은?

> <u>전쟁</u>이 교착 상태에 빠지자, 소련은 국제 연합에 정전을 제안하였다. 정전 협상은 군사 분계선, 포로 송환 문제 등 으로 2년여 동안이나 이어졌고, 마침내 1953년 7월 27일 판문점에서 정전 협정이 체결되었다.

① 임오군란　　② 임진왜란
③ 6·25 전쟁　　④ 청산리 대첩

22 ㉠에 들어갈 내용으로 옳은 것은?

① 사창제
② 진대법
③ 친명배금 정책
④ 경제 개발 5개년 계획

23 ㉠에 들어갈 내용으로 옳은 것은?

> 〈1980년대 대한민국의 민주주의 발전〉
>
> 5·18 민주화 운동 → ㉠ → 대통령 직선제 개헌

① 아관파천
② 5·10 총선거
③ 6월 민주 항쟁
④ 모스크바 3국 외상 회의

24 다음 설명에 해당하는 제도는?

> ○ 김영삼 정부에서 투명한 금융 거래 정착과 부당한 정치 자금 거래 근절 등을 목적으로 시행
> ○ 금융 거래에서 실제 이름을 사용해야 하는 제도

① 농지 개혁
② 노비안검법
③ 금융 실명제
④ 황국 신민화 정책

25 ㉠에 들어갈 내용으로 옳은 것은?

> 제1조 남과 북은 서로 상대방의 체제를 인정하고 존중한다.
> 제9조 남과 북은 상대방에 대하여 무력을 사용하지 않으며 상대방을 무력으로 침략하지 아니한다.
> - ㉠ (1991) -

① 과전법
② 전주 화약
③ 국가 총동원법
④ 남북 기본 합의서

제1회 ··· 한국사

---

01 다음에서 설명하는 유물은?

경기 연천 전곡리에서 발견된 구석기 시대의 대표적인 유물로 주로 사냥을 하거나 가죽을 벗기는 등의 용도로 사용하였다.

① 해국도지   ② 주먹 도끼
③ 수월관음도   ④ 임신서기석

02 ㉠에 들어갈 내용으로 옳은 것은?

① 거란   ② 미국
③ 영국   ④ 일본

03 ㉠에 해당하는 인물은?

고려 무신 집권기 보조 국사 ㉠ 은/는 세속화된 불교를 개혁하기 위해 정혜쌍수와 돈오점수를 내세우며 수선사를 중심으로 결사 운동을 펼쳤다.

① 지눌   ② 원효
③ 이순신   ④ 장수왕

04 ㉠에 들어갈 내용으로 옳은 것은?

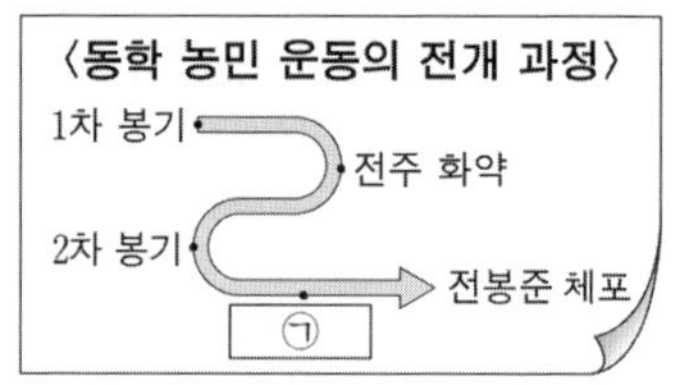

① 국학 설치   ② 사비 천도
③ 우금치 전투   ④ 고구려 멸망

05 ㉠에 들어갈 내용으로 옳은 것은?

〈세도 정치 시기의 ㉠ 〉
• 원인 : 정치 기강이 문란해져 관원의 부패가 심해짐.
• 결과 : 전정 · 군정 · 환곡의 부담으로 백성들의 삶이 매우 힘들어짐.

① 회사령   ② 삼정 문란
③ 발췌 개헌   ④ 정읍 발언

06 자료와 관련한 정책으로 옳은 것은?

유생들이 반발하자 흥선 대원군이 크게 노하여 "이곳은 존경받는 선현을 제사하는 곳인데 지금은 붕당의 근거지로 도둑의 소굴이 되지 않았더냐."라고 말하였다.

① 서원 철폐   ② 녹읍 설치
③ 교정도감 폐지   ④ 동서 대비원 설치

07 다음에서 설명하는 정치 세력은?

> • 인물 : 김옥균, 박영효, 김윤식, 김홍집
> • 특징 : 서양의 근대적 제도와 과학 기술을
>   수용하고자 함.

① 호족
② 무신
③ 개화파
④ 오경박사

08 다음에서 설명하는 유물은?

> 〈역사 유물 카드〉
> • 출토지 : 충남 부여 능산리
> • 용도 : 종교 행사 등에서 향을 피움.
> • 특징 : 불교와 도교 세계를 함께 표현함.

① 택리지
② 상평통보
③ 곤여만국전도
④ 백제 금동 대향로

09 다음 정책을 펼친 조선의 국왕은?

> • 임진왜란 이후 피해 극복을 위해 노력함.
> • 명과 후금의 싸움에 말려들지 않고 실리를
>   취하려 함.

① 광해군
② 혜공왕
③ 법흥왕
④ 고국천왕

10 다음 질문에 대한 답으로 옳은 것은?

① 중추원
② 도병마사
③ 중서문하성
④ 헤이그 특사

11 ㉠에 들어갈 내용으로 옳은 것은?

> 1920년대 농민들은 소작료 인하, 소작권 이
> 동 반대 등을 요구하는 쟁의를 벌였다. 특히
> ㉠ 은/는 소작료를 낮추는 데 성공하여
> 전국의 농민 운동을 자극하였다.

① 6 · 3 시위
② 이자겸의 난
③ 강조의 정변
④ 암태도 소작 쟁의

12 다음에서 설명하는 신문은?

> • 순 한글, 국한문, 영문 세 종류로 발행
> • 영국인 베델이 발행인으로 참여한 일간 신문

① 독사신론
② 동경대전
③ 대한매일신보
④ 조선왕조실록

13 다음 설명에 해당하는 일제의 식민 지배 방식은?

> 3 · 1 운동을 계기로 일제는 무단 통치로는
> 한국을 지배하기 어렵다고 판단하여 한글 신문
> 의 발행을 허용하는 등 문화적 제도의 혁신을
> 내세웠다.

① 기인 제도
② 문화 통치
③ 대통령 중심제
④ 친명 배금 정책

14 다음에서 설명하는 인물은?

출생	1902. 3. 15.
직업	이화 학당 학생
활동	3·1 운동이 일어나자 천안에서 만세 운동 주도
특징	서대문 형무소에서 사망

① 김흥돌
② 나운규
③ 유관순
④ 윤원형

15 ㉠에 들어갈 내용으로 옳은 것은?

> 개항 이후 일본으로 곡물 수출이 늘어나자 곡물 가격이 오르고 사람들의 피해가 커졌다. 이에 일부 지방관들은 ㉠ 을/를 선포하여 곡물 유출을 막고자 하였다.

① 방곡령
② 봉사 10조
③ 교육 입국 조서
④ 좌우 합작 7원칙

16 다음 설명에 해당하는 활동으로 옳은 것은?

> • 파견 목적 : 독립 투쟁을 위한 국내 침투
> • 파견 요원 : 미국 전략 정보국(OSS)의 훈련을 마친 한국 광복군

① 위화도 회군
② YH 무역 사건
③ 국내 진공 작전
④ 서경 천도 운동

17 ㉠에 들어갈 내용으로 옳은 것은?

> 한국사 묻고 답하기
> 질문 모스크바 3국 외상 회의에서 결정된 내용에 대해 알려 주세요.
> 답변 임시 민주 정부의 수립과 이를 위한 미·소 공동 위원회 설치, 최대 5년간의 ㉠ 실시 등이 결정되었어요.

① 신탁 통치　　② 제가 회의
③ 나제 동맹　　④ 독서삼품과

18 다음에서 설명하는 기구는?

> • 1948년 10월에 설치
> • 반민족 행위자 조사 및 처벌을 위한 기구

① 정당성
② 식목도감
③ 건국 준비 위원회
④ 반민족 행위 특별 조사 위원회

19 ㉠에 들어갈 내용으로 옳은 것은?

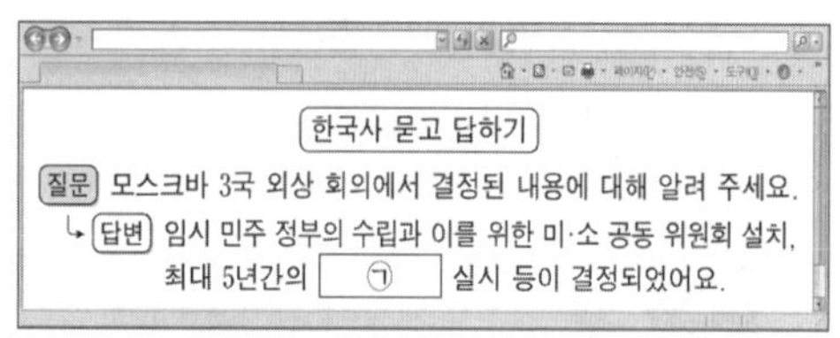

① 선 건설 후 통일
② 유신 헌법 철폐하라
③ 조선 사람 조선 것
④ 근로 기준법 준수하라

20 ㉠에 들어갈 내용으로 옳은 것은?

> 〈수행 평가 보고서〉
> ○ 주제 : 4·19 혁명
> ○ 조사 내용
> － 배경 : 3·15 부정 선거
> － 전개 : 전국적으로 시위 발생, ㉠

① 집강소 설치
② 기묘사화 발생
③ 노비안검법 실시
④ 이승만 대통령의 하야

21 ㉠에 들어갈 내용으로 옳은 것은?

> 〈6·25 전쟁의 전개 과정〉
> ㉠ → 인천 상륙 작전 → 1·4 후퇴 → 정전 협정

① 자유시 참변　　② 미쓰야 협정
③ 별기군 창설　　④ 북한군의 남침

22 다음에서 설명하는 정부는?

> • 대북 화해 협력 정책(햇볕 정책) 추진
> • 남북 정상 회담 개최와 6·15 남북 공동 선언 발표

① 장면 내각　　② 김대중 정부
③ 노태우 정부　　④ 이명박 정부

23 다음에서 설명하는 사건은?

> 　전두환 등 신군부 세력이 불법적으로 병력을 동원하여 계엄 사령관을 비롯한 군의 주요 지휘관들을 몰아내고 군권을 장악하였다.

① 3포 왜란
② 거문도 사건
③ 12·12 군사 반란
④ 임술 농민 봉기

24 밑줄 친 ㉠에 해당하는 운동은?

① 형평 운동
② 금 모으기 운동
③ 교조 신원 운동
④ 문자 보급 운동

25 ㉠에 들어갈 내용으로 옳은 것은?

> 〈박정희 정부 시기의 경제 상황〉
> － 경제 개발 5개년 계획 추진
> － ㉠

① 원산 총파업
② 상평창 설치
③ 당백전 발행
④ 경부 고속 국도 건설

01 다음 설명에 해당하는 시대는?

> • 빈부의 차이와 계급의 분화가 발생함.
> • 대표적인 유물은 비파형 동검임.
> • 우리 역사 최초의 국가인 고조선이 건국됨.

① 구석기 시대　② 신석기 시대
③ 청동기 시대　④ 철기 시대

02 ㉠에 들어갈 신라의 왕으로 옳은 것은?

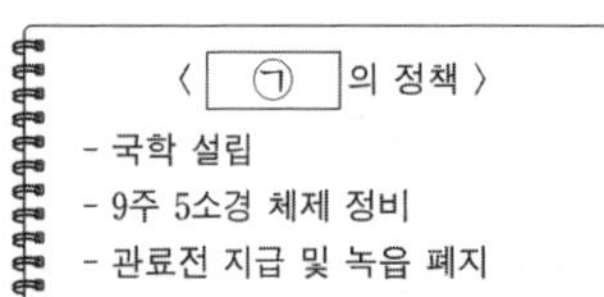

> 〈 ㉠ 의 정책 〉
> - 국학 설립
> - 9주 5소경 체제 정비
> - 관료전 지급 및 녹읍 폐지

① 신문왕　② 장수왕
③ 근초고왕　④ 광개토 대왕

03 다음에서 설명하는 역사서는?

> • 김부식이 왕명을 받아 편찬함.
> • 현존하는 우리나라 역사서 중 가장 오래됨.

① 경국대전　② 삼국사기
③ 조선책략　④ 팔만대장경

04 ㉠에 들어갈 정책으로 옳은 것은?

> 〈 공민왕의 반원 정책 〉
> - 친원 세력 제거
> - 정동행성 이문소 폐지
> - ㉠

① 장용영 설치　② 금관가야 정복
③ 쌍성총관부 공격　④ 치안 유지법 제정

05 다음에서 설명하는 제도는?

> 조선은 이상적인 유교 정치 구현을 위해 노력하였다. 특히 세종은 왕권과 신권의 조화를 추구하여 군사 업무, 특정 인사 등을 제외한 대부분의 일들을 의정부에서 논의하여 보고하도록 하였다.

① 골품제　② 6조 직계제
③ 헌병 경찰제　④ 의정부 서사제

06 다음에서 설명하는 근대적 교육 기관은?

> 개항 이후 근대적 교육의 필요성이 확대되었다. 이에 1883년 근대 학문과 외국어를 가르치는 최초의 근대적 교육 기관이 함경도 덕원 주민들에 의해 세워졌다.

① 태학　② 국자감
③ 성균관　④ 원산 학사

07 ㉠에 들어갈 내용으로 옳은 것은?

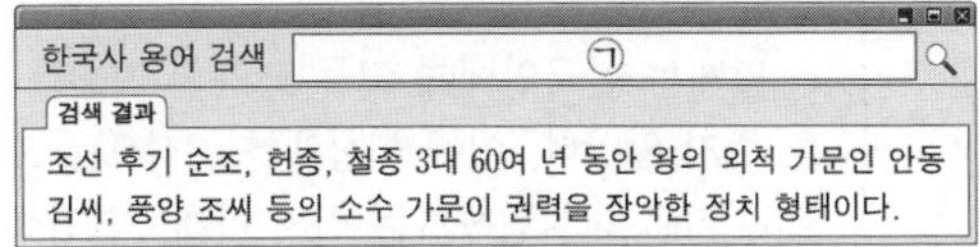

① 도병마사　　　　② 세도 정치
③ 무신 정권　　　　④ 동북 공정

08 밑줄 친 '운동'에 해당하는 것은?

　　일본의 차관이 도입되면서 대한 제국의 빚은 1,300만 원에 이르게 되었다. 이에 1907년 대구에서 성금을 모아 빚을 갚자는 운동이 시작되었고, 대한매일신보 등 언론사가 후원하면서 전국으로 확산되었다.

① 형평 운동　　　　② 북벌 운동
③ 국채 보상 운동　　④ 서경 천도 운동

09 ㉠에 들어갈 내용으로 옳은 것은?

　　일본은 　㉠　 체결에 따라 대한 제국의 외교권을 빼앗고 통감부를 설치하였다. 초대 통감으로 부임한 이토 히로부미는 대한 제국의 내정 전반을 간섭하기 시작하였다.

① 을사늑약　　　　② 헌의 6조
③ 남북 협상　　　　④ 간도 협약

10 을미개혁의 내용으로 옳은 것을 〈보기〉에서 고른 것은?

보기
ㄱ. 단발령 시행　　　ㄴ. 태양력 사용
ㄷ. 노비안검법 실시　ㄹ. 독서삼품과 설치

① ㄱ, ㄴ　　　　② ㄱ, ㄹ
③ ㄴ, ㄷ　　　　④ ㄷ, ㄹ

11 ㉠에 들어갈 인물로 옳은 것은?

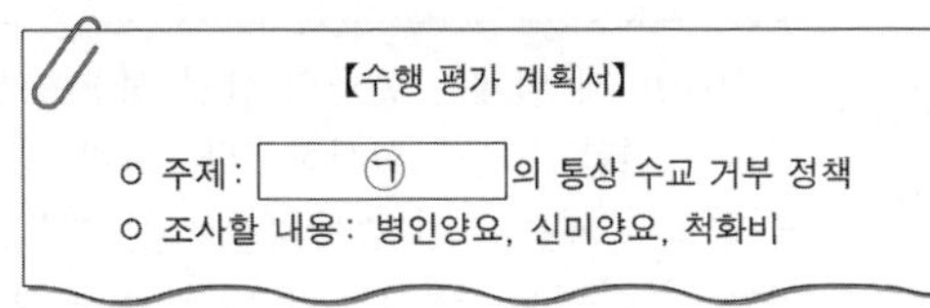

① 서희　　　　② 안향
③ 정약용　　　④ 흥선 대원군

12 ㉠에 들어갈 내용으로 옳은 것은?

① 아관 파천　　　　② 위화도 회군
③ 국내 진공 작전　　④ 3·15 부정 선거

13 밑줄 친 '기구'에 해당하는 것은?

　　1880년대 조선 정부는 개화 정책을 총괄하기 위한 기구를 설치하였다. 그 아래에 실무를 담당하는 12사를 두어 외교, 통상, 재정 등의 업무를 맡게 하였다. 또한 군사 제도를 개편하고 신식 군대인 별기군을 창설하였다.

① 집현전　　　　② 교정도감
③ 통리기무아문　　④ 동양 척식 주식회사

14 ㉠에 들어갈 내용으로 옳은 것은?

> 1910년대 일제는 한국의 산업 성장을 방해하기 위한 정책을 실시하였다. 특히 회사를 설립할 때는 조선 총독의 허가를 받도록 하는 ㉠ 을 공포하여 한국인의 회사 설립을 억제하려 하였다.

① 회사령　　　　② 균역법
③ 공명첩　　　　④ 대동법

15 다음에서 설명하는 무장 독립 투쟁은?

> 1920년 김좌진이 이끄는 북로 군정서와 홍범도의 대한 독립군을 중심으로 한 독립군 연합 부대는 백운평과 어랑촌 등지에서 일본군을 크게 격파하였다.

① 병자호란　　　　② 청산리 대첩
③ 한산도 대첩　　　　④ 황토현 전투

16 다음 질문에 대한 답으로 옳은 것은?

민족 자결주의와 2·8 독립 선언의 영향을 받아 1919년에 일어난 일제 강점기 최대의 민족 운동은 무엇일까요?

① 3·1 운동　　　　② 제주 4·3 사건
③ 금 모으기 운동　　　　④ 부·마 민주 항쟁

17 다음에서 설명하는 민족 운동은?

> 일제는 한국인에게 고등 교육의 기회를 거의 주지 않았다. 이에 이상재를 중심으로 고등 교육 기관을 설립하자는 취지 아래, '한민족 1천만이 한 사람이 1원씩'이라는 구호를 내세우며 모금 운동을 펼쳤다.

① 만민 공동회
② 서울 진공 작전
③ 토지 조사 사업
④ 민립 대학 설립 운동

18 ㉠에 들어갈 내용으로 옳은 것은?

> 【모스크바 3국 외상 회의 결정 내용 요약문】
> 1. 한국의 독립을 위하여 임시 민주 정부를 수립한다.
> 2. 임시 정부 수립을 위하여 미국과 소련은 ㉠ 를 설치하고 한국의 정당 및 사회단체와 협의한다.

① 신간회　　　　② 조선 형평사
③ 국민 대표 회의　　　　④ 미·소 공동 위원회

19 다음에서 설명하는 일제의 식민 지배 방식은?

> 일제는 침략 전쟁을 확대하면서 한국인을 전쟁에 동원하고자 하였다. 이에 황국 신민 서사 암송, 궁성 요배, 신사 참배를 강요하고 한국인의 성과 이름도 일본식으로 바꾸게 하였다.

① 호포제　　　　② 금융 실명제
③ 민족 말살 통치　　　　④ 4·13 호헌 조치

20 다음에서 설명하는 인물은?

◆ 한국사 인물 카드 ◆
○생몰 연도 : 1876년~1949년
○주요 활동 - 한인 애국단 조직
　　　　　　 - 대한민국 임시 정부 주석 역임
○주요 저서 : 『백범일지』

① 궁예　　　　　② 김구
③ 박제가　　　　④ 연개소문

21 ㉠에 들어갈 내용으로 옳은 것은?

일제의 식민 지배에 협력했던 민족 반역자를 청산하는 것은 민족정기를 바로잡기 위해 필요한 일이었다. 이에 1948년 제헌 국회는 국민적 여론과 제헌 헌법에 따라 ┃ ㉠ ┃ 을/를 제정하였다.

① 시무 28조
② 미쓰야 협정
③ 남북 기본 합의서
④ 반민족 행위 처벌법

22 다음에서 설명하는 사건은?

① 갑신정변
② 교조 신원 운동
③ 물산 장려 운동
④ 5·18 민주화 운동

23 ㉠에 들어갈 전쟁으로 옳은 것은?

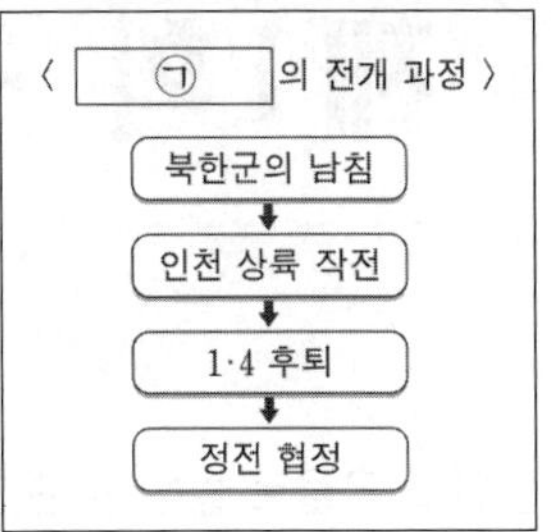

① 임진왜란　　　② 귀주 대첩
③ 6·25 전쟁　　④ 쌍성보 전투

24 박정희 정부 시기에 있었던 사실로 옳은 것을 〈보기〉에서 고른 것은?

┌─〈보기〉──────────────┐
ㄱ. 베트남 파병　　ㄴ. 전주 화약 체결
ㄷ. 유신 헌법 제정　ㄹ. 서울 올림픽 개최
└──────────────────┘

① ㄱ, ㄴ　　　　② ㄱ, ㄷ
③ ㄴ, ㄹ　　　　④ ㄷ, ㄹ

25 ㉠에 들어갈 지역으로 옳은 것은?

• 1905년 러·일 전쟁 중에 일본은 ┃ ㉠ ┃를 자국의 영토로 불법 편입하였다.
• 연합국 최고 사령관 각서 제677호에 ┃ ㉠ ┃가 한국 영토로 표기되어 있다.

① 독도　　　　　② 강화도
③ 제주도　　　　④ 거문도

제1회 ··· 한국사

01 ㉠에 들어갈 유물로 옳은 것은?

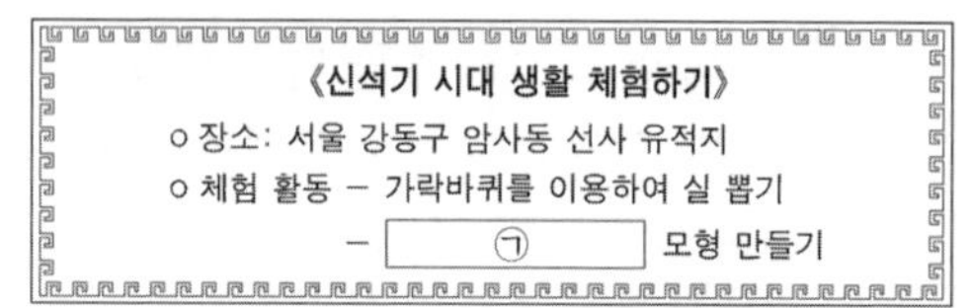

① 상평통보
② 비파형 동검
③ 빗살무늬 토기
④ 불국사 3층 석탑

02 ㉠에 들어갈 내용으로 옳은 것은?

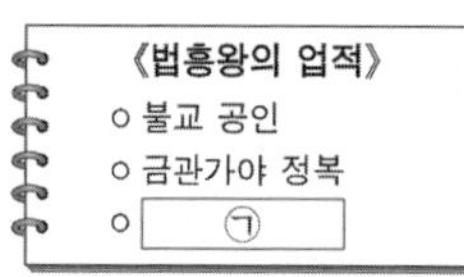

① 율령 반포
② 훈민정음 창제
③ 사심관 제도 실시
④ 전민변정도감 설치

03 다음 설명에 해당하는 문서는?

일본 도다이사 쇼소인에서 발견된 문서이다. 이 문서에는 서원경(충북 청주)에 속한 촌락을 비롯한 4개 촌락의 인구 수, 토지의 종류와 크기, 소와 말의 수 등이 기록되어 있어 당시의 경제 상황을 알 수 있다.

① 공명첩
② 시무 28조
③ 영남 만인소
④ 신라 촌락 문서

04 ㉠에 들어갈 내용으로 옳은 것은?

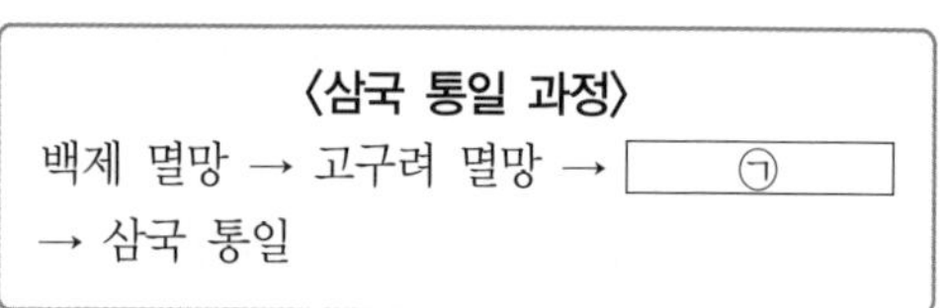

① 귀주 대첩
② 매소성 전투
③ 봉오동 전투
④ 한산도 대첩

05 두 학생의 대화 내용에 해당하는 인물은?

① 김구
② 의천
③ 안중근
④ 전태일

06 다음 내용이 원인이 되어 일어난 사건은?

• 명성 황후 시해 사건 • 단발령 실시

① 갑신정변
② 병자호란
③ 을미의병
④ 무신 정변

07 ㉠에 들어갈 내용으로 옳은 것은?

> 〈수행 평가 계획서〉
> ○ 주제: 고려 광종의 정책
> ○ 조사할 내용: ㉠ , 과거제 등

① 신문지법　　② 노비안검법
③ 치안 유지법　④ 국가 총동원법

08 다음 사건이 일어난 시기에 대한 설명으로 옳은 것은?

> • 홍경래의 난(1811)　• 임술 농민 봉기(1862)

① 권문세족이 농장을 확대하였다.
② 세도 가문이 권력을 독점하였다.
③ 진골 귀족들이 왕위 쟁탈전을 벌였다.
④ 일제가 황국 신민화 정책을 추진하였다.

09 ㉠에 들어갈 내용으로 가장 적절한 것은?

> 질문 고려 양인 중 ㉠ 에 대해 알려 주세요.
> 답변 ↳ 과거 응시와 거주 이전에 제한이 있었습니다.
> 　　 ↳ 일반 군현민에 비해 많은 세금을 부담해야 했습니다.

① 노비　　　　② 향리
③ 하급 장교　④ 향·소·부곡민

10 다음에서 설명하는 조선의 교육 기관은?

> • 사림의 주도로 설립되기 시작함.
> • 지방 양반의 권위를 강화하는 역할을 함.
> • 선현에 대한 제사와 학문 연구 및 교육을 담당함.

① 서원　　　② 광혜원
③ 우정총국　④ 경성 제국 대학

11 ㉠에 들어갈 용어로 옳은 것은?

> 조선에서는 사헌부, 사간원, 홍문관의 ㉠ 을/를 두어 정사를 비판하고 관리의 비리를 감찰하게 하여 권력의 독점과 부정을 방지하였다.

① 3사　　　　② 비변사
③ 식목도감　④ 군국기무처

12 다음에서 ㉠ 시기에 들어갈 사건은?

> 1866년 프랑스는 병인박해를 구실로 강화도를 공격하였다. 이에 맞서 양헌수 부대가 정족산성에서 승리하여 프랑스군이 철수하였다. 이 과정에서 조선은 ㉠

① 쌍성총관부를 탈환하였다.
② 나·제 동맹을 결성하였다.
③ 백두산정계비를 건립하였다.
④ 외규장각 도서를 약탈당하였다.

13 다음 질문에 대한 학생의 답으로 옳은 것은?

한국사 골든벨

① 집강소　　　② 성균관
③ 국문 연구소　④ 조선 총독부

14 다음에서 설명하는 민족 운동은?

> • 준비 과정에서 민족주의 세력과 사회주의 세력이 연대함.
> • 1926년 순종의 장례일에 맞추어 시위를 전개함.

① 새마을 운동 　② 서경 천도 운동
③ 6·10 만세 운동 　④ 5·18 민주화 운동

15 ㉠에 들어갈 내용으로 옳은 것은?

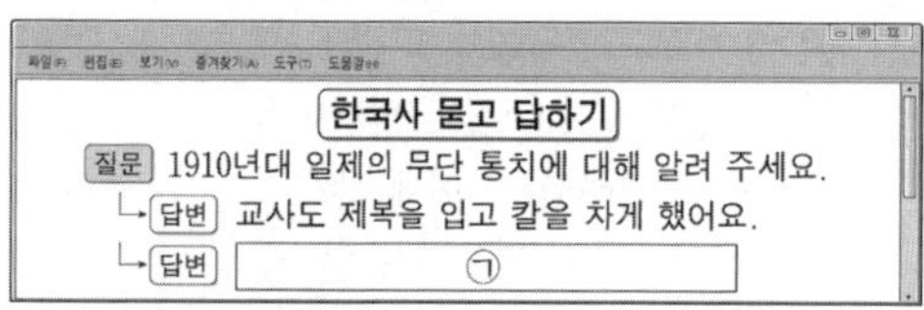

① 골품제를 실시했어요.
② 삼청 교육대를 설치했어요.
③ 사사오입 개헌을 단행했어요.
④ 헌병 경찰 제도를 실시했어요.

16 ㉠에서 들어갈 인물로 옳은 것은?

> 　1932년 일제는 훙커우 공원에서 상하이 사변의 승리를 축하하는 기념식을 열었다. 이때 　㉠　 이 폭탄을 던져 일본의 군 장성과 고관들을 처단하였다. 이를 계기로 중국 국민당 정부는 한국 독립운동을 적극 지원하게 되었다.

① 일연 　② 김유신
③ 윤봉길 　④ 정약용

17 다음에서 설명하는 일제의 식민지 지배 정책은?

> • 배경 : 제1차 세계 대전 이후 일본에서 쌀값이 폭등함.
> • 전개 : 일제가 한국을 식량 공급지화함.
> • 결과 : 한국의 식량 사정이 악화되고 농민의 부담이 증가함.

① 대동법 　② 탕평책
③ 의정부 서사제 　④ 산미 증식 계획

18 ㉠에 들어갈 내용으로 옳은 것은?

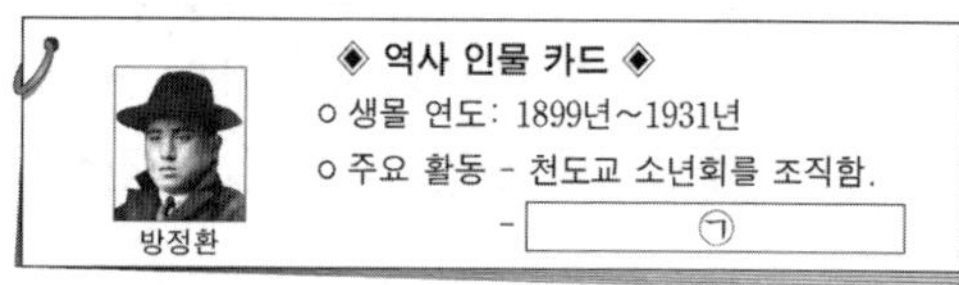

① 현량과를 시행함.
②『삼국사기』를 저술함.
③ 어린이날 제정을 주도함.
④ 이토 히로부미를 처단함.

19 밑줄 친 ㉠에 해당하는 민주화 운동은?

> 　1987년 전두환 대통령의 4·3 호헌조치에 맞서 시민들은 ㉠ 호헌 철폐와 독재 타도를 외치며 전국적으로 시위를 전개하였다. 결국 전두환 정부는 국민의 요구에 굴복하여 대통령 직선제 개헌안을 수용하였다.

① 3·1 운동 　② 6월 민주 항쟁
③ 국채 보상 운동 　④ 금 모으기 운동

20 ㉠에 들어갈 내용으로 옳은 것은?

> 1945년 개최된 ㉠ 에서 한국의 임시 민주 정부 수립, 이를 위한 미·소 공동 위원회 설치, 신탁 통치 실시 등이 결정되었다.

① 신민회
② 화백 회의
③ 조선 물산 장려회
④ 모스크바 3국 외상 회의

21 다음 전쟁의 결과로 옳지 <u>않은</u> 것은?

> 1950년 6월 25일, 북한의 남침으로 발발하였다. 이후 인천 상륙 작전, 1·4 후퇴를 거쳐 38도선 일대에서 공방전이 지속되다가 1953년 7월 27일 정전 협정이 체결되었다.

① 강화도 조약이 체결되었다.
② 남북 분단이 고착화되었다.
③ 많은 군인과 민간인이 희생되었다.
④ 이산가족과 전쟁고아가 발생하였다.

22 ㉠에 들어갈 내용으로 옳은 것은?

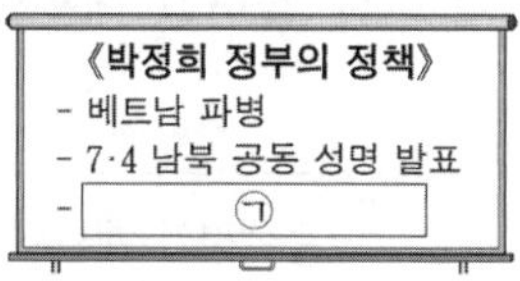

① 별기군 창설
② 유신 헌법 제정
③ 독서삼품과 실시
④ 한·일 월드컵 대회 개최

23 다음에서 설명하는 정부는?

> • 삼백 산업 발달   • 3·15 부정 선거 자행

① 이승만 정부
② 노태우 정부
③ 김대중 정부
④ 이명박 정부

24 다음에서 설명하는 군사 조직은?

> • 1940년에 대한민국 임시 정부가 창설함.
> • 총사령관에 지청천, 참모장에 이범석이 취임함.
> • 미국 전략 정보국(OSS)과 협력하여 국내 진공 작전을 계획함.

① 별무반
② 삼별초
③ 장용영
④ 한국 광복군

25 ㉠에 들어갈 내용을 옳은 것은?

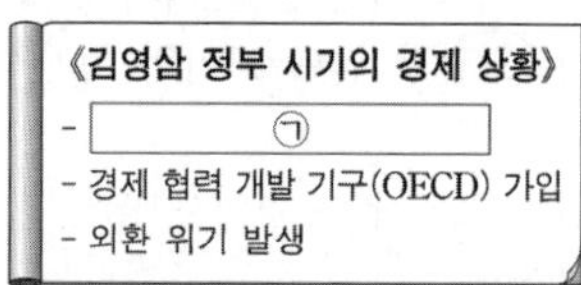

① 당백전 발행
② 방곡령 선포
③ 진대법 실시
④ 금융 실명제 실시

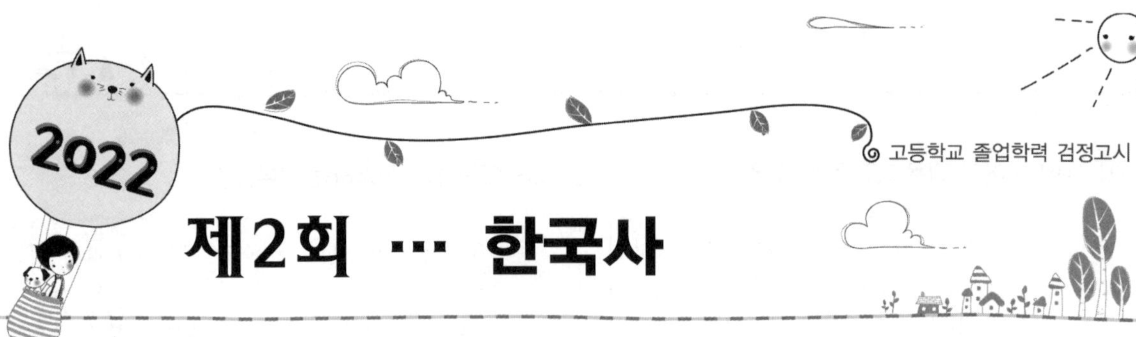

제2회 … 한국사

01 다음에서 설명하는 유물은?

> • 구석기 시대를 대표하는 뗀석기임.
> • 사냥을 하거나 가죽을 벗기는 용도로 사용함.

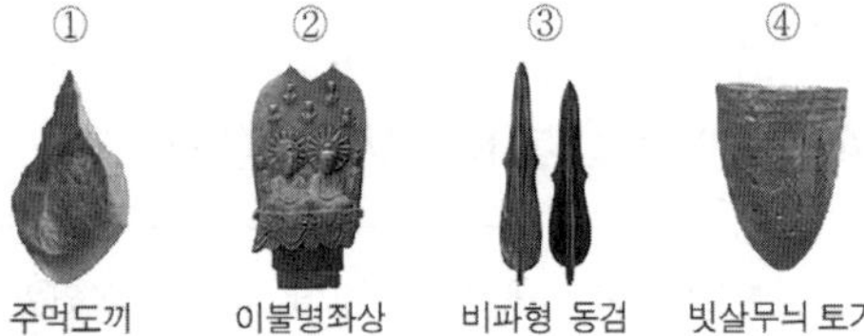

02 다음에서 설명하는 왕은?

> • 신라를 도와 왜를 격퇴함.
> • '영락'이라는 독자적 연호를 사용함.
> • 4세기 말 즉위 후 고구려의 영토를 크게 넓힘.

① 세종
② 고이왕
③ 공민왕
④ 광개토 대왕

03 다음에서 설명하는 기구는?

> • 국방에 관계된 일을 회의로 결정함.
> • 식목도감과 함께 고려의 독자적인 정치 기구임.
> • 원 간섭기에 도평의사사로 명칭과 권한을 변경함.

① 집사부
② 정당성
③ 도병마사
④ 군국기무처

04 다음에서 ㉠에 들어갈 내용으로 옳은 것은?

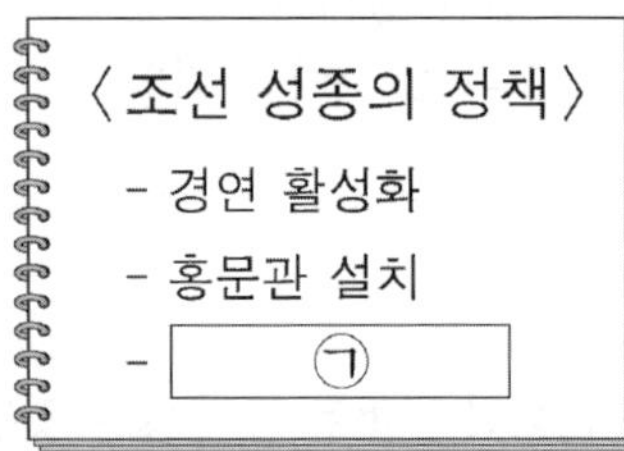

① 경국대전 반포
② 기인 제도 실시
③ 삼청 교육대 운영
④ 전민변정도감 설치

05 다음에서 설명하는 문화유산은?

> **문화유산 카드**
> ○ 위치: 경상북도 토함산
> ○ 특징: 불국사와 함께 불국토의 이상 세계를 표현한 통일신라 시기의 대표적 건축물

① 경복궁
② 무령왕릉
③ 수원 화성
④ 경주 석굴암

06 다음에서 ㉠에 들어갈 내용으로 옳지 <u>않은</u> 것은?

> 〈수행평가 계획서〉
> 주제 : 흥선 대원군이 주도한 정책
> • 1모둠 : 경복궁 중건
> • 2모둠 : ㉠

① 서원 정리
② 당백전 발행
③ 호포제 시행
④ 훈민정음 창제

07 다음에서 설명하는 화폐는?

조선 후기에 주조된 화폐로 17세기 말 전국적으로 유통되면서 물품 구입이나 세금 납부 수단으로 사용되었다.

① 호패　　　　② 명도전
③ 상평통보　　④ 독립 공채

08 다음에서 ㉠에 해당하는 지역은?

㉠ 는 군사 전략 요충지로 큰 역할을 해 왔다. 고려 시대에는 몽골의 침입을 피해 이곳으로 수도를 옮긴 적이 있었고, 조선 시대에는 이곳에서 병인양요가 발발하였다.

① 강화도　　　② 거문도
③ 울릉도　　　④ 제주도

09 다음에서 설명하는 신문은?

- 한글판과 영문판으로 발행됨.
- 서재필 등이 정부의 지원을 받아 창간함.
- 국민을 계몽하고 국내 사정을 외국인에게도 전달함.

① 독립신문　　② 동아일보
③ 조선일보　　④ 한성순보

10 다음에서 ㉠에 들어갈 내용으로 옳은 것은?

〈다큐멘터리 기획안〉
○ 제목: 녹두장군의 꿈!
○ 의도: 동학 농민군 지도자 전봉준의 삶을 조명한다.
○ 내용: 1부 고부 농민 봉기를 주도하다.
　　　　2부 ㉠

① 거중기를 제작하다.
② 신민회를 조직하다.
③ 천리장성을 축조하다.
④ 황토현 전투에서 승리하다.

11 다음 질문에 대한 답으로 옳은 것은?

① 새마을 운동　　② 위정척사 운동
③ 국채 보상 운동　④ 서경 천도 운동

12 다음에서 ㉠ 시기에 들어갈 사건은?

| 1945. 8. 15. 광복 | → | ㉠ | → | 1948. 8. 15. 대한민국 정부 수립 |

① 기묘사화
② 5·10 총선거
③ 오페르트 도굴 사건
④ 6·15 남북 공동 선언 발표

13 다음에서 설명하는 일제 식민 정책은?

> 1910년대 일제가 시행한 경제 정책으로, 토지 소유권자가 정해진 기간 내에 직접 신고하여 소유지로 인정받는 신고주의 원칙에 따라 진행되었다.

① 균역법
② 노비안검법
③ 토지 조사 사업
④ 경부 고속 국도 개통

14 다음 대화 내용에 해당하는 단체는?

① 삼별초
② 신간회
③ 통신사
④ 화랑도

15 다음에서 설명하는 사건은?

> 1919년에 일어난 일제 강점기 최대 규모의 민족 운동이다. 일제의 통치 방식이 바뀌는 계기가 되었으며, 대한민국 임시 정부 수립에 영향을 주었다.

① 3·1 운동
② 제주 4·3 사건
③ 임술 농민 봉기
④ 12·12 군사 반란

16 다음에서 ㉠에 들어갈 내용으로 옳은 것은?

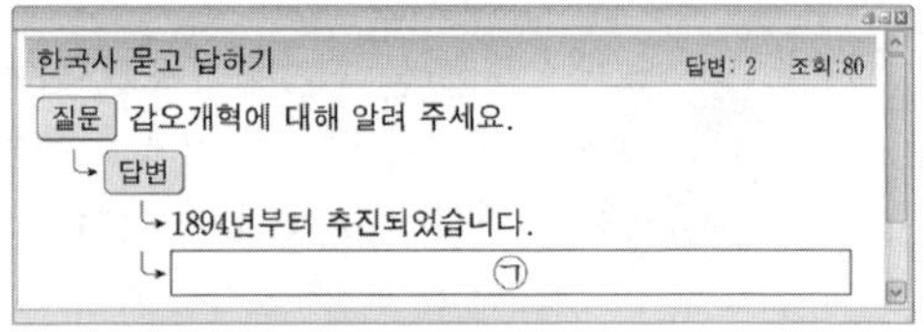

① 별무반이 창설되었습니다.
② 신분제가 폐지되었습니다.
③ 척화비가 건립되었습니다.
④ 세도 정치가 시작되었습니다.

17 다음 밑줄 친 ㉠에 해당하는 것은?

> 일제는 한국인을 전쟁에 효율적으로 동원하고 일왕에 충성하는 백성으로 만들고자 ㉠ 황국 신민화 정책을 실시하였다.

① 골품제 실시
② 사사오입 개헌
③ 신사 참배 강요
④ 사심관 제도 시행

18 다음 대본에서 ㉠에 들어갈 말로 가장 적절한 것은?

> 장면 #27 평화 시장에서 시위하는 모습
> 전태일 : 우리 노동자들은 열악한 작업 환경에서 장시간 노동으로 고통 받고 있다. 우리는 기계가 아니다!
> ㉠

① 신탁 통치를 반대한다!
② 근로 기준법을 준수하라!
③ 군사력을 강화하여 청을 정벌하자!
④ 교조 최제우의 억울함을 풀어 주시오!

19 다음에서 설명하는 정부는?

> • 금융 실명제를 실시함.
> • 지방 자치제를 전면적으로 시행함.
> • 국제 통화 기금(IMF)에 구제 금융 지원을 요청함.

① 김영삼 정부 ② 박정희 정부
③ 이승만 정부 ④ 전두환 정부

20 다음에서 설명하는 것은?

> • 국제 사회가 한국의 독립을 처음으로 약속함.
> • 1943년 미·영·중 정상들이 모여 전후 처리를 논의함.

① 팔관회 ② 화백 회의
③ 만민 공동회 ④ 카이로 회담

21 다음에서 ㉠에 해당하는 사건으로 옳은 것은?

① 자유시 참변
② 6·10 만세 운동
③ 5·18 민주화 운동
④ 제너럴 셔먼호 사건

22 다음에서 설명하는 종교는?

> 나철 등을 중심으로 단군 신앙을 내세웠으며, 중광단을 조직하여 독립운동을 전개하였다.

① 도교 ② 기독교
③ 대종교 ④ 천주교

23 다음에서 ㉠에 해당하는 사건은?

> 〈6·25 전쟁의 전개 과정〉
> 북한의 남침 → 인천 상륙 작전 → 서울 수복(1950. 9. 28.)
> → ㉠ → 정전 협정 체결

① 1·4 후퇴 ② 명량 대첩
③ 무신 정변 ④ 아관 파천

24 다음에서 설명하는 단체는?

> • 1919년 만주에서 김원봉 등이 주도하여 결성함.
> • 신채호의 「조선 혁명 선언」을 활동 지침으로 삼음.

① 별기군 ② 의열단
③ 교정도감 ④ 조선어 학회

25 다음에서 ㉠에 해당하는 것은?

> 1972년, 서울과 평양에서 [㉠] 이/가 동시에 발표되었다. 이는 분단 후 남북한이 통일과 관련하여 최초로 합의한 것이며, 자주·평화·민족 대단결의 통일 원칙을 명시하였다.

① 시무 28조 ② 전주 화약
③ 4·13 호헌 조치 ④ 7·4 남북 공동 성명

제1회 ··· 한국사

01 다음 유물이 처음으로 제작된 시대는?

비파형 동검과 함께 만주와 한반도 북부에 집중적으로 분포한다. 이를 통해 고조선의 문화 범위를 추정할 수 있다.

〈탁자식 고인돌〉

① 구석기 시대
② 신석기 시대
③ 청동기 시대
④ 철기 시대

02 다음에서 설명하는 신라의 인물은?

• 아미타 신앙을 전파하여 불교 대중화에 기여함.
• 여러 종파의 대립을 없애고자 화쟁 사상을 주장함.

① 원효
② 일연
③ 김부식
④ 정약용

03 다음에서 설명하는 정치 세력은?

• 고려 말 권문세족의 부정부패를 비판함.
• 성리학을 바탕으로 사회 모순을 개혁하고자 함.
• 대표적 인물로는 조준, 정도전, 정몽주 등이 있음.

① 6두품
② 보부상
③ 독립 협회
④ 신진 사대부

04 다음에서 ㉠에 해당하는 내용으로 적절한 것은?

〈임오군란〉
• 배경 : ㉠
• 전개 : 군란 발생 → 흥선 대원군 재집권 → 청군 개입
• 영향 : 청의 내정 간섭, 제물포 조약 체결

① 평양 천도
② 신사 참배 강요
③ 금의 군신 관계 요구
④ 구식 군인에 대한 차별

05 다음에서 설명하는 사건은?

일본의 도요토미 히데요시가 조선을 침략하자, 각지에서 의병이 일어나 일본군에게 타격을 주었다. 한편, 이순신이 이끄는 수군은 해전에서 여러 차례 일본군에 승리하였다.

① 임진왜란
② 살수 대첩
③ 만적의 난
④ 봉오동 전투

06 다음에서 ㉠에 해당하는 조선의 제도는?

① 골품제
② 대동법
③ 단발령
④ 진대법

07 다음에서 ㉠에 해당하는 것은?

> 신미양요 이후 흥선 대원군은 전국 각지에 ㉠ 을/를 세워 서양과의 통상을 거부한다는 의지를 널리 알렸다.

① 규장각
② 독립문
③ 척화비
④ 임신서기석

08 다음에서 설명하는 조약은?

> • 조선이 외국과 맺은 최초의 근대적 조약임.
> • 조약 체결의 결과로 부산 외 2개 항구를 개항함.
> • 해안 측량권과 영사 재판권을 인정한 불평등 조약임.

① 간도 협약
② 전주 화약
③ 톈진 조약
④ 강화도 조약

09 다음에서 ㉠에 해당하는 문화유산은?

> 〈역사 유물 카드〉
> • 명　칭 : ㉠
> • 소재지 : 경남 합천 해인사
> • 내　용 : 몽골의 침입을 부처의 힘으로 물리치고자 제작하였으며, 고려의 뛰어난 목판 인쇄술을 보여줌.

① 석굴암
② 경국대전
③ 무령왕릉
④ 팔만대장경판

10 다음에서 ㉠에 해당하는 통치 기구는?

① 삼별초
② 집현전
③ 통감부
④ 화랑도

11 다음에서 설명하는 지역은?

> • 안용복이 일본에 건너가 조선의 영토임을 확인함.
> • 일본이 「태정관 지령」으로 조선의 영토로 인정함.
> • 대한 제국은 「칙령 제41호」를 통해 울도군의 관할로 둠.

① 진도
② 독도
③ 벽란도
④ 청해진

12 다음에서 설명하는 시설은?

> • 우리나라 최초의 근대식 병원임.
> • 1885년에 선교사 알렌의 제안으로 설립함.
> • 제중원을 거쳐 세브란스 병원으로 개칭함.

① 서원
② 향교
③ 광혜원
④ 성균관

13 다음과 같이 주장한 일제 강점기의 사회 운동은?

① 병인박해
② 형평 운동
③ 거문도 사건
④ 서경 천도 운동

14 다음에서 설명하는 1910년대 일제의 식민 지배 방식은?

> • 헌병 경찰로 일상생활을 감시함.
> • 「조선 태형령」으로 한국인을 탄압함.
> • 학교 교원에게도 제복을 입히고 칼을 차게 함.

① 선대제
② 기인 제도
③ 무단 통치
④ 나·제 동맹

15 다음에서 ㉠에 해당하는 사건은?

〈 ┌─────㉠─────┐ 다큐멘터리 기획안 〉

• **주요 장면**
  - 장면1. 독립 선언서를 준비하는 33인의 민족
    대표
  - 장면2. 아우내 장터에서 만세 운동을 벌이
    는 유관순

① 3 · 1 운동　　　　② 무신 정변
③ 이자겸의 난　　　④ 임술 농민 봉기

16 다음 대화에 해당하는 무장 투쟁은?

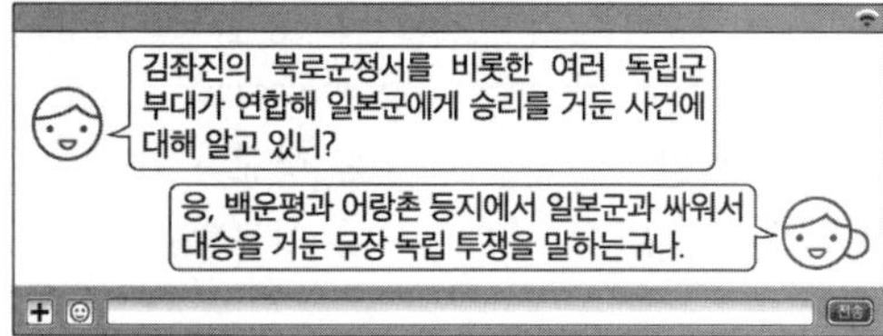

① 명량 대첩　　　　② 청산리 대첩
③ 홍경래의 난　　　④ 6 · 10 만세 운동

17 다음에서 ㉠에 해당하는 내용으로 적절한 것은?

〈전시 동원 체제와 인력 수탈〉

• 일제가 1938년에 「국가 총동원법」을 공포함.
• 지원병제와 징병제로 청년을 침략 전쟁에
  투입함.
• 근로 정신대와 [㉠] 등으로 여성
  을 강제 동원함.

① 정미의병　　　　② 금융 실명제
③ 서울 올림픽　　　④ 일본군 '위안부'

18 다음 설명에 해당하는 것은?

• 1948년에 김구와 김규식 등이 추진함.
• 김구 일행이 38도선을 넘어 평양으로 감.
• 남북의 지도자들이 통일 정부 수립을 결의함.

① 남북 협상　　　　② 아관 파천
③ 우금치 전투　　　④ 쌍성총관부 공격

19 다음에서 ㉠에 해당하는 것은?

질문 [㉠] 의 활동에 대해 알려주세요.
답변 1919년 상하이에서 수립되었으며, 충칭으로 이동한 후
　　 한국 광복군을 창설하여 대일 선전 포고를 하고 국내
　　 진공 작전을 준비하였습니다.

① 9산선문
② 급진 개화파
③ 대한민국 임시 정부
④ 동양 척식 주식회사

20 다음에서 ㉠에 해당하는 내용으로 적절한 것은?

〈반민족 행위 특별 조사 위원회〉

• 설치 시기 : 1948년 이승만 정부 시기
• 설치 근거 : 반민족 행위 처벌법
• 설치 목적 : [㉠]

① 과거제 실시　　　② 친일파 청산
③ 황무지 개간　　　④ 방곡령 시행

21 다음에서 ㉠에 해당하는 사건으로 적절한 것은?

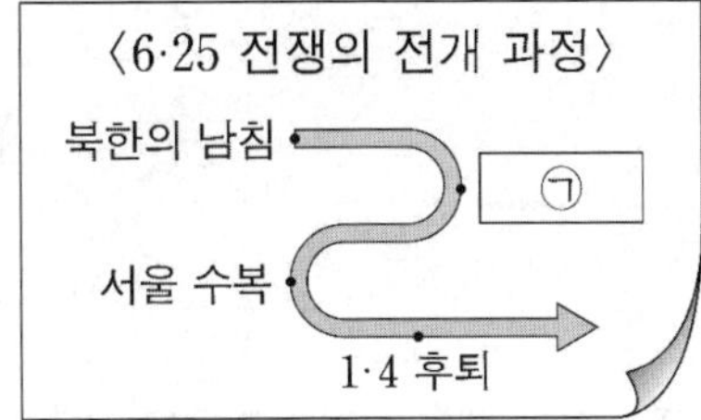

① 녹읍 폐지　　② 후삼국 통일
③ 자유시 참변　④ 인천 상륙 작전

22 다음에서 설명하는 사건은?

- 배경 : 3·15 부정선거(1960)
- 과정 : 전국에서 시위 발생, 대학교수단 시국 선언
- 결과 : 이승만 대통령 하야

① 4·19 혁명
② 제주 4·3 사건
③ 12·12 사태
④ 5·18 민주화 운동

23 다음에서 설명하는 정부는?

- 경제개발 5개년 계획을 추진함.
- 근면·자조·협동 정신을 강조한 새마을 운동을 시작함.
- 전태일 사건, YH 무역 사건 등의 노동 문제에 직면함.

① 장면 정부　　② 박정희 정부
③ 김영삼 정부　④ 김대중 정부

24 다음에서 ㉠에 해당하는 내용으로 적절한 것은?

〈수행 평가 보고서〉
- 주제 : 6월 민주 항쟁
- 조사 내용
  - 인물 탐구 : 박종철, 이한열
  - 항쟁 결과 : ㉠

① 집강소 설치
② 정전 협정 체결
③ 노비안검법 실시
④ 대통령 직선제 개헌

25 다음에서 ㉠에 해당하는 것은?

① 외환 위기　　② 베트남 파병
③ 원산 총파업　④ 서울 진공 작전

제2회 ··· 한국사

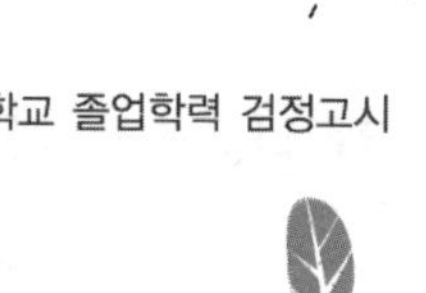

01 다음 유물이 처음으로 제작된 시대의 생활 모습으로 옳은 것은?

〈빗살무늬 토기〉

① 민화가 유행하였다.
② 불교를 받아들였다.
③ 농경과 목축을 시작하였다.
④ 철제 농기구를 사용하였다.

02 다음에서 ㉠에 들어갈 나라는?

〈 ㉠ 의 8조법〉

– 사람을 죽인 자는 즉시 죽인다.
– 남에게 상처를 입힌 자는 곡식으로 갚는다.
– 도둑질을 한 자는 노비로 삼는다.

① 마한
② 백제
③ 신라
④ 고조선

03 다음에서 ㉠에 들어갈 사건은?

〈고구려와 수 · 당의 전쟁〉

• ㉠ : 수나라의 침입을 을지문덕이 물리침.
• 안시성 싸움 : 당나라의 침입을 성주와 백성들이 결사적으로 저항하여 물리침.

① 기묘사화
② 신미양요
③ 무신 정변
④ 살수 대첩

04 다음 중 발해에 대한 설명으로 옳은 것을 〈보기〉에서 고른 것은?

〈보기〉

ㄱ. 고구려 계승 의식을 내세웠다.
ㄴ. 당으로부터 해동성국이라 불리었다.
ㄷ. 화랑도를 국가적 조직으로 정비하였다.
ㄹ. 이성계가 건국한 후 한양으로 천도하였다.

① ㄱ, ㄴ
② ㄱ, ㄷ
③ ㄴ, ㄹ
④ ㄷ, ㄹ

05 다음에서 설명하는 고려의 왕은?

• 쌍성총관부를 공격하여 철령 이북의 영토를 수복함.
• 신돈을 등용하여 전민변정도감을 설치함.

① 성왕
② 공민왕
③ 장수왕
④ 진흥왕

06 다음에서 ㉠에 들어갈 내용으로 가장 적절한 것은?

> **〈수행 평가 계획서〉**
>
> 주제 : [　　　　　㉠　　　　　]
>
> • 1모둠 : 전시과 제도의 정비 과정에 대해 조사하기.
> • 2모둠 : 공음전, 군인전의 특징에 대해 조사하기.

① 고려의 토지 제도
② 삼국의 문물 교류
③ 조선의 대외 관계
④ 통일 신라의 신분 제도

07 다음에서 설명하는 고려의 공예품은?

> • 신라와 발해의 전통과 기술을 토대로 송의 자기 제작 기술을 받아들여 만들어짐.
> • 귀족 사회의 전성기인 11세기에 만들어진 비색의 자기임.

① 청자
② 활구
③ 거중기
④ 신기전

08 다음에서 설명하는 고려의 인물은?

> **■ 역사 인물 카드 ■**
>
> • 생몰 연도 : 1158~1210
> • 주요 활동 – 수선사 결사 조직
> 　　　　　 – 수행 방법으로 정혜쌍수, 돈오점수 제시
> 　　　　　 – 선·교 일치의 사상 체계 정립

① 계백
② 지눌
③ 김유신
④ 김좌진

09 다음에서 설명하는 조선의 법전은?

> • 세조 때 편찬을 시작하여 성종 때 완성함.
> • 조선의 기본 법전으로 이·호·예·병·형·공전의 6전으로 구성됨.

① 경국대전
② 농사직설
③ 목민심서
④ 삼국사기

10 다음에서 ㉠에 들어갈 내용으로 옳은 것은?

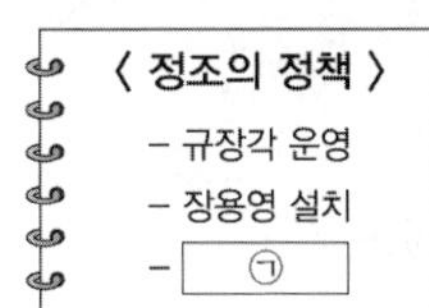

① 대가야 정벌
② 훈민정음 창제
③ 수원 화성 건설
④ 노비안검법 실시

11 다음에서 설명하는 사건은?

> • 배경 : 청의 군신 관계 요구를 조선이 거절함.
> • 전개 : 청 태종이 침략하자 인조가 남한산성으로 피신하여 항전하였으나 삼전도에서 항복함.
> • 결과 : 조선은 청과 군신 관계를 맺음.

① 방곡령
② 병자호란
③ 을미사변
④ 홍경래의 난

12 다음에서 ㉠에 들어갈 조선의 수취 제도는?

> **학생** [　　　㉠　　　]에 대해 알려 주세요.
>
> **교사** 조선 영조 때 군역 부담을 줄여 주기 위하여 실시된 수취 제도로 1년에 2필을 내던 군포를 1필로 줄였습니다.

① 과전법
② 균역법
③ 진대법
④ 호패법

13 다음에서 설명하는 사건은?

> ○○○○년 ○월 ○일
> **개화당, 새로운 세상을 꿈꾸다!**
> 개화당의 김옥균, 박영효, 홍영식, 서재필 등은 우정총국 개국 축하연을 기회로 변란을 일으켜 근대 국가를 건설하고자 하였다.

① 갑신정변 ② 묘청의 난
③ 삼별초 항쟁 ④ 위화도 회군

14 다음에서 설명하는 종교는?

> • 경주의 몰락 양반인 최제우가 창시함.
> • 인내천 사상을 바탕으로 인간의 평등을 강조함.
> • 1894년 전봉준, 손화중 등 교도들이 농민 운동에 참여함.

① 도교 ② 동학
③ 대종교 ④ 원불교

15 다음 퀴즈의 정답으로 옳은 것은?

> 〈한국사 퀴즈〉
> 문제 : 다음 힌트를 듣고 정답을 말해 주세요.
> • 힌트 1 - 흥선 대원군이 왕실의 권위를 높이기 위해 실시한 정책입니다.
> • 힌트 2 - 필요 경비를 마련하려고 당백전을 발행하였습니다.

① 경복궁 중건 ② 우산국 정복
③ 삼국유사 편찬 ④ 독서삼품과 실시

16 밑줄 친 ㉠의 회원들이 벌인 활동으로 옳은 것은?

> 1907년 안창호, 양기탁 등이 설립한 ㉠ 비밀 결사 단체로 교육 진흥과 국민 계몽을 강조하고 해외에 독립운동 기지를 건설하였다.

① 강동 6주 개척
② 대동여지도 제작
③ 남북 기본 합의서 채택
④ 대성 학교와 오산 학교 설립

17 다음에서 설명하는 자주 국권 운동을 전개한 단체는?

> **대한 사람 모두 모이시오!**
> **만민 공동회는 남녀노소 누구나 참여할 수 있습니다.**
> • 일자 : 1898년 ○월 ○○일
> • 취지 : 러시아 내정 간섭과 이권 요구 규탄
> • 운영 방법 : 토론회와 강연회

① 의열단 ② 독립 협회
③ 북로 군정서 ④ 미·소 공동 위원회

18 다음에서 설명하는 것은?

> 1919년 3·1 운동을 계기로 상하이에서 수립되었으며, 민주 공화제를 지향하고 연통제와 교통국을 조직하여 활동하였다.

① 삼정이정청 ② 통리기무아문
③ 문맹 퇴치 운동 ④ 대한민국 임시 정부

19 다음에서 일제 강점기 국가 총동원법이 적용된 시기의 상황으로 옳은 것은?

① 공출 제도가 실시되었다.
② 만적의 난이 발생하였다.
③ 강화도 조약이 체결되었다.
④ 전국에 척화비가 세워졌다.

20 다음에서 설명하는 단체는?

> • 어려운 독립운동 상황을 극복하기 위해 김구의 주도하에 조직됨.
> • 대표적인 활동으로 이봉창 의거와 윤봉길 의거가 있음.

① 별기군 ② 교정도감
③ 한인 애국단 ④ 조선어 학회

21 다음에서 ㉠에 들어갈 내용으로 가장 적절한 것은?

> 〈다큐멘터리 기획안〉
> • 제목 : 일제의 역사 왜곡에 맞선 신채호
> • 기획 의도 : 역사학자 신채호의 활동을 조명한다.
> • 내용 : 1부 대한매일신보에 '독사신론'을 연재하다.
> 2부 ㉠

① 동의보감을 편찬하다.
② 임오군란을 주도하다.
③ 해동 천태종을 창시하다.
④ 민족주의 사학을 연구하다.

22 다음 정책을 실시한 정부 시기에 일어난 사건은?

> • 유신 헌법 제정
> • 새마을 운동 실시
> • 한·일 협정 체결
> • 경제 개발 5개년 계획 추진

① 서원 철폐 ② 자유시 참변
③ 베트남 파병 ④ 금난전권 폐지

23 다음 대화 내용에 해당하는 민족 운동은?

① 형평 운동 ② 서경 천도 운동
③ 물산 장려 운동 ④ 좌·우 합작 운동

24 다음에서 설명하는 사건은?

> 1980년 5월, 비상계엄을 전국으로 확대한 신군부에 맞서 광주의 학생과 시민들은 '광주 시민 궐기문'을 발표하고 격렬하게 저항하였다. 당시의 관련 기록물은 2011년 유네스코 세계 기록 유산으로 등재되었다.

① 병인박해 ② YH 무역 사건
③ 교조 신원 운동 ④ 5·18 민주화 운동

25 다음에서 ㉠에 들어갈 내용으로 옳은 것은?

> 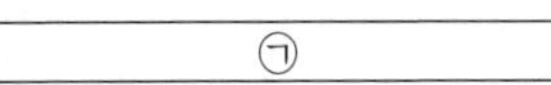
> ㉠
> • 2000년에 개최된 남북 정상 회담의 결과로 발표됨.
> • 이산가족 방문, 개성 공단 건설 등 남북 교류에 합의함.

① 홍범 14조
② 교육입국 조서
③ 6·15 남북 공동 선언
④ 조·청 상민 수륙 무역 장정

MEMO

도 덕

고등학교 졸업학력 검정고시 대비 기출문제

똑 같 은 **기 출** 똑 똑 한 **해 설**

똑 같 은 **기 출** 똑 똑 한 **해 설**

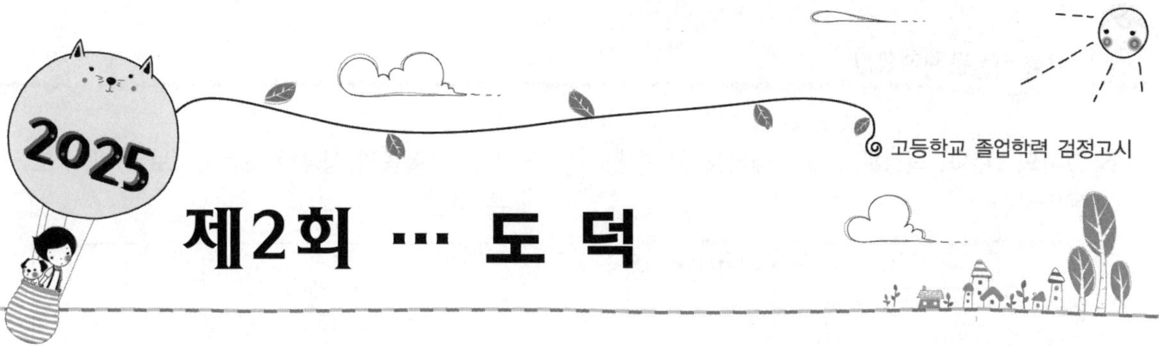

제2회 … 도 덕

01 다음의 문제를 다루는 실천 윤리 분야로 가장 적절한 것은?

> • 사생활 침해   • 저작권 침해
> • 사이버 폭력   • 해킹과 바이러스 유포

① 정보 윤리
② 생명 윤리
③ 평화 윤리
④ 환경 윤리

02 다음 퀴즈에 대한 정답으로 옳은 것은?

① 군자   ② 보살
③ 진인   ④ 대장부

03 ㉠에 들어갈 용어로 가장 적절한 것은?

> 주제: (㉠) 윤리학
> 특징: 도덕 언어의 논리적 타당성과 의미 분석을 주된 목표로 함.
> 주요 물음: '좋음'과 '옳음'이라는 용어의 의미는 무엇인가?
>   도덕 판단을 어떻게 논리적으로 정당화할 수 있는가?

① 기술   ② 규범
③ 메타   ④ 신경

04 유교 사상의 특징으로 옳은 것을 〈보기〉에서 고른 것은?

> **〈보기〉**
> ㄱ. 좌망, 심재의 수양 방법을 강조한다.
> ㄴ. 대동 사회를 이상 사회로 제시한다.
> ㄷ. 누구나 불성(佛性)을 지니고 태어난다고 본다.
> ㄹ. 성인(聖人), 군자를 이상적 인간상으로 제시한다.

① ㄱ, ㄴ   ② ㄱ, ㄷ
③ ㄴ, ㄹ   ④ ㄷ, ㄹ

05 다음에서 소개하는 윤리 사상가는?

① 밀   ② 칸트
③ 홉스   ④ 테일러

06 교사의 질문에 적절하지 <u>않은</u> 대답을 한 학생은?

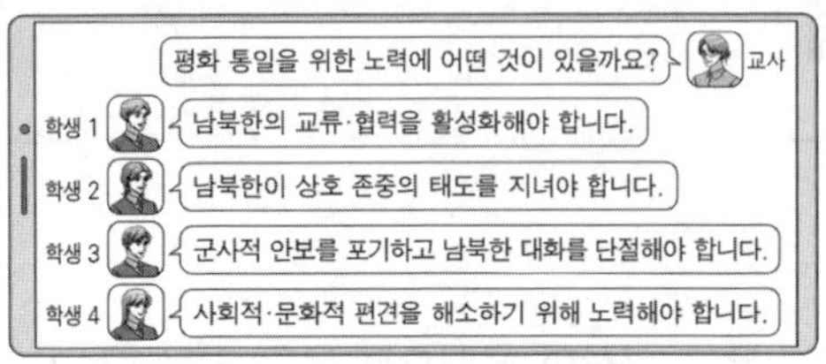

① 학생 1
② 학생 2
③ 학생 3
④ 학생 4

07 다음 설명에 해당하는 노직(Nozick, R.)의 정의의 원칙은?

> 취득 및 양도의 과정에서 부정의로 인해 현재의 소유 상태가 발생하였다면 바로잡아야 한다.

① 교정의 원칙
② 이전의 원칙
③ 자유의 원칙
④ 차등의 원칙

08 (가)에 들어갈 용어로 가장 적절한 것은?

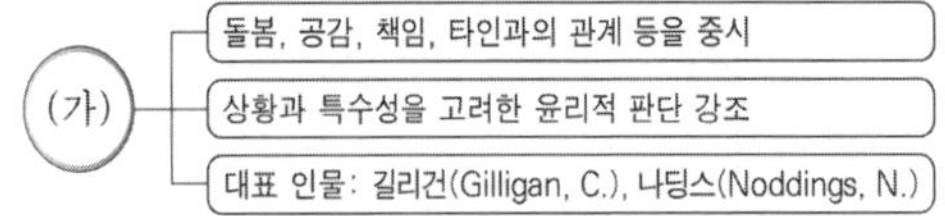

① 의무론
② 덕 윤리
③ 공리주의
④ 배려 윤리

09 시민 불복종의 정당화 조건을 〈보기〉에서 고른 것은?

> **보기**
> ㄱ. 공개적으로 해야 한다.
> ㄴ. 최후의 수단이어야 한다.
> ㄷ. 법 체계 전체에 항거해야 한다.
> ㄹ. 사적 이익 추구만을 목적으로 해야 한다.

① ㄱ, ㄴ
② ㄱ, ㄷ
③ ㄴ, ㄹ
④ ㄷ, ㄹ

10 다음 설명에 해당하는 자연관으로 가장 적절한 것은?

> **보기**
> • 특징 : 모든 생명체가 도덕적 지위를 지닌다는 입장
> • 사상가 : 슈바이처(Schweitzer, A.), 테일러(Taylor, P.) 등
> • 한계점 : 생태계 전체를 도덕적으로 고려하지 못함.

① 인간 중심주의
② 동물 중심주의
③ 생명 중심주의
④ 생태 중심주의

11 (가), (나)에 들어갈 내용으로 적절하지 <u>않은</u> 것은?

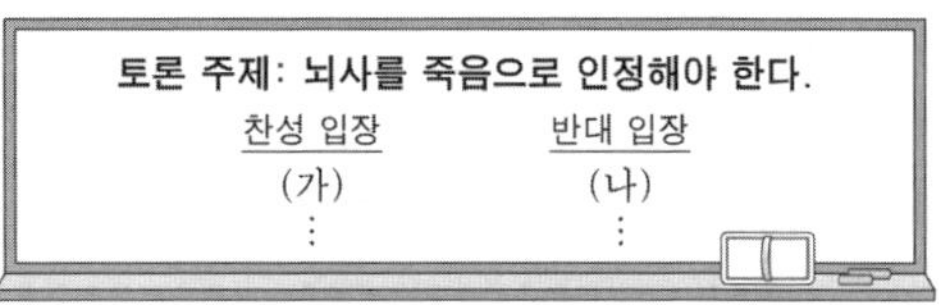

① (가) : 의료 자원을 효율적으로 사용할 수 있다.
② (가) : 다른 환자의 생명을 구하거나 질병을 치료할 수 있다.
③ (나) : 뇌사 판정의 오류로 인해 인간 존엄성이 훼손될 수 있다.
④ (나) : 장기적인 연명 치료로 인한 가족의 부담을 줄일 수 있다.

12 다음 설명에 해당하는 용어는?

> 성 자체를 매매하거나 소비 욕구를 자극하는 데 이용하는 등 성을 상업적 수단으로 취급하는 행위

① 성교육 ② 성 역할
③ 양성평등 ④ 성 상품화

13 ㉠에 들어갈 용어로 가장 적절한 것은?

> 레건(Regan, T.)에 따르면, 일부 동물은 자신의 삶을 영위할 수 있는 능력, 즉 믿음, 욕구, 자각 등을 가진 (㉠)이므로 인간처럼 본래적 가치를 지닌다.

① 삶의 주체 ② 기계적 존재
③ 수단적 존재 ④ 이성적 주체

14 공리주의 사상가인 벤담(Bentham, J.)의 입장에서 A, B에 들어갈 대답으로 옳게 짝 지어진 것은?

질문	대답
• 모든 쾌락은 양적으로 계산할 수 있는가?	A
• 최대 다수의 최대 행복의 원리를 따라야 하는가?	B

	A	B
①	예	예
②	예	아니요
③	아니요	예
④	아니요	아니요

15 다음 평가지에서 학생이 작성한 답안의 채점 결과로 ㉠에 들어갈 점수는?

하버마스의 '담론 윤리'에 대한 질문에 답하시오. (각 1점)	
질문	학생 답
• 자유로운 비판을 허용해야 하는가?	예
• 대화에의 참여는 평등해야 하는가?	아니요
• 의사소통의 과정은 합리적이어야 하는가?	예

채점 결과: (㉠)점

① 0 ② 1
③ 2 ④ 3

16 다음 중 윤리적 성찰이 필요한 이유로 적절하지 **않은** 것은?

① 올바른 가치관과 인격을 형성하기 위해서이다.
② 자신의 잘못을 반성하고 되풀이하지 않기 위해서이다.
③ 유행이나 사회적 분위기에 동조하며 살기 위해서이다.
④ 더 나은 삶을 위해 삶의 의미를 재정립하기 위해서이다.

17 표에서 죽음에 대한 장자의 관점으로 옳은 것만을 모두 '✔' 표시한 학생은?

관점＼학생	A	B	C	D
• 자신이 쌓은 업에 따라 윤회하는 과정이다.	✔		✔	
• 사계절의 운행과 같은 자연스러운 과정이다.		✔		✔
• 영원불변한 이데아의 세계로 들어가는 과정이다.			✔	✔

① A ② B
③ C ④ D

18 국제 관계를 바라보는 (가), (나)의 관점이 옳게 짝 지어진 것은?

> (가) : 국가는 자국의 이익을 추구하고 국제 관계는 국가 간 힘의 논리에 따라 움직인다.
> (나) : 국제법이나 국제 규범으로 제도를 개선하여 국제 평화를 실현할 수 있다.

	(가)	(나)
①	현실주의	자본주의
②	사회주의	이상주의
③	사회주의	자본주의
④	현실주의	이상주의

19 다음 설명에 해당하는 용어는?

> 다양한 채소와 과일이 그 특성을 유지하며 저마다의 맛을 내듯이 다양한 문화가 대등하게 조화를 이루어야 한다.

① 동화주의
② 샐러드 볼 모형
③ 국수 대접 모형
④ 자문화 중심주의

20 ㉠에 들어갈 내용으로 가장 적절한 것은?

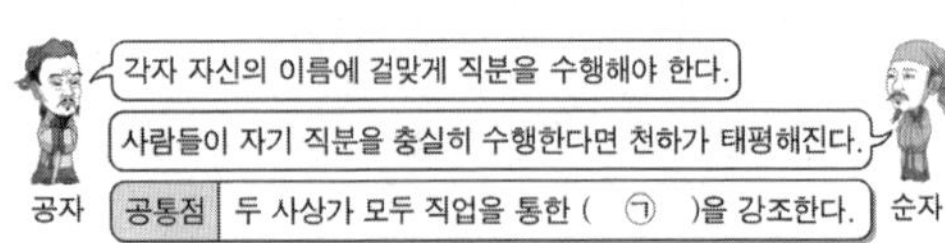

① 무위자연
② 역성혁명
③ 민주주의 실현
④ 사회적 역할 분담

21 다음 중 사회 갈등 해결을 위한 자세로 적절하지 <u>않은</u> 것은?

① 갈등은 나쁜 것이므로 무조건 회피한다.
② 다양성의 가치를 존중하고 대화에 임한다.
③ 상호 소통을 할 수 있는 합리적 절차를 중시한다.
④ 다른 것을 틀린 것으로 인식하는 태도에서 벗어난다.

22 다음 설명에 해당하는 사상가는?

> 사회 계약에 기초하여 살인자를 정당한 사회 구성원이 아니라고 간주하고, 사회 방위론의 입장에서 사형제를 찬성함.

① 갈퉁
② 루소
③ 요나스
④ 베카리아

23 ㉠에 들어갈 내용으로 가장 적절한 것은?

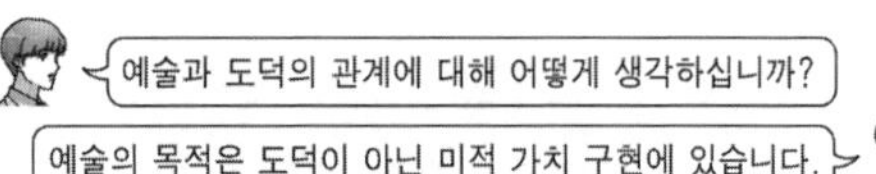
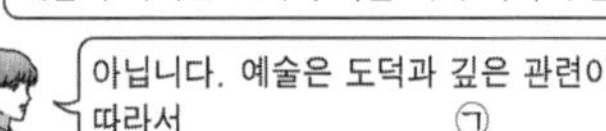

① 예술은 윤리적 평가에서 자유로워야 합니다.
② 예술은 올바른 품성 함양에 도움이 되어야 합니다.
③ 예술에 대한 어떠한 규제와 간섭도 반대해야 합니다.
④ 예술이 반드시 사회적 모순을 지적할 필요는 없습니다.

24 다음 설명에 해당하는 개념은?

> 소비자가 도덕적 신념과 가치 판단에 따라 환경, 인권 등 각종 사회 문제에 접근하여 상품을 소비하는 행위

① 과시적 소비 ② 충동적 소비
③ 윤리적 소비 ④ 합리적 소비

25 다음은 서술형 평가 문제와 학생 답안이다. 밑줄 친 ㉠~㉣ 중 옳지 <u>않은</u> 것은?

> 문제: 현대 환경 문제의 특징을 서술하시오.
>
> 〈학생 답안〉
> 　오늘날 환경 문제는 ㉠ 국경을 초월하는 전 지구적 문제이다. 따라서 ㉡ 책임 소재를 명확히 가리기 어려운 측면이 있으며, ㉢ 인류의 생존을 위협하기도 한다. 그러나 ㉣ 모든 환경 문제는 일시적으로 발생하기 때문에 쉽게 회복이 가능하다.

① ㉠ ② ㉡
③ ㉢ ④ ㉣

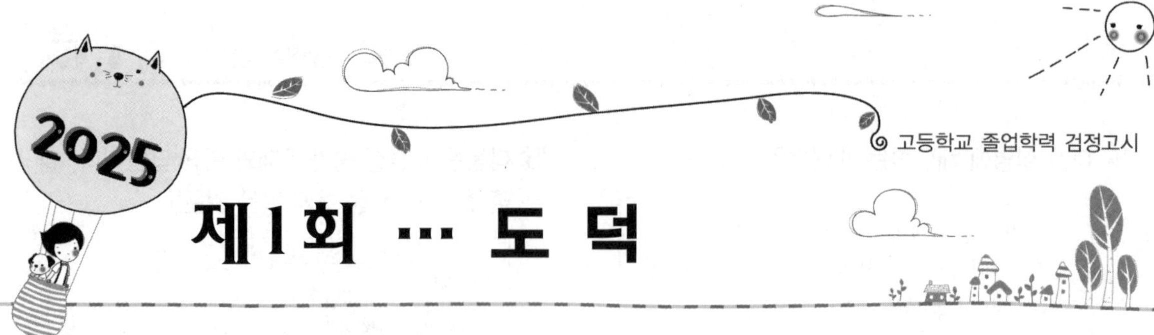

제1회 ··· 도 덕

01 다음 탐구 주제를 다루는 실천 윤리 분야는?

> ○ 기후 변화와 관련된 윤리적 해결책은 무엇
> 인가?
> ○ 지속 가능한 발전을 위해 인간과 자연이 공
> 존할 수 있는가?

① 문화 윤리 ② 정보 윤리
③ 직업 윤리 ④ 환경 윤리

02 다음에서 소개하는 윤리 사상가는?

> **◆ 도덕 인물 카드 ◆**
> • 도가의 대표 사상가인 노자의 사상을 계승함.
> • 도(道)의 관점에서 만물의 평등한 가치를 강조함.
> • 좌망(坐忘)과 심재(心齋)를 수양법으로 제시함.

① 맹자 ② 묵자
③ 순자 ④ 장자

03 도덕적 탐구의 방법으로 옳은 것만을 〈보기〉
에서 모두 고른 것은?

> **보기**
> ㄱ. 토론   ㄴ. 독단적 사고
> ㄷ. 비판적 사고   ㄹ. 합리적 추론

① ㄱ   ② ㄴ, ㄷ
③ ㄴ, ㄹ   ④ ㄱ, ㄷ, ㄹ

04 ㉠에 들어갈 내용으로 적절하지 <u>않은</u> 것은?

> **탐구 주제: 소수자 우대 정책**
> 1. 의미: 사회적 약자에 대해 사회적 이익의 공정한 분배를 실현하려는 정책
> 2. 사례: (㉠)

① 환경 영향 평가 제도
② 여성 고용 할당 제도
③ 농어촌 특별 전형 제도
④ 장애인 의무 고용 제도

05 다음에서 설명하는 윤리학적 접근은?

> 행위의 옳고 그름은 결과와 상관없이 선의
> 지에 근거하여 행위할 때에만 그 행위가 도덕
> 적 가치를 지닌다.

① 계약론적 접근
② 의무론적 접근
③ 공리주의적 접근
④ 심미주의적 접근

06 (가), (나)에 들어갈 내용으로 적절하지 <u>않은</u> 것은?

주제: 남북한은 통일해야 하는가?

찬성 논거	반대 논거
(가)	(나)
⋮	⋮

① (가) : 우리 민족의 동질성을 회복할 수 있다.
② (가) : 지구촌의 평화 실현에 기여할 수 있다.
③ (나) : 통일 비용보다 통일 편익이 클 수 있다.
④ (나) : 통일 과정에서 정치적 혼란이 초래될 수 있다.

07 다음에서 설명하는 것은?

○ 행동이 맑고 탐욕을 부리지 않는 상태
○ 눈앞의 이익보다는 옳음을 중시하는 자세

① 부정
② 소외
③ 청렴
④ 편견

08 ㉠에 들어갈 용어로 적절한 것은?

해외 원조의 목적	
싱어	공리주의 입장에서 빈곤으로 고통받는 사람들의 고통을 경감하는 것
롤스	불리한 여건으로 인해 고통받는 사회를 (㉠)가 되도록 돕는 것

① 독재 사회
② 무정부 사회
③ 전체주의 사회
④ 질서 정연한 사회

09 다음에서 설명하는 국제 관계를 바라보는 관점은?

국제 관계에서 국가는 자국의 이익만을 추구하며, 국가 간의 힘의 논리를 강조한다. 평화는 힘의 균형을 통해 전쟁을 예방 또는 억지하는 것이다.

① 이상주의
② 인도주의
③ 쾌락주의
④ 현실주의

10 다음에서 인공 임신 중절의 찬성 논거에 해당하는 것을 말한 학생은?

① 학생 1
② 학생 2
③ 학생 3
④ 학생 4

11 가족 간에 지켜야 할 바람직한 자세로 옳은 것을 〈보기〉에서 고른 것은?

〈보기〉
ㄱ. 부모는 자녀를 독립된 인격체로 존중해야 한다.
ㄴ. 가족 구성원들은 서로에 대한 배려가 필요하다.
ㄷ. 부모는 자녀의 미래를 일방적으로 결정해야 한다.
ㄹ. 가족 간의 갈등이 발생하면 대화를 회피해야 한다.

① ㄱ, ㄴ
② ㄱ, ㄹ
③ ㄴ, ㄷ
④ ㄷ, ㄹ

12 다음 중 윤리적 소비를 실천하기 위한 방법으로 적절하지 <u>않은</u> 것은?

① 동물 복지 인증을 받은 상품을 구매하도록 노력한다.
② 노동자의 인권을 침해한 기업의 제품을 소비하도록 노력한다.
③ 생산자를 보호하는 공정 무역 상품을 구매하도록 노력한다.
④ 환경적으로 건전하고 지속 가능한 소비를 하도록 노력한다.

13 다음 중 종교 갈등 해결을 위해 필요한 덕목으로 적절한 것은?

① 강요　　　　② 관용
③ 집착　　　　④ 차별

14 다음 평가지에서 학생이 작성한 답안의 채점 결과로 ㉠에 들어갈 점수는?

프롬(Fromm, E.)의 '진정한 사랑'에 대한 질문에 답하시오. (각 1점)	
질문	〈학생 답〉
• 보호와 이해의 요소를 포함하는가?	아니요
• 자신의 행동에 책임을 지는 것인가?	예
• 상대방의 성장에 관심을 가지는 것인가?	예
채점 결과 : (㉠)점	

① 0　　　　② 1
③ 2　　　　④ 3

15 다음 중 과학 기술의 발달에 따른 긍정적 측면에 해당하는 것은?

① 난치병 치료
② 사생활 침해
③ 환경 오염 발생
④ 생명의 존엄성 훼손

16 정보의 공유를 강조하는 입장에서 A, B에 들어갈 대답으로 옳은 것은?

질문	대답
• 정보 격차에 따른 불평등을 해소할 수 있는가?	A
• 정보는 공공의 이익을 위해서 사용되어야 하는가?	B

	①	②	③	④
A	예	예	아니요	아니요
B	예	아니요	예	아니요

17 다음 중 시민의 정치 참여가 필요한 이유로 적절하지 <u>않은</u> 것은?

① 공정한 사회 제도를 수립하기 위해서이다.
② 시민 각자의 권리를 보장하기 위해서이다.
③ 사회 전체의 공공선을 증진하기 위해서이다.
④ 일부 특권층의 이익만을 극대화하기 위해서이다.

18 다음에서 설명하는 것은?

> 지역에서 생산된 먹거리를 그 지역에서 소비하는 것으로 장거리 운송을 거치지 않은 안전하고 건강한 지역 농산물을 구매하려는 운동이다.

① 불매 운동　　　　② 로컬푸드 운동
③ 양성평등 운동　　　　④ 시민 불복종 운동

19 다음 설명에 해당하는 사상가는?

① 베이컨　　　　② 요나스
③ 플라톤　　　　④ 베카리아

20 다음 교사의 질문에 적절하게 대답한 학생은?

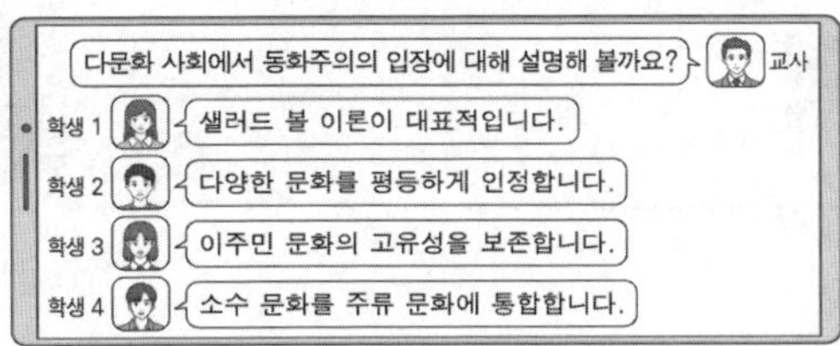

① 학생 1
② 학생 2
③ 학생 3
④ 학생 4

21 표에서 생태 중심주의 사상가인 레오폴드 (Leopold, A.)의 관점에만 '✔'를 표시한 학생은?

관점＼학생	A	B	C	D
• 자연을 전일론적 관점에서 바라본다.	✔		✔	
• 인간은 자연보다 우월한 지위를 지닌다.		✔		✔
• 생태계 전체는 도덕적 고려의 범위에 포함된다.	✔			✔

① A
② B
③ C
④ D

22 예술 지상주의 입장으로 옳은 것을 〈보기〉에서 고른 것은?

보기
ㄱ. 예술을 위한 예술을 주장한다.
ㄴ. 예술의 자율성을 보장해야 한다.
ㄷ. 윤리적 기준으로 예술을 평가해야 한다.
ㄹ. 예술은 감상자에게 도덕적 교훈을 제공해야 한다.

① ㄱ, ㄴ
② ㄱ, ㄷ
③ ㄴ, ㄹ
④ ㄷ, ㄹ

23 다음 퀴즈에 대한 정답으로 옳은 것은?

① 겸애(兼愛)
② 무위(無爲)
③ 정명(正名)
④ 해탈(解脫)

24 다음 중 동물 중심주의 입장에서 동물 실험을 반대하는 논거로 적절하지 <u>않은</u> 것은?

① 동물 실험은 동물의 권리를 침해할 수 있다.
② 동물 실험으로 의료 기술을 발전시킬 수 있다.
③ 동물 실험은 동물에게 불필요한 고통을 줄 수 있다.
④ 동물은 삶의 주체로서 도덕적 고려 대상에 포함된다.

25 (가)에 들어갈 윤리 사상가는?

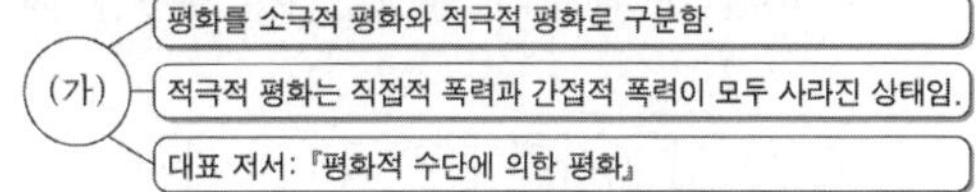

① 갈퉁
② 데카르트
③ 소크라테스
④ 아리스토텔레스

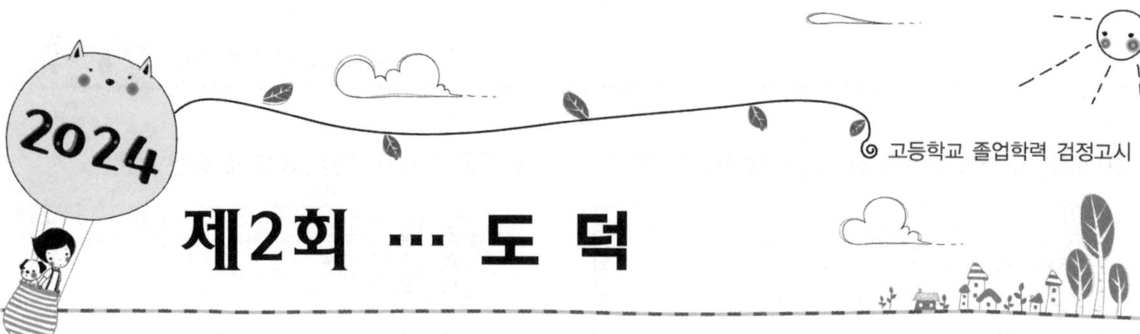

제2회 ··· 도 덕

01 다음에서 설명하는 윤리학은?

> **주제: ○○ 윤리학**
> • 의미: 현실의 구체적인 문제 원인을 분석하고 타당한 해결책을 제시하는 것을 목표로 하는 윤리학
> • 예: 생명 윤리, 정보 윤리 등

① 실천 윤리학 ② 기술 윤리학
③ 이론 윤리학 ④ 메타 윤리학

02 환경 윤리 영역의 쟁점에 해당하는 것은?

① 안락사를 인정할 수 있는가?
② 성적 욕망과 사랑의 차이는 무엇인가?
③ 자연은 개발의 대상인가, 보존의 대상인가?
④ 통일이 지향해야 할 윤리적 가치는 무엇인가?

03 다음에서 소개하는 윤리 사상가는?

> ◆ **도덕 인물 카드** ◆
> • 사단(四端)에 근거한 성선설을 주장함.
> • 일정한 생업[恒産]이 있어야 바른 마음[恒心]을 지킬 수 있다고 주장함.

① 노자 ② 맹자
③ 순자 ④ 묵자

04 다음 설명에 해당하는 윤리 이론은?

> ○ 도덕과 입법의 원리로 최대 다수의 최대 행복을 주장함.
> ○ 쾌락은 선이고 고통은 악이며, 행복이 삶의 목적이라고 봄.

① 의무론 ② 덕 윤리
③ 공리주의 ④ 진화 윤리

05 (가)에 들어갈 용어로 적절한 것은?

> 탐구 주제: 〈 (가) 〉에 대한 다양한 관점
> • 장자: 기(氣)가 흩어지는 것으로 자연적이고 필연적인 과정
> • 플라톤: 영혼이 육체로부터 해방되어 이데아 세계로 들어가는 것
> • 에피쿠로스: 인간을 구성하던 원자가 흩어져 개별 원자로 돌아가는 것

① 죽음 ② 행복
③ 성찰 ④ 희망

06 다음 설명에 해당하는 것은?

> ○ 좌망(坐忘)과 심재(心齋)를 통해 이를 수 있음.
> ○ 세상 만물을 차별하지 않고 한결같이 보는 상태

① 제물(齊物) ② 오륜(五倫)
③ 효제(孝悌) ④ 충서(忠恕)

07 다음 설명에 해당하는 사상가는?

> ○ 주장 : "너의 행위의 결과가 인류의 존속 가능성을 파괴 하지 않도록 행위하라."
> ○ 특징 : 인간과 자연, 미래 세대에 대한 책임 윤리를 강조함.

① 밀　　　　　　　② 벤담
③ 요나스　　　　　④ 베이컨

08 ㉠에 들어갈 내용으로 가장 적절한 것은?

> 시민 불복종의 일반적인 정당화 조건으로 (㉠)이/가 있습니다. 이는 자신의 위법 행위에 대한 책임을 져야 한다는 것을 의미합니다.

① 익명성　　　　　② 비폭력성
③ 처벌 감수　　　④ 공동선 추구

09 ㉠에 공통으로 들어갈 용어로 적절한 것은?

> 프롬(Fromm, E.)은 "(㉠)은/는 자유의 소산이지 결코 지배의 소산이 아닙니다. (㉠) 이/가 지배의 관계로 타락하지 않기 위해서는 존경이 필요합니다."라고 주장하였다.

① 애국　　　　　　② 사랑
③ 정의　　　　　　④ 책임

10 B에 들어갈 내용으로 가장 적절한 것은?

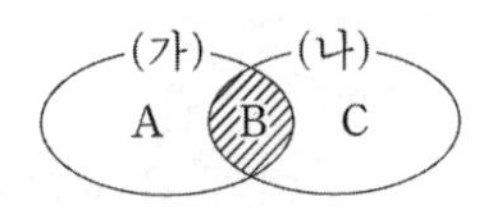

① 인간은 도덕적 고려의 대상이다.
② 모든 생명체는 도덕적 지위를 갖는다.
③ 생태계 전체가 도덕 공동체의 범위이다.
④ 생태계의 안정을 위해 각 생명체의 희생을 강요한다.

11 다음 설명에 해당하는 직업 윤리 의식은?

> 프랑스 종교 개혁자 칼뱅(Calvin, J.)은 직업을 '신으로 부터 부름을 받은 자기 몫의 일'이라고 주장하면서 자신의 직업에 충실히 종사하는 것이 바로 신의 명령에 따르는 것이라고 말했다.

① 소명 의식　　　② 경로 사상
③ 장인 정신　　　④ 특권 의식

12 교사의 질문에 대한 대답으로 적절하지 <u>않은</u> 것은?

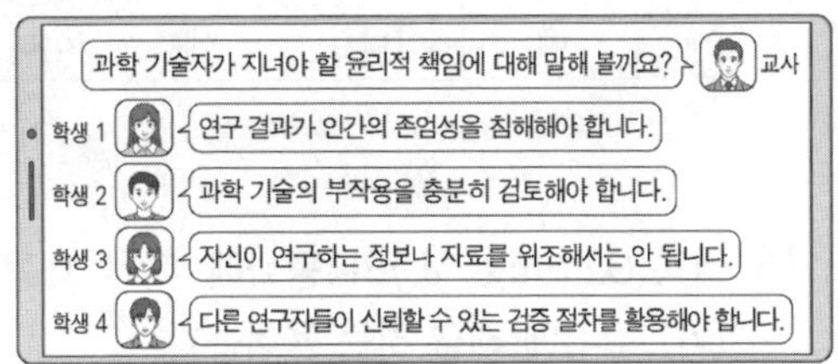

① 학생 1　　　　　② 학생 2
③ 학생 3　　　　　④ 학생 4

13 다음에서 설명하는 국가 권위의 정당화 근거는?

> 생명과 자유, 재산을 보장받기 위해 개인 간 합의를 통해 국가를 수립함.

① 겸애　　　　　　② 중용
③ 상업화　　　　　④ 사회 계약

14 다음에서 설명하는 윤리적 문제로 가장 적절한 것은?

> **도덕 신문** 2024년 ○월 ○일
>
> A 국가 사람들이 비만으로 건강을 해치고 있는 반면, B 국가에는 굶주림으로 고통받는 사람들이 있다. A 국가와는 다르게 B 국가에서는 심각한 영양실조와 기아가 대물림되는 악순환이 반복된다.

① 동물 복지 문제
② 식량 불평등 문제
③ 사이버 폭력 문제
④ 사생활 침해 문제

15 예술에 대한 도덕주의 입장에서 A, B에 들어갈 대답으로 옳은 것은?

질문	대답
예술의 미적 가치만을 추구해야 하는가?	A
예술은 사회의 도덕적 성숙에 기여해야 하는가?	B

	①	②	③	④
A	예	예	아니요	아니요
B	예	아니요	예	아니요

16 갈퉁(Galtung, J.)의 평화에 대한 내용 중 (가), (나)에 해당 하는 용어는?

(가)	전쟁, 테러, 범죄, 폭행 등과 같은 직접적 폭력이 없는 상태
(나)	직접적 폭력은 물론 가난, 차별 등 구조적·문화적 폭력도 사라져 인간다운 삶을 누릴 수 있는 상태

	(가)	(나)
①	적극적 평화	종교적 평화
②	소극적 평화	적극적 평화
③	종교적 평화	소극적 평화
④	종교적 평화	적극적 평화

17 롤스(Rawls, J.)의 정의관에 대한 설명으로 옳지 <u>않은</u> 것은?

① 절차가 공정하면 그 결과도 공정하다.
② 모든 사람은 기본적 자유에서 평등한 권리를 지닌다.
③ 무지의 베일을 쓴 개인들은 차등의 원칙에 합의할 수 있다.
④ 국가는 개인의 소유권만을 보호하는 역할을 수행해야 한다.

18 다음에서 처벌에 대한 응보주의적 관점에만 '✔'를 표시한 학생은?

관점 \ 학생	A	B	C	D
• 범죄 행위에 상응하는 형벌을 내려야 한다.	✔			✔
• 자신의 행위에 책임질 수 있는 자율적 주체를 전제로 한다.		✔		✔
• 범죄 강도와 상관없이 범죄 예방의 가장 효과적인 방법은 종신 노역형이다.	✔	✔	✔	

① A
② B
③ C
④ D

19 ㉠에 들어갈 용어로 적절한 것은?

> 매체가 발달한 현대 사회에서는 정보를 교환하고 처리하는 과정에서 사적인 정보가 노출될 수 있다. 이를 방지하기 위해 개인 정보를 언제, 누구에게, 어느 범위까지 알리고 또한 이용하도록 할 것인지를 통제하는 정보의 (㉠)이 강조되고 있다.

① 조작권
② 거주권
③ 선거권
④ 자기 결정권

20 다음 설명에 해당하는 용어는?

> 통일 과정과 통일 이후 남북한 격차를 해소하기 위해 부담해야 할 비용

① 통일 비용　　　　② 경쟁 비용
③ 기회 비용　　　　④ 통일 편익

21 다음은 서술형 평가 문제와 학생 답안이다. 밑줄 친 ㉠~㉣ 중 옳지 <u>않은</u> 것은?

> 문제: 사회 윤리에 대한 니부어(Niebuhr, R.)의 기본 입장을 서술하시오.
>
> 〈학생 답안〉
> 　니부어는 ㉠ 개인의 도덕성과 집단의 도덕성을 구분하며, ㉡ 집단의 도덕성은 개인의 도덕성보다 현저히 떨어진다는 점을 주장하였다. 즉, ㉢ 개인이 양심적이고 도덕적일지라도 사회는 이기적이며 비도덕적일 수 있다. 따라서 ㉣ 사회 문제 해결을 위해서는 제도의 개선보다 개인의 도덕성 함양이 필요하다.

① ㉠　　　　　　　② ㉡
③ ㉢　　　　　　　④ ㉣

22 (가), (나)에 들어갈 내용으로 적절하지 <u>않은</u> 것은?

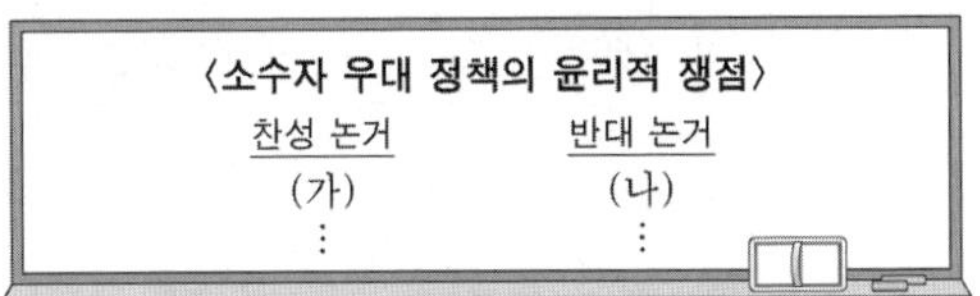

① (가) : 사회적 약자를 배려할 수 있다.
② (가) : 부당한 차별을 극대화할 수 있다.
③ (나) : 역차별로 새로운 사회 갈등을 유발할 수 있다.
④ (나) : 개인의 노력과 성취에 따른 업적을 간과할 수 있다.

23 하버마스(Habermas, J.)의 이상적 담화 상황의 조건에 대해 적절하게 말하지 <u>않은</u> 학생은?

① 학생 1　　　　　② 학생 2
③ 학생 3　　　　　④ 학생 4

24 종교 간 갈등 해결을 위한 자세로 적절하지 <u>않은</u> 것은?

① 타 종교에 대한 관용의 태도를 지닌다.
② 힘의 논리에 따라 종교 간의 질서를 확립한다.
③ 종교 간의 차이를 이유로 타인을 억압하지 않는다.
④ 종교 간의 대화를 통해 타 종교에 대한 이해를 높인다.

25 공직자가 지녀야 할 바람직한 태도만을 〈보기〉에서 모두 고른 것은?

> 〈보기〉
> ㄱ. 정직과 성실　　　ㄴ. 봉사와 책임
> ㄷ. 청탁과 비리　　　ㄹ. 청렴과 연대 의식

① ㄱ　　　　　　　② ㄴ, ㄷ
③ ㄷ, ㄹ　　　　　④ ㄱ, ㄴ, ㄹ

제1회 … 도 덕

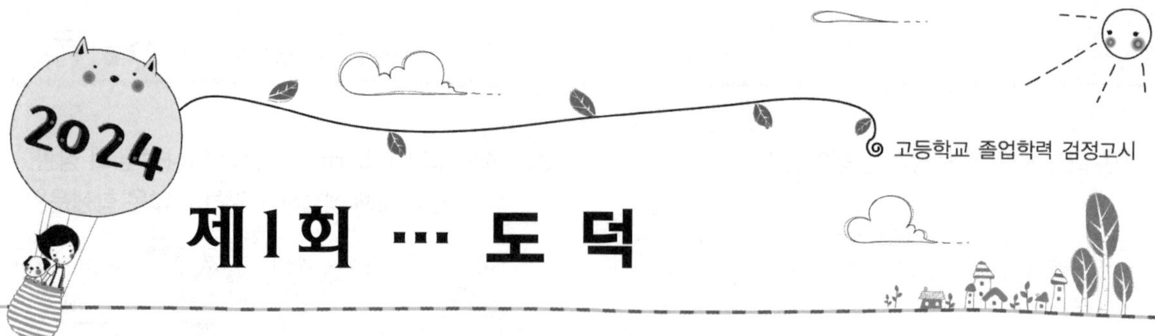

01 다음 설명에 해당하는 용어는?

> 윤리적 문제 상황에서 두 가지 이상의 도덕 원칙 사이에 갈등과 충돌이 전개되는 상황

① 딜레마
② 이데아
③ 가상 현실
④ 정언 명령

02 (가)에 들어갈 윤리 사상은?

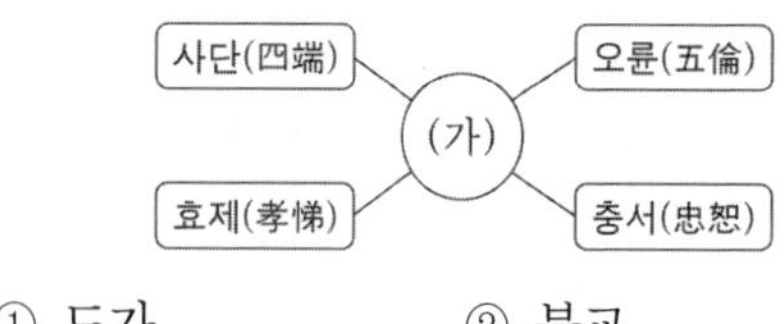

① 도가
② 불교
③ 법가
④ 유교

03 다음 주제들을 다루는 실천 윤리 분야로 가장 적절한 것은?

> • 통일이 지향해야 할 윤리적 가치는 무엇인가?
> • 국제 사회의 각종 분쟁을 해결하기 위한 방안은 무엇인가?

① 성 윤리
② 평화 윤리
③ 직업 윤리
④ 생명 윤리

04 다음 설명에 해당하는 도덕 원리 검사 방법은?

> 도덕 원리를 모든 사람에게 적용했을 때 나타나는 결과에 문제가 없는지 확인하는 방법

① 포섭 검사
② 기술 영향 검사
③ 사실 판단 검사
④ 보편화 결과 검사

05 다음에서 설명하는 사회 갈등의 종류는?

> **도 덕 신 문** 2024년 ○월 ○일
>
> 급속한 사회 변화에 따라 연령 및 시대별 경험의 차이로 인한 갈등이 심화되고 있다. 기술이나 규범의 변화에 빠르게 적응하는 이들과 상대적으로 그렇지 못한 이들 사이의 갈등이 커지고 있는 것이다.

① 지역 갈등
② 남녀 갈등
③ 노사 갈등
④ 세대 갈등

06 바람직한 토론 자세로 적절하지 <u>않은</u> 것은?

① 토론의 규칙과 절차를 준수한다.
② 논리적으로 타당한 근거를 제시한다.
③ 자기 생각의 오류 가능성을 배제한다.
④ 타인의 의견과 인격을 존중하는 태도를 갖는다.

07 다음에서 소개하는 윤리 사상가는?

① 싱어　　　　② 칸트
③ 슈바이처　　④ 아리스토텔레스

08 공리주의 입장에 대한 비판점으로 가장 적절한 것은?

① 행위의 결과보다 동기를 중시한다.
② 의무 의식과 선의지를 과도하게 강조한다.
③ 소수의 권리와 이익이 훼손될 우려가 있다.
④ 사회 전체의 행복보다 개인의 행복을 우선한다.

09 ㉠에 들어갈 용어로 가장 적절한 것은?

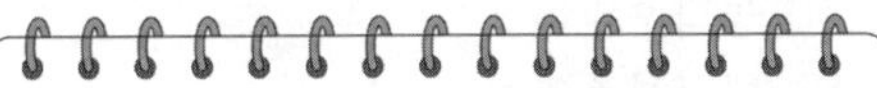

① 규범적 정의　　② 교정적 정의
③ 분배적 정의　　④ 형벌적 정의

10 프롬(Fromm, E.)의 진정한 사랑에 대한 설명으로 옳지 <u>않은</u> 것은?

① 상대를 지배하고 소유하는 것
② 상대의 독특한 개성을 이해하는 것
③ 상대의 요구에 책임 있게 반응하는 것
④ 상대의 생명과 성장에 적극적인 관심을 갖는 것

11 ㉠에 들어갈 용어로 적절한 것은?

① 공정 무역　　② 생명 공학
③ 사이버 범죄　　④ 시민 불복종

12 생명 복제를 반대하는 입장의 대답으로 옳은 것은?

	①	②	③	④
A	예	예	아니오	아니오
B	예	아니오	예	아니오

13 공직자가 지녀야 할 덕목에 해당하지 <u>않는</u> 것은?

① 성실　　　　② 부패
③ 정직　　　　④ 책임

14 과학 기술자가 지녀야 할 윤리적 자세를 〈보기〉에서 고른 것은?

<보기>
ㄱ. 다양한 자료들을 표절한다.
ㄴ. 연구 결과를 위조하거나 변조한다.
ㄷ. 인류의 삶의 질 향상을 위해 노력한다.
ㄹ. 과학 기술의 위험성과 부작용을 충분히 검토한다.

① ㄱ, ㄴ　　　② ㄱ, ㄷ
③ ㄴ, ㄹ　　　④ ㄷ, ㄹ

15 다음 내용과 같은 주장을 한 사상가는?

① 벤담
② 칸트
③ 니부어
④ 베카리아

16 바람직한 통일 한국의 모습으로 적절하지 <u>않은</u> 것은?

① 대립하는 무력 국가
② 자유로운 민주 국가
③ 창조적인 문화 국가
④ 정의로운 복지 국가

17 B에 들어갈 내용으로 가장 적절한 것은?

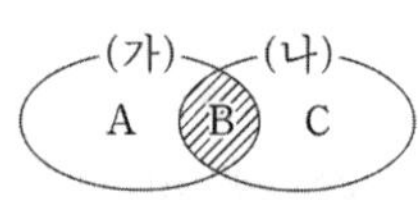

① 동물을 인간만을 위한 수단으로 여긴다.
② 도덕적 고려의 범위에 동물이 포함된다.
③ 인간만이 도덕적 지위를 지닌다고 본다.
④ 무생물을 도덕적 고려의 대상으로 여긴다.

18 다음 내용에 해당하는 윤리 문제는?

> 정식으로 음반을 구입하지 않고 인터넷에서 불법으로 노래 파일을 내려 받는 행위

① 정보 격차
② 저작권 침해
③ 보이스 피싱
④ 사이버 따돌림

19 (가), (나)에 들어갈 내용으로 적절하지 <u>않은</u> 것은?

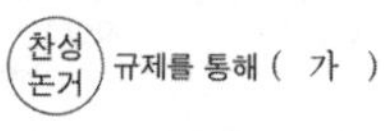

① (가) : 성 상품화를 예방할 수 있다.
② (가) : 청소년을 폭력적 문화로부터 보호할 수 있다.
③ (나) : 다양한 문화가 폭넓게 창조된다.
④ (나) : 창작자의 표현할 자유와 권리가 침해된다.

20 다음 설명에 해당하는 것은?

> • 이주민의 고유한 문화와 자율성을 존중하여 문화 다양성을 실현하고자 함.
> • 대표적으로 샐러드 볼 이론이 있음.

① 동화주의
② 다문화주의
③ 문화 사대주의
④ 자문화 중심주의

21 다음은 서술형 평가 문제와 학생 답안이다. 밑줄 친 ㉠~㉣ 중 옳지 <u>않은</u> 것은?

> 문제 : 의복 문화와 관련된 윤리적 문제와 바람직한 자세를 서술하시오.
>
> 〈학생 답안〉
> 윤리적 문제로 ㉠ 유행에 무비판적으로 동조하는 유행 추구 현상과 ㉡ 무분별한 명품 소비로 사치 풍조를 조장하는 명품 선호 현상이 있다. 따라서 ㉢ 타인의 신념에 따라 수동적인 소비를 실천하고, ㉣ 환경을 고려하여 과도한 욕망을 절제할 필요가 있다.

① ㉠
② ㉡
③ ㉢
④ ㉣

22 다음 설명에 해당하는 것은?

> 상호 무관심한 사람들이 무지의 베일하에서 합의를 통해 정의의 원칙을 도출하는 가상적 상황

① 판옵티콘　　② 윤리적 공백
③ 원초적 입장　　④ 공유지의 비극

23 다음에서 예술과 윤리의 관계에 대한 학생의 입장은?

① 도덕주의

② 자유주의

③ 예술 지상주의

④ 현실 지상주의

24 ㉠에 들어갈 용어로 가장 적절한 것은?

> 요나스(Jonas, H.)는 "너의 행위의 결과가 인류의 존속 가능성을 파괴하지 않도록 행위하라."라고 주장하면서 (㉠)를 고려하는 책임 윤리를 강조한다.

① 과거 세대　　② 부모 세대
③ 기성 세대　　④ 미래 세대

25 다음에서 해외 원조에 대한 노직(Nozick, R.)의 관점에만 '✔'를 표시한 학생은?

관점＼학생	A	B	C	D
• 해외 원조는 자발적 선택이다.	✔			✔
• 해외 원조는 윤리적 의무이다.		✔		
• 해외 원조는 질서 정연한 사회가 되도록 돕는 것이다.			✔	✔

① A　　② B
③ C　　④ D

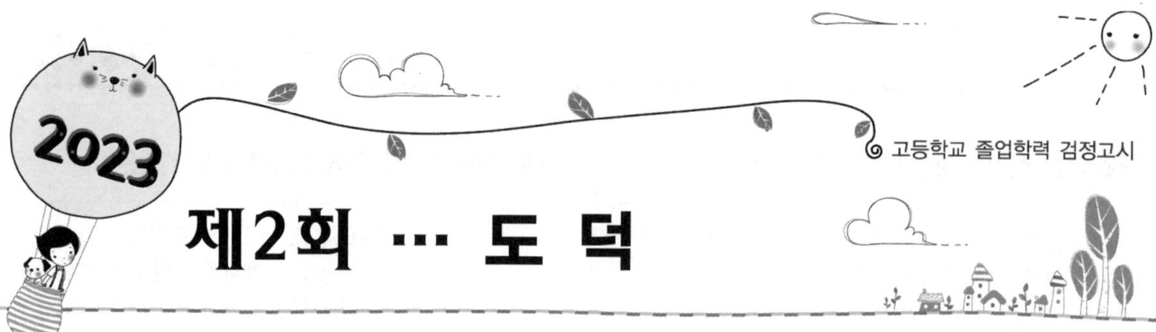

제2회 … 도 덕

01 다음 설명에 해당하는 윤리학은?

> 인간이 어떻게 행위를 해야 하는가에 대한 보편적 원리의 정립을 주된 목표로 하는 윤리학

① 진화 윤리학 ② 기술 윤리학
③ 규범 윤리학 ④ 메타 윤리학

02 다음 설명에 해당하는 이상적 인간은?

> 유교에서 제시한 도덕적 수양과 사회적 실천을 통해 이상적 인격에 도달한 사람

① 군자 ② 보살
③ 진인 ④ 철인

03 ㉠에 들어갈 용어는?

> 가상 공간에서 타인에게 정신적, 물질적 피해를 주는 행위
> ㉠
> 익명성을 악용한 비윤리적 행위로 심각한 문제가 되고 있음.
> 유형: 악성 댓글, 허위 사실 유포, 해킹 등

① 기후 정의 ② 절대 빈곤
③ 사이버 폭력 ④ 윤리적 소비

04 윤리적 성찰의 방법으로 적절하지 <u>않은</u> 것은?

① 언행을 신중하게 하고 몸가짐을 바르게 한다.
② 다른 사람을 돕는 데 진심을 다했는지 살핀다.
③ 자신의 생각이나 상식을 반성적으로 검토한다.
④ 권위가 있는 이론은 비판 없이 무조건 수용한다.

05 다음 설명에 해당하는 윤리적 관점은?

> • 아리스토텔레스의 사상적 전통을 따라 도덕 법칙이나 원리보다 행위자의 품성과 덕성을 중시함.
> • 행위자의 성품을 먼저 평가하고, 이를 근거로 행위의 옳고 그름을 판단해야 한다고 보는 관점임.

① 덕 윤리 ② 담론 윤리
③ 의무론 윤리 ④ 공리주의 윤리

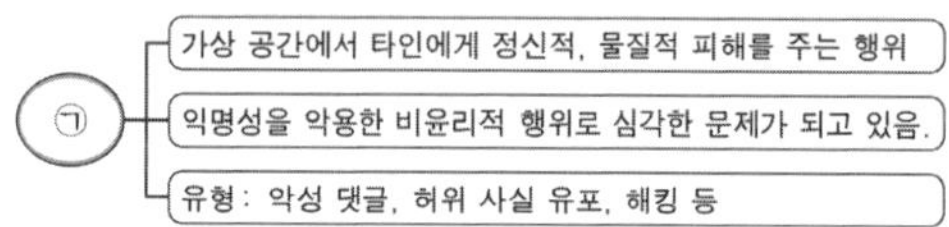

06 다음은 서술형 평가 문제와 답안이다. 밑줄 친 ㉠~㉣ 중 옳지 <u>않은</u> 것은?

> 문제: 정보의 생산자들이 지녀야 할 윤리적 자세에 대해 서술하시오.
>
> 〈답안〉
>
> 　정보 생산자들은 ㉠사실 그대로 전달하는 진실한 태도를 지녀야 한다. ㉡정보를 자의적으로 해석하거나 왜곡하지 않아야 하고, ㉢관련된 내용에 대한 객관성과 공정성을 추구해야 한다. 또한 ㉣개인의 사생활, 인격권을 침해해서라도 알 권리만을 우선해야 한다.

① ㉠　　　　　　　② ㉡

③ ㉢　　　　　　　④ ㉣

07 가족 간의 바람직한 윤리적 자세로 적절하지 <u>않은</u> 것은?

① 형제자매는 서로 우애 있게 지내야 한다.

② 부모와 자녀는 상호 간에 사랑을 실천해야 한다.

③ 가족 구성원 간에 신뢰를 회복하도록 노력해야 한다.

④ 전통 가족 윤리는 시대정신에 맞더라도 거부해야 한다.

08 ㉠에 들어갈 용어로 가장 적절한 것은?

> 　싱어(Singer, P.)는 (　㉠　)을 갖고 있는 동물의 이익도 평등하게 고려되어야 한다고 주장한다.

① 정보 처리 능력　　② 쾌고 감수 능력

③ 도덕적 탐구 능력　④ 비판적 사고 능력

09 다음에서 소개하는 윤리 사상가는?

① 로크　　　　　　② 베이컨

③ 플라톤　　　　　④ 엘리아데

10 다음 설명에 해당하는 것은?

> • 남녀 모두의 인권을 동등하게 보장함.
> • 성별에 따라 서로 차별하지 않고 동등하게 대우함.

① 성폭력　　　　　② 양성평등

③ 인종 차별　　　　④ 지역 갈등

11 다음 설명에 해당하는 개념은?

> • 의미 : 행위의 결과와 상관없이 행위 자체가 옳기 때문에 무조건 수행해야 하는 도덕적 명령
> • 예 : "네 의지의 준칙이 언제나 동시에 보편적 입법의 원리가 되도록 행위하라."

① 가치 전도　　　　② 정언 명령

③ 책임 전가　　　　④ 가언 명령

12 (가), (나)에 들어갈 내용으로 적절하지 <u>않은</u> 것은?

> 주제: 안락사를 허용해야 하는가?
> | 찬성 논거 | 반대 논거 |
> |---|---|
> | (가) | (나) |
> | ⋮ | ⋮ |

① (가) : 인간답게 죽을 권리는 없다.
② (가) : 경제적 고통을 덜어 줄 수 있다.
③ (나) : 사회에 생명 경시 풍조가 확산된다.
④ (나) : 죽음은 인간이 선택할 수 있는 대상 이 아니다.

13 다음 설명에 해당하는 직업 윤리 의식은?

> 공직자뿐만 아니라 직업 생활의 전반에서 중요한 의식으로 성품과 품행이 맑고 깨끗하여 탐욕을 부리지 않는 것을 의미한다.

① 경쟁 의식　　② 패배 의식
③ 청렴 의식　　④ 특권 의식

14 다음에서 설명하는 윤리에 대한 관점은?

> • 보편적으로 타당한 도덕 원칙은 없다고 봄.
> • 윤리를 문화의 산물로 보고, 각 사회마다 마땅히 따라야 할 규범이 다를 수 있다고 봄.

① 윤리적 상대주의　② 윤리적 이기주의
③ 윤리적 절대주의　④ 윤리적 의무주의

15 다음에서 바람직한 문화적 정체성을 유지하기 위한 관점에만 '✔'를 표시한 학생은?

관점＼학생	A	B	C	D
• 자신의 주관이나 문화적 정체성을 버린다.	✔	✔		✔
• 사회 질서를 파괴하지 않는 범위에서 관용을 베푼다.	✔		✔	✔
• 문화의 다양성을 수용하면서도 보편적 규범을 따른다.		✔	✔	✔

① A　　　　② B
③ C　　　　④ D

16 다음 내용과 관련된 사상은?

> • 불교에서 서로 다른 종파들 간 대립과 갈등을 더 높은 차원에서 극복하고자 함.
> • 특수하고 상대적인 각자의 입장에서 벗어나 대승적으로 융합해야 함을 강조함.

① 묵자의 겸애 사상　② 공자의 덕치 사상
③ 노자의 무위 사상　④ 원효의 화쟁 사상

17 부정부패 행위가 사회에 미치는 영향을 〈보기〉에서 고른 것은?

> **〈보기〉**
> ㄱ. 국외 자본의 국내 투자가 활발해진다.
> ㄴ. 개인의 권리가 부당하게 침해받을 수 있다.
> ㄷ. 사회적 비용의 낭비로 사회 발전을 저해할 수 있다.
> ㄹ. 국민 간 위화감을 완화하여 사회 통합을 용이하게 한다.

① ㄱ, ㄴ　　　　② ㄱ, ㄹ
③ ㄴ, ㄷ　　　　④ ㄷ, ㄹ

18 그림의 내용과 같은 주장을 한 사상가는?

① 홉스
② 노직
③ 벤담
④ 왈처

19 유전자 치료에 대한 찬성 근거로 가장 적절한 것은?

① 유전적 질병으로 인한 고통을 해소한다.
② 인간의 유전적 다양성이 상실될 수 있다.
③ 의학적으로 불확실하고 임상적으로 위험하다.
④ 유전 정보 활용으로 사생활 침해 문제가 발생한다.

20 ㉠에 들어갈 용어는?

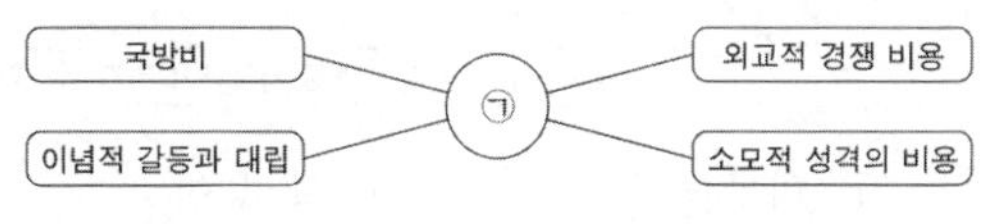

① 기본 소득
② 분단 비용
③ 과시 소비
④ 통일 편익

21 다음 설명에 해당하는 것은?

> 차별받아 온 사람들에게 고용이나 교육 등 다양한 측면에서 직간접적으로 혜택을 제공함으로써 사회적 이익의 공정한 분배를 실현하려는 제도

① 청탁 금지법
② 생물 다양성 협약
③ 지속 가능한 개발
④ 소수자 우대 정책

22 다음 대화에서 학생이 주장하는 국제 관계에 대한 관점은?

① 현실주의
② 구성주의
③ 이상주의
④ 도덕주의

23 시민 불복종의 특징으로 볼 수 <u>없는</u> 것은?

① 폭력을 사용해서는 안 된다.
② 최후의 수단이 되어야 한다.
③ 공개적인 활동을 통해 공동선을 지향해야 한다.
④ 기존 사회 질서와 헌법 체계 전체를 부정해야 한다.

24 ㉠에 들어갈 용어로 가장 적절한 것은?

① 일시적 평화
② 적극적 평화
③ 소극적 평화
④ 특수적 평화

25 다음에서 설명하는 자연을 바라보는 관점은?

> • 무생물을 포함한 생태계 전체를 도덕적 고려의 대상으로 보는 입장
> • 생태계 전체의 선을 위하여 개별 구성원을 희생시킬 수 있다는 한계를 지님.

① 인간 중심주의
② 동물 중심주의
③ 생명 중심주의
④ 생태 중심주의

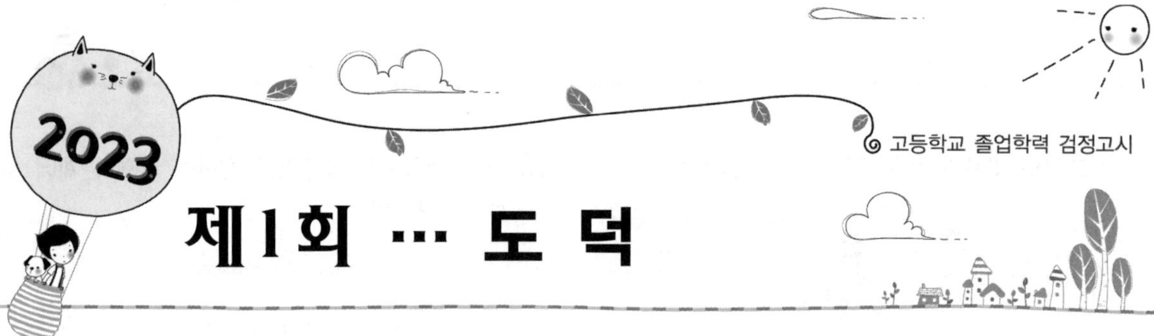

제1회 ··· 도 덕

01 다음 설명에 해당하는 윤리학은?

> 도덕적 언어의 의미 분석과 도덕적 추론의 정당성을 검증하기 위한 논리 분석을 주된 목표로 하는 윤리학

① 메타 윤리학　　② 실천 윤리학
③ 신경 윤리학　　④ 기술 윤리학

02 다음에서 소개하는 윤리 사상가는?

◈ 도덕 인물 카드 ◈
- 중국 춘추 시대 사상가
- 도가 사상의 창시자로 무위자연을 강조함.
- 『도덕경』에 그의 사상이 잘 나타남.

① 묵자　　　　② 노자
③ 순자　　　　④ 맹자

03 도덕적 탐구에 대한 설명으로 옳지 <u>않은</u> 것은?

① 도덕 판단과 행위의 정당화에 중점을 둔다.
② 도덕적 사고를 통해 이루어지는 지적 활동이다.
③ 도덕적 탐구에는 도덕적 추론 능력이 필요하다.
④ 도덕적 탐구 과정에서는 정서적 측면을 배제해야 한다.

04 다음 설명에 해당하는 것은?

> - 세상 모든 존재는 서로 의지한다는 불교의 근본 교리
> - 모든 존재와 현상은 여러 가지 원인[因]과 조건[緣], 즉 인연에 의해 생겨남.

① 심재(心齋)　　② 연기(緣起)
③ 오륜(五倫)　　④ 정명(正名)

05 ㉠에 들어갈 사상은?

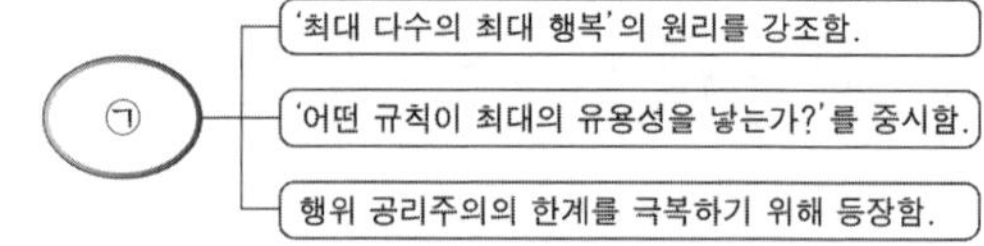

① 의무론　　　　② 덕 윤리
③ 자연법 윤리　　④ 규칙 공리주의

06 다음에서 설명하는 자연관으로 옳은 것은?

> - 과학적 지식을 활용하여 인간이 자연을 정복해야 한다.
> - 자연은 단순한 기계로서 도덕적 고려 대상에서 제외된다.

① 인간 중심주의　　② 동물 중심주의
③ 생명 중심주의　　④ 생태 중심주의

07 다음 설명에 해당하는 것은?

> 정의롭지 못한 법과 정책을 변화시키려는 목적을 가지고 의도적으로 법을 위반하는 행위

① 공정 무역 ② 시민 불복종
③ 합리적 소비 ④ 주민 투표제

08 다음은 서술형 평가 문제와 답인이다. 밑줄 친 ㉠~㉢ 중 옳지 <u>않은</u> 것은?

> 문제: 과학 기술자의 사회적 책임에 대해 설명하시오.
>
> 〈답안〉
> 과학 기술자는 ㉠인류 복지 향상을 위해 사회적 책임을 다해야 한다. ㉡자신의 연구 결과가 사회에 미칠 영향력을 인식해야 하고, ㉢자신만의 이익을 위해 연구 결과를 조작해야 한다. 또한 ㉢연구 활동이 인간 존엄성을 해치지 않는지 항상 성찰해야 한다.

① ㉠ ② ㉡
③ ㉢ ④ ㉣

09 대중문화의 건전한 발전을 위한 자세로 옳은 것은?

① 획일화된 문화 상품을 생산해야 한다.
② 대중문화를 무비판적으로 수용해야 한다.
③ 거대 자본으로 대중문화를 지배해야 한다.
④ 주체적인 자세로 대중문화를 감상해야 한다.

10 평화적인 남북통일 실현을 위해 가져야 할 올바른 자세를 〈보기〉에서 고른 것은?

> **〈보기〉**
> ㄱ. 군사비 증강에 집중하여 무력 통일을 도모한다.
> ㄴ. 통일 시기와 과정은 민주적 절차에 따라 추진한다.
> ㄷ. 남북 교류와 협력을 통해 서로 간에 신뢰를 형성한다.
> ㄹ. 통일 기반 조성을 위한 노력보단 체제 통합을 우선한다.

① ㄱ, ㄴ ② ㄱ, ㄹ
③ ㄴ, ㄷ ④ ㄷ, ㄹ

11 부부 간의 바람직한 윤리적 자세로 옳지 <u>않은</u> 것은?

① 부부는 서로 신의를 지켜야 한다.
② 부부는 동등한 존재임을 인식해야 한다.
③ 부부는 상대방을 존중하고 배려해야 한다.
④ 부부는 고정된 성 역할을 절대시해야 한다.

12 ㉠에 들어갈 내용으로 가장 적절한 것은?

① 용광로 이론
② 모자이크 이론
③ 샐러드 볼 이론
④ 국수 대접 이론

13 다음에서 롤스(Rawls, J.)의 관점에서만 '✔'것은?

관점 ＼ 학생	A	B	C	D
• 분배 절차가 공정하면 분배 결과도 공정하다.		✔		✔
• 재산이 많을수록 기본적 장유를 더 많이 가져야 한다.	✔		✔	
• 사회적 약자에게 경제적 이익을 분배해서는 안 된다.		✔	✔	

① A ② B
③ C ④ D

14 칸트(Kant, I.)의 도덕 법칙에 대한 설명으로 옳은 것을 〈보기〉에서 고른 것은?

〈보기〉
ㄱ. 보편화가 가능해야 한다.
ㄴ. 정언 명령의 형식이어야 한다.
ㄷ. 인간 존엄성과는 무관해야 한다.
ㄹ. 행위의 동기보다 결과를 중시해야 한다.

① ㄱ, ㄴ   ② ㄱ, ㄷ
③ ㄴ, ㄹ   ④ ㄷ, ㄹ

15 인공 임신 중절에 대한 반대 근거로 적절하지 <u>않은</u> 것은?

① 태아는 생명권을 지닌다.
② 태아는 생명이 있는 인간이다.
③ 태아에 대한 소유권은 임신한 여성에게 있다.
④ 태아는 인간으로 발달할 잠재성을 지니고 있다.

16 다음 중 윤리적 소비를 실천한 학생은?

① 학생1   ② 학생2
③ 학생3   ④ 학생4

17 예술에 대한 도덕주의 입장으로 옳은 것을 〈보기〉에서 고른 것은?

〈보기〉
ㄱ. 예술의 자율성만을 강조해야 한다.
ㄴ. 예술에 대한 윤리적 규제가 필요하다.
ㄷ. 미적 가치를 제외한 모든 가치를 부정해야 한다.
ㄹ. 예술의 목적은 도덕적 교훈을 제공하는 것이다.

① ㄱ, ㄴ   ② ㄱ, ㄷ
③ ㄴ, ㄹ   ④ ㄷ, ㄹ

18 바람직한 의사소통을 위해 갖춰야 할 태도로 옳은 것은?

① 대화의 상대방을 무시하는 태도
② 타인의 주장을 거짓으로 간주하는 태도
③ 진실한 마음으로 상대를 속이지 않는 태도
④ 자신의 오류 가능성을 인정하지 않는 태도

19 전문직 종사자가 지녀야 할 윤리적 자세로 옳은 것은?

① 높은 수준의 직업적 양심과 책임 의식을 지녀야 한다.
② 직무의 공공성보다는 개인적 이익만을 중시해야 한다.
③ 전문성 함양보다 독점적 지위 보장을 우선시해야 한다.
④ 전문 지식을 통해 얻은 뇌물은 정당함을 알아야 한다.

20 교사의 질문에 대한 대답으로 적절하지 <u>않은</u> 것은?

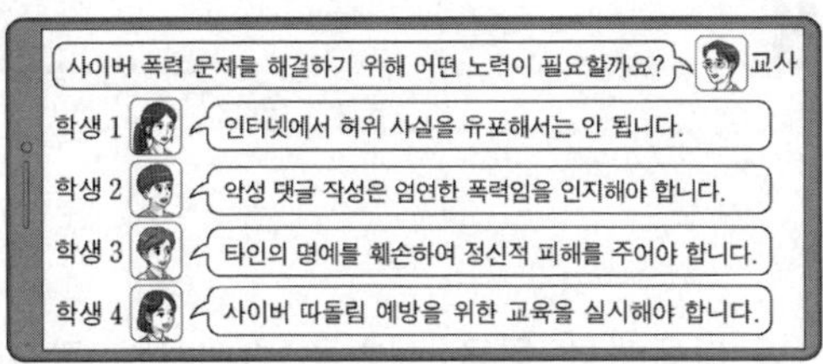

① 학생1   ② 학생2
③ 학생3   ④ 학생4

21 다음 설명에 해당하는 형벌에 대한 관점은?

> 형벌의 목적은 범죄 예방을 통해 사회 전체의 이익을 증대시키는 것이다.

① 국수주의   ② 공리주의
③ 이기주의   ④ 신비주의

22 다음 설명에 해당하는 개념은?

> • 의미 : 자신의 인간관, 가치관, 세계관 등을 전체적으로 검토하고 반성하는 과정
> • 방법 : 증자의 일일삼성(一日三省), 이황의 경(敬) 등

① 인종 차별   ② 부패 의식
③ 윤리적 성찰   ④ 유전자 조작

23 ㉠, ㉡에 들어갈 사랑과 성에 대한 관점으로 옳은 것은?

(㉠)	결혼이라는 합법적 테두리 내에서 이루어진 성적 관계만이 정당하다.
(㉡)	타인에게 피해를 주지 않고 성인이 자발적으로 동의한다면 사랑 없는 성적 관계도 가능하다.

	㉠	㉡
①	중도주의	보수주의
②	보수주의	자유주의
③	자유주의	중도주의
④	보수주의	중도주의

24 기후 변화에 따른 문제점이 <u>아닌</u> 것은?

① 생태계 교란
② 새로운 질병의 유행
③ 자연재해의 증가
④ 인류의 안전한 삶 보장

25 다음 내용에 해당하는 국제 관계에 대한 입장은?

> • 국가는 이성적 존재이기 때문에 국제 분쟁은 국제법, 국제기구 등 제도의 개선으로 해결할 수 있다고 봄.
> • 대표적 사상가 : 칸트

① 이상주의   ② 제국주의
③ 현실주의   ④ 지역주의

01 다음 설명에 해당하는 윤리학은?

- 도덕 원리를 구체적 상황에 적용하여 도덕 문제에 대한 해결 방안을 제시하는 것을 주된 목표로 삼음.
- 예 : 생명 윤리, 정보 윤리, 환경 윤리 등

① 기술 윤리학　　② 메타 윤리학
③ 실천 윤리학　　④ 진화 윤리학

02 (가)에 들어갈 윤리 사상가는?

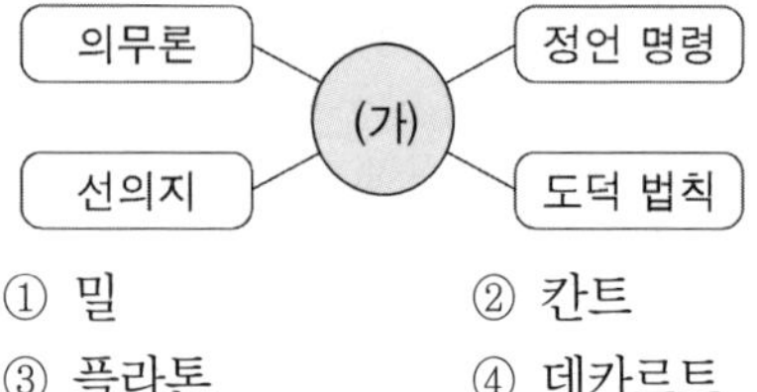

① 밀　　　　② 칸트
③ 플라톤　　④ 데카르트

03 다음에서 설명하는 사상으로 가장 적절한 것은?

- 무위자연(無爲自然)의 삶을 강조함.
- 이상적 인간으로 지인(至人), 진인(眞人) 등이 있음.

① 유교　　② 불교
③ 도가　　④ 법가

04 다음에서 동물 실험을 반대하는 관점에만 '✔'를 표시한 학생은?

관점 ＼ 학생	A	B	C	D
• 동물 실험은 신약 개발을 위해 반드시 필요하다.	✔			✔
• 동물 실험 과정에서 동물이 부당하게 고통을 겪고 있다.		✔		✔
• 동물은 인간의 이익을 위해 사용되는 수단에 불과하다.			✔	

① A　　② B
③ C　　④ D

05 공리주의의 입장에 대한 설명으로 옳은 것은?

① 유용성의 원리에 따른 행위를 강조한다.
② 행위의 결과보다는 행위의 동기를 중시한다.
③ 행위의 효용보다 행위자 내면의 품성을 강조한다.
④ 사회 전체의 행복보다 개인의 행복 추구를 중시한다.

06 (가)에 들어갈 성과 사랑의 관계에 대한 관점은?

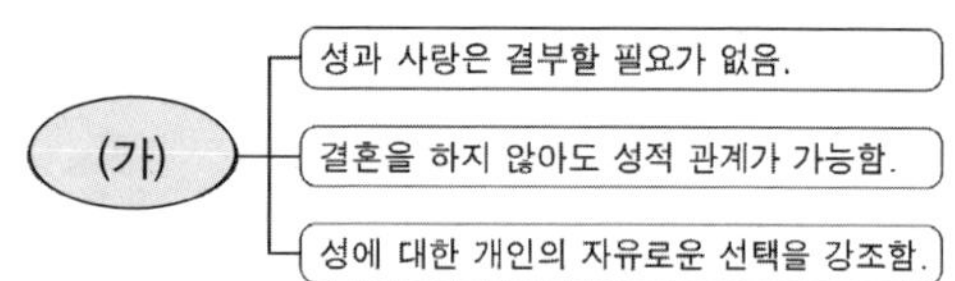

① 자유주의　　② 보수주의
③ 도덕주의　　④ 중도주의

07 시민에 대한 국가의 의무로 옳지 <u>않은</u> 것은?

① 시민의 복지를 증진해야 한다.
② 시민의 인권을 보호해야 한다.
③ 시민의 인간다운 삶을 보장해야 한다.
④ 시민의 정당한 요구에 무관심해야 한다.

08 ㉠에 공통으로 들어갈 용어는?

① 대지　　　　　② 과학
③ 문화　　　　　④ 사회

09 사형 제도의 찬성 근거로 가장 적절한 것은?

① 오판의 가능성이 있다.
② 정치적으로 악용될 수 있다.
③ 응보적 정의 실현을 위한 수단이다.
④ 생명권을 침해하는 비인도적인 제도이다.

10 ㉠에 들어갈 내용으로 옳지 <u>않은</u> 것은?

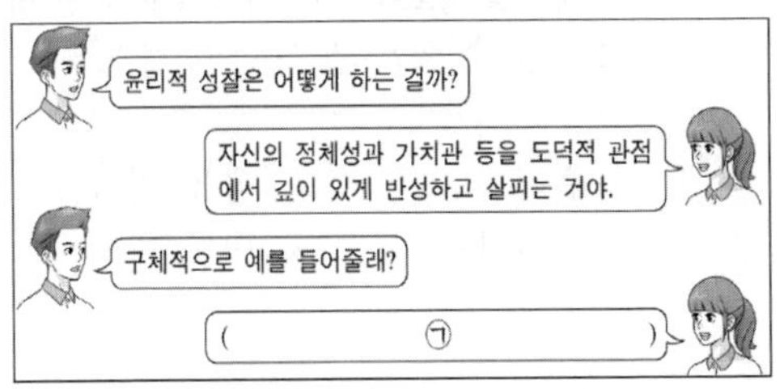

① 남을 돕는 데 진심을 다했는지 살피는 거야.
② 마음을 흐트러짐이 없게 하고 몸가짐을 삼가는 거야.
③ 어른들의 말씀은 무조건 비판 없이 받아들이는 거야.
④ 끊임없는 질문을 통해 자신의 무지를 스스로 깨우치는 거야.

11 다음 사상가가 강조하는 덕목은?

> 백성을 사랑하는 근본은 검소함과 자신의 사사로운 이익은 추구하지 않음에 있다. 이는 목민관이 가장 먼저 힘써야 할 일이다.
> − 정약용 , 『목민심서』 −

① 욕망　　　　　② 집착
③ 독선　　　　　④ 청렴

12 교사의 질문에 대한 대답으로 적절하지 <u>않은</u> 것은?

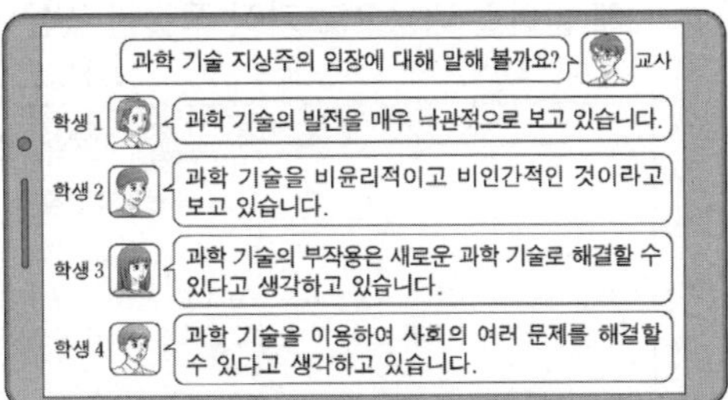

① 학생1　　　　　② 학생2
③ 학생3　　　　　④ 학생4

13 통일과 관련된 개념에 대한 설명으로 옳지 <u>않은</u> 것은?

	개념	설명
①	분단 비용	남북한 분단이 지속되어 발생하는 비용
②	평화 비용	남북한 평화 유지와 정착을 위해 필요한 비용
③	통일 편익	통일로 얻게 되는 경제적·경제 외적인 손상 및 피해
④	통일 비용	남북한 격차 해소와 이질적 요소 통합에 필요한 비용

14 예술 지상주의의 입장에 대한 설명으로 가장 적절한 것은?

① 예술의 사회성만을 강조한다.

② 예술을 위한 예술을 주장한다.

③ 예술가에게 도덕적 공감이 중요함을 강조한다.

④ 예술에 대한 윤리적 규제의 필요성을 주장한다.

15 ㉠에 들어갈 내용으로 가장 적절한 것은?

도 덕 신 문	2022년 ○월 ○일

㉠ 의 윤리적 쟁점

불치병으로 극심한 고통을 겪고 있는 환자의 요구에 따라 인위적으로 생명을 단축하는 행위의 허용 문제는 논란이 될 수 있다. 왜냐하면 이 문제는 생명의 존엄성과 관련하여 심각한 윤리적 문제를 발생시킬 수 있기 때문이다.

① 안락사 ② 대리모
③ 장기 이식 ④ 배아 복제

16 다음 설명에 해당하는 정의관으로 가장 적절한 것은?

- 공정한 과정을 통해 발생한 결과는 정당하다는 정의관
- 분배의 결과보다는 분배를 위한 공정한 순서나 방법을 강조하는 관점

① 결과적 정의 ② 교정적 정의
③ 산술적 정의 ④ 절차적 정의

17 시민 불복종의 사례를 〈보기〉에서 고른 것은?

〈보기〉
ㄱ. 중세의 십자군 전쟁
ㄴ. 나치의 유대인 집단 학살
ㄷ. 소로의 세금 납부 거부
ㄹ. 간디의 소금법 폐지 행진

① ㄱ, ㄴ ② ㄱ, ㄷ
③ ㄴ, ㄹ ④ ㄷ, ㄹ

18 다음에서 소개하는 윤리 사상가는?

◆ 도덕 인물 카드 ◆
- 영국의 철학자로 공리주의를 주장함.
- '최대 다수의 최대 행복'을 도덕 원리로 제시함.
- 저서: 『도덕과 입법의 원리 서설』

① 레건 ② 벤담
③ 아퀴나스 ④ 매킨타이어

19 다음 설명에 해당하는 권리는?

정보 주체가 온라인상에서 개인이 원하지 않는 자신의 정보에 대해 삭제 또는 확산 방지를 요구할 수 있는 권리를 의미한다.

① 알 권리 ② 공유 권리
③ 상속 권리 ④ 잊힐 권리

20 다음 설명에 해당하는 이상 사회는?

- 공자가 제시한 모두가 더불어 잘 사는 사회
- 인륜(人倫)이 실현된 사회로서 누구에게나 기본적인 삶이 보장되는 도덕 공동체

① 공산 사회 ② 소국과민
③ 대동 사회 ④ 철인 통치 국가

21 그림 (가)와 (나)에서 주장하는 내용으로 옳은 것은?

	(가)	(나)
①	합리적 소비	윤리적 소비
②	합리적 소비	과시적 소비
③	윤리적 소비	합리적 소비
④	윤리적 소비	과시적 소비

22 불교의 죽음관으로 가장 적절한 것은?

① 죽음 이후의 세계는 존재하지 않는다.

② 죽음을 통해 영혼은 이데아의 세계로 들어간다.

③ 죽음이란 다음 생으로 이어지는 윤회의 한 과정이다.

④ 죽음은 개별 원자로 흩어져 영원히 소멸되는 것이다.

23 다음 설명에 해당하는 직업 윤리는?

- 자신의 직업에 자부심을 가지고 사회적 책임을 다하려는 직업의식
- 자기 일에 긍지를 가지고 평생 전념하거나 한 가지 기술에 정통하려고 노력하는 것

① 장인 정신   ② 특권 의식
③ 비판 의식   ④ 관용 정신

24 다음은 서술형 평가 문제와 학생 답안이다. 밑줄 친 ㉠~㉢ 중 옳지 않은 것은?

> 문제: 국제 관계를 바라보는 관점에 대해서 서술하시오.
>
> 〈답안〉
> 현실주의는 ㉠국가가 자국의 이익을 최우선적으로 추구한다고 보기 때문에 ㉡국가 간의 힘의 논리를 통한 세력 균형보다 소통과 대화를 중시한다. 반면에 이상주의는 ㉢국가가 이성적이고 합리적 행동이 가능하다고 보기 때문에 ㉣국제법, 국제 규범 등을 통한 국제 분쟁의 방지를 강조한다.

① ㉠   ② ㉡
③ ㉢   ④ ㉣

25 공직자가 지녀야 할 바람직한 자세로 옳은 것은?

① 공익보다 사익을 우선시해야 한다.

② 국민을 위한 봉사의 자세를 지녀야 한다.

③ 개인은 재산을 일절 소유하지 말아야 한다.

④ 친한 친구의 개인적인 청탁은 당연히 받아야 한다.

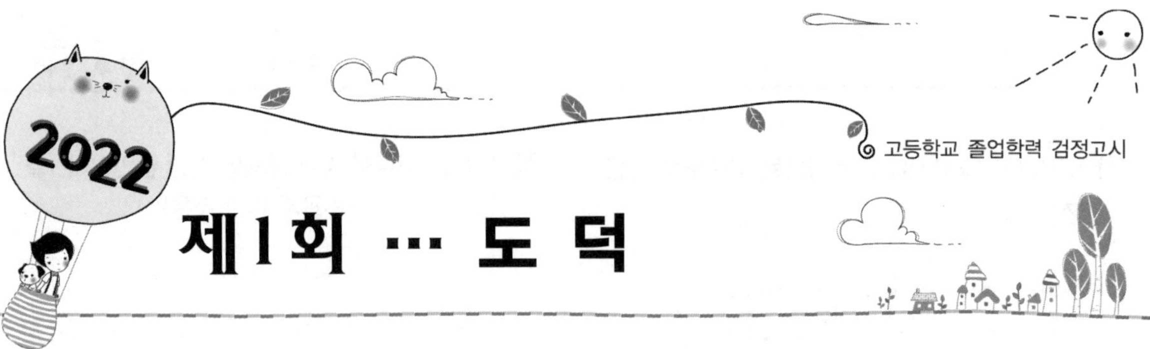

01 다음 설명에 해당하는 윤리학은?

> 도덕적 관습 또는 풍습에 대한 묘사나 객관적 서술을 주된 목표로 하는 윤리학

① 규범 윤리학 ② 기술 윤리학
③ 메타 윤리학 ④ 실천 윤리학

02 칸트(Kant, I.)의 의무론에 대한 설명으로 옳은 것은?

① 가언 명령의 형식을 중시한다.
② 행위의 동기보다는 결과를 강조한다.
③ 공리의 원리에 따른 행동을 강조한다.
④ 보편적 윤리의 확립과 인간 존엄성을 중시한다.

03 윤리적 소비에 대한 설명으로 옳은 것을 〈보기〉에서 고른 것은?

> **〈보기〉**
> ㄱ. 생태계 보존을 생각하는 소비이다.
> ㄴ. 자신의 재력을 과시하기 위한 소비이다.
> ㄷ. 많은 상품을 충동적으로 구매하는 소비이다.
> ㄹ. 노동자의 인권과 복지를 고려하는 소비이다.

① ㄱ, ㄴ ② ㄱ, ㄹ
③ ㄴ, ㄷ ④ ㄷ, ㄹ

04 다음 설명에 해당하는 것은?

> • 맹자가 주장한 것으로 모든 인간이 본래부터 가지고 있는 선한 마음
> • 측은지심, 수오지심, 사양지심, 시비지심

① 사단(四端) ② 삼학(三學)
③ 정명(正名) ④ 삼독(三毒)

05 다음 설명에 해당하는 도덕 원리 검사 방법은?

> 도덕 원리가 다른 사람의 처지에서도 받아들여질 수 있는지 다른 사람의 입장을 취해보고 검토하는 것이다.

① 포섭 검사 ② 역할 교환 검사
③ 반증 사례 검사 ④ 사실 판단 검사

06 (가)에 들어갈 내용으로 가장 적절한 것은?

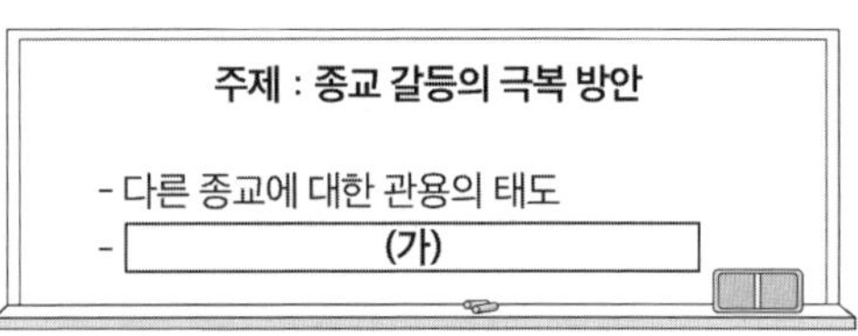

① 특정한 종교의 교리 강요
② 종교 간 적극적인 대화와 협력
③ 타 종교에 대한 무조건적 비난과 억압
④ 종교적 신념을 내세운 비윤리적 행위의 강행

07 ㉠에 들어갈 용어로 적절한 것은?

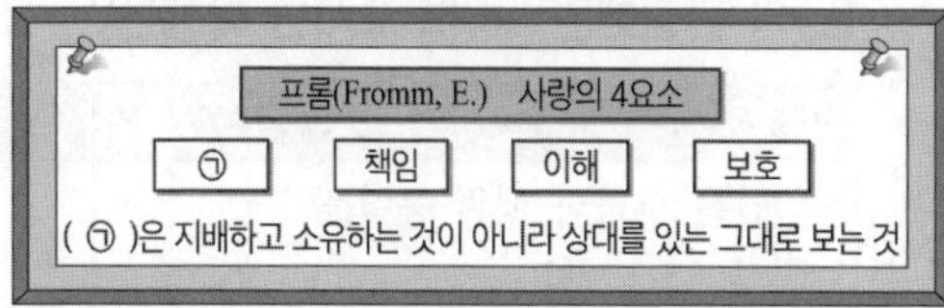

① 존경　　　　② 집착
③ 단절　　　　④ 금욕

08 시민 불복종의 특징으로 적절하지 <u>않은</u> 것은?

① 시민 불복종은 최후의 수단이어야 한다.
② 시민 불복종은 처벌을 감수하는 행위이다.
③ 시민 불복종은 개인의 이익만을 충족시켜야 한다.
④ 시민 불복종은 정의 실현을 위한 의도적 위법행위이다.

09 다음 내용과 관련된 노자의 사상은?

> • "으뜸이 되는 선(善)은 물과 같다."
> • "도(道)는 자연을 본받아 어긋나지 않는다."

① 충서(忠恕)　　　　② 무위(無爲)
③ 열반(涅槃)　　　　④ 효제(孝弟)

10 정보 공유를 강조하는 입장으로 옳은 것을 〈보기〉에서 고른 것은?

<보기>
ㄱ. 정보에 대한 자유로운 접근을 허용해야 한다.
ㄴ. 정보를 공동의 이익을 위해서 사용해야 한다.
ㄷ. 정보에 대한 사적 소유 권리를 강화해야 한다.
ㄹ. 정보 창작이 이루어지는 분야를 축소해야 한다.

① ㄱ, ㄴ　　　　② ㄱ, ㄷ
③ ㄴ, ㄹ　　　　④ ㄷ, ㄹ

11 ㉠에 들어갈 용어로 적절한 것은?

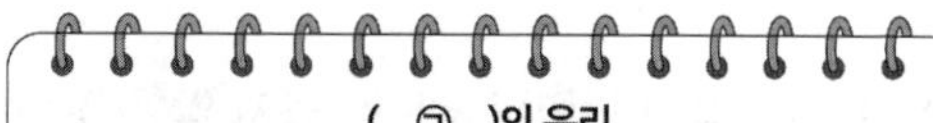

① 배려　　　　② 담론
③ 자연법　　　　④ 이기주의

12 다음 설명에 해당하는 윤리적 관점은?

> • 요나스(Jonas, H.)가 과학 기술 시대의 새로운 윤리적 관점으로 제시함.
> • 인과적 책임뿐만 아니라 미래의 결과에 대한 책임까지 강조되어야 한다고 보는 관점임.

① 책임 윤리　　　　② 전통 윤리
③ 신경 윤리　　　　④ 가족 윤리

13 생명 중심주의의 관점으로 가장 적절한 것은?

① 자연은 인간을 위한 수단일 뿐이다.
② 도덕적 고려의 범위에 무생물이 포함된다.
③ 이성적 존재만이 도덕적 존중의 대상이다.
④ 살아있는 모든 존재는 내재적 가치를 지닌다.

14 다음에서 소개하는 윤리 사상가는?

◆ 도덕 인물 카드 ◆
• 중국 춘추시대 사상가로 유교를 체계화 함.
• 도덕성 회복을 위해 인(仁)과 예(禮)의 실천을 강조함.
• 제자들이 엮은 『논어』에 그의 사상이 잘 나타남.

① 공자
② 장자
③ 순자
④ 묵자

15 우대 정책이 반영된 제도로 옳지 <u>않은</u> 것은?

① 지역 균형 선발 제도
② 장애인 의무 고용 제도
③ 농어촌 특별 전형 제도
④ 음식점 원산지 표시 제도

16 기업가가 지녀야 할 윤리적 자세로 적절하지 <u>않은</u> 것은?

① 경제적 이윤을 정당한 방식으로 추구해야 한다.
② 근로자의 정당한 권리를 훼손하지 말아야 한다.
③ 윤리 경영은 사회 발전과 무관함을 명심해야 한다.
④ 공익적 가치 실현을 위해 사회적 책임을 다해야 한다.

17 다음에서 동물 중심주의 사상가인 싱어(Singer, P.)의 관점에만 '✔'를 표시한 학생은?

관점 \ 학생	A	B	C	D
• 인간은 도덕적 행위 능력을 지닌다.	✔		✔	✔
• 동물의 고통을 무시하는 행위는 '종 차별주의'이다.	✔	✔	✔	
• 생태계 전체가 도덕적으로 고려해야 하는 대상이다.	✔	✔		✔

① A
② B
③ C
④ D

18 공리주의 관점에서 볼 때, 도덕적 행위로 옳지 <u>않은</u> 것은?

① 최대의 유용성을 가져오는 행위
② 사회 전체의 이익을 증대시키는 행위
③ 결과와 상관없이 무조건적 의무에 따르는 행위
④ 최대 다수의 최대 행복의 원리에 부합하는 행위

19 ㉠, ㉡에 들어갈 말을 짝지은 것으로 옳은 것은?

• 석가모니는 죽음을 수레바퀴가 구르는 것과 같이 다음 생으로 이어지는 (㉠)의 한 과정으로 본다.
• 장자는 죽음을 (㉡)의 흩어짐으로 정의하여 생사를 사계절의 운행과 같은 자연의 순환 과정 중 하나로 본다.

	㉠	㉡
①	윤회(輪廻)	기(氣)
②	윤회(輪廻)	해탈(解脫)
③	해탈(解脫)	오륜(五倫)
④	오륜(五倫)	기(氣)

20 롤스(Rawls, J.)의 해외 원조에 대한 설명으로 옳은 것은?

① 국제 사회에서 결코 정당화될 수 없다.
② 의무가 아니라 단순한 자선에 불과하다.
③ 정의로운 시민들은 절대 실천하지 않는다.
④ 대상국이 질서 정연한 사회가 되도록 돕는 것이다.

21 다음 설명에 해당하는 예술에 대한 관점은?

- 미적 가치와 윤리적 가치의 관련성을 강조한다.
- 예술은 도덕적 교훈이나 모범을 제공해야 한다고 본다.

① 도구주의　　　② 도덕주의
③ 상업주의　　　④ 예술 지상주의

22 교사의 질문에 대한 대답으로 적절하지 <u>않은</u> 것은?

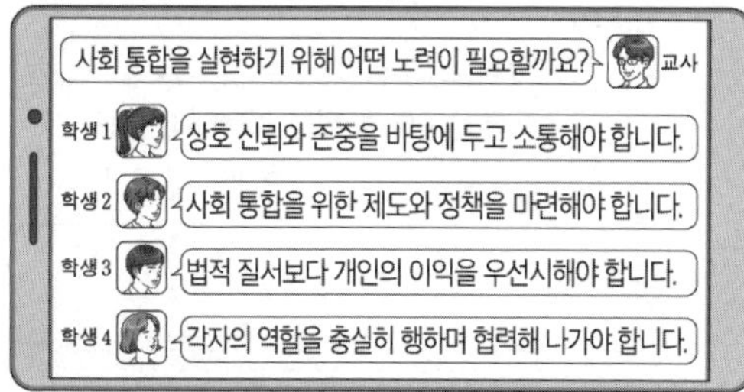

① 학생1　　　② 학생2
③ 학생3　　　④ 학생4

23 다음 설명에 해당하는 다문화 이론은?

- 다양한 문화의 공존을 위해서는 주류 문화의 역할이 중요하다는 입장
- 주재료인 면 위에 고명을 얹어 맛을 내듯이 주류 문화를 중심으로 비주류 문화가 공존해야 한다는 입장

① 용광로 이론　　　② 동화주의 이론
③ 샐러드 볼 이론　　　④ 국수 대접 이론

24 하버마스(Habermas, J.)가 강조한 소통과 담론의 윤리로 가장 적절한 것은?

① 상대방이 이해할 수 없는 언어로 표현해야 한다.
② 외부 기관의 감시하에서만 소통을 진행해야 한다.
③ 대화 당사자들은 자유롭고 평등하게 참여해야 한다.
④ 해당 영역의 전문가만이 의사결정권을 행사해야 한다.

25 다음은 서술형 평가 문제와 학생 답안이다. 밑줄 친 ㉠~㉣ 중 옳지 <u>않은</u> 것은?

문제 : 분단 비용과 통일 비용, 통일 편익에 대해 설명하시오.

〈답안〉
㉠ 분단 비용은 분단으로 인해 남북한이 부담하는 유·무형의 모든 비용을 의미한다. ㉡ 분단 비용은 분단이 계속되는 한 지속적으로 발생하는 소모적 비용이다. 한편 ㉢ 통일 비용은 통일 이후 남북한 격차를 해소하고 이질적 요소를 통합하기 위한 비용이며, ㉣ 통일 편익은 통일 직후에만 발생하는 단기적 이익이다.

① ㉠　　　② ㉡
③ ㉢　　　④ ㉣

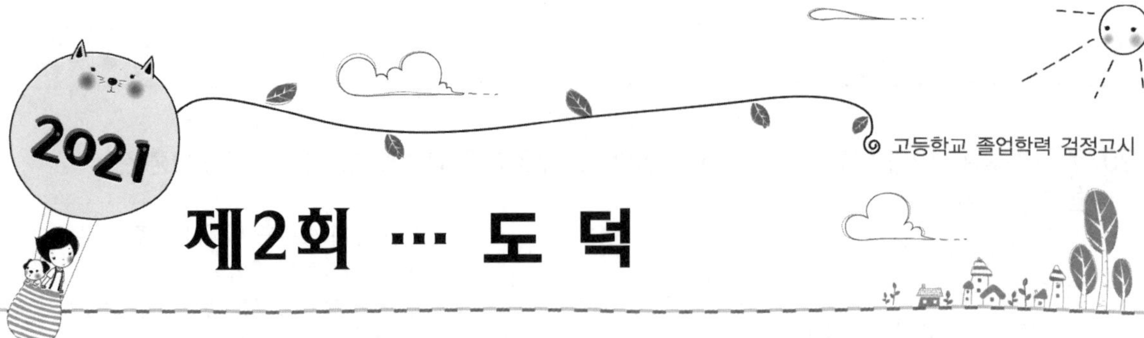

제2회 … 도 덕

01 다음 쟁점들을 다루는 실천 윤리 분야로 가장 적절한 것은?

> • 사회 참여는 시민의 의무인가?
> • 사회적 가치의 공정한 분배 기준은 무엇인가?

① 생명 윤리　　　　② 사회 윤리
③ 과학 윤리　　　　④ 환경 윤리

02 다음에 해당하는 사랑과 성의 관계에 대한 관점은?

> • 결혼을 통해 이루어지는 성적 관계만이 옳다.
> • 배우자가 아닌 다른 사람과의 성적 관계는 부도덕하다.

① 자유주의　　　　② 중도주의
③ 보수주의　　　　④ 공리주의

03 ㉠에 들어갈 내용으로 옳은 것은?

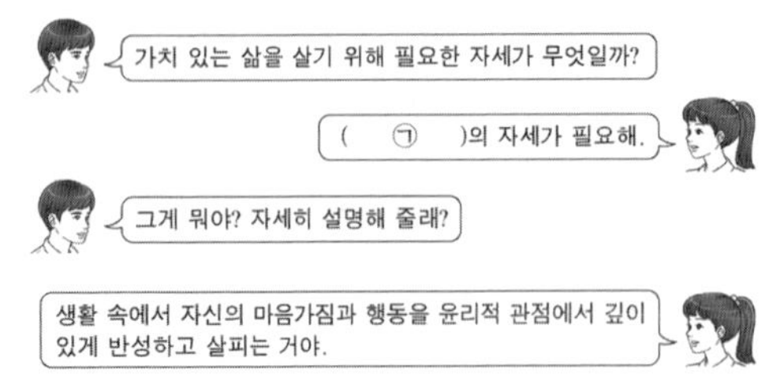

① 가치 전도　　　　② 특권 의식
③ 윤리적 성찰　　　④ 이기적 실천

04 덕 윤리의 특징으로 옳은 것을 〈보기〉에서 고른 것은?

> **〈보기〉**
> ㄱ. 도덕적 실천 가능성을 강조한다.
> ㄴ. 공동체의 전통과 역사를 중시한다.
> ㄷ. 인간의 감정과 인간관계를 무시한다.
> ㄹ. 공리의 원칙에 따른 행위만을 중시한다.

① ㄱ, ㄴ　　　　② ㄱ, ㄷ
③ ㄴ, ㄹ　　　　④ ㄷ, ㄹ

05 (가), (나)에 들어갈 내용으로 적절하지 <u>않은</u> 것은?

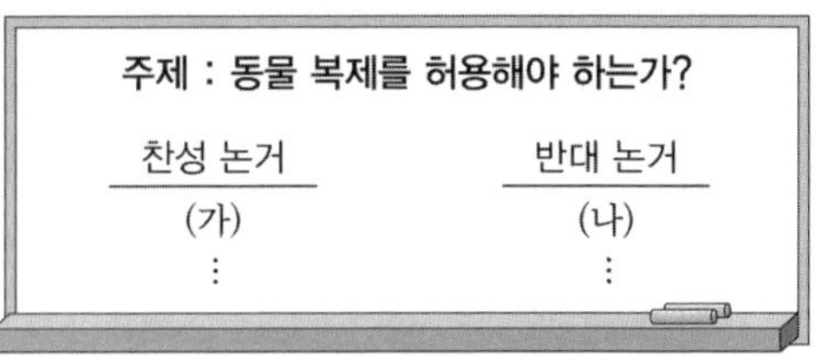

① (가) : 희귀 동물을 보호할 수 있다.
② (가) : 우수한 품종을 개발할 수 있다.
③ (나) : 자연의 고유한 질서에 어긋난다.
④ (나) : 동물 종의 다양성 보존에 기여한다.

06 다음 설명에 해당하는 처벌에 대한 관점은?

> 처벌의 본질을 범죄 행위에 대해 응당한 보복을 가하는 것으로 본다.

① 예방주의 ② 공리주의
③ 응보주의 ④ 실용주의

07 다음을 주장한 사상가의 입장으로 옳은 것은?

> **〈정의의 두 원칙〉**
>
> • 제1원칙 : 평등한 자유의 원칙
>   모든 사람은 다른 사람과 유사한 자유와 양립할 수 있는 가장 광범위한 기본적 자유에 대하여 동등한 권리를 가져야 한다.
> • 제2원칙 : 공정한 기회균등의 원칙, 차등의 원칙

① 개인의 기본적 자유를 보장해야 한다.
② 사회 구성원의 기본적 자유는 평등하지 않다.
③ 사회 전체의 이익을 위한 소수의 희생은 정당하다.
④ 부유층의 기본권이 빈곤층의 기본권보다 중요하다.

08 다음 설명에 해당하는 것은?

> • 유교에서 말하는 기본적인 인간관계에서 지켜야 할 다섯 가지 도덕규범.
> • 부자유친, 군신유의, 부부유별, 장유유서, 붕우유신.

① 오륜(五倫) ② 충서(忠恕)
③ 삼학(三學) ④ 좌망(坐忘)

09 (가)에 들어갈 용어로 적절한 것은?

> (가)
> - 남녀 모두의 인권을 동등하게 보장함.
> - 성별에 따른 차별, 편견, 비하, 폭력이 없음.
> - 남녀의 차이를 인정하고 다양성과 개성을 존중함.

① 성차별 ② 성폭력
③ 양성평등 ④ 성 상품화

10 다음 중 시민 불복종의 정당화 조건으로 옳지 않은 것은?

① 처벌 감수 ② 공동선 추구
③ 최후의 수단 ④ 폭력적 방법 사용

11 다음 제도가 강조하는 덕목은?

> • 부패 방지법   • 내부 공익 신고 제도
> • 부정 청탁 및 금품 수수 금지에 관한 법률

① 배려 ② 관용
③ 청렴 ④ 자선

12 다음에서 소개하는 윤리 사상가는?

> **◈ 도덕 인물 카드 ◈**
>
> • 고대 그리스의 철학자.
> • "너 자신을 알라."라는 말을 강조함.
> • 반성적으로 검토하는 삶이 중요하다고 주장함.

① 밀 ② 베이컨
③ 데카르트 ④ 소크라테스

13 다음 중 과학 기술자의 윤리적 자세로 옳지 <u>않은</u> 것은?

① 연구 과정에서 표절이나 위조를 해서는 안 된다.
② 연구 및 실험 대상을 윤리적으로 대우해야 한다.
③ 연구 과정에서 부당한 저자 표기를 해서는 안 된다.
④ 연구 결과를 자신의 이익만을 위해 공개해야 한다.

14 다음에서 생태 중심주의 관점에만 '✓'를 표시한 학생은?

관점 \ 학생	A	B	C	D
• 인간은 자연보다 우월한 존재이다.	✓		✓	
• 동물은 인간을 위한 수단일 뿐이다.	✓			✓
• 자연 전체가 도덕적 고려의 대상이다.		✓		✓

① A ② B
③ C ④ D

15 다음 설명에 해당하는 정보 사회의 윤리적 문제점은?

> 교육, 소득 수준, 성별, 지역 등의 차이로 정보에 대한 접근과 이용에 차별이 발생하고, 그 결과 사회적·경제적 불평등이 초래되는 현상.

① 정보 격차 ② 사생활 침해
③ 저작권 침해 ④ 사이버 스토킹

16 (가)에 들어갈 사상은?

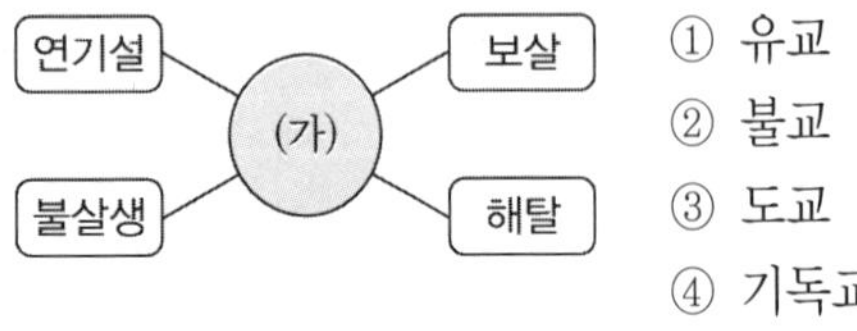

① 유교
② 불교
③ 도교
④ 기독교

17 예술의 상업화를 반대하는 입장으로 옳은 것을 〈보기〉에서 고른 것은?

> **〈보기〉**
> ㄱ. 예술을 일반 대중들도 누릴 수 있게 해 준다.
> ㄴ. 예술가에게 예술 활동의 경제적 기반을 마련해 준다.
> ㄷ. 예술의 미적 가치와 윤리적 가치를 훼손할 수 있다.
> ㄹ. 예술 작품이 돈을 벌기 위한 투기 수단으로 사용된다.

① ㄱ, ㄴ ② ㄱ, ㄷ
③ ㄴ, ㄹ ④ ㄷ, ㄹ

18 다음은 서술형 평가 문제와 학생 답안이다. 밑줄 친 ㉠~㉣ 중 옳지 <u>않은</u> 것은?

> 문제 : 뉴 미디어(new media)의 의미와 특징을 서술하시오.
>
> 〈학생 답안〉
> 뉴 미디어는 ㉠ 정보 통신 기술이 발달하면서 등장한 새로운 전달 매체이다. 뉴 미디어는 ㉡ 송신자와 수신자 간의 쌍방향 정보 교환이 불가능하지만, ㉢ 수신자가 원하는 시간에 정보를 볼 수 있게 해 주고, ㉣ 정보를 디지털화함으로써 신속하고 정확하게 처리하는 것이 가능하다.

① ㉠ ② ㉡
③ ㉢ ④ ㉣

19 다음에 해당하는 윤리 사상가는?

> • 도덕성을 판단할 때 행위의 결과보다 동기를 중시함.
> • 도덕 법칙은 정언 명령의 형식으로 제시됨을 주장함.

① 벤담 ② 칸트
③ 플라톤 ④ 에피쿠로스

20 ㉠, ㉡에 들어갈 말이 옳게 짝지어진 것은?

(㉠) 소비	소비자가 자신의 경제력 내에서 가장 큰 효용과 만족을 주는 상품을 구매하는 것.
(㉡) 소비	소비자가 윤리적인 가치 판단의 신념에 따라 상품을 구매하는 것.

     ㉠   ㉡   ㉠   ㉡
① 윤리적 합리적   ② 충동적 윤리적
③ 합리적 충동적   ④ 합리적 윤리적

21 ㉠에 들어갈 용어로 가장 적절한 것은?

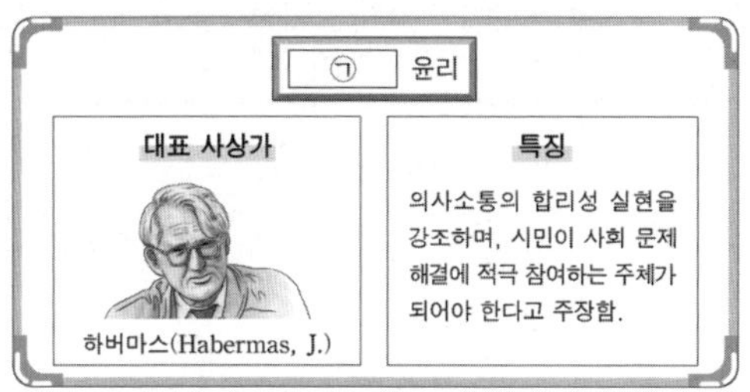

① 담론   ② 배려
③ 의무   ④ 책임

22 다음에 해당하는 다문화 이론은?

- 다른 맛을 가진 채소와 과일들이 그릇 안에서 서로 조화를 이루듯이 다양한 문화가 평등하게 조화를 이루어야 함.
- 여러 인종, 여러 민족이 각자의 문화적 특성을 유지하며 조화를 이루어야 함.

① 샐러드 볼 이론
② 동화주의 이론
③ 국수 대접 이론
④ 자문화 중심주의 이론

23 다음 설명에 해당하는 인간의 특성으로 가장 적절한 것은?

> 인간은 시간과 공간의 한계를 넘어서기를 갈망하며, 그러한 한계를 극복하기 위해 신(神)과 같은 초월적 존재와 연관을 맺고자 하는 존재이다.

① 감각적 존재   ② 종교적 존재
③ 윤리적 존재   ④ 이기적 존재

24 ㉠에 들어갈 용어로 가장 적절한 것은?

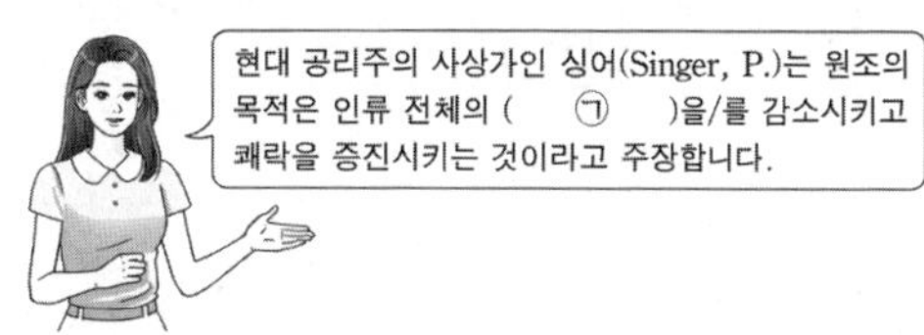

① 이익   ② 행복
③ 고통   ④ 복지

25 다음 중 남북통일 실현을 위한 올바른 자세가 <u>아닌</u> 것은?

① 주변국과 긴밀히 협력한다.
② 열린 마음으로 소통하고 배려를 실천한다.
③ 북한을 동반자가 아니라 경계 대상으로만 본다.
④ 국민적 합의에 근거하여 통일의 방법을 모색한다.

MEMO

정답 및 해설

고등학교 졸업학력 검정고시 대비 기출문제

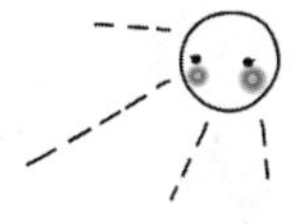

정답 및 해설

2025년 2회 ▶국 어◀

01	①	06	①	11	①	16	①	21	③
02	②	07	①	12	②	17	④	22	③
03	③	08	②	13	④	18	④	23	②
04	③	09	②	14	③	19	③	24	④
05	②	10	④	15	④	20	①	25	④

01　　　　　　　　　　　　　　정답_①

‘형’의 중의적 표현으로 인한 내용의 모호성이 ‘동생’과의 원활한 의사소통에 지장을 주고 있다.
형 : 내일 이모랑 할머니 선물을 사러 가자.
→ ‘내일 이모와 함께 할머니의 선물을 사러 간다’는 것인지 ‘동생과 함께 이모와 할머니 두 사람의 선물을 사러 간다’는 것인지 의미가 모호하다.

02　　　　　　　　　　　　　　정답_②

‘동생’은 주말에 친구들과 발표 준비를 해야 한다는 구체적인 이유를 제시하며 함께 영화 보러 가자는 ‘언니’의 제안을 거절하고 있다.

03　　　　　　　　　　　　　　정답_③

ⓒ → ‘지역의 역사 알기 프로그램 참여’는 (나)에 드러나지 않는다.
㉠ → (나) 1단락 (~ 공정여행이 주목받고 있다.)
㉡ → (나) 2단락 (대중교통이나 ~ 도보로 이동한다.)
㉣ → (나) 4단락 (공정여행은 ~ 기여한다.)

04　　　　　　　　　　　　　　정답_③

‘지역 주민이 운영하는 숙박 시설을 이용하거나 지역 재래시장에서 그 지역의 상품을 구매한다’ (전제)
‘여행자의 소비가 지역 주민의 소득으로 이어질 수 있다’ (글쓴이의 의견)
→ 전제와 의견을 이어주는 접속어로 ‘그러면’이 적절하다.

05　　　　　　　　　　　　　　정답_②

★ 모음 ‘_’ 탈락 → 모음 ‘_’로 끝나는 어간이 모음 ‘ㅏ/ㅓ’로 시작하는 어미와 결합하면 ‘_’가 탈락한다.

ㄱ. (글을) 쓰- + -어 → 써 (‘_’ 탈락)
ㄹ. (문을) 잠그- + -아 → 잠가 (‘_’ 탈락)

★ 동음 탈락 → ‘-아’나 ‘-어’로 끝나는 용언 어간 뒤에 ‘-아’나 ‘-어’로 시작하는 어미가 와서 동일한 모음이 연속될 때 그중 한 모음이 탈락하는 음운 현상

ㄷ. (줄을) 서- + -어 → 서 (동음 ㅓ 탈락)
ㄴ. (잠을) 자- + -아 → 자 (동음 ㅏ 탈락)

06　　　　　　　　　　　　　　정답_①

★한글 맞춤법★
[제30항] 사이시옷은 다음과 같은 경우에 받치어 적는다.
1. 순우리말로 된 합성어로서 앞말이 모음으로 끝난 경우
　(1) 뒷말의 첫소리가 된소리로 나는 것
　(2) 뒷말의 첫소리 ‘ㄴ, ㅁ’ 앞에서 ‘ㄴ’ 소리가 덧나는 것
　(3) 뒷말의 첫소리 모음 앞에서 ‘ㄴㄴ’ 소리가 덧나는 것 ㉠

① ‘깻잎’은 순우리말로 된 합성어로 앞말이(‘깨’) 모음으로 끝나고 뒷말의 첫소리(‘잎’) 모음 앞에서 ‘ㄴㄴ’소리가 덧나는[깬닙] 1-(1)의 용례이다.
② ‘잇몸’[인몸]은 1-(2)의 용례이다.
③ ‘맷돌’[매똘/맫똘]은 1-(1)의 용례이다.

④ '훗날'[훈날]은 순우리말과 한자어로 된 합성어로서 앞말이 모음으로 끝난 경우 뒷말의 첫소리 "ㄴ, ㅁ" 앞에서 "ㄴ" 소리가 덧나는 용례이다.

07 정답_①

> **★주체 높임법★**
> – 서술의 주체(주어)를 높이는 표현 방법
> – 주격조사 '께서' 사용 (선생님께서~)
> – 선어말어미 '(으)시' 사용 (~ 있으시다)
> – 주체를 높이는 특수 어휘 사용 (~ 계시다)

① 아버지께서 신문을 보신다. (주체 높임)
→ 주격조사(께서)와 선어말어미(시)를 통해 주어(주체)를 높임
② 그는 착한 사람이었습니다. (상대 높임)
→ 종결어미(~습니다)를 통해 청자(상대)를 높임
③ 저는 어른신을 뵐 낯이 없습니다. (객체 높임)
→ 특수 어휘(뵐)를 통해 목적어(객체)를 높임
④ 아이가 할머니께 편지를 읽어 드렸다.
→ 부사격 조사(께)와 특수 어휘(드리다)를 통해 부사어(객체)를 높임

08 정답_②

ㄴ '므·춤:내'에 사용된 'ㅁ, ㄴ, ㅊ'은 현대국어에서 사용되는 자음자이다. 훈민정음에서 사라진 자음은 반치음(ㅿ), 옛이응(ㆁ), 여린히읗(ㆆ)이다.

[9~10]

> **9~10 작자 미상, 「가시리」**
> **갈래** 고려 속요
> **주제** 이별의 정한
> **특징** ① 화자의 정서를 간결하고 압축적으로 표현
> ② 구비전승되다가 조선 시대에 우리글로 기록
> ③ 3음보의 율격으로 '기-승-전-결'의 4단 구성을 취함

09 정답_②

위 증즐가 대평셩디(大平盛代)라는 동일한 후렴구의 반복 → 주제와 의미상 연관성은 없지만 운율을 형성하고, 연을 구분하며, 구조적 통일성에 기여한다.

10 정답_②

윗글은 이별의 상황에서 님에 대한 원망, 이별의 안타까움, 재회의 소망이 드러나고 있다.

> **11~13 양귀자, 「비 오는 날이면 가리봉동에 가야 한다.」**
> **갈래** 현대 소설, 연작 소설, 세태 소설
> **주제** 소시민들 사이에 벌어지는 일상의 갈등과 화해
> **특징** ① 실제 공간을 배경으로 소시민의 삶을 사실적으로 그려냄
> ② '그(은혜 아빠)'의 시선을 통해 '임 씨'의 행동을 관찰
> ③ 비속어와 방언의 사용으로 사건을 현장감 있게 전개함

11 정답_①

'임 씨'는 공사 시작 전의 예상 수리 견적서에서 노임이나 각종 재료비, 용달차 사용료 등이 차감된 비용을 꼼꼼하게 계산해서 '그와 그의 아내'에게 설명했다.

12 정답_②

[A]의 대화를 통해 노임이나 재료비를 속이지 않는 '임 씨의 정직, 성실함'과 잠시라도 '임 씨'를 못 미더워한 '그'의 부끄럽고 미안한 마음을 간접적으로 알 수 있다.

13 정답_④

㉠ '그는 일 층 현관까지 내려가 임 씨를 배웅하기로 했다. → '임 씨'가 공사비를 속이지도 않고 성실하게 공사를 해 준 것에 대한 고마움의 행동

14~16 김영랑, 「모란이 피기까지는」

갈래 자유시, 서정시

주제 소망이 이루어지기를 기다림

특징 ① 수미상관의 구조를 통해 주제 의식 강조
② 기다림 – 슬픔(상실감) – 기다림의 시상 전개
③ 역설법, 도치법의 사용으로 화자의 정서 표현

14　　정답_③

윗글은 수미상관을 활용하여 주제 의식의 강조, 구조적 안정감, 시적 여운을 형성한다.

15　　정답_④

'찬란한 슬픔의 봄'이라는 모순 형용 (역설법)을 통해 아름다움에의 황홀한 도취와 그것의 덧없음에 대한 슬픔이 복합된 화자의 심경을 드러내고 있다.
★역설법 (모순 형용) → 표면적으로는 이치에 어긋나지만, 그 속에 진실을 담아 의미를 강조하는 효과

16　　정답_①

모란이 피기를 기다리는 화자를 통해 소망하는 것을 기다리는 삶의 모습이 드러난다.

17~19 김시습, 「이생규장전」

갈래 한문 소설, 전기 소설

주제 죽음을 초월한 남녀 간의 사랑

특징 ① 비현실적 요소가 드러남
② 만남 – 이별의 반복 구조

17　　정답_④

'이생'이 죽은 '최 여인'의 환신과 만나 함께 지낸다는 비현실적(전기적)인 요소를 활용하여 '죽음을 초월한 남녀 간의 사랑'이라는 주제 의식을 나타내고 있다.

18　　정답_④

'이생'은 '최 여인'의 유골을 거두어 장사 지낸 후에여인을 추모하고 생각하다가, 병을 얻어 세상을 떠나게 된

다. 이를 통해 '이생'이 여인을 간절히 그리워했음을 알 수 있다.

19　　정답_③

㉠, ㉡, ㉣ → 이생 / ㉢ → 최 여인

20~22 최재천, 「생각의 탐험」

20　　정답_①

작가는 '통섭'이라는 말의 의미를 풀이하며 복잡하게 변화하는 세상에 필요한 '통섭형 인재'에 대해 강조하고 있다.

21　　정답_③

'열두 가지 재주에 저녁거리가 간데없다.' → 재주가 여러 방면으로 많은 사람은 한 가지 재주만 가진 사람보다 성공하기 어렵다는 말로 ㉮ (사람은 한 우물만 파야 한다는 의미)를 내포하고 있다.

22　　정답_③

㉠, ㉡, ㉣ → 통섭형 인재

23~25 임석재, 「지혜롭고 행복한 집 한옥」

갈래 설명문

주제 통의 원리를 이용한 친자연적인 건축물인 한옥

특징 ① 정의와 대조, 예시 등의 설명 방식을 사용
② 한옥에서 구현한 통의 원리를 두 가지 차원에서 설명

23　　정답_②

(나)와 (다)는 한옥에서 '통의 원리'를 구현하는 방식을 2가지로 나누어 제시하고 있다.
구현 방식 1 → 거시 기후에 맞춰 집 안에 '바람길'을 냄
구현 방식 2 → 미시 기후를 활용하여 마당에 '찬 공기 주머니'를 만듦

24
정답_④

(라) 바람은 중문으로 들어오는 것과 대청 뒤에서 불어오는 것 두 가지가 있을 수 있는데 이 가운데 찬 것이 들어오게 된다. (㉣) 대개 대청 뒤에는 숲이 있는데, 이곳의 찬바람이 집 안으로 들어온다.
→ 앞 뒤 문맥을 참고 할 때 '둘 가운데 찬 것은 대청 뒤에서 부는 바람이다.'가 들어갈 위치로 ㉣이 가장 적절하다.

25
정답_④

㉮ 이를 한마디로 '통(通)'의 원리라 <u>부를</u> 수 있다.
④ 사람들은 그를 불운한 천재라고 <u>불렀다</u>.
→ ㉮, ④ 무엇이라고 가리켜 말하거나 이름을 붙이다
① 생일에 친구들을 집으로 <u>불렀다</u>.
→ 청하여 오게 하다.
② 어머니가 아이를 손짓하여 <u>불렀다</u>.
→ 말이나 행동 따위로 다른 사람의 주의를 끌거나 오라고 하다.
③ 경기장에서 응원가를 힘차게 <u>불렀다</u>.
→ 곡조에 맞추어 노래의 가사를 소리 내다.

2025년 1회 ▶국　어◀

01	③	06	③	11	①	16	③	21	④
02	②	07	③	12	②	17	③	22	①
03	②	08	②	13	④	18	④	23	④
04	③	09	②	14	①	19	④	24	④
05	②	10	④	15	①	20	①	25	①

01
정답_③

'준희'는 혼자만 혼이 나서 속상해하는 '상대방(민서)'의 기분을 고려하지 않고 비난하는 어투로 말하고 있다.

02
정답_②

밑줄 친 부분은 '스무 벌 이상의 티셔츠를 구입하는 것을 조건으로 문구 새기는 비용을 할인해 달라'는 손님의 요구를 표현한 것이다.

03
정답_②

★ 동사나 형용사의 어간 말 자음 'ㅎ'이 모음으로 시작하는 어미나 접사 앞에서 탈락하는 현상 ⇨ ㅎ 탈락 ② 괜찮은 [괜차는]

★ 'ㅎ(ㄶ, ㅀ)' 뒤에 'ㄱ, ㄷ, ㅈ'이 결합되는 경우에는, 뒤 음절 첫소리와 합쳐서 [ㅋ, ㅌ, ㅊ]으로 발음한다 ⇨ 자음 축약
① 하얗게 [하야케]　③ 닳도록 [달토록]　④ 싫지만 [실치만]

04
정답_③

★ 완료상 → 동작의 완료를 나타내는 동작상. '-아/어 있다', -아/어 버리다' 등을 통해 실현
③ 간식을 다 <u>먹어 버렸다</u>.

> ★ 진행상 → 어떤 동작이 시간의 흐름 속에서 계속 이어지고 있음을 나타내는 동작상. '-고 있다.', '-아/어 가다' 등을 통해 실현
> ① 꽃이 시들어 간다.
> ② 운동을 하는 중이다.
> ④ 동생이 음악을 듣고 있다.

05　　　　　　　　　　　　정답_②

② 낮에 할머니를 뵀었다.(×)
→ 뵈었다(○), 뵀다(○)

06　　　　　　　　　　　　정답_③

ⓒ ·므 른 (이어 적기) → 믈은 (끊어 적기)
ㄱㅁ래 (이어 적기) ⟶ ㄱ믈애 (끊어 적기)

07　　　　　　　　　　　　정답_③

ⓒ 돌발 상황에 대처하는 능력이 떨어진다는 내용은 (나)에 언급되지 않았다.

㉠ 보행 중 휴대 전화 사용에 대한 문제 → 1단락
ⓛ 보행 중 교통사고가 증가함 → 2단락
㉣ 건강에 악영향을 줌 → 3단락

08　　　　　　　　　　　　정답_②

(나)의 2단락과 3단락에서는 보행 중 휴대 전화 사용으로 인한 문제점으로 '교통 사고 증가'와 '건강상의 악영향'에 대해 서술하고 있다. 따라서 접속어 '또'를 사용해 2단락과 3단락을 연결하는 것이 적절하다.

■ 9~10 정철, 속미인곡

갈래	양반 가사, 정격 가사
주제	임(임금)을 그리는 정, 충신연주지사
특징	① 우리말의 묘미를 잘 살림 ② 두 여인의 대화 형식으로 내용 전개 ③ 임과 이별한 여인을 화자로 설정하여 임금에 대한 마음을 드러냄

09　　　　　　　　　　　　정답_②

윗글에서 동일한 후렴구의 반복은 드러나지 않는다.
① 하늘을 원망하며 사람을 탓하겠는가 (설의적 표현)
③ 가사 문학 (4음보 율격)
④ 두 명의 화자가 대화하는 형식

10　　　　　　　　　　　　정답_④

㉣ 기나긴 밤에 잠은 어찌 주무시나
→ 님(임금)을 걱정하는 화자의 정서가 드러난다.

■ 11~13 이청준, 흰 철쭉

갈래	현대 소설, 단편 소설
주제	남북 분단으로 인한 실향민의 아픔과 한
특징	① 상징적 소재를 통한 주제 형상화 ② 한 개인의 행적을 통해 사회 문제를 다룸 ③ 구체적 공간과 역사적 사건을 통해 사실감 있게 표현

11　　　　　　　　　　　　정답_①

윗글은 1인칭 관찰자 시점으로 '나'는 아주머니의 사연을 독자들에게 요약적으로 진술하는 서술자의 역할을 하고 있다.

12　　　　　　　　　　　　정답_②

아주머니의 친정어머니가 철쭉을 심고 간 그해 여름 8·15 해방을 맞게 됐고, 이어 한국 전쟁으로 인해 서로 간에 소식이나마 오갈 길이 끊게 되었다.

아주머니가 해방을 계기로 친정집으로 이사 갔다는 내용은 적절하지 않다.

13 정답_④
㉠ '철쭉'의 의미
→ 아주머니의 고향과 친정 어머니를 상징
→ 고향 식구에 대한 그리움을 달래 주는 자연물

14~16 신경림, 목계장터

갈래 자유시, 서정시

주제 떠돌이 민중의 삶의 애환

특징 ① 향토성 짙은 시어들의 사용
② 대립적 심상의 시어를 통해 시상 전개

---

14 정답_①
반어적 표현이 드러나지 않음
② ~네 (특정한 종결 어미 반복)
③ 향토적 소재를 통해 토속적 분위기 형성
④ '하늘은 ~ 되라하네'의 반복 (수미상관 구조)

15 정답_①
'산서리 맵차거든' / '물여울 모질거든'
→ 화자(민중)가 처한 고단한 삶의 애환을 의미한다.

16 정답_③
㉠ 구름   ㉡ 방물장수   ㉢ 떠돌이 → 방랑의 이미지
들꽃, 잔돌 → 정착의 이미지

17~19 작자 미상, 구렁덩덩신선비

갈래 설화 (민담)

주제 부부 사이의 사랑과 역경의 극복

특징 ① 비현실적 요소가 드러남
② 동물 변신 모티가 담겨 있음
③ 잃어버린 남편 찾기 이야기의 구조

---

17 정답_③
'구렁이가 허물을 벗고 사람이 되었다' 등의 비현실적 요소가 드러난다.

18 정답_④
'남편을 잃은 막내딸은 중의 옷차림을 하고서 남편을 찾아 길을 나섰다. 농부 대신 논을 갈아 주고서 길을 묻고, 까치한테 벌레를 잡아 주고 길을 묻고, 할머니의 빨래를 대신 해 주고서 길을 물었다.' → 막내딸이 남편을 찾아 가는 과정에서 겪는 일들이 제시되어 있다.

19 정답_④
㉠ 아기, ㉡ 구렁덩덩신선비, ㉢ 구렁이 → 구렁이 (막내딸의 남편)
㉣ 아이 → 새 쫓는 아이

20~22 황진욱 외, 우리 동네는 얼마나 걷기 좋을까

갈래 논설문

주제 국내의 걷기 좋은 환경 조성을 위한 노력의 필요성

특징 ① '걷기'에 대해 사회적 차원에서 화제를 다루고 있음
② 걷기 좋은 도시를 조성하려는 외국 도시의 노력을 사례로 제시함

---

20 정답_①
2단락의 예시 부분을 통해 보행 환경을 점수화하는 방법을 설명하고 있다.
→ '예를 들면, 하나의 도시에 여러 지점을 선정하고 그 지점과 그 지점 주변에 위치한 학교, 식당, 상가 등 생활 편의 시설의 거리를 측정하여 해당 지점의 보행 환경에 대한 점수를 산출한다.'

21 정답_④
2단락 → '이 업체에서 제공하는 점수는 도시 계획을 수립하려는 시 정부뿐만 아니라 각종 언론, 학계, 부동산 업계 등 다양한 분야에서 활용된다.'

22 정답_①
㉠ 주목 → 관심을 가지고 주의 깊게 살핌
무시 → 사물의 존재 의의나 가치를 알아주지 아니함.

23~25 김정훈, 상처가 아니라 통증 때문에 죽는다?

갈래 설명문

주제 통증은 더 큰 상처를 예방하거나 심각한 질병에 이르지 않도록 하는 우리 몸의 경고 신호이다.

특징 구체적인 보기, 사례를 들어 설명

23　　　　　　정답_④
통점이 **빽빽하게** 배치되면 아픈 부위를 보다 정확하게 알 수 있다. 폐암과 간암이 늦게 발견되는 것은 폐와 간에 통점이 거의 없기 때문이다

24　　　　　　정답_④
흰긴수염고래의 꼬리나 ㉠ 인간의 발바닥은 통증 신호를 뇌로 전달하는 **통각 신경**이 다른 감각 신경에 비해 매우 가늘기 때문에 통증 정보를 느리게 전달한다

25　　　　　　정답_①
마지막 단락 → 통점이 **빽빽하게** 배치되면 아픈 부위를 보다 정확하게 알 수 있다. (㉮) 내장 기관에는 통점이 1제곱센티미터당 4개에 불과해 아픈 부위를 정확히 알기 어렵다
→ (㉮) 앞뒤 내용은 내용상 대조를 보이므로 접속어 '반면'이 적절하다.

▶2024년 2회◀

01	③	06	①	11	②	16	②	21	①
02	③	07	①	12	④	17	④	22	④
03	④	08	④	13	②	18	④	23	③
04	③	09	①	14	①	19	③	24	④
05	②	10	②	15	②	20	②	25	③

01　　　　　　정답_③
★ 언어 예절 '공손성의 원리'에는 '요령의 격률' / '관용의 격률' / '칭찬의 격률' / '겸양의 격률' / '동의의 격률' 등이 있다.'
③ 상대방의 부담을 덜어주며 말한다. → '요령의 격률'
[수정 전] → "은수야, 네 축구공 줘!"
'요령의 격률'에 어긋나며 상대방에게 부담을 주는 표현
[수정 후] → "은수야, 네 축구공 좀 빌려줄 수 있겠니?"
'요령의 격률'을 지키며 상대방의 부담을 덜어주는 표현
① 자신의 탓으로 돌려서 말한다. → '관용의 격률'
　예 "선생님, 제가 잘 몰라서 그런데 다시 한번 설명해주시겠어요?"
② 자신을 낮추어 겸손하게 말한다. → '겸양의 격률'
　예 (상대가) "경기에서 우승을 하셨다니 대단하십니다."
　"이번엔 제가 운이 좋았나봐요."

02　　　　　　정답_③
발표자는 질문에 대한 청중의 반응을 확인하며 중심화제인 '판다'에 대한 청중의 사전 지식을 확인하고 있다.

03　　　　　　정답_④
★ 한글 맞춤법 【제5항】 ~
다만 'ㄱ, ㅂ' 받침 뒤에서 나는 된소리는, 같은 음절이나 비슷한 음절이 겹쳐 나는 경우가 아니면 된소리로 적지 아니한다.
④ 딱찌(×) → 딱지(○) ② 법썩(×) → 법석(○)
　똑똑하다(○)　쌉쌀하다(○) → 같은 음절이 겹쳐나는 경우

★ 한글 맞춤법 【제5항】 한 단어 안에서 뚜렷한 까닭 없이 나는 된소리는 다음 음절의 첫소리를 된소리로 적는다.
① 담뿍(○) ③ 훨씬(○)

04
정답_③
③ 오빠가 구슬을 굴렸다. (굴- + -리- + -었- + -다)
→ 사동 표현 (주어가 남에게 동작을 하도록 시키는 표현)
① 들판이 눈으로 덮였다 (덮- + -이- + -었- + -다)
② 눈가에 눈물이 맺혔다 (맺- + -히- + -었- + -다)
④ 과일이 그릇에 담겼다 (담- + -기- + -었- + -다)
→ 피동 표현 (주어가 남에게 동작을 당하는 표현)

05
정답_②
ㄴ 얼굴(명사) + 이며(조사)
자음으로 끝나는 앞 음절 끝소리에 모음으로 시작하는 형식형태소가 이어졌지만 각각 형태를 밝혀 적고 있다.
→ 끊어 적기

06
정답_①
'사이버 범죄에 쉽게 노출될 수 있다'는 문제의 대응 방안으로 '개인 정보 보호에 힘쓰기'가 가장 적절하다.

07
정답_①
① ⓐ '~ 모든 연결이 끊는 것은 어렵다'(×)
→ '끊는'과 호응하기 위해서는 '연결을'(○)로 수정해야 한다.
ⓑ 글의 주제와 관련이 없는 내용으로 글의 통일성을 해친다.
ⓒ 과도한 연결이 오히려 해가 될 수 있다 → '과유불급'
ⓓ 권장의 의미를 가진 의문형 표현은 '~것은 어떨까?'로 표기해야 한다.

08
정답_④
★ 비음화 → 'ㄱ, ㄷ, ㅂ'이 뒤에 오는 비음 'ㄴ, ㅁ'의 영향을 받아 각각 비음 'ㅇ, ㄴ, ㅁ'으로 교체되어 발음되는 현상
④ 국물[궁물] → 비음화

① 축하[추카] → 거센소리되기
② 밥집[밥찝] → 된소리되기
③ 굳이[구지] → 구개음화

9~11 광야 (이육사)

갈래 자유시, 서정시

성격 의지적, 저항적, 상징적

주제 부정적 현실을 극복하려는 신념과 의지

특징 ① 시간의 흐름에 따른 시상 전개
(과거-현재-미래)
② 종결어미 '~라'의 사용으로 의지적 태도를 강조함

09
정답_①
이 시는 '까마득한 날(과거) – 지금(현재) – 천고의 뒤(미래)'라는 시어의 사용을 통해 시간의 흐름에 따라 시상을 전개하고 있다.

10
정답_②
2연은 과거 '광야의 순수성과 신성성'에 대해 노래하고 있다.

11
정답_②
[A]에는 부정적 현실의 극복을 위한 시적 화자의 고독한 저항과 희생정신이 드러난다.

12~14 박씨전 (작자미상)

갈래 고전소설, 영웅소설, 군담소설

시점 3인칭 전지적 작가 시점

성격 영웅적, 전기적, 비현실적

주제 박씨의 영웅적 면모와 활약/
청나라에 대한 적개심과 복수

특징 ① 여성의 영웅적 면모를 부각
② 역사적 사실(병자호란)을 바탕으로 창작
③ 비범한 능력의 인물과 전기적 요소의 결합
④ 병자호란으로 인한 민족적 굴욕을 문학적으로 극복

12
정답_④

이 작품은 '3인칭 전지적 작가 시점'의 소설로 초월적 능력을 발휘하여 청나라 장수를 굴복시키는 여성 영웅(박씨)의 면모와 활약상이 두드러진다.

13
정답_②

ⓒ → 왕대비

ⓐ, ⓓ, ⓔ → 박씨

14
정답_①

① 박씨는 동생의 죽음에 복수려고 찾아온 용골대를 비범함 능력으로 물리친다.

② '~너희 놈이 본디 간사하여 넘치는 죄를 지었으나'에서 오랑캐가 큰 죄를 지었다고 말하고 있다.

③ '박 씨가 시비 계화를 시켜 외치기를'에서 '박 씨'는 '계화'를 통해 자신의 의사를 전달하고 있다.

④ '~우리 세자, 대군을 부디 태평히 모셔 가라'에서 '박 씨'는 오랑캐에게 세자와 대군을 잘 모셔 가라고 말하고 있다.

15~16 두터비 파리를 물고 (작자미상)

갈래	사설시조
성격	우의적, 풍자적, 비판적
주제	양반의 허장성세와 약육강식의 세태 비판
특징	① 중장이 장형화된 사설시조
	② 대상을 희화화하여 웃음을 유발
	③ 동물을 의인화하여 인간 세태를 풍자

15
정답_②

위 작품은 '3장 6구 45자 내외' 평시조의 율격에서 벗어나 중장을 장형화한 사설시조이다.

16
정답_②

② '두꺼비'의 '자기합리화와 허장성세'라는 해학적인 표현을 통해 대상을 희화화하고 있다.

17~19 두근두근 내 인생
(김애란 원작, 최민석 외 각본)

갈래	시나리오 (영화 대본)
성격	서정적, 감성적
주제	조로증으로 죽음을 앞둔 소년의 삶에 대한 소망과 가족의 사랑
특징	① 가족의 슬픈 이야기를 밝게 형상화해서 가족의 의미와 삶의 가치를 생각해보게 함
	② 부모보다 늙은 아들과 아들보다 젊은 부모라는 독특한 설정으로 인생의 의미를 성찰함

17
정답_④

이 글은 영화나 드라마 촬영을 위한 대본(시나리오)으로 촬영을 고려한 전문 용어들을 사용한다. 예 컷 투(cut to)

①, ②, ③ → 연극 대본(희곡)의 특성이다.

18
정답_④

★ 작품 속 '편지'의 기능

투병 중인 아름의 일상에 변화를 가져 옴 / 아름이에게 또래 아이에 대한 설렘을 느끼게 함 / '서하'의 정체가 밝혀지면서 아름에게 상처가 됨

19
정답_③

'아름'은 방송 출연 후 '서하'라는 또래 여자 아이에게 이메일을 받고, 이후 계속 이메일로 연락을 주고받으며 가까워진다.

'서하'가 직접 '아름'을 찾아온 것은 아니다.

20~22 과학 연구의 자유와 규제 (이영희)

갈래	논설문
성격	예증적, 과학적
주제	과학 연구의 자유에 대한 상반된 입장
특징	① 대립하는 입장의 주장과 논거를 제시함
	② 상반된 주장을 절충해 대립을 해소할 수 있는 방안을 모색함

20
정답_②

이 글은 '과학 연구의 자유'라는 화제에 대한 상반된 입장을 중심으로 글을 전개하고 있다.
인간 배아 복제를 포함한 배아 연구의 자유를 보장해야 한다. ⇔ 인간 배아 복제를 포함한 배아 연구에 엄격한 사회적 규제를 가해야 한다.

21
정답_①

㉮의 앞 문장을 참고할 때 '이와 같은 입장'이란 '과학의 발전을 인위적으로 막아서는 안 되며, 과학자의 자유로운 연구를 보장해야 한다'는 것이다.

22
정답_④

㉣ 쟁점 → 서로 다투는 중심이 되는 점
타협 → 어떤 일을 서로 양보하며 협의함

23
정답_③

2문단 '그들의 학문적인 지향이 다르듯, 서양화법에 대한 인식 또한 특정 방면으로 나타나는 것이 흥미롭다'에 제시되어 있다.
이때 '그들'은 이용후생 학파와 경세치용 학파를 의미한다.

24
정답_④

★ 하지만 → 서로 일치하지 아니하거나 상반되는 사실을 나타내는 두 문장을 이어 줄 때 쓰는 접속 부사.
㉠의 앞 문장에서는 조선 후기 실학자들의 관심을 받으며 유입된 '서양화법'이 다양한 분야의 그림에 영향을 끼쳤다고 언급하고 있다. 하지만 이어지는 문장에서는 '서양화법'의 유행이 그리 오래 지속되지 않았다는 내용이 제시되고 있다.

25
정답_③

[A]는 동양화와 서양화의 회화적 표현의 차이는 세상을 바라보는 인식과 태도의 차이에서 기인한다고 보고 있다.

▶2024년 1회◀

01	①	06	②	11	①	16	②	21	④
02	①	07	③	12	③	17	①	22	④
03	④	08	②	13	②	18	③	23	②
04	③	09	②	14	④	19	①	24	③
05	④	10	①	15	④	20	①	25	③

01
정답_①

★ 비언어적 표현 → 언어가 아닌 표정, 몸짓, 시선 등을 사용해 생각이나 의견을 나타내는 것.
① '고개를 끄덕이며'는 상대방의 의견이나 입장에 동의하는 행동의 '비언어적 표현'이다.
②, ③, ④는 상대방에게 언짢음, 거절 등의 부정적 태도를 보이는 '비언어적 표현'이다.

02
정답_①

직원은 '웨이팅', '셰프' '시그너처 메뉴', '에스코트' 등의 외국어를 지나치게 사용하고 있다.

03
정답_④

★ 연음 법칙 → 자음으로 끝나는 음절에 모음으로 시작되는 형식형태소가 이어질 때 앞 음절의 끝소리가 뒷 음절의 첫소리가 되는 현상.
④ 볶음 [보끔] → 연음 법칙
★ 표준 발음법【제23항】→ 된소리되기
'ㄱ(ㄲ, ㅋ, ㄳ, ㄺ), ㄷ(ㅅ, ㅆ, ㅈ, ㅊ, ㅌ), ㅂ(ㅍ, ㄼ, ㄿ, ㅄ)' 뒤에 연결되는 'ㄱ, ㄷ, ㅂ, ㅅ, ㅈ'은 된소리로 발음되는 현상.
① 굳다 [굳따] ② 낙지 [낙찌] ③ 답사 [답싸]

04
정답_③

③ 선생님께 먼저 과일을 드리시게. → 하게체
① 할머니께서 진지를 드셨어요. → 해요체
② 어머니께서도 공원에 가신대. → 해체
④ 아버지를 모시고 큰댁에 다녀왔습니다. → 하십시오체

05
정답_④

④ ② 불거져(○)
불거지다 → 어떤 사물이나 현상, 소문 등이 두드러지게 커지거나 갑자기 생겨나다.
① ㉠ 몇일 → 며칠(○)
② ㉡ 닺힐 → 닫힐(○)
③ ㉢ 금새 → 금세(○)

06
정답_②

② ㉡의 내용은 글 (나)에 드러나지 않는다.
① ㉠ ~ 완연한 봄이 되었음을 알립니다.
③ ㉢ ~ 다채로운 행사가 가득한 축제를 정성껏 준비하였습니다.
④ ㉣ ~ 참석하시는 분들께는 작은 기념품도 증정할 예정입니다.

07
정답_③

③ ~ 봄꽃처럼(비유적 표현)
~ 함께 즐겨 봅시다(청유형 문장으로 참여 촉구)

08
정답_②

★ 두음법칙 → (한자어) 첫음절의 두음에 'ㄴ', 'ㄹ'이 오는 것을 꺼리는 현상
② '니르고져'는 두음 'ㄴ'이 탈락하지 않고 그대로 쓰였기 때문에 두음법칙을 지키지 않음.

9~10 이화에 월백하고~ (이조년)

갈래 평시조

주제 봄밤의 애상적 정서

특징 ① 봄밤의 자연과 대조를 이루는 애상적 어조
② 봄밤의 배경과 화자의 애상적 정서가 조응
③ 시각, 청각 등의 감각적 표현으로 애상적 정서 형상화

09
정답_②

후렴구가 사용되지 않음
① 4음보의 율격
③ 색채 이미지를 사용(이화, 월백, 은한 → 백색 이미지)
④ 초장, 중장, 종장 구성

10
정답_①

이 시조는 봄밤에 화자가 느끼는 애상적 정서를 형상화하고 있다.

11~13 황만근은 이렇게 말했다 (성석재)

갈래 단편소설

성격 풍자적, 현실 고발적

주제 이기적인 현대인에 대한 풍자 및 암울한 농촌 현실 고발

특징 ① 인물 간의 대조를 통해 주제의식 부각
② '민씨'를 통해 '황만근'의 삶을 추적하는 형식

11
정답_①

'황만근'의 실종 소식이 마을에 알려지고, 이와 관련해 '이장'과 '민씨' 사이에 갈등이 발생하고 있음을 대화를 통해 알 수 있다.

12
정답_③

ㄱ. 대규모 토지 거래가 활발하게 이루어졌다.(×)
ㄴ. 도시에서 농촌으로 귀농하는 사람이 있었다.(민씨)
ㄷ. 산업화로 인해 농촌의 상권이 급격히 발달하였다.(×)
ㄹ. 농촌 사회의 부채 문제 때문에 궐기 대회가 열렸다.(마을 사람들이 농민 궐기 대회 참가)

13
정답_②

㉡ → 이장
㉠, ㉢, ㉣ → 황만근

14~16 아, 참 좋은 울음터로구나 (박지원)

갈래 한문 수필, 기행문

성격 체험적, 교훈적, 비유적, 영탄적

주제 광활한 요동 벌판에서 느끼는 감회

특징 ① 문답 형식으로 내용 전개
② 창의적 발상을 기반으로 내용을 전개
③ 적절한 비유와 구체적 예시의 방법 사용

14　　　　　　　　　　　　정답_④

④ 특정 계절에 대한 글쓴이의 인식 변화는 드러나지 않는다.
① 슬픈 감정에서만 울음을 운다는 통념을 반박함
② 기쁨[喜]~, 노여움[怒]~, 즐거움[樂]~, 사랑함[愛]~, 욕심[欲]이 사무쳐도 울게 된다는 부분에서 특정 행동(운다)과 관련한 내용을 나열하여 설명하고 있다.
③ 특정 장소(광활한 요동 벌판)에서 글쓴이가 깨달은 바를 드러내고 있다.

15　　　　　　　　　　　　정답_④

㉮ 지극한 정(情)이 발현되어 나오는 것 → 사람의 감정이 극치에 달한 것, 참된 칠정에서 우러나는 것
㉣ 나라의 앞날을 걱정하여 상소문을 올리고 통곡한 한나라 '가의'의 사례를 통해 진정한 울음은 지극한 상황에서 우러나옴을 밝히고 있다.

16　　　　　　　　　　　　정답_②

울음은 인간의 다양한 감정을 표출하는 수단으로 어떤 감정이든 극에 달하면 울음이 나올 수 있다.

17~19 꽃 (김춘수)

갈래 자유시, 서정시

성격 상징적, 관념적

주제 존재의 본질 구현과 진정한 관계 형성에 대한 소망

특징 ① 인식의 주체를 점층적으로 확대 (나 → 그 → 우리)
② 구체적 대상을 통해 관념적이고 추상적인 의미를 전달

17　　　　　　　　　　　　정답_①

'내가 그의 이름을~', '~되고 싶다'의 반복을 통해 운율을 형성

18　　　　　　　　　　　　정답_③

이름을 불러주는 '명명' 행위를 통해 존재들 사이의 진정한 관계를 맺는 삶을 소망하고 있다.

19　　　　　　　　　　　　정답_①

① ㉠ 그의 이름 - 구슬
② ㉡ 몸짓 - 돌멩이
③ ㉢ 불러 주었을 때 - 엮어 주었을 때
④ ㉣ 꽃 - 보배

20~22 평균의 시대가 가고 있다 (최제호)

갈래 논설문

성격 설명적, 논증적

주제 평균 이외의 다양한 변수와 양상을 고려하여 자료의 의미를 바르게 파악하자

특징 ① 구체적 사례를 통해 독자의 이해를 도움
② 다양한 도표, 그래프 등의 시각 자료 사용

20　　　　　　　　　　　　정답_①

우리나라와 미국 하와이를 사례로 나라별 기온에 대해 설명하고 있다.

21　　　　　　　　　　　　정답_④

'평균의 시대가 가고 있다'는 것은 평균 이외의 다양한 변수를 고려해야 하며 평균값만으로는 다양한 특성을 반영하지 못하는 경우가 있다는 것이다.

22　　　　　　　　　　　　정답_④

다변화 → 일의 방법이나 모양이 다양하고 복잡해짐
일원화 → 하나로 됨. 또는 그렇게 만듦.

23　　　　　　　　　　　　정답_②

★ 그런데 → 화제를 앞의 내용과 관련시키면서 다른 방향으로 이끌어 나갈 때 쓰는 접속 부사.

도서관에서 책을 쉽게 찾으려면 먼저 컴퓨터로 책을 검색해야 한다. (㉠그런데) 컴퓨터는 청구 기호를 알려 줄 뿐 책을 직접 찾아 주지는 않는다. 청구 기호를 들고 책을 찾는 것은 사람의 몫이다.

24 정답_③
맨 위층에 있는 책일수록 분류 기호가 낮고 아래로 갈수록 커진다

25 정답_③
315.741의 숫자가 ②, ③과 동일하다. 모든 숫자가 같다면 도서 기호의 문자는 국어사전에서처럼 'ㄱ, ㄴ, ㄷ……' 순으로 비교하므로,
〈청구 기호〉 315.741 ㅂ123ㅌ는
②(ㅁ203ㅈ)와 ③(ㅅ321ㄱ)의 가운데에 꽂아야 한다.

▶2023년 2회◀

01	②	06	①	11	①	16	①	21	②
02	②	07	④	12	③	17	①	22	③
03	③	08	④	13	②	18	②	23	④
04	④	09	①	14	④	19	②	24	②
05	①	10	③	15	②	20	①	25	④

01 정답_②
그림 속의 의사들은 의학 전문용어를 사용해 대화를 나누고 있다.
① 신조어 → 새로 생긴 말. 또는 새로 귀화한 외래어
② 전문어 → 학술이나 기타 전문 분야에서 특별한 의미로 쓰는 말
③ 지역 방언 → 한 언어에서 지역에 따라 다르게 쓰는 말
④ 관용 표현 → 둘 이상의 단어가 고정적으로 결합하여 새로운 의미를 만들어 내는 말

02 정답_②
①, ②, ③은 언어 예절 중 공손성의 원리(찬동, 관용, 동의, 겸양, 요령의 격률)에 해당한다.
보기의 수정 후 대화법은 '관용의 격률'에 해당한다.
① 상대를 칭찬하며 말하기 (찬동의 격률)
② 자신의 탓으로 돌려 말하기 (관용의 격률)
③ 상대의 의견에 동의하며 말하기 (동의의 격률)
④ 자신의 능력을 과시하며 말하는 것은 '겸양의 격률'에 어긋난다./자신의 칭찬을 최소화하며 말하기(겸양의 격률)

03 정답_③
① 심리[심니] : 뒤 자음 'ㄹ'이 앞 자음 'ㅁ'과 조음 방법이 같아짐
② 종로[종노] : 뒤 자음 'ㄹ'이 앞 자음 'ㅇ'과 조음 방법이 같아짐
④ 국물[궁물]: 앞 자음 'ㄱ'이 뒤 자음 'ㅁ'과 조음 방법이 같아짐

04 정답_④
④는 단추가 떨어지다로 표기해야 한다.

①, ③, ④는 보기의 [붙임1]에 따라 두 개의 용언이 어울려 한 개의 용언이 될 적에, 앞말의 본뜻이 유지되고 있어서 그 원형을 밝히어 적는다.
②는 보기의 [붙임1]에 따라 두 개의 용언이 어울려 한 개의 용언이 될 적에, 그 본뜻에서 멀어진 것은 밝히어 적지 않고 소리나는 대로 적는다.

05 정답_①

[직접 인용 표현]
친구가 나에게 "너의 취미가 뭐야?"라고 물었다.

↓

[간접 인용 표현]
친구가 나에게 나의 취미가 뭐냐고 물었다.

06 정답_①

①은 '동물 실험을 반대'하는 근거로 적절하다.
②, ③, ④는 '동물 실험을 찬성'하는 근거로 적절하다.

07 정답_④

앞뒤 문장의 내용을 고려할 때, '그러나'로 바꾸는 것이 적절하다.

08 정답_④

④ 내 + ㅎ + 이(주격조사) → '내'는 모음 앞에서 'ㅎ'이 덧나는 'ㅎ종성체언'에 해당하므로 '히'가 주격 조사가 아니다.
① 기픈 (소리 나는 대로 표기한 이어적기)
② 현재 쓰이지 않는 모음 · 의 사용
③ 믈(음성 모음) + 은(음성 모음) → 모음조화 지킴

┌─────────────────────────────────┐
9~11 진달래꽃 (김소월)
갈래 자유시, 서정시
성격 민요적, 전통적, 애상적
주제 승화된 이별의 정한
특징 ① 이별의 상황을 가정
　　　 ② 반어적 표현의 사용
　　　 ③ 1연과 4연의 수미상관
　　　 ④ 민요조의 3음보 율격 형성
└─────────────────────────────────┘

09 정답_①

① 설의법의 사용은 드러나지 않음
② '~리우리다'의 유사 종결 어미를 반복해 리듬감 형성
③ '죽어도 아니 눈물 흘리우리다'의 반어적 표현으로 화자의 슬픈 감정을 강조
④ 1연과 4연의 수미상관 구조를 통해 형태적 안정감 형성

10 정답_③

㉠ '사뿐히 즈려밟고 가시옵소서' → 자기 희생의 헌신적 태도로 이별의 정한을 숭고한 사랑으로 승화함

11 정답_①

윗글과 〈보기〉는 3음보의 민요적 율격을 지닌다.

┌─────────────────────────────────┐
12~13 십년을 경영하여~ (송순)
갈래 평시조, 정형시
성격 풍류적, 전원적
주제 자연과 더불어 사는 물아일체, 안빈낙도의 삶
특징 ① 근경에서 원경으로의 시상 전개
　　　 ② 의인법을 사용해 물아일체의 모습을 나타냄
└─────────────────────────────────┘

12 정답_③

이 작품의 화자는 자연 속에서 소박한(안빈낙도) 삶을 살고 있다.

13 정답_②

'강산'은 자연을 의미한다. ㉡의 '뫼'(산)도 자연을 의미한다.

14~16 도요새에 관한 명상 (김원일)

갈래 현대 소설, 환경 소설

시점 1인칭과 3인칭의 복합 시점

성격 사실적, 현실 비판적, 생태학적

주제 산업화로 인한 환경 파괴의 비판과 민족의 비극적 현실에 대한 의식

특징 ① 가치관의 차이로 인한 인물 간의 갈등 표출

② 서술자의 교체를 통해 사건을 입체적으로 구성

14
정답_④

부대에서 풀려난 '병국'은 '나'(병국의 아버지)와 동진강 하구 새떼의 집단 폐사에 관해 대화를 나누며 새들의 떼죽음에 의혹을 제기한다.

15
정답_②

[A]는 병국의 외양 묘사를 통해 병국이 처한 상황과 내면을 드러낸다.

16
정답_①

① → 윤소령

②, ③, ④ → 병국

17~19 홍계월전 (작자 미상)

갈래 국문 소설, 군담 소설, 영웅 소설

성격 전기적, 영웅적

주제 여성인 홍계월의 영웅적 활약상

특징 ① 영웅 일대기 구조

② 신분을 감추기 위한 남장 화소가 드러남

③ 여성이 보조적 위치에서 벗어나 남성보다 우월한 능력의 영웅으로 등장

17
정답_①

자신이 여성임을 밝힌 '평국(계월)'의 상소문을 읽은 천자가 '평국이 비록 여자지만 남자보다 뛰어난 능력과 재주를 가졌기에 벼슬을 거두지 않겠다'고 말하는 부분은 천자가 '평국(계월)'을 긍정적으로 평가하는 부분이다.

18
정답_②

② '평국(계월)'이 여성임이 밝혀졌지만 천자는 그녀의 능력을 인정해 대원수로 삼는다.

① '평국(계월)'이 '보국'을 중군장으로 삼고자 한다.

③ '보국'은 대원수가 된 '평국(계월)'이 자신을 중군장으로 부리는 것에 대해 분함을 이기지 못하고 있다.

④ '여공'은 '보국'을 나무라며 '평국(계월)'의 편을 들고 있다.

19
정답_②

'평국(계월)'이 올린 상소에는 자신이 여성임을 숨기고 임금을 속인 죄를 물어 벌을 달라는 내용이 적혀 있다.

20~22 왜 당신의 시간을 즐기지 않나요 (김남희)

갈래 기행문

성격 설명적, 예시적

주제 부탄 사람들의 삶의 모습을 통해 본 행복의 조건

특징 ① 사례와 인용을 통해 독자의 이해를 도움

② 부탄에서 보고 들은 것을 바탕으로 현대 사회의 삶을 성찰

20
정답_①

1문단 → 가난하지만 순수하고 함께 나눌 줄 아는 차몽 사람들의 모습 (예시, 열거)

2문단 → 불편한 삶에서도 행복감을 느끼는 부탄 사람들의 모습 (예시, 열거)

21
정답_②

②는 현재 우리 사회의 모습

22
정답_③

1, 2문단의 내용을 고려할 때, 부탄 사회는 일과 놀이가 유기적으로 연결된 사회이다.

23~25 라면의 과학 (이은희)

갈래 설명문

성격 설명적, 객관적

주제 컵라면에 숨어 있는 과학적 원리

특징 ① 컵라면과 봉지 라면을 대조하여 컵라면
　　　의 특징을 부각

　　　② 컵라면의 면에 숨겨진 과학적 원리를 병
　　　렬적으로 설명

23
정답_④

④ 구체적 통계 자료의 활용은 드러나지 않음

① '대류 현상', '알파화' 등의 과학 용어를 사용함

② '컵라면을 먹을 때마다 3분이 얼마나 긴 시간인지를
새삼 깨닫는다.'는 대상과 관련된 경험에 해당한다.

③ 컵라면과 봉지라면을 대조

24
정답_③

③ 면발이 납작해지면 뜨거운 물이 닿는 표면적이 넓다.

① 컵라면 면발의 밀가루에는 전분 외에 단백질을 포함
한 다른 성분도 들어 있다.

② 국수나 우동과 달리 라면이 면을 한 번 튀겨서 익힌
것이다.

④ 면의 다른 성분을 빼고 순수한 전분 비율을 높이면
알파화가 많이 일어난다.

25
정답_④

㉠은 컵라면의 면이 고르게 익도록 하기 위한 것이다.

▶2023년 1회◀

01	③	06	④	11	④	16	③	21	②
02	①	07	④	12	②	17	①	22	③
03	④	08	③	13	①	18	②	23	①
04	③	09	④	14	④	19	①	24	③
05	②	10	②	15	①	20	②	25	④

01
정답_③

③ → 지역적 방언

①, ②, ④ → 사회적 방언

02
정답_①

말을 삼가고, 신중하게 해야 함을 강조하는 속담들이다.

• 발 없는 말이 천리 간다.

　→ 말은 순식간에 천 리까지 퍼진다.

• 화살은 쏘고 주워도, 말은 하고 못 줍는다.

　→ 한 번 내뱉은 말은 다시 수습할 수 없다.

• 가루는 칠수록 고와지고, 말은 할수록 거칠어진다.

　→ 말은 옮길수록 거칠어지므로 함부로 하지 말아야
한다.

03
정답_④

①, ②, ③ : 피동 표현

주어가 다른 주체에 의해서 동작을 당하게 되는 것. 접
미사 '-이-/-히-/-리-/-기-'와 '-어지다', '-되다',
'-게 되다' 등을 사용한다.

• 능동문 :　고양이가　　　쥐를　　　물었다.
　　　　　(주어)　　　(목적어)　　　(서술어)
　　　　　　↓　　　　　↓　　　　　↓
　　　　　고양이에게　　쥐가　　　물렸다.

• 피동문 :　쥐가　　　고양이에게　　물렸다.
　　　　　(주어)　　　(부사어)　　　(서술어)

04 정답_③

닭을[달글] → 겹받침 'ㄺ'이 모음으로 시작하는 목적격 조사 '을'과 결합되는 경우 'ㄱ'을 뒤 음절 첫소리로 옮겨 발음한다.

05 정답_②

② → 주체 높임법
(주체 높임) : 서술의 주체를 높이는 표현으로, 주체 높임 선어말 어미 '-시-'나 높임을 나타내는 명사(진지, 연세 등), 특수 어휘(계시다 등), 조사(께서)를 통해 실현된다.
①, ③, ④ → 객체 높임법
(객체 높임) : 목적어나 부사어가 지시하는 대상, 즉 서술의 대상을 높이는 표현으로 특수 어휘(모시다, 드리다 등)을 통해 실현된다.

06 정답_④

④ 설문조사 결과를 제시한 내용은 드러나지 않는다.
① 최근 저를 비롯해 ~ 일이 있었습니다.
② '교내 식품 안전 지킴이' 제도를 도입해 주세요.
③ 학생들이 안전한 먹거리를 ~ 형성할 수 있을 것입니다.

07 정답_④

앞뒤 문장의 내용을 고려할 때, '하지만'이 적절하다.

08 정답_③

③ 일홈을 → 형태를 밝혀 적은 끊어적기
① 공ㅈ + 1 (주격 조사)
② 쎡 → 어두 자음군 사용
③ 父부母:모(양성 모음) + 『(양성 모음)

> **9~11 절정 (이육사)**
> **갈래** 자유시, 저항시
> **성격** 상징적, 의지적, 남성적, 지사적
> **주제** 극한 상황을 초극하려는 강인한 정신
> **특징** ① 한시의 '기-승-전-결' 구조
> ② 역설적 **표현**을 통해 주제를 효과적으로 드러냄

09 정답_④

ㄹ 무지개 → 희망, 극복 의지 (긍정적)
㉠, ㉡, ㉢ → 일제 강점하의 극한 상황 (부정적)

10 정답_②

'북방, 고원, 서릿발 칼날진 그 위' → 화자가 처한 극한 상황

11 정답_④

이육사의 항일 운동 활동을 고려할 때, 극한의 상황에서도 꺾이지 않는 항일 의지를 엿볼 수 있다.

> **12~14 봄봄 (김유정)**
> **갈래** 현대 소설, 농촌 소설
> **성격** 토속적, 향토적, 해학적
> **시점** 1인칭 주인공 시점
> **주제** 성례를 둘러싼 장인과 데릴사위의 해학적 갈등
> 젊은 남녀의 순수한 사랑
> **특징** ① 역순행적 구성
> ② 토속어, 비속어의 사용

12 정답_②

이 작품은 서술자가 작품 속 주인공인 '1인칭 주인공' 시점이다.

13 정답_①

"자네 말두 하기야 옳지. 암~."을 통해 구장이 '나'의 상황을 이해하는 상황으로 이야기가 시작되고 있다.

14 정답_④

ㄹ '뭉태의~ 난 그렇게 생각 않는다'를 통해 내가 뭉태의 말에 전적으로 동의하지 않음을 알 수 있다.

15~16 상춘곡 (정극인)

갈래 양반 가사, 은일 가사

성격 묘사적, 예찬적, 서정적

주제 봄날의 경치 완상과 안빈낙도

특징 ① 공간(시선)에 따른 시상 전개

② 설의 , 대구, 직유, 의인 등 여러 가지
표현 기법 사용

15　　　　　　　　　　　　　　　정답_①

가사는 4음보의 연속체로 율격이 형성된다.

16　　　　　　　　　　　　　　　정답_③

화자는 '풍월주인'(자연의 주인)이 되어 자연 속에서의
삶을 즐기고 있다. 임금의 은혜에 대한 감사는 드러나
지 않는다.

17~19 춘향전 (작자 미상)

갈래 판소리계 소설, 염정 소설

성격 해학적, 풍자적

주제 신분을 초월한 남녀의 사랑
불의한 지배 계층에 대한 저항

특징 ① 운문체와 산문체가 섞임

② 인물의 해학적 성격이 드러남

③ 남녀의 사랑 이면에 인간평등 사상을
고취시키고 있음

17　　　　　　　　　　　　　　　정답_①

이 작품은 판소리 과정을 거친 판소리계 소설이다.

18　　　　　　　　　　　　　　　정답_②

① '~고' → 문장구조 반복

③ '멍석 구멍 생쥐 눈 뜨듯 하고' → 비유적 표현 사용

④ '문 들어온다 바람 닫아라. 물 마르다 목 들여라. →
단어의 위치를 의도적으로 바꿔 웃음 유발

19　　　　　　　　　　　　　　　정답_①

② 지난밤 옥 문간에서 걸인 행색을 한 어사또가 춘향
과 만남

③ '내려오는 관장마다 모두 명관이로구나'는 반어적
표현으로 관장들에 대한 부정적 인식을 나타냄

④ 어사또의 정체를 알고 기쁨의 눈물을 흘리는 것은
'춘향'임

20　　　　　　　　　　　　　　　정답_②

(나) 도시공원 접근에 어려움을 겪는 사회적 약자

21　　　　　　　　　　　　　　　정답_②

② 산을 찾는 사람들이 늘고 있다.

→ 어떤 곳을 보러 그와 관련된 장소로 옮겨 가다

① 국산품을 찾는 사람이 늘고 있다.

→ 어떤 것을 구하다

③ 떨어진 바늘을 찾는 일은 어렵다.

→ 발견하기 위해 살피다

④ 마음의 안정을 찾는 것이 좋겠다.

→ 원상태를 회복하다

22　　　　　　　　　　　　　　　정답_③

(다)의 '사회적 약자의 도시공원 이용이 어려운 이유'를
참고해 ㉠의 구체적 방안을 제시하는 것이 적절하다.
사회적 약자와 일반인의 공간을 분리하여 설계하는 것
은 글 내용과 부합하지 않는다.

23　　　　　　　　　　　　　　　정답_①

친구들과의 토의, 전문가와의 인터뷰, 토론 참여 등은
타인과의 소통 활동에 해당하지만, 글의 핵심 내용을
요약하는 것은 개인적인 활동에 해당한다.

24　　　　　　　　　　　　　　　정답_③

'잊힐 권리'를 인정하면 정보의 비공개로 인해 법적인
권력이나 자본을 소유한 사람들에게 악용되어 공익이
저해될 수 있다.

25　　　　　　　　　　　　　　　정답_④

㉣ 확실하게 → 틀림없이

▶2022년 2회◀

01	④	06	①	11	③	16	③	21	④
02	③	07	③	12	②	17	④	22	①
03	④	08	④	13	④	18	③	23	③
04	①	09	②	14	②	19	③	24	②
05	②	10	①	15	①	20	①	25	④

01
정답_④

영준은 친구와 싸운 일로 고민하는 정우의 기분을 고려해 위로하는 말하기를 하고 있다.

02
정답_③

'겸양의 격률'은 자신에 대한 칭찬을 최소화하여 자신을 낮추는 말하기이다. 나래는 민아의 칭찬에 '부족한 자신을 좋게 봐 줘서 고맙다'고 말하며 자신을 낮추고 있다.

03
정답_④

표준 발음법【제17항】받침 'ㄷ, ㅌ(ㄾ)'이 조사나 접미사의 모음 'ㅣ'와 결합되는 경우에는, [ㅈ, ㅊ]으로 바꾸어서 뒤 음절 첫소리로 옮겨 발음한다. ⇨ 구개음화
④의 '밭이랑'은 '밭+이랑'의 합성어이다. '이랑'은 형식적인 조사나 접미사가 아닌 실질형태소이므로 [17항]의 내용에 해당하지 않고 [반니랑]으로 발음한다.
① 끝이[끄치]
② 굳이[구지]
③ 여닫이[여다지]

04
정답_①

어미 'ㄹ게'는 [ㄹ께]로 소리 나더라도 예사소리인 'ㄹ게'로 표기한다. 예 할게 / 먹을게 / 줄게 등
② 웬지 → 왠지(○)
③ 어떻해 → 어떡해(○) / '어떻게 해'의 줄임 표현
④ 덥든지 → 덥던지(○)

05
정답_②

사건이 일어나는 시점과 말하는 시점이 일치하는 시제 → 현재
㉠, ㉢ → 시제 선어말 어미 '-ㄴ-, -는-'을 사용한 현재 시제

㉡ → 관형사형 어미 '-던'을 사용한 과거 시제
㉣ → 시제 선어말 어미 '-겠-'을 사용한 미래 시제

06
정답_①

(나) 1문단 → 떡볶이의 유래인 조선 시대 궁중 떡볶이
2문단 → 시대에 따른 떡볶이의 변모 과정

07
정답_③

떡볶이에도 상표가 ㉢ 달렸는데 → 달렸고(○)

08
정답_④

㉣ 'ㆍ뿌'는 단어의 첫머리에 두 개 이상의 자음이 사용된 어두자음군
㉠ 대명사 '나' + 주격조사 'ㅣ'
㉡ ㆍ쫑(양성 모음) + 롤(양성 모음)
㉢ 현대 국어에 쓰이지 않는 'ㅸ' 사용

9~11 슬픔이 기쁨에게 (정호승)

갈래 자유시, 서정시
성격 교훈적, 비판적, 의지적
주제 이기적인 삶에 대한 반성과 더불어 사는 삶의 추구
특징 ① 역설적 표현의 사용으로 주제를 효과적으로 드러냄
② 추상적 개념(슬픔, 기쁨)을 의인화해서 말을 건네는 방식을 사용

09
정답_②

'사랑보다 소중한 슬픔'이라는 표현을 사용해 주제를 효과적으로 드러내고 있다.

10
정답_①

시의 화자는 이기적인 삶에 대한 반성과 더불어 사는 삶의 추구에 대해 말하고 있다.

11
정답_③

㉢ 너 → 소외된 이웃을 외면하고 자신의 이익만을 생각하는 이기적인 존재
㉠ 할머니, ㉡ 동사자, ㉣ 사람들 → 힘겹고 소외된 삶을 사는 존재

12~14 엄마의 말뚝 2 (박완서)

- **갈래** 현대 소설, 연작 소설
- **성격** 회고적, 사실적
- **시점** 1인칭 주인공 시점
- **주제** 전쟁의 상처로 인한 고통, 분단 극복 의지
- **특징** ① 과거의 비극이 현재까지 이어지고 있음
  ② 현재 시점에서 과거를 회상하는 역순행적 구조

12　　정답_②

이 작품은 현재 시점에서 과거 회상을 통해 인물의 상황을 서술하고 있다.

13　　정답_④

④ '어머니는 오빠를 죽게 한 것이 자기 죄처럼~'을 통해 어머니가 오빠의 죽음을 자신의 탓으로 생각하고 있음을 알 수 있다. 또한 올케가 가족이 합하는 것에 대해 반대한 내용은 드러나지 않는다.

14　　정답_②

㉠ '한 줌의 먼지와 바람'은 죽어서라도 분단의 비극에 맞서려는 어머니의 의지를 의미한다.

15~16 동짓달 기나긴 밤을 (황진이)

- **갈래** 평시조
- **성격** 서정적
- **주제** 임에 대한 그리움과 사랑
- **특징** ① 추상적 개념인 시간을 구체적 사물로 표현
  ② 음성상징어의 사용으로 우리말의 묘미를 잘 살림

15　　정답_①

'시간'라는 추상적 대상을 공간에 존재하는 구체적 사물처럼 '~한 허리를 베어 내어, ~서리서리 넣었다가, ~굽이굽이 퍼리라' 등으로 표현하고 있다.

16　　정답_③

화자는 님이 부재하는 외롭고 긴 동지의 밤 시간을 잘라내어 님과 함께 하는 날의 밤 시간을 늘이고자 한다.

17~19 이옥설 (이규보)

- **갈래** 한문 수필(설)
- **성격** 교훈적, 우의적, 유추적
- **주제** 잘못을 깨달았을 때, 바로 고쳐나가는 자세의 중요성
- **특징** ① 모순된 사회 제도와 부패한 세력에 대한 비판
  ② 자신이 경험한 내용을 적은 뒤, 그로 인한 느낀 점(깨달음, 의견)을 서술하는 2단 구성
  ③ 일상적인 경험을 통한 깨달음을 사람의 몸과 나라의 정치로 확장하여 적용하는 유추의 방식으로 글을 전개

17　　정답_④

이 글은 글쓴이의 체험과 깨달음을 통해 교훈을 드러낸 '설'의 양식을 지닌 한문 소설이다.

18　　정답_③

㉮ '그것을 알고도 어물어물하다가 미처 수리하지 못하였고~'는 잘못을 알고도 수리하지 않았을 때의 폐해가 얼마나 큰지에 대해 깨닫게 된 경험이다. 작가는 이러한 깨달음을 '사람(㉡)'과 '정치(㉣)'에 적용하고 있다.

19　　정답_③

이 글은 '나쁜 습관이 우연히 좋은 결과를 가져오기도 하는군'과는 관련이 없다.

20~22 공간이 달라지면 사는 풍경도 달라질까 (전남일)

- **갈래** 설명문
- **성격** 성찰적, 비판적
- **주제** 삶과 공간의 관계 성찰의 필요성
- **특징** ① 현대의 주거 공간을 비판적으로 바라봄
  ② 과거의 주거 공간과 현대의 주거 공간을 대조

20
정답_①

이 글은 '사이 공간'을 중심으로 살펴본 과거와 오늘날의 주거 공간의 차이를 설명하고 있다.

21
정답_④

5문단 '주택의 형태나 외관만 보면 모두 같은 공간에 사는 유사한 집단으로 보이지만, 그 안에서의 생활 모습은 공유할 만한 것이 거의 없다'

22
정답_①

㉠ '그래서'는 앞 문장과 뒤 문장을 인과적으로 연결하는 접속어이다.

▨ 23~25 로봇 시대, 인간의 일 (구본권)

- **갈래** 설명적 논설문
- **성격** 시사적, 해설적
- **주제** 인공지능 시대에 인간과 기계가 공존, 공생하는 길
- **특징** ① 전문가 말을 인용하여 문제를 제기
  ② 문제 해결 방안을 인간과 로봇에 대한 것으로 나누어 접근함

23
정답_③

3문단 '인공지능이 마침내 인간의 의식 현상을 구현해 낸다고 하더라도 인간과 인공지능은 여전히 구분될 것이다'

24
정답_②

'통제' → 일정한 방침이나 목적에 따라 행위를 제한하거나 제약함, 권력으로 언론·경제 활동 따위에 제한을 가하는 일

25
정답_④

㉮는 '사람이 가진 고유의 능력과 속성을 통해 인공지능 시대에 대응할 수 있다'는 의미이다.

▶2022년 1회◀

01	④	06	①	11	③	16	①	21	①
02	③	07	②	12	④	17	②	22	②
03	③	08	②	13	①	18	②	23	①
04	③	09	③	14	③	19	④	24	④
05	④	10	②	15	①	20	④	25	②

01
정답_④

준수는 민우의 상황이나 기분을 무시한 채 막무가내로 색연필을 빌려달라고 요구하고 있다. 관용 표현은 사용되지 않았다.

- 관용표현 : 둘 이상의 단어가 고정적으로 결합하여 새로운 의미를 만들어 낸 경우

02
정답_③

[A]에서 은희는 민수의 처지에 공감하며(그런 어려움이 있구나.), 자신의 요구 사항을(우리가 춤 동작을 도와줄 테니 이번 주에 강당을 쓰도록 해 달라) 전하고 있다.

03
정답_③

③ 송년[송년]은 표준 발음법 19항의 규칙에 해당하지 않는다.

> **오답풀이**

① 강릉[강능], ② 담력[담녁], ④ 항로[항노]
→ 표준 발음법 19항 자음동화 현상에 해당한다.

04
정답_③

③ '~께/드리다'의 사용 (부사어를 높이는 객체 높임)

> **오답풀이**

'주체높임'은 말하는 이가 문장의 주어, 즉 서술어의 주체인 주어에 대해 높임의 태도를 나타내는 것이다.
① '~께서 / ~-시'의 사용(주체높임)
② '~께서 / ~-시'의 사용(주체높임)
④ '~께서/계시다'의 사용(주체높임)

주체 높임 실현 방법
- 주격조사 '-께서'에 의해
  예 할아버지께서 여행을 가신다.

- 선어말어미 '(으)시'에 의해
  예 할아버지께서 책을 읽으시다.
- 특수어휘에 의해
  예 할아버지께서 댁에 계시다.

05　　　　　　　　　　　정답_④

ㄹ 거시라 → 이어적기

오답풀이

ㄱ 몸+이며, ㄴ 얼굴+이며, ㄷ 머리털+이며
→ 끊어적기

이어적기와 끊어적기
- 이어적기(연철)
  - 음을 중시하는 표음적 표기
  - [것+이라 → 거시라] → '것'의 종성 'ㅅ'을 '이라'의 음가 없는 초성 'ㅇ'자리로 넘겨 적음
  - 15세기에는 완벽하게 지켜지다가 16세기부터 끊어적기가 나타남
- 끊어적기(분철)
  - 뜻을 중시하는 표의적 표기
  - [몸+이며 → 몸이며] → 명사 '몸'의 뜻을 명확히 하기 위해 조사 '이며'와 구별하여 끊어 적음

06　　　　　　　　　　　정답_①

① 보약을 다리다. (×) → 보약을 달이다. (○)
  → 약재 따위에 물을 부어 우러나도록 끓이다.
    (달이다)
  → 옷이나 천 따위의 주름이나 구김을 펴고 줄을 세우기 위하여 다리미나 인두로 문지르다.(다리다)

오답풀이

② 가난으로 배를 주리다.
  → 제대로 먹지 못하여 배를 곯다.
③ 그늘에서 땀을 식히다.
  → 땀을 말리거나 더 흐르지 아니하게 하다.
④ 아들에게 학비를 부치다.
  → 편지나 물건 따위를 일정한 수단이나 방법을 써서 상대에게로 보내다.

07　　　　　　　　　　　정답_②

오답풀이

①·③은 대구와 비유가, ④는 대구가 사용되지 않았다.

08　　　　　　　　　　　정답_②

앞 문장 '한지의 장점'과 뒷 문장 '양지의 단점'을 대조할 때는 '그러나'가 적절하다.

> **9~11 「자화상」, 윤동주**
> **갈래** 자유시, 서정시
> **성격** 성찰적, 고백적
> **주제** 자아 성찰과 자신에 대한 애증,
> 　　　 자아 성찰과 이상적 세계에 대한 동경
> **특징** ① 평이한 구어체의 사용과 산문적 진술
> 　　　 ② 시상 전개에 따른 화자 심리의 변화
> 　　　 ③ 통사 구조의 반복을 통한 의미 강조와 운율 형성

09　　　　　　　　　　　정답_③

의문의 형태로 진술한 설의적 표현은 사용되지 않았다.

오답풀이

① 화자는 우물가를 오고 가는 행위의 반복을 통해 자신에 대한 애증의 심리를 표현
② '-ㅂ니다'의 반복적 사용으로 운율 형성
④ 우물 속의 풍경이 '시각적 심상'을 형성

10　　　　　　　　　　　정답_②

2연의 우물 속 풍경은 평화롭고 아름다운 분위기를 형성한다.

11　　　　　　　　　　　정답_③

화자는 우물 속 자신의 모습을 성찰하며 자신을 향한 '미움과 연민, 그리움' 등의 심리 변화를 보인다. '㉠ 그 사나이가 미워져 돌아갑니다'는 일제강점기 현실에 저항하지 못하는 자신에 대한 미움과 부끄러움의 마음을 함축하고 있다.

12~14 「마지막 땅」, 양귀자

갈래	현대 소설, 세태 소설, 연작 소설
성격	세태적, 비판적
시점	3인칭 전지적 작가 시점
주제	자본주의 도시화의 세태와 땅의 가치에 대한 인식
특징	① 1980년, 원미동이라는 구체적 배경을 설정 ② 원미동 사람들의 소박한 삶을 사실감 있게 드러냄

12　　　　　　　　　　　　정답_④

부동산 업자인 '박 씨'의 외양 묘사를(자그마한 체구에 ~ 면상) 통해 '강 노인'이 박 씨에 대해 못마땅한 심정을 지니고 있음을 알 수 있다.

13　　　　　　　　　　　　정답_①

제시문 끝 '박 씨'의 말을 통해 '유 사장'이 '강 노인'의 땅을 마음에 두고 있음을 알 수 있다.

14　　　　　　　　　　　　정답_③

'박 씨'는 자신이 동네 발전에 애쓴 것을 언급하며 '강 노인'이 자신의 제안을 받아들이도록 회유하고 있다.

15~16 「제망매가」, 월명사

갈래	향가
성격	애상적, 추모적, 종교적
주제	죽은 누이에 대한 슬픔과 추모, 재회의 염원
특징	① 누이와의 사별을 자연 현상에 비유 ② 불교의 윤회사상을 바탕으로 슬픔을 종교적으로 승화 ③ 정제되고 세련된 기교

15　　　　　　　　　　　　정답_①

낙구의 '아야'는 10구체 향가의 형식적 특징으로 시상 집약, 시상 전환 등의 역할을 한다.

16　　　　　　　　　　　　정답_①

화자는 종교적으로 슬픔을 극복하며 누이와의 재회를 염원하고 있다.

17~18 「심청전」, 작자 미상

갈래	고전 소설, 판소리계 소설
성격	교훈적, 비현실적, 환상적
주제	부모에 대한 지극한 효성, 권선징악
특징	① 불교의 인과응보 사상, 유교의 효 사상, 도교의 신선 사상이 담겨 있음 ② 인당수 제물이 되는 전반부와 환생하여 아버지를 만나는 후반부로 나눌 수 있음

17　　　　　　　　　　　　정답_②

'사당'은 조상의 신주를 모셔 놓은 곳으로 '심청'은 인당수로 떠나기 전 마지막으로 조상들에게 인사를 고하기 위해 '사당'으로 들어갔다.

18　　　　　　　　　　　　정답_②

'심청'이 환생해 황후가 되는 것을 생각하면 '수레'는 부귀영화를 암시한다.

19　　　　　　　　　　　　정답_④

'못 가리라~, 마라' 등의 반복적 표현을 통해 딸의 죽음을 안타까워하는 '심 봉사'의 마음을 짐작할 수 있다.

20　　　　　　　　　　　　정답_④

서로 다른 읽기 방법을 절충하여 새로운 읽기 방법을 보여주는 정보는 제시되지 않았다.

> **오답풀이**
> ① 소리를 내는지의 여부, 읽는 속도, 읽는 범위 등의 기준에 따라 읽기의 방법을 설명함
> ② 읽기 방법의 개념을 설명함
> ③ '~ 차를 우려내듯'과 같은 비유적 표현을 사용함

21　　　　　　　　　　　　정답_①

㉠의 앞뒤 내용이 대조적이므로 '그러나'가 적절하다.

22 정답_②

글 읽는 상황에 맞게 적절한 독서 방법을 활용할 수 있다.
- 속독 : 시간이 부족한 상황에서 중요한 내용을 중심으로 글을 빠르게 읽는 방법
- 발췌독 : 시간이 부족한 상황에서 필요한 부분만 찾아 읽는 방법

23~25 「고릴라를 못 본 이유」, 이은희

- **갈래** 설명문
- **성격** 사실적, 과학적
- **주제** 주의 집중한 시각적 정보만 받아들이는 뇌의 특성
- **특징** ① 핵심개념과 관련된 실험을 소개해 독자 이해를 도움
  ② 예시, 비유 등의 방법을 사용해 과학적 개념을 설명

---

23 정답_①

'시각 피질'에 대한 설명에서 '예시'의 방법을 사용하였으며, '질문'을 통한 내용 전개로 독자의 호기심을 유발하였다.

24 정답_④

내용 요약의 성격을 지닌 마지막 단락 참고
→ '뇌의 많은 영역이 시각이라는 감각에 배정되어 있으나 눈으로 받아들이는 모든 정보를 보이는 그대로 빠짐없이 처리하기 어렵기 때문이다.'

25 정답_②

ⓒ '시각 손상' → 병이 들거나 다침

▶2021년 2회◀

01	①	06	③	11	①	16	②	21	④
02	④	07	①	12	③	17	③	22	③
03	④	08	②	13	①	18	②	23	①
04	③	09	②	14	④	19	①	24	③
05	②	10	④	15	①	20	①	25	④

01 정답_①

영호는 선생님의 칭찬을 그대로 받아들이기보다는 자신을 낮추어 말하는 겸손한 말하기 방식을 취하고 있다.
→ 겸양의 격률

02 정답_④

할머니는 노년 세대라 '혼밥'이라는 줄임말을 잘 이해하지 못할 수 있다. 따라서 상대방의 연령을 고려해서 '혼자 먹는 밥'이라고 말하는 것이 좋다.

03 정답_④

표준 발음법 20항
'ㄴ'은 'ㄹ'의 앞이나 뒤에서 [ㄹ]로 발음한다. → 유음화
① 신라[실라], ② 논리[놀리], ③ 설날[설랄]
  → 유음화
④ 종로[종노] → 비음화('ㄹ'이 'ㅇ' 뒤에서 'ㄴ'으로 발음)

04 정답_③

③ 정답을 맞힌 사람에게 선물을 주었다.
  맞히다 → 문제에 대한 답을 틀리지 않게 하다.
    '맞다'의 사동사

오답풀이

① 약속은 반드시 지키겠다. (○)
  반드시 → 틀림없이, 꼭
  반듯이 → 어떤 물건이나 모양이 비뚤어지지 않고 곧고 바르게 있는 상태
② 우체국에서 부모님께 편지를 부쳤다. (○)
  부치다 → 편지나 물건 따위를 상대에게 보내다.
  붙이다 → 맞닿아 떨어지지 않게 하다.
④ 김장을 하려고 배추를 소금물에 절였다. (○)

절이다 → 푸성귀나 생선 따위를 소금기나 식초, 설탕 따위에 담가 간이 배어들게 하다.
저리다 → 뼈마디나 몸의 일부가 쑤시듯이 아프다.

05　정답_②

㉠ 어제, -었- → 과거 / ㉢ 예전에, -은 → 과거
㉡ 오늘, -는- → 현재
㉣ 앞으로도, -겠- → 미래

과거 시제	사건이 말하는 시점 이전에 일어난 것으로, 과거 시제 선어말 어미 '-았-/-었-'(-았었-/-었었-)과 과거 회상 선어말 어미 '-더'를 통해 실현됨. 과거를 나타내는 시간 부사어 어제, 옛날 등과 결합
현재 시제	사건이 말하는 시점에 일어난 것으로, 현재 시제 선어말 어미 '-는-'에 의해 실현되거나 또는 별다른 시제 선어말 없이 실현되기도 함. 현재를 나타내는 시간 부사어 '지금, 오늘' 등과 결합
미래 시제	사건이 말하는 시점 이후에 일어나는 것으로, 미래 시제 선어말 어미 '-겠-'에 의해 실현되며, 관형사형 어미와 의존 명사가 결합된 형태인 '-ㄹ 것이-'와 어미 '-리'에 의해서도 실현될 수 있음. '내일, 다음에' 등과 결합

06　정답_③

③ ㉢ '식미' → '심' + 주격 조사 '이'가 결합

오답풀이

① ㉠ 'ᄇᆞᄅ매' → 'ᄇᆞ름' + 부사격 조사 '애'가 결합
양성 모음끼리 어울리는 모음조화가 이루어짐
② ㉡ 하ᄂᆞ니 → ㆍ가 사용됨
④ ㉣ 믈+은 → 이어적기 '므른'으로 표기됨

07　정답_①

'공원 내 쓰레기 불법 투기의 해결 방안'으로 ①의 '공원 내 목줄 미착용 반려견 출입 제한'을 언급하는 것은 적절하지 못하다.

08　정답_②

㉡ 부사어와 서술어의 호응 관계를 고려할 때, '왜냐하면 ~ 떨어뜨리기 때문이다.'의 표현이 적절하다.

9~11 「첫사랑」, 고재종
갈래 자유시, 서정시
성격 비유적, 역설적
주제 아름다운 사랑의 결실을 위한 시련과 고난
특징 ① 시간의 흐름에 따른 시상 전개
② 역설적 표현으로 주제를 드러냄
③ 자연 현상에서 사랑의 의미 발견

09　정답_②

② 청유형 문장의 표현은 사용되지 않았다.

오답풀이

① 한겨울 나뭇가지에 눈꽃이 피고, 봄이 되면 다시 꽃이 피는 자연 현상에서 사랑의 의미를 발견한다.
③ '싸그락 싸그락'(청각적 심상), '난분분 난분분'(시각적 심상) 등의 감각적 이미지를 활용하여 대상을 구체화한다.
④ 의인법, 직유법, 은유법 등의 비유적 표현을 활용한다.

10　정답_④

㉠, ㉡, ㉢ → 눈꽃을 피우기 위한 '눈'의 노력
㉣ → 이루기 어려운 사랑(시련, 역경)

11　정답_①

ⓐ '가장 아름다운 상처'(역설법) → 이별을 겪은 후에 도달한 성숙한 사랑의 가치를 역설적으로 표현한다.

12~14 「아홉 켤레의 구두로 남은 사내」, 윤흥길
갈래 현대 소설, 세태 소설
성격 비판적, 현실 고발적
주제 산업화 속에서 소외된 사람들의 어려운 삶
특징 ① 과거와 현재를 교차시킴
② 당시 시대 상황을 사실적으로 그려냄

12　정답_③

국민학교 교사인 작품 속 서술자 '나(1인칭 관찰자 시점)'의 시각으로 사건을 서술하고 있다.

13　　　　　　　　　　　　　　　정답_①

도둑의 정체가 '권씨'임을 알고 있는 '나'는 권씨가 자신의 정체를 노출하지 않고 무사히 집으로 돌아가기를 바라기 때문에 두려움을 느끼지는 않는다.

14　　　　　　　　　　　　　　　정답_④

㉠의 행동은 자신의 정체를 눈치챈 '나'로 인해 자존심이 상한 권씨의 심리를 드러낸다.

15~16 「가시리」, 작자 미상
- **갈래** 고려가요
- **성격** 여성적, 민요적, 애상적
- **주제** 이별의 정한
- **특징** ① 후렴구의 반복
　　　② 민족적 정한인 '한'의 정서를 형상화 함

15　　　　　　　　　　　　　　　정답_①

후렴구 '위 증즐가 大平盛代(대평성代)'
- 반복을 통한 운율 형성
- '위'는 감탄사, '증즐가'는 악기 소리를 흉내 낸 의성어
- 형태적 통일성 부여, 연의 구분

16　　　　　　　　　　　　　　　정답_②

2연 → 떠나는 임에 대한 원망의 정서가 드러난다.

17~19 「최척전」, 조위한
- **갈래** 전쟁 소설, 애정 소설, 가족사 소설
- **성격** 우연적, 사실적
- **주제** 전란이 초래한 이산가족의 고통과 재회
- **특징** ① 만남 – 이별 – 재회의 구조가 반복
　　　② 여성이 적극적이고 진취적인 인물로
　　　　그려짐
　　　③ 실제 일어났던 전쟁을 배경으로 작품의
　　　　사실성 부각

17　　　　　　　　　　　　　　　정답_③

'바다와 하늘이 애처로운 빛을 띠고, 구름과 안개도 수심에 잠긴 듯했다.' → 자연물에 감정을 이입해 아내와 이별한 슬픔과 아내에 대한 그리움을 드러낸다.

18　　　　　　　　　　　　　　　정답_②

최척의 '퉁소 소리'와 [A]옥영의 '시 읊는 소리'는 최척과 옥영이 재회하는 계기를 마련하는 장치이다.

19　　　　　　　　　　　　　　　정답_①

최척은 가족을 잃은 슬픔과 그리움, 타지를 떠도는 자신의 처지를 생각하며 퉁소를 불고 있다.

20~22 「외부 효과와 죄악세」, 오형규
- **갈래** 설명문
- **성격** 객관적, 설명적
- **주제** 외부 효과와 죄악세에 대한 이해
- **특징** ① 경제학적 개념을 이해하기 쉽게 설명
　　　② 사례를 들어 핵심 개념에 대한 이해를
　　　　도움

20　　　　　　　　　　　　　　　정답_②

② 전문가의 이론을 시대순으로 설명한 정보는 찾을 수 없다.

오답풀이

① '외부 효과'에 대한 개념을 풀이하며 화제를 제시한다.

③ 1문단 '예컨대 꽃집에서 ~ 것이다.' → 구체적 사례를 제시한다.

④ '누이 좋고 매부 좋은(서로 다 이롭고 좋음)' → 속담을 활용하여 '외부 경제'의 특성을 제시한다.

21　　　　　　　　　　　　　　　정답_④

3문단 → '죄악세'는 '피구세' 중에서 국민 건강과 복지에 나쁜 영향을 끼치는 특정 품목의 소비를 억제하기 위해 물리는 세금이다. 이는 부정적 외부 효과를 억제하기 위해 물리는 세금이다.

22　　　　　　　　　　　　　　　정답_③

㉢ 고안 → 연구하여 새로운 안을 생각해냄
　 참조 → 참고로 비교하고 대조하여 봄

23　　　　　정답_①

1문단 → 문답법의 사용으로 독자의 흥미를 자극하며 중심 화제를 제시하고 있다.

24　　　　　정답_③

'심폐 소생술 교육'은 실제 상황이 발생했을 때 당황하지 않고 심폐 소생술을 실행할 수 있도록 하는 것이지 심정지 발생 원인 제거와는 관련이 없다.

25　　　　　정답_④

④ 어떠한 상태(건강, 생명 등)를 그대로 계속 유지하다.

오답풀이

① 재산, 이익, 안전 따위를 잃거나 침해당하지 아니하도록 보호하거나 감시하여 막다.

② 길목이나 통과 지점 따위를 주의를 기울여 살피다.

③ 규정, 약속, 법, 예의 따위를 어기지 아니하고 그대로 실행하다.

　→ 다의어와 관련된 문항은 제시문의 상황 맥락을 잘 살펴 의미를 파악해야 한다.

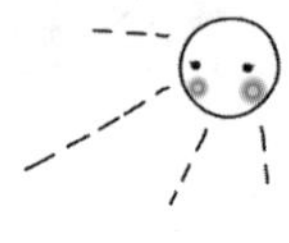

정답 및 해설

2025년 2회 ▶영 어◀

01	②	06	①	11	④	16	③	21	④
02	①	07	②	12	③	17	④	22	③
03	②	08	②	13	④	18	④	23	①
04	③	09	①	14	①	19	③	24	④
05	④	10	①	15	②	20	③	25	①

01　　　　　　　　　　　　　　　　정답_②

해석 우리는 일과 가정생활 사이에서 균형을 찾아야 한다.

해설 제시된 문장에서 'balance'는 '균형, 조화'라는 의미의 명사로 쓰였다.

어휘 need to : ~해야 한다
between A and B : A와 B 사이에서

02　　　　　　　　　　　　　　　　정답_①

해석 소풍이 끝난 후에 쓰레기를 버려 주세요.

해설 'throw away'는 '~을 버리다'라는 뜻이다.

어휘 trash : 쓰레기

03　　　　　　　　　　　　　　　　정답_②

해석 나는 열심히 공부했다. 그래서 시험에 합격했다.

해설 제시된 문장에서 'so'는 '그래서'라는 뜻으로, 앞 문장의 원인(열심히 공부했다)과 뒤 문장의 결과(시험에 합격했다)를 연결해 주는 접속사로 쓰였다.

04　　　　　　　　　　　　　　　　정답_③

해석 그 선물은 나를 행복하게 만들었지만, 내가 그것을 잃어버렸을 때 나는 슬퍼졌다.

해설 밑줄 친 두 단어 'happy(행복한)'와 'sad(슬픈)'는 반의어 관계이다. ①, ②, ④는 반의어 관계이고, ③은 유의어 관계이다.

① slow(느린) － fast(빠른)
② wide(넓은) － narrow(좁은)
③ equal(같은/동등한) － same(같은/동일한)
④ easy(쉬운) － difficult(어려운)

05　　　　　　　　　　　　　　　　정답_④

해석

> **진흙 놀이의 날**
> • 날짜 : 8월 16일
> • 장소 : 리버사이드 공원
> • 활동 : 진흙 미끄럼틀, 진흙 싸움
> *갈아입을 옷을 꼭 가져오세요.*

해설 제시된 안내문에서 언급되지 않은 것은 ④ '참가 연령'이다.

어휘 make sure to : 반드시 ~하다
bring : 가져오다, 챙기다
change of clothes : 갈아입을 옷

06　　　　　　　　　　　　　　　　정답_①

해석 • 그는 건강을 유지하기 위해 매일 아침 달리기를 한다.
• 그녀는 언젠가 자신의 가게를 운영하고 싶어 한다.

해설 빈칸에 공통으로 들어갈 말은 'run'이다. 첫 번째 문장에서는 '달리기'라는 의미의 명사로 사용되었고, 두 번째 문장에서는 '운영하다, 경영하다'라는 의미의 동사로 사용되었다.

어휘 go for a run : 달리기를 하다, 달리러 가다
run a shop : 가게를 운영하다

07　　　　　　　　　　　　　　　　정답_②

해석 • 그는 그녀에게 그가 왜 울고 있었는지 이유를 말했다.

• 네가 왜 결석했는지 나에게 말해줄 수 있니?

[해설] 'why'는 관계부사 또는 의문사로 쓰여 이유를 설명하거나 이유를 물을 때 사용된다. 첫 번째 문장에서 why는 'the reason'을 꾸며주는 관계부사로 쓰였고, 두 번째 문장에서 why는 간접의문문을 이끄는 의문사로 쓰였다. 따라서 빈칸에 공통으로 들어갈 말로 적절한 것은 'why'이다.

[어휘] reason : 이유
absent : 결석한

08 　　　　　정답_②

[해석] • 나는 캠핑 가는 것을 정말 기대하고 있다.
• 우리 엄마는 내가 어렸을 때 나에게 책을 읽어주곤 했다.

[해설] 'look forward to + 동명사'는 '~을 기대하다'라는 의미이고, 'used to + 동사원형'은 '과거에 ~하곤 했다'라는 의미이다. 빈칸에 공통으로 들어갈 말은 'to'이다.

09 　　　　　정답_①

[해석] A : 내가 실수로 교실 창문을 깼어.
B : 이런! 선생님께 말했니?
A : 응, 무슨 일이 있었는지 말하고 사과했어.
B : 잘했어. 정직이 최선의 방책이야.

[해설] A가 실수로 교실 창문을 깼지만 선생님께 말하고 사과한 행동에 대해 B가 정직이 최선의 방책이라면서 A를 칭찬하고 있다. 즉, 자신의 잘못을 숨기지 않고 정직하게 말하는 것이 가장 좋은 방법이라는 의미이다.

[어휘] accidentally : 실수로
apologize : 사과하다
honesty : 정직
policy : 방책, 방침, 정책

10 　　　　　정답_①

[해석] A : 나는 방금 내가 글쓰기 대회에서 우승했다는 것을 들었어!
B : 잘됐다. 나는 네가 할 수 있을 줄 알았어.
A : 나는 아직도 믿을 수 없어. 너무 기뻐!
B : 너는 그럴 자격이 있어. 정말 열심히 했잖아.

[해설] A는 글쓰기 대회에서 우승했다는 소식을 듣고 기뻐하고 있다. A의 심정으로 가장 적절한 것은 '기쁨'이다.

[어휘] writing contest : 글쓰기 대회
delighted : 매우 기쁜
deserve : 받을 만하다

11 　　　　　정답_④

[해석] A : 안녕하세요, 치즈 피자 한 조각과 콜라 하나 주시겠어요?
B : 네. 다른 거 더 필요하세요?
A : 아뇨, 그게 다예요. 신용카드를 받나요?
B : 물론이죠. 총금액은 9달러입니다.

[해설] 대화에서 피자와 음료를 요청하고, 신용카드와 총금액에 대한 내용이 언급되어 있다. 따라서 대화가 이루어지는 장소로 적절한 것은 음식점이다.

[어휘] anything else : 다른 것
accept credit cards : 신용카드를 받다(결제하다)
total : 총액, 합계

12 　　　　　정답_③

[해석] 정글 월드가 돌아왔습니다! 우리는 이 프로그램을 발표하게 되어 매우 기쁩니다. 이것은 9월 한 달 동안 열릴 것입니다. 이 프로그램에서 방문객들은 정글에 사는 다양한 동물과 식물을 경험할 수 있습니다.

[해설] 대명사는 대부분 앞에 나온 대상을 지칭한다. '정글 월드'라는 프로그램이 9월 한 달 동안 열릴 것이라고 설명하고 있다. 밑줄 친 'It'은 앞 문장에 언급된 '이 프로그램(this program)'을 가리킨다.

[어휘] announce : 발표하다, 알리다
be held : 열리다, 개최되다
experience : 경험하다
various : 다양한

13 　　　　　정답_④

[해석] A : 내일이 내 여동생 생일이야.
B : 여동생에게 줄 선물 샀어?
A : 응. 이 모자를 샀어. 이거 어떻게 생각해?
B : 오, 정말 예쁘다. 여동생이 좋아할 거야.

① 어디에 사니?

② 왜 그것을 샀어?

③ 너의 생일은 언제야?

^{해설} A가 여동생 생일 선물로 모자를 샀다고 말하니, B가 정말 예쁘다고 대답하며 모자에 대한 자신의 의견을 말하고 있다. 따라서 빈칸에는 모자에 대한 의견을 물어보는 말이 들어가는 것이 적절하다.

14 정답_①

^{해석} A : 너의 우산을 어디에 두었어?

B : 나는 그것을 버스에 두고 온 것 같아.

② 나는 그가 그것을 왜 좋아했는지 설명할 수 있어.

③ 나는 내 친구가 점심 만드는 것을 도왔어.

④ 나는 어제 새 드레스를 샀어.

^{해설} A가 우산을 어디에 두었는지 물어보고 있으므로, B는 우산을 둔 장소를 대답해야 한다. 빈칸에 들어갈 말로 ① "나는 그것을 버스에 두고 온 것 같아."가 적절하다.

15 정답_②

^{해석} A : 만화책을 어떻게 만드는지 알려줄 수 있나요?

B : 먼저, 주제를 선택하고, 그다음에 짧은 이야기를 써야 해요.

A : 알겠어요. 그 후에 그림을 그리나요?

B : 맞아요.

^{해설} A가 만화책을 만드는 방법을 물어보고, B가 만화책을 만드는 과정을 설명하고 있다. 따라서 대화의 주제로 적절한 것은 ② '만화책을 만드는 방법'이다.

^{어휘} can you tell me how to ~? : ~하는 방법을 알려줄 수 있니?

make a comic book : 만화책을 만들다

afterwards : 그 후에

16 정답_③

^{해석} 학교 글쓰기 클럽에서 학생들의 글쓰기 능력 향상을 돕기 위해 주간 워크숍을 개최합니다. 매주 우리는 아이디어를 공유하고, 피드백을 주고, 함께 연습하기 위해 만날 것입니다. 만약 더 자신감 있는 작가

가 되는 것에 관심이 있다면, 목요일에 205호에서 우리와 함께하세요.

^{해설} 워크숍의 활동 내용과 참여 방법을 설명하면서 워크숍 참가를 권유하고 있다. 따라서 이 글을 쓴 목적으로 적절한 것은 ③ '참가자를 모집하려고'이다.

^{어휘} hold : 열다, 개최하다

weekly : 매주의

improve : 향상시키다

practice : 연습하다

confident : 자신감 있는

17 정답_④

^{해석}

수영장 안내

• 위치 : 9층

• 운영 시간 : 오전 6시 ~ 오후 10시

• 모든 호텔 투숙객은 무료

• 수영모를 반드시 착용해야 함

*음료는 수영장에서 구매할 수 있습니다.

^{해설} 음료는 수영장에서 구매할 수 있다고 하였다. 안내문의 내용과 일치하지 않는 것은 ④이다.

^{어휘} purchase : 구매하다

18 정답_④

^{해석} 프렌들리 마켓은 시청 근처에서 열립니다. 당신은 그곳에서 신선한 채소, 유기농 간식, 그리고 수제 용품을 살 수 있습니다. 마켓에 오는 누구나 무료 페이스 페인팅을 받을 수 있습니다. 마켓은 일요일 오전 8시부터 오후 3시까지 열립니다.

^{해설} 마켓은 일요일에 열린다. 따라서 설명과 일치하지 않는 것은 ④이다.

^{어휘} organic : 유기농의

handmade goods : 수제 용품

anyone : 누구든지

19 정답_③

^{해석} 당신의 분노를 조절할 수 없다고 느껴본 적이 있나요? 여기에 당신을 위한 몇 가지 조언이 있습니다.

첫째, 당신이 화가 날 때 심호흡을 하세요. 이것은 당신의 마음을 진정시키는 데 도움이 됩니다. 둘째, 반응하기 전에 열까지 세어 보세요. 이것은 당신에게 생각하고 침착하게 대응할 시간을 줍니다. 당신이 신뢰하는 사람과 이야기하는 것도 도움이 될 수 있습니다.

해설 제시된 글은 "분노를 조절할 수 없다고 느껴본 적이 있나요?"라는 질문으로 시작하고 그다음에 '심호흡하기, 열까지 세기, 신뢰하는 사람과 이야기하기'와 같은 분노를 조절할 수 있는 구체적인 조언을 제시하고 있다. 따라서 제시된 글의 주제로 적절한 것은 ③ '분노를 조절하는 방법'이다.

어휘 control : 조절하다, 통제하다
take a deep breath : 심호흡을 하다
upset : 속상한, 화난
calm : 진정시키다
react : 반응하다
respond : 대응하다
trust : 신뢰하다

20 정답_③

해석 업사이클링은 오래된 물건을 새롭고 유용한 것으로 바꿀 수 있습니다. 사용한 물건을 다른 용도로 재사용함으로써 당신은 쓰레기를 줄일 수 있습니다. 예를 들어, 더 이상 입지 않는 청바지는 가방이나 지갑으로 바꿀 수 있습니다. 업사이클링을 통해 당신은 원하지 않는 물건에 가치를 더할 수 있습니다.

해설 첫 문장에서 업사이클링은 오래된 물건을 새롭고 유용한 것으로 바꿀 수 있다고 하였고, 빈칸이 있는 문장 다음에서 입지 않는 청바지를 가방이나 지갑으로 만든다는 것을 예로 들어, 버려지는 물건을 재활용하여 새로운 가치를 지닌 제품으로 만듦으로써 쓰레기를 줄이는 업사이클링의 효과에 대해 설명하고 있다. 따라서 빈칸에 들어갈 말로 적절한 것은 ③ 'reduce(줄이다)'이다.
① 주문하다　② 가르치다　③ 줄이다　④ 벌하다

어휘 can turn A into B : A를 B로 바꿀 수 있다
reuse : 재사용하다
transform : 변형시키다, 바꾸다

add value : 가치를 더하다
unwanted : 원하지 않는

21 정답_④

해석 많은 나라들이 낮은 출산율 문제에 직면해 있습니다. 매년 더 적은 아기들이 태어나고 있습니다. 이것은 미래에 노동 인구 감소로 이어질 수 있습니다. 따라서 나라들은 출산율을 향상하는 데 도움이 될 정책을 <u>개발하려고</u> 노력하고 있습니다.

해설 많은 나라들이 낮은 출산율 문제에 직면해 있고, 낮은 출산율은 미래에 노동 인구 감소로 이어질 수 있다고 언급하면서 이를 해결하기 위해 나라들이 노력하고 있다는 내용의 글이다. 문맥상 출산율을 향상하는 데 도움이 되는 정책을 개발한다는 내용이 들어가야 적절하다.
① 자르다, 삭감하다
② 멈추다
③ 잊다
④ 개발하다, 고안하다

어휘 birth rate : 출산율
policy : 정책
increase : 증가시키다, 늘리다

22 정답_③

해석 플라스틱은 유용한 재료이지만 환경에 해로울 수 있습니다. 플라스틱 쓰레기는 분해되는 데 수십 년이 걸려서, 그것은 지구에 오랫동안 머무릅니다. 게다가, 플라스틱 쓰레기는 종종 바다로 떠내려갑니다. <u>그곳에서, 일부 바다 동물들이 이 쓰레기를 먹습니다.</u> 결국 이 동물들이 우리의 식탁에 오르게 될 수도 있습니다.

해설 제시된 글은 플라스틱 쓰레기가 환경에 미치는 해로운 영향에 대해 설명하고 있다. 바다로 떠내려간 플라스틱 쓰레기를 바다 동물들이 먹고, 이 동물들이 우리의 식탁에 오르게 된다로 이어져야 글의 흐름이 자연스럽다. 따라서 제시된 문장이 들어가기에 가장 적절한 곳은 ③이다.

어휘 harmful : 해로운
take decades to ~ : ~하는 데 수십 년이 걸리다

break down : 분해되다
wash out to ~ : ~로 떠내려가다
eventually : 결국

23
정답_①

해석 마라톤은 매년 수천 명의 주자들을 끌어들이는 흥미로운 행사입니다. 주자들은 그 경주를 준비하기 위해 몇 달 동안 훈련합니다. 마라톤에 참가하는 것은 신체 건강을 증진시킬 뿐만 아니라, 성취감도 제공합니다. 하지만, 사람들이 마라톤을 뛸 때 입을 수 있는 여러 유형의 부상이 있습니다.

해설 제시된 글의 마지막 문장에서 마라톤을 뛸 때 입을 수 있는 여러 유형의 부상이 있다고 언급하였다. 따라서 글의 바로 뒤에 이어질 내용으로 적절한 것은 ① '마라톤으로 인한 부상의 유형'이다.

어휘 attract : 끌어들이다, 유인하다
participate in : ~에 참가하다
promote : 촉진하다, 장려하다
physical fitness : 신체 건강, 체력
accomplishment : 성취, 업적
injury : 부상

24~25

해석 누구나 때때로 스트레스를 느낀다, 특히 삶이 바빠질 때. 하지만 너무 많은 스트레스는 불면증과 불안과 같은 다양한 문제로 이어질 수 있다. 스트레스가 당신의 삶에 해를 끼치는 것을 막기 위해, 당신은 스트레스를 잘 관리할 필요가 있다. 스트레스 관리는 현대 사회에서 당신의 웰빙을 위한 열쇠이다.

lead to : ~로 이어지다
sleeplessness : 불면증
anxiety : 불안
in order to : ~하기 위해서
manage : 관리하다

24
정답_④

해설 문맥상 '스트레스가 당신의 삶에 해를 끼치는 것을 막기 위해'라는 의미가 자연스럽다.
① 먹이를 주다 ② 기르다
③ 모으다 ④ 막다, 방지하다

25
정답_①

해설 스트레스의 문제점을 언급하고 그 해결책으로 스트레스를 잘 관리해야 한다며 관리의 중요성을 강조하고 있다. 따라서 이 글의 주제로 적절한 것은 ① '스트레스 관리의 중요성'이다.

2025년 1회 ▶영 어◀

01	①	06	②	11	①	16	①	21	④
02	③	07	②	12	②	17	④	22	④
03	③	08	③	13	③	18	④	23	①
04	④	09	④	14	②	19	①	24	④
05	③	10	①	15	④	20	②	25	③

01
정답_①

해석 지난겨울에 어린아이들에게 한국어를 가르치는 것은 흥미로운 경험이었다.

해설 제시된 문장에서 'experience'는 '경험'이라는 의미로 쓰였다.

어휘 teaching : 가르치는 것
interesting : 흥미로운

02
정답_③

해석 학생들은 단체 활동에 참여하도록 격려되었다.

해설 'take part in'은 '~에 참여하다'는 의미이다.

어휘 be encouraged to : ~하도록 격려되었다(권유받았다)
activity : 활동

03
정답_③

해석 그녀는 물에 대한 두려움에도 불구하고 수영하러 갔다.

해설 'despite(=in spite of)'는 전치사로, '~에도 불구하고'라는 의미이다.

어휘 fear : 두려움, 공포

04
정답_④

해석 교회가 밝은 반면에 길은 어두웠다.

해설 'dark(어두운), bright(밝은)'는 반의어 관계이다. ①, ②, ③은 반의어 관계이고, ④는 유의어 관계이다.
① thick(두꺼운) – thin(얇은)
② poor(가난한) – rich(부유한)
③ weak(약한) – strong(강한)
④ correct(옳은) – right(옳은, 올바른)

05
정답_③

해석

> **딸기 축제**
> • 날짜 : 4월 15일-16일
> • 장소 : 스프링 공원
> • 활동 : 딸기 따기, 먹기 대회, 잼 만들기
> *와서 즐기세요!*

해설 축제 안내문에는 날짜, 장소, 활동 내용은 언급되어 있지만, 주차료에 대한 내용은 언급되어 있지 않다.

어휘 festival : 축제
location : 위치, 장소
picking : 따기

06
정답_②

해석 • 벽에 걸린 그림들을 만지지 마세요.
• 고등학교를 졸업한 후에 연락하고 지내자.

해설 빈칸에 공통으로 들어갈 말은 'touch'이다. 첫 번째 문장에서는 '만지다'라는 뜻의 동사로 쓰였고, 두 번째 문장에서는 '연락, 접촉'이라는 뜻의 명사로 쓰였다.

어휘 keep in touch : 연락을 유지하다, 연락하고 지내다
graduate : 졸업하다
run : 달리다
report : 보고하다
increase : 증가하다

07
정답_②

해석 • 엄마는 나에게 누가 집을 청소했는지 물었다.
• 그는 이 기계를 발명한 사람이다.

해설 빈칸에 공통으로 들어갈 말은 'who'이다. 첫 번째 문장에서 'who'는 간접의문문에 사용된 의문사로, 종속절(who cleaned the house)에서 누가 행동을 했는지를 나타내는 주어 역할을 한다. 두 번째 문장에서 'who'는 선행사가 사람일 때 사용하는 주격 관계대명사로, 앞의 'the man(사람)'을 꾸며주고 있다.

어휘 clean : 청소하다
invent : 발명하다
machine : 기계

08 정답_③

[해석]
• 마침내 그는 훌륭한 아이디어를 생각해 냈다.
• 헨리야, 나는 전적으로 너에게 동의해.

[해설] 빈칸에 공통으로 들어갈 말은 'with'이다. 'come up with'는 '~을 생각해 내다'라는 의미이고, 'agree with'는 '~에 동의하다'라는 의미이다.

[어휘] finally : 마침내
come up with : ~을 생각해 내다, 떠올리다
totally : 완전히, 전적으로

09 정답_④

[해석] A : 저기 있는 저 남자가 이상해 보여.
B : 그 사람은 내 이웃 데이비드야. 그는 내가 아는 사람들 중에서 가장 좋은 사람 중 한 명이야.
A : 정말? 몰랐어.
B : 있잖아, "책의 표지로 책을 판단하지 마."

[해설] "Don't judge a book by its cover(책의 표지로 책을 판단하지 마라)."는 겉모습만 보고 사람이나 사물의 가치를 판단하지 말라는 의미를 담고 있는 격언이다. 밑줄 친 표현의 의미로 가장 적절한 것은 ④ "겉모습만으로 사람을 판단해서는 안 된다."이다.

[어휘] strange : 이상한
one of : ~중 하나
had no idea : 몰랐다
judge : 판단하다
cover : 표지

10 정답_①

[해석] A : 너는 왜 어젯밤 경기에 가지 않았어?
B : 숙제가 너무 많았어.
A : 너는 정말 멋진 경기를 놓쳤어.
B : 나도 갈 수 있었으면 좋았을 텐데.

[해설] B는 어젯밤에 경기에 가지 않은 것을 아쉬워하고 있다.

[어휘] missed : 놓쳤다
great : 훌륭한, 멋진

11 정답_①

[해석] A : 과학 책은 어디에서 찾을 수 있나요?
B : 아, 그것들은 2층에 있어요.

A : 감사합니다. 제가 얼마나 많은 책을 빌릴 수 있나요?
B : 당신은 한 번에 일곱 권을 가져갈 수 있어요.

[해설] A가 과학 책이 있는 위치와 얼마나 많은 책을 빌릴 수 있는지를 물어보자, B가 책의 위치와 빌려 갈 수 있는 책의 수량을 말하고 있다. 따라서 대화가 이루어지는 장소로 가장 적절한 것은 ① '도서관'이다.

[어휘] borrow : 빌리다
take out : 빌리다, 가져가다
at a time : 한 번에

12 정답_②

[해석] 사람들이 스트레스를 해소하고 건강한 삶을 유지하는 다양한 방법이 있습니다. 요가는 그중 하나입니다. 요가는 마음과 몸 사이에 조화를 가져오는 것에 집중합니다. 이것은 내면의 평화로 이끌고 당신의 스트레스를 완화할 수 있습니다. 당신의 건강을 위해 이것을 시도해 보는 것은 어때요?

[해설] 대명사는 대부분 앞에 나온 대상을 지칭한다. 요가는 스트레스를 해소하고 건강한 삶을 유지하는 다양한 방법 중 하나라고 설명하고 있다. 제시된 글에서 밑줄 친 'It'이 가리키는 것은 '요가(Yoga)'이다.

[어휘] various : 다양한
let go of : 풀다, 해소하다
maintain : 유지하다
focus on : 집중하다
lead to : 이끌다
relieve : 완화하다

13 정답_③

[해석] A : 영화 보러 가자.
B : 좋아. 어떤 종류의 영화를 보고 싶어?
A : 나는 상관없어. 공포 영화를 빼고 뭐든지.
B : 로맨틱 코미디는 어때?
A : 좋아.
① 부탁 하나 들어줄래?
② 저기 있는 저 건물은 얼마나 높니?
④ 극장으로 가는 길을 알려줄 수 있어?

[해설] B의 대답 'Sure(좋아, 물론)'는 A의 제안에 대한 동의를 나타내는 표현이다. 영화를 보러 가자는 A의

제안에 B가 동의하였고, A는 공포 영화를 빼고 뭐든지 상관없다고 하였다. 따라서 대화의 빈칸에 들어갈 표현으로 가장 적절한 것은 ③이다.

[어휘] anything but : 그것 빼고 뭐든지

horror : 공포

What about : ~은 어때?

favor : 부탁, 호의

14
정답_②

[해석] A : 너 해외에 가 본 적 있어?

B : 응, 나는 베트남에 두 번 가 본 적이 있어.

① 아니, 나는 야채를 더 좋아해.

③ 학교에서는 교복을 입어야 해.

④ 항상 안전벨트를 매는 것이 중요해.

[해설] A가 해외에 가 본 적이 있냐고 물어보고 있다. 현재완료형으로 물어봤으므로 현재완료형으로 답변해야 한다. 대화의 빈칸에 들어갈 말로 적절한 것은 ②이다.

[어휘] abroad : 해외

twice : 두 번

fasten : 매다, 고정하다

at all times : 항상

15
정답_④

[해석] A : 강한 햇빛의 위험성에 대해 들어본 적 있나요?

B : 네, 사람들은 강한 햇빛에 노출되었을 때 심각한 햇볕 화상을 겪을 수 있어요.

A : 맞아요. 그것은 또한 피부암을 일으킬 수 있어요.

[해설] 강한 햇빛에 노출되면 심각한 화상을 입을 수 있고, 피부암을 일으킬 수 있다고 하였다. 강한 햇빛의 위험성에 대해 이야기하고 있다. 대화의 주제로 가장 적절한 것은 ④ '강한 햇빛이 피부에 미치는 악영향' 이다.

[어휘] sunlight : 햇빛

severe : 심각한

sunburn : 햇볕에 의한 화상

exposed to : ~에 노출되다

cause : 일으키다

skin cancer : 피부암

16
정답_①

[해석] 저는 지난 주말에 당신의 웹사이트에서 라지 사이즈 셔츠를 몇 개 주문했습니다. 저는 어제 소포를 받았고 잘못된 사이즈를 보내주신 것을 알게 되었습니다. 이 물건들을 교환하는 방법을 알려주세요. 당신의 답변을 기다리겠습니다. 감사합니다.

[해설] 라지 사이즈 셔츠를 주문했는데 잘못된 사이즈가 배송되어 교환하는 방법을 문의하는 내용의 글이다. 이 글을 쓴 목적으로 적절한 것은 ① '교환 문의'이다.

[어휘] several : 몇 개의, 여러 개의

found out : 알게 되었다

wrong : 잘못된

exchange : 교환하다

response : 응답, 답변

17
정답_④

[해석]

> ### 이 달의 작가
>
> 당신의 아이디어를 작가와 공유하세요!
>
> • 금요일 오후 6시 빈센트 홀에서
>
> • 작가와 사진을 찍으세요.
>
> • 작가의 서명을 받으세요.
>
> • 음식은 반입이 금지됩니다.
>
> *질문이 있으면 talkshow@bookstore.com으로 보내주세요.*

[해설] 음식은 허용되지 않다고 하였다. 제시된 안내문의 내용과 일치하지 않는 것은 ④이다.

[어휘] share : 나누다, 공유하다

author : 저자, 작가

take a picture : 사진을 찍다

signature : 서명, 사인

18
정답_④

[해석] 이사벨라는 휴가로 호주에 갔습니다. 그녀는 매일 밤 별을 보기를 기대했습니다. 그러나 그녀는 비가 많이 와서 이틀 동안 호텔에 머물렀습니다. 그녀는

그냥 지루한 텔레비전 쇼를 봤습니다. 운 좋게도, 그녀는 마침내 마지막 날 밤에 많은 별을 볼 수 있었습니다. 그것은 마치 꿈이 이루어진 것 같았습니다.

🔲해설 이사벨라는 마지막 날 밤에 많은 별을 볼 수 있었다. 따라서 이사벨라에 대한 설명과 일치하지 않는 것은 ④이다.

🔲어휘 on vacation : 휴가로

expect : 기대하다, 예상하다

remain : 남아 있다, 머무르다

heavily : 심하게, 많이

boring : 지루한

luckily : 다행히, 운 좋게

come true : 이루어지다

19 정답_①

🔲해석 모든 승객 여러분께 알려드립니다. 부산행 열차가 취소되었고, 우리는 전액 환불을 해 드리고 있습니다. 티켓을 안내 데스크로 가져오시거나 저희 웹사이트를 방문하여 신청서를 제출해 주세요. 불편을 끼쳐 드려 사과드립니다.

🔲해설 부산행 열차가 취소되어 전액 환불 절차에 대해 승객들에게 알리고 있다. 제시된 글의 주제로 가장 적절한 것은 ① '열차 취소로 인한 환불 안내'이다.

🔲어휘 passenger : 승객

has been canceled : 취소되었다

full refund : 전액 환불

submit : 제출하다

application form : 신청서

apologize : 사과하다

inconvenience : 불편

20 정답_②

🔲해석 <u>우주비행사</u>는 누구일까요? 그들은 우주로 여행하도록 선택되어진 탐험가들이다. 그들은 우주의 심각한 환경을 견뎌내기 위해 혹독한 조건에서 훈련을 받는다. 예상치 못한 상황에서 침착함을 유지하는 것은 그들의 훈련에서 또한 중요한 또 다른 부분이다.

① 댄서

② 우주비행사

③ 의사소통가

④ 심리학자

🔲해설 우주를 여행하도록 선택된 탐험가로서 우주의 심각한 환경을 견뎌내기 위해 혹독한 조건에서 훈련을 받는다고 설명하고 있다. 따라서 빈칸에 들어갈 말로 가장 적절한 것은 ② '우주비행사'이다.

🔲어휘 explorer : 탐험가

outer space : 우주

harsh : 혹독한, 가혹한

endure : 견디다

severe : 심각한

environment : 환경

calm : 침착함

unexpected : 예기치 않은

21 정답_④

🔲해석 인공지능(AI)은 매우 도움이 될 수 있는 기술이다. AI를 사용할 때 두 가지 장점이 있다. 첫째, 당신은 질문에 대한 대답을 바로 얻을 수 있다. 또한, AI는 엄청난 양의 정보를 빠르게 요약할 수 있다. 이것은 사용자들이 요점을 더 쉽게 이해하도록 돕는다.

① 피해 ② 실수 ③ 다툼 ④ 장점

🔲해설 인공지능(AI)은 도움이 되는 기술이고, 인공지능(AI)을 사용하면 질문에 대한 대답을 바로 얻고, 엄청난 양의 정보를 빠르게 요약할 수 있다고 하였다. 인공지능(AI)의 긍정적인 면에 대해 설명하고 있다. 따라서 빈칸에 들어갈 말로 가장 적절한 것은 ④ '장점(이점)'이다.

🔲어휘 Artificial Intelligence : 인공지능

technology : 기술

helpful : 유용한, 도움이 되는

right away : 바로, 즉시

summary : 요약

rapidly : 빠르게

main point : 요점, 주요 내용

22 정답_④

🔲해석 더 나은 연설을 하기 위해 기억해야 할 두 가지가 있습니다. 우선, 당신이 무엇을 말하고자 의도하고

있는지를 알아야 합니다. 당신이 하고 있는 연설의 메시지를 이해하는 것이 대본을 단순히 암기하는 것보다 더 중요합니다. 둘째, 시간을 효율적으로 관리하는 것이 연설의 성공을 위해 중요합니다. 그것은 당신이 너무 많은 시간을 소비하면 준비되지 않고 정리되지 않은 것으로 여겨질 것이기 때문입니다.

해설 더 나은 연설을 하기 위해서는 첫째, 연설의 내용을 이해하는 것이 중요하고, 둘째, 시간을 효율적으로 관리하는 것이 중요하다는 내용의 글이다. 제시된 문장은 시간 관리의 중요성을 설명하고 있는 내용 다음에 들어가는 것이 가장 적절하다.

어휘 speech : 연설
intend : 의도하다
memorize : 암기하다
effectively : 효율적으로
unprepared : 준비되지 않은
unorganized : 정리되지 않은

23 정답_①

해석 요즘에는 많은 식당들이 음식을 배달합니다. 몇몇 식당은 자정 이후에도 문을 엽니다. 이런 이유로 당신이 배고프다고 느낄 때 밤에 음식을 쉽게 주문할 수도 있습니다. 그러나 밤에 늦게 먹는 것은 당신의 몸에 좋지 않습니다. 왜 이것이 그런지 세 가지 주요한 이유가 있습니다.

해설 제시된 글의 마지막 부분을 보면, 밤늦게 음식을 먹는 것이 몸에 좋지 않은 세 가지 주요한 이유가 있다고 하였다. 따라서 다음 글의 바로 뒤에 이어질 내용으로 가장 적절한 것은 ① '야식이 건강에 해로운 이유'이다.

어휘 these days : 요즘
deliver : 배달하다
for this reason : 이런 이유로
order food : 음식을 주문하다
not good for : ~에 좋지 않다

24~25

해석 태권도는 전 세계적으로 인기가 있습니다. 사람들이 그것에 그렇게 끌리는 이유는 무엇일까요? 사람들

은 유연성 증가와 같은 그들의 신체 능력을 향상시킵니다. 게다가, 그들은 태권도를 규칙적으로 연습함으로써 자기 통제를 배울 수 있습니다. 이러한 이유로 현재 태권도는 국제적으로 즐겨지고 있습니다.

어휘 be attracted to : 끌리다, 매력을 느끼다
improve : 향상시키다
physical : 신체의
flexibility : 유연성
self-control : 자기 통제
on a regular basis : 규칙적으로, 정기적으로
internationally : 국제적으로

24 정답_④

해설 태권도가 세계적으로 인기가 있는 이유를 설명하고 있다. 태권도는 신체 능력을 향상시키고, 규칙적으로 연습함으로써 자기 통제를 배울 수 있기 때문에 국제적으로 즐겨지고 있다.
① clean : 청소하다
② remove : 제거하다
③ arrest : 체포하다
④ practice : 연습하다

25 정답_③

해설 태권도를 함으로써 신체 능력을 향상시키고 자기 통제를 배울 수 있기 때문에 태권도가 전 세계적으로 인기가 있다는 내용의 글이다. 따라서 윗글의 주제로 가장 적절한 것은 ③ '태권도가 인기 있는 이유'이다.

▶2024년 2회◀

01	②	06	②	11	③	16	④	21	②
02	④	07	①	12	①	17	③	22	①
03	③	08	①	13	④	18	③	23	②
04	③	09	②	14	④	19	②	24	①
05	②	10	④	15	③	20	①	25	①

01 정답_②

[해석] 나는 그에게서 배울 기회를 갖게 되어 운이 좋다.

[해설] 문맥상 밑줄 친 부분의 뜻으로 적절한 것은 '기회'이다.

[어휘] lucky : 운이 좋은, 행운의

02 정답_④

[해석] 많은 사람이 에너지 음료의 건강상 위험에 대해 알고 있다.

[해설] 문맥상 밑줄 친 부분의 뜻으로 적절한 것은 '알다'이다.

[어휘] be aware of : ~을 알다
health risk : 건강상의 위험

03 정답_③

[해석] 폭풍 때문에 해변에 가는 우리의 여행은 취소되었다.

[해설] 문맥상 밑줄 친 부분의 뜻으로 적절한 것은 '때문에'이다.

[어휘] cancel : 취소하다
due to : ~때문에
storm : 폭풍, 폭풍우

04 정답_③

[해석] 정원에 있는 모든 꽃은 아름답지만, 나는 이 빨간 장미를 정말 좋아한다.

[해설] 'flower(꽃)'와 'rose(장미)'는 전체와 부분의 관계이다. ①, ②, ④는 전체와 부분의 관계이고, ③은 반의어 관계이다.
① color(색깔) – gray(갈색)
② sport(스포츠) – basketball(농구)
③ north(북쪽) – south(남쪽)
④ language(언어) – English(영어)

05 정답_②

[해석]

위대한 마술쇼

와서 놀라움을 느껴보세요!

• 날짜 : 8월 17일, 오후 2시 - 오후 5시

• 장소 : 그랜드 호텔

• 티켓 : 20,000원

＊호텔 뒤쪽에 주차장이 있습니다.

[해설] 안내문에 '관람 연령'은 언급되어 있지 않다.

[어휘] be amazed : 놀라다
location : 장소, 위치
a parking area : 주차장

06 정답_②

[해석] • 우리는 디저트로 아이스크림을 주문할 것입니다.
• 책을 알파벳 순서대로 놓으세요.

[해설] 빈칸에 공통으로 들어갈 말은 'order'이다. 'order'는 동사일 때는 '주문하다, 명령하다', 명사일 때는 '순서, 질서, 명령'의 뜻이 있다.

07 정답_①

[해석] • 그녀는 그녀가 시험에 합격할 수 있다는 것을 믿는다.
• 그는 조용하고 빠른 차를 샀다.

[해설] 빈칸에 공통으로 들어갈 말은 'that'이다. 첫 번째 문장에서는 문장과 문장을 이어주는 접속사 that(~하는 것)으로 쓰였고, 두 번째 문장에서는 선행사 'a car'를 수식하는 관계대명사 that으로 쓰였다.

[어휘] pass the exam : 시험에 합격하다

08 정답_①

[해석] • 프랑스는 에펠탑으로 유명하다.
• 그는 친구들에게 전화해서 도움을 요청했다.

[해설] 빈칸에 공통으로 들어갈 말로 적절한 것은 전치사 'for'이다.
• be famous for : ~로 유명하다
• ask for : 요청하다

[어휘] call : 전화하다, 부르다

09 정답_②

[해석] A : 아! 내 손만큼 큰 거미가 있어.

B : 네 손만큼 크다고? 정말?

A : 그래, 거대해!

B : 어디 한번 보자. <u>보는 것이 믿는 것이다.</u>

[해설] '보는 것이 믿는 것이다'는 "눈으로 확인해야 믿을 수 있다."는 의미이다. 어떤 사실에 대해 직접 보고 경험하지 않으면 믿기 어렵다는 의미를 강조할 때 사용되는 표현이다.

[어휘] as… as~ : ~만큼 …한

huge : 엄청난, 거대한

10 정답_④

[해석] A : 마침내, 나는 내가 가장 좋아하는 밴드를 보기 위해 티켓을 예약했어.

B : 굉장하다! 콘서트가 언제야?

A : 금요일이야. 나는 그들이 라이브 공연하는 것을 보는 것이 너무 기대돼.

B : 정말 운이 좋네. 즐겨!

[해설] A는 가장 좋아하는 밴드의 공연 티켓을 예약했다고 했다. 따라서 A의 심정으로 가장 적절한 것은 '행복하다'이다.

[어휘] book : 예약하다

perform : 공연하다

11 정답_③

[해석] A : 당신은 짧은 헤어스타일을 보여줄 수 있나요?

B : 물론이죠. 여기에 몇 장의 사진이 있어요. 그것들 중에 마음에 드는 것이 있나요?

A : 나는 이것이 좋네요. 내 머리를 이렇게 잘라줄 수 있나요?

B : 물론이죠. 즉시 시작할 수 있습니다.

[해설] 'hairstyle, cut hair' 등을 미루어 대화가 이루어지는 장소가 '미용실'임을 알 수 있다.

[어휘] absolutely : 물론이지, 전적으로

right away : 곧바로, 즉시

12 정답_①

[해석] 운동은 여러분이 건강한 체중을 유지하는 것을 도와줄 수 있습니다. 그것은 칼로리를 태우고 근육을 만드는데, 이것은 전반적인 건강을 위해 중요합니다.

이것은 또한 여러분이 더 에너지가 넘치고 생산적으로 느끼도록 도와줄 것입니다. 그래서 여러분은 일에 집중할 수 있습니다. 활동적으로 지냄으로써 여러분은 많은 건강 문제를 예방할 수 있습니다.

[해설] 대명사는 대부분 앞에 나온 대상을 가리킨다. 밑줄 친 It의 앞부분 내용을 살펴보면, 'exercise(운동)'라는 것을 알 수 있다.

[어휘] maintain : 유지하다

build muscle : 근육을 키우다

energetic : 활기찬, 에너지가 넘치는

productive : 생산적인, 생산하는

focus on : 집중하다, 초점을 맞추다

prevent : 예방하다, 막다

13 정답_④

[해석] A : <u>얼마나 자주 외식을 하나요?</u>

B : 너무 자주는 아니고, 일주일에 한 번 정도요. 당신은 어때요?

A : 나는 거의 매일 외식해요. 내 스케줄에는 더 쉬워요.

B : 그래요, 이해해요.

① 이 근처에 식당이 있나요?

② 어떤 종류의 음식을 먹나요?

③ 쉬운 요리법은 어디에서 구할 수 있나요?

[해설] B의 답변을 보면, '너무 자주는 아니고 일주일에 한 번'이라고 빈도(횟수)를 말하고 있다. 따라서 빈칸에 들어갈 말은 'How often~?(얼마나 자주 ~하세요?)'으로 시작하는 빈도(횟수)를 묻는 표현이 적절하다.

[어휘] eat out : 외식하다

once a week : 일주일에 한 번

14 정답_④

[해석] A : 어떻게 하면 내 의사소통 능력을 향상할 수 있을까요?

B : 한 가지 방법은 <u>정기적으로 사람들과 말하는 연습을 하는</u> 것입니다.

① 과일과 채소를 많이 먹는

② 엄마를 위해 베이킹 소다를 사는

③ 손을 따뜻하게 유지하기 위해 장갑을 끼는

[해설] A가 의사소통 능력을 향상할 수 있는 방법을 물어보고 있다. 따라서 빈칸에 들어갈 적절한 말은 ④이다.

[어휘] improve : 향상하다, 나아지다
communication skill : 의사소통 능력
practice : 연습하다
regularly : 정기적으로

15 정답_③

[해석] A : 차를 마시는 것의 장점을 알고 있나요?
B : 물론입니다. 당신이 긴장을 풀고 스트레스를 줄일 수 있게 도와줄 수 있습니다. 차 마시는 것을 좋아해요?
A : 네, 좋아해요. 나는 또한 소화를 도와줄 수 있다고 들었어요.

[해설] 차를 마시는 것의 장점으로 긴장을 풀고 스트레스를 줄이고, 소화를 도와줄 수 있다고 제시하였다. 따라서 대화의 주제로 적절한 것은 '차를 마시는 것의 장점'이다.

[어휘] benefit : 장점, 이점, 혜택, 이익
relax : 휴식을 취하다, 긴장을 풀다
reduce : 줄이다
digestion : 소화

16 정답_④

[해석] 나는 아래층에 살고 있고, 최근에 당신의 아파트로부터 많은 소음을 들어왔습니다. 나는 밤에 잠을 잘 수가 없습니다. 특히 늦은 시간에는 소음 수준을 낮춰 주세요. 그렇게 해주시면 매우 감사할 것입니다.

[해설] 소음 때문에 밤에 잠을 잘 수 없다며 소음 수준을 낮춰 달라고 요청하고 있다. 따라서 글을 쓴 목적으로 ④가 가장 적절하다.

[어휘] downstairs : 아래층
lately : 최근에
keep down : 낮추다, 억제하다
greatly : 아주, 매우, 대단히
appreciate : ~을 감사하다, 고맙게 생각하다

17 정답_③

[해석]

브레이킹 댄스 클럽

우리와 함께 동작을 배워 보세요!

- 화요일마다 오후 5시 마가렛 홀에서
- 댄스 경험은 필요하지 않습니다.
- 운동화를 가져오세요.
- 더 많은 정보를 원하시면 dancer@email.com으로 이메일을 보내세요.

[해설] 제시된 안내문에 운동화를 가져오라고 언급되어 있다.

[어휘] join : 함께 하다, 가입하다
require : 필요하다, 요구하다
bring : 가져오다

18 정답_③

[해석] 파라다이스 리조트는 태국에 위치하고 있습니다. 리조트는 바다 옆에 있어서 당신은 수영과 낚시를 즐길 수 있습니다. 또한 다채로운 해양 생물을 관찰할 수 있는 다이빙 장소가 많이 있습니다. 리조트에는 전 세계의 다양한 음식을 즐길 수 있는 식당이 있습니다. 파라다이스에 있는 우리를 방문해 주세요.

[해설] 다채로운 해양 생물을 관찰할 수 있는 다이빙 장소가 많이 있다고 하였다. ③의 내용은 언급되어 있지 않다.

[어휘] be located in : ~에 위치해 있다
be next to : 옆에 있다
observe : 관찰하다
colorful : 형형색색의, 다채로운
marine life : 해양 생물

19 정답_②

[해석] 여러분의 키가 더 커 보일 수 있게 만드는 몇 가지 조언을 주겠습니다. 첫 번째, 헐렁한 옷을 피해라. 여러분 중 많은 사람은 크고 특대 사이즈의 옷을 선호할 수 있지만 그것들은 여러분을 작아 보이게 만들 수 있습니다. 두 번째, 비슷한 색깔을 입어라. 다른 색깔을 입는 것은 여러분의 몸을 분리하고 여러분이 더 작아 보이게 할 수 있습니다.

해설 키가 커 보일 수 있게 만드는 조언을 두 가지 제시하고 있다. 주제로 적절한 것은 '키가 커 보이게 옷을 입는 방법'이다.

어휘 loose : 헐렁한, 넉넉한

oversized : 특대의, 너무 큰

appear : …처럼 보이다

divide : 분리하다, 나누다

20
정답_①

해석 영화 제작은 신중한 계획과 팀워크를 필요로 하기 때문에 어려울 수 있습니다. 적절한 장소를 찾는 것, 배우들과 스케줄을 잡는 것, 예산을 관리하는 것은 모두 어려운 일입니다. 촬영하는 동안에 날씨와 기술적인 문제가 또한 지연을 야기할 수 있습니다.

① 어려운

② 이기적인

③ 독립적인

④ 착용하기에 적합한

해설 영화 제작은 신중한 계획과 팀워크가 필요하고, 적절한 장소를 찾고, 배우들과 스케줄을 잡고, 예산을 관리하는 것은 어렵다고 하였다. 빈칸에 들어갈 말로 가장 적절한 것은 ①이다.

어휘 careful : 신중한, 조심하는

budget : 예산

technical : 기술적인

cause : 야기하다, 초래하다

delay : 지연, 연기

21
정답_②

해석 3D 프린터가 무엇입니까? 그것은 보통의 프린터와 같지만 약간 다르다. 첫째로, 우리는 잉크를 넣지 않고 플라스틱이나 금속과 같은 다른 재료를 넣는다. 다음으로, 소프트웨어를 이용하여 우리는 종이를 인쇄하지 않고 장난감이나 심지어 집과 같은 실생활 제품을 인쇄한다. 놀랍지 않습니까?

① 흔한

② 다른

③ 빈번한

④ 잘못된

해설 3D 프린터는 잉크를 넣지 않고 플라스틱이나 금속과 같은 재료를 넣고, 종이를 인쇄하지 않고 실생활 제품을 인쇄한다고 하였다. 보통의 프린터와 비교하여 다른 점을 설명하고 있다. 따라서 빈칸에 들어갈 말로 가장 적절한 것은 ②이다.

어휘 material : 재료, 물질

metal : 금속

print out : 출력하다, 인쇄하다

real-life : 실생활

product : 제품, 상품, 생산물

22
정답_①

해석 새해 첫날에, 내 친구와 나는 우리 마을 근처의 산에 오르기로 계획했다. 그런데 예기치 못하게 폭설이 내렸다. 이것은 위험할 수도 있었기 때문에 우리가 산을 오르는 것을 막았다. 결과적으로 우리는 실내에 머물렀다. 우리는 굉장히 실망했지만 다시 시도하기를 희망한다.

해설 'However(하지만, 그러나, 그런데)'는 대조를 나타내는 연결사로 앞뒤 내용이 반대되는 경우에 사용된다. 제시된 문장과 반대되는 내용이 앞에 나와야 한다. 따라서 제시된 문장이 들어가기에 적절한 곳은 ①이다.

어휘 unexpectedly : 예기치 못하게

as a result : 결과적으로

indoor : 실내의

disappointed : 실망한, 낙담한

23
정답_②

해석 오늘날 개, 고양이, 토끼와 같은 반려동물은 그들의 주인의 마음 속에 특별한 자리를 차지하고 있습니다. 많은 사람은 그들의 반려동물과 많은 시간을 보냅니다. 어떤 사람들은 반려동물에게 많은 돈을 씁니다. 반려동물은 그들의 주인에게 많은 것을 의미할 수 있습니다. 여기에 몇 가지 이유가 있습니다.

해설 글의 바로 뒤에 이어질 내용은 마지막 문장을 살펴보면 알 수 있다. 글의 마지막에서 "반려동물은 그들의 주인에게 많은 것을 의미할 수 있고, 여기에 몇 가지 이유가 있습니다."라고 하였다. 따라서 이 글의 바로 뒤에 이어질 내용으로 적절한 것은 '반려동물이 주인들에게 중요한 이유'이다.

어휘 a lot of time : 많은 시간

mean : …을 의미하다

owner : 주인, 소유주

reason : 이유, 까닭

24~25

해석 인간은 사회적 존재이다. 우리는 혼자서 살 수 없고 다른 사람들로부터의 지원이 필요하다. 우리는 협력하여 일을 하려고 노력해야 한다. 우리가 팀으로 일할 때, 우리는 더 성공적일 수 있다. 헬렌 켈러는 "혼자서는 별로 할 수 있는 것이 없지만, 함께하면 많은 일을 할 수 있습니다."라고 말했다. 우리들 중 누구도 우리 모두만큼 똑똑하지 않다. 우리가 이것을 명심한다면, 나는 우리가 더 나은 사회를 만들 수 있을 것이라고 확신한다.

어휘 social beings : 사회적 존재

support : 지지, 지원, 도움

cooperation : 협력, 협동

successful : 성공적인, 성공한

keep in mind : 명심하다

society : 사회

24
정답_①

해설 인간은 사회적 존재로 혼자서는 살 수 없고, 다른 사람들의 지원이 필요하고, 함께 협력하면 더 많이 성공할 수 있으며 더 나은 사회를 만들 수 있는 것이다. 따라서 빈칸에 들어갈 말로 가장 적절한 것은 ①이다.

② 잊을 수

③ 제출할 수

④ 속일 수

25
정답_①

해설 협력하여 팀으로서 일할 때 더 성공할 수 있고, 혼자서는 별로 할 수 있는 것이 없지만 함께하면 많은 일을 할 수 있다고 하였다. 윗글의 주제로 가장 적절한 것은 '협력의 중요성'이다.

▶2024년 1회◀

01	②	06	①	11	④	16	③	21	④
02	①	07	①	12	①	17	②	22	③
03	②	08	③	13	②	18	④	23	②
04	④	09	③	14	①	19	④	24	④
05	③	10	①	15	④	20	②	25	③

01
정답_②

해석 나는 식당에 전화해서 예약을 할 예정이다.

어휘 make a reservation : 예약하다

02
정답_①

해석 "천천히 꾸준히 하면 경주에서 이긴다"는 것을 명심할 필요가 있다.

어휘 keep in mind : 명심하다

steady : 꾸준한

race : 경주, 경기

03
정답_②

해석 운전하는 동안에는 휴대폰을 사용하지 마세요.

해설 접속사 while은 '~하는 동안', '반면에', '~일지라도'의 뜻이 있다.

어휘 cellphone : 휴대폰

driving : 운전

04
정답_④

해석 무언가를 하겠다고 말하기는 쉽지만, 실제로 그것을 하는 것은 어렵다.

해설 easy는 '쉬운', difficult는 '어려운'이라는 뜻으로, 두 단어는 반의어 관계이다. ①, ②, ③은 반의어 관계이고, ④는 뜻이 비슷한 유의어 관계이다.

① 무거운 – 가벼운

② 시끄러운 – 조용한

③ 고통스러운 – 고통이 없는

④ 빠른 – 빠른, 신속한

05　정답_③

해설 콘서트 안내문에 언급되지 않은 것은 '출연진'이다.

어휘 fundraising : 모금

offer : 제공하다

fund : 자금

donate : 기부하다, 기증하다

06　정답_①

해석 • 제 가방 좀 들어주시겠어요?

• 우리 학교는 다음 달에 음악 축제를 개최할 예정이다.

해설 hold는 '들다, 잡다', '개최하다, 열다', '견디다'는 뜻을 가지고 있다.

07　정답_①

해석 • 나는 그가 정직한지 아닌지를 모르겠다.

• 지금 떠나지 않으면 버스를 놓칠 것이다.

해설 if는 명사절을 이끄는 접속사로 쓰일 때는 '~인지 아닌지', 부사절을 이끄는 접속사로 쓰일 때는 '만약~라면'의 의미를 가지고 있다.

어휘 honest : 정직한

miss : 놓치다, 그리워하다

leave : 떠나다, 출발하다

08　정답_③

해석 • 당신의 몸의 약 60~70%는 물로 구성되어 있다.

• 정원에는 아름다운 꽃들로 가득 차 있다.

어휘 consist of : ~로 이루어져 있다, ~로 구성되다

be full of : ~로 가득 차다

09　정답_③

해석 A : 나는 지금 힘든 시간을 보내고 있어.

B : 걱정하지 마. 어떤 일이 있더라도 나는 네 곁에 있어.

A : 고마워. 너의 지지는 나에게 모든 것을 의미해.

B : 언제든지. 필요할 때 있는 친구가 진정한 친구잖아.

해설 "필요할 때 있는 친구가 진정한 친구이다"는 진정한 친구는 힘든 시기에 곁에서 지지와 도움을 주는 사람이라는 의미이다.

어휘 no matter what : 무슨 일이 있어도

support : 지지, 지원, 응원

anytime : 언제든지, 늘

10　정답_①

해석 A : 30분이나 기다렸어. 무슨 일이야?

B : 미안하지만 나는 2시에 만나는 줄 알았어.

A : 아냐, 그때는 야구 경기가 시작하는 시간이라서 30분 일찍 만나기로 했잖아.

B : 아, 내가 깜빡했어. 기다리게 해서 미안해.

해설 B가 약속시간을 잘못 알아서 A가 30분이나 기다리게 된 상황이다. 대화에서 알 수 있는 B의 심정으로 적절한 것은 '미안하다'이다.

어휘 be waiting for : ~을 기다리고 있다

be supposed to : ~하기로 되어 있다

totally : 완전히, 정말

I'm sorry for ~ing : ~해서 미안하다

11　정답_④

해석 A : 티켓은 받았어? 우리 좌석은 어디야?

B : 어디 보자. J11과 J12야.

A : 좋아. 들어가기 전에 간식을 사자.

B : 좋은 생각이야.

해설 대화가 이루어지는 장소로 적절한 것은 영화관이다.

어휘 seat : 자리, 좌석

go in : 들어가다

12 정답_①

해석 연구에 따르면, 꽃들은 우리의 기분에 긍정적인 영향을 미치는 것으로 나타났다. 참가자들은 <u>그것들을</u> (꽃들을) 받은 후에 우울감과 불안감이 덜하다고 보고했다. 게다가, 그것들은 즐거움과 전반적인 만족도가 높은 것으로 나타났다.

해설 대명사가 가리키는 것은 대명사가 포함된 문장의 앞 문장을 살펴보면 알 수 있다.
밑줄 친 them의 앞 문장을 살펴보면, 꽃들은 우리의 기분에 긍정적인 영향을 미친다고 하였다. them이 가리키는 것은 'flowers'이다.

어휘 positive : 긍정적인
participant : 참가자
depressed : 우울한
anxious : 불안한, 걱정스러운
in addition : 또한, 게다가
enjoyment : 즐거움
overall : 전반적으로
satisfaction : 만족감

13 정답_②

해석 A : 말하기 대회가 내일이에요. 겁이 나요.
B : 미안해요. 다시 한 번 말해 주겠어요?
A : 겁이 나요. 내일 대회 때문에 긴장돼요.
B : 그렇군요. 걱정하지 마요. 당신은 잘할 거예요.
① 어떻게 하겠어요?
③ 오늘 날씨가 어떤가요?
④ 대회에 가려면 어디로 가야 하나요?

해설 A가 말한 다음에, B가 질문하니까 A가 같은 말을 반복하고 있다.

어휘 speech : 연설, 말하기
have cold feet : 겁이 나다, 긴장하다, 초조해지다
nervous : 긴장되는, 불안한

14 정답_③

해석 A : 한국에 대해 가장 좋아하는 것이 무엇입니까?
B : 나는 음식 배달 서비스를 가장 좋아합니다.
① 많은 사람들이 그렇게 생각합니다.
② 커피보다 차를 더 선호하기 때문입니다.

④ 나는 당신이 선택한 모니터가 만족스럽지 않습니다.

해설 한국에 대해서 가장 좋아하는 것이 무엇인지를 말하고 있는 것을 찾으면 된다.

어휘 delivery : 배달, 배송
prefer A to B : B보다 A를 선호하다
be satisfied with : ~에 만족하다

15

해석 A : 요즘 허리가 많이 아파요.
B : 더 악화되기 전에 뭔가를 해야 한다고 생각해요.
A : 통증을 줄이는 방법이 있나요?
B : 음, 바닥에 앉지 말고 의자에 앉으세요. 그리고 자주 걷고 가볍게 스트레칭을 해보세요.

해설 허리가 아픈 A가 통증을 줄이는 방법을 물어보고 있다. 대화의 주제로 적절한 것은 '허리 통증을 줄이는 방법'이다.

어휘 lower back : 허리
hurt : 아프다
get worse : 악화되다
reduce : 줄이다
stretch : 스트레칭, ~을 잡아당겨 늘이다
gently : 부드럽게, 약하게

16 정답_③

해석 나는 나 자신에 대한 자신감이 없는 것이 걱정입니다. 내 친구들은 항상 그들이 무엇을 하고 있는지 아는 것처럼 보이지만, 나는 내가 올바른 일을 하고 있는지 확신할 수 없습니다. 나는 자신감을 키우고 싶습니다. 나는 당신이 내 문제에 대한 해결책을 줄 수 있는지 궁금합니다. 나는 당신이 도와줄 수 있기를 바랍니다.

해설 글을 쓴 목적은 대체로 글의 후반부에 언급되는 경우가 많다.
글쓴이는 자신감이 없다고 걱정하면서 자신의 문제에 대한 해결책을 줄 수 있는지에 대한 조언을 구하고 있다.

어휘 be worried about : ~에 대해 걱정하다
confidence : 자신감, 신뢰
build confidence : 자신감을 키우다

17

정답_②

〔해석〕

센트럴 배드민턴 센터

운영 시간 :

- 월요일~금요일, 오전 10시~오후 9시.

제공 사항 :

- 초급자만을 위한 수업
- 하루 최대 4시간까지 무료 주차

  적절한 신발과 옷이 필요합니다.

〔해설〕 제시된 안내문의 내용과 일치하지 않는 것은 ②이다. 안내문에는 초급자만을 위한 수업을 제공한다고 되어 있다.

〔어휘〕 provide : 제공하다

beginner : 초급자, 초보자

proper : 적절한

require : 필요하다, 요구하다

18

정답_④

〔해석〕 쌀은 세계에서 주요한 작물 중 하나입니다. 쌀이 도입되고 재배된 이후로 쌀은 대부분의 아시아 사람들에게 주식이었습니다. 실제로, 아시아 국가들은 전 세계에서 가장 많은 쌀을 생산하고 소비합니다. 최근 아프리카 국가들도 쌀 소비를 증가시키고 있습니다.

〔해설〕 마지막 문장에서 최근 아프리카 국가들은 쌀 소비를 증가시키고 있다고 하였다.

〔어휘〕 crop : 작물, 곡물

introduction : 도입, 소개

cultivation : 재배, 경작

produce : ~을 생산하다

consume : 소비하다

increase : 증가하다 ↔ decrease : 감소하다

consumption : 소비

19

정답_④

〔해석〕 해외에 나가면 사람, 언어, 관습이 다른 곳에 있는 자신을 발견할 수 있다. 문화적 차이에 대해 배우는 것은 유용한 경험이 될 수 있다. 그것은 당신이 현지인들을 더 잘 이해하는 것을 도와줄 수 있다. 또한 당신이 자신과 자신의 문화를 더 잘 이해하는 것을 도와줄 수도 있다.

〔해설〕 문화적 차이에 대해 배우는 것이 어떻게 유용한지를 설명하고 있다.

〔어휘〕 go abroad : 해외에 가다

custom : 관습, 문화

different from : ~와 다른

cultural : 문화의

useful : 유용한, 쓸모 있는

local : 지방의, 현지의

20

정답_②

〔해석〕 프랑스에서는 저녁 식사를 가족과 친구들과 함께 즐기기 위해 오랫동안 먹는다. 프랑스 사람들은 이 과정을 서두르지 않는다. 저녁 식사를 빨리 끝내려고 하는 것은 무례한 행동으로 해석될 수 있다.

〔해설〕 프랑스에서는 저녁 식사를 가족이나 친구들과 즐기도록 의도되어 있어 오랫동안 먹으며 식사를 빨리 끝내는 것은 무례한 행동으로 해석될 수 있다고 하였다. 빈칸에 들어갈 말로 적절한 것은 'rush'이다.

〔어휘〕 last : 지속하다

interpret : 해석하다, 이해하다

impolite : 무례한, 버릇없는

enjoy : 즐기다

rush : 서두르다

serve : 제공하다, 돕다

warn : 경고하다

21

정답_④

〔해석〕 인생에서, 여러분이 내린 선택에 대해 책임을 지는 것이 중요합니다. 만약 여러분이 선택한 결과가 여러분이 원했던 것이 아니라면 다른 사람을 비난하지 마세요. 여러분의 선택을 책임지는 것은 결과로부터 배우는 것을 도와줄 것입니다.

〔해설〕 선택한 결과가 자신이 원했던 것이 아니라고 해서 다른 사람을 비난하지 말고 그 선택에 대해 자신이 책임을 져야 한다고 강조하고 있다.

〔어휘〕 take responsibility for : ~에 대해 책임을 지다

blame : 비난하다, 탓하다

be in charge of : ~을 담당하다, ~을 책임지고 있다

conflict : 갈등

desire : 욕망, 욕구

help : 도움

22
정답_③

해석 온라인 수업을 듣는 것은 좋을 수도 있고 나쁠 수도 있습니다. 온라인으로 수업을 들으면 대면 의사소통의 부족에 대해 걱정할 수도 있습니다. 온라인으로 강좌를 수강하는 것은 선생님과 반 친구들과 돈독한 관계를 형성하기가 어렵습니다. 반면에 이것에는 큰 장점이 있습니다. 언제, 어디서나 자유롭게 온라인 수업을 들을 수 있습니다. 간단하게 컴퓨터를 켜기만 하면, 공부를 시작할 수 있습니다.

해설 제시된 문장을 살펴보면 이 문장 앞에 나와야 할 내용은 뒤에 나오는 내용과 반대여야 함을 짐작할 수 있다. 따라서 반대되는 단점에 대한 내용이 끝나는 곳이 제시된 문장이 들어가기에 적절하다.

어휘 lack : 부족, 결핍
create : 만들다
relationship : 관계
on the other hand : 반면에
advantage : 이점, 장점
simply : 단순히, 간단히
turn on : 켜지다

23
정답_②

해석 개를 산책시키는 것은 공원에서 흔한 활동입니다. 하지만 개를 산책시키는 사람이 많아지면서 공원에 문제가 발생하고 있습니다. 이러한 문제를 피하기 위해서는 개를 산책시킬 때 다음 지침을 따르십시오.

해설 마지막 문장에서 "이러한 문제를 피하기 위해서는 개를 산책시킬 때 다음 지침을 따르십시오."라고 하였다. 따라서 이 글의 바로 뒤에 이어질 내용으로 적절한 것은 '반려견 산책 시 지켜야 할 사항'이다.

어휘 common : 흔한, 일반적인
activity : 활동
arise : 발생하다
avoid : 피하다
issue : 문제, 쟁점
follow : 따르다
guideline : 지침, 기준

24~25

해석 신발과 양말이 함께 진열되어 있는 것을 알아차리셨나요? 신발과 양말은 전략적으로 서로 배치된 상품입니다. 이미 신발 한 켤레를 구입하기로 결정했다면, 양말도 구입하는 것은 어떨까요? 가게에서 상품을 배치하는 것은 무작위가 아니라는 점을 기억하세요. 상품을 배열하는 것은 고객들이 쇼핑하는 동안 분명하지 않은 방식으로 고객에게 제안하는 것 같습니다.

어휘 notice : 알아차리다
display : 전시하다, 보여주다
strategically : 전략적으로
place : 배치하다
placement : 배치
arrange : 배치하다, 배열하다
suggestion : 제안
obvious : 분명한, 명확한

24
정답_④

해설 신발과 양말이 판매를 위해 전략적으로 같이 배치되는 것처럼 가게에서 상품은 무작위(마구잡이)로 진열되는 것이 아니라 판매를 위해 전략적으로 배치되어 고객에게 사라고 미묘한 제안을 하고 있는 것처럼 보인다.

어휘 accurate : 정확한, 정밀한
enough : 충분한
positive : 긍정적인
random : 무작위의, 마구잡이로, 임의로

25
정답_③

해설 상품은 판매를 위해서 전략적으로 배치된다. 윗글의 주제로 적절한 것은 '전략적 상품 진열 방식'이다.

▶2023년 2회◀

01	④	06	④	11	①	16	①	21	①
02	③	07	①	12	①	17	④	22	②
03	③	08	③	13	④	18	③	23	②
04	④	09	③	14	④	19	③	24	②
05	②	10	②	15	③	20	②	25	④

01 정답_④

해석 책을 읽는 것은 지식을 얻는 훌륭한 방법이다.

단어 balance : 균형

aim : 목표

friendship : 우정

knowledge : 지식

02 정답_③

해석 어려움을 마주하더라도 그녀는 그녀의 꿈을 포기하지 않을 것이다.

단어 give up : 포기하다

meet : 만나다

difficulty : 어려움

03 정답_③

해석 많은 동물들은 장난감을 가지고 노는 것을 좋아합니다. 예를 들어, 강아지들은 공들을 가지고 노는 것을 즐깁니다.

단어 animals : 동물들

04 정답_④

해석 봄은 가장 아름다운 꽃들과 따뜻한 날씨 때문에 가장 좋아하는 계절입니다.

해설 봄과 계절의 관계는 큰 범주에 들어가는 작은 단위이기 때문에 정답은 1번 사과–과일 이다.

단어 spring : 봄

season : 계절

because of : – 때문에

warm : 따듯한

weather : 계절

05 정답_②

해석 치즈 박람회

날짜 – 2023년 9월10일 일요일

활동

– 다양한 것을 맛보기

– 다양한 종류의 치즈

– 치즈케이크 굽기

입장료 – 10,000원

단어 entrance : 입장

fee : 수수료

various : 다양한

06 정답_④

해석 • 당신의 과제를 수업에 발표할 준비가 되었나요?

• 과거에 대한 걱정은 그만두고 현재를 살아가세요.

① grow 성장하다

② lose 지다

③ forget 잊다

④ present 현재, 발표하다

해설 present는 2가지 뜻으로 1) 발표하다 2) 현재라는 뜻을 가지고 있다.

단어 project : 과제

worry : 걱정하다

past : 과거

07 정답_①

해석 • 존, 아시아에는 얼마나 많은 나라들이 있니?

• 그는 그것이 여기서부터 얼마나 멀리 떨어져 있는지 모른다.

① how 얼마나, 어떻게

② when 언제

③ where 어디서

④ which 어느 것

08 정답_③

해석 • 그는 게임을 하는 대신에 공부에 집중할 필요가 있다.

• 입고 벗기 쉬운 재킷을 가져오세요.

① as

② of
③ on
④ like

[해설] focus 동사는 on이라는 전치사와 함께 다닌다. put on은 입다라는 뜻이다.

[단어] focus on : ~에 집중하다
need to : ~할 필요가 있다
instead of : 대신에
put on : 입다
take off : 벗다

09　　　　　　　　　　　정답_③

[해석] A : 당신의 성격을 어떻게 설명하시겠습니까, 수미 씨?
B : 저는 조심하는 편입니다. "뛰기 전에 조심하세요."라는 말을 따르려고 노력합니다.
A : 아, 당신은 어떤 일을 하기 전에 신중하게 생각하시는군요.

[해설] 뛰기 전에 조심하라는 속담은 행동하기 전에 신중하게 생각하라는 의미로 정답은 ③번이다.

[단어] describe : 설명하다
personality : 성격
tend to : ~하는 경향이 있다
cautious : 조심스러운
follow : 따르다
carefully : 신중하게

10　　　　　　　　　　　정답_②

[해석] A : 이 헤드폰을 반납하고 싶습니다.
B : 왜요? 무슨 문제라도 있나요?
A : 저는 그 소리가 만족스럽지 않아요. 소리가 너무 크지 않아요.

[단어] return : 반납하다, 돌려주다
problem : 문제
be satisfied with : ~에 만족하다

11　　　　　　　　　　　정답_①

[해석] A : 이 레스토랑에는 정말 많은 사람들이 있어요!
B : 맞아요. 이 장소는 피자로 유명해요.
A : 네. 주문을 좀 합시다.

[단어] well known : 유명한
order : 주문하다

12　　　　　　　　　　　정답_①

[해석] 요즘 나는 그리스 로마 신화라는 책을 읽고 있습니다. 그 책은 매우 흥미롭고 상상력을 북돋아 줍니다. 게다가, 그것은 나에게 서양 문화에 대해 더 많은 이해를 줍니다.

[단어] these days : 요즘
myth : 신화
encourage : 북돋아 주다
imagination : 상상력
moreover : 게다가, 더욱이
western : 서양의, 서쪽의
culture : 문화

13　　　　　　　　　　　정답_④

[해석] A : __________, 자전거 타기인가요, 걷기인가요?
B : 저는 걷는 것보다 자전거 타는 것을 좋아합니다.
A : 당신은 그것을 왜 좋아합니까?
B : 저는 자전거를 타는 것이 칼로리를 더 소모한다고 생각하기 때문입니다.
① 어디서 차를 빌릴 수 있습니까
② 그 연극은 언제 시작합니까
③ 당신은 왜 영어를 배우길 원합니까
④ 당신은 어떤 종류의 운동을 선호합니까

[단어] rather than : ~보다
burn : 타다, 태우다, 소모하다
exercise : 운동
prefer : 선호하다.

14　　　　　　　　　　　정답_④

[해석] A : 우리가 어떻게 다른 사람들을 존중한다는 것을 보여줄 수 있을까요?
B : 저는 우리가 __________ 해야 한다고 믿어요.
A : 그래서 당신은 좋은 청취자군요.
① 영화를 보다
② 이 가방을 교환하다
③ 다음 거리에서 좌회전하다
④ 남들이 말할 때 주의 깊게 듣는다

단어 respect : 존경하다
listener : 청취자

15
정답 ③

해석 A : 저는 나무에 있는 코알라를 볼 때마다 그들이 왜 그렇게 나무를 껴안는지 궁금합니다.

B : 코알라는 더위를 식히기 위해 나무를 껴안습니다.

A : 오, 그것은 말이 되네요. 호주는 매우 더운 기후를 가지고 있습니다.

단어 whenever : ~할 때마다
wonder : 궁금해하다
make sense : 의미가 통하다, 타당하다
climate : 기후

16
정답 ①

해석 저는 제 예약을 확인하기 위해 메일을 적습니다. 저는 당신의 호텔에 2박을 위한 가족 객실을 예약했습니다. 저희는 성인 2명과 아이 1명입니다. 우리는 12월 22일 오후에 도착할 것입니다. 저는 당신의 답변을 기다립니다.

단어 confirm : 확인하다
reservation : 예약
book : 예약하다
look forward to : ~을 기대하다, ~을 기다리다

17
정답 ④

해석 테니스 대회

초보자만 참가할 수 있습니다.
우리는 오전 10시에 시작해서 오후 5시에 마칠 것입니다.
점심은 제공되지 않습니다.
비가 오면, 대회는 취소될 것입니다.

단어 competiton : 대회
beginner : 초보자
participate : 참가하다
serve : 제공하다
cancele : 취소하다

18
정답 ③

해석 Santa Fun Run은 매년 12월에 열립니다. 참가자들은 산타 의상을 입고 5km를 달립니다. 그들은 아픈 아이들을 위해 돈을 모으기 위해 달립니다. 여러분은 모든 연령대의 산타들이 주변을 걷고 달리는 것을 볼 수 있습니다.

단어 hold : 열다, 개최하다
participant : 참가자
raise money : 돈을 모으다, 모금하다

19
정답 ③

해석 여러분은 외로움의 감정으로부터 고통을 느끼나요? 그런 경우, 그것은 여러분의 감정을 부모님, 선생님 또는 상담가와 공유하는 것이 도움이 될 수 있습니다. 또한 여러분의 부정적인 감정을 극복하기 위해 긍정적인 행동을 취하는 것은 중요합니다.

단어 suffer : 고통을 겪다
helpful : 도움이 되는
counselor : 상담가
positive : 긍정적인
overcome : 극복하다
negative : 부정적인

20
정답 ②

해석 대부분의 사람들은, 잠을 자는 데 가장 좋은 _____은 여러분의 등에 있습니다. 여러분이 등을 누워서 자면, 목과 등의 통증이 덜할 것입니다. 왜냐하면 여러분이 잠을 잘 때 목과 척추가 곧게 펴질 것이기 때문입니다.

① letter 편지
② position 자세
③ emotion 감정
④ population 인구

단어 back : 등
pain : 고통
spine : 척추

21
정답 ①

해석 여기 여러분의 문제를 _____ 위한 몇 단계가 있습니다. 첫째, 여러분은 모든 필요한 정보를 수집함으로써 다양한 해결책을 찾을 필요가 있습니다. 둘째, 가능한 최선의 해결책을 선택하고 실행에 옮깁니다. 마지막에, 결과를 평가하세요. 저는 이 단계들이 여러분에게 도움이 될 것이라고 확신합니다.

① solve 해결하다
② dance 춤추다
③ donate 기부하다
④ promise 약속하다

단어 several : 몇, 몇의
step : 단계
need to : ~할 필요가 있다
various : 다양한
solution : 해결책
by ~ing : ~함으로써
gather : 모으다
necessary : 필수적인, 필요한
information : 정보
choose : 선택하다
possible : 가능한
evaluate : 평가하다
result : 결과

22 정답_②

해석 대신에, 우리는 날씨나 교통과 같은 덜 심각한 것들에 대한 가벼운 대화로 시작합니다.

여러분이 누군가를 처음 만났을 때, 여러분은 어떻게 대화를 시작하나요? (①) 우리는 보통 처음에 서로에게 우리의 인생 이야기를 하지 않습니다. (②) 이 가벼운 대화는 잡담이라고 불립니다. (③) 그것은 우리가 편안함을 느끼고 서로를 더 잘 알 수 있도록 도와줍니다. (④) 그것은 분위기를 깨는 좋은 방법입니다.

단어 instead : 대신에
casual : 격식을 차리지 않은, 가벼운
conversation : 대화
serious : 심각한
traffic : 교통
each other : 서로
beginning : 처음, 시작
refer : 언급하다
small talk : 잡담
comfortable : 편안한
break the ice : 서먹서먹한 분위기를 깨다

23 정답_②

해석 영어 속담은 모국어를 사용하지 않는 사람들에게는 이상하게 보일 수 있고 그들이 배우고 기억하는 것은 매우 어려울 수 있습니다. 영어 속담을 더 쉽게 기억하는 한 가지 전략은 그것들의 기원에 대해 배우는 것입니다. 몇 가지 예를 살펴봅시다.

단어 proverb : 속담
strange : 이상한
native : 출생지의, 본국의
native speaker : 모국어로 하는 사람
strategy : 전략
origin : 기원
example : 예시

24~25

해석 책 논평은 책에 대한 독자의 의견이다. 논평을 쓸 때, 그 책의 간단한 요약 또는 설명으로 시작한다. 그런 다음, 당신이 그것을 좋아하는지 아니면 왜 싫어하는지 그것에 대한 당신의 ________ 말해라.

단어 review : 논평
reader : 독자
opinion : 의견
begin : 시작하다
brief : 짧은, 간단한
summary : 요약
description : 설명
state : 말하다
whether A or B : A인지 B인지

24 정답_②

해설 ① flight 비행
② opinion 의견
③ gesture 손짓
④ architecture 구조

25 정답_④

해설 윗글의 주제로 적절한 것은 ④이다.

▶2023년 1회◀

01	③	06	③	11	①	16	②	21	①
02	③	07	②	12	②	17	②	22	②
03	①	08	③	13	①	18	④	23	④
04	①	09	②	14	④	19	④	24	④
05	④	10	③	15	①	20	④	25	③

01　　　　　　　　　　정답_③

해석　일요일마다 집에 있는 쓰레기를 버리는 것이 나의 의무이다.

해설　① 갈등 conflict　　② 노력 effort
③ 의무 duty　　④ 자유 freedom

단어　take out : 꺼내다
at home : 집에서
on sundays : 일요일마다

02　　　　　　　　　　정답_③

해석　사람들은 그들이 팀으로 일할 때 서로에게 의존할 필요가 있다.

단어　depend on : 의존하다　each other : 서로서로
as : −로서

03　　　　　　　　　　정답_①

해석　덕분에, 나는 많은 좋은 사람들을 만나왔다.

단어　thanks to : −덕분에
a lot of : 많은

04　　　　　　　　　　정답_①

해석　한 나라에서의 예의 바른 행동이 다른 나라에서는 무례한 행동이 될 수 있다.

해설　polite은 '예의 바른'이란 뜻이고 rude는 '무례한'이란 뜻으로 반의어를 뜻한다. 보기의 1번은 같은 의미를 가지고 있으므로 정답은 ①이다.

단어　gesture : 제스처, 행동, 손짓
country : 나라　　　rude : 무례한, 예의 없는
smart : 똑똑한　　　wise : 지혜로운
right : 옳은　　　　wrong : 잘못된
safe : 안전한　　　dangerous : 위험한
same : 같은　　　　different : 다른

05　　　　　　　　　　정답_④

해석　2023년 케이팝 콘서트 8개의 세계 유명한 케이팝 그룹들이 공연을 할 예정입니다!
날짜 : 2023년 6월 8일 목요일
장소 : 월드컵경기장
시간 : 저녁 7시 30분 − 9시 30분

해설　광고문에서 언급되지 않은 것은 입장료이므로 정답은 ④이다.

단어　June : 6월　　　　　　stadium : 경기장
perform : 공연하다

06　　　　　　　　　　정답_③

해석　• 우리는 더 좋은 전망을 얻기 위해서 일어서야만 했다.
• 나는 사람들이 있는 곳에서 규칙들을 따르지 않는 사람들을 참을 수가 없다.

해설　stand up은 '서있다'라는 뜻을 가지고 있고 또한 '참다'라는 뜻을 가지고 있으므로 정답은 ③이다.

단어　had to : 해야만 한다
in order to : 동사원형 −하기 위해서
view : 관점, 전망, 시점
follow : 따르다
rules : 규칙들

07　　　　　　　　　　정답_②

해석　• 진수야, 어떤 박물관에 너는 내일 갈 예정이니?
• 사전은 단어들의 설명들을 가지고 있는 책이다.

해설　which는 뒤에 명사가 오면 의문형용사로 사용이 된다. 또한 which는 관계대명사로도 사용할 수 있으므로 정답은 ②이다.

단어　museum : 박물관　　　visit : 방문한다
dictionary : 사전　　　explanations : 설명
words : 단어들

08　　　　　　　　　　정답_③

해석　• 내 입맛은 너의 입맛과 다르다.
• 영어 단어들은 다방면에 걸친 자료들로부터 나온다.

해설 'differ from' 또는 'different from'과 같이 from은 '다르다'라는 뜻을 가진 동사 또는 형용사와 함께 쓰인다. 'come from'은 '-로부터 생겨나다', '-로부터 나오다'라는 뜻으로 쓰이므로 정답은 ③이다.

단어 different from : -와는 다르다

wide : 넓은

variety : 다양성

source : 자료, 출처

09 정답_②

해석 A : 이것 봐 진호야. 나 마침내 수학 시험에서 A를 받았어!

B : 와 너 진짜 시험 잘 봤구나. 너의 비법이 뭐야?

A : 나는 매일 수학 공부를 해왔고 주말에는 심지어 늦게까지 깨어 있었어.

B : 너는 '고통이 없으면 얻는 것도 없다'를 잘 보여주는 예시구나.

해설 'no pain, no gain'이라는 문장은 '고통 없이는 성취하는 게 없다'라는 속담으로 정답은 ②이다.

단어 finally : 결국 get : 얻다

math : 수학 exam : 시험

did well : 잘 해내다

secret : 비법, 비밀

stay up late : 늦게까지 머물다

on weekends : 주말

example : 예시, 예제

10 정답_③

해석 A : 비가 억수로 내리는 중이에요.

B : Raining cats and dogs? 이게 무슨 뜻인지 나한테 말해줄 수 있니?

A : 이 말의 뜻은 비가 많이 내린다는 뜻이에요.

B : 진짜? 나는 이 표현의 기원이 궁금하다.

해설 A가 말했던 표현을 듣고 관심이 생긴 상황이므로 B의 심정은 ③ '흥미'가 정답이다.

단어 raining cats and dogs : 비가 많이 내리다

means : 의미하다 heavily : 무겁게, 많이

be interested in : -관심이 있다

origin : 근원 expression : 표현

11 정답_①

해석 A : 좋은 아침입니다. 무엇을 도와드릴까요?

B : 와우, 여기 냄새가 아주 좋아요.

A : 맞아요, 빵이 막 오븐에서 나왔어요.

B : 이 신선하게 구워진 빵 제가 가져가겠습니다.

해설 대화가 이루어지는 장소를 물어보는 문제이므로 정답은 ① 제과점이다.

단어 smell : -한 냄새가 나다

just : 막 came out : 나오다

oven : 오븐 take : 가져가다

freshly : 신선하게, 막 나온(부사)

baked : 구워진

12 정답_②

해석 웃음은 우리의 신체적 행복에 기여하며, 스트레스를 줄여 주고 혈압을 낮춰 줍니다. 그것은 또한 좋은 운동이 해주는 방식과 같이 기분을 좋게 하는 호르몬의 양을 증가시킵니다. 그리고 무엇보다도, 미소는 다른 사람들이 우리와 어떻게 관계를 맺는지에 영향을 미칩니다.

해설 밑줄 친 it이 가르치는 단어는 ② '웃음(미소)'이다.

단어 smiling : 미소, 웃음

reduce : 감소시키다, 줄여주다

lower : 낮춰주다 blood pressure : 혈압

contributing to : -에 기여하다

well-being : 행복, 웰빙 increase : 증가시키다

amount : 양 hormones : 호르몬

in the same way : 같은 방식으로

most of all : 무엇보다도

influence : 영향을 끼치다

relate to : -와 관련되다

13 정답_①

해석 A : Matt, ____________?

B : 남산 서울타워는 어때? 우리는 그 타워에서 전체 도시를 볼 수 있어.

A : 그리고 난 후, 한양 도성을 따라 걷자.

B : 완벽한 생각이야! 이제 서울을 탐험하자.

[해설] A의 빈칸에 들어갈 알맞은 말로는 ① '우리는 어디를 먼저 갈까?'이다.
① 어디를 먼저 갈까?
② 직업이 무엇인가요?
③ 얼마나 자주 이곳에 오나요?
④ 왜 배우가 되고 싶은가요?

[단어] How about : ~하는 게 어때?
whole : 전체의
tower : 타워, 빌딩
walk along : ~을 따라 걷다
explore : 탐험하다

14 정답_④

[해석] A : 더 많은 친구들을 사귀기 위해서는 무엇을 해야 할까요?
B : __________하는 것이 중요합니다.

[해설] 더 많은 친구를 사귀기 위해 조언을 구하고 있으므로 정답은 ④이다.
① 쉽게 화를 내다
② 주문을 지금 취소하다
③ 예약을 확인하다
④ 당신의 주위의 사람들에게 친절하게 대하다

[단어] important : 중요한   get angry : 화가 나다
easily : 쉽게   cancel : 취소하다
order : 주문   reservation : 예약
around : 주위의

15 정답_①

[해석] A : 쇼핑 팁 좀 공유해 주시겠어요?
B : 네. 무엇보다도, 예산을 항상 염두에 두십시오.
A : 좋은 요점입니다. 무엇이 더 있을까요?
B : 또한, 세일한다고 해서 물건을 사지 마세요.
A : 감사합니다! 이것들은 좋은 팁들입니다.

[해설] 주제를 물어보는 문제이므로 ①이 정답이다.

[단어] share : 공유하다
tips : 팁, 조언
first of all : 무엇보다도
budget : 예산
on sale : 세일하는, 할인하는

16 정답_②

[해석] 많은 사람들이 조언을 위해 누군가를 찾는 데 어려움을 겪습니다. 당신은 개인적인 문제를 가지고 있을 수 있고 당신의 부모님이나 친구들에게는 그것에 대해 이야기하고 싶지 않을 수 있습니다. 온라인 지원 그룹에 가입하는 게 어떨까요? 우리는 당신을 돕기 위해 여기에 있습니다.

[해설] 16번 지문은 전체 지문의 목적을 물어보는 문장으로 어려움을 겪고 있는 사람들에게 도움을 요청하라는 지문으로 정답은 ②이다.

[단어] have difficulty ~ing : ~ing하는데 어려움을 겪다
for advice : 조언을 위해
personal : 개인적인
problems : 문제들

17 정답_②

[해석] 판매합니다
모양 : 6개의 줄이 있는 기타입니다.
상태 : 이것은 중고지만 상태가 좋습니다.
가격 : 150 달러(원 가격 : 350불)
연락 : 만약 질문이 있다면, 014-4365-8704로 전화주세요

[해설] 일치하지 않는 것을 물어보는 문제로 정답은 ②이다.

[단어] strings : 줄   condition : 상태
original : 원래의

18 정답_④

[해석] 어스 아워 캠페인에 참여해보는 건 어떨까요? 이것은 2007년 호주 시드니에서 시작했습니다. 요즘에는 7,000개 이상의 전 세계의 도시들이 참여하고 있습니다. Earth Hour는 3월의 마지막 토요일에 발생합니다. 그날에 사람들은 오후 8시 30분부터 9시 30분까지 불을 끕니다.

[해설] 설명과 일치하지 않는 것을 고르는 문제이며 8시 30분부터 9시 30분 1시간만 불을 끄는 캠페인으로 '하루종일 전등을 끈다'는 정답이 아니므로 ④가 답이다.

단어 why don't we : ~ 하는 게 어때?

these days : 요즘에

more than : ~ 이상의

around the world : 전 세계적으로

participate : 참여하다

take place : 발생하다

turn off : 끄다

20

정답_④

해석 자신 스스로를 향상시키는 사람들은 그들이 무엇을 잘못했는지를 이해하려고 노력하여 그들이 다음번에는 더 잘할 수 있습니다. 실수로부터 배우는 과정은 그들을 더 똑똑하게 만듭니다. 그들에게 있어서, 모든 _______는 더 나아지는 방향을 향한 한 걸음입니다.

해설 앞에서 나온 내용을 토대로 실수로부터 배움의 과정은 그들을 더 똑똑하게 만든다고 했기에 모든 실수가 더 나아지게 만드는 과정으로 볼 수 있으므로 정답은 ④이다.

① love 사랑

② nation 국가

③ village 마을

④ mistake 실수

단어 people : 사람들 　　improve : 증가시키다

understand : 이해하다 　do better : 더 나아지다

process : 과정 　　　　step : 걸음

towards : ~향해서 　　get better : 더 나아지다

21

정답_①

해석 나는 앵무새를 ____로서 갖기를 원합니다. 이유를 말해 드릴게요. 우선, 앵무새는 저의 말을 따라 말할 수 있습니다. 만약 내가 '안녕'이라고 앵무새에게 말한다면, 앵무새는 '안녕'이라고 말할 것입니다. 다음, 이것은 아름다우면서도 색깔이 화려한 날개를 가지고 있어서 단지 앵무새를 보고만 있는 것도 나를 행복하게 만들어 줍니다. 마지막으로 앵무새는 집에서 키우는 대부분의 다른 동물들보다 더 오래 삽니다.

해설 전체 내용을 보아 빈칸을 추측하면 정답은 애완동물이 될 수 있다. 정답 ①

① pet 애완동물

② word 단어

③ color 색깔

④ plant 식물

단어 would like to 동사원형 : ~하고 싶다

repeat : 따라하다 　　　words : 말, 단어

gorgeous : 아름다운 　　colorful : 화려한

look at : ~를 보다 　　　last : 마지막으로

most : 가장 　　　　　　at home : 집에서

22

정답_②

해석 그러나 이것의 유용성에도 불구하고, 플라스틱은 환경을 극심하게 오염시킨다.

플라스틱은 아주 유용한 물질이다. 이것의 유용성은 플라스틱이 저렴하고 가벼우며 강한 사실로부터 온다. 예를 들어 플라스틱은 토양 오염의 결과를 가져오며 수백 년 또는 심지어 수천 년 동안 쓰레기 매립지에 남아 있다. 이 문제에 대한 가장 최고의 해결책은 플라스틱에 대한 친환경적인 대안책을 만드는 것이다.

해설 지문의 처음 부분은 플라스틱의 장점에 대해서 시작하였으나 보기에서는 플라스틱의 단점에 대한 이야기가 나왔으며 괄호 2번 뒤에 내용 또한 플라스틱 단점에 대한 예제로 정답은 ②이다.

단어 despite : ~에도 불구하고

usefulness : 유용성

pollute : 오염시키다

severely : 극심하게

material : 물질

lightweight : 무게가 가벼운

remain : 남아 있다

landfills : 쓰레기 매립지

pollution : 오염

solution : 해결책

alternatives : 대안들

23 정답_④

해석 콩은 수천 년 동안 우리와 함께 해왔습니다. 그것들은 어디서나 쉽게 성장할 수 있습니다. 무엇보다 중요한 것은, 콩은 단백질이 많고 지방이 적습니다. 이러한 요소들은 콩을 세계 최고의 슈퍼푸드 중 하나로 만들어 줍니다. 자, 이제 콩을 세계의 다양한 방법으로 요리하는 방법을 배워 봅시다.

해설 23번의 질문은 바로 뒤에 이어질 내용으로 가장 적절한 것을 고르는 문제로 지문의 마지막 문장에서 다양한 방법으로 콩을 요리하는 법을 배워 보자고 했으므로 정답은 ④이다.

단어 thousand of years : 수천 년 동안
grow : 키우다
everywhere : 어느 곳에서나
protein : 프로틴   fat : 지방
factors : 요소들   variety : 다양함
ways : 방법들

24~25

해석 자원봉사를 하는 것은 당신에게 건강한 마음을 줍니다. 한 조사에 따르면, 96퍼센트의 자원봉사자들은 자원봉사 후에 더 기분이 좋다고 보고했습니다. 당신이 지역사회 안에서 다른 사람을 돕는다면, 당신은 당신에 관해서 더 기분이 좋아질 것입니다. 이것은 또한 당신의 평범한 생활 속에서 당신을 도와줄 수 있는 많은 에너지를 가지고 당신이 살아갈 수 있도록 동기 부여를 줄 수 있습니다. 그러므로 당신은 삶에 대해 더 긍정적인 관점을 가질 수 있습니다.

단어 healthy : 건강한   mind : 마음, 마인드
according to : -에 따르면
survey : 조사   report: : 보고하다
community : 지역사회   motivate : 동기부여하다
energy : 에너지   ordinary : 평범한
therefore : 그러므로   view : 시점, 관점

24 정답_④

해석 빈칸에 들어갈 알맞은 말은 삶에 대한 더 '긍정적'인 관점을 가질 수 있다로 ④가 답이다.
① shy 부끄러운
② useless 소용없는
③ unhappy 행복하지 않은
④ positive 긍정적인

25 정답_③

해설 윗글의 주제로 적절한 것은 자원봉사가 주는 이점에 대해 설명하고 있으므로 ③이다.

▶2022년 2회◀

01	②	06	②	11	②	16	①	21	③
02	③	07	④	12	①	17	④	22	③
03	①	08	②	13	③	18	③	23	④
04	③	09	④	14	③	19	④	24	①
05	①	10	②	15	②	20	①	25	④

01　　　　　　　　　　　　　　　　정답_②

[해석] 영어를 잘 하기 위해서는, 당신은 자신감을 가질 필요가 있다.

[해설] confidence는 '자신감'이라는 뜻을 가지고 있다.

[단어] 논리력 : logical reasoning
의구심 : doubt, suspicious
창의력 : creativity

02　　　　　　　　　　　　　　　　정답_③

[해석] 그 나라는 음식 부족 문제를 처리해야만 한다.

[해설] deal with는 숙어로 '다루다, 처리하다, 해결하다'라는 뜻을 가지고 있다.
(=control, handle, treat)

[단어] 생산하다 : produce　　　연기하다 : delay, put off
확대하다 : expand, increase

03　　　　　　　　　　　　　　　　정답_①

[해석] 햇빛이 창을 통해 들어와 그 결과 그 집은 따뜻해진다.

[해설] as a result는 '그 결과'라는 뜻을 가진 단어이다.

[단어] sunlight : 햇빛　　　　　come in : 들어오다
through : ~을 통해서
사실은 : in fact　　　　예를 들면 : for example
불행하게도 : unfortunately

04　　　　　　　　　　　　　　　　정답_③

[해석] 인내는 쓰지만 그러나 그것의 열매는 달다.

[해석] bitter는 '쓴'이라는 형용사이며 sweet는 '단, 달콤한'이라는 뜻으로 두 단어는 반의어이다. ③은 'fine(좋은) - good(좋은)'이라는 뜻으로 둘은 동의어에 해당된다.

[단어] patience : 인내, 환자　　　fruit : 열매, 과일

05　　　　　　　　　　　　　　　　정답_①

[해석] 김치 축제
장소 : 김치 박물관
행사 : – 김치 만드는 법 배우기
　　　 – 다양한 김치 맛보기
입장비 : 5,000원
오셔서 한국의 전통적인 음식을 맛보세요!

[해설] 날짜에 대한 내용은 나오지 않았으므로 답은 ①이다.

[단어] festival : 축제　　　　　museum : 박물관
taste : 맛보다　　　　　traditional : 전통적인

06　　　　　　　　　　　　　　　　정답_②

[해석] – 2시에 식당 앞에서 만나자.
　　　 – 호텔지배인은 손님들의 요구를 충족시키기 위해서 최선을 다했다.

[해설] meet은 동사로 '만나다'라는 뜻이 있으며 동사로는 '요구, 욕구, 필요'라는 뜻을 가지고 있다.

[단어] in front of : 앞에, 앞쪽　　　restaurant : 식당
do one's best : 최선을 다하다
dive : 다이빙하다　　　　　wear : 입다
happen : 발생하다

07　　　　　　　　　　　　　　　　정답_④

[해석] – 짐, 언제 집에 올 예정이야?
　　　 – 음악을 듣는 것은 당신이 기분이 안 좋을 때 도움이 된다.

[해설] when은 의문사로 '언제'라는 뜻을 가지고 있다. 첫 번째 문장에서는 의문사의 역할로 '언제'라는 뜻으로 쓰여야 알맞다. 또한 접속사로 '~할 때'라는 뜻을 가지고 있다. 두 번째 문장에서는 접속사의 역할로 '~할 때'로 해석하는 것이 알맞다.

[단어] helpful : 도움이 되는　　how : 어떻게
who : 누구　　　　　　what : 무엇

08　　　　　　　　　　　　　　　　정답_②

[해석] – 반갑습니다. 오늘 무엇을 도와드릴까요?
　　　 – 나는 버스를 기다리는 데 거의 한 시간이나 썼어.

해설 for는 전치사로 '~을 위해서'라는 뜻을 가지고 있으며 또한 wait라는 동사는 for라는 전치사와 함께 쓰면 wait for '~을 기다리다'라는 뜻이 된다.

단어 spend : (시간, 돈을) 사용하다(쓰다)

almost : 거의　　　　　　an hour : 1시간

09　　　　　　　　　　　　　　　　정답_④

해석 A : 나는 도움이 필요한 아이들을 도와주기 위해 무언가를 하고 싶어.

B : 좋아. 좋은 생각이 있니?

A : 나는 내 오래된 옷을 팔아서 그 돈을 아이들을 위해서 사용할 예정이야. 그러나 쉽지 않아.

B : 걱정하지 마. 천 리를 가는 그 여정은 한 걸음부터 시작하는 거야.

해설 A는 도움이 필요한 아이들을 위해 무언가를 하고 싶지만 어떻게 해야 할지 몰라 하고 있다. B가 그런 A를 위해 조언을 해주는 대화이다. 어려운 일도 일단 시작을 해야 이룰 수 있다(천 리 길도 한 걸음부터)라는 ④가 정답이다.

단어 in need : 도움이 필요한 sell : 팔다

a journey : 여정, 여행　single : 하나의

step : 단계

10　　　　　　　　　　　　　　　　정답_②

해석 A : 너는 이번이 번지점프 처음이니?

B : 맞아. 나는 아주 떨려.

A : 번지점프는 매우 안전해. 괜찮을 거야.

B : 그건 들은 얘기지만 그래도 내가 이걸 하고 싶은지 아닌지 여전히 확실하지 않아.

해설 B는 이번이 번지점프가 처음이라고 얘기하며 불안함을 드러내고 있다.

단어 만족 : satisfaction　　　불안 : anxiety

실망 : disappointment　행복 : happiness

11　　　　　　　　　　　　　　　　정답_②

해석 A : 안녕하세요, 집에 둘 식탁을 찾는 중입니다.

B : 이쪽으로 와주세요. 어떤 종류를 선호하시나요?

A : 동그란 것을 원합니다.

B : 알겠습니다. 제가 2개의 다른 모델을 당신에게 보여드리겠습니다.

해설 손님으로 보이는 A는 집에 둘 식탁을 찾고 있다고 얘기하고 B는 그런 종류를 보여드리겠다고 이야기를 하는 것으로 보아 다음 대화가 이루어지고 있는 장소는 가구점으로 추측할 수 있다.

단어 look for : 찾다　　　　dinner table : 식탁

way : 길, 방법　　　　　type : 종류

round : 동그란

12　　　　　　　　　　　　　　　　정답_①

해석 기부는 대개 친절하고 선한 목적을 위해 행해진다. 이것은 다양한 형태를 이룰 수 있다. 예를 들어 자연재해로 고통받는 사람들에게 제공되는 돈, 음식 또는 의료일 수 있다.

해설 It은 대명사로 앞에 나온 단수 형태의 단어를 대신 받는 대명사의 역할을 한다. It이 설명하고 있는 것은 해석을 통해 '기부'라는 것을 알 수 있다.

단어 nature : 자연　　　　people : 사람

suffering : 고통　　　purpose : 목적

natural disasters : 자연재해

13　　　　　　　　　　　　　　　　정답_③

해석 A : 메리의 생일이 다가오고 있어. __________?

B : 좋은 생각이야. 그녀에게 핸드폰 케이스를 주는 건 어때?

A : 그녀는 막 새로운 것을 갖게 되었어. 커피잔은 어때?

B : 완벽해! 그녀는 커피 마시는 것을 좋아해.

해설 메리의 생일이 다가오고 있다고 얘기하면서 대화의 내용이 어떤 선물을 주는 게 좋을지 고르는 내용이므로 "그녀에게 선물을 주는 게 어때?"라는 문장이 나오는 게 알맞다.

① What is it for? → 용도가 뭐야?

② Where did you get it? → 어디서 그것을 얻었어?

③ Why don't we buy her a gift? → 우리가 그녀에게 선물을 사주는 게 어때?

④ What do you usually do after school? → 방과 후에 보통 무엇을 하니?

14
정답_③

해석 A : 직업이 무엇입니까?

해설 What do you do for a living?이라는 문장은 '생계를 위해 무엇을 하고 있습니까?'라는 뜻으로 직업을 물어보는 문장이다. 그러므로 고등학생들을 가르치고 있다고 대답한 ③이 정답이다.

① I prefer winter to summer. → 저는 여름보다 겨울을 선호합니다.

② That wasn't what I wanted. → 그것은 내가 원하는 것이 아닙니다.

③ I teach high school students. → 저는 고등학교 학생들을 가르칩니다.

④ It'll take an hour to get to the beach. → 해변까지 도착하는 데 1시간 걸릴 예정입니다.

단어 prefer : 선호하다　　take : 시간이 걸리다
get to : (장소) 도착하다

15
정답_②

해석 A : 나는 미래에 어떤 직업을 갖고 싶은지 모르겠어.
B : 다른 분야에서 경험을 얻어 보는 건 어때?
A : 흠.. 내가 어떻게 할 수 있는 건데?
B : 직업 체험 프로그램에 참여해보는 건 어때? 나는 그것이 도움이 될 거라고 확신해.

해설 A는 진로 선택에 고민이 있고 B는 A에게 다른 분야의 직업 또한 경험을 할 수 있게 직업 체험 프로그램에 참여해보라고 조언하고 있다.

단어 career : 직업　　in the future : 미래에
experience : 경험　　area : 분야, 지역
participate in : ~에 참여하다

16
정답_①

해석 공원 내 쓰레기통에 쓰레기를 버리시기 바랍니다. 몇몇 부주의한 행동을 하는 방문객들 때문에 공원을 깨끗하게 유지하는 것에 어려움을 겪고 있습니다. 여러분의 협조가 필요합니다. 감사합니다.

해설 이 글의 목적은 쓰레기를 공원 안 쓰레기통에 버려달라고 요청하는 글이므로 답은 ①이다.

단어 would like to : ~하기를 원하다
trash : 쓰레기　　trash can : 쓰레기통
have difficulty (~ing) : (~ing)하는 데 어려움을 겪다
careless : 부주의한　　behavior : 행동
visitor : 방문객　　cooperation : 협조

17
정답_④

해석 여름 스포츠 캠프
　- 7세부터 12세 어린이를 위한 재미있고 안전한 운동프로그램
　- 8월 1일부터 8월 7일까지
　- 해야 할 일 : 배드민턴, 농구, 축구, 수영
　*모든 어린이는 매일 수영복과 점심을 가져와야 합니다.

해설 매일 점심은 각자 챙겨와야 하므로 정답은 ④이다.

단어 safe : 안전한　　August : 8월
bring : 가져오다　　each : 각각의

18
정답_③

해석 학교 신문을 위해 기자들을 찾고 있습니다. 관심이 있으시면, 학교 생활에 관한 3가지 기사를 제출하세요. 각각의 기사는 500단어 이상이어야 합니다. 우리 학생 기자들이 당신의 기사를 평가할 예정입니다. 마감일은 9월 5일까지입니다.

해설 설명과 일치하지 않는 것은 ③이다. 담당 교사가 기사를 평가하는 것이 아니라 학교의 기자들이 평가할 예정이다.

단어 look for : 찾다　　reporter : 기자
submit : 제출하다　　article : 기사
more than : ~이상의　　evaluate : 평가하다
deadline : 마감일

19
정답_④

해석 제스처는 국가마다 다른 의미들을 가질 수 있다. 예를 들어, 'OK' 기호는 많은 나라에서 '알겠다' 또는 '좋아요'의 의미를 가진다. 그러나 프랑스에서 이같은 제스처는 '0'을 의미한다. 프랑스 사람들은 그들이 '아무것도 없다'라고 말하고 싶을 때 이 제스처를 사용한다.

해설 특정 제스처는 나라별로 의미하는 바가 다르다는 설명을 하고 있으므로 국가별 제스처의 의미 차이를 설명하고 있다.

단어 gesture : 몸짓, 손짓, 제스처

meaning : 의미　　　　　sign : 신호

mean : 의미하다　　　　French : 프랑스의

20　　　　　　　　　　　　　　　정답_①

해설 많은 발전소들이 석탄이나 가스와 같은 화석 연료를 태움으로써 에너지를 생산한다. 이것은 대기오염을 유발하고 환경에 영향을 끼친다. 그러므로 에너지 효율 제품을 선택하여 에너지를 덜 사용할 수 있도록 노력해야 한다. 그것은 지구를 구하는 데 도움이 될 수 있다.

해설 화석 연료를 태우면서 에너지를 사용하는 것은 대기오염에 영향을 끼친다는 이야기를 했으므로 '환경'에 영향을 끼친다는 것을 알 수 있다.

단어 environment : 환경　　　material : 물질

product : 상품　　　　weight : 무게

power plant : 발전소　burning : 연소하는, 태우는

fossil fuels : 화석 연료　coal : 석탄

cause : 일으키다, 초래하다, 발생하다

influence : 영향, 요인, 변화

therefore : 그러므로　　less : 덜

21　　　　　　　　　　　　　　　정답_③

해설 인터넷은 우리의 삶을 더 편리하게 만들어준다. 우리는 인터넷으로 공과금을 지불하고 쇼핑도 할 수 있다. 그러나 개인 정보는 온라인에서 쉽게 도용될 수 있다. 당신의 정보를 보호할 수 있는 방법이 있다. 첫 번째, 강력한 비밀번호를 설정하라. 두 번째, 모르는 링크는 절대 클릭하지 않아야 한다.

해설 마지막에 정보를 보호할 수 있는 2가지 방법을 말했으므로 정답은 '③ 지키다, 보호하다'이다.

단어 lives : 삶　　　　　convenient : 편리한

personal : 개인적인　information : 정보

be stolen : 빼앗기다, 도난당하다

way : 방법, 길　　　　set : 설정하다

password : 비밀번호　unknown : 알려지지 않은

cancel : 취소하다　　destroy : 파괴하다

refund : 환불하다

22　　　　　　　　　　　　　　　정답_③

해석 수천 년 전, 사람들은 새로운 장소를 갈 때 지도를 만들었다. 그들은 땅이나 동굴의 벽에 지도를 그렸는데, 그것은 종종 잘못된 정보를 가지고 있었다. 그러나 요즘 지도는 사진으로 만들어지기 때문에 더 정확하다. 이러한 사진들은 비행기나 위성에서 촬영한 것이다.

해설 위 주어진 문장은 앞에 내용과 반대되는 내용이 나올 수 있는 단어 'but'이 쓰였다. 옛날에는 지도가 정확하지 않았지만 요즘은 지도가 정확하다는 내용이 나와야 하므로 정답은 ③이다.

단어 nowadays : 요즘에　　accurate : 정확한

photograph : 사진　　draw : 그리다

cave : 동굴

incorrect : 잘못된, 옳지 않은

satellite : 위성

23　　　　　　　　　　　　　　　정답_④

해석 때때로 우리는 의도하지 않았음에도 불구하고, 다른 사람들의 감정을 해친다. 이런 일이 일어났을 때, 우리는 사과를 할 필요가 있다. 그렇다면, 우리는 어떻게 적절하게 사과를 할 수 있을까? 여기에 우리가 미안하다고 말할 때 고려해야 할 3가지가 있다.

해설 사과할 때 고려해야 할 3가지를 알려준다고 마지막 문장에 나와 있으므로 다음에 나올 내용은 ④가 정답이다.

단어 sometimes : 때때로　　hurt : 해치다

feeling : 감정　　　　even if : ~에도 불구하고

mean : 의미하다　　　happen : 발생하다

apologize : 사과하다　properly : 적절하게

consider : 고려하다

24　　　　　　　　　　　　　　　정답_①

해석 많은 사람들은 잠드는 데 어려움이 있다. 그러므로 충분한 수면을 취하지 못한다. 이것은 고혈압과 같은 건강에 해로운 영향을 줄 수 있다. 당신이 이 규칙들을 따른다면 수면 문제를 예방할 수 있다. 첫째, 밤에 카페인이 든 음료를 마시지 마라. 둘째, 잠자리에 들기 전에 핸드폰을 사용하지 마라. 이런 방법들은 당신이 쉽게 잠을 잘 수 있도록 도와줄 것이다.

[해설] 고혈압과 같은 문제를 일으킬 수 있다고 이야기했으므로 부정적인 단어가 들어가야 맞다.

[단어] harmful : 해로운

helpful : 도움이 되는

positive : 긍적적인

calm : 침착한

25
정답_④

[해설] 윗 글의 주제는 수면 문제를 예방하는 방법에 대해서 설명하고 있다.

[단어] have trouble(~ing) : (~ing)하는 데 어려움을 겪다

fall asleep : 잠이 들다   health : 건강

effect : 효과

high blood pressure : 고혈압

prevent : 막다, 예방하다   rule : 규칙, 규정

easily : 쉽게

▶2022년 1회◀

01	①	06	③	11	①	16	①	21	②
02	②	07	①	12	③	17	④	22	④
03	②	08	④	13	④	18	③	23	④
04	③	09	④	14	③	19	④	24	②
05	①	10	①	15	②	20	③	25	③

01
정답_①

[해석] 아이들에게 있어서, 좋은 행동을 하도록 격려하는 것은 중요하다.

[어휘] behavior : 행동   rule : 규칙

emotion : 감정   faith : 신념

children : 아이들   important : 중요한

encourage : 격려하다

02
정답_②

[해석] 폭우 때문에 그녀는 여행을 연기해야만 했다.

[해설] put off는 연기하다는 뜻으로 같은 의미를 가진 단어로는 delay가 있다.

[어휘] had to : 해야만 했다

trip : 여행

because of : ~ 때문에

heavy rain : 폭우

03
정답_②

[해석] 많은 온라인 수업들은 공짜다. 게다가, 당신은 언제든 그리고 어디에서든 온라인 수업들을 볼 수 있다.

[어휘] finally : 마침내

besides : 게다가

however : 그러나

for example : 예를 들면

many : 많은(셀 수 없는 명사와 함께 쓰임)

free of charge : 무료의

anytime : 언제든

anywhere : 어디에서든

04
정답_③

[해석] 몇몇 사람들은 말하기를 잔에 (물이) 반이나 찼다고 하는 반면에, 또 다른 사람들은 말하기를 잔에 물이 반밖에 없다고 이야기한다.

해설 full은 '가득 찬'이라는 형용사이며 empty는 '빈'이라는 뜻으로 반의어의 관계이다. 한편, tiny(아주 작은)와 small(작은)은 뜻이 비슷한 유의어 관계이다.

어휘 while : 반면에　　　　a glass : 잔
half : 절반

05　　　　　　　　　　정답_①

해석 〈행복한 지구의 날 행사〉
날짜 : 2022년 4월 22일
장소 : 지역센터
해야 할 일 : • 중고 물건들 교환하기
　　　　　　　• 100% 자연샴푸 만들기

해설 참가자격에 대한 언급은 없으므로 정답은 ①이다.

어휘 Earth day : 지구의 날　　Community : 지역의
exchange : 교환하다　　things : 물건들
natural : 자연의

06　　　　　　　　　　정답_③

해석 • 당신이 기차에서 <u>내릴</u> 때, 당신의 소지품들을 모두 챙겼는지 확실히 하세요.
• 책을 읽은 후에 테이블(책상) 위에 책을 <u>두고 가</u>주세요.

해설 leave라는 동사는 '~를 떠나다(내리다)'라는 뜻과 '두다, 두고가다'라는 뜻을 가지고 있기 때문에 각 문장에서 알맞은 단어는 leave이다.

어휘 make sure : 확실하게 하다
take : 가져가다
belongings : 소유물

07　　　　　　　　　　정답_①

해석 • 민수, 이번 주에 <u>무엇</u>을 할 예정이니?
• 그 누구도 정확하게 <u>무슨</u> 일이 일어났는지 알지 못한다.

해설 what은 질문할 때 사용할 수 있으며 의문사로서 '무엇'이라는 뜻을 가진다.

어휘 this weekend : 이번 주
exactly : 정확하게
happened : 발생하다

08　　　　　　　　　　정답_④

해석 • 아빠의 마음은 나를 위한 사랑으로 가득 찼다.
• 엘리스(Alice)는 그녀의 공연(수행능력)에 만족했다.

해설 be filled with, be satisfied with 두 구문 모두 'with'과 함께 쓰이는 동사구이다.

어휘 heart : 심장, 마음
be filled with : ~로 가득 차다
be satisfied with : ~에 만족하다
performance : 공연(수행능력)

09　　　　　　　　　　정답_④

해석 A : 뭐하고 있는 중이야, 준호(Junho)?
B : 나는 이 수학문제를 풀고 있는 중인데, 이 문제는 나에게 너무 어려워.
A : 그럼 같이 해결해보자.
B : 좋은 아이디어야. 두 개의 머리가 하나보다 낫네(혼자보다 두 명이 함께 생각하는 것이 낫다는 의미).

해설 Junho가 수학문제를 푸는 중에 어렵다고 말하자 친구가 함께 풀어보자고 이야기했기 때문에 이에 적절한 대답은 "혼자보다 두 명이 함께 생각하는 것이 낫다."이다.
① 수고 없이 얻는 것은 없다. No pain, No gain.
② 사공이 많으면 배가 산으로 간다. Too many cooks spoil the broth(요리사가 너무 많으면 국을 망친다.).
③ 겉모습만으로 사람을 판단해서는 안 된다.
Don't judge a book by its cover.

어휘 try to 동사원형 : 노력하다
math : 수학
figure out : 해결하다

10　　　　　　　　　　정답_①

해석 A : 영어 말하기 대회의 결과가 나왔니?
B : 응, 방금 받았어.
A : 그래서, 어떻게 되었어?
B : 나는 1등 받았어, 오늘이 내 인생에 가장 행복한 날이야.

해설 B는 영어 말하기 대회에서 1등을 했으며, 가장 행복한

날이라고 말했으므로 B의 심경은 '① 행복'이 된다.

어휘 get : 얻다 result : 결과
speech : 말하기 contest : 대회
first prize : 1등 happiest : 가장 행복한
of my life : 내 인생의

11 정답_①

해석 A : 좋은 아침입니다. 어떻게 도와드릴까요?
B : 안녕하세요, 저는 은행계좌를 하나 만들고 싶습니다.
A : 알겠습니다. 이 서식을 채워주세요.
B : 감사합니다. 지금 하겠습니다.

해설 은행계좌를 새로 개설하고 싶다고 말했으므로 정답은 '은행'이다.

어휘 would like to : ~하고 싶다(= want to)
open : (계좌 등을) 열다
bank account : 은행계좌
fill out : 채우다
form : 형식, 서식

12 정답_③

해석 어느 날, Michael은 지역신문에서 기자를 찾고 있다는 광고를 봤습니다. 이것은 그가 항상 꿈꿔왔던 직업이었습니다. 그래서 그는 그 직업에 지원하기로 마음을 먹었습니다.

해설 밑줄 친 '이것'은 직업이라고 말을 했기 때문에, '이것'은 Michael이 꿈에 그리던 직업인 '기자'임을 알 수 있다.

어휘 one day : 어느 날
saw : 보다(see의 과거형)
advertisement : 광고
reporter : 기자
local : 동네의, 지역의
dream of : ~에 관해서 꿈을 꾸다
made up one's mind : 결심하다
apply for : 지원하다

13 정답_④

해석 A : 어떤 종류의 봉사활동을 할 예정이야?
B : 나는 한국어를 외국인들에게 가르칠 예정이야.

A : 훌륭해. 너는 좋은 마음을 가지고 봉사해야 한다는 것을 기억해.
B : 꼭 마음에 새기도록 할게.
① When is your birthday? 너의 생일이 언제니?
② What did you do last Friday?
　 지난 금요일에 뭐했어?
③ What do you think about Korean food?
　 한국음식에 대해서 어떻게 생각해?

해설 대화의 내용을 보면 봉사에 관한 이야기이므로 앞으로 어떤 종류의 봉사활동을 할 예정인지 질문하는 것이 옳다.

어휘 be going to : ~할 예정이다
foreigner : 외국인
volunteer : 봉사활동하다
keep it mind : 마음에 새기다

14 정답_③

해석 A : 이번 연도에 어떤 클럽에 들어갈지 결정했니?
B : 나는 댄스 동아리에 들어가려고 결정했어.
① 나는 캐나다에 가기 위해 한국을 떠났어.
② 나는 어제 의사선생님을 만났어.
　 (병원에 갔어요.)
④ 나는 어젯밤에 저녁으로 스파게티를 먹었어.

해설 어떤 동아리에 들어갈 예정인지 물었으므로 정답은 ③이다.

어휘 decide : 결정하다
join : 가입하다
see a doctor : 병원에 가다

15 정답_②

해석 A : 의사선생님, 저의 눈이 하루 종일 컴퓨터로 일을 하는 것으로부터 지쳐 있습니다. 저의 눈을 돌보기 위해서 제가 무엇을 할 수 있을까요?
B : 당신의 눈을 쉴 수 있게 하기 위해 충분한 잠을 자야 하는 것을 확실히 하세요.
A : 알겠습니다. 그리고 또 어떤 것을 추천해주실 수 있으신가요?
B : 비타민을 많이 가지고 있는 과일과 야채를 드세요.

해설 하루 종일 컴퓨터를 이용한 일을 하여 눈이 피로해

졌기 때문에 의사 선생님에게 눈을 잘 돌볼 수 있는 방법에 대한 조언을 구하고 있다.
따라서 정답은 ②이다.

어휘 be tired of : ~지치다
all day : 하루 종일
make sure : 확실히 하세요
enough : 충분한
sleep : 수면, 잠
recommend : 추천하다
vegetables : 야채
lots of : 많은
vitamins : 비타민

16   정답_①

해석 이것은 관리실로부터 온 공지입니다. 어제 당신이 알게 된 것처럼, 전기는 오늘 오후 1시부터 2시까지 중단될 예정입니다. 우리는 이 불편함에 대해 안타깝게 생각합니다. 당신의 이해에 감사합니다.

해설 1시부터 2시까지 전기가 끊길 것을 알려주는 공지문이므로 이 글의 목적은 '① 공지하려고'임을 알 수 있다.

어휘 announcement : 발표, 공지
management office : 관리실
inform : ~알려주다
be informed : (수동태) 공지 받다, 알림 받다
electricity : 전기
cut : 중단하다, 그만두다
be cut : 중단되다
inconvenience : 불편함

17   정답_④

해석 〈셰익스피어 박물관〉
시간
• 매일 오픈 : 오전 9시부터 오후 6시
입장
• 성인 : 12불
• 학생과 아이들 : 8불
• 10명 또는 그 이상의 그룹들은 10% 할인
사진
• 방문객들은 사진을 찍을 수 있습니다.

해설 마지막 사진 부분에서 사진을 찍을 수 있다고 했으므로 정답은 ④이다.

어휘 hours : 시간
admission : 입장
discount : 할인
photography : 사진
visitors : 방문객들

18   정답_③

해석 2022년 과학발표대회는 2022년 5월 20일에 열릴 예정입니다. 주제는 지구온난화입니다. 참가자들은 오로지 개인으로서만 대회에 참가할 수 있습니다. 발표는 10분을 넘지 않아야 합니다. 더 많은 정보를 위해서는 교무실에 이 선생님을 찾아가시면 됩니다.

해설 참가자들은 개인으로서만 참가가 가능하고 그룹 참가는 가능하지 않기 때문에 정답은 ③이다.

어휘 be held : 개최되다
topic : 주제
global warming : 지구온난화
contestants : 참가자들
participate in : 참가하다
as : ~로서
individuals : 개인의
longer than : ~ 이상의
information : 정보

19   정답_④

해석 나는 오늘 당신에게 비상상황에 해야 할 적절한 대처행동에 관해서 말하려 합니다. 첫째, 불이 났을 때, 엘리베이터를 타는 것 대신에 계단을 이용하세요. 둘째, 지진이 났을 경우에는, 열린장소에 가고 큰 빌딩으로부터 떨어지세요. 왜냐하면 당신에게 떨어질 수 있기 때문입니다.

해설 불이 날 경우나 지진이 날 경우의 대처방법에 대한 내용이므로 정답은 ④이다.

어휘 would like to : ~ 원한다(= want to)
appropriate : 적절한
action : 행동, 조치
emergency situation : 비상상황
in the case of : ~의 경우에

earthquake : 지진
stay way from : ~로부터 멀어지다
fall : 떨어지다

observe : 관찰하다　condition : 조건, 상황
knowledge : 지식　based on : ~을 기반으로
current : 현재의　evidence : 증거, 흔적
past : 과거의　experience : 경험
decide : 결정하다

20　　정답_③

해석 요즘, 많은 사람들이 식당에 예약을 하고 나타나지 않습니다. 여기에 노쇼고객들을 줄일 수 있는 식당들을 위한 조언들이 있습니다. 첫째, 보증금을 요청하세요. 만약에 고객이 나타나지 않을 경우, 그들은 그들의 돈을 잃게 됩니다. 둘째, 예약을 확정짓기 위해 하루 전에 고객에게 전화하세요.
① cook 요리하다
② forget 잊다, 까먹다
③ confirm 확정하다, 확실히 하다
④ imagine 상상하다

해설 예약 하루 전날 전화를 하는 이유는 예약을 다시 한 번 확실하게 하기 위해서이므로 정답은 '③ confirm'이다.

어휘 these days : 요즘
make reservations : 예약을 하다
show up : 나타나다
tips : 조언들
reduce : 줄이다
customers : 고객들
ask for : 요구, 요청하다
deposit : 보증금(예약금)
lose : 잃다
the day before : 그 전날

22　　정답_④

해석 이 문제를 해결하기 위해서, 비누는 자원봉사자 그룹들에 의해서 만들어질 수 있으며 비누를 필요로 하는 나라에 기부될 수 있습니다.
(①) 비누를 가지고 당신의 손을 씻는 것은 질병 전파를 막는 것을 도울 수 있습니다. (②) 사실, 서양과 중앙아프리카 안에서만 해도, 비누를 가지고 손을 씻는 것은 매년 대략 50만 인구를 살릴 수 있습니다. (③) 그러나, 문제는 이러한 지역 안에서 비누는 비싸다는 점입니다. (④) 이러한 방법으로, 우리는 더 많은 목숨을 살리는 것을 도울 수 있습니다.

해설 ③ 뒤의 문장에서 비누가 비싸다고 언급하였기 때문에, 이 문제를 극복할 수 있는 방법을 말하는 내용의 문장은 ④에 들어가야 알맞다.

어휘 overcome : 극복하다　soap : 비누
donate : 기부하다　prevent : 예방하다, 막다
spread : 전파　disease : 질병
in fact : 사실　save : 살리다, 절약하다
about : 대략의　half a million : 50만의
expensive : 비싼　region : 지역
lives : 목숨들

21　　정답_②

해석 기상캐스터는 비의 양, 바람속도, 그리고 폭풍의 길을 예측합니다. 이렇게 하기 위해서는, 그들은 날씨 상황을 관찰하고 그리고 날씨 패턴에 관해 그들의 지식을 사용합니다. 현재 증거과 과거 경험을 기반으로 그들은 날씨가 어떠할지 결정합니다.

해설 기상캐스터는 비와 바람 그리고 폭풍 등을 예측하는 직업이므로 정답은 '② predict 예측하다'이다.

어휘 weather forecaster : 기상캐스터
amount : 양　　　paths : 길
in order to : ~하기 위해

23　　정답_④

해석 미래에는, 많은 나라들이 노령화 인구의 문제를 가지게 될 것입니다. 우리는 점점 더 많은 노인들을 가지게 될 것입니다. 이것은 노령화 인구와 관련이 있는 직업의 수요가 많이 있을 것을 의미합니다. 그래서 당신이 직업에 대해 고민할 때, 이 변화를 고려할 필요가 있습니다. 이제 저는 노령화 시대를 위한 몇몇 직업선택들을 추천해 드리겠습니다.

해설 전반적인 글의 내용이 노령화 시대를 위한 직업이 필요할 것이라는 내용이므로 정답은 ④이다.

어휘 in the future : 미래에는

aging populations : 노령화 인구

more and more : 점점 더 많은

related to : ~와 관련이 있는

in demand : 수요가 있는

think of : ~생각하다, 고민하다

consider : 고려하다

this change : 변화

recommend : 추천하다

choices : 선택들

24~25

해석 당신은 꽃이 우리에게 건강에 있어서 많은 이점을 제공하는 것을 알고 있나요? 예를 들어, 장미의 향기는 스트레스 수치를 낮추는 것을 도와줄 수 있습니다. 또 다른 예제는 라벤더입니다. 당신이 잠을 자는 것에 어려움을 가지고 있다면, 라벤더가 도움이 되는 것으로 알려져 있습니다. 여기에 어떻게 꽃들이 우리 건강에 도움이 될 수 있는지에 관한 2가지 예제가 있습니다.

---

24 정답_②

해석 ① insist 주장하다

② reduce 줄여주다

③ trust 신뢰하다

④ admire 존경하다

해설 스트레스를 줄여준다는 단어가 들어가야 하므로 정답은 ②이다.

---

25 정답_③

해석 장미와 라벤더 등의 꽃이 건강에 주는 이점에 대해 설명하고 있으므로 정답은 ③이다.

어휘 provide A with B : A에게 B를 제공하다

benefits : 혜택, 이점

for example : 예를 들어

smell : 향, 냄새

level : 수치

helpful : 도움이 되는

have trouble ~ing : ~ing하는 데 어려움을 겪다

examples : 예제들

▶2021년 2회◀

01	④	06	①	11	①	16	①	21	④
02	②	07	③	12	③	17	①	22	④
03	①	08	①	13	③	18	④	23	③
04	②	09	④	14	②	19	③	24	②
05	④	10	③	15	②	20	②	25	④

---

01 정답_④

해석 과학은 많은 혜택을 세상에 가져다 준다.

① 규칙 rules   ② 목표 goals

③ 의미 meaning   ④ 혜택 benefits

---

02 정답_②

해석 나는 내 학급친구들과 이번년도에 더 잘 어울릴 것이다.

① 감탄하다 admire

② 어울리다 get along with

③ 실망하다 be disappointed at

④ 경쟁하다 compete

---

03 정답_①

해석 결국, 그 뉴스는 사실로 드러났다.

① 결국 after all = finally, eventually, at last

② 만약에 if

③ 적어도 at least

④ 예를 들면 for example, for instance

---

04 정답_②

해석 사람들이 내가 가장 좋아하는 음식에 대해서 나에게 물을 때, 나는 항상 그것은 피자라고 대답한다.

① animal 동물 – horse 말

② danger 위험 – safety 안전

③ vegetable 야채 – onion 양파

④ emotion 감정 – happiness 행복

해설 ①, ③, ④는 큰 개념의 단어와 그 안에 종속된 단어의 관계이기 때문에 정답은 ②가 된다.

②는 반의어 관계이다.

05 정답_④

[해석] 자선 달리기
밖으로 나와서 암환자들을 위한 당신의 지지를 보여
주세요!
날짜 : 9월 24일
시간 : 오전 9시 – 오후 4시
장소 : 아시아 경기장
* 참가자들은 무료티셔츠 증정

[해설] 참가비에 대한 이야기는 없기 때문에 정답은 ④가
된다.

[어휘] come out : 나오다   support : 지지
cancer : 암   patients : 환자들
september : 9월   participants : 참가자들

06 정답_①

[해석] 그녀는 그녀의 얼굴에 환한 미소를 띠고 있다.
당신은 당신의 문제를 직면해야 하는 법을 배워야
한다.
* 참고 : 'You should learn how to face your
problem.'으로 쓰는 것이 더 정확한 표현이다.

[어휘] have : 가지다   big : 큰
should : ~해야만 한다   learn : 배우다
problem : 문제   face : 직면하다, 얼굴
heat : 열   meet : 만나다
walk : 걷다

07 정답_③

[해석] 톰, 어디를 갈 계획이니?
우리가 머무를 수 있는 안전한 장소가 있다.

[해설] 첫 번째 문장은 장소부사로 where은 '어디로, 어디
에'라고 쓰였다.
두 번째 문장은 관계부사로 앞에 있는 a safe place
장소를 수식해준다.

08 정답_①

[해석] 제발, 진정하고 제 말을 들어보세요.
볼륨을 줄여주실 수 있으신가요?

[어휘] calm down : 진정하다   listen to : ~을 듣다
turn down : 볼륨을 줄이다

09 정답_④

[해석] A : 나는 다음 주에 독일로 갈 거야. 조언 해줄 것이
있니?
B : 감자를 나이프가 아닌 포크로 자르는 것을 잊
지 마.
A : 왜 그런 건데?
B : 그게 독일의 식사문화야. 로마에 가면 로마법을
따라야 해.

[해설] 독일에 가서 독일의 문화대로 감자를 자르는 법을
알려주는 내용으로, 그 나라에 가면 그 나라의 풍습
을 따라야 한다는 내용의 ④가 정답이다.

10 정답_③

[해석] A : 새로운 직업이 마음에 드니?
B : 일이 많은데 그래도 나는 아주 맘에 들어.
A : 진짜? 잘됐다.
B : 고마워. 나는 내 일에 아주 만족하고 있어.

[해설] 일은 많지만 굉장히 마음에 든다고 말하고 있으므로
정답은 ③이다.

[어휘] how do you like : ~는 어때? ~마음에 드니?
work : 일
be satisfied with : ~에 만족하다

11 정답_①

[해석] A : 이 자켓을 환불받고 싶습니다.
B : 어떤 문제 때문인지 알 수 있을까요?
A : 저에게 옷이 너무 커요.
B : 더 작은 사이즈로 교환을 원하시나요?
A : 아닙니다.

[해설] 자켓을 환불받고 싶다고 말하면서 사이즈를 바꾸길
원하느냐고 점원이 물어본 상황으로 보아 정답은
① 옷 가게가 된다.

[어휘] refund : 환불
problem : 문제
exchange : 교환

12 정답_③

[해석] 수학 수업중이었던 어느 날, 메리는 문제를 풀어보
겠다고 자진해서 말했다. 그녀가 교실 맨 앞에 섰을
때, 그녀는 이것이 굉장히 어렵다는 것을 깨달았다.

그러나 그녀는 침착함을 유지하고 칠판에 정답을 써 나가기 시작했다.

[해설] 메리가 자진해서 문제를 풀어보려고 나갔는데 문제가 어려웠고, 그래도 침착함을 유지하며 답을 작성하기 시작했다는 내용으로 보아 it이 가리키는 것은 ③ 문제(problem)가 된다.

[어휘] volunteer : 봉사활동하다, 자진해서 말하다
solve : 문제를 해결하다　the front : 앞에
realize : 깨닫다　　　　　difficult : 어려운
remain : 유지하다　　　　calm : 침착한
answer : 대답하다　　　　blackboard : 칠판
the class : 반, 학급, 교실

13　　　　　　　　　　　　　　정답_③

[해설] A : ________________________?
B : 물론이죠, 엄마. 무엇이죠?
A : 슈퍼마켓에 가서 계란 몇 개를 가져올 수 있니?
B : 네. 집에 오는 길에 들리도록 할게요.
① 왜 화가 났니?
② 나에게 방법을 알려줄 수 있니?
③ 나 좀 도와줄래?
④ 버스정류장이 여기서 얼마나 머니?

[해설] 엄마가 아이에게 계란 심부름을 부탁하는 내용으로 정답은 ③이다.

[어휘] pick up : 가져오다　　stop by : 잠깐 들리다
upset : 화난　　　　　　a favor : 호의, 부탁
on my way home : 집으로 가는 길에

14　　　　　　　　　　　　　　정답_②

[해설] A : 스케이트 탄지는 얼마나 되었니?
B : ________________________.
① 나는 지난주에 스키를 타러 갔다 왔어.
② 나는 10살 때부터 스케이트를 탔어.
③ 이번 여름에 스케이트 타는 법을 배울거야.
④ 나의 부모님과 스케이트 타러 가고 싶어.

15　　　　　　　　　　　　　　정답_②

[해설] A : 전기를 절약하기 위해서 우리는 무엇을 해야 할까?

B : 우리는 우리가 방에서 나갈 때 전기를 끌 수 있어.
A : 맞아. 또 있을까?
B : 엘리베이터 대신에 계단을 사용하는 것 또한 좋은 아이디어야.

[해설] 첫 대화의 시작에서 A가 전기 절약 방법에 대해서 무엇을 할 수 있는지 질문을 하였고, 이에 대해 B가 2가지 방법을 얘기하고 있으므로 정답은 ②이다.

[어휘] save : 절약하다　　　　electricity : 전기
switch off : 불을 끄다　　leave : 떠나다
instead of : ~을 대신하여

16　　　　　　　　　　　　　　정답_①

[해석] 저는 저를 위해서 추천서를 써주신 것에 대해서 감사함을 표현하고 싶습니다. 당신 덕분에, 저는 이제 저의 꿈의 대학인 곳에서 공부할 수 있는 기회가 생겼습니다. 저는 절대로 당신의 도움과 친절함을 잊지 않을 것입니다.

[해설] 추천서를 써준 것에 대한 감사함을 표현하는 내용이므로 정답은 ①이다.

[어휘] express : 표현하다　　writing : 글쓰기
chance : 기회　　　　　forget : 잊다
kindness : 친절함
recommendation letter : 추천서

17　　　　　　　　　　　　　　정답_①

[해석] 수영장 이용 규칙
당신은 반드시 :
• 수영장 안에 들어가기 전에 샤워를 하세요.
• 항상 수영모자를 쓰세요.
• 안전요원의 지시를 따르세요.
＊ 다이빙은 허용되지 않습니다.

[해설] 수영 후에 샤워를 하는 것이 아니라 수영 전에 샤워를 하고 풀장에 들어가라고 나와 있으므로 정답은 ①이다.

[어휘] take a shower : 샤워하다　enter : 들어가다
swimming cap : 수영모자　follow : 따르다
instructions : 지시들　　　lifeguard : 안전요원
diving : 다이빙
permit : 허용하다, 허락하다 / be+permitted : 허

락되다(수동태)

18

정답_④

해석 1987년에 시작된 국제적인 망고 축제는 망고의 모든 것을 기념합니다. 이 축제는 매년 여름에 인도에서 열립니다. 이 축제는 망고 먹기 경쟁이나 퀴즈쇼와 같은 많은 이벤트를 가지고 있습니다. 이 축제는 무료로 550종 이상의 망고를 맛볼 수 있는 기회를 제공합니다.

해설 마지막 문장에서 550종 이상의 망고를 무료로 맛볼 수 있다고 했으므로 정답은 ④이다.

어휘 international : 국제적인
competition : 경쟁
provide : 제공하다
opportunity : 기회
taste : 맛보다
for free : 무료로
celebrate : 기념하다, 축하하다

19

정답_③

해석 음식물 쓰레기의 증가된 양은 심각한 환경 문제가 되어가고 있다. 여기에 음식물 쓰레기의 양을 줄일 수 있는 쉬운 방법들이 있다. 첫째, 쇼핑 전에 당신이 필요한 음식의 목록을 만드세요. 둘째, 각 식사마다 지나치게 많은 음식을 준비하지 않도록 확실하게 하세요. 셋째, 나중에 사용할 수 있게 남겨진 음식을 저장해놓으세요.

해설 음식물 쓰레기를 줄이는 방법 3가지를 이야기하고 있으므로 정답은 ③이다.

어휘 increasing : 증가된　　amount : 양
serious : 심각한　　food trash : 음식물 쓰레기
environment : 환경　　decrease : 줄이다
list : 목록　　save : 저장하다
prepare : 준비하다　　each : 각각의
make sure : 확실하게 하다

20

정답_②

해석 우리 고등학교의 학생들은 ______ 배경을 가지고 있습니다. 그들은 러시아, 태국, 그리고 칠레와 같은 다른 나라로부터 왔습니다. 나는 나의 국제적인

학급친구들과 함께하는 다국적 환경에 있는 것이 꽤 행복합니다.

해설 여러 다양한 나라에서 온 학급친구들에 대해 말하고 있으므로 정답은 ② diverse(다양한)이다.

어휘 different : 다른　　countries : 국가들
such as : ~와 같은　　quite : 꽤
multicultural : 다국적의　　environment : 환경
classmates : 학급친구들

21

정답_④

해석 Tate Modern은 런던에 위치한 박물관입니다. 이곳은 과거에 발전소였습니다. 발전소가 1981년 문을 닫을 때, 영국 정부는 이것을 없애기 전에 이것을 박물관으로 바꾸기를 결정했습니다. 이제, 이 박물관은 현대의 영국 예술작품의 국가적 소장품을 보유하고 있습니다.

해설 옛날에는 발전소였으나 이제는 박물관으로 바뀌었다는 내용이므로 정답은 ④이다.

어휘 balance : 밸런스, 균형　　forbid : 금지하다
prevent : 막다, 예방하다
transform : 바꾸다, 변화시키다

22

정답_④

해석 만약 당신이 좋아하는 맛이 딸기라면?
당신은 아이스크림을 좋아하시나요? (①) 대부분의 사람들과 같이 저는 아이스크림을 아주 많이 좋아합니다. (②) 뉴스기사에 따르면, 당신이 좋아하는 아이스크림은 당신이 어떤 사람인지를 보여줄 수 있습니다. (③) 예를 들어, 만약 당신이 좋아하는 맛이 초콜릿이라면, 이것은 당신이 아주 창의력이 있고 열정적이라는 것을 뜻합니다. (④ 만약 당신이 좋아하는 맛이 딸기라면?) 이것은 당신이 논리적이면서 배려심이 많다는 것을 의미합니다.

해설 제시된 문장은 딸기를 좋아하는 사람의 성향이 어떠한지에 대한 질문이다. ④번 문장 뒤에 어떠한 성향을 가지고 있는지에 대한 대답이 나와 있으므로, 질문은 그 바로 앞에 제시되어야 한다. 따라서 정답은 ④이다.

어휘 favorite : 좋아하는　　like : ~와 같은
article : 기사　　for example : 예를 들어

creative : 창의적인   enthusiastic : 열정적인
logical : 논리적인   thoughtful : 배려심이 있는
according to : ~에 따르면

23   정답_③

해석 당신도 알고 있다시피, 요즘 많은 어린 사람들은 목 통증으로부터 고통받고 있습니다. 이것은 그들이 공부를 하거나 스마트폰을 사용할 때 하루에 많은 시간을 책상 쪽으로 몸을 기울이고 시간을 보내기 때문입니다. 그러나 걱정하지 마세요. 우리는 목 통증을 줄여주고 통증을 예방하는 데 도움이 되는 몇몇 개의 운동이 있습니다. 이것이 여러분들이 그것을 하는 방법입니다.

해설 글의 마지막에 현대인들의 목 통증을 줄이고 예방하는 몇몇 개의 운동이 있다고 나와 있으므로 그 다음에는 목 통증을 예방하고 줄일 수 있는 운동법에 대한 설명이 이어져야 한다. 따라서 정답은 ③이다.

어휘 as you know : 당신도 알다시피
suffer from : ~로 고통받다
spend 시간/돈 –ing : ing하는 데 시간이나 돈을 사용하다
per day : 하루마다   leaning : 기대다, 쏠리다
reduce : 줄이다   prevent : 막다, 예방하다
neck pain : 목 통증

24   정답_②

해석 테니스와 탁구를 비교할 때, 유사점들과 차이점들이 있다. 먼저, 그것은 둘 다 라켓을 가지고 하는 스포츠이다. 또한 두 선수 모두 네트를 가로질러 앞뒤로 공을 친다. __________, 여기에는 또한 차이점들도 있다. 테니스는 코트 위에서 경기가 이뤄지는 반면에 탁구는 테이블(책상) 위에서 경기가 이뤄진다. 또 다른 차이점으로 탁구와 비교하여 테니스는 훨씬 큰 라켓이 사용된다.

① 마침내   ② 그러나
③ 그러므로   ④ 예를 들어

해설 빈칸을 기준으로 그 앞에서는 테니스와 탁구의 유사점을, 뒤에서는 차이점을 말하고 있는 것으로 보아, 빈칸은 내용이 대조되는 시점임을 알 수 있다. 따라서 정답은 ② However(그러나)이다.

25   정답_④

해설 윗글에서는 탁구와 테니스의 유사점과 차이점을 나열하고 있으므로 정답은 ④이다.

어휘 compare A with B : A와 B를 대조하다
tennis : 테니스   table tennis : 탁구
similarities : 유사점   differences : 차이점
aross : 가로질러   back and forth : 앞뒤로
compared to : ~와 비교하여

정답 및 해설

2025년 2회 ▶수　학◀

01	①	06	③	11	①	16	①
02	④	07	②	12	④	17	②
03	②	08	④	13	③	18	②
04	①	09	②	14	④	19	③
05	③	10	③	15	③	20	①

01　　정답_①

$$A+B = (2x^2+5)+(x^2-4x)$$
$$= 2x^2+x^2-4x+5$$
$$= 3x^2-4x+5$$

02　　정답_④

$$ax^2+x = 4x^2+bx$$
계수 비교하면
$ax^2 = 4x^2$에서 $a=4$
$x = bx$에서 $b=1$
$a-b = 4-1 = 3$

03　　정답_②

몫 : $Q(x)$　나머지 : R이라 하면
$$x^3-2x^2+5 = (x-1)\times Q(x)+R$$
양변에 $x=1$ 대입
$$1-2+5 = 0+R$$
$$\therefore R=4$$

04　　정답_①

$$f(x) = x^3-3x^2+3x-1$$
$$f(1) = 1-3+3-1 = 0$$

$$
\begin{array}{r|rrrr}
 & 1 & -3 & 3 & -1 \\
1 & & 1 & -2 & 1 \\
\hline
 & 1 & -2 & 1 & \underline{|0} \\
\end{array}
$$

$$f(x) = (x-1)(x^2-2x+1) = (x-1)(x-1)^2$$
$$= (x-1)^3$$
$$\therefore a=1$$

05　　정답_③

복소수 $3-4i$의 켤레복소수는 $3+4i$
$a+bi = 3+4i$이므로
$a=3$, $b=4$이고 $a+b = 3+4 = 7$

06　　정답_③

$$x^2+2x+3 = 0$$
판별식 $D/4 = 1^2-1\times 3 = -2 < 0$ 서로 다른 두 허근 ω와 $\overline{\omega}$를 갖는다.
$$\omega+\overline{\omega} = -\frac{2}{1} = -2, \quad \omega\times\overline{\omega} = \frac{3}{1} = 3$$

07　　정답_②

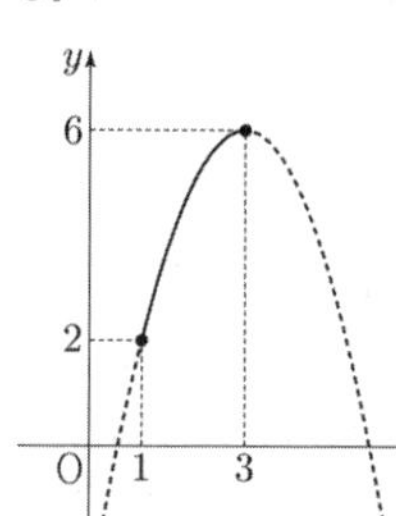

$1 \leq x \leq 3$의 범위에서 이차함수 $y = -x^2+6x-3$ 은 증가하므로
$x=1$일 때 최솟값 2를 갖는다.

08　　정답_④

$$\begin{cases} x+y=5 \quad\cdots\cdots ㉠ \\ xy=a \quad\cdots\cdots ㉡ \end{cases}$$
의 해가 $x=3$, $y=b$이므로
㉠에 대입 $3+b = 5$　$\therefore b = 5-3 = 2$
$x=3$, $y=2$를 ㉡식에 대입
$3\times 2 = a$　$\therefore a=6$
$a+b = 6+2 = 8$

09   정답_②

$|x-1| \leq 4$

$-4 \leq x-1 \leq 4$

$-4+1 \leq x \leq 4+1$

$-3 \leq x \leq 5$

$\therefore\ a=-3$

참고 $\ |A| \leq a \quad (a \geq 0)$

$\qquad -a \leq A \leq a$

10   정답_③

점 A(1), 점 B(8)를 $4:3$으로 내분하는 점을 P라 하면

$P\left(\dfrac{4\times 8+3\times 1}{4+3}\right)=P\left(\dfrac{32+3}{7}\right)=P\left(\dfrac{35}{7}\right)=P(5)$

참고 $\ A(a)$, $B(b)$를 $m:n$으로 내분하는 점 P

$\qquad P\left(\dfrac{m\times b+n\times a}{m+n}\right)$

11   정답_①

두 직선이 서로 수직일 조건은 두 기울기의 곱은 -1이다.

$y=-x+2$와 수직인 직선을 $y=ax+b$라 하면 두 기울기의 곱 $-1\times a=-1 \quad \therefore\ a=1$

$y=x+b$가 $(0,\ 5)$를 지나므로

$5=0+b \quad \therefore\ b=5 \quad \therefore\ y=x+5$

12   정답_④

중심이 $(3,\ 3)$이고 반지름이 3인 원의 방정식은

$(x-3)^2+(y-3)^2=9$

13   정답_③

점 A$(-1,\ -4)$를 y축에 대칭하면 점 B$(1,\ -4)$

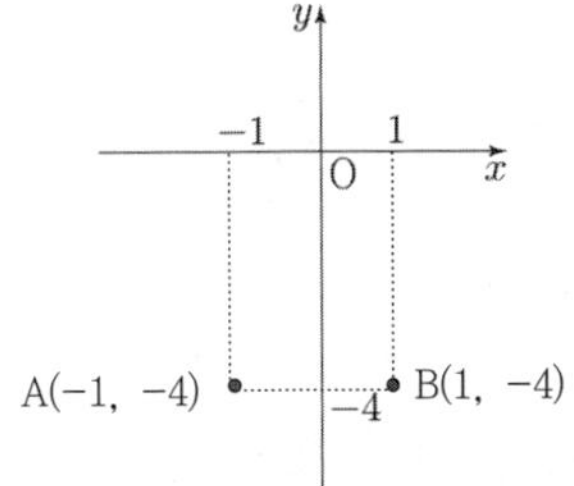

14   정답_④

ㄱ. 크다의 기준이 분명하지 않다.

ㄴ. 집합

ㄷ. 작다의 기준이 분명하지 않다

ㄹ. 집합

① ㄱ, ㄷ   ② ㄱ, ㄹ

③ ㄴ, ㄷ   ④ ㄴ, ㄹ

15   정답_③

$2\in A$이고 $2\in B$이므로

$2=a-3 \quad a=5$

$A=\{2,\ 4,\ 6\} \qquad B=\{2,\ 4,\ 6\}$

16   정답_①

명제 : P이면 g이다

역 : g이면 P이다.

명제 : $x=1$이면 $x^4=1$

역 : $x^4=1$이면 $x=1$

17   정답_②

$f:X\to Y$의 역함수 $f^{-1}:Y\to X$를 그림으로 나타내면 왼쪽과 같다

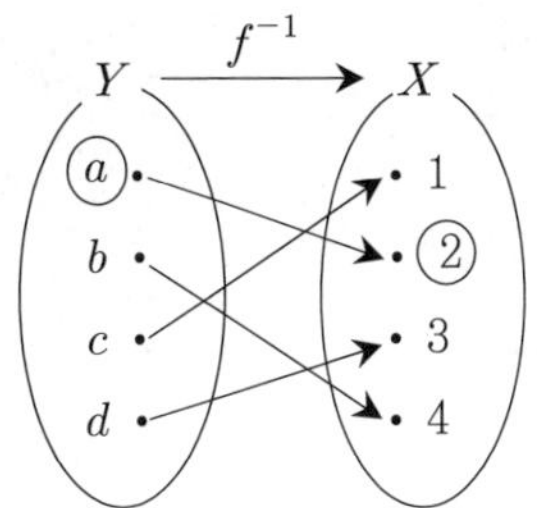

$f^{(-1)}(a)=2$이다.

18   정답_②

$y=\sqrt{x-3}+b$은 $y=\sqrt{x}$를 x축으로 $+3$, y축으로 $+b$만큼 평행이동한 그래프이다. 즉 시작점 $(0,\ 0)$이 $(3,\ b)$로 평행이동했다.

아래 그래프를 통하여 시작점 A$(0,\ 0)$이 시작점 B$(a,\ 5)$로 평행이동했다.

$(a,\ 5)=(3,\ b) \quad \therefore\ a=3,\ b=5$

$a+b=8$

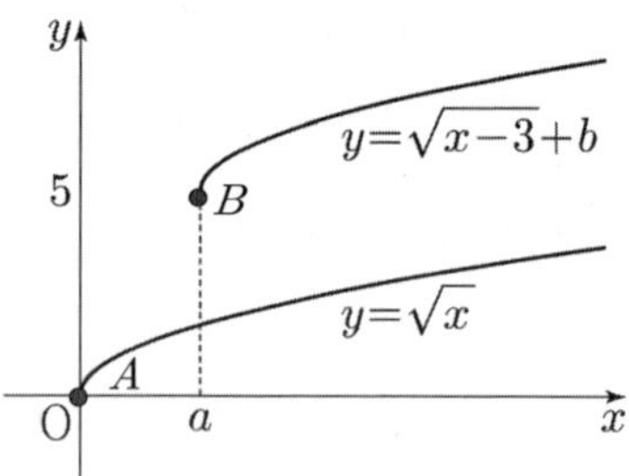

19　　　　　　　　　　　　　　　정답_③

서로 다른 5개 프로그램에서 2개를 택하여 순서대로
체험하는 경우의 수는 | 1. 경찰관 \ 2. 변호사 | 와 | 1. 변호사 \ 2. 경찰관 | 의
경우가 서로 다르므로 서로 다른 5가지에서 2개를 뽑
아서 나열하는 순열의 경우와 같다.

$_5\mathrm{P}_2 = 5 \times 4 = 20$

20　　　　　　　　　　　　　　　정답_①

서로 다른 4종류의 잡곡에서 2종류의 잡곡을 선택하는
경우의 수는 보리, 콩을 선택하는 경우와 콩, 보리를
선택하는 경우가 같으므로 서로 다른 4가지에서 2개를
뽑는 조합의 경우와 같다.

$_4\mathrm{C}_2 = \dfrac{4 \times 3}{2 \times 1} = 6$

2025년 1회 ▶수　학◀

01	③	06	①	11	②	16	③
02	①	07	④	12	④	17	①
03	①	08	④	13	③	18	①
04	③	09	④	14	④	19	②
05	②	10	①	15	②	20	②

01　　　　　　　　　　　　　　　정답_③

$$A + B = (2x^2 + 3x) + (ax^2 + x)$$
$$= (2 + a)x^2 + (3 + 1)x$$
$$= (2 + a)x^2 + 4x \cdots\cdots ㉠$$

$A + B = bx$ 이므로 $\cdots\cdots\cdots$ ㉡

㉠과 ㉡이 같으므로

$a + 2 = 0,\ a = -2,\ b = 4$

$a + b = -2 + 4 = 2$

02　　　　　　　　　　　　　　　정답_①

$(x + 1)$로 나누었을 때의 몫을 $Q_{(x)}$
이라 하면

$x^3 + ax^2 - 4 = (x - 1) \times Q_{(x)}$

$x = 1$ 대입

$1 + a - 4 = 0$

$a = 3$

03　　　　　　　　　　　　　　　정답_①

공식 $a^3 + b^3 = (a + b)(a^2 - ab + b^2)$

$x^3 + 2^3 = (x + 2)(x^2 - 2x + 4)$이므로

$a = -2$

04　　　　　　　　　　　　　　　정답_③

$z = a + 2i$ 일 때

$\bar{z} = a - 2i$이고

$z + \bar{z} = (a + 2i) + (a - 2i)$
$\qquad = 2a$

$2a = 6 \quad \therefore\ a = 3$

05

정답_②

판별식 $D = b^2 - 4ac$가

$D > 0$일 때 서로 다른 두 실근을 갖는다.

$x^2 + ax + 4 = 0$에서

$D = (a)^2 - 4 \times 4$

$\quad = a^2 - 16$

$a^2 - 16 > 0$

$(a+4)(a-4) > 0$

$a < -4$ 또는 $a > 4$이므로

자연수 a의 최솟값은 5이다.

06

정답_①

$x^2 - 4x + a = 0$일 때

근과 계수의 관계를 이용하면

$(2 + \sqrt{2}) \times (2 - \sqrt{2}) = \dfrac{a}{1}$

$4 - 2 = a \qquad \therefore\ a = 2$

07

정답_④

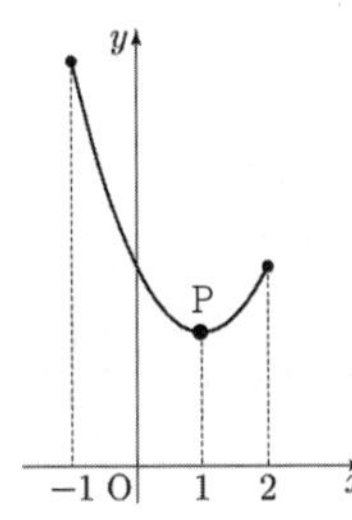

제한된 범위 $-1 \le x \le 2$의

최솟값은 $y = (x-1)^2 + 2$

꼭짓점 $P(1,\ 2)$

$x = 1$에서

최솟값 $y = 2$를 갖는다.

08

정답_④

$\begin{cases} x - 2y = 0 \ \cdots\cdots\cdots\ \bigcirc \\ x^2 + 2y^2 = a \ \cdots\cdots\ \bigcirc\!\!\!\bigcirc \end{cases}$

의 해는 $\begin{cases} x = 2 \\ y = b \end{cases}$ 또는 $\begin{cases} x = -2 \\ y = -1 \end{cases}$ 이므로

$\bigcirc$식에 $x = 2$, $y = b$ 대입

$2 - 2 \times b = 0$, $2b = 2$, $b = 1$

$\bigcirc\!\!\!\bigcirc$식에 $x = -2$, $y = -1$ 대입

$(-2)^2 + 2 \times (-1)^2 = a$

$4 + 2 = a$, $\quad \therefore\ a = 6$, $\quad a + b = 1 + 6 = 7$

09

정답_④

이차 부등식 $(x-1)(x-3) > 0$

풀이 ① 그래프를 이용

$y = (x-1)(x-3)$에서 $y > 0$인

x의 범위를 찾는다.

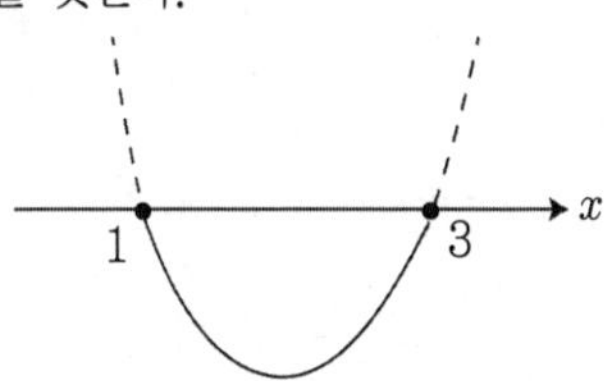

$x < 1$ 또는 $x > 3$이다.

풀이 ② 부등식을 이용

$(x-1)(x-3) > 0$일 때는

$\quad \bigcirc\ (x-1) > 0$이고 $(x-3) > 0$

$\qquad x > 1$이고 $x > 3$

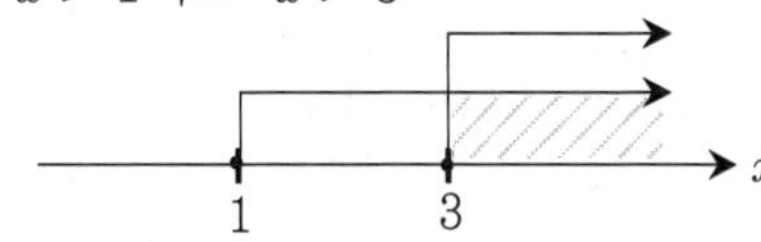

$\quad \therefore\ x > 3$

$\quad \bigcirc\!\!\!\bigcirc\ (x-1) < 0$ 이고 $(x-3) < 0$

$\qquad x < 1$이고 $x < 3$

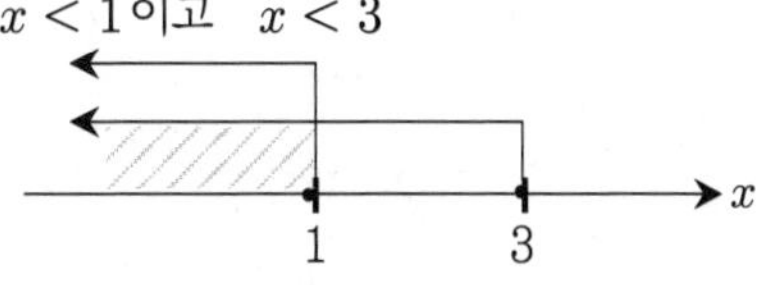

$\quad \therefore\ x < 1$

$\bigcirc$ 또는 $\bigcirc\!\!\!\bigcirc$ 이므로

$x < 1$ 또는 $x > 3$이다.

10

정답_①

내 분점 공식(수직선)

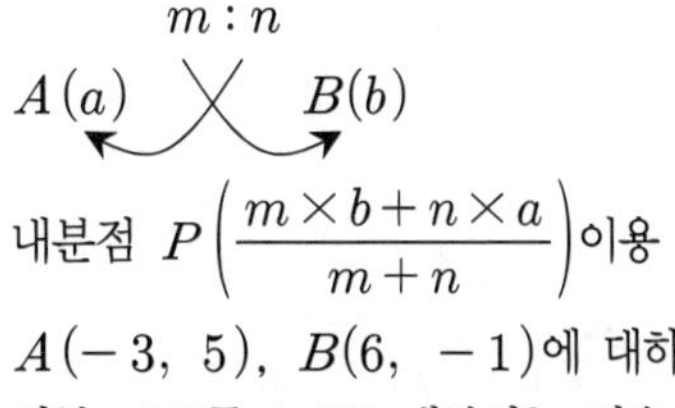

내분점 $P\left(\dfrac{m \times b + n \times a}{m + n} \right)$이용

$A(-3,\ 5)$, $B(6,\ -1)$에 대하여

선분 AB를 1:2로 내분하는 점은

$$P\left(\frac{1\times(6)+2\times(-3)}{1+2},\ \frac{1\times(-1)+2\times5}{1+2}\right)$$

$$=P\left(\frac{0}{3},\ \frac{9}{3}\right)$$

$P=(0,\ 3)$이다.

11 정답_①

직선 $ax+by+c=0$과 점 $P(x_1,\ y_1)$

거리 $d=\dfrac{|\,ax_1+by_1+c\,|}{\sqrt{a^2+b^2}}$를 이용

원점 $(0,\ 0)$과 직선 $3x+4y-12=0$

거리 $d=\dfrac{|\,0+0-12\,|}{\sqrt{3^2+4^2}}=\dfrac{12}{\sqrt{25}}=\dfrac{12}{5}$

12 정답_④

$x=a$는 x축에 수직인 직선이다.

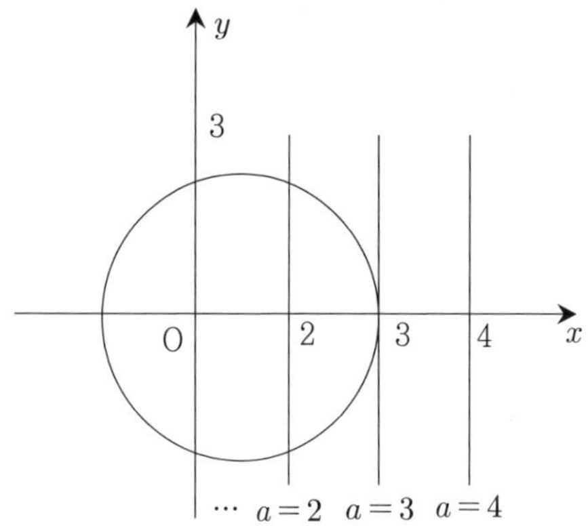

원과 만나지 않는 것은 $a=4$일 때이다.

13 정답_③

원 $(x-2)^2+(y-1)^2=1$은

중심이 $C(2,1)$이고 반지름이 1인 원이다.

이 원을 x축으로 대칭하면

중심 $C(2,1)$은 $C'(2,-1)$이고 반지름은 1인 원
이 된다.

구하고자하는 원의 방정식은

$(x-2)^2+(y+1)^2=1$로 나타 낼 수 있다.

14 정답_④

$A=\{1,\ 3,\ 5,\ 7,\ 9\}$ $B=\{3,\ 4,\ 5,\ 6\}$을
벤 다이어그램으로 나타내면

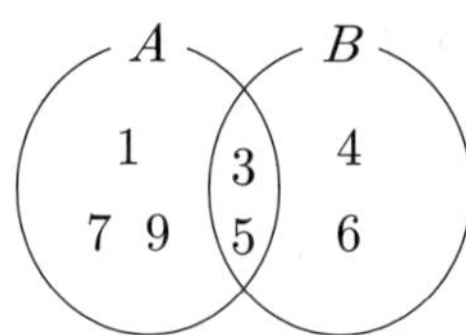

$A\cup B=\{1,\ 3,\ 4,\ 5,\ 6,\ 7,\ 9\}$

$A\cap B=\{3,\ 5\}$

$n(A\cup B)+n(A\cap B)=7+2=9$

15 정답_②

q가 p이기위한 필요조건은

조건 q의 진리집합을 Q라 하고

조건 p의 진리집합을 P라 하면

$P\subset Q$ 이다.

조건 p : $x-3=0$의 진리집합 $P=\{3\}$

조건 q : $x^2-ax-3=0$의 진리집합을 Q라 하면

$P\subset Q$이므로

$x=3$이 조건 q를 만족시킨다.

$3^2-a\times3-3=0,\ -3a=-6,\ a=2$

따라서 $a=2$이다.

16 정답_③

$(g\circ f)(1)=g(f(1))=g(3\times1-1)=$

$g(2)=-2\times2+5=-4+5=1$

참고: $f(1)=2,\ g(2)=1$이므로

$(g\circ f)(1)=g(f(1))=g(2)=1$이 됩니다.

17 정답_①

$f(x)$의 역함수 $f^{-1}(x)$는

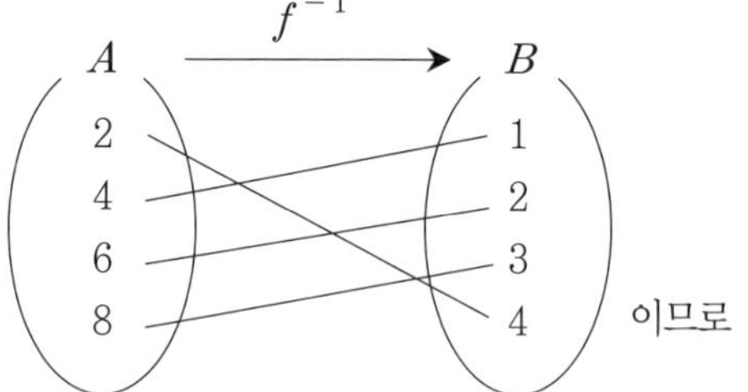

이므로

$$f^{-1}(4) = 1$$

18
정답_①

유리함수 $y = \dfrac{1}{x+a} + 2$는

$y = \dfrac{1}{x}$의 그래프를

x축으로 $-a$, y축으로 $+2$
평행이동한 그래프이므로
$-a = 1$, $a = -1$, $2 = b$이다.
$a - b = -1 - 2 = -3$

Tip
x축으로 $+a$만큼 평행이동 x에 $(x-a)$대입
x축으로 $+b$만큼 평행이동 y에 $(y-b)$대입

19
정답_②

1, 2, 3, 4, 5에서 동시에 2장을 뽑아서 더하면
최소 1+2=3부터 최대 4+5=9까지 가능하므로
합이 3, 6, 9의 경우를 조사한다.
합이 3인 경우 (1과 3)
합이 6인 경우 (1과 5) (2와 4)
합이 9인 경우 (4와 5)
의 모두 4가지이다.

20
정답_②

서로 다른 n개에서 r개를 뽑는 경우의 수를 $_nC_r$로
나타내므로 서로 다른 토핑 5가지에서 4개를 선택하는
경우의 수는 $_5C_4 = {_5C_1} = 5$

Tip
$_nC_r = {_nC_{n-r}}$의 성질이 있다.

▶2024년 2회◀

01	①	06	③	11	①	16	①
02	④	07	④	12	④	17	②
03	②	08	③	13	④	18	③
04	②	09	②	14	①	19	④
05	①	10	②	15	④	20	③

01
정답_①

$A - B$
$= (2x^3 + 3x) - (3x + 2)$
$= 2x^3 + (3-3)x - 2$
$= 2x^3 - 2$

02
정답_④

다항식 $Q(x) = x^3 - 3x^2 + a$가 $x - 2$로 나누어떨
어지려면 $Q(2) = 0$이어야 하므로
$Q(2) = 2^3 - 3 \times 2^2 + a = 0$
$8 - 12 + a = 0$
$\therefore a = 4$

03
정답_②

인수분해 공식 $a^3 - b^3 = (a-b)(a^2 + ab + b^2)$에
따라 $x^3 - 3^3 = (x-3)(x^2 + ax + 9)$에서 $ax = 3 \times x$이므로 $a = 3$이다.

04
정답_②

$z = 5 - 3i$의 켤레복소수 $\overline{z} = 5 + 3i$이므로 $a = 3$이다.

05
정답_①

이차방정식의 일차항의 계수가 짝수일 때,
$ax^2 + 2b'x + c = 0$에서 판별식 $\dfrac{D}{4} = b'^2 - ac = 0$
이면 중근을 가지므로 $x^2 - 2x + a = 0$에서
$\dfrac{D}{4} = (-1)^2 - 1 \times a = 0 \rightarrow 1 - a = 0$
$\therefore a = 1$

06 정답_③

이차방정식 $ax^2 + bx + c = 0$의 두 실근을 α, β라고 할 때, $\alpha + \beta = -\dfrac{b}{a}$이므로 $x^2 - x - 6 = 0$에서 두 실근 α, β의 합 $\alpha + \beta = -\dfrac{(-1)}{1} = 1$이다.

07 정답_④

$y = a(x - p)^2 + q$에서 $a < 0$이면 $x = p$일 때, 최댓값은 q이므로 $y = -(x - 2)^2 + 3$에서 $x = 2$일 때, 최댓값은 3이다.

08 정답_③

$|x + 1| \geq 5$
$\rightarrow x + 1 \leq -5$ 또는 $x + 1 \geq 5$
$\rightarrow x \leq -6$ 또는 $x \geq 4$
따라서 $a = -6$이다.

09 정답_②

내분점 공식에 따라 두 점 A$(-2, -1)$, B$(2, 3)$을 양 끝으로 하는 선분 AB를 $3 : 1$로 내분하는 점의 좌표를 구하면,

$$\left(\frac{3 \times 2 + 1 \times (-2)}{3 + 1}, \ \frac{3 \times 3 + 1 \times (-1)}{3 + 1} \right)$$

$$\rightarrow \left(\frac{4}{4}, \ \frac{8}{4} \right) \rightarrow (1, 2)$$

10 정답_②

원점 O$(0, 0)$과 직선 $ax + by + c = 0$ 사이의 거리는 $\dfrac{|c|}{\sqrt{a^2 + b^2}}$이므로

원점 O$(0, 0)$과 직선 $x + y - 2 = 0$ 사이의 거리는

$$\frac{|-2|}{\sqrt{1^2 + 1^2}} = \frac{2}{\sqrt{2}} = \frac{2 \times \sqrt{2}}{\sqrt{2} \times \sqrt{2}}$$

$$= \frac{2\sqrt{2}}{2} = \sqrt{2}$$

11 정답_①

$y = a$를 $x^2 + y^2 = 4$에 대입하면 $x^2 + a^2 - 4 = 0$인 x에 관한 이차방정식이 된다. 직선과 원은 서로 다른 두 점에서 만나므로 이차방정식의 판별식 $D > 0$이다.
$-4 \times 1 \times (a^2 - 4) > 0$
$\rightarrow -4a^2 + 16 > 0$
$\rightarrow -4a^2 > -16$
$\rightarrow a^2 < 4$
$\rightarrow a < \sqrt{4}$
$\rightarrow a < 2$
따라서 $a = 1$이다.

12 정답_④

점 $(1, 3)$을 직선 $y = x$에 대하여 대칭이동한 점의 좌표는 점 $(3, 1)$로 x좌표와 y좌표가 바뀐다.

13 정답_④

집합은 대상을 분명하게 알 수 있는 것들의 모임으로, 7 이하의 자연수의 모임은 1, 2, 3, 4, 5, 6으로 대상을 분명하게 알 수 있다.

14 정답_①

차집합 $A - B = \{x \mid x \in A$ 그리고 $x \notin B\}$이므로
$A - B = \{2, 4, 6, 8\} - \{6, 7, 8\} = \{2, 4\}$

15 정답_④

두 조건 p, q의 진리집합을 각각 P, Q라 하면, p가 q이기 위한 충분조건이므로 두 진리집합 사이에 P$\subset$Q인 관계가 성립한다. $\rightarrow$ P$= \{2\}$이므로 $2 \in$ Q
$x = 2$가 이차방정식 $x^2 - a = 0$의 해이므로 $2^2 - a = 0 \rightarrow a = 4$이다. $a = 4$이면 $x^2 - 4 = 0$이고, 이

를 인수분해하면 $(x+2)(x-2)=0$에서 $x=-2$ 또는 $x=2$이므로 Q=$\{-2, 2\}$이다.

따라서 P=$\{2\}$이므로 P$\subset$Q임을 확인할 수 있다.

16 정답_①

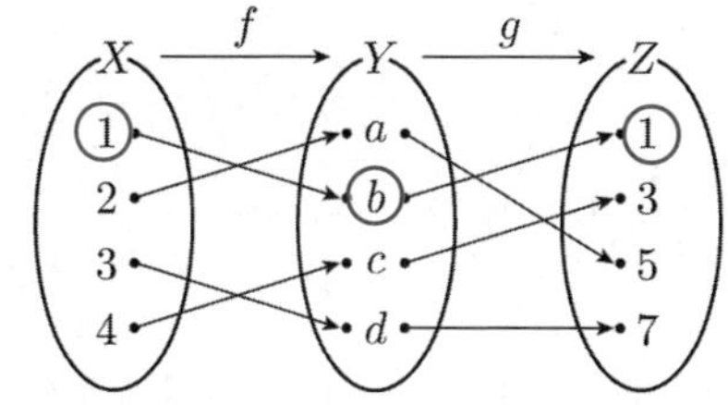

두 함수 $f : X \to Y$, $g : Y \to Z$에 대하여 합성함수 $g \circ f$는 $(g \circ f)(x) = g(f(x))$이므로 $(g \circ f)(1) = g(f(1)) = g(b) = 1$이다.

17 정답_②

$f(x) = y = 2x + 1$의 역함수 $f^{-1}(x)$는

$x = 2y + 1 \ \to \ y = \dfrac{1}{2}x - \dfrac{1}{2}$이므로

$f^{-1}(5) = \dfrac{1}{2} \times 5 - \dfrac{1}{2} = 2$이다.

18 정답_③

$y = \sqrt{x-2} + 4$의 그래프는 $y = \sqrt{x}$의 그래프를 x축으로 2만큼, y축으로 4만큼 평행이동한 것이다.
따라서 $a + b = 2 + 4 = 6$이다.

19 정답_④

4종류의 카드에서 서로 다른 3장의 카드를 택하여 일렬로 나열하는 경우의 수는

$_4\mathrm{P}_3 = \dfrac{4!}{(4-3)!} = 4 \times 3 \times 2 = 24$(가지)이다.

20 정답_③

세계 기록 유산 5개 중 서로 다른 2개를 선택하는 경우의 수는 $_5\mathrm{C}_2 = \dfrac{5 \times 4}{2 \times 1} = 10$(가지)이다.

▶2024년 1회◀

01	④	06	④	11	①	16	②
02	②	07	①	12	④	17	①
03	③	08	③	13	②	18	③
04	③	09	②	14	①	19	①
05	①	10	③	15	②	20	④

01 정답_④

$A + B = (3x^2 + x) + (x^2 + 3x)$
$\qquad = (3+1)x^2 + (1+3)x$
$\qquad = 4x^2 + 4x$

02 정답_②

항등식의 계수 비교법 적용
$x^2 + x + 3 = x^2 + ax + b$
$x = ax, \ a = 1$
$3 = b, \ b = 3$
$a + b = 1 + 3 = 4$

03 정답_③

$x - 1$로 나누었을 때의 몫을 $Q_{(x)}$, 나머지를 R이라 하면 $x^3 + 2x^2 + 2 = (x-1) \times Q_{(x)} + R$
$x = 1$ 대입
$1 + 2 + 2 = 0 + R \qquad \therefore \ R = 5$

04 정답_③

$(x+a)^3 = x^3 + 3x^2 + 3x + 1$에서

다른풀이 ① 항등식 $x = 0$ 대입

$\qquad a^3 = 0 + 0 + 0 + 1 \qquad a = 1$

다른풀이 ② 전개식

$(x+a)^3 = x^3 + 3 \times x^2 \times a + 3x \times a^2 + a^3$
$\qquad = x^3 + 3ax^2 + 3a^2x + a^3$에서

x^2의 계수 $3 = 3a$이므로, $a = 1$

05
정답_①

$z = 4 + 3i$일 때 $\overline{z} = 4 - 3i$이므로
$$\overline{z} = a + bi 의$$
실수부분 $a = 4$　　허수수분 $b = -3$
$a + b = 4 + (-3) = 1$

06
정답_④

$x^2 - ax + 3 = 0$의 두근 1,3이므로

다른풀이 ① 근과 계수의 관계
$$1 + 3 = -\frac{-a}{1} \qquad 4 = a$$

다른풀이 ② x^2의 계수가 1이고 두근 1,3인 이차방정식
$(x-1)(2-3) = 0,\ x^2 - 4x + 3 = 0$에서 $a = 4$

07
정답_①

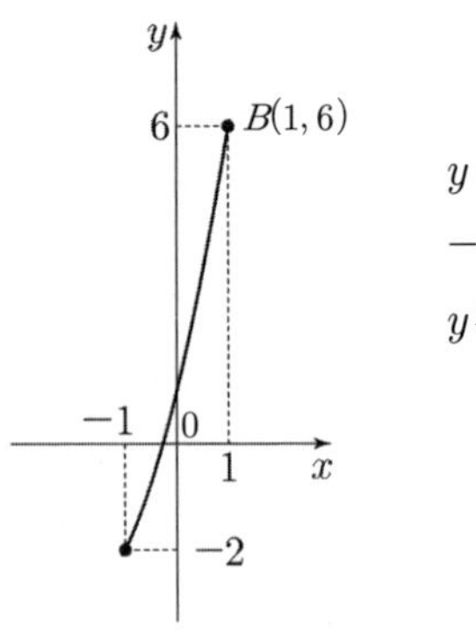

$y = x^2 + 4x + 1$의
$-1 \leq x \leq 1$에서의
y의 최솟값은 -2

08
정답_③

$x^4 + 2x - a = 0$의 한 근이 1이므로
$x = 1$ 대입
$1 + 2 - a = 0, \qquad a = 3$

09
정답_②

$$\begin{cases} 2x + y = 8 \cdots ㉠ \\ x^2 - y^2 = a \cdots ㉡ \end{cases}$$의 해가 $x = 3, y = b$이므로

㉠식에 대입하면
$2 \times 3 + b = 8, \qquad b = 8 - 6, \qquad b = 2$
$x = 3,\ y = 2$　㉡식 대입
$9 - 4 = a, \qquad \therefore a = 5$
$a + b = 5 + 2 = 7$

10
정답_③

$(x-2)(x-4) \leq 0$

다른풀이 ① $y = (x-2)(x-4)$는 x절편 : 2, 4인
아래로 볼록인 포물선 $y \leq 0$은 x의 범위
는 $2 \leq x \leq 4$이다

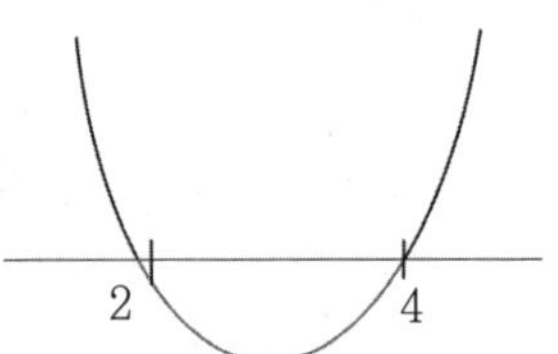

다른풀이 ② $(x-2) \times (x-4) \leq 0$이 부등식은
　㉠ $x - 2 \geq 0$이고 $x - 4 \leq 0$일 때
　　$x \geq 2$이고 $x \leq 4$

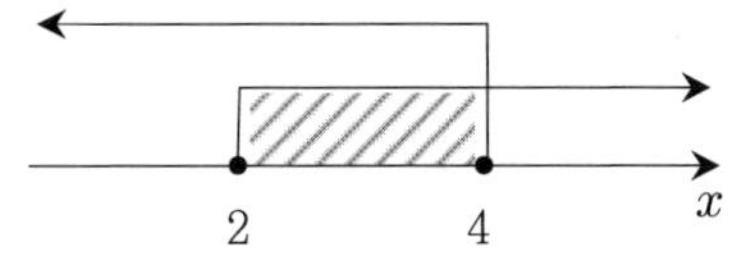

$$2 \leq x \leq 4$$

　㉡ $x - 2 \leq 0$이고　$x - 4 \geq 0$일 때
　　$x \leq 2$이고　　$x \geq 4$

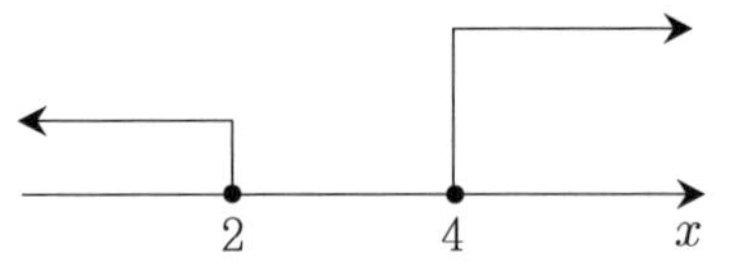

공동 범위는 없다

㉠ 또는 ㉡의 경우이므로
답 $2 \leq x \leq 4$

11
정답_①

$$2 : 3$$

다른풀이 ① A(1)　B(6)을 $2 : 3$ 내분점 공식이용
$$P\left(\frac{2 \times 6 + 3 \times 1}{2 + 3}\right) = P\left(\frac{12 + 3}{5}\right) = P(3)$$

다른풀이 ②

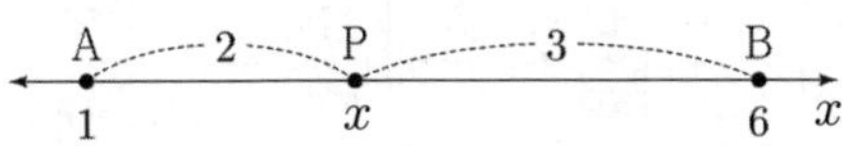

$$\overline{AP} : \overline{PB} = 2 : 3$$

$$(x-1) : (6-x) = 2 : 3$$

$$3(x-1) = 2(6-x)$$

$$3x - 3 = 12 - 2x$$

$$3x + 2x = 12 + 3$$

$$5x = 15$$

$$x = 3$$

12
정답_④

$y = x - 3$에 평행하므로 기울기(x 계수)는 1이다.

$y = x + b$가 $(0,4)$를 지나므로

$$4 = 0 + b \qquad b = 4$$

$$y = x + 4$$

13
정답_②

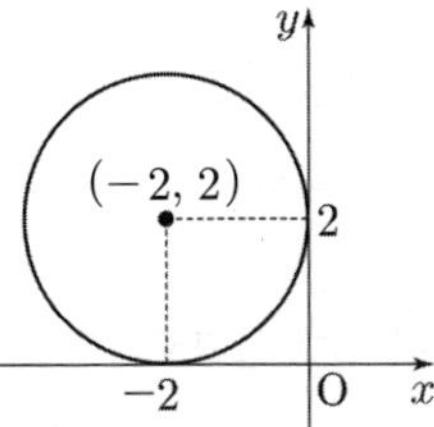

중심 $(-2, 2)$이고 반지름이 2이므로

$(x+2)^2 + (y-2)^2 = 2^2$이다.

14
정답_①

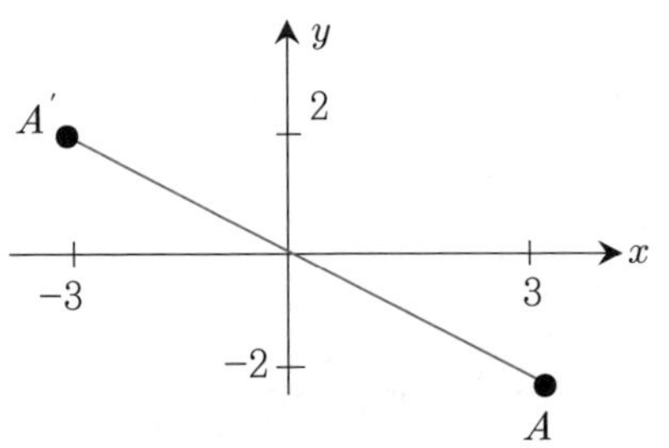

점 A$(3, -2)$를 원점 대칭이동한 점 A′의 좌표는 A′$(-3, +2)$이다.

15
정답_②

$A = \{1, 2, 3, 4\}$, $B = \{3, 4\}$ 에서

$A - B = \{1, 2\}$이다.

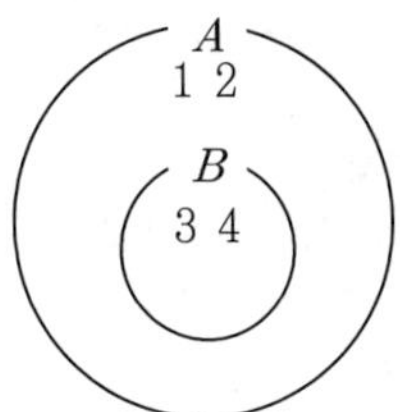

16
정답_②

$\sqcup = \{1, 2, 3, 4, 5, 6, 7, 8, 9\}$

$P : x$는 3의 배수의 진리집합 P라하면

$P = \{3, 6, 9\}$이다.

17
정답_①

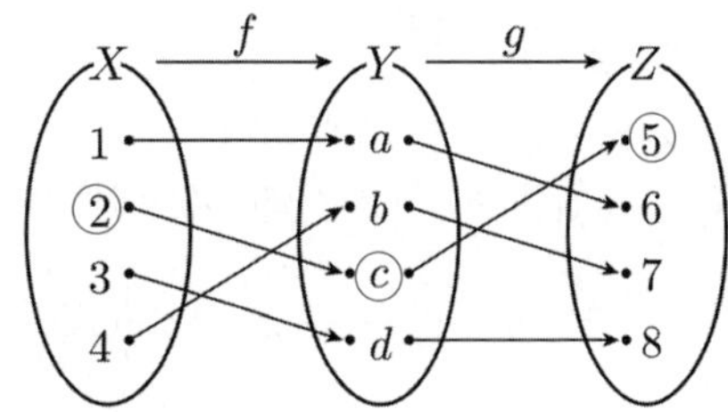

$$(g \circ f)(2)$$
$$= g(f(2))$$
$$= g(c)$$
$$= 5$$

18
정답_③

$y = \dfrac{1}{x-2} + 3$은

$y = \dfrac{1}{x}$의 그래프를 x축으로 $+2$, y축으로 $+3$ 평행이동한 그래프이다.

Tip x축으로 a만큼 평행이동 $x \rightarrow x-a$ 대입

y축으로 b만큼 평행이동 $y \rightarrow y-b$ 대입

$$y - b = \frac{1}{x-a}, \quad y = \frac{1}{x-a} + b \text{이다.}$$

19   정답_①

서로 다른 4개의 포스터에서 서로 다른 2개의 포스터를 상단 하단에 나열하는 경우의 수이므로 $_4P_2 = 4 \times 3 = 12$ 가지

상단   하단

원뿔 ⟨ 직육면체 / 원기둥 / 구   ,   직육면체 ⟨ 원뿔 / 원기둥 / 구

상단   하단

원기둥 ⟨ 원뿔 / 직육면체 / 구   ,   구 ⟨ 원뿔 / 직육면체 / 원기둥

20   정답_④

서로 다른 4종류의 수행 과제에서 순서에 상관없이 서로 다른 3종류의 수행 과제를 선택하는 경우의 수는

$$_4C_3 = \frac{4 \times 3 \times 2}{3 \times 2 \times 1} = 4 \text{가지}$$

`Tip` $_4C_3 = {}_4C_{4-3} = {}_4C_1$ 과 같다

즉 4가지에서 한가지를 선택하여 제외한다.

▶2023년 2회◀

01	③	06	④	11	③	16	②
02	②	07	④	12	②	17	①
03	①	08	①	13	①	18	②
04	③	09	④	14	④	19	④
05	②	10	③	15	③	20	①

01   정답_③

$$\begin{aligned} A + 2B &= (2x^2 + x) + 2(x^2 - 1) \\ &= 2x^2 + x + 2x^2 - 2 \\ &= (2+2)x^x + x - 2 \\ &= 4x^2 + x - 2 \end{aligned}$$

02   정답_②

수치대입법

$x = 2$ 대입

$(x-2)^x = 2^2 - 4 \times 2 + a$

$0 = 4 - 8 + a$

$0 = -4 + a$

$a = 4$

다른풀이

계수비교법

좌변 $(x-2)^2 = x^2 - 4x + 4$

우변 $= x^2 - 4x + a$

상수항이 서로 같아야 하므로

$a = 4$

03   정답_①

$x - 1$로 나누었을 때 몫을 $Q(x)$,

나머지를 r이라 하면

$x^3 - 3x^2 + 7 = (x-1) \times Q(x) + r$

양변에 $x = 1$ 대입

$1 - 3 + 7 = 0 + r$

$5 = r$

따라서 나머지는 5

04   정답_③

$f(x) = x^3 - 9x^2 + 27x + 27$

$$f(-3) = (-3)^3 + 9(-3)^2 + 27x(-3) + 27$$
$$= -27 + 81 - 81 + 27$$
$$= 0$$

$f(x)$는 $(x+3)$으로 나누어떨어진다.

$$\begin{array}{r|rrrr} -3 & 1 & 9 & 27 & 27 \\ & & -3 & -18 & -27 \\ \hline & 1 & 6 & 9 & 0 \end{array}$$

$$f(x) = (x+3)(x^2 + 6x + 9)$$
$$= (x+3) \times (x+3)^2$$
$$= (x+3)^3$$
$$a = 3$$

05   정답_②

$$i(2+i) = 2i + i^2$$
$$= 2i + (-1)$$
$$= -1 + 2i$$
$$a = -1$$

06   정답_④

두 수 2, 4를 근으로 하므로 $x = 2$ 대입할 때 등식이 성립한다.

$$2^2 - 6 \times 2 + a = 0$$
$$4 - 12 + a = 0$$
$$-8 + a = 0$$
$$a = 8$$

다른풀이

근과 계수의 관계 이용

$$2 \times 4 = \frac{a}{1}$$
$$8 = a$$

07   정답_④

$$y = -x^2 + x + 1$$
$$= -(x^2 - 4x + 4 - 4) + 1$$
$$= (x^2 - 4x + 4) + 4 + 1$$
$$= -(x-2)^2 + 5$$

$$f(0) \leq y \leq f(2)$$

최댓값은 $f(2) = 5$

08   정답_①

$x^4 - 3x^2 + a = 0$의 한 근이 2이므로

$x = 2$ 대입

$$2^4 - 3 \times 2^2 + a = 0$$
$$16 - 12 + a = 0$$
$$4 + a = 0$$
$$a = -4$$

09   정답_④

$$\begin{cases} x + 2y = 10 & \cdots \text{㉠} \\ x^2 + y^2 = a & \cdots \text{㉡} \end{cases}$$ 의 해가 $x = 2$, $y = b$이므로

㉠식에 대입

$$2 + 2 \times b = 10$$
$$2b = 10 - 2$$
$$2b = 8$$
$$b = 2$$

따라서 연립방정식의 근은

$x = 2$, $y = 4$이고,

㉡의 식에 대입

$$2^2 + 4^2 = a$$
$$4 + 16 = a$$
$$a = 20$$

$$a + b = 4 + 20 = 24$$

10   정답_③

$(x+1) \times (x-4) \leq 0$의 해는

$x + 1 \geq 0$이고 $x - 4 \leq 0$ $\cdots$ ㉠

또는
$x+1 \leq 0$이고 $x-4 \geq 0$ … ㉡
㉠식에서
$x+1 \geq 0$, $x \geq -1$이고
$x-4 \leq 0$, $x \leq 4$

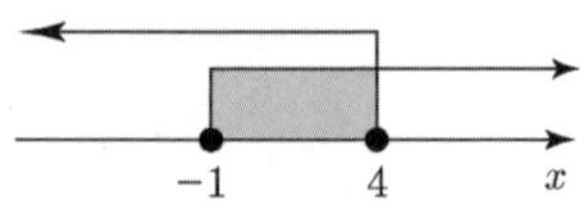

㉡식에서
$x+1 \leq 0$이고 $x \leq -1$이고
$x-4 \geq 0$이고 $x \leq 4$

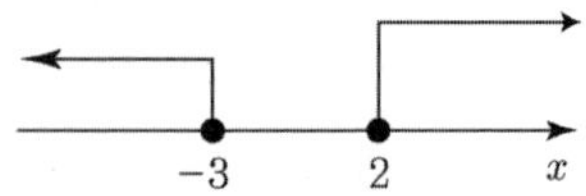

으로 공통부분이 없다.

11
정답_③
내분점 공식 이용

$$1 \ : \ 2$$
$$A(-1, 1) \qquad B(2, 4)$$

내분점 $\left(\dfrac{1 \times 2 + 2 \times (-1)}{1+2}, \ \dfrac{1 \times 4 + 2 \times 1}{1+2} \right)$

$= \left(\dfrac{2+(-2)}{3}, \ \dfrac{4+2}{3} \right)$

$= \left(\dfrac{0}{3}, \ \dfrac{6}{3} \right)$

$= (0, \ 2)$

12
정답_②
두 직선이 수직일 때 기울기의 곱은 -1이므로
구하는 직선의 식을 $y = mx + n$이라 하면
$y = x + 2$와 수직이므로
$1 \times m = -1$, $m = -1$
$y = -x + n$이고 점 $(4, 0)$을 지나므로
$0 = -4 + n$, $-n = -4$, $n = 4$
구하는 직선은
$y = -x + 4$

13
정답_①

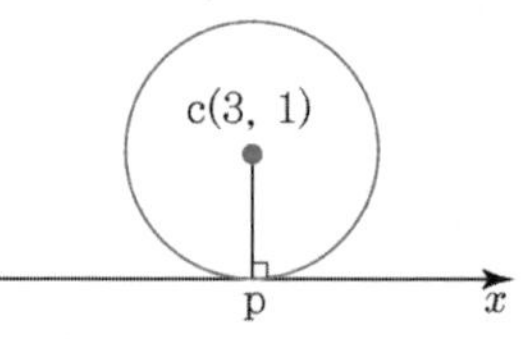

x축과 접하는 원의 반지름은
중심의 y좌표의 절댓값과 같으므로
중심 $c(3, 1)$이고 반지름은 1인 원이다.
$(x-3)^2 + (y-1)^2 = 1$

14
정답_④
$p(a, b)$를 $y = x$ 대칭한 점은 $p'(b, a)$이므로
$A(2, 3)$의 $y = x$ 대칭한 좌표 $A'(3, 2)$이다.

15
정답_③
$A = \{1, 3, 6\}$과 $B = \{3, 5, 6\}$의
$A \cap B$는 공통인 원소는 3과 6이므로
$A \cap B = \{3, 6\}$이다.
또는 벤다이어그램으로 나타내어 보면

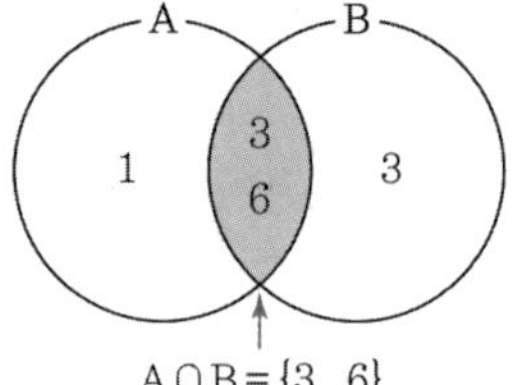

16
정답_②
전체집합 $U = \{1, 2, 3, 4, 5, 6\}$에서 조건 P
$P : x$는 짝수이다의 진리집합 $P = \{2, 4, 6\}$이다.

17
정답_①
주어진 함수 f의 역함수는

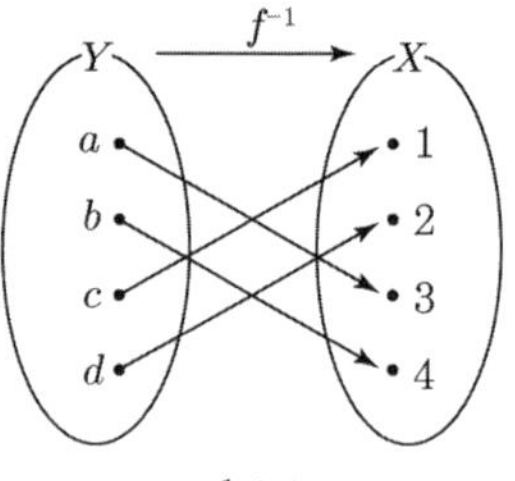

이므로 $f^{-1}(c) = 1$이다.

다른풀이

X에서 Y로의 함수 f에서

$f(1) = c$를 $f^{-1}(c) = 1$로 나타낸다.

18   정답_②

무리함수의 시작점을 비교하여 평행이동을 구한다.

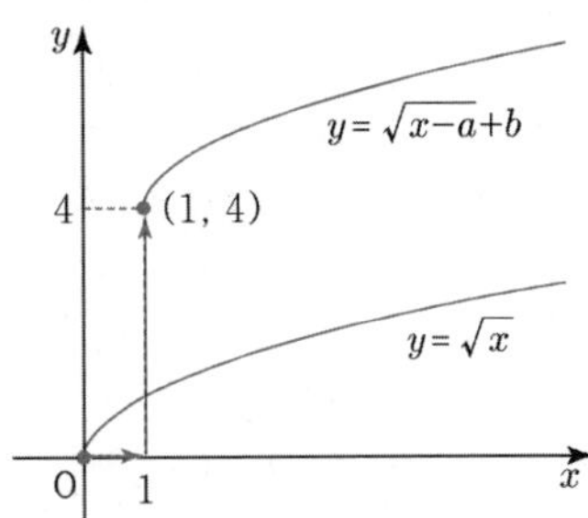

시작점이 $(0, 0)$에서 $(1, 4)$으로

x축으로 $+1$, y축으로 $+4$ 평행이동했다.

$y = \sqrt{x - a} + b$는 (a, b)가 시작점이므로

$(a, b) = (1, 4)$이다.

$a = 1$, $b = 4$

$a + b = 1 + 4 = 5$

19   정답_④

입구에서 쉼터로 가는 경우의 수가 4가지

쉼터에서 전망대로 가는 경우의 수가 2가지이므로

두 사건이 동시에 일어나는 경우의 수는

$4 \times 2 = 8$가지이다.

20   정답_①

서로 다른 6종류의 과일에서 서로 다른 2종류를 선택할 때 바나나와 귤을 선택하나 귤, 바나나를 선택하나 같은 경우이므로 조합니다.

$_6\mathrm{C}_2 = \dfrac{6 \times 5}{2 \times 1} = 15$

▶2023년 1회◀

01	④	06	④	11	③	16	③
02	①	07	①	12	④	17	①
03	③	08	①	13	②	18	②
04	②	09	②	14	②	19	③
05	①	10	④	15	②	20	④

01   정답_④

$A + B = (x^2 + 2x) + (2^2 - x)$

$\qquad = (x^2 + 2x^2) + (2x - x)$

$\qquad = 3x^2 + x$

02   정답_①

$x^2 + ax + 3 = x^2 + 5x + b$가

x에 대한 항등식이므로 계수를 비교한다.

$ax = 5x$, $a = 5$

$3 = b$, $b = 3$

$a - b = 5 - 3 = 2$

03   정답_③

$(x - 1)$로 나누었을 때의 몫과 나머지를 각각 $Q(x)$, R이라 하면

$2x^3 + 3x^2 - 1 = (x - 1) \times Q(x) + R$

$x = 1$ 대입하면

$2 + 3 - 1 = 0 + R$

$4 = R$

다른풀이

직접 나누어 보면

$$\begin{array}{r} 2x^2+5x+5 \\ x-1\overline{\smash{\big)}\,2x^3+3x^2+0x-1} \\ \underline{\ominus\ \ 2x^3-2x^2} \\ 5x^2+0x \\ \underline{\ominus\ \ 5x^2-5x} \\ 5x-1 \\ \underline{\ominus\ \ 5x-5} \\ +4 \end{array}$$

04 정답_②

$x^3-6x^2+12x-8=(x-a)^3$

$x=0$ 대입

$0-0+0-8=(-a)^3$

$-8=-a^3,\ a^3=8,\ a=2$

다른풀이

$f(x)=x^3-6x^2+12x-8$에서

$f(2)=8-24+24-8=0$이므로

$$\begin{array}{r}
2\ \underline{|\ \ 1\ \ -6\ \ \ 12\ \ -8} \\
\ \ \ \ 2\ \ -8\ \ +8 \\
2\ \underline{|\ \ 1\ \ -4\ \ \ \ 4\ |\ \ 0} \\
\ \ \ \ 2\ \ -4 \\
\ \ 1\ \ -2\ |\ \ 0
\end{array}$$

$f(x)=(x-2)(x-2)(x-2)$

$=(x-x)^3$으로 $a=2$

05 정답_①

켤레 복소수는 복소수 $z=5+4i$에서 허수부분인 4의 부호를 바꾼다.

$\overline{z}=5-4i$이므로 $a=5,\ b=-4$

$a+b=5+(-4)=1$

06 정답_④

$x^2-7x+a=0$의 두 근이 $3,\ 4$이므로 $x=3$ 대입한다.

$3^2-7\times3+a=0$

$9-21+a=0$

$a=12$

이차방식의 근과 계수의 관계를 이용하여 풀면

$3\times4=\dfrac{a}{1}$

$a=12$

07 정답_①

$-3\le x\le0$에서의 함숫값의 범위 $m\le f(x)\le M$일 때 m을 최솟값이라 한다.

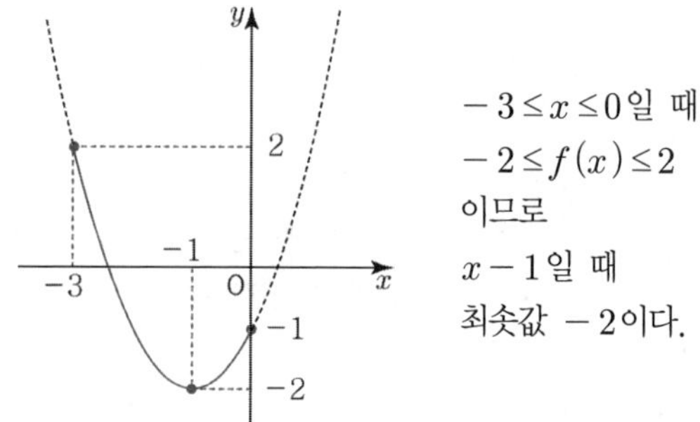

$-3\le x\le0$일 때

$-2\le f(x)\le2$

이므로

$x-1$일 때

최솟값 -2이다.

08 정답_①

x에 관한 방정식에서 미지수 x에 대입하여 등식이 성립할 때 근이라 한다.

$x=1$을 대입하면

$1^4+2\times1^2+a=0$

$1+2+a=0$

$a=-3$

09 정답_②

$\begin{cases} x+y=6 & \cdots\ \text{㉠} \\ xy=a & \cdots\ \text{㉡} \end{cases}$ 의 해가 $x=4,\ y=b$이므로

㉠식에 대입

$4+b=6\ \therefore\ b=2$

$x=4,\ y=2$를 ㉡식에 대입

$4\times2=a\cdot\ a=8$

$a+b=8+2=10$

10

정답_④

$(x+3) \times (x-2) \geq 0$

i) $x+3 \geq 0$이고 $x-2 \geq 0$일 때

$x \geq -3$이고 $x \geq 2$

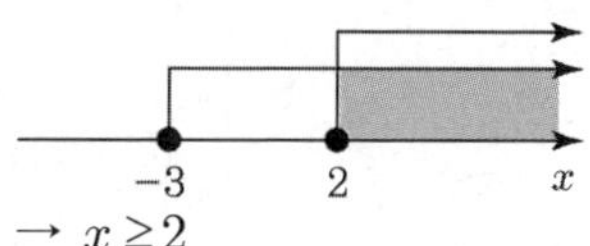

$\rightarrow x \geq 2$

ii) $x+3 \leq 0$이고 $x-2 \leq 0$일 때

$x \leq -3$이고 $x \leq 2$

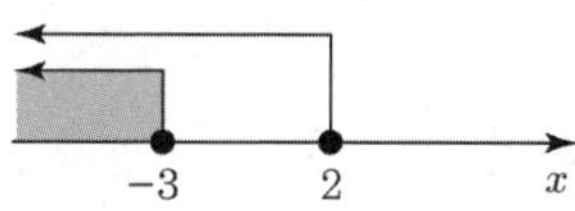

$\rightarrow x \leq -3$

i) 또는 ii)이므로 $x \leq -3$ 또는 $x \geq 2$

다른풀이

$y=(x+3)(x-2)$에서

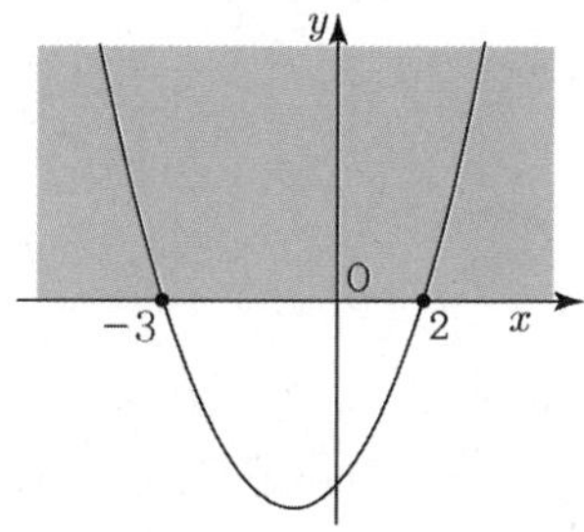

$\rightarrow y \geq 0$

$y \geq 0$인 x의 범위는 $x \leq -3$ 또는 $x \geq 2$이다.

11

정답_③

$\overline{AB}$의 $3 : 1$의 내분점을 $P(x)$라 하면

$\overline{AB} : \overline{PB} = 3 : 1$

$(x-1) : (5-x) = 3 : 1$

$(x-1) \times 1 = (5-x) \times 3$

$x-1 = 15-3x$

$x+3x = 15+1$

$4x = 16, \ x = 4$

다른풀이

공식 이용

$$3 \quad : \quad 1$$
$$A(1) \qquad B(5)$$

$P(x)$의 $x = \dfrac{3 \times 5 + 1 \times 1}{3+1} = \dfrac{16}{4} = 4$

12

정답_④

구하고자 하는 직선의 방정식을

$y = ax+b$라 하면

기울기 $a=3$이고 $(-2, 1)$을 지나므로

$y = 3x+b$에 $x=-2$, $y=1$을 대입하면

$1 = 3 \times (-2) + b$

$\therefore \ b = 7$

직선식은

$y = 3x+7$

13

정답_②

주어진 그림에서 중심 $(2, 1)$이고, y축에 접하므로

반지름 $= |$중심의 x좌표$|$

반지름 $= 2$이다.

원의 방정식은

$(x-2)^2 + (y-1)^2 = 2^2$

14

정답_②

점 $A(2, 4)$의 y축 대칭은 $A'(-2, 4)$

15

정답_②

두 집합 A와 B가 같으므로 집합 A의 원소인 5가 집합 B의 원소이다.

$5 \neq 1$, $5 \neq 3$이므로

$5 = a+1$, $a = 4$

16

정답_③

명제 : <u>평행사변형이면</u> <u>사다리꼴이다.</u>

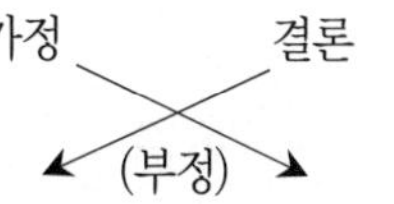

대우 : 사다리꼴이 아니면 평행사변형이 아니다.

17

정답_①

주어진 그림에서
$f(3) = c$이고, $g(c) = 5$이다.
$(g \circ f)(3) = g(f(3)) = g(c) = 5$
$\therefore (g \circ f)(3) = 5 = 1$이다.

다른풀이

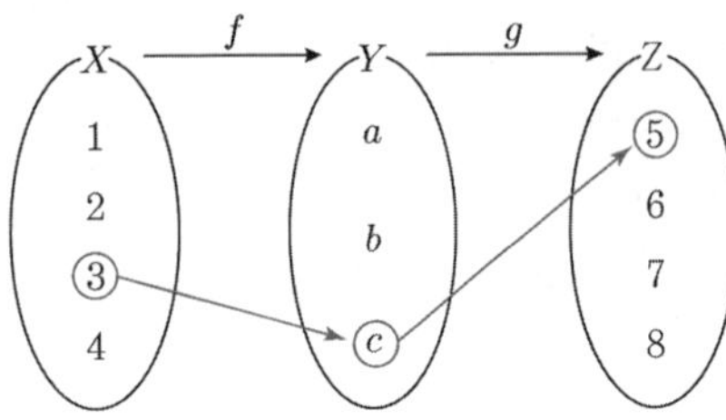

18

정답_②

$y = f(x)$에서
x축으로 $+p$, y축으로 $+q$만큼 평행이동한 식은
x를 $x-p$로, y를 $y-q$로 대입한
$y - q = f(x - p)$
$y = f(x - p) + q$이다.

$y = \dfrac{1}{x-2} - 1$

$y + 1 = \dfrac{1}{x-2}$은

$y = \dfrac{1}{x}$ 그래프를

x축으로 $+2$, y축으로 -1만큼 평행이동했다.
$a = 2$, $b = 1$이고
$a + b = 2 + (-1) = 1$

19

정답_③

서로 다른 3명의 수학자에서 2명을 선택하여 1면과 2면에 싣는 경우의 수는 $_3\mathrm{P}_2 = 3 \times 2 = 6$가지이다.
수형도로 나타내 보면,

데카르트 $\langle$ 오일러, 가우스   오일러 $\langle$ 데카르트, 가우스

가우스 $\langle$ 데카르트, 오일러   의 경우로 총 6가지

20

정답_④

서로 다른 수학 진로 선택 4과목에서 서로 다른 2과목을 선택하는 것은 기하, 실용수학을 선택하는 경우와 실용수학, 기하를 선택하는 경우가 같으므로 조합의 개념이다.

$_4\mathrm{C}_2 = \dfrac{4 \times 3}{2 \times 1} = 6$

기하 $\langle$ 실용수학, 경제수학, 수학과제 탐구

실용수학 $\langle$ 경제수학, 수학과제 탐구

경제수학$-$수학과제 탐구의 총 6가지

▶2022년 2회◀

01	③	06	④	11	②	16	④
02	③	07	③	12	②	17	①
03	④	08	②	13	③	18	③
04	①	09	④	14	①	19	④
05	②	10	①	15	②	20	②

01
정답_③

$$A - B = (2x^2 + x) - (x + 1)$$
$$= 2x^2 + x - x - 1$$
$$= 2x^2 - 1$$

02
정답_③

$x^2 + ax - 2 = x^2 + 5x + b$

x에 대한 항등식이므로 좌변과 우변의 동류항을 비교하면

$ax = 5x$, $a = 5$, $b = -2$

$\therefore a + b = 5 + (-2) = 3$

다른풀이

x의 값에 어떤 수를 대입해도 등식이 성립하므로

$x = 0$을 대입하면

$0 + 0 - 2 = 0 + 0 + b$, $b = -2$

$x = 1$을 대입하면

$1^2 + a \times 1 - 2 = 1^2 + 5 + (-2)$

$a - 1 = 4$, $a = 5$

$\therefore a + b = 5 + (-2) = 3$

03
정답_④

몫과 나머지를 각각 $Q(x)$, R라 하면

$x^3 + 3x + 4 = (x-1)Q(x) + R$인 항등식으로 나타낼 수 있다.

$x = 1$을 대입하면

$1^3 + 3 + 4 = 0 + R$, $R = 8$

04
정답_①

$(x + a)^3$을 전개하면

$$= x^3 + 3 \times x^2 \times a + 3 \times x \times a^2 + a^3$$
$$= x^3 + 3ax^2 + 3a^2x + a^3$$

좌변과 우변의 동류항을 비교하면

$6x^2 = 3ax^2$, $3a = 6$, $a = 2$

다른풀이

$x^3 + 6x^2 + 12x + 8 = (x + a)^3$

이 x에 대한 항등식이므로

$x = 0$을 대입하면

$0 + 0 + 0 + 8 = a^3$

$a = 2$

05
정답_②

복소수 $z = 3 - 2i$의 켤레복소수는 $\bar{z} = 3 + 2i$

$3 + 2i = 3 + ai$이므로 $a = 2$

06
정답_④

$ax^2 + bx + c = 0$의 두 근을 α, β라 하면

$$\alpha + \beta = -\frac{b}{a}, \ \alpha\beta = \frac{c}{a}$$

$x^2 + 5x + 4 = 0$의 두 근 α, β의 곱인

$$\therefore \alpha\beta = \frac{4}{1} = 4$$

다른풀이

$x^2 + 5x + 4 = 0$

$x \quad\quad +1$

$x \quad\quad +4$

$(x + 1)(x + 4) = 0$

$x = -1$ 또는 $x = -4$

두 근의 곱 $= (-1) \times (-4) = 4$

07
정답_③

제한된 범위 $-1 \le x \le 2$에서 최댓값은 꼭짓점인

$x = 1$일 때 $f(1) = 3$이다.

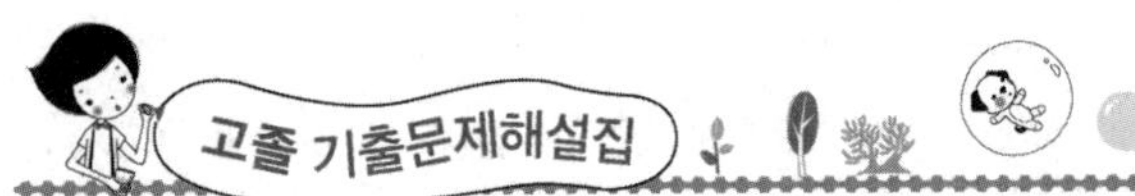

08 정답_②

$x^3 + ax^2 - 3x - 2 = 0$의 한 근이 1이므로 $x = 1$을 대입하면 등식이 성립한다.

$1 + a - 3 - 2 = 0$, $a - 4 = 0$, $a = 4$

09 정답_④

$\begin{cases} x + y = 4 & \cdots \ \text{㉠} \\ x^2 - y^2 = a & \cdots \ \text{㉡} \end{cases}$ 의 해가 $x = 3$, $y = b$이므로

㉠식에 대입하면

$3 + b = 4$, $b = 4 - 3 = 1$

$x = 3$, $y = 1$을 ㉡식에 대입하면

$3^2 - 1^2 = a$, $a = 8$

$\therefore a + b = 8 + 1 = 9$

10 정답_①

$|x - 3| \leq 3$

i) $x \geq 3$일 때 $x - 3 \leq 3$, $x \leq 6$

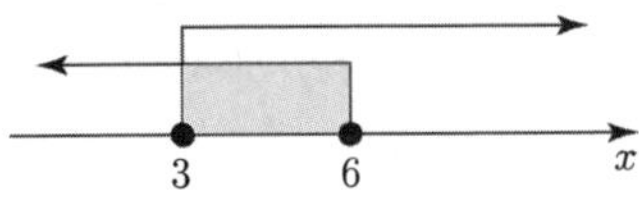

$\rightarrow 3 \leq x \leq 6$

ii) $x < 3$일 때 $-(x - 3) \leq 3$

$\quad -x + 3 \leq 3$, $-x \leq 0$, $x \geq 0$

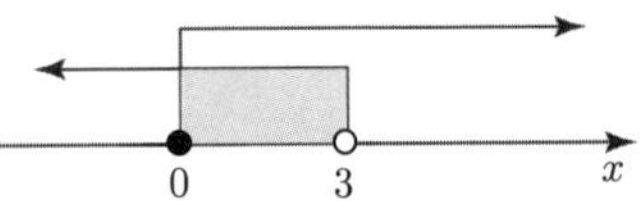

$\rightarrow 0 \leq x < 3$

i) 또는 ii)이므로 $0 \leq x \leq 6$

$\therefore a = 0$

다른풀이

$|x| \leq k$의 해는 $-k \leq x \leq k$이므로

$|x - 3| \leq 3$

$-3 \leq x - 3 \leq 3$에 3을 더하면

$-3 + 3 \leq x \leq 3 + 3$, $0 \leq x \leq 6$

$\therefore a = 0$

11 정답_②

A$(-3, -2)$, B$(1, 4)$에서

$\overline{AB}$의 중점을 M이라 하면

$M\left(\dfrac{-3 + 1}{2}, \dfrac{-2 + 4}{2}\right) = M(-1, 1)$이다.

12 정답_②

$y = x - 1$에 수직인 기울기를 m이라 하면 기울기의 곱이 -1이다.

$1 \times m = -1$, $m = -1$

기울기가 -1이고, $(0, 3)$을 지나는 직선식은

$y - 3 = -1(x - 0)$

$\therefore y = -x + 3$

13 정답_③

중심이 $(3, -1)$이고 반지름이 r인 원의 방정식은

$(x - 3)^2 + (y + 1)^2 = r^2$이고 원점 $(0, 0)$을 지나므로

$(0 - 3)^2 + (0 + 1)^2 = r^2$

$9 + 1 = r^2$, $r^2 = 10$

$\therefore (x - 3)^2 + (y + 1)^2 = 10$

14 정답_①

점에 대한 평행이동이므로

점 $(3, 4)$를

x축의 방향으로 -1만큼 평행이동하면 $3 - 1 = 2$

y축의 방향으로 -3만큼 평행이동하면 $4 - 3 = 1$

$\therefore (2, 1)$

15 정답_②

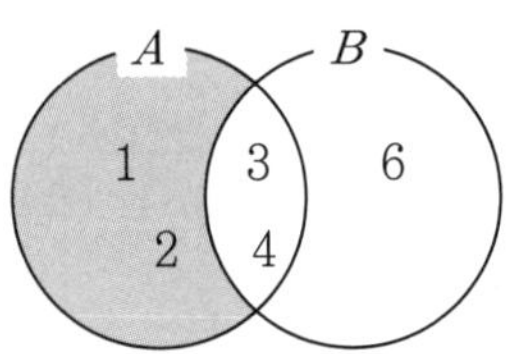

$A - B = \{1, 2\}$

$n(A - B) = 2$

16

정답_④

명제 $p \to q$의 대우는 $\sim q \to \sim p$이므로
명제 '$x=2$이면 $x^3=8$이다.'의 대우는
'$x^3 \neq 8$이면 $x \neq 2$이다.'

17

정답_①

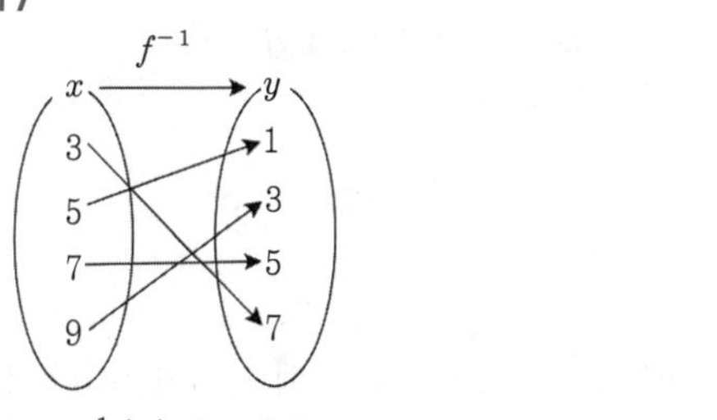

$\therefore f^{-1}(5)=1$이다.

다른풀이

$f(1)=5$는 $f^{-1}(5)=1$이다.

18

정답_③

$y=\dfrac{1}{x-1}$은 $y=\dfrac{1}{x}$의 그래프를 x의 방향으로 $+1$
만큼 평행이동한 것이다.
$\therefore a=1$

19

정답_④

4점의 작품 중에서 서로 다른 3점의 작품을 택하여 나
열하는 경우의 수는
$$_4P_3 = 4 \times (4-1) \times (4-2)$$
$$= 4 \times 3 \times 2 = 24$$

20

정답_②

5개의 방과 후 프로그램 중에서 서로 다른 3개의 프로
그램을 선택하는 경우의 수는
$$_5C_3 = \frac{5 \times 4 \times 3}{3 \times 2 \times 1} = 10$$

▶2022년 1회◀

01	④	06	①	11	④	16	①
02	②	07	③	12	②	17	①
03	③	08	①	13	④	18	③
04	③	09	②	14	④	19	②
05	④	10	③	15	③	20	①

01

정답_④

$$A + B = (x^2 + 2x) + (2x^2 - 1)$$
$$= x^2 + 2x + 2x^2 - 1$$
$$= (1 + 2)x^2 + 2x - 1$$
$$= 3x^2 + 2x - 1$$

02

정답_②

$$(x + 1)(x - 1) = x^2 + a$$

x에 대한 항등식이므로 x에 어떤값을 대입해도 항상
성립한다. $x=1$을 대입하면
$$0 = 1^2 + a \qquad\qquad \therefore a = -1$$

다른풀이

좌변을 전개하면 $x^2 - 1$이고 우변 $x^2 + a$와 같으므로
상수항 $-1 = a$이다.

03

정답_③

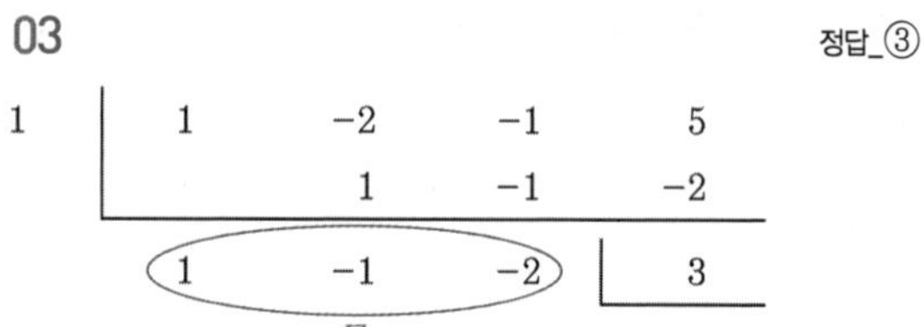

몫 $x^2 - x - 2$

04

정답_③

$$f_{(x)} = x^3 - 9x^2 + 27x - 27$$
$$f_{(3)} = 3^3 - 9 \times 3^2 + 27 \times 3 - 27$$
$$= 27 - 81 + 81 - 27 = 0$$
$$f_{(x)} \text{는 } (x-3)\text{의 인수를 갖고 있다.}$$

$$\begin{array}{r|rrrr} 3 & 1 & -9 & 27 & -27 \\ & & 3 & -18 & 27 \\ \hline & 1 & -6 & 9 & 0 \end{array}$$

$= (x-3)(x^2 - 6x + 9)$

$= (x-3)^3 \qquad\qquad \therefore a = 3$

다른풀이

$(x-a)^3 = x^3 - 9x^2 + 27x - 27$에서

$(x-a)^3 = x^3 - 3 \times x^2 \times a + 3 \times x \times a^2 - a^3$에서

$\qquad\quad = x^3 - 3ax^2 + 3a^2x - a^3$

$-3ax^2 = -9x^2$이므로

$a = 3$이다.

05 정답_④

$i^2 = -1$이므로

좌변 $2 - i + i^2 = 2 - i - 1 = 1 - i$

$1 - i = a - i$이고,

복소수의 실수부분이 같으므로 $1 = a$

06 정답_①

$x^2 + 3x - 4 = 0$의 두 근이 α, β이므로

근과 계수의 관계를 이용하면

$\alpha + \beta = -\dfrac{3}{1} = -3$

다른풀이

$x^2 + 3x - 4 = 0$

$(x + 4)(x - 1) = 0$이므로

$x = -4$ 또는 $x = 1$이다.

07 정답_③

제한된 범위 $0 \le x \le 2$에서 이차함수가 증가하므로

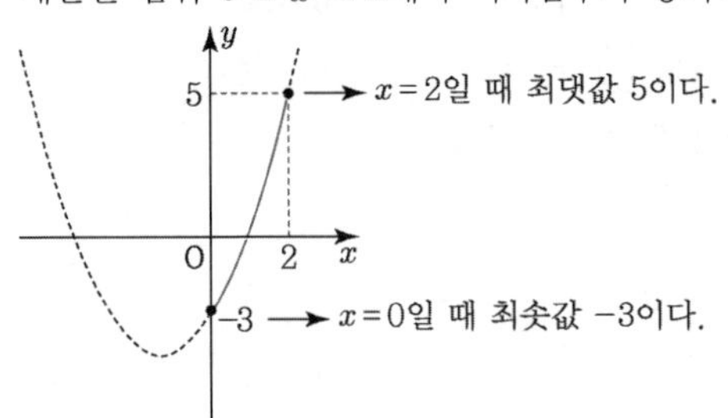

08 정답_①

한 근이 2이므로 $x = 2$를 대입할 때 등식이 성립한다.

$x^3 - 2x + a = 0$에 $x = 2$를 대입하면

$2^3 - 2 \times 2 + a = 0$

$8 - 4 + a = 0$

$\qquad 4 + a = 0$

$\therefore a = -4$

09 정답_②

$\begin{cases} x + y = 3 & \cdots \ ㉠ \\ x^2 - y^2 = a & \cdots \ ㉡ \end{cases}$의 해가 $x = 2$, $y = b$이므로

㉠식에 대입하면 $2 + b = 3$, $b = 1$이고

$\therefore b = 1$

$x = 2$, $y = 1$을 ㉡식에 대입하면 $2^2 - 1^2 = a$

$\therefore a = 3$

$a + b = 3 + 1 = 4$

10 정답_③

$(x + 3)(x - 1) \le 0$은

㉠ $x + 3 \ge 0$이고 $x - 1 \le 0$ 또는 ㉡ $x + 3 \le 0$이고 $x - 1 \ge 0$이다.

㉠ $x + 3 \ge 0$이고 $x - 1 \le 0$

$\qquad x \ge -3$이고 $x \le 1$

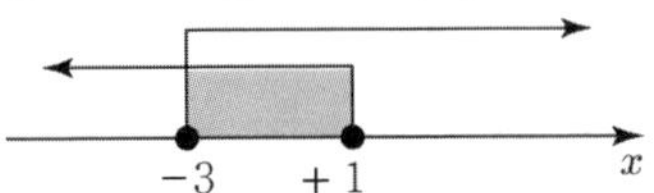

ⓛ $x + 3 \leq 0$이고 $x - 1 \geq 0$

　　$x \leq -3$이고 $x \geq 1$

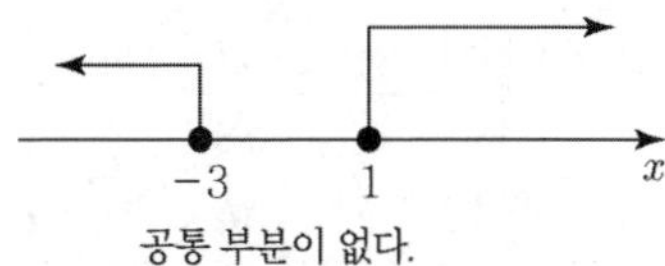

공통 부분이 없다.

㉠ 또는 ⓛ에서 부등식의 해는 $-3 \leq x \leq 1$

다른풀이

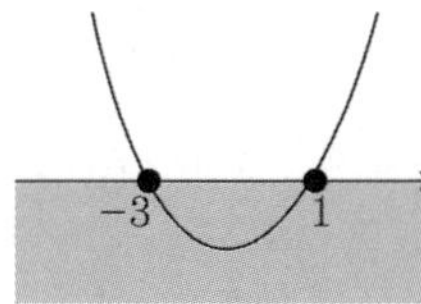

$y = (x + 3)(x - 1)$에서

x절편 $(-3, 0)$, $(1, 0)$이고

$y \leq 0$ 부분은

$-3 \leq x \leq 1$일 때이다.

11　　　　　　　　정답_④

$A(1, 2)$, $B(3, -4)$의 중점을 M이라 하면

$M(\dfrac{1 + 3}{2}, \dfrac{2 - 4}{2}) = M(2, -1)$이다.

12　　　　　　　　정답_②

구하는 직선을 $y = ax + b$라 하면

$y = -2x + 5$와 평행하므로 $a = -2$이고 $b \neq 5$이다.

$y = -2x + b$에서 $(0, 1)$을 지나므로

$x = 0$, $y = 1$을 대입하면

$1 = -2 \times 0 + b$　　　$\therefore b = 1$

구하는 직선 $y = -2x + 1$

13　　　　　　　　정답_④

중심 $C(2, 1)$로부터 반지름(거리)이 3인 점들을 $P(x,$ $y)$라 하면 $\overline{CP} = 3$이고 $\overline{CP}^2 = 3^2$

$(x - 2)^2 + (y - 1)^2 = 3^2$이 된다.

14　　　　　　　　정답_④

점 $A(-2, 1)$

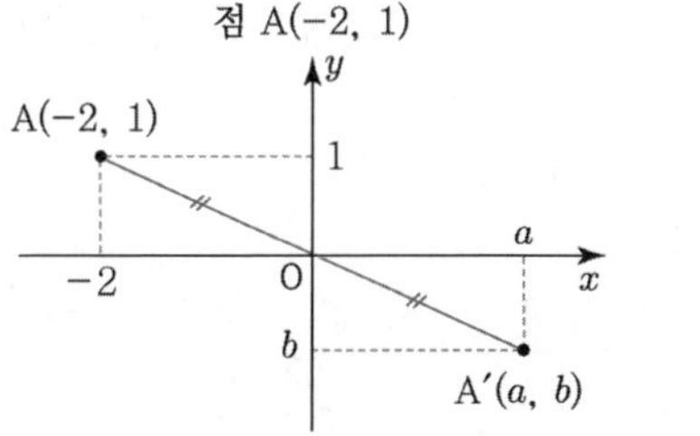

$A(-2, 1)$과 $A'(a, b)$의 중점이 O이므로

$(-\dfrac{2 + a}{2}, \dfrac{1 + b}{2}) = (0, 0)$

$\dfrac{-2 + a}{2} = 0$, $-2 + a = 0$　　$\therefore a = 2$

$\dfrac{1 + b}{2} = 0$, $1 + b = 0$　　　$\therefore b = -1$

$A'(2, -1)$

※ 참고 : $P(a, b)$의 원점 대칭은 $P'(-a, -b)$이다.

15　　　　　　　　정답_③

$A - B = \{1, 3, \cancel{4}, 5\} - \{2, \cancel{4}\} = \{1, 3, 5\}$

다른풀이

벤다이어그램으로 나타내면,

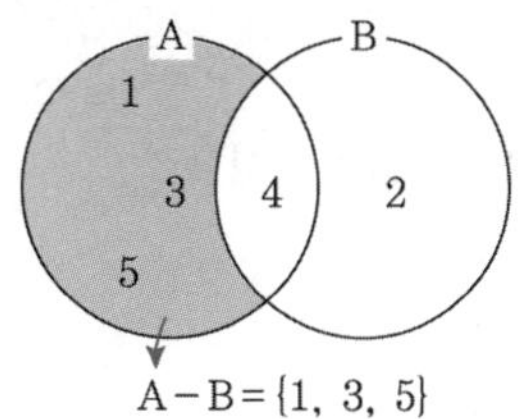

$A - B = \{1, 3, 5\}$

16　　　　　　　　정답_①

명제 : 정삼각형이면 이등변삼각형이다.

　　　　가정　　　　　　결론

역 : 이등변삼각형이면 정삼각형이다.

17　　　　　　　　정답_①

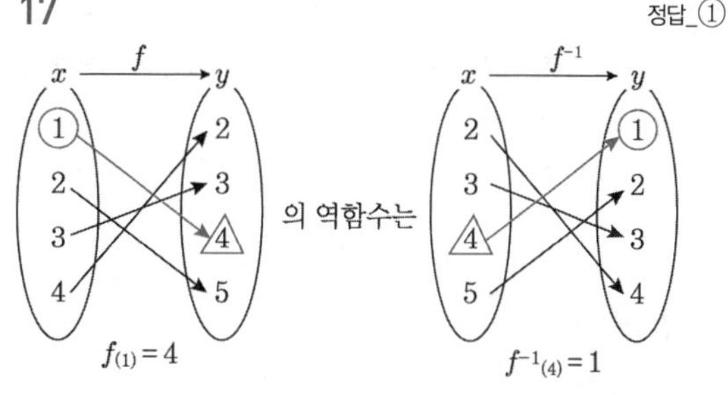

18

정답_③

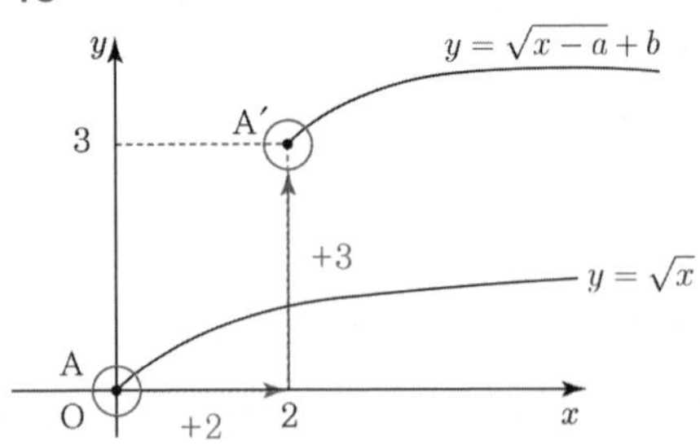

$y = \sqrt{x-a} + b$ 와 $y = \sqrt{x}$ 의 시작점을 비교해 보면
A$(0, 0)$ → A$'(2, 3)$으로 x축으로 2만큼, y축으로 3만큼 평행이동했다.
$a = 2$, $b = 3$
$a + b = 2 + 3 = 5$

19
정답_②

서로 다른 세 장소를 나열하는 경우의 수이므로
$_3\mathrm{P}_3 = 3! = 3 \times 2 \times 1 = 6$
수형도로 나타내면 다음과 같다.

놀이공원 ― 한옥마을 ― 미술관
　　　　　 ― 미술관 ― 한옥마을

한옥마을 ― 놀이공원 ― 미술관
　　　　　 ― 미술관 ― 놀이공원

미술관 ― 놀이공원 ― 한옥마을
　　　　 ― 한옥마을 ― 놀이공원

20
정답_①

서로 다른 4종류의 꽃에서 서로 다른 3종류를 선택하는 경우의 수는 $_4\mathrm{C}_3$과 같다.
(순서에 상관없이 뽑기만 하므로 조합임을 알 수 있다.)
$$_4\mathrm{C}_3 = \frac{4 \times 3 \times 2}{3 \times 2 \times 1} = 4$$
(※ 참고 : $_4\mathrm{C}_3 = {}_4\mathrm{C}_{4-3} = {}_4\mathrm{C}_1$)
(백합, 장미, 튤립), (백합, 장미, 프리지아)
(백합, 튤립, 프리지아), (장미, 튤립, 프리지아)로
총 4가지이다.

▶2021년 2회◀

01	④	06	③	11	③	16	③
02	②	07	①	12	④	17	④
03	①	08	②	13	④	18	②
04	④	09	①	14	③	19	①
05	①	10	①	15	①	20	②

01
정답_④

$A - B = (2x^2 + x) - (x^2 - x)$
$\qquad = 2x^2 + x - x^2 + x$
$\qquad = (2-1)x^2 + (1+1)x$
$\qquad = x^2 + 2x$

02
정답_②

(1) 계수비교법
$x^2 + 3x - 7 = x^2 + ax + b$
$3x = ax$에서 $a = 3$
$-7 = b$에서 $b = -7$
$a + b = 3 + (-7) = -4$

(2) 수치 대입법
$x = 0$ 대입하면
$0 + 0 - 7 = 0 + 0 + b \qquad \therefore b = -7$
$x = 1$ 대입하면
$1 + 3 - 7 = 1 + a - 7$
$\qquad -3 = a - 6$
$\qquad -a = -6 + 3$
$\qquad -a = -3 \qquad\qquad \therefore a = 3$
$a + b = 3 + (-7) = -4$

03
정답_①

$x^3 - 2x + a$를 $x - 1$로 나누었을 때 몫을 $Q_{(x)}$이라 하면
$x^3 - 2x + a = (x-1)Q_{(x)}$이고,
$x = 1$을 대입하면
$1 - 2 + a = 0$
$-1 + a = 0$
$\therefore a = 1$

04
정답_④

공식 $a^3 + b^3 = (a+b)(a^2 - ab + b^2)$

$x^3 + 3^3 = (x+3)(x^2 - 3x + 9)$이므로

$x^2 - 3x + 9 = x^2 - 3x + a$ 에서 $a = 9$

05
정답_①

복소수의 상등 $a + bi = x + yi$ $(a, b, x, y$는 실수$)$

$\qquad a = x$이고 $b = y$이다.

$i(1 + 2i) = i + 2i^2 = i - 2 = -2 + i$이므로

$-2 + i = a + i$에서 $a = -2$

06
정답_③

근과 계수의 관계

$ax^2 + bx + c = 0$의 두 근 α, β일 때

$\alpha + \beta = -\dfrac{b}{a}$, $\alpha \times \beta = \dfrac{c}{a}$

$x^2 - 4x - 5 = 0$에서 $\alpha + \beta = -\dfrac{-4}{1} = 4$

다른풀이

$x^2 - 4x - 5 = 0$

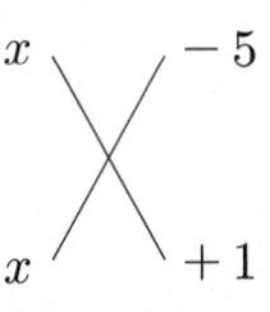

$(x+1)(x-5) = 0$에서

$x = -1$ 또는 $x = 5$이므로

두 근의 합 $= -1 + 5 = 4$

07
정답_①

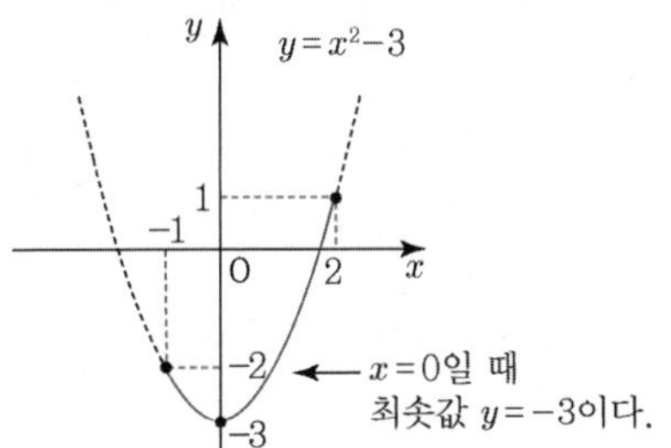

08
정답_②

$x^3 + ax^2 - 2x - 1 = 0$의 한 근이 1이므로

$x = 1$ 대입하면 등식이 성립한다.

$1 + a - 2 - 1 = 0 \qquad a - 2 = 0$

$\therefore a = 2$

09
정답_①

$\begin{cases} 3x < 2x + 5 & \cdots \ \text{㉠} \\ 4x > 3x - 1 & \cdots \ \text{㉡} \end{cases}$

㉠의 부등식을 푼다. $\qquad 3x < 2x + 5$

$3x - 2x < 5 \qquad\qquad \therefore x < 5 \ \cdots \ \text{㉢}$

㉡의 부등식을 푼다. $\qquad 4x > 3x - 1$

$4x - 3x > -1 \qquad\qquad \therefore x > -1 \ \cdots \ \text{㉣}$

㉢과 ㉣의 공통범위를 구한다.

$\therefore -1 < x < 5 \qquad\qquad a = 5$

10
정답_①

$|x - 2| \leq 2$

$-2 \leq x - 2 \leq 2 \qquad\qquad$ 양변에 $+2$ 더한다.

$-2 + 2 \leq x \leq 2 + 2$

$\therefore 0 \leq x \leq 4 \qquad\qquad a = 4$

11
정답_③

$\mathrm{A}(-2, 1)$, $\mathrm{B}(2, 4)$ 사이의 거리

$\overline{\mathrm{AB}} = \sqrt{(2+2)^2 + (4-1)^2}$

$\qquad = \sqrt{4^2 + 3^2}$

$\qquad = \sqrt{16 + 9}$

$\qquad = \sqrt{25} = 5$

12
정답_④

구하는 직선을 $y = ax + b$라 하면

$y = 2x + 3$에 평행하므로 $a = 2$이고

$y = 2x + b$가 점$(0, 6)$을 지나므로

$6 = 2 \times 0 + b, \qquad\qquad b = 6$

$\therefore y = 2x + 6$

13
정답_④

A$(-1, -1)$과 B$(3, 3)$을 지름의 양 끝점으로 하므로
$\overline{AB}$ 중점이 원의 중심이다.
원의 중심을 점 C라 하면
$$C\left(\frac{-1+3}{2}, \frac{-1+3}{2}\right)$$
$= C(1, 1)$이고
반지름 $= \overline{AC} = \sqrt{(1+1)^2 + (1+1)^2}$
$= \sqrt{2^2 + 2^2} = \sqrt{8}$
따라서 중심이 $(1, 2)$이고 반지름의 길이가 $\sqrt{8}$인
원의 방정식은
$(x-1)^2 + (y-1)^2 = 8$이다.

14
정답_③

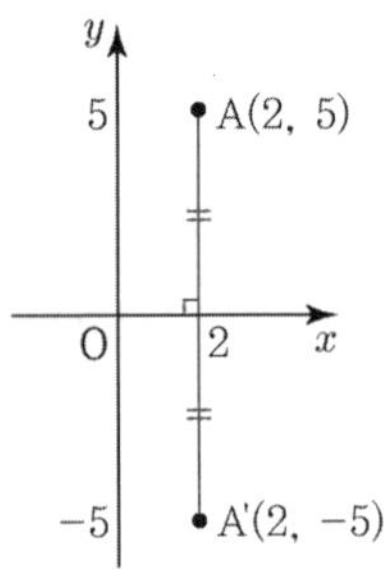

15
정답_①

벤다이어그램으로 나타내면

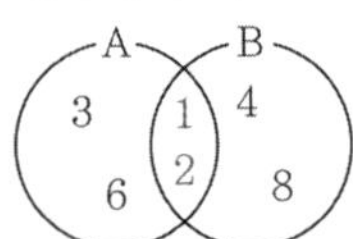

$A \cap B = \{1, 2\}$이므로
$n(A \cap B) = 2$

16
정답_③

명제 p이면 q이다.
역 q이면 p이다.
$x = 1$이면 $x^3 = 1$이다의
역 $x^3 = 1$이면 $x = 1$이다.

17
정답_④

주어진 함수관계에서 $f(2) = 3$, $f(3) = 4$이므로
$(f \circ f)(2) = f(f(2)) = f(3) = 4$이다.

18
정답_②

$y = \dfrac{1}{x}$의 그래프의 대칭점은 $(0, 0)$이고
두 점근선의 방정식이 $x = 0$, $y = 0$이다.
$y = \dfrac{1}{x-a} + 4$는 $y = \dfrac{1}{x}$의 그래프를 x축으로 a,
y축으로 4 평행이동한 식이므로
대칭점 $(a, 4)$이고 두 점근선의 방정식이
$x = a$, $y = 4$이므로 $a = 3$

19
정답_①

수형도를 이용하여 나타내면

농구	배구	배구	농구	농구	농구	탁구	농구

총 12가지

다른풀이

서로 다른 4종목에서 2종목을 택하여 나열하는 순열이
므로 $_4P_2 = 4 \times 3 = 12$가지

20
정답_②

순서쌍으로 나타낼 때
(정사면체, 정육면체)와 (정육면체, 정사면체)는 같으므로
(정사면체, 정육면체)　　　　(정사면체, 정팔면체)
(정사면체, 정십이면체)　　　(정사면체, 정이십면체)
(정육면체, 정팔면체)　　　　(정육면체, 정십이면체)
(정육면체, 정이십면체)　　　(정팔면체, 정십이면체)
(정팔면체, 정이십면체)　　　(정십이면체, 정이십면체)
모두 10가지이다.

다른풀이

서로 다른 5종류의 정다면체에서 2종류를 뽑는 경우
의 수이므로
$$_5C_2 = \frac{5 \times 4}{2 \times 1} = 10$$가지

정답 및 해설

2025년 2회 ▶과 학◀

01	③	06	①	11	①	16	②	21	①
02	④	07	③	12	③	17	④	22	②
03	③	08	④	13	②	18	④	23	③
04	①	09	②	14	③	19	②	24	③
05	①	10	④	15	④	20	③	25	④

01
정답_③

바람의 운동 에너지를 이용하여 전기를 생산하는 발전 방식은 풍력 발전이다. 바람의 세기와 방향에 따라 출력이 달라지는 특징이 있어 설치할 수 있는 장소가 한정적이고 상대적으로 구매 비용이 비싼 편이다.

02
정답_④

자석을 움직여 코일에 전류가 흐르는 현상은 전자기 유도이다. 코일 주변에서 자석을 움직여 코일을 통과하는 자기력선의 수가 변하게 되면 코일에 전류가 흐르게 되는 발전기의 기본 원리이다.

03
정답_③

고온·고압인 태양 중심 부근의 핵에서는 수소 원자핵 4개가 헬륨 원자핵 1개로 변하는 핵융합 과정이 일어난다. 이 과정에서 줄어든 약간의 질량이 막대한 에너지로 변하여 태양에서 플레어나 쌀알 무늬 등 각종 현상을 일으키고 밝은 빛을 방출한다.

04
정답_①

열효율은 '(열기관이 한 일/고온에서 공급한 에너지)×100'로 구할 수 있다. 열기관이 한 일은 '고온에서 공급한 에너지−저열원으로 방출된 에너지'와 같다. (100J − 80J)/100J × 100 = 20%이므로 이 열기관의 열효율(%)은 20%라는 것을 알 수 있다.

05
정답_①

물체의 운동량은 '물체의 질량(kg) × 물체의 속도(m/s)'로 구할 수 있다. 물체 A의 질량은 2kg, 속도는 3 m/s이므로 물체 A의 운동량은 '2kg × 3m/s = 6kg·m/s'이고, 물체 B의 질량은 1kg, 속도는 2m/s이므로 물체 B의 운동량은 '1kg × 2m/s = 2kg·m/s'이다. 그래서 운동량의 크기는 A가 B의 3배이다.

06
정답_①

비금속 원소끼리 서로 전자를 공유하여 비활성 기체와 같은 안정한 전자 배치를 가지려는 결합 방법을 공유 결합이라고 한다. 수소 분자(H_2)는 비금속인 수소 원자(H)와 수소 원자(H)가 공유 결합을 하여 이루어지고, 보기 중 물(H_2O)은 비금속인 수소 원자(H)와 산소 원자(O)가 공유 결합을 통해 이루어진 화합물이다.

07
정답_③

수평으로 공이 던져졌을 때 수평 방향으로는 물체에 작용하는 힘이 없기 때문에 속력이 일정하고, 연직 방향으로는 물체에 일정한 크기의 중력이 지구 중심 방향으로 계속 작용하기 때문에 속력이 점점 빨라진다.

08
정답_④

염소는 비금속 원소이다. 전자가 채워지는 전자껍질의 수가 3개이므로 3주기 원소이며, 반응에 참여하는 가장 바깥 전자 껍질에 채워져 있는 전자가 7개이기 때문에 원자가 전자는 7개이다.

09
정답_②

산화는 어떤 원소나 물질이 산소를 얻는 반응이고 환원은 산소를 잃는 반응이다. 이 반응에서 일산화 탄소(CO)가 산소(O)를 얻어 이산화 탄소(CO_2)로 변하였기 때문에 일산화 탄소(CO)가 산화된 물질이다.

10 정답_④

염기성 물질은 물에 녹아 수산화 이온(OH⁻)을 내놓는 물질이다. 수산화 나트륨(NaOH)과 수산화 칼슘(Ca(OH)₂) 모두 물에 녹아 수산화 이온(OH⁻)을 내놓는다.

11 정답_①

중화 반응은 산과 염기가 만나 물과 염이 생성되고, 열이 발생하는 반응이다. 염기성 물질인 수산화 칼륨(KOH)과 반응하여 중화 반응을 일으킬 수 있는 물질은 산성 물질이 염산(HCl)이다.

12 정답_③

탄소 원자들이 육각형으로 결합하여 한 층으로 배열된 구조를 그래핀이라고 하고, 이 그래핀이 튜브 형태로 결합된 것을 탄소 나노 튜브라고 한다. 그래핀은 매우 가볍고 작으면서도 튼튼하며, 열과 전기 전도성이 뛰어나다.

13 정답_②

DNA에서 아데닌(A)과 상보적으로 결합하는 염기는 타이민(T), 구아닌(G)과 상보적으로 결합하는 염기는 사이토신(C)이다. ㉠에서 아데닌(A)과 상보적으로 결합하는 염기는 타이민(T)이고, ㉡에서 RNA이 전사될 때 아데닌(A)과 상보적으로 결합하는 염기는 유라실(U)이다.

14 정답_③

핵 안의 DNA는 이중 나선 구조이며 유전 정보를 저장한다. 단위체는 '인산-당-염기'로 구성된 뉴클레오타이드이다.

15 정답_④

세포의 세포막은 인지질 2중층으로 구성되어 있다. 산소(O₂)와 같이 분자 크기가 작고 전하를 띠지 않는 물질들은 세포막을 통해 확산으로 직접 이동한다. 포도당과 같이 분자가 큰 물질은 인지질 2중층에 있는 단백질을 통해 확산된다. 삼투는 물의 이동 방법이다.

16 정답_②

생명체 내에서 일어나는 화학 반응인 물질대사에 관여하는 물질을 효소라고 한다. 효소는 물질대사의 활성화 에너지를 낮추는 촉매 역할을 하여 반응 속도를 높인다. 셀룰로스는 식물의 세포벽을 구성하는 화합물이다.

17 정답_④

생태계는 광합성을 하는 생산자, 생산자를 섭취하여 에너지를 얻는 소비자, 빛과 온도, 공기 같은 비생물적 환경 요인으로 구성된다. 그중 다람쥐는 생산자인 참나무의 열매를 먹는 소비자이다.

18 정답_④

생태계의 개체수를 나타내는 생태 피라미드에서 개체 수가 가장 많은 영양 단계는 생산자이다. 그 위로 올라갈수록 개체 수가 줄어든다.

19 정답_②

대기와 물의 순환, 날씨 변화는 모두 태양 에너지에 의해 발생한다. 바닷물의 움직임에 의해 발생하는 조력 에너지는 달과 태양의 인력에 의해 발생하며, 지진과 화산은 지구 내부 에너지에 의해 발생한다.

20 정답_③

암모나이트와 공룡이 번성했던 시기는 중생대이다. 또한 암모나이트는 중생대 표준 화석이기도 하다. 선캄브리아대는 화석이 잘 발견되지 않고, 고생대에는 삼엽충, 신생대에는 매머드와 같은 화석이 발견되기도 하였다.

21 정답_①

A는 지각이다. B는 지권 전체 부피의 대부분을 차지하는 맨틀이며, 대부분 고체로 되어 있고 일부만 부분적으로 용융되어 있어 대류를 한다. C는 철과 니켈이 녹아 액체 상태인 외핵이며, D는 고체로 된 내핵이다.

22 정답_②

해수에서 수온의 연직 분포에 따라 혼합층, 수온약층, 심해층으로 구분된다. 태양 복사 에너지를 가장 많이 흡수하는 부분인 혼합층은 수온이 가장 높고 바람에 의해 해수가 잘 섞여 수온 변화가 거의 없는 층이다.

23 정답_③

맨틀의 대류에 의해 판이 이동하여 만들어지는 판의 경계는 판과 판이 충돌하는 섭입형 경계, 판과 판이 멀어지는 발산형 경계, 판과 판이 어긋나는 보존형 경계가 있다. 산안드레아스 단층은 보존형 경계에서 생긴 변환 단층이다.

24 정답_③

지구 역사상 5번의 대멸종이 있었고, 그 중 B는 고생대 말 페름기 대멸종으로, 지구 역사상 가장 큰 규모의 멸종이 일어난 시기이다.

25 정답_④

사막화는 지구 온난화 등의 이유로 인해 기온이 올라가고, 강수량이 적을 때 발생하는 토지 황폐화 현상이고, 엘니뇨는 무역풍 약화로 적도 부근 동태평양의 수온 상승 현상으로 비가 많이 내리는 현상이다.

2025년 1회 ▶과 학◀

01	②	06	③	11	②	16	③	21	②
02	③	07	①	12	②	17	④	22	②
03	③	08	①	13	③	18	②	23	③
04	③	09	④	14	①	19	①	24	②
05	①	10	④	15	④	20	④	25	④

01 정답_②

수소 연료 전지 안에서 수소 기체(H_2)는 전자를 잃은 후 양성자(H^+)로 변하고, ㉠에서 공급된 산소 기체가 양성자 및 전자와 반응하여 물(H_2O)을 생성합니다. 수소 연료 전지는 화학 에너지를 전기 에너지로 전환시켜 주는 장치다.

02 정답_③

열기관은 고열원에서 공급받은 열에너지를 일로 전환시키는 장치이다. 공급받은 열에너지 100J에서 일로 전환된 25J을 제외한 나머지 75J은 저열원으로 방출된다.

03 정답_③

전자기 유도에서 전류가 발생하는 경우는 고정된 코일에 자석을 넣거나 빼는 경우와 자석을 고정시켜 놓고 코일을 자석에 가까이하거나 멀리하는 경우이다. 자석과 코일의 상대적인 거리가 변하지 않으면 전류는 흐르지 않는다.

04 정답_③

공을 수평 방향으로 던졌을 때 수직 방향의 속력은 물체의 질량에 상관없이 항상 같지만, 수평 방향 속력은 처음에 물체가 던져질 때의 속력에 의해 결정된다. 같은 시간 동안 A가 6m 이동할 때 B는 18m 이동하였으므로 B는 A보다 수평 방향 속력이 3배 빠르다.

05 정답_①

전력은 '전압×전류'로 나타낼 수 있다. 송전 전력이 일정할 때 송전 전압이 높아지면, 송전 전류는 감소하게 되고, 송전선에 흐르는 전류가 감소하면 전선 내 저항

에 의한 열 발생이 감소하기 때문에 손실 전력도 줄어
들게 된다.

06
정답_③

운동량은 '질량×속도'로 나타낼 수 있고, 충격량은 운
동량의 변화량이다. 충돌 전 물체는 '1kg×(+2m/s)'의
운동량을 가지고 있고, 충돌 후 물체는 '1kg×(−1m/s)'
의 운동량을 가지고 있으므로 운동량의 변화량을 구하
면 '−1kg · m/s−(+2kg · m/s)'이므로 충격량의 크기
는 −3N · s임을 알 수 있다.

07
정답_①

BTB 용액은 용액의 액성을 나타내는 지시약이다. 산성
에는 노란색, 중성에는 초록색, 염기성에는 파란색을
나타낸다. 1번은 황산으로 산성 물질이기 때문에 노란
색, 2번부터 4번까지는 은 모두 염기성 물질이기 때문
에 파란색으로 나타난다.

08
정답_①

주기율표에서 A와 B는 같은 전자껍질 수를 사용하는 2
주기 원소이며, A는 16족 원소로 원자가 전자수가 6개
이고, B는 17족 원소로 원자가 전자수가 7개이다. 원자
가 전자수가 다르기 때문에 화학적 성질 또한 달라진다.

09
정답_④

수소 원자와 산소 원자가 결합하여 물 분자를 형성할
때는 둘 다 비금속 원소이기 때문에 전자를 공유하여
각 원소마다 18족 비활성 기체와 같은 전자 배치를 가
질 때까지 전자를 공유하여 결합한다. 물 분자에서 산
소 원자의 바깥 전자 껍질에는 산소 원자 자체가 가지
고 있었던 6개의 전자와 각 수소로부터 공유받은 전자
2개까지 합하여 모두 8개가 있다.

10
정답_④

초전도체는 임계 온도 이하에서 전기 저항이 0이 되는
성질이 있다. 이를 통해 전류를 흐르게 하더라도 저항
이 없어 열 손실이 없는 전선을 만들 수 있다. 또한 외
부 자기장을 밀어내는 성질에 의해 자석 위에 뜨는 현
상을 이용하여 자기 부상 열차에 활용할 수도 있다.

11
정답_②

전자를 주고 받는 반응에서 전자를 주는 물질은 산화한
것이고, 전자를 얻은 물질은 환원한 것이다. 황산 구리
(II) 용액에 아연을 넣으면 반응성이 더 큰 아연(Zn)이
전자 2개를 내어주고 아연 이온(Zn^{2+})으로 산화하며,
구리 이온(Cu^{2+})이 전자 2개를 얻어 구리(Cu)로 환원
된다.

12
정답_②

산의 수소 이온(H^+)과 염기의 수산화 이온(OH^-)이 물
(H_2O)이 만들어지는 중화 반응은 발열 반응이다. 열이
더 많이 발생하기 위해서는 중화 반응이 더 많이 일어
나야 하고, 반응하는 수소 이온과 수산화 이온의 수가
많아져야 한다.

13
정답_③

단백질은 에너지원으로 1g 당 4kcal의 열량을 내며,
세포나 근육 등을 만드는 주성분으로 주로 몸을 구성한
다. 또한 생물체 내 화학 반응을 도와주는 효소나 항
체, 호르몬의 주요 구성 성분이기도 하다.

14
정답_①

세포의 생명 활동을 조절하고 유전 정보를 저장하는 소
기관은 핵(A)이고, RNA의 정보로부터 단백질을 합성
하는 장소는 리보솜(B)이다. 소포체(C)는 리보솜이 달
려있는 경우도 있고, 세포 내부의 물질 운반 통로로 사
용되기도 한다.

15
정답_④

효소는 주로 단백질로 구성되고 생명체 내 화학 반응인
물질 대사를 촉진한다. 한 종류의 효소는 한 종류의 기
질과 반응하는 기질 특이성을 가지고 있고, 반응 후 효
소는 반복 재사용이 가능하다.

16
정답_③

DNA에는 아데닌(A), 타이민(T), 구아닌(G), 사이토신
(C)이라는 염기가 있으며, RNA에는 타이민 대신 유라
실(U)이라는 염기가 있다. 핵 안에서 DNA에서 RNA로
전사될 때 아데닌(A)은 RNA에서 유라실(U)로 전사된
다.

17

정답_④

생물의 다양성에는 한 생태계에서 생물의 종류가 다양함을 의미하는 종 다양성, 한 종류의 생물에서 유전자가 다양한 유전적 다양성, 생물들이 여러 환경 조건에서 살아갈 수 있는 생태계 다양성이 있다. (가)~(라) 지역 중 생물의 종류가 다양하고 그 수가 고르게 분포된 지역은 (라)이다.

18

정답_②

일정한 지역에 사는 같은 종의 개체들로 이루어진 무리를 개체군이라 하며, 그 지역에 있는 여러 생물 종의 무리를 군집이라고 한다.

19

정답_①

먹이 그물에서 풀은 생산자이고, 풀을 먹는 토끼는 1차 소비자이다. 참새가 사라질 경우 비슷한 생태적 지위를 가진 들쥐가 있으므로 올빼미는 사라지지 않는다. 매가 사라지면 들쥐나 토끼, 참새의 개체수가 증가하게 될 것이다.

20

정답_④

같은 종류의 원소인 경우 선스펙트럼에 나타나는 선의 수, 굵기, 색, 위치는 같다. 수소와 헬륨의 방출 스펙트럼이 태양 대기의 흡수 스펙트럼에 모두 나타나는 것으로 보아 태양의 대기는 수소와 헬륨으로 구성되어 있음을 알 수 있다.

21

정답_②

지구 시스템에는 수권, 지권, 생물권, 기권, 외권이 있다. 석회암 지대에서 이산화 탄소가 녹은 지하수에 의해 석회 동굴이 생성되는 과정은 지권과 수권의 상호작용 결과이다.

22

정답_②

태풍은 저위도 지역의 바다에서 태양 복사 에너지에 의해 물이 수증기로 기화할 때 흡수하는 열을 에너지원으로 하고, 지진은 지구 내부의 핵이 가지고 있는 지구 내부 에너지에 의해 발생한다.

23

정답_③

A는 대륙 지각, B는 깊이 100km 정도로 맨틀의 단단한 최상부인 암석권, D는 맨틀의 일부가 부분적으로 용융되어 맨틀의 대류를 일으키는 연약권이다. 이 중 판은 지각과 맨틀의 최상부인 암석권이 합쳐진 것을 의미한다.

24

정답_②

엘니뇨는 태평양 적도 지역의 해수 온도가 비정상적으로 상승하여 남미는 홍수, 아시아는 가뭄이 일어나는 현상이다. 대기 대순환의 변화와 과잉 방목이나 벌목으로 가뭄이 지속되고, 토양이 황폐화되면 사막화가 가속된다.

25

정답_④

삼엽충은 고생대를 대표하는 표준화석이다. 공룡은 중생대 때 번성하였기 때문에 중생대 표준화석이고, 매머드는 신생대 때 번성하였기 때문에 신생대 표준화석이다. 속씨식물은 중생대 말에 나타나 신생대 때 번성하였다.

▶2024년 2회◀

01	④	06	④	11	①	16	③	21	②
02	①	07	③	12	②	17	①	22	①
03	③	08	②	13	④	18	②	23	②
04	④	09	④	14	④	19	①	24	①
05	③	10	②	15	③	20	①	25	④

01   정답_④

수력 발전은 댐을 건설하여 물의 퍼텐셜 에너지 차이를 이용하여 전기 에너지를 생산하고, 조력 발전은 만조와 간조 때의 조수 간만의 차이를 이용하여 전기 에너지를 생산하는 발전 방식이다. 태양 전지를 사용하여 태양의 빛에너지를 전기 에너지로 직접 바꾸는 발전 방식은 태양광 발전이다.

02   정답_①

물체가 운동하는 정도를 나타내는 운동량(p)은 다음과 같이 나타낼 수 있다.

운동량(p) = 물체의 질량(m)×물체의 속도(v)

$\qquad$ = 2kg × 6m/s

$\qquad$ =12kg · m/s

03   정답_③

코일 주변에 자석 등에 의해 자기장이 존재할 때 자석 등이 움직여 코일을 통과하는 자기장의 세기 변화가 발생하면 코일에 전류가 흐르게 되는데 이러한 현상을 전자기 유도 현상이라고 한다. 변압기는 이런 전자기 유도 현상을 이용하여 전압을 바꾸어주는 장치이다.

04   정답_④

공을 수평 방향으로 던지면 공의 수평 방향으로는 아무 힘도 작용하지 않기 때문에 속력이 일정한 등속 직선 운동을 하고, 공의 연직 방향으로는 일정한 크기의 중력이 지구 중심 방향으로 작용하여 속력이 1s당 10m/s씩 증가할 것이다.

05   정답_③

열기관은 공급되는 고열원(Q_1)을 유용한 일(W)로 전환하고 남은 열을 저열원(Q_2)으로 배출하는 장치이다. 열기관의 열효율(%)은

$$열효율 = \frac{열기관이\ 한\ 일의\ 양\,(W)}{공급된\ 열에너지\,(Q_1)} \times 100$$

으로 나타낼 수 있다. 열기관에 공급된 열에너지(Q_1)가 75J이고, 저열원(Q_2)으로 배출하는 열이 60J, 일(W)에 쓰인 에너지는 15J이다. 그러므로 열효율은

$$열효율 = \frac{15J}{70J} \times 100$$
$$= 20\%$$

이다.

06   정답_④

그래핀은 탄소 원자가 육각형 모양으로 결합하여 한 층의 평면을 이루고 있는 구조이다. 강도는 강철보다 단단하면서 투명하고 전기와 열을 잘 전달한다. 하지만 한 층으로 균일하게 큰 면적으로 만들기는 어렵다.

07   정답_③

원자의 전자 배치를 전자껍질을 이용하여 나타낼 때 가장 바깥쪽 전자껍질에 전자가 1개 채워지면 1족, 2개까지 채워지면 2족, 3개까지 채워지면 13족, …, 2개나 8개까지 채워지면 18족이라고 한다.

08   정답_②

18족 원소들은 가장 바깥 전자 껍질의 수가 2개나 8개로 화학 반응에 참여하는 전자의 수가 거의 없어 화학적으로 안정하고, 상온에서 모두 기체 상태이다. 주기율표의 가장 오른쪽에 위치하는 이 원소들을 비활성 기체라고도 하며 He, Ne, Ar, Kr 등이 있다.

09   정답_④

중성 원자 상태에서 전자를 잃은 금속 양이온과 중성 원자 상태에서 전자를 얻은 비금속 음이온이 전기적 인력에 의해 서로 가까워져 결합하면 이온 결합 물질이 만들어진다. 수용액이나 액체 상태일 때 이온이 자유롭게 이동할 수 있기 때문에 전류가 흐른다.

10
정답_②

물에 녹아 염기성을 나타내는 물질은 공통적으로 수산화 이온(OH^-)을 포함하고 있다. 아세트산(CH_3COOH)의 경우 물에 녹아 이온화하면 아세트산 이온(CH_3COO^-)과 수소 이온(H^+)으로 나누어지기 때문에 염기가 아니라 산성을 나타내게 된다.

11
정답_①

산과 염기를 반응시켜 중성인 물과 염을 만드는 과정을 중화 반응이라고 한다. 이 과정에서 열이 발생하기 때문에 중화 반응이 일어나는 동안 혼합 용액의 온도는 계속 올라간다. 산 A를 넣었을 때 물(H_2O)이 생성되고 염화 이온(Cl^-)이 발견되는 것으로 보아 산 A는 염산(HCl)이라는 것을 알 수 있다.

12
정답_②

산화는 화학 반응을 통해 물질이 산소를 얻거나 전자를 잃는 반응이며, 환원은 화학 반응을 통해 물질이 산소를 잃거나 전자를 얻는 반응이다. 산화와 환원은 항상 동시에 일어나며 이를 산화환원의 동시성이라 한다. 산화 구리(CuO)는 산소(O)를 잃어 구리(Cu)가 되었으므로 환원되었고, 탄소(C)는 산소(O)를 얻어 이산화 탄소(CO_2)가 되었으므로 산화되었다.

13
정답_④

하나의 생물 종에서 유전자의 변화로 인해 다양한 형질을 지닌 변이가 나타나는 현상을 유전적 다양성이라고 한다. 유전적 다양성이 높은 종은 환경이 급격히 변화하더라도 적응할 수 있는 개체가 존재할 가능성이 높아 생물 다양성을 유지하는 데 큰 도움을 준다.

14
정답_④

DNA와 RNA같은 핵산을 구성하는 기본 단위인 뉴클레오타이드는 인산, 당, 염기가 1:1:1로 결합하여 만들어진다. 인산과 당의 결합은 핵산의 기본 골격을 형성하며 염기의 다양함으로 인해 유전 정보를 나타낼 수 있다.

15
정답_③

DNA를 구성하고 있는 염기는 아데닌(A), 타이민(T), 구아닌(G), 사이토신(C) 모두 4가지가 있다. 이 염기의 독특한 배열로 인해 유전 정보가 저장되며 아데닌(A)과 타이민(T), 구아닌(G)과 사이토신(C)은 서로 상호 보완적인 결합을 하여 DNA의 안정성을 더욱 높인다. 핵 안의 DNA의 유전 정보를 핵 밖의 리보솜에 전달하기 위해 유전자를 복제하는 것을 전사라고 하고, 리보솜에서 RNA를 해석하여 단백질을 합성하는 과정을 번역이라고 한다.

16
정답_③

세포막은 인지질 2중 층으로 되어 있으며 그 2중 층에 막단백질이 부착되어 있다. 분자 크기가 크면 세포막을 통과하기 어려우며, 분자 크기가 작더라도 전하를 띠고 있으면 세포막을 통과하기 어려워져 막단백질을 이용해야 한다.

17
정답_①

한 종류의 세균 집단 내에서 변이에 의해 다양한 유전 형질을 가진 개체들이 존재하고 항생제를 반복 사용할수록 항생제에 내성이 있는 개체들이 자연 선택되어 그 비율이 점점 높아지면 항생제 내성 세균 집단이 형성된다.

18
정답_②

생태계는 빛에너지를 포도당과 같은 화학 에너지로 바꾸는 생산자, 생산자를 섭취하여 생활에 필요한 에너지를 얻는 소비자, 생산자와 소비자를 분해하는 분해자, 그리고 햇빛, 물, 토양 등과 같은 비생물적 요인으로 구성되어 있다. 그 중 참나무와 같은 식물은 생산자에 속한다.

19
정답_①

안정된 생태계에서 개체 수 피라미드는 생산자에서 상위 영양 단계로 갈수록 개체 수가 줄어드는 피라미드 형태를 갖추어야 한다. 개체 수 피라미드의 B는 가장 많은 개체수를 가지고 있는 생산자이며, A는 생산자를 먹이로 하는 1차 소비자이다.

20 정답_③

지각을 구성하는 원소를 질량비 순으로 나타내면 산소>규소>알루미늄>철 순이며, 이 중 산소와 규소가 결합하여 규산염 광물을 형성한다. 사람 몸의 대부분을 구성하는 물도 산소와 수소로 구성된다.

21 정답_②

태양과 같은 별의 중심부에 있는 핵은 높은 온도와 압력에 의해 수소(H) 원자핵 4개가 핵융합하여 하나의 헬륨(He) 원자핵 1개를 만드는 핵융합 과정이 일어난다. 이 과정에서 약간의 질량 결손이 발생하는 데 이 질량이 에너지로 바뀌면서 막대한 에너지가 생성된다.

22 정답_①

태양 빛은 해수면이 깊이가 깊어질수록 도달하는 양이 적어져 수온이 낮아지는 수온 약층과 더 이상 온도가 변하지 않게 되는 심해층이 형성된다. 하지만 해수면의 표층부에 바람이 불어 잘 섞여 혼합되면 수온이 일정해지는 혼합층이 나타난다.

23 정답_②

맨틀이 대류하면서 상승하는 발산형 경계에서는 새로운 판이 형성되며, 해령과 열곡 등이 만들어진다. 맨틀이 대류하면서 하강하는 수렴형 경계에서는 기존의 판이 소멸하며, 해구나 호상 열도 등이 만들어지게 된다.

24 정답_①

화석이 발견된 지층의 생성 시기를 알려주는 화석을 표준 화석이라고 한다. 고생대의 표준 화석은 삼엽충, 갑주어 등이 있고, 중생대의 표준 화석은 암모나이트, 공룡 등이 있다. 신생대의 표준 화석은 화폐석, 매머드 등이다.

25 정답_④

지구 핵에 있는 방사성 원소들이 스스로 붕괴하여 발생하는 열은 맨틀 대류를 일으켜 판을 이동하게 하고 지진과 화산 활동을 일어나게 하는 주 에너지원이다.

▶2024년 1회◀

01	①	06	④	11	③	16	②	21	①
02	③	07	①	12	②	17	①	22	②
03	④	08	④	13	②	18	①	23	④
04	③	09	①	14	③	19	④	24	③
05	③	10	④	15	②	20	④	25	①

01 정답_①

석탄과 석유 같은 화학 에너지로 전기를 생산하는 방법을 화력 발전, 우라늄과 같은 핵에너지로 전기를 생산하는 방법을 원자력 발전, 태양의 열에너지로 전기를 생산하는 방법을 태양열 발전이라고 한다. 또한 파도의 운동 에너지로 터빈을 돌려 전기를 생산하는 파력 발전이 있으나, 파도의 세기에 따라 전력 생산량이 일정하지 않다는 단점이 있다.

02 정답_③

발전소에서는 전기 에너지를 생산하고, 송전 과정에서 전선의 전기 저항 등에 의해 전력 손실이 발생하기 때문에 전압을 높여 고압으로 송전한 후 가정에 공급하는 과정에서 220V까지 전압을 내려 공급하게 된다.

03 정답_④

운동하는 물체가 가지는 운동량은
$$운동량(p) = 질량(m) \times 속도(v)$$
로 나타낼 수 있다. 또한 물체가 받은 충격량은 운동량의 변화량으로 나타낼 수 있다.
물체가 받은 충격량=운동량의 변화량=나중 운동량−처음 운동량이기 때문에 A의 충격량은 '5−2=3', B의 충격량은 '7−3=4', C의 충격량은 '8−3=5', D의 충격량은 '10−4=6'이다. 따라서, 충격량이 가장 큰 것은 D이다.

04
정답_③

열기관은 공급되는 고열원(Q_1)을 유용한 일(W)로 전환시키고, 남은 열을 저열원(Q_2)으로 배출하는 장치이다. 고열원(Q_1), 일(W), 저열원(Q_2) 사이의 관계는 고열원(Q_1)=일(W)+저열원(Q_2)이므로, 100J=일(W)+50J, 일(W)=50J이다.

05
정답_③

태양의 고온·고압인 중심핵에서는 수소 원자핵을 핵융합하여 헬륨 원자핵을 생성한다. 이 과정에서 에너지 보존 법칙에 의해 줄어든 질량만큼 에너지로 전환되어 태양과 같은 별이 열과 빛을 내게 된다.

06
정답_④

자유 낙하는 정지해 있던 물체가 공기와의 마찰 등이 없이 중력에 의해서만 지구 중심 방향으로 떨어질 때의 운동을 의미한다. 물체가 낙하하게 되면 물체의 높이가 감소하여 위치 에너지가 줄어들게 되고, 물체의 속도가 증가하게 되어 운동 에너지가 늘어난다. 그러므로, 물체의 속도가 가장 빠른 지점은 물체의 높이가 가장 많이 감소한 D이다.

07
정답_①

코일 주변에 자기장 변화가 생기면 자기장 변화를 방해하는 방향으로 코일에는 유도 전류가 흐르게 된다. 이 때 코일에 흐르는 전류의 세기를 바꾸기 위해서는 자석이 움직이는 방향을 바꾸거나 코일에 접근하는 자석의 극을 바꾸어야 한다.

08
정답_④

A는 2주기 1족 원소로 알칼리 족인 리튬(Li), B는 2주기 16족 원소인 산소(O), C는 3주기 1족 원소로 알칼리 족인 나트륨(Na), D는 3주기 17족 원소로 할로젠인 염소(Cl)이다. 18족을 제외하고 각 원자의 원자가 전자 수는 원자가 속한 족 번호의 마지막 숫자와 같으므로 원자가 전자가 가장 큰 원소는 17족 원소인 D, 염소(Cl)로 원자가 전자가 7개이다.

09
정답_①

원자핵의 전하량이 '+11', 전자들의 총 전하량이 '-11'인 나트륨 원자(Na)는 전기적으로 중성이다. 이 나트륨 원자(Na)가 전자를 한 개 잃으면, 원자핵의 전하량은 '+11'로 변함이 없지만, 전자들의 총 전하량이 '-10'으로 변하면서 '+1'의 전하를 가진 나트륨 이온(Na^+)이 된다.

10
정답_④

중성인 금속 원자가 전자를 잃어 (+)전하를 띠게 되면 양이온이 형성되고, 중성인 비금속 원자가 전자를 얻어 (−)전하를 띠게 되면 음이온이 형성된다. 이 두 이온이 정전기적 인력에 의해 결합하면 이온 결합 화합물이 형성된다.

11
정답_③

화학 반응에서 전자를 잃는 과정을 산화, 전자를 얻는 과정은 환원이라고 한다. 이 과정에서 잃은 전자의 수와 얻은 전자의 수는 같으며 산화와 환원은 동시에 일어난다. 도시가스를 연소시킬 때 연료와 산소가 반응하여 열과 빛을 내는 과정은 산화이며 철이 붉게 녹스는 것도 철이 공기 중 산소와 반응하였기 때문이다. 단, 산성화된 토양에 석회 가루를 뿌려 토양을 중화시키는 중화 반응은 산화 환원 반응에 속하지 않는다.

12
정답_②

염산(HCl)은 물에 녹아 수소 이온(H^+)과 염화 이온(Cl^-)으로 이온화하고, 황산(H_2SO_4)은 물에 녹아 수소 이온(H^+)과 황산 이온(SO_4^{2-})으로 이온화한다. 이 중 산의 공통적인 성질을 나타나게 하는 것은 두 물질 공통으로 가지고 있는 수소 이온(H^+)이다.

13
정답_②

단백질을 구성하는 기본 물질인 아미노산이 펩타이드 결합을 하여 단백질 중간 생성물을 만들고, 이 중간 생성물이 펩타이드 결합으로 독특한 입체 구조를 가지는 고분자 화합물을 만들어 몸을 구성하거나 생명 활동을 도와주는 효소나 항체와 같은 단백질을 만들어낸다.

14

정답_③

자외선이나 일반적인 세포 분열 과정, 여러 화학 물질 등에 의해 유전자가 변하여 생물의 변이가 일어나게 된다. 이렇게 일어난 변이들은 대부분 현재의 환경에 적응하지 못하고 사라지지만 우연하게 환경 변화에 적응하여 살아남은 변이들은 개체 수를 늘려 생물의 다양성을 늘리게 된다. 북극여우와 사막여우도 변이된 여우들이 온도라는 변한 환경 요인에 각각 적응하여 다양성이 높아진 경우이다.

15

정답_②

평형 상태였던 생태계에서 평형이 깨져 1차 소비자가 늘게 되면, 1차 소비자들의 먹이인 생산자(A)의 수가 줄고 1차 소비자들을 먹이로 하는 2차 소비자(B)의 수는 늘게 된다. 그 후 2차 소비자의 개체 수 증가로 1차 소비자의 수는 감소하며 1차 소비자의 먹이인 생산자의 수는 늘게 된다.

16

정답_②

생명 시스템 유지에서 호흡과 같이 크기가 큰 물질을 작은 크기의 물질들로 분해하면서 에너지를 얻는 과정을 이화, 광합성과 같이 빛 에너지를 이용하여 작은 크기의 물질들을 큰 물질로 합성하는 과정을 동화라고 한다. 이 과정이 생명체에서 일어날 수 있는 이유는 효소가 관여하여 적은 에너지로 화학 반응이 단계적으로 일어날 수 있게 해주기 때문이다.

17

정답_①

DNA는 아데닌(A), 타이민(T), 사이토신(C), 구아닌(G)으로 알려진 4개의 염기로 생명체의 유전 정보를 저장하고 있다. DNA는 핵 안에 안전하게 유전 정보를 가지고 있어야 하기 때문에 유전 정보를 외부로 가져가기 위해서는 RNA의 형태로 전사하여 빠져나가게 된다. 단, RNA를 구성하는 염기는 DNA와 대부분 동일하지만 타이민(T)만 유라실(U)로 대체된다. DNA의 염기 중 아데닌(A)은 타이민(T)과, 사이토신(C)은 구아닌(G)과 상호 보완적 결합을 하게 된다.

18

정답_①

일반적인 물질의 이동은 농도가 높은 곳에서 낮은 곳으로 양쪽의 농도가 같아질 때까지 확산 현상에 의해 일어난다. 하지만 생명체에서의 물의 이동은 세포막과 같은 반투과성막 사이에 농도 차이가 있을 때 물이 저농도에서 고농도로 이동하는 삼투 현상에 의해 일어난다.

19

정답_④

생물 다양성에는 크게 3가지 구분이 있다. 한 종류의 생물이 가지는 다양한 유전자 변이에 의한 유전적 다양성, 일정 지역에 서식하고 있는 생물 종류가 다양한 종 다양성, 이런 생물들이 살아갈 수 있는 다양한 환경을 가지는 생태계 다양성이 있다.

20

정답_④

화산 활동은 지구 내부의 핵에서 방사성 동위원소가 붕괴될 때 나오는 열에너지에 의해서 일어난다. 대규모의 화산 폭발은 주변의 지형을 변화시키고, 인간 활동에 막대한 피해를 입히기도 하지만 온천, 지열 발전, 비옥한 토양처럼 이롭게 활용되는 경우도 있다.

21

정답_①

규소에 비해 크기 작은 탄소 원자는 다양한 탄소 원자끼리의 결합이나, 주변의 다른 원자와 결합하여 생명체를 구성하지만, 크기가 큰 규소 원자는 1개의 규소 원자와 4개의 산소 원자가 공유 결합하여 규산염 사면체를 만들어 기본 구조를 형성한다. 이 규산염 사면체가 다양한 방법으로 결합하면 다양한 광물을 형성할 수 있다.

22

정답_②

지구계를 구성하는 요소는 지각, 맨틀, 외핵, 내핵을 포함하는 지권, 바닷물, 빙하, 지하수, 강과 호수를 포함하는 수권, 대류권, 성층권, 중간권, 열권을 포함하는 기권, 지권과 수권, 기권에서 살아가는 다양한 생명체인 생물권, 그리고 태양과 달과 같은 외권이 있다. 그리고 이러한 구성 요소들이 상호 작용하는 것을 지구계라고 한다. 지권의 해저지진 활동으로 인해 수권에서 지진 해일이 발생하는 경우도 지구계의 상호 작용 중 하나이다.

23
정답_④

이산화 탄소나 수증기의 영향을 받아 지표의 온도가 상승하는 현상을 온실 효과라고 한다. 적당한 온실 효과는 지상에서 생명체가 살기에 적합한 조건을 만들어 준다. 그러나 과도한 화석 연료 등의 사용으로 이산화 탄소와 같은 온실 기체의 농도가 증가하면 지구의 평균 기온이 상승하여 생명 활동에 영향을 미치는 지구 온난화가 발생하게 된다.

24
정답_③

지각과 맨틀의 최상부인 암석권이 결합된 판은 맨틀의 대류에 의해 1년에 수 cm씩 서로 다양한 방향으로 이동하게 된다. 이때 판과 판이 부딪혀 판이 소멸되는 수렴형 경계, 판과 판이 서로 멀어져 새로운 판이 생성되는 발산형 경계, 판과 판이 어긋나 판이 보존되는 보존형 경계가 있다.

25
정답_①

약 45억 년 전 지구가 탄생하고, 35억 년 전 지구에서 생명체가 발생한 이후 지구에서는 5번의 대멸종 사건이 있었다. 그 중 6천 5백만 년 전에는 거대한 소행성의 충돌로 인해 생긴 지진과 화산 활동, 지진 해일, 재와 먼지 등에 의해 공룡이 멸종되었다고 추측하고 있다.

▶2023년 2회◀

01	②	06	④	11	①	16	②	21	①
02	③	07	②	12	①	17	②	22	③
03	④	08	④	13	③	18	④	23	③
04	②	09	④	14	③	19	④	24	①
05	②	10	③	15	①	20	①	25	④

01
정답_②

밀물과 썰물에 의한 해수면의 높이 차인 조차를 이용하여 전기 에너지를 생산하는 발전은 조력 발전이다. 핵발전은 우라늄이나 플루토늄 같은 불안정한 방사성 원료를 분열시켜 전기를 얻고, 풍력 발전은 바람의 운동 에너지로 전기를 얻는다.

02
정답_③

물체가 받은 충격량(I)은 충격을 가한 힘의 크기(F)와 충격을 가한 시간(t)을 곱하여 구할 수 있다. 또한 힘-시간 그래프에서 그래프의 밑넓이를 구하면 충격량을 구할 수 있다.

$$충격량(I) = 충격을\ 가한\ 힘의\ 크기(F) \times 충격을\ 가한\ 시간(t)$$
$$= 10N \times 5s$$
$$= 50N \cdot s$$

03
정답_④

코일 속에 막대자석을 넣었다 빼면 자석의 움직임을 방해하는 방향으로 코일에 전류가 흐르게 되는데 이를 전자기 유도 현상이라고 한다. 대류는 온도 차에 의해 액체나 기체가 이동하는 것을 의미하며, 삼투는 반투막을 사이에 두고 물이 저농도에서 고농도로 이동하는 현상이다.

04
정답_②

자유 낙하란 처음 속력이 0이고, 중력에 의해서만 물체가 낙하할 때를 뜻한다. 마찰이 없는 상황을 가정하기 때문에 중력 가속도(g)$=9.8m/s^2$에 의해서 1초당 모든 물체는 질량과 관계없이 9.8m/s씩 속도가 증가한다.

05
정답_②

열기관은 공급되는 고열원(Q_1)을 유용한 일(W)로 전환하고 남은 열을 저열원(Q_2)으로 배출하는 장치이다. 열기관의 열효율(%)은

$$열효율 = \frac{열기관이\ 한\ 일의\ 양(W)}{공급된\ 열에너지(Q_1)} \times 100$$

으로 나타낼 수 있다. 열기관에 공급된 열에너지(Q_1)가 1,000J이고, 저열원(Q_2)으로 배출하는 열이 600J이기 때문에 일(W)에 쓰인 에너지는 400J(=1000−600J)이다. 그러므로 열효율은

$$열효율 = \frac{400J}{1000J} \times 100$$
$$= 40\%$$

이다.

06
정답_④

신재생 에너지는 원료가 고갈되지 않고 친환경적인 대체 에너지를 뜻한다. 연료 전지와 같이 새로운 기술을 이용한 신에너지 생산 방법이 있고, 태양광, 태양열, 풍력, 지열과 같이 원료 걱정 없이 계속 생산하는 재생 에너지가 있다. 인류 문명의 지속 가능한 발전을 위해 신재생 에너지 개발이 필요하다.

07
정답_②

원자가 전자는 원자의 가장 바깥 껍질에서 화학 반응에 참여하는 전자를 의미한다. 원자가 전자의 수는 족 번호의 가장 끝의 수와 같으며, 18족의 경우 화학적으로 안정하기 때문에 원자가 전자의 수는 0이다.

08
정답_④

양이온과 음이온이 일정한 비율로 반복 결합한 것을 이온 결합이라고 한다. 염화 나트륨(NaCl)은 나트륨 이온(Na^+)과 염화 이온(Cl^-)이 정전기적 인력에 이끌려 이온 결합한 물질이다. 철(Fe)이나 구리(Cu), 마그네슘(Mg) 등은 금속 원소로 금속 결합을 이루고 있다.

09
정답_④

1주기 1족 원소는 원자 번호 1번인 수소(H), 2주기 2족 원소는 원자 번호 4번인 베릴륨(Be), 2주기 17족 원소는 원자 번호 9번인 플루오린(F), 3주기 18족 원소는 원자 번호 18번인 아르곤(Ar)이다. 원자 번호는 원자핵 안의 양성자 수로 결정된다.

10
정답_③

메테인(CH_4)은 탄소(C)와 수소(H)가 공유 결합을 하여 형성된 공유 결합 화합물이다. 비금속 원소끼리는 비활성 기체와 같은 보다 안정한 전자 배치를 가지기 위하여 서로 전자를 공유하여 공유 결합을 형성한다.

11
정답_①

산화는 화학 반응을 통해 물질이 산소를 얻거나 전자를 잃는 반응이며, 환원은 화학 반응을 통해 물질이 산소를 잃거나 전자를 얻는 반응이다. 산화와 환원은 항상 동시에 일어나며 이를 산화환원의 동시성이라 한다. 산화 철(Fe_2O_3)은 산소(O)를 잃어 철(Fe)이 되었으므로 환원하였고, 일산화 탄소(CO)는 산소(O)를 얻어 이산화 탄소(CO_2)가 되었으므로 산화하였다.

12
정답_①

중화 반응은 물에 녹아 수소 이온(H^+)을 내놓는 산과 물에 녹아 수산화 이온(OH^-)을 내놓는 염기가 반응하여 중성인 물(H_2O)과 염, 그리고 중화열을 발생시키는 반응이다. 묽은 염산(HCl)과 수산화 나트륨(NaOH)이 반응하면 물(H_2O)과 염화 나트륨(NaCl)이 만들어지는 중화 반응이 일어난다.

13
정답_③

물은 생명체에서 가장 많은 부피를 차지하고 있는 영양소 비열이 커 체온 유지에 도움을 주고 영양소와 노폐물을 운반하는 역할을 한다. 핵산은 유전 정보를 저장하거나 전달하는 데 사용되고 탄수화물은 생명체의 주 에너지원으로 탄수화물을 분해하여 살아가는 데 필요한 에너지를 생성한다.

14
정답_③

리보솜은 RNA로부터 유전 정보를 전달받아 아미노산을 이용해 단백질을 합성하는 곳이고, 핵은 DNA와 같은 유전 물질이 들어 있어 세포 활동의 중심적인 역할을 한다. 또한 미토콘드리아는 영양소를 분해하여 세포나 생명체가 살아가는 데 필요한 에너지를 생성한다.

15
정답_①

물질이 입자 운동에 의해 고농도에서 저농도로 양쪽의 농도가 같아질 때까지 이동하는 것을 확산이라 한다. 세포막을 사이에 두고 입자의 크기가 작거나 전하를 띠지 않는 물질들은 확산에 의해 세포막 사이를 이동하게

된다. 입자의 크기가 크거나 전하를 띠고 있는 물질들은 세포막 표면의 막단백질을 통해 세포막 사이를 이동할 수 있게 된다.

16　　정답_②

화학 반응이 일어나기 위해서는 화학 반응을 개시하는 데 필요한 문턱값인 활성화 에너지(A+B) 이상의 에너지가 필요하다. 하지만 효소와 같은 정촉매를 넣어주면 활성화 에너지를 낮추어(B) 반응이 잘 일어나므로 반응 속도가 빨라지게 된다.

17　　정답_②

DNA를 구성하고 있는 염기는 아데닌(A), 타이민(T), 구아닌(G), 사이토신(C) 모두 4가지가 있다. 이 염기의 독특한 배열로 인해 유전 정보가 보존되며 아데닌(A)과 타이민(T), 구아닌(G)과 사이토신(C)은 서로 상호 보완적인 결합을 하여 DNA의 안정성을 더욱 높인다. 핵 안의 DNA의 유전 정보를 핵 밖의 리보솜에 전달하기 위해 유전자를 복제하는 것을 전사라고 한다.

18　　정답_④

생태계 평형이 잘 유지되고 있는 생태계는 먹이 사슬이 복잡하여 먹이 그물을 이루고 있고, 생산자가 제일 생물량이 많고 상위 영양 단계로 갈수록 생물량이 적어지는 피라미드 형태를 갖추어야 한다.

19　　정답_④

개체군은 같은 서식지에서 살고 있는 생물 개체들의 집단을 의미하며, 외래종은 인간의 활동으로 원래의 서식지에서 벗어나 새로운 지역에서 정착한 종을 의미한다. 생물 다양성은 생태계 내에 존재하는 생물의 다양한 정도를 의미하며 유전적 다양성, 종 다양성, 생태계 다양성을 포함한다.

20　　정답_①

138억 년 전 한 점의 우주에서 급속하게 폭발해 팽창하며 현재의 우주를 만들었다는 이론이 대폭발 우주론이다. 우주 전체의 에너지는 에너지 보존 법칙에 의해 일정하므로 우주가 팽창하면 우주의 크기는 커지고 우주의 평균 밀도는 작아진다.

21　　정답_①

적외선 형태인 지구 복사 에너지를 잘 흡수하여 지구 온난화를 일으키는 온실 기체로는 이산화 탄소, 수증기, 메테인 등이 있다. 헬륨은 비활성 기체이다.

22　　정답_③

태양 정도의 질량을 가진 별의 중심에서는 수소가 핵융합하여 많은 에너지를 방출하며 헬륨을 만든다. 수소가 모두 사용되어 없어지면 태양의 핵이 수축하게 되고 온도와 밀도가 충분히 증가하게 되면 헬륨 원자핵들이 핵융합하여 탄소 원자가 생성된다. 태양보다 질량이 더 큰 별이 핵융합을 거듭하면서 가장 무거운 원소인 철(Fe)까지 만들 수 있다.

23　　정답_③

수렴형 경계 중 충돌형 경계에서는 대륙판과 대륙판이 서로 만나게 된다. 하나의 대륙판이 다른 대륙판의 아래로 들어가면서 위에 있는 대륙판은 습곡 산맥을 형성하게 된다. 충돌형 경계에서는 지진이 자주 발생하며 습곡 산맥이 형성된다.

24　　정답_①

지구 시스템은 지각, 맨틀, 외핵, 내핵으로 구성된 지권, 바다, 빙하, 지하수, 강으로 구성된 수권, 대류권, 성층권, 중간권, 열권으로 구성된 기권, 동물과 식물 등으로 구성된 생물권, 지구 밖의 태양이나 달과 같은 천체로 구성된 외권이 있다. 그중 대기 중의 이산화 탄소가 바닷물에 녹아 들어가는 것은 기권과 수권의 상호 작용이다.

25　　정답_④

화석이 발견된 지층의 시기를 알려주는 화석을 표준 화석이라고 한다. 고생대의 표준 화석은 삼엽충, 갑주어 등이 있고, 중생대의 표준 화석은 암모나이트, 공룡 등이 있다. 신생대의 표준 화석은 화폐석, 매머드 등이다.

▶2023년 1회◀

01	④	06	②	11	①	16	③	21	①
02	②	07	③	12	④	17	④	22	①
03	④	08	②	13	③	18	①	23	③
04	①	09	④	14	④	19	②	24	③
05	④	10	②	15	②	20	③	25	①

01   정답_④

일반적으로 우라늄이나 플루토늄과 같이 질량수가 큰 원자핵이 중성자와 충돌하면서 가벼운 원자핵들로 쪼개진다. 이 과정에서 전체 질량이 감소하게 되고, 그 감소한 질량만큼 에너지가 방출되면서 발전을 할 수 있게 된다.

02   정답_②

열기관은 공급되는 고열원(Q_1)을 유용한 일(W)로 전환시키고 남은 열을 저열원(Q_2)으로 배출하는 장치이다. 열기관의 열효율(%)은

$$열효율 = \frac{열기관이\ 한\ 일의\ 양(W)}{공급된\ 열에너지(Q_1)} \times 100$$

으로 나타낼 수 있다. 열효율이 20%인 열기관에 공급된 열에너지(Q_1)가 100J일 때 한 일(W)의 양은

$$20\% = \frac{열기관이\ 한\ 일의\ 양(W)}{100J} \times 100$$

$$열기관이\ 한\ 일의\ 양(W) = 20J$$

이다.

03   정답_④

자유 낙하는 정지해 있던 물체가 공기와의 마찰 등이 없이 중력에 의해서만 지구 중심 방향으로 떨어질 때의 운동을 의미한다. 낙하하는 물체의 모양이나 질량에 상관없이 중력 가속도는 $9.8m/s^2$이기 때문에 1초에 $9.8m/s$씩 속력이 증가하며, 항상 낙하하는 지구 중심 방향으로 중력이 작용한다.

04   정답_①

운동하는 물체가 가지는 운동량은

$$운동량(p) = 질량(m) \times 속도(v)$$

로 나타낼 수 있다. 물체 A의 운동량은

$$물체\ A의\ 운동량 = 3kg \times 1m/s = 3kg \cdot m/s$$

이기 때문에, 물체 A와 운동량의 크기가 같은 물체 B의 질량은

$$3kg \cdot m/s = 물체\ B의\ 질량 \times 1m/s$$

$$물체\ B의\ 질량 = 3kg$$

이다.

05   정답_④

그래핀은 탄소 동소체 중 하나이며 탄소 원자들이 육각형 형태로 배열되어 2차원 평면을 이루고 있는 구조이다. 이 그래핀이 튜브 형태로 결합된 구조를 탄소 나노튜브하고 하며, 열과 전기 전도성이 매우 뛰어나다.

06   정답_②

설탕($C_{12}H_{22}O_{11}$)은 원자들이 공유 결합으로 이루어진 공유 결합 화합물로 분자이며 물에 잘 녹지만 이온을 형성하지 않아 수용액 상태에서 전류가 흐르지 않는다. 반면 소금인 염화 나트륨(NaCl)은 나트륨 이온(Na^+)과 염화 이온(Cl^-)이 정전기적 인력에 의해 이온 결합하여 이루어진 이온 결합 화합물로 분자가 아니며 물에 잘 녹고 수용액 상태에서 나트륨 이온과 염화 이온으로 이온화하여 전류가 잘 흐르게 된다.

07   정답_③

발전소는 물의 위치 에너지나 석탄 석유의 화학 에너지 등을 이용하여 전기 에너지를 생산하는 곳이며, 변전소는 송전을 하는 과정에서 전압을 바꾸는 역할을 한다. 송전하는 과정에서 전선이 전기 저항 등에 의해 전력 손실이 발생하기 때문에 전압을 높여 고압으로 송전하고 가정까지 오는 과정에서 220V로 전압을 내리게 된다.

08
정답_②

산소 원자는 18족 비활성 기체와 같이 화학적으로 안정한 전자 배치를 가지기 위해 전자를 얻어 음이온을 형성한다. 원자 번호가 8번인 산소는 전자가 8개이고 비활성 기체(전자 10개)인 네온과 같은 전자 배치를 가지기 위해 2개의 전자를 더 얻어야 한다.

09
정답_④

화학 반응에서 전자를 잃는 과정을 산화, 전자를 얻는 과정은 환원이라고 한다. 이 과정에서 잃은 전자의 수와 얻은 전자의 수는 같으며 산화와 환원은 동시에 일어난다. 질산 은($AgNO_3$) 용액에 구리(Cu)를 넣으면 구리가 은보다 금속의 반응성이 더 크기 때문에 구리의 전자가 은으로 이동하여 구리는 전자를 잃고 산화되어 구리 이온(Cu^{2+})으로 은은 전자를 얻어 은(Ag)으로 환원된다.

10
정답_②

물에 녹았을 때 수산화 이온(OH^-)을 내놓는 물질을 염기라고 한다. 염기는 리트머스 종이를 푸른색으로 변하게 하고, 수용액 상태에서 전류를 흐르게 하며, 단백질을 녹여 미끌거리는 성질을 가진다. 염기의 예로는 수산화 칼륨(KOH), 수산화 칼슘($Ca(OH)_2$) 등이 있다.

11
정답_①

산과 염기가 만나는 중화 반응에서 산의 수소 이온(H^+)과 염기의 수산화 이온(OH^-)이 만나 물(H_2O)이 생성되고 열이 발생한다. 중화 반응에서 반응하는 산의 수소 이온과 염기의 수산화 이온의 개수비는 1:1이다.

$$H^+ + OH^- \rightarrow H_2O$$

12
정답_④

단백질을 구성하는 기본 단위인 아미노산은 20여 종류가 있다. 이렇게 다양한 아미노산들이 펩타이드 결합($-CONH-$)을 하여 폴리펩타이드를 만들고, 더 큰 입체 구조를 만들어 단백질을 형성한다. 녹말과 같은 탄수화물의 기본 단위는 포도당이며, 지방의 기본 단위는 지방산과 모노글리세리드이다.

13
정답_③

같은 종에서 유전자의 다양한 정도를 유전적 다양성이라 하고, 한 지역에서 생물 종류의 다양한 정도를 종 다양성이라고 한다. 또한 생물이 살아갈 수 있는 서식지의 다양한 정도를 생태계 다양성이라고 한다.

14
정답_④

생물이 생명 유지를 위해 생명체 내에서 일어나는 각종 화학 반응을 물질대사라고 한다. 물질대사는 물질을 합성하여 에너지를 흡수하는 동화 작용과 물질을 분해하며 에너지를 방출하는 이화 작용으로 구분할 수 있다.

15
정답_②

식물 세포 내 소기관인 엽록체에서는 광합성이 일어난다. 광합성이란 물질 대사의 한 종류로 물과 이산화 탄소를 빛 에너지를 이용하여 합성시켜 포도당과 산소를 얻는 과정이다. 핵은 세포 생명 활동의 중심이 되는 세포 내 소기관으로 유전자를 가지고 있고, 세포막은 인지질 2중층으로 되어 있어 세포 내부와 외부의 물질 출입을 조절한다.

16
정답_③

생명체의 유전 정보를 가지고 있는 DNA는 핵을 둘러싸고 있는 핵막을 통과할 수 없다. 핵 안의 DNA가 가지고 있는 유전자를 핵 밖으로 운반하기 위해서는 DNA를 전사하여 유전 정보를 가진 RNA를 만들고, 핵 밖으로 운반된 RNA가 리보솜으로 이동하여 번역을 통해 단백질을 합성한다. 이 전체 과정을 생명 중심 원리라고 한다.

17
정답_④

핵산에는 DNA와 RNA로 구성된다. 핵 안에서 생물의 유전 정보를 저장하는 DNA는 A, G, C, T의 4가지 염기로 구성되고, 유전 정보를 핵 밖의 리보솜으로 운반하는 RNA는 A, G, C, U의 4가지 염기로 구성된다.

18
정답_①

생태계는 생물 군집과 그 군집에 영향을 미치는 비생물적 환경으로 이루어져 있다. 생물 군집에는 광합성을 통해 빛 에너지를 흡수하여 다른 생물이 사용할 수 있는 화학 에너지를 생성하는 생산자와 다른 생물을 섭취하여 에너지를 얻는 생물을 소비자, 생물의 사체나 배설물 등을 분해하여 에너지를 얻는 분해자가 있다. 또한 비생물적 환경으로는 빛, 온도, 물, 토양, 공기 등이 있다.

19
정답_②

화석은 크게 표준화석과 시상화석으로 구분할 수 있다. 생존 기간이 짧고 넓은 지역에 걸쳐 발견되는 표준화석은 해당 지층의 생성 시기를 알려준다. 또한 생존 기간이 길고 특정 환경에서만 발견되는 시상화석은 지층이 생성될 당시의 환경을 알려준다. 고생대 표준화석은 삼엽충, 갑주어 등이 있고 중생대는 공룡과 암모나이트 등이 있다. 신생대 표준화석은 매머드와 화폐석이 있다.

20
정답_③

지구 내부 구조를 알아내는 가장 효과적인 방법은 지진파의 속도 변화를 연구하는 것이다. 지진파는 다른 물질을 통과할 때 속력이 변하거나 반사·굴절되기 때문에 이를 연구하여 지구 내부가 지각(A), 맨틀(B), 외핵(C), 내핵(D)의 층상 구조로 되어 있다는 사실을 알아냈다. 이 중 대부분이 고체 상태로 되어 있고 액체로 되어 있는 곳은 외핵이다.

21
정답_①

판은 지각과 맨틀의 최상부인 단단한 암석권으로 이루어져 있다. 부분적으로 용융되어 있는 연약권에서 맨틀의 대류가 일어나 판이 이동하며, 지구 표면은 십여 개의 판으로 구성되어 있으며 1년에 수 cm씩 다양한 방향으로 움직인다. 판과 판이 서로 부딪히는 곳을 수렴형 경계, 서로 멀어지는 곳을 발산형 경계, 어긋나는 곳을 보존형 경계라고 한다. 수렴형 경계에서는 해구나 호상 열도, 발산형 경계에서는 해령, 보존형 경계에서는 변환 단층이 발달한다.

22
정답_①

지구 시스템은 지권, 수권, 기권, 외권, 생물권과 같은 구성 요소들이 서로 상호 작용하여 이루고 있다. 화산 활동은 지권에서 일어난 것이고 화산 활동 결과 발생한 화산 가스는 기권으로 이동하여 상호 작용을 한 것이다.

23
정답_③

지구 저위도 부근에서 부는 대기 대순환인 무역풍이 약해지면 남적도 해류의 흐름이 느려지며 동태평양 적도 부근의 해수의 표층 수온이 높아지는 현상을 엘니뇨하고 한다. 엘니뇨가 발생하면 동태평양 적도 부근의 나라에는 많은 비가 반대쪽인 서태평양의 적도 부근의 나라에서는 가뭄이 발생한다.

24
정답_③

바닥 상태에 있던 전자가 에너지를 흡수하여 들떴다가 다시 바닥 상태로 돌아가는 과정에서 빛을 방출하게 되는 데 이를 스펙트럼이라고 한다. 원자마다 특정한 파장의 빛들이 나오기 때문에 분광기로 이 빛을 관찰하면 선 모양으로 보여 선 스펙트럼이라고 한다. 파장이 400~700nm 사이의 빛은 가시광선 영역에 해당한다.

25
정답_①

질량이 태양 정도인 별의 중심에서는 수소가 핵융합하여 많은 에너지를 방출하며 헬륨을 만든다. 수소가 모두 사용되어 없어지면 태양의 핵이 수축하게 되고 온도와 밀도가 충분히 증가하게 되면 헬륨 원자핵들이 핵융합하여 탄소 원자가 생성된다.

▶2022년 2회◀

01	②	06	④	11	①	16	②	21	②
02	③	07	②	12	②	17	③	22	①
03	①	08	②	13	④	18	④	23	③
04	③	09	④	14	③	19	③	24	①
05	③	10	①	15	④	20	④	25	②

01
정답_②

물체를 수평 방향으로 던졌을 때 연직 아래 방향으로는 일정한 크기의 중력이 계속 작용하지만, 수평 방향으로는 힘이 작용하지 않는다. 그렇기 때문에 연직 아래 방향으로는 속력이 점점 증가하는 등가속도 운동을 하지만, 수평 방향으로는 속력이 일정한 등속도 운동을 하게 된다.

02
정답_③

물체가 받은 충격량은 운동량의 변화량인 '나중 운동량 − 처음 운동량＝질량 나중×속도 나중 − 질량 처음× 속도 처음'으로 나타낼 수 있다. 나중 운동량이 $4kg\cdot m/s$이고, 처음 운동량이 $1kg\cdot m/s$이기 때문에 운동량의 변화량인 충격량은 $4kg\cdot m/s - 1kg\cdot m/s = 3N\cdot s$이다.

03
정답_①

열기관의 열효율은 '$\dfrac{\text{한 일의 양}}{\text{고열원에서 공급된 에너지}}\times 100$'으로 구할 수 있다. 열기관에 공급된 열이 $200J$이고, 이 열기관이 외부에 한 일의 양이 $40J$이기 때문에 열효율은 $\dfrac{40J}{200J}\times 100 = 20\%$이다.

04
정답_③

전력 수송 과정에서 송전 전류가 커지면 전선을 통과하는 전자의 수가 많아지고, 열이 많이 발생하여 전력 손실이 커지기 때문에 일반적인 전력 수송 과정에서는 송전 전압을 높이고, 송전 전류를 낮추어 전력 손실을 줄이게 된다.

05
정답_③

방사성 원소의 핵분열 과정에서 발생하는 열에너지를 이용하여 물을 끓이고, 이때 발생하는 수증기의 운동 에너지로 터빈을 돌려 전기를 생산하는 방법을 핵분열 발전이라고 한다. 발전 과정에서 방사성 폐기물이 발생하여 처리하는 데 많은 시간과 큰 비용이 들어간다.

06
정답_④

태양 전지를 이용하여 태양의 빛에너지를 전기 에너지로 직접 전환하는 발전을 태양광 발전, 태양열을 거울로 한 곳에 모아 열에너지로 터빈을 작동시켜서 발전하는 것을 태양열 발전이라고 한다.

07
정답_②

(가)는 2주기 1족 알칼리인 원자 번호 3번 리튬(Li)이고, (나)는 2주기 17족 할로젠인 원자 번호 9번 플루오린(F)이다. 리튬과 플루오린은 같은 주기의 원소이지만 족은 다르다. 리튬은 금속 원소이고, 플루오린은 비금속 원소이다.

08
정답_②

염화 나트륨은 전자를 하나 잃어 1가의 양이온이 된 나트륨 이온(Na^+)과 전자를 하나 얻어 1가의 음이온이 된 염화 이온(Cl^-)이 정전기적 인력에 의해 서로 결합하여 만들어진 이온 결합 화합물이다. 물에 녹거나 액체 상태일 때는 이온의 이동이 자유로워 전류가 흐르지만, 고체 상태일 때는 이온의 이동이 자유롭지 못하여 전류가 흐르지 않는다.

09
정답_④

그래핀은 탄소로 이루어진 탄소(C) 동소체이다. 탄소가 한 층의 육각형 구조로 반복되어 만들어진 그래핀이 여러 겹 쌓이면 흑연이 된다. 그래핀은 빛을 잘 통과시키고, 강도가 우수하며, 열과 전기 전도성이 뛰어나다.

10
정답_①

마그네슘(Mg)을 연소시키면 공기 중의 산소(O_2)와 결합하여 산화 마그네슘(MgO)이 만들어진다. 마그네슘(Mg)은 산화 마그네슘(MgO)이 되면서 전자를 잃어 마그네슘 이온(Mg^{2+})이 되고, 산소(O_2)는 산화 마그네슘(MgO)이 되면서 전자를 얻어 산화 이온(O^{2-})이 된다. 마그네슘의 연소 반응에서 마그네슘(Mg)과 산소(O_2)는 반응물이고, 산화 마그네슘(MgO)은 생성물이다.

11 정답_①

물에 녹아 수소 이온(H$^+$)을 내는 물질을 산이라고 하고, 예로는 염산(HCl), 황산(H$_2$SO$_4$), 질산(HNO$_3$), 아세트산(CH$_3$COOH) 등이 있다. 물에 녹아 수산화 이온(OH$^-$)을 내는 물질을 염기라고 하고, 예로는 수산화 나트륨(NaOH), 수산화 칼륨(KOH), 수산화 칼슘(Ca(OH)$_2$), 수산화 암모늄(NH$_4$OH) 등이 있다.

12 정답_②

단백질은 20여 종류의 다양한 아미노산 단위체가 펩타이드 결합으로 연결되어 만들어진 고분자 화합물이다. 세포나 세포막, 항체의 주성분이며, 결합하는 아미노산이 달라지면 단백질의 입체 구조가 달라져 단백질의 독특한 쓰임새가 결정된다.

13 정답_④

A는 핵으로 DNA와 같은 유전 물질을 가지고 있으며, 세포의 생명 활동을 조절한다. B는 리보솜으로 RNA를 번역하여 생물체에 필요한 여러 종류의 단백질을 합성한다. C는 세포벽으로 세포의 형태를 유지하며, 세포를 보호한다. D는 엽록체로 광합성을 하여 식물에게 필요한 포도당과 같은 양분을 스스로 만들어낸다.

14 정답_③

생명체 내에서 일어나는 각종 화학 반응을 의미하는 물질대사는 에너지를 흡수하는 동화와 에너지를 방출하는 이화로 구분된다. 광합성은 동화의 대표적인 예로 빛에너지를 흡수하고, 세포 호흡은 이화의 대표적인 예로 열에너지를 방출한다. 물질대사에는 반드시 생체 촉매 역할을 하는 효소가 필요하다.

15 정답_④

DNA에서는 아데닌(A)과 타이민(T), 구아닌(G)과 사이토신(C)이 서로 상보적인 결합을 하여 구조를 완성하지만, DNA가 전사될 때 만들어지는 RNA에서는 구아닌(G)과 사이토신(C)이 상보적으로 결합을 하지만 아데닌(A)은 타이민(T) 대신 유라실(U)과 상보적인 결합을 한다.

16 정답_②

생물 다양성에는 유전적 다양성, 종 다양성, 생태계 다양성이 있다. 유전적 다양성은 한 개체군 내에 존재하는 유전자 변이가 다양한 정도를 말하고, 종 다양성은 한 생태계에 생물의 다양한 종류를 의미하는 것이다. 생태계 다양성은 생물이 살아가는 생태계의 종류가 다양해야 함을 나타낸다.

17 정답_③

사막여우는 온도가 높은 곳에 살기 때문에 체내의 쉬운 열 배출을 위해 피하지방이 얇고, 귀가 크고 얇다. 그에 비해 북극여우는 온도가 낮은 곳에 살기 때문에 체내의 열 배출을 줄이기 위해서 피하지방이 두껍고, 귀가 작고 두껍다.

18 정답_④

생태계에서 광합성을 통해 태양 에너지를 흡수하여 포도당과 양분을 스스로 합성하는 식물과 같은 것을 생산자라고 하고, 이 생산자를 섭취하여 살아가는 초식 동물들은 1차 소비자이다. 상위 영양 단계로 갈수록 에너지양은 줄어든다.

19 정답_③

별의 중심에 있는 핵에서는 높은 압력과 온도로 인해 수소가 헬륨으로 변하는 핵융합 반응이 만들어진다. 태양보다 질량이 약 10배 이상인 별의 중심에서는 핵융합 반응을 통해 수소에서 철까지 합성되며, 철보다 무거운 원소는 초신성 폭발 등으로 만들어지게 된다.

20 정답_③

식물은 생물권, 이산화 탄소는 기권을 구성하는 구성 요소이다. 식물이 이산화 탄소를 대기로부터 흡수하는 과정은 생물권과 기권의 상호 작용이다.

21 정답_②

지구는 약 46억 년 전에 탄생했으며, 서서히 냉각되어 지표가 형성되었다. 지구 탄생부터 5억 4천 백만 년까지의 기간을 선캄브리아대, 2억 5천 2백만 년까지의 기간을 고생대, 6천 6백만 년까지의 기간을 중생대, 현재까지를 신생대라고 한다. 고생대의 표준 화석에는 갑주어와 삼엽충이 있고, 중생대의 표준 화석에는 공룡과 암모나이트가 있다. 신생대의 표준 화석에는 매머드와 화폐석이 있다.

22 정답_①

B는 대륙 지각, D는 해양 지각이다. A는 맨틀의 가장 윗부분으로 단단한 구조로 되어 있는 암석권이고, 이 암석권과 지각들이 만나 판을 구성한다. 대륙 지각과 암석권이 결합한 것을 대륙판, 해양 지각과 암석권이 결합한 것을 해양판이라고 한다. 암석권보다 아래쪽에 위치한 곳을 연약권(C)이라고 하고, 이 부분이 부분적으로 대류하여 판의 이동을 만들어 낸다.

23 정답_③

바닷물이 깊어질수록 태양빛은 적게 도달하기 때문에 바닷물의 온도가 점점 낮아져야 하지만, 표면의 바닷물은 바람에 의해 잘 혼합되어 일정 구간 수심이 깊어져도 온도가 일정하게 유지되는 구간인 혼합층(A)이 있다. 혼합층보다 더 깊어져 바람의 영향을 받지 않게 되면 온도가 떨어지게 되는 수온 약층(B)이 있고, 그 아래로는 심해층(C)이 있다.

24 정답_①

빅뱅 우주론에 따르면 우주가 팽창함에 따라 우주의 온도가 낮아지고, 최초의 기본 입자가 생성된 후 우주의 온도가 더 낮아지면서 수소 원자핵과 헬륨 원자핵이 생성되었다. 이후 수소 원자핵과 전자가 결합하여 수소 원자가 생성되었다.

25 정답_②

지구 대기에 이산화 탄소, 수증기, 메테인, 프레온 가스와 같은 온실 기체가 증가하여 온실 효과가 심해지면 지구 온난화로 이어지게 되는데, 그 결과 지구의 평균 기온이 상승하고, 해수면의 높이가 높아지면 대륙 빙하의 분포 면적이 감소하게 된다.

▶2022년 1회◀

01	④	06	④	11	①	16	②	21	③
02	③	07	③	12	④	17	②	22	①
03	①	08	②	13	③	18	④	23	④
04	③	09	①	14	④	19	④	24	②
05	②	10	③	15	④	20	①	25	②

01 정답_④

특정 온도(임계 온도) 이하에서 전기 저항이 0이 되어서 많은 양의 전류가 흐를 수 있기 때문에 강한 전자석을 만들어야 하는 입자 가속기, MRI, 자기 부상 열차 등에 초전도체가 사용되고 있다.

02 정답_③

태양광 발전은 태양 전지에서 태양의 빛 에너지를 전기 에너지로 전환시켜 전기를 생산하는 발전 방식이다. 발전 과정에서 오염물질이 발생하지 않고, 태양 에너지가 거의 무한하다는 장점이 있으나, 태양 빛이 없는 밤이나 날씨, 계절에 따라 발전량이 크게 달라진다는 단점을 가지고 있기도 하다.

03 정답_①

공기 저항이 없을 때 물체를 수평 방향으로 던지면, 물체는 중력만이 작용하여 곡선을 그리며 떨어진다. 수평 방향으로는 작용하는 힘이 없기 때문에 속도가 항상 5m/s로 일정하며, 연직 방향으로는 일정한 중력이 계속 작용하기 때문에 1초 당 10m/s씩 속도가 증가하게 된다.

04 정답_③

자석을 코일에 가까이 하면 코일의 움직임을 방해하는 방향으로 유도 전류가 흐르게 된다. 그렇기 때문에 자석을 코일 속에 넣었다 뺐다 하면 전류의 방향도 바뀌어 검류계의 바늘 또한 좌우로 움직이게 되며, 이 방법을 이용하여 발전기를 만들 수 있다.

05 정답_②

충격량은 운동량의 변화량이다. 그렇기 때문에 '충격량 = 나중 운동량 − 처음 운동량'으로 나타낼 수 있고, 처음 운동량이 '3kg × 4m/s = 12kg·m/s', 나중 운동량이 '3kg

$\times\,0\text{m/s} = 0\text{kg}\cdot\text{m/s}$'이므로 충격량은 '$0 - 12\text{kg}\cdot\text{m/s} = -12\text{N}\cdot\text{s}$'이다.

06 정답_④

수소 연료 전지는 수소와 산소의 산화, 환원 반응을 이용하여 전기를 직접 생산하기 때문에 발전 효율이 높고, 연료인 수소를 어렵지 않게 구할 수 있다는 장점이 있지만, 수소를 안전하게 저장하고 운반할 수 있는 방법을 아직 개선 중이어서 널리 사용되지는 못하고 있다.

07 정답_③

광택이 있고, 칼로 쉽게 잘릴 정도로 무르며, 원자가 전자가 1개인 1족 원소를 알칼리 금속이라고 한다. 알칼리 금속에는 LI, Na, K 등이 있으며 물과 격렬히 반응하여 수소 기체를 발생하고, 수용액은 염기성을 띠게 된다. 그 중 소금인 염화 나트륨을 구성하는 알칼리 금속은 Na이다.

08 정답_②

산화, 환원 반응은 물질이 전자를 잃거나 얻는 반응이다. 구리(Cu)가 전자를 2개 잃어 구리 이온(Cu^{2+})이 되는 과정을 산화라고 하고, 은 이온(Ag^+)이 전자 1개를 얻어 은(Ag)이 되는 과정을 환원이라고 한다. 산화와 환원은 항상 동시에 일어나고, 잃은 전자와 얻은 전자의 총 개수는 항상 같다.

09 정답_①

모든 산은 이온화를 하게 되면 공통적으로 수소 이온(H^+)을 내놓게 된다. 이 수소 이온(H^+)은 신 맛을 내며, 금속과 반응하여 수소 기체를 발생시킨다. 그리고 이 수소 이온(H^+)과 결합하는 음이온의 다양함 때문에 산의 종류가 달라지는 것이다.

10 정답_③

플루오린(F) 원자는 원자 번호가 9번이다. 그렇기 때문에 원자핵 안에서 (+)전하를 띠게 하는 양성자 수도 9개이고, 플루오린 원자를 전기적으로 중성으로 만들기 위하여 (−)전하를 띠는 전자도 모두 9개이다. 이 9개의 전자가 안쪽의 K껍질에 2개 채워지고, 나머지 7개의 원자가 바깥쪽 L껍질에 채워지게 된다.

11 정답_①

연소의 3가지 조건은 연료, 발화점 이상의 온도, 산소이다. 수소(H_2)를 연소시키기 위해서는 수소라는 연료와 발화점 이상의 온도를 만들기 위한 전기 방전, 그리고 산소(O_2)가 필요하다. 수소 기체는 산소 기체와 2:1의 부피비로 반응하여 연소를 하고, 수증기(H_2O)를 만들어낸다.

12 정답_④

주기율표는 비슷한 성질을 가진 원소들이 반복적이고 주기적으로 나타나는 표이다. 주기율표의 가로줄은 '주기'로 같은 전자 껍질을 사용하는 원소들로 구성되어 있고, 주기율표의 세로줄은 '족'으로 같은 원자가 전자를 가지고 있어 원소들의 화학적 성질이 비슷하다.

13 정답_③

효소는 주로 단백질로 구성되어 있는 생체 촉매로, 몸 안의 여러 화학 반응을 도와주고, 특정 온도(35~38℃)에서 가장 잘 작용하며, 반복 재사용이 가능하다. 소화를 도와주는 아밀레이스, 펩신 등도 효소이다.

14 정답_④

세포막은 주로 인지질 2중층으로 구성되어 있다. 인지질 2중층은 산소와 같이 전하를 띠지 않고 크기가 작은 분자는 확산 현상을 이용하여 고농도에서 저농도로 이동하며, 전하를 띠거나 크기가 큰 분자는 인지질 2중층에 떠 있는 막 단백질을 통하여 이동하게 된다.

15 정답_①

A는 핵막으로 둘러싸여 있고 DNA와 같은 유전 물질을 포함하고 있는 핵이며, B는 RNA에서부터 정보를 전달받아 단백질을 합성하는 리보솜이다. C는 세포 내 물질들의 운반에 관여하는 소포체이고, D는 세포 안과 밖의 물질 출입을 조절하는 세포막이다.

16 정답_②

규산염 광물의 기본 구조를 나타내는 규산염 사면체는 중심에 규소 원자를 두고 주위에 4개의 산소 원자가 정사면체 모양으로 결합되어 있다. 이 규산염 사면체의 다양한 결합으로 독립형, 단사슬, 복사슬 등의 결합 구조를 가지게 된다.

17 정답_②

지구 시스템은 지권, 수권, 생물권, 기권, 외권 등의 구성 요소가 서로 상호 작용하여 모여 있는 계이다. 지하수의 용해 작용으로 석회 동굴이 형성되는 것은 수권과 지권의 상호 작용이며, 파도의 침식 작용으로 해안선의 모양이 변하는 것 또한 수권과 지권의 상호 작용 때문이다.

18 정답_④

지상 생태계의 에너지 피라미드에서는 이끼나 고사리 같은 포자식물이나 소나무나 매화 같은 씨앗 식물이 생산자의 역할을 하고 있지만, 해양이나 수중에서는 그러한 식물들이 살 수 없기 때문에 해양 생태계의 생산자 역할은 조류나 식물성 플랑크톤이 담당하고 있다.

19 정답_④

생물 다양성은 생태계 보존이나 인류를 위해 사용될 자원의 보존 등을 위해 필요하다. 생물 다양성이 파괴되는 주요 이유로는 서식지 파괴, 생물들의 불법 포획이나 남획, 폐수 방류, 무분별한 벌목 등이 있다.

20 정답_①

질량이 태양의 10배 정도 되는 별은 중심핵에서 수소를 핵융합하여 헬륨을 만들고, 중력 수축을 통해 높은 온도와 압력을 만들어 헬륨으로 탄소와 산소를 핵융합하며, 더욱 중력 수축을 하여 산소로 황과 규소를 핵융합한다. 마지막으로 규소로 철을 핵융합하게 되면 핵융합이 멈추게 된다.

21 정답_③

최초로 해양에서 생명체가 태어난 뒤 가장 긴 시기인 선캄브리아기가 지나면 척추동물인 갑주어가 등장하고 식물과 동물이 육지로 올라오는 고생대에 도달하게 된다. 고생대 다음으로는 공룡과 겉씨식물이 번성하는 중생대에 이르게 되고, 그 다음으로 인류가 탄생하는 신생대를 맞이하게 된다.

22 정답_①

핵산은 DNA와 RNA 두 종류로 구성되어 있다. DNA는 이중 나선 구조로 되어 있고 유전 정보를 나타내는 염기가 아데닌(A), 구아닌(G), 사이토신(C), 타이민(T)이다. 반면에 RNA는 단일 나선 구조로 되어 있고 유전 정보를 나타내는 염기가 아데닌(A), 구아닌(G), 사이토신(C), 유라실(U)로 되어 있다.

23 정답_④

생물 다양성은 크게 3가지로 나눌 수 있다. 생물이 지닌 유전자의 다양함을 뜻하는 유전적 다양성, 지구상에 살고 있는 생물 종류의 다양함을 뜻하는 종 다양성, 생물이 서식하는 장소의 다양함을 뜻하는 생태계 다양성이 있다.

24 정답_②

맨틀은 지구 내부 구조 중 가장 큰 부피(80% 이상)를 차지하고 있다. 지각 밑으로부터 100km까지는 매우 단단한 암석으로 되어 있고 판을 구성하는 암석권, 그 밑으로부터 400km까지는 높은 온도에 의해 부분적으로 용융되어 맨틀의 대류가 일어나는 연약권을 포함한다.

25 정답_②

하나의 헬륨 원자 속 원자핵에는 양성자 2개와 중성자 2개가 단단히 결합되어 있다. 이렇게 4개의 입자를 형성하기 위해서는 수소 원자핵인 양성자가 모두 4개 필요하다. 이 4개의 양성자가 1개의 헬륨 원자핵으로 변하는 과정을 핵융합이라고 하며, 이 과정에서 많은 양의 에너지가 방출된다.

▶2021년 2회◀

01	①	06	②	11	④	16	①	21	①
02	②	07	③	12	②	17	③	22	②
03	④	08	③	13	②	18	④	23	③
04	③	09	①	14	④	19	②	24	③
05	②	10	④	15	①	20	④	25	①

01 정답_①

중력은 질량을 가진 물체가 서로 잡아당기는 힘이고, 마찰력은 서로 접촉하고 있는 물체의 표면에서 물체의 운동을 방해하는 힘이다. 자기력은 자석과 자석, 혹은 금속과 자석 사이에서 작용하는 힘이며, 전기력은 전하를 띤 물체 사이에서 작용하는 힘으로 서로 잡아당기는 인력과 서로 밀어내는 척력이 있다.

02 정답_②

수력 발전은 물의 중력에 의한 퍼텐셜 에너지를 이용하여 발전기의 터빈을 돌려 전기 에너지를 생산하고, 풍력 발전은 바람의 운동 에너지로 발전기에 연결된 날개를 돌려 전기 에너지를 생산한다. 화력 발전은 석유나 석탄 같은 연료를 연소시켜 화학 에너지로 발전기를 돌려 전기 에너지를 생산하고, 태양광 발전은 태양 빛을 받아 태양 전지에서 전기 에너지를 생산하는 방식이다.

03 정답_④

물체가 가지는 운동량(p)은 물체의 질량(m)과 물체의 속도(v)의 곱으로 나타낼 수 있다. A의 운동량 = 2kg × 1m/s = 2kg · m/s, B의 운동량 = 2kg × 2m/s = 4kg · m/s, C의 운동량 = 3kg × 1m/s = 3kg · m/s, D의 운동량 = 3kg × 2m/s = 6kg · m/s이다. 그렇기 때문에 운동량이 가장 큰 것은 D의 운동량 6kg · m/s이다.

04 정답_③

코일에 자석을 가까이할 때 발생하는 유도 전류의 세기를 크게 하는 방법은 세 가지가 있다. 첫 번째, 강한 자석을 사용하여 코일에 가까이 하거나, 두 번째, 자석과 코일의 상대적인 움직임을 빠르게 변화시키거나, 세 번째, 단위 길이 당 코일의 감은 수를 늘리는 것이다. 그렇기 때문에 ㄱ, ㄴ이 옳은 설명이다.

05 정답_②

변압기는 전자기 유도 현상을 이용하여 전압을 변화시키는 장치이다. 1차 코일의 감은 수 N_1, 2차 코일의 감은 수 N_2, 1차 코일에 걸리는 전압 V_1, 2차 코일에 걸리는 전압 V_2라고 하면 다음과 같은 식이 성립한다.

$$\frac{N_2}{N_1} = \frac{V_2}{V_1}$$

$$\frac{10번}{5번} = \frac{V_2}{V_1}$$

$$V_1 : V_2 = 1 : 2$$

06 정답_②

중력 가속도($g=10\text{m/s}^2$)가 일정한 자유 낙하 운동일 때 t초 동안 낙하한 물체의 낙하 거리(s)는 다음과 같은 식이 성립한다.

$$s = \frac{1}{2}gt^2$$

4초 동안 자유 낙하한 거리에서 3초 동안 자유 낙하한 거리를 빼면 ㉠구간의 거리를 구할 수 있다.
㉠구간의 거리
$$= \frac{1}{2} \times 10\text{m/s}^2 \times (4\text{s})^2 - \frac{1}{2} \times 10\text{m/s}^2 \times (3\text{s})^2$$
$$= 35\text{m}$$

07 정답_③

원자 번호 6번인 탄소(C) 원자 1개는 원자핵에 (+)전하를 띤 양성자 6개와 주위에 (−)전하를 띤 전자 6개를 가지고 있어 전기적으로 중성이다. 원자 번호는 양성자 수에 의해 결정되기 때문에 원자 번호는 6이며, K껍질에 전자가 2개 채워지고 L껍질에 전자가 4개 채워지기 때문에 반응에 참여할 수 있는 원자가 전자는 4개이다.

08 정답_③

주기율표에서 같은 족에 포함되어 있는 원소들은 화학 반응에 참여하는 원자가 전자의 수가 같기 때문에 화학적 성질이 비슷하다. 일반적으로 화학 반응에 참여하는 원자가 전자수와 가장 바깥쪽 전자껍질에 채워져 있는 최외각 전자수는 같지만 18족의 경우 가장 바깥쪽 전자껍질에 전자가 모두 채워져 있어 전자를 주고받기 힘들기 때문에 원자가 전자수는 0개이다. 보기에서 Li과

Na은 가장 바깥쪽 전자껍질에 전자 수가 1개로 같기 때문에 같은 족에 속하는 원소이다.

09
정답_①

인체의 약 70%를 차지하고 수소 원자(H) 2개와 산소 원자(O) 1개의 공유 결합으로 이루어진 화합물은 물(H_2O)이다. 물은 비열이 높아 온도가 크게 변하지 않기 때문에 체온 유지에 도움이 된다.

10
정답_④

그래핀은 탄소 원자(C)가 단일과 이중 결합을 이용하여 6각형 평면 형태로 결합한 물질로 투명하며, 전기와 열 전도성이 높은 신소재이다. 풀러렌도 탄소 원자(C) 60개가 5각형과 6각형 형태가 반복되며 축구공 형태로 결합한 신소재이며, 탄소 나노 튜브는 그래핀이 튜브 형태로 말려 만들어진 것이다. 그래핀과 풀러렌, 탄소 나노 튜브는 모두 탄소 원자로 이루어진 동소체이다.

11
정답_④

수산화 칼륨(KOH)이 물에 녹아 이온화하면 칼륨 이온(K^+)과 수산화 이온(OH^-)으로, 수산화 나트륨(NaOH)이 물에 녹아 이온화하면 나트륨 이온(Na^+)과 수산화 이온(OH^-)으로 이온화한다. 또한 수산화 칼슘($Ca(OH)_2$)을 물에 녹여 이온화시키면 칼슘 이온(Ca^{2+})과 수산화 이온(OH^-)으로 이온화되기 때문에 이 세 염기에 공통적으로 들어 있는 수산화 이온(OH^-)이 염기의 공통성을 나타나게 하는 것이다.

12
정답_②

제산제는 염기로 위 속의 위산과 중화 반응하고, 생선의 비린내는 염기로 레몬이 가지고 있는 산성 물질과 중화 반응한다. 하지만 철이 공기 중의 산소와 만나 녹이 스는 것은 중화 반응이 아니라 산소와 결합하고 분해되는 산화 · 환원 반응이다.

13
정답_②

20여 종류의 아미노산이 축합중합 반응으로 다양하게 결합하여 고분자를 만들면 단백질이 형성된다. 대부분 생명체의 몸을 구성하고 있으며, 근육과 항체 또한 단백질로 주로 구성되어 있다.

14
정답_④

인지질 2중층으로 되어 있는 세포막은 산소와 같이 전하를 띠지 않는 작은 분자의 경우에는 확산에 의해 직접 통과시키고, 큰 분자나 전하를 띤 분자들은 세포막에 위치한 막단백질을 이용하여 세포의 내외부로 이동시킨다. 이렇게 막단백질을 통한 물질의 이동을 선택적 투과성이라고 한다.

15
정답_①

생명체 내에서 물질이 분해되거나 합성되는 화학 반응을 물질대사라고 한다. 물질 대사의 종류로는 작은 분자 여럿이 에너지를 흡수하며 화합하여 큰 분자를 만드는 동화가 있고, 큰 분자가 에너지를 방출하며 분해되어 작은 분자 여럿을 만드는 이화가 있다.

16
정답_①

세포의 정보를 가지고 있는 핵 안의 DNA는 유전 정보를 전사하여 핵을 빠져나갈 수 있는 RNA를 만들게 되고, 핵 밖으로 빠져나간 RNA는 리보솜에 유전 정보를 전달하고 번역하여 필요한 단백질을 합성한다.

17
정답_③

A는 영양소를 산소를 이용하여 분해하여 세포가 생명 활동에 필요한 에너지를 생성하는 미토콘드리아다. B는 세포 생명 활동의 중심이며 생명체의 유전 정보를 담고 있는 핵이며, C는 식물 세포를 보호하고 형태를 유지시켜주는 세포벽이다. D는 엽록소가 있어 광합성을 통해 양분을 합성하는 엽록체이다.

18 정답_④

각 영양 단계의 생물량을 나타내는 생물량 피라미드에서는 상위 영양 단계로 올라갈수록 생물량이 줄어들어야 안정된 생태계 평형 상태를 나타내고 있는 것이다.

19 정답_②

생태계를 구성하는 생물적 요인은 양분을 합성하는 생산자, 양분을 섭취하는 소비자, 생산자와 소비자를 분해하는 분해자가 있다. 생태계를 구성하는 비생물적 환경 요인으로는 빛, 공기, 물, 토양, 온도 등이 있다.

20 정답_④

태양과 같은 주계열성은 수소(H) 핵융합 반응으로 헬륨(He)을 만들어내고, 적색 거성으로 진화한 후에는 중심부에서 탄소(C)를 생성한다.

21 정답_①

적도 부근의 바다에서 가열된 수증기가 대기로 이동하여 응결하면 태풍이 발생한다. 이 태풍은 무역풍과 편서풍의 영향을 받아 방향이 계속 변하며 고위도로 이동해 에너지를 전달한다. 태풍은 수권(바다)과 기권(구름과 바람)의 상호 작용 예이다.

22 정답_②

대서양 중앙 해령은 발산형 경계로 맨틀이 상승하는 곳이다. 경계를 중심으로 판은 서로 멀어지며, 새로운 판이 형성되는 곳이다. 이 경계에서는 지진과 화산 활동이 일어나고 중심부에서는 V자 열곡과 해령을 발견할 수 있다.

23 정답_③

지구상에서 물의 순환을 일으키는 근본 에너지는 태양 복사 에너지이다. 주로 바다에서 태양 복사 에너지에 의해 대기 중의 수증기로 변하게 되며, 이 수증기는 응결하여 구름으로 변해 대륙으로 이동해 비를 뿌린다. 이 비는 강이나 지하수가 되어 대륙을 통해 바다로 다시 흘러가 물의 순환을 완성하게 된다.

24 정답_③

대류권은 높이 올라갈수록 지표에서 방출되는 지구 복사 에너지가 적게 도달하여 온도가 낮아지게 되므로 대류 현상이 일어나지만, 성층권은 오존층에서 자외선을 흡수하여 높이 올라갈수록 온도가 높아지기 때문에 대류 현상이 일어나지 않는다. 이처럼 대류가 일어나지 않는 구간은 높이 올라갈수록 온도가 높아지는 열권인 A와 성층권인 C이다.

25 정답_①

넓은 지역, 많은 수, 특정 지질 시대에만 살았던 생물들에 의해 만들어진 화석을 표준 화석이라고 한다. 표준 화석은 지질 시대를 정의하고 알아내는 데 사용되는 화석이다. 매머드와 화폐석은 신생대, 삼엽충은 고생대, 암모나이트는 중생대 표준 화석이다. 그림은 신생대 표준 화석인 매머드이다.

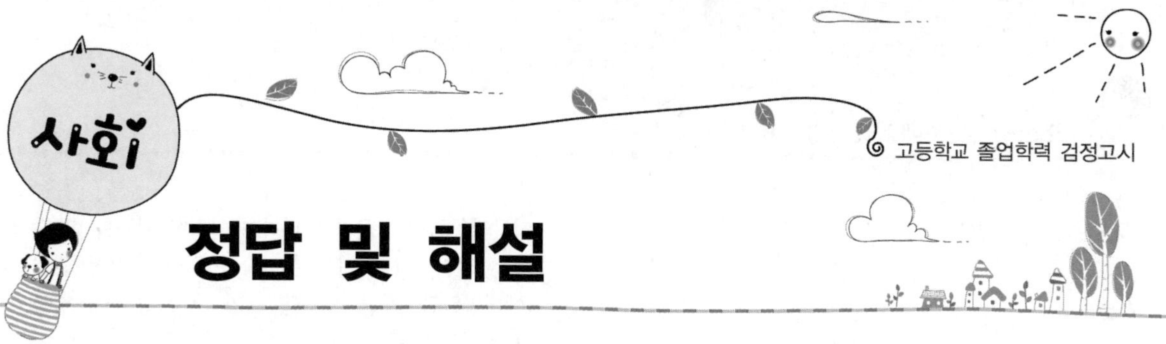

2025년 2회 ▶사 회◀

01	①	06	③	11	①	16	②	21	③
02	①	07	①	12	②	17	②	22	③
03	③	08	①	13	③	18	④	23	③
04	②	09	④	14	④	19	②	24	①
05	③	10	④	15	④	20	①	25	②

01　　　　　　　　　　　　　　　정답_①

행복한 삶을 위한 조건

- 질 높은 정주 환경 : 쾌적하고 깨끗한 자연환경, 편리한 교통 · 통신 시설, 낮은 범죄율, 높은 수준의 교육과 의료 혜택이 보장된 곳, 문화 · 예술 공간 시설이 잘 갖추어진 곳 등
- 민주주의의 실현 : 사회 구성원의 정치 참여 보장, 자유와 권리 보장, 인권 최대한 보장 등
- 경제적 안정 : 고용 안정, 최저 임금제, 사회 복지 제도 확충, 경제적 불평등 해소 등
- 도덕적 실천과 성찰 : 선의지, 역지사지와 관용의 자세, 기부와 사회봉사 등 참여

02　　　　　　　　　　　　　　　정답_①

열대 기후

- 의생활 : 얇고 간편한 옷차림이나 헐렁한 옷을 입음
- 식생활 : 음식이 쉽게 상하기 때문에 기름에 볶거나 튀기고, 향신료를 많이 사용함
- 주생활 : 개방적 가옥 구조(통풍이 잘 되도록 큰 창문), 고상 가옥(열기와 해충을 피하기 위해), 지붕의 경사가 급함(강수량이 많기 때문)
- 농업 : 플랜테이션(커피, 카카오, 바나나, 사탕수수 등), 이동식 경작(카사바, 얌 등)

03　　　　　　　　　　　　　　　정답_③

자연을 바라보는 관점

- 인간 중심주의 자연관 : 자연을 인간의 이익을 위해 이용해야 할 대상으로 보고, 오직 인간만이 본래적 가치를 지니고 있는 존재로 바라보는 관점
- 생태 중심주의 자연관 : 자연의 본래적 · 내재적 가치를 인정하고 인간의 이익보다 자연의 존재를 더 중요시 여기는 관점

04　　　　　　　　　　　　　　　정답_②

환경 관련 국제 협약

- 교토 의정서 : 지구 온난화 규제 및 방지의 국제 협약인 기후 변화 협약의 구체적 이행 방안으로, 선진국의 온실가스 감축 목표치를 규정함
- 몬트리올 의정서 : 오존층 파괴 물질의 생산 및 사용의 규제를 위한 국제 협약
- 사막화 방지 협약 : 기후 변화, 자원의 무분별한 개발과 오남용에 의한 지구 사막화를 막기 위하여 맺은 국제 연합 협약
- 런던 협약 : 폐기물 투기에 의한 해양 오염 방지를 위한 협약
- 람사르 협약 : 습지 보호를 위한 협약
- 바젤 협약 : 유해 폐기물의 국가 간 이동 및 교역을 규제하기 위한 협약

05　　　　　　　　　　　　　　　정답_③

산업화

산업화는 농업 중심 사회가 공업 중심 사회로 변모하는 현상으로, 생산 활동의 분업화와 기계화로 2차, 3차 산업의 비율이 높아지고, 도시를 중심으로 대량 생산과 대량 소비가 이루어진다. 급속한 산업화로 도시화로 인해 노동 문제, 이촌향도로 인한 주택 부족 문제, 환경 문제, 교통 문제, 실업, 범죄 문제 등의 여러 가지 도시

문제도 발생하였다.

06 정답_③

정보화에 따른 문제(사이버 범죄)

- 사이버 범죄 : 정보 통신망을 통해 타인의 명예를 침해하거나 타인에게 피해를 입히는 행위
- 사생활 침해 : 사이버상에서 개인의 사적 정보가 다른 사람에게 공개되는 현상
- 인터넷 중독 : 인터넷을 과다 사용하여 가정이나, 직장 등 일상생활에 심각한 지장을 받게 되는 현상
- 정보 격차 : 새로운 정보에 접근할 수 있는 능력을 보유한 사람과 그렇지 못한 사람 사이에 사회적 · 경제적 격차가 심화되는 현상

07 정답_①

지역 조사 과정(조사 계획의 수립)

조사 계획 수립 단계에서는 지역의 특성과 지역 문제의 해결 방안을 모색하기 위한 주제와 지역을 선정하고, 이에 적합한 조사 항목과 조사 방법 등을 계획한다.

- 조사 계획 수립(주제 · 지역 선정) → 실내 조사(문헌, 통계자료, 지도 조사, 설물지 작성 등) → 야외 조사(관찰, 측량, 견학, 관련 기관 방문, 면담, 설문지 조사 등) → 지리 정보의 정리 및 분석(표 · 그래프 작성) → 보고서 작성

08 정답_①

국민의 기본권(사회권)

- 사회권 : 인간다운 생활을 국가에 요구할 수 있는 적극적 권리, 오늘날 복지 국가에서 중요 (예) 근로권, 환경권, 교육권 등
- 자유권 : 국가의 간섭을 받지 않고, 자신의 의사에 따라 행동할 수 있는 권리, 가장 오래된 권리, 소극적 권리 (예) 신체의 자유, 언론 · 출판 · 집회 · 결사의 자유 등
- 평등권 : 법 앞에 차별을 받지 않을 권리(다른 기본권 보장의 전제 조건)
- 참정권 : 주권자인 국민이 정치에 능동적으로 참여할 수 있는 권리, 적극적 권리 (예) 선거권, 공무 담임권, 국민 투표권 등

- 청구권 : 국민이 국가에 대하여 일정한 청구를 할 수 있는 권리, 다른 기본권 보장을 위한 수단적 권리 (예) 청원권, 재판 청구권, 국가 배상 청구권, 형사 보상 청구권 등

09 정답_④

헌법 소원 심판

- 헌법 재판소 : 헌법의 해석과 관련된 정치적 사건을 사법적 절차에 따라 심판하는 헌법 재판 기관 (예) 위헌 법률 심판, 탄핵 심판, 정당 해산 심판, 헌법 소원 심판, 기관 쟁의 심판
- 헌법 소원 심판 : 국가 기관에 의해 기본권을 침해당한 국민이 직접 헌법 재판소에 공권력 및 법률에 대하여 그 정당성 여부를 심판해 달라고 요구하는 제도

10 정답_④

시민 불복종

- 의미 : 사회의 정의롭지 못한 법률이나 정책 등을 개정하려는 목적에서 행하는 시민의 의도적 위법 행위
- 정당화 조건 : 정당성, 공개성, 비폭력성, 최후의 수단, 처벌 감수
- 사례 : 소로의 세금 납부 거부 운동, 간디의 소금 행진, 마틴 루서 킹의 흑인 차별 철폐 운동 등

11 정답_①

세계의 인권 문제(빈곤)

- 빈곤 문제 : 생존을 위협할 뿐만 아니라 생활 환경, 교육, 직업 등 최소한의 인간다운 삶을 살 수 없도록 만듦 (예) 전쟁과 내전으로 인한 기아 문제 등
- 아동 노동 문제 : 개발 도상국의 아동 중 상당수가 힘든 노동에 내몰려 노동력을 착취당하고 있음
- 국민의 기본권 침해 문제 : 국가 체제 유지나 전통적인 관습 유지 등의 이유로 국민의 자유권이나 평등권 등 국민의 기본권을 탄압함 (예) 독재 국가에서의 인권 유린 문제, 다문화 사회에서의 인종 차별 등
- 성차별 문제 : 종교나 관습, 사회 구조와 편견 등을 이유로 임금 격차나 고용 및 승진, 교육 수준이나 정치 참여 기회 등에서의 남녀 차별이 나타남

12 정답_②

기회비용

경제 활동에서 여러 가지 선택 가능한 것 중에서 하나를 선택할 때 포기하는 것들 중에서 가장 가치가 큰 것으로, 모든 경제적 선택에는 기회비용이 따르기 때문에 이를 고려한 선택이 이루어지도록 해야 한다.

13 정답_③

기업가 정신

미래의 불확실성을 무릅쓰고 혁신을 통해 새로운 가치를 창조하려는 기업가의 도전하는 자세를 말한다. 혁신은 미래를 예측하는 통찰력과 새로운 것에 도전하는 정신으로, 이제까지 이루어지지 않았던 새로운 방법을 도입하여 완전히 새롭게 바꾸는 창조적 파괴 과정을 말한다.

14 정답_④

세계 무역 기구(WTO)

자유 무역을 확대하고 회원국 간의 통상 분쟁을 해결하며 국제 교역을 촉진하기 위해 1995년 설립된 국제기구이다. 자유 무역의 확대로 세계화가 더욱 가속화되고 있고, 세계 무역 기구(WTO)의 역할이 더욱 증대되고 있다.

15 정답_④

저축 수단(채권)

- 채권 : 국가, 지방 자치 단체, 공공 기관, 기업 등이 자금을 빌리면서 이자를 지급하기로 약속한 증표로 시세 차익, 이자 수익을 얻을 수 있음
- 예금 : 금융 기관에 자금을 예치하고 이자를 받는 금융 상품(안전성 높고, 위험성 낮다)
- 주식 : 주식회사가 투자자에게 투자한 대가로 발행하는 증서로 시세 차익, 배당 수익을 얻을 수 있음(수익성 높고, 위험성 높아서 안전성 낮다)

16 정답_②

사회 보험

- 의미 : 일정 소득이 있는 국민에게 보험 방식을 적용하여 사회적 위험(질병, 실업)에 대비하도록 하는 사회 보장 제도
- 특징 : 국가 또는 기업이 수혜자와 함께 비용을 부담하여 운영되는 상호 부조의 성격, 강제 가입 원칙, 수혜자가 부담하는 보험료는 소득의 크기에 비례함
- 사례 : 국민 건강 보험 제도, 국민 연금 제도, 고용 보험 제도, 산업 재해 보상 보험 제도, 노인 장기 요양 보험 제도 등

17 정답_②

종교 문화권(메카)

- 이슬람 문화권 : 유일신(알라), 쿠란(경전), 모스크, 성지 순례(메카), 술·돼지고기 금기 등
- 크리스트교 문화권 : 유일신(하나님), 사랑, 성당, 교회 등
- 불교 문화권 : 탑, 불상, 사찰(절), 승려, 연등, 성지(부다가야 등) 등
- 힌두교 문화권 : 다신교, 선행과 고행 통한 수련 중시, 소 숭배, 갠지스강, 주로 인도 지역 등

18 정답_④

앵글로 아메리카 문화권

- 북서 유럽의 식민 지배를 받음 → 리오그란데강 이북 지역의 미국, 캐나다
- 다인종, 다민족 국가로, 주로 영어를 사용하고 크리스트교(개신교)의 비율이 높음
- 세계 최대의 경제 중심지이자 세계적인 농산물 수출 지역임

A. 아프리카 문화권, B. 동아시아 문화권, C. 오세아니아 문화권

19 정답_②

문화 변동의 요인(발명, 발견)

- 내재적 요인 : 발명(존재하지 않았던 새로운 문화 요소를 만들어 내는 행위), 발견(이미 존재하지만 아직 세상에 알려지지 않은 것을 알아내거나 찾아내는 행위)
- 외재적 요인(문화 전파) : 한 나라의 문화 요소들이 다른 사회에 전해져서 그 사회의 문화로 정착되는 것

20 정답_①

문화 이해의 태도(문화 사대주의)

- 자문화 중심주의 : 다른 문화를 자기 문화의 관점에서 일방적으로 판단하고 평가하는 태도
- 문화 사대주의 : 타문화를 동경·숭상하여 타문화는 무조건 좋고 자기 문화는 무조건 나쁘다는 식으로 보는 태도
- 문화 상대주의 : 문화의 상대성을 인정하고 어떤 사회의 문화를 그 사회의 맥락에서 이해하고 평가하려는 태도

21 정답_③

세계 도시

- 의미 : 정치, 경제, 문화, 정보 등 다양한 측면에서 전 세계적으로 중심지 역할을 수행하는 도시(예 : 뉴욕, 파리, 런던, 도쿄 등)
- 국제 연합(UN)과 같은 국제기구의 본부가 위치하여 국제회의를 개최하고 있음
- 다국적 기업의 본사나 국제 금융 업무 관련 기업의 입지로 전 세계의 자본과 정보, 고급 인력이 모여 있음
- 생산자 서비스 기능을 제공함(예 : 회계, 법률, 광고, 금융, 보험, 부동산 임대업 등)
- 교통 및 통신망의 세계적인 중심지로서 인적·물적 교류가 활발함
- 세계 도시들은 기능적으로 유기적 관계를 맺고 있어 한 도시의 변화는 다른 국가에 연쇄적으로 영향을 끼침

22 정답_③

카스피해 분쟁

카스피해는 러시아, 이란, 카자흐스탄, 아제르바이잔, 투르크메니스탄이 석유와 천연가스 지대의 영유권을 두고 분쟁하는 자원을 둘러싼 갈등 지역이다.

23 정답_③

국제 사회의 행위 주체(국제 비정부 기구)

- 국가 : 일정한 영토와 국민을 바탕으로 하며 주권을 가진 집단, 가장 기본적인 주체
- (정부 간) 국제기구 : 각 국가의 정부를 회원으로 하는 국제 사회의 행위 주체 (예) 유럽 연합(EU), 세계 무역 기구(WTO), 경제 협력 개발 기구(OECD), 아시아·태평양 경제 협력체(APEC), 국제 통화 기금(IMF) 등
- 국제 비정부 기구(NGO) : 개인이나 민간 단체를 회원으로 하는 자발적 시민 단체 (예) 그린피스, 국경 없는 의사회 등
- 국제적으로 영향력 있는 개인 : 세계의 정치, 문화 등 특정 분야에서 권위를 가진 개인
- 국가 내부적 행위체 : 한 국가에 속해 있지만 독자적인 영역에서 국제적으로 활동하는 행위 주체

24 정답_①

인구 이동(경제적 이동)

최근 경제적·자발적 이동의 비중이 크며, 높은 임금과 풍부한 일자리를 얻기 위해 주로 개발 도상국에서 산업이 발달한 선진국으로의 이동이 많다.

- 이동 기간 : 일시적 이동, 영구적 이동
- 이동 의지 : 자발적 이동, 강제적 이동
- 이동 범위 : 국내 이동, 국제 이동
- 이동 원인 : 경제적 이동, 정치적 이동, 종교적 이동, 환경적 이동 등

25 정답_②

에너지 자원(석탄)

- 석탄 : 매장량이 풍부하고 채굴 가능한 기간도 길어, 산업 혁명의 바탕이 된 에너지 자원이지만 환경 문제를 발생시킴
- 석유 : 세계에서 가장 많이 사용되는 에너지 자원으로 주로 화학 공업의 원료, 자동차와 비행기 등의 연료로 이용됨, 지역적 편재성이 크고, 주로 생산지와 소비지가 달라서 국제적 이동량이 많음
- 천연가스 : 석유와 함께 매장되어 있으며, 석유보다 공해가 적고 열효율이 높으며 매장량도 비교적 많음

2025년 1회 ▶사 회◀

01	③	06	①	11	③	16	④	21	④
02	②	07	②	12	④	17	③	22	①
03	②	08	①	13	②	18	③	23	②
04	④	09	②	14	④	19	②	24	③
05	②	10	④	15	④	20	①	25	④

01
정답_③

인간, 사회, 환경을 바라보는 관점(시간적 관점)

- 시간적 관점 : 시대적 배경과 맥락을 고려하여 사회 현상을 살펴보는 것
- 공간적 관점 : 공간적 특성을 고려하여 인간 생활과 사회 현상을 살펴보는 것
- 사회적 관점 : 사회 제도 및 사회 구조를 고려하여 사회 현상을 살펴보는 것
- 윤리적 관점 : 도덕적 가치를 기준으로 인간의 행위를 평가하고 사회 현상을 살펴보는 것
- 통합적 관점 : 시간적·공간적·사회적·윤리적 관점을 고려하여 사회 현상을 종합적으로 살펴 보는 것

02
정답_②

건조 기후

연 강수량이 500mm이하인 지역으로, 강수량보다 증발량이 크다. 특히 사막은 적은 강수량으로 인한 평평한 지붕, 큰 일교차를 극복하기 위한 두꺼운 벽, 모래 바람을 막기 위해 작은 창문을 가진 흙집이 지어지고, 대추야자, 밀, 목화 등을 재배하는 오아시스 농업이 발달하였다.

03
정답_②

생태 중심주의 자연관

- 의미 : 자연의 본래적·내재적 가치를 인정하고 인간의 이익보다 자연의 존재를 더 중요시 여기는 관점
- 특징 : 전일론적 관점(인간을 포함한 자연 전체를 하나로 바라보는 관점), 인간과 자연은 서로 조화와 균형을 이루어야 한다고 주장함, 인간은 자연 전체에 대한 도덕적 의무를 지님

- 학자(레오폴드의 대지 윤리) : 공동체의 범위를 식물, 동물, 토양, 물을 포함하는 대지로 확대시켜 대지를 지배와 이용의 대상으로 간주하는 인간 중심주의와 달라 공동체로 존중할 것을 강조함

04
정답_④

환경 문제 해결을 위한 노력

- 유형 : 자원과 에너지 고갈 문제, 지구 온난화 문제, 환경 오염, 벌목으로 인한 삼림 파괴 등
- 대책 : 개인(에너지 절약, 친환경적 생활), 기업(오염 정화 시설 설치, 친환경 제품 생산, 환경 관련 법률 준수), 정부(환경 문제 해결을 위한 법적·제도적 장치 마련, 신·재생 에너지 개발, 국제적인 차원에서의 협력)

05
정답_②

산업화·도시화로 인한 변화

산업화는 농업 중심 사회가 공업 중심 사회로 변모하는 현상으로, 생산 활동의 분업화와 기계화로 2·3차 산업의 비율이 높아지고, 직업의 다양성이 증가하였다. 도시화가 촉진되어 도시의 인구 밀도는 높아지고, 도시적 생활양식이 확대되었고, 인공 구조물과 아스팔트, 콘크리트 등의 포장 면적이 증가하여 녹지 면적이 감소하였고, 도심의 기온이 주변보다 높게 나타나는 열섬 현상이 나타나고, 빗물이 토양에 잘 흡수되지 않아 도시 홍수의 발생 위험도가 높아졌다. 급속한 산업화·도시화로 인해 노사 갈등 문제, 인간을 기계의 부속품처럼 여기는 인간 소외 현상, 이촌향도로 인한 주택 부족 문제, 실업, 환경 문제, 교통 문제, 범죄 문제 등의 각종 사회 문제가 발생하기도 한다.

06
정답_①

경제 주체(기업)

기업은 재화나 서비스를 생산하는 생산 활동의 주체이고, 적은 비용으로 상품을 생산하여 최대의 이윤을 얻기 위해 노력한다.

07 정답_②

지역 조사 단계

야외 조사는 관찰, 측량, 견학, 관련 기관 방문, 면담, 설문지 조사 등 현장에서 조사가 이루어진다.

- 조사 계획 수립(주제·지역 선정) → 실내 조사(문헌, 통계자료, 지도 조사, 설물지 작성 등) → 야외 조사(관찰, 측량, 견학, 관련 기관 방문, 면담, 설문지 조사 등) → 지리 정보의 정리 및 분석(표·그래프 작성) → 보고서 작성

08 정답_①

국민의 기본권(자유권)

- 자유권 : 국가의 간섭을 받지 않고, 자신의 의사에 따라 행동할 수 있는 권리, 가장 오래된 권리, 소극적 권리 (예) 신체의 자유, 언론·출판·집회·결사의 자유 등
- 평등권 : 법 앞에 차별을 받지 않을 권리(다른 기본권 보장의 전제 조건)
- 참정권 : 주권자인 국민이 정치에 능동적으로 참여할 수 있는 권리, 적극적 권리 (예) 선거권, 공무 담임권, 국민 투표권 등
- 사회권 : 인간다운 생활을 국가에 요구할 수 있는 적극적 권리, 오늘날 복지 국가에서 중요 (예) 근로권, 환경권, 교육권 등
- 청구권 : 국민이 국가에 대하여 일정한 청구를 할 수 있는 권리, 다른 기본권 보장을 위한 수단적 권리 (예) 청원권, 재판 청구권, 국가 배상 청구권, 형사 보상 청구권 등

09 정답_②

청소년의 노동권

청소년은 성인이 보장받는 노동 조건과 똑같이 보장받거나, 성인에 비해 더 강한 보호를 받는다. 노동자는 근로 계약서를 반드시 작성해야 하고, 사용자는 일정한 날짜에 임금을 주어야 한다. 청소년도 성인과 동일한 최저 임금을 적용받으며, 독자적으로 임금을 청구할 수 있으나 위험한 일이나 유해 업종의 일은 할 수 없다.

10 정답_④

자원의 희소성

인간의 욕구는 무한한 데 비해 그것을 충족시켜 줄 수 있는 자원은 상대적으로 부족한 것을 자원의 희소성이라고 한다. 자원의 양과 인간의 욕구에 따라 달라지는 상대적 개념이고, 자원의 가격을 결정하는 중요한 요인이다.

11 정답_③

정보화로 인한 생활의 변화

정보화 사회는 지식과 정보가 사회의 가장 중요한 자원이 되고, 이를 중심으로 운영·발전하는 사회를 말한다. 원격 진료나 원격 교육이 가능해지고, 전자 상거래를 통해 물건을 쉽게 구매할 수 있고, 전자 투표, 인터넷 시민 운동 등 온라인상에서 정치 참여의 기회가 확대되었고, 소셜 네트워크 서비스(SNS)를 통한 쌍방향 소통이 가능해지면서 보다 민주적인 사회로 변화하였다.

12 정답_④

신자유주의

- 등장 배경 : 1970년대 두 차례의 석유 파동으로 인한 스태그플레이션이 발생하면서 정부 실패가 부각되기 시작함
- 학자(하이에크) : 정부가 시장에 개입하는 것이 오히려 비효율적이고 부정부패를 낳기 때문에 다시 시장의 기능을 중시해야 한다고 주장함
- 특징 : 작은 정부 추구, 정부의 지나친 시장 개입 비판, 정부의 규제 완화 및 철폐를 주장
- 대표 정책 : 공기업의 민영화, 복지 축소, 기업에 대한 세금 감면, 노동 시장의 유연성 강화 등

13 정답_②

국제 거래의 원리(비교 우위)

- 의미 : 상품을 다른 생산자에 비해 상대적으로 저렴한 비용으로, 즉 효율적으로 생산할 수 있는 능력 → 경제적 여건에 따라 변동 가능
- 특징 : 한 국가가 다른 국가에 비해 모든 상품에 대해

절대 우위가 있더라도 비교 우위에 있는 상품을 특화 생산하여 교역하면 양국 모두 이익을 얻을 수 있다.

14 정답_④

금융 자신의 특징

- 예금 : 금융 기관에 자금을 예치하고 이자를 받는 금융 상품(안전성 높고, 위험성 낮다)
- 주식 : 주식회사가 투자자에게 투자한 대가로 발행하는 증서로 시세 차익, 배당 수익을 얻을 수 있음(수익성 높고, 위험성 높아서 안전성 낮다)
- 채권 : 국가, 지방 자치 단체, 공공 기관, 기업 등이 자금을 빌리면서 이자를 지급하기로 약속한 증표로 시세 차익, 이자 수익을 얻을 수 있음

15 정답_④

사회 복지 제도(국민 기초 생활 보장 제도)

공공 부조는 생계 유지 능력이 부족한 사람들에게 최저 생활을 보장하고 자립하도록 지원하는 사회 보장 제도이다. 수혜자의 보험료 부담이 없고, 국가가 전액 부담하는 형태로 소득 재분배 효과가 매우 크다는 장점이 있다. 국민 기초 생활 보장 제도, 의료 보호 제도 등이 이에 해당한다.

16 정답_④

오세아니아 문화권

- 오스트레일리아, 뉴질랜드, 남태평양의 섬 지역이 해당함
- 영국의 식민 지배로 영어를 사용하고, 크리스트교(개신교)의 비율이 높음
- 유럽 문화가 전파되어 원주민의 문화가 없어질 위기에 처함
- 인구가 적은 편이고, 관광업 및 기업적 농업·목축업이 발달함

17 정답_③

종교 문화권(힌두교)

- 힌두교 문화권 : 다신교, 선행과 고행 통한 수련 중시, 소 숭배, 주로 인도 지역 등

- 불교 문화권 : 탑, 불상, 사찰(절), 승려, 연등 등
- 크리스트교 문화권 : 유일신(하나님), 사랑, 성당, 교회, 십자가 등
- 이슬람 문화권 : 유일신(알라), 쿠란(경전), 모스크, 성지 순례(메카), 술·돼지고기 금기 등

18 정답_③

문화 변동(문화 접변)의 결과

- 문화 융합 : 서로 다른 문화가 결합하여 어느 문화에도 속하지 않는 제3의 문화가 나타나는 현상 (예) 돌침대, 간다라 양식, 퓨전 음식(불고기 피자, 떡 케이크) 등
- 문화 동화 : 한 문화가 다른 문화 체계 속에 흡수되어 정체성을 상실하는 현상 (예) 백인 문화에 흡수된 아메리카 원주민 문화, 가로쓰기 형식의 도입으로 세로쓰기 형식이 사라진 경우 등
- 문화 병존 : 서로 다른 두 문화 요소들이 한 사회의 문화 체계 속에서 고유한 정체성을 유지하면서 공존하는 현상 (예) 우리나라에 있는 이슬람 사원, 화교들의 차이나타운 등

19 정답_②

문화 이해의 태도(문화 상대주의)

- 자문화 중심주의 : 다른 문화를 자기 문화의 관점에서 일방적으로 판단하고 평가하는 태도
- 문화 사대주의 : 타문화를 동경·숭상하여 타문화는 무조건 좋고 자기 문화는 무조건 나쁘다는 식으로 보는 태도
- 문화 상대주의 : 문화의 상대성을 인정하고 어떤 사회의 문화를 그 사회의 맥락에서 이해하고 평가하려는 태도

20 정답_①

다문화 사회의 갈등 해결 방법

다문화 사회는 서로 다른 문화권에 속한 사람들 간의 접촉이 빈번해지면서 한 사회 안에서 다양한 인종, 종교, 문화를 가진 사람들이 함께 어우러져 살아가는 사회이다. 문화의 다양성을 존중하고 문화 상대주의적 태

도를 함양하며 다문화 사회의 모습이 반영된 법률, 제도, 정책을 마련하여 다문화 사회의 문화 갈등을 해결하기 위한 노력을 해야 한다.

21 정답_④

지역화

- 의미 : 어떤 지역이 그 지역만이 가지고 있는 독특한 사회적·전통적·문화적 특성을 살려 세계적인 경쟁력을 갖추게 되는 현상
- 지역화 전략 : 지리적 표시제(보성 녹차, 이천 쌀), 지역 브랜드(I♥NY(뉴욕), I·SEOUL·U(서울)), 장소 마케팅(중국 베이징의 만리장성, 미국 뉴욕의 자유의 여신상), 지역 축제(보령 머드 축제, 함평 나비 축제)

22 정답_①

국제 사회의 행위 주체(국가)

- 국가 : 일정한 영토와 국민을 바탕으로 하며 주권을 가진 집단, 가장 기본적인 주체
- 정부 간 국제기구 : 각 국가의 정부를 회원으로 하는 국제 사회의 행위 주체
- 국제 비정부 기구(NGO) : 개인이나 민간 단체를 회원으로 하는 자발적 시민 단체
- 국제적으로 영향력 있는 개인 : 세계의 정치, 문화 등 특정 분야에서 권위를 가진 개인
- 국가 내부적 행위체 : 한 국가에 속해 있지만 독자적인 영역에서 국제적으로 활동하는 행위 주체

23 정답_②

이스라엘–팔레스타인 분쟁

이슬람교와 유대교 간의 오랜 갈등이다. 제2차 세계 대전이 끝나면서 국제 연합은 팔레스타인을 유대인(유대교) 구역과 아랍인(이슬람교) 구역으로 분할하였다. 이후, 1948년 팔레스타인 지역에 유대인들이 이스라엘을 건국하면서 유대인과 아랍인 간에는 팔레스타인 지방의 영유권을 둘러싸고 심한 대립이 나타났으며, 이는 수차례에 걸친 중동 전쟁으로 이어졌다. 몇 차례의 전쟁을

겪으면서 이스라엘은 아랍인 구역을 장악하였으며, 이 과정에서 팔레스타인 사람들이 이스라엘을 떠나 주변 국가에서 난민 생활을 하게 되었다.

24 정답_③

인구 문제(개발 도상국)

- 선진국 : 저출산·고령화 문제로 생산 가능 인구 감소로 경제 성장률 하락, 노동력 부족 및 소비 감소로 인한 경기 침체, 청장년층의 노인 부양 부담 증가로 세대 간 갈등 심화 등
- 개발 도상국 : 급격한 인구 증가가 경제 발전 속도를 넘어섰기 때문에 식량 및 자원이 부족하여 빈곤, 기아, 실업 문제 발생, 산업화 이후 이촌 향도 현상에 의한 도시로의 인구 집중 문제 등

25 정답_④

천연가스

천연가스는 석유와 함께 신생대 지층에 매장되어 있으며, 열효율도 높고 매장량도 비교적 많은 편이다. 대기 오염 물질 배출이 적어 공해가 적은 청정 에너지이며, 냉동 액화 기술 발달로 장거리 수송이 가능해지면서 국제 이동이 증가하고 있다.

▶2024년 2회◀

01	②	06	④	11	④	16	②	21	③
02	②	07	③	12	①	17	②	22	④
03	②	08	③	13	②	18	④	23	③
04	③	09	①	14	②	19	①	24	②
05	①	10	①	15	③	20	③	25	④

01 정답_②

시민 참여

- 의미 : 시민들이 참여 의식을 가지고 정책 결정 과정에 적극적으로 개입하여 감시하고, 부당한 정책에 대해서는 개선을 요구하는 행위
- 기능 : 대의 민주주의를 보완하여 시민의 의사를 정책에 반영하고, 국가 권력이 남용되지 않도록 감시할 수 있으며, 현실의 문제점을 지적하고 이를 해결하기 위해 우리 사회를 변화시킴으로써 정의로운 사회에 다가갈 수 있게 한다.
- 방법 : 선거, 청원, 이익 집단, 시민 단체, 공청회나 토론회 참석, 집회나 서명 운동, 1인 시위 등

02 정답_②

인권

- 의미 : 인간이면 누구나 누려야 할 기본적인 권리, 모든 사람이 인간의 존엄성을 유지하며 살아갈 수 있도록 누려야 할 권리
- 천부성, 보편성, 항구성, 불가침성
- 국가의 법으로 보장되기 이전부터 자연적으로 주어진 권리

03 정답_②

권력 분립의 원리

- 의미 : 입법부, 행정부, 사법부로 분리하여 서로 독립된 기관이 국가 권력을 나누어 맡도록 함
- 목적 : 견제와 균형을 통해 각 권력을 행사하는 주체가 다른 기관을 견제함으로써 권력 남용을 방지하고 국민의 기본권을 보장

04 정답_③

준법 의식

- 의미 : 사회 구성원들이 법이나 규칙을 지키고자 하는 의식
- 기능 : 법을 지킴으로써 사회 질서 유지가 가능하고, 타인과 국가 권력으로부터 개인의 권리를 보호하고, 자유로운 생활을 보장받을 수 있게 되며 사회 정의를 실현할 수 있다.

05 정답_①

시장 참여자로서 정부의 역할

정부는 가계와 기업이 낸 세금을 바탕으로 국민 생활에 필요한 재화와 서비스를 생산·공급하는 주체이다. 시장에서 충분히 생산되지 않는 공공재의 생산과 관리를 담당하고, 조세 정책, 소득 재분배 정책 등을 세워 소득 불평등을 완화하고, 공정 거래 위원회를 통해 불공정 거래 행위를 규제한다. 보조금을 지급하거나 세금·벌금을 부과함으로써 생산이나 소비가 증가 또는 감소하도록 유도하여 외부 효과를 개선하기도 한다.

06 정답_④

자유 무역 협정(FTA)

자유 무역 협정(FTA)는 특정 국가 간의 상호 무역 증진을 위해 물자나 서비스 이동을 자유화시키는 협정으로, 나라와 나라 사이의 제반 무역 장벽을 완화하거나 철폐하여 무역 자유화를 실현하기 위한 양국간 또는 지역 사이에 체결하는 무역 협정이다.

07 정답_③

수정 자본주의

세계 대공황 이후 자유 방임주의의 모순을 보완하기 위해 등장하였다. 자본주의 본질을 유지하면서 그 한계점을 극복하고자 시장과 국민 경제에 정부가 적극적으로 개입하는 것을 말한다.

08 정답_③

포트폴리오

다양한 자산에 분산 투자하여 수익을 확보하고 투자로 인한 위험을 줄여야 한다. 따라서 자산 관리의 3원칙인 안전성, 수익성, 유동성을 고려하여 목적, 기간 등을 생각해 자산 포트폴리오를 구성한다. 포트폴리오는 합리적인 자산을 관리하기 위해서 투자에서 위험을 줄이고 투자 수익을 극대화하기 위한 일환으로 여러 종목에 분산 투자하는 방법이다. 목적, 기간 등을 고려하여 자산 포트폴리오를 구성한다.

09 정답_①

공동선

- 공동선 : 사회 공동체 전체를 위한 선(善)으로, 공동의 이익이나 공동체를 위한 가치를 추구하는 것으로 공익성을 강조한다. 공동체주의와 공리주의를 바탕으로 하며, 공동체의 가치가 개인의 행동 방향에 영향을 미친다.
- 개인선 : 개인의 행복이나 자아실현 등 개인의 가치를 추구하는 것으로, 자유주의 입장에서는 개인의 자유와 권리를 중시하기 때문에 개인선을 우선시하고 국가나 외부의 간섭이 최소화할 것을 주장한다.

10 정답_①

사회 복지 제도(사회 보험)

사회 구성원들이 질병, 실업, 빈곤, 재해 등 다양한 사회적 위험으로부터 벗어나 인간다운 생활을 누릴 수 있도록 지원하는 제도

- 사회 보험 : 국민 건강 보험 제도, 국민연금 제도, 고용 보험 제도, 산업 재해 보상 보험 제도, 노인 장기 요양 보험 제도 등
- 공공 부조 : 국민 기초 생활 보장 제도, 의료 급여 제도, 기초 연금 제도 등
- 사회 서비스 : 장애인 · 여성 · 실업자 등에 대한 직업 소개, 복지 시설 이용 기회 제공, 심리 상담 지원 사업 등

ㄷ. 사회 서비스이다.

11 정답_④

문화 변동(문화 병존)의 결과

- 문화 병존 : 서로 다른 두 문화 요소들이 한 사회의 문화 체계 속에서 고유한 정체성을 유지하면서 공존하는 현상 (예) 우리나라에 있는 이슬람 사원, 화교들의 차이나타운 등
- 문화 융합 : 서로 다른 문화가 결합하여 어느 문화에도 속하지 않는 제3의 문화가 나타나는 현상 (예) 돌침대, 간다라 양식, 퓨전 음식(불고기 피자, 떡 케이크) 등
- 문화 동화 : 한 문화가 다른 문화 체계 속에 흡수되어 정체성을 상실하는 현상 (예) 백인 문화에 흡수된 아메리카 원주민 문화, 가로쓰기 형식의 도입으로 세로쓰기 형식이 사라진 경우 등

12 정답_①

문화 이해의 태도(문화 사대주의, 문화 상대주의)

- 문화 절대주의 : 문화 간에 우열이 있다고 보고 문화를 평가의 대상으로 이해하며 문화의 다양성과 상대성을 인정하지 않는 태도 (예) 문화 사대주의, 자문화 중심주의
- 문화 상대주의 : 문화 간에 우열이 없다고 보고 문화를 평가의 대상이 보지 않고 문화의 다양성과 상대성을 인정하고 어떤 사회의 문화를 그 사회의 맥락에서 이해하고 평가하려는 태도

13 정답_②

다문화 사회의 이민자 정책 이론(용광로 정책)

기존 문화에 이주민의 문화를 흡수하여 단일한 정체성을 이루어야 한다는 동화주의적 관점으로, 이민 과정을 용광로에 비유하여 금, 철, 구리 등과 같은 서로 다른 여러 물질을 용광로에 넣으면 모두 녹아 하나가 되는 것처럼, 이민자들도 자신의 언어나 정체성이 약화되고 이민 사회의 문화에 완전히 동화되어야 한다는 정책이다.

14 정답_②

한대 기후

한대 기후는 가장 따뜻한 달의 평균 기온이 10℃ 미만의 기후로 겨울이 길고 몹시 추워 인간 거주에 불리하

다. 주로 극 주변에 분포하여, 순록 유목, 털가죽 의복, 폐쇄적 가옥 구조 등의 전통 생활양식을 갖는다.

15 정답_③

폭설

- 의미 : 짧은 기간 동안 많은 양의 눈이 내리는 현상
- 피해 : 가옥 및 건축물 붕괴, 도로와 항공 교통 마비 등
- 대책 : 지붕의 경사를 급하게 만들고, 폭설 시 생활 공간을 확보하기 위한 가옥 구조를 발달시켜야 한다.

16 정답_②

환경 관련 국제 협약

- 교토 의정서 : 지구 온난화 규제 및 방지의 국제 협약 인 기후 변화 협약의 구체적 이행 방안으로, 선진국 의 온실가스 감축 목표치를 규정함
- 몬트리올 의정서 : 오존층 파괴 물질의 생산 및 사용 의 규제를 위한 국제 협약
- 사막화 방지 협약 : 기후 변화, 자원의 무분별한 개발 과 오남용에 의한 지구 사막화를 막기 위하여 맺은 국제 연합 협약

17 정답_②

도시화로 인한 변화

도시화로 인해 도시의 인구 밀도는 높아지고, 도시적 생활양식이 확대되었고, 2·3차 산업 종사자의 비중이 높아졌다. 인공 구조물과 아스팔트, 콘크리트 등의 포 장 면적이 증가하여 녹지 면적이 감소하였고, 도심의 기온이 주변보다 높게 나타나는 열섬 현상이 나타나고, 빗물이 토양에 잘 흡수되지 않아 도시 홍수의 발생 위 험도가 높아졌다. 그 밖에 도시의 일자리 부족 문제(실 업), 노사 갈등 문제, 인간을 기계의 부속품처럼 여기 는 인간 소외 현상, 이촌향도로 인한 주택 부족 문제, 교통 문제, 범죄 문제 등의 각종 사회 문제가 발생하기 도 한다.

18 정답_④

합계 출산율

합계 출산율은 가임 기간(15~49세)의 여성 1명이 평 생 동안 낳을 것으로 예상되는 평균 출생아 수를 말한 다.

19 정답_①

동아시아 문화권

우리나라, 일본, 중국에 해당하는 동아시아 문화권은 계절풍 기후 지역으로 벼농사가 발달하였고, 유교, 불 교, 한자, 젓가락 문화가 공통적으로 나타난다.

20 정답_③

이슬람교

- 이슬람교 : 알라신(유일신) 섬기며, 5대 의무(신앙 고 백, 예배, 자선, 라마단 금식, 성지 순례)를 강조, 쿠 란(경전), 종교가 일상 생활을 지배(술, 돼지고기 금 기), 서남아시아·북부 아프리카에 주로 분포
- 유대교 : 유대인의 민족 종교, 하나님(유일신) 섬기 며, 선민사상 중시, 크리스트교와 이슬람교에 영향 줌, 대부분 이스라엘 분포
- 힌두교 : 다신교, 선행과 고행 통한 수련 중시, 소 신 성시, 인도, 발리 섬 분포
- 크리스트교 : 예수 창시, 하나님(유일신) 섬기며, 이 웃에 대한 사랑 강조, 유럽, 아메리카, 오세아니아에 주로 분포

21 정답_③

자연과 인간의 공존을 위한 방안

- 개인적 차원 : 자원 재활용, 에너지 절약 생활화, 대 중교통 이용, 환경친화적 가치관 등
- 사회적 차원 : 야생동물 생태 통로 건설, 화석연료 사 용 줄이기, 녹색 기술 개발, 지속 가능한 개발, 전 지 구적 협력 등

22 정답_④

문화의 획일화

- 의미 : 세계화로 인해 국가 간 문화 교류가 증가하면 서 세계의 문화가 비슷해지는 현상
- 양상 : 세계 문화가 선진국의 제도나 의식주 등으로 보편화되고 있음
- 문제점 : 문화의 다양성이 훼손되고, 약소국의 문화 적 정체성이 상실되고, 지역의 전통문화가 파괴되기 도 하며 문화권 간 갈등이 증가하기도 한다.

23
정답_③

국경 없는 의사회(MSF)

국제 인도주의 의료 구호 단체로서 의료 지원의 부족, 무력 분쟁, 전염병, 자연재해 등으로 인해 생존의 위협에 처한 사람들을 위해 긴급구호 활동을 펼치고 있다. 국제 비정부 기구(NGO)는 정부의 간섭 없이 개인이나 민간단체가 중심이 되어 자발적으로 만들어진 조직으로 그린피스, 국경 없는 의사회, 국제 엠네스티, 국제 적십자사, 유니세프, 월드 비전 등이 이에 해당한다.
①, ②, ③ 모두 국제 사회 행위 주체 중 정부 간 국제기구의 사례이다.

24
정답_②

정보화에 따른 문제

- 사생활 침해 : 사이버상에서 개인의 사적 정보가 다른 사람에게 공개되는 현상
- 인터넷 중독 : 인터넷을 과다 사용하여 가정이나, 직장 등 일상생활에 심각한 지장을 받게 되는 현상
- 정보 격차 : 새로운 정보에 접근할 수 있는 능력을 보유한 사람과 그렇지 못한 사람 사이에 사회적·경제적 격차가 심화되는 현상
- 사이버 범죄 : 정보 통신망을 통해 타인의 명예를 침해하거나 타인에게 피해를 입히는 행위

25
정답_④

에너지 자원(석유, 천연가스)

- 석탄 : 매장량이 풍부하고 채굴 가능한 기간도 길어, 산업 혁명의 바탕이 된 에너지 자원이지만 환경 문제를 발생시킴
- 석유 : 세계에서 가장 많이 사용되는 에너지 자원으로 주로 화학 공업의 원료, 자동차와 비행기 등의 연료로 이용됨, 지역적 편재성이 크고, 주로 생산지와 소비지가 달라서 국제적 이동량이 많음
- 천연가스 : 석유와 함께 신생대 지층에 매장되어 있으며, 열효율도 높고 매장량도 비교적 많은 편, 대기 오염 물질 배출이 적어 공해가 적은 청정 에너지이며, 냉동 액화 기술 발달로 장거리 수송이 가능해지면서 국제 이동이 증가하고 있음

▶2024년 1회◀

01	①	06	①	11	①	16	③	21	②
02	④	07	②	12	①	17	③	22	④
03	④	08	②	13	③	18	①	23	③
04	②	09	④	14	④	19	①	24	①
05	②	10	②	15	③	20	②	25	③

01
정답_①

질 높은 정주 환경

- 정주 환경 : 인간이 일정한 공간에 자리 잡고 살아가는 주거지와 주변 환경 등 일상생활의 전 영역
- 요건 : 쾌적하고 깨끗한 자연환경, 편리한 교통·통신 시설, 낮은 범죄율, 높은 수준의 교육, 의료 혜택이 보장된 곳, 문화·예술 공간 시설이 잘 갖추어진 곳 등

02
정답_④

인권

- 의미 : 인간이면 누구나 누려야 할 기본적인 권리, 모든 사람이 인간의 존엄성을 유지하며 살아갈 수 있도록 누려야 할 권리
- 천부성, 보편성, 항구성, 불가침성
- 국가의 법으로 보장되기 이전부터 자연적으로 주어진 권리

03
정답_④

국민의 기본권(참정권)

- 참정권 : 주권자인 국민이 정치에 능동적으로 참여할 수 있는 권리, 적극적 권리 (예 선거권, 공무 담임권, 국민 투표권 등)
- 자유권 : 국가의 간섭을 받지 않고, 자신의 의사에 따라 행동할 수 있는 권리, 가장 오래된 권리, 소극적 권리 (예 신체의 자유, 언론·출판·집회·결사의 자유 등)
- 평등권 : 법 앞에 차별을 받지 않을 권리(다른 기본권 보장의 전제 조건)
- 사회권 : 인간다운 생활을 국가에 요구할 수 있는 적극적 권리, 오늘날 복지 국가에서 중요 (예 근로권, 환경권, 교육권 등)

• 청구권 : 국민이 국가에 대하여 일정한 청구를 할 수 있는 권리, 다른 기본권 보장을 위한 수단적 권리 예 청원권, 재판 청구권, 국가 배상 청구권, 형사 보상 청구권 등

04 정답_②

자본주의

• 의미 : 사유 재산 제도를 바탕으로 시장에서 자유 경쟁을 통해 상품의 생산, 교환, 분배, 소비의 모든 경제 활동이 이루어지는 시장 경제 체제를 말함
• 특징 : 사유 재산 제도의 보장, 경제 활동의 자유 보장, 시장 가격에 따른 상품 거래

05 정답_②

기본권의 제한과 한계(헌법 제37조 2항)

• 기본권 제한의 사유 : 국가 안전 보장, 질서 유지, 공공복리
• 기본권 제한의 수단 : 국회에서 정한 법률에 의해서만 제한 가능
• 기본권 제한의 한계 : 기본권의 본질적인 내용은 침해하지 못함
• 기본권 한계 설정의 목적 : 국가 권력에 의한 자의적인 기본권 침해 방지

06 정답_①

사회 복지 제도

사회 구성원들이 질병, 실업, 빈곤, 재해 등 다양한 사회적 위험으로부터 벗어나 인간다운 생활을 누릴 수 있도록 지원하는 제도

• 사회 보험 : 국민 건강 보험 제도, 국민연금 제도, 고용 보험 제도, 산업 재해 보상 보험 제도, 노인 장기 요양 보험 제도 등
• 공공 부조 : 국민 기초 생활 보장 제도, 의료 급여 제도, 기초 연금 제도 등
• 사회 서비스 : 장애인·여성·실업자 등에 대한 직업 소개, 복지 시설 이용 기회 제공, 심리 상담 지원 사업 등

07 정답_②

시장 실패

시장의 기능이 제대로 작동하지 않아 자원이 효율적으로 배분되지 못한 상태를 말한다. 독과점 횡포 등의 불완전 경쟁, 공공재의 공급 부족, 어떤 경제 주체의 행동이 제3자에게 의도하지 않은 혜택이나 피해를 주고도 이에 대한 대가를 받거나 보상을 하지 않는 외부 효과, 경제적 불평등 발생이 대표적인 사례이다.

08 정답_②

편익

어떤 경제적 선택을 통해 얻게 되는 만족이나 이익으로, 물질적·금전적인 것 뿐만 아니라 즐거움이나 성취감 같은 비금전적인 것도 모두 해당된다.
ㄴ. 스태그플레이션, ㄷ. 매몰 비용에 대한 설명이다.

09 정답_④

근로 3권(단체 교섭권)

• 단결권 : 근로자가 근로 조건 개선을 위하여 노동조합을 결성하고 가입하여 활동할 수 있는 권리
• 단체 교섭권 : 근로자가 사용자와 노동조합을 통해 자주적으로 근로 조건에 관하여 협의할 수 있는 권리
• 단체 행동권 : 협정이 원만하게 이루어지지 않아 일정한 절차를 거쳐 파업이나 합법 시위를 할 수 있는 권리

10 정답_②

생애 주기별 금융 설계

재무 설계는 생애 주기 전체를 고려하여 인생의 목표 달성을 위해 연령대에 맞게 자금 계획을 세우는 것을 말한다. 제한된 소득을 현재와 미래에 배분함으로써 안정적인 삶을 살기 위해서 자산, 부채, 수입, 지출 등의 개인적 자료를 수집하고 분석한 후 자신이 원하는 목표에 도달할 수 있도록 계획, 실행, 평가한다.

11   정답_①

문화 변동의 요인
- 내재적 요인 : 발명(존재하지 않았던 새로운 문화 요소를 만들어 내는 행위), 발견(이미 존재하지만 아직 세상에 알려지지 않은 것을 알아내거나 찾아내는 행위)
- 외재적 요인(문화 전파) : 한 나라의 문화 요소들이 다른 사회에 전해져서 그 사회의 문화로 정착되는 것

12   정답_①

사회 불평등
- 의미 : 부, 권력, 사회적 지위 등 희소한 사회적 자원이 차등적으로 분배되어 개인, 집단 및 지역이 서열화되어 있는 현상
- 특징 : 어느 사회나 나타나는 불가피한 현상이지만 국가나 시대마다 그 모습이 다르게 나타날 수 있음
- 양상 : 사회 계층의 양극화, 공간 불평등, 사회적 약자에 대한 차별 등

13   정답_③

정의의 실질적 기준(필요)
- 업적에 따른 분배 : 성취한 성과에 비례하여 소득이나 사회적 지위 등을 분배하는 것 예 판매 우수 사원 성과급 지급, 성적 우수자 장학금 지급
- 능력에 따른 분배 : 신체적·정신적 능력에 따라 분배와 보상이 이루어지는 것 예 기업에서 능력을 중심으로 사원을 선발하는 것, 대학 입시에서 잠재력과 재능을 보고 학생을 선발하는 것
- 필요에 따른 분배 : 기본적 욕구 충족이 어려운 사람들에게 재화나 가치를 우선적으로 분배하는 것 예 실업 수당 제도, 장애인 고용 촉진 제도, 저소득층 교육비 지원 제도 등

14   정답_④

한대 기후
가장 따뜻한 달의 평균 기온이 $10℃$ 미만의 기후로 겨울이 길고 몹시 추워 인간 거주에 불리하다. 주로 극 주변에 분포하여, 순록 유목, 털가죽 의복, 폐쇄적 가옥 구조 등의 전통 생활양식을 갖는다.

15   정답_③

사막화 현상
- 정의 : 사막 주변의 초원 지역이 사막으로 변하는 현상(건조 지대의 토지 황폐화)
- 원인 : 자연적 원인(지속적 가뭄), 인위적 원인(인구 증가, 농경지 조성, 가축의 수 증가, 벌목, 과도한 방목 등)
- 대표 지역 : 사하라 사막 주변의 사헬(sahel) 지대

16   정답_③

자연을 바라보는 관점
- 인간 중심주의 자연관 : 자연을 인간의 이익을 위해 이용해야 할 대상으로 보고, 오직 인간만이 본래적 가치를 지니고 있는 존재로 바라보는 관점
- 생태 중심주의 자연관 : 자연의 본래적·내재적 가치를 인정하고 인간의 이익보다 자연의 존재를 더 중요시 여기는 관점

17   정답_④

종교 문화권
- 이슬람 문화권 : 유일신(알라), 쿠란(경전), 모스크, 성지 순례(메카), 술·돼지고기 금기 등
- 힌두교 문화권 : 다신교, 선행과 고행 통한 수련 중시, 소 숭배, 주로 인도 지역 등
- 불교 문화권 : 탑, 불상, 사찰(절), 승려, 연등 등
- 크리스트교 문화권 : 유일신(하나님), 사랑, 성당, 교회 등

18   정답_①

저출산
결혼 연령 상승, 육아 지원 제도 부족, 자녀 양육비 부담 증가 등으로 인한 지속적인 저출산은 장기적으로 일손 부족, 국력 약화로 이어지기 때문에 이에 대비하기 위해서는 출산 장려금 지원, 육아 휴직 제도 확대, 보육 시설 확충 등 출산 장려 정책을 펴야 한다.

19   정답_①

교통 · 통신의 발달에 따른 변화

교통의 발달로 이동이 편리하고 도시 기능이 확산되어 통근권 · 통학권이 넓어지고, 지역 간 접근도가 높아진다. 반면 새로운 교통로 건설에 따른 기존 교통로 주변 도시의 지역 경제가 침체되기도 하고, 교통로 건설로 환경 파괴가 발생하기도 한다. 컴퓨터 발달과 초고속 통신망의 보급 등 정보 통신 기술의 발달에 힘입어 많은 양의 정보를 주고받을 수 있으며 적극적으로 활용할 수 있게 되었다.

20   정답_②

공간적 분업

기업의 규모가 커지면서 각각의 기능이 공간적으로 분리되는 현상을 말한다. 의사 결정 및 관리 기능을 담당하는 본사, 연구 개발을 담당하는 연구소는 자본과 기술 확보가 유리한 대도시에, 제품 생산을 담당하는 공장은 저임금 노동력이 풍부한 지역에 각각 설립하게 된다.

21   정답_②

정보화에 따른 문제

- 인터넷 중독 : 인터넷을 과다 사용하여 가정이나, 직장 등 일상생활에 심각한 지장을 받게 되는 현상
- 사생활 침해 : 사이버상에서 개인의 사적 정보가 다른 사람에게 공개되는 현상
- 정보 격차 : 새로운 정보에 접근할 수 있는 능력을 보유한 사람과 그렇지 못한 사람 사이에 사회적 · 경제적 격차가 심화되는 현상
- 사이버 범죄 : 정보 통신망을 통해 타인의 명예를 침해하거나 타인에게 피해를 입히는 행위

22   정답_④

라틴 아메리카 문화권

- 역사 : 과거 남부 유럽(포르투갈, 에스파냐)의 식민 지배를 받은 리오그란데강 이남 지역의 국가들이 해당함
- 언어 : 대부분 에스파냐어를 사용하지만 브라질은 포르투갈어를 사용함

- 종교 : 주로 크리스트교(가톨릭교)를 믿음
- 인종(민족) : 원주민(인디오)과 아프리카인(흑인), 유럽인(백인) 간의 문화 융합으로 혼혈 인종이 많고 다양한 문화가 나타남

23   정답_③

인구 구조

일정한 인구 안의 인구를 성별, 연령별 등의 기준으로 나누어 본 것으로, 해당 지역의 사회 · 경제적 특성을 파악하는 데 유용하다.

24   정답_①

국제 사회의 행위 주체

- 국가 : 일정한 영토와 국민을 바탕으로 하며 주권을 가진 집단, 가장 기본적인 주체
- 정부 간 국제기구 : 각 국가의 정부를 회원으로 하는 국제 사회의 행위 주체
- 국제 비정부 기구(NGO) : 개인이나 민간 단체를 회원으로 하는 자발적 시민 단체
- 국제적으로 영향력 있는 개인 : 세계의 정치, 문화 등 특정 분야에서 권위를 가진 개인
- 국가 내부적 행위체 : 한 국가에 속해 있지만 독자적인 영역에서 국제적으로 활동하는 행위 주체

25   정답_③

자원의 특성(유한성)

- 가변성 : 자원의 가치가 기술 발달, 사회 · 문화적 배경, 경제적 수준 등에 따라 변화하는 특성
- 유한성 : 자원의 매장량이 한정되어 있어 사용하면 고갈되는 특성
- 편재성 : 자원이 지구상에 고르게 분포하지 않고, 일부 지역에 집중되어 분포하는 특성
- 상대성 : 같은 자원이 공간과 장소에 따라 다르게 이용되는 특성

▶2023년 2회◀

01	③	06	④	11	③	16	①	21	②
02	③	07	①	12	④	17	②	22	①
03	①	08	②	13	①	18	④	23	③
04	②	09	③	14	④	19	④	24	③
05	①	10	④	15	③	20	②	25	④

01　　　　　　　　　　　　　　정답_③
행복한 삶을 위한 조건
- 질 높은 정주 환경
- 경제적 안정
- 민주주의의 실현
- 도덕적 실천과 성찰

02　　　　　　　　　　　　　　정답_③
사회 복지 제도
사회 구성원들이 질병, 실업, 빈곤, 재해 등 다양한 사회적 위험으로부터 벗어나 인간다운 생활을 누릴 수 있도록 지원하는 제도
- 사회 보험 : 국민 건강 보험 제도, 국민연금 제도, 고용 보험 제도, 산업 재해 보상 보험 제도, 노인 장기 요양 보험 제도 등
- 공공 부조 : 국민 기초 생활 보장 제도, 의료 급여 제도, 기초 연금 제도 등
- 사회 서비스 : 장애인·여성·실업자 등에 대한 직업 소개, 복지 시설 이용 기회 제공, 심리 상담 지원 사업 등

03　　　　　　　　　　　　　　정답_①
법치주의
- 의미 : 국가의 운영이 국회에서 제정한 법률에 근거하여 수행되도록 하는 원리
- 목적 : 국가 권력에 의한 독단적 지배를 막기 위함

04　　　　　　　　　　　　　　정답_②
자산 관리의 원칙(안전성)
- 안전성 : 투자한 자산이 얼마나 안전하게 보호될 수 있는가

- 수익성 : 투자한 자산으로부터 기대할 수 있는 이익의 정도
- 유동성 : 보유한 자산을 얼마나 쉽게 현금으로 바꿀 수 있는가

05　　　　　　　　　　　　　　정답_①
문화 변동의 요인
- 내재적 요인 : 발명(존재하지 않았던 새로운 문화 요소를 만들어 내는 행위), 발견(이미 존재하지만 아직 세상에 알려지지 않은 것을 알아내거나 찾아내는 행위)
- 외재적 요인(문화 전파) : 한 나라의 문화 요소들이 다른 사회에 전해져서 그 사회의 문화로 정착되는 것

06　　　　　　　　　　　　　　정답_④
사회적 소수자
- 의미 : 신체적 또는 문화적 특징 때문에 사회의 다른 구성원에게 차별을 받고 있으며, 차별받는 집단에 속해 있다고 인식하는 사람들의 집단
- 사례 : 장애인, 이주 외국인(결혼 이민자, 외국인 근로자 등), 노인, 여성, 비정규직 근로자, 북한 이탈 주민 등

07　　　　　　　　　　　　　　정답_①
근로 3권
- 단결권 : 근로자가 근로 조건 개선을 위하여 노동조합을 결성하고 가입하여 활동할 수 있는 권리
- 단체 교섭권 : 근로자가 사용자와 노동조합을 통해 자주적으로 근로 조건에 관하여 협의할 수 있는 권리
- 단체 행동권 : 협정이 원만하게 이루어지지 않아 일정한 절차를 거쳐 파업이나 합법 시위를 할 수 있는 권리

08　　　　　　　　　　　　　　정답_②
시장 실패의 유형
- 불완전 경쟁 : 독과점의 횡포로 새로운 경쟁자가 시장에 들어올 수 없도록 진입 장벽을 만들어 자유롭고 공정한 경쟁을 방해함
- 외부 효과 : 어떤 경제 주체의 행동이 제3자에게 의도하지 않은 혜택이나 피해를 주고도 이에 대한 대가를 받거나 보상을 하지 않는 경우로, 재화나 서비스가

사회가 필요로 하는 것보다 적게 생산되거나 많이 생산되어 자원이 비효율적으로 배분됨

- 공공재의 부족 : 공공재 공급을 시장에만 맡겨둘 경우 아무도 생산하려 하지 않아 사회적으로 필요한 국방, 치안 등과 같은 서비스나 재화가 시장에서 필요한 만큼 충분히 공급되지 않음
- 경제적 불평등 발생 : 경제 활동으로 발생한 이익이 사회 구성원들에게 공평하게 배분되지 못 하는 경우로, 계층 간 위화감이 발생하여 사회 통합을 저해함

09 　　　　　　　　　　　　　　정답_③
문화 절대주의

문화 간에 우열이 있다고 보고 문화를 평가의 대상으로 이해하며 문화의 다양성과 상대성을 인정하지 않는 태도 ⑩ 문화 사대주의, 자문화 중심주의

- 문화 사대주의 : 타문화를 동경·숭상하여 타문화는 무조건 좋고 자기 문화는 무조건 나쁘다는 식으로 보는 태도
- 자문화 중심주의 : 다른 문화를 자기 문화의 관점에서 일방적으로 판단하고 평가하는 태도

10 　　　　　　　　　　　　　　정답_④
기본권의 제한과 한계(헌법 제37조 2항)

- 기본권 제한의 목적 : 국가 안전 보장, 질서 유지, 공공복리
- 기본권 제한의 방법 : 국회에서 정한 법률에 의해서만 제한 가능
- 기본권 제한의 한계 : 기본권의 본질적인 내용은 침해하지 못함
- 기본권 한계 설정의 목적 : 국가 권력에 의한 자의적인 기본권 침해 방지

11 　　　　　　　　　　　　　　정답_③
국가 간 빈부 격차의 배경

- 선진국 : 풍부한 자본과 기술, 개발 도상국의 저렴한 노동력을 이용하여 첨단 산업, 기술 집약적 산업 등 부가 가치가 높은 산업이 발달함 → 세계적으로 부가 집중됨
- 개발 도상국 : 선진국에 비해 낮은 임금을 받고, 제조업, 농업과 같은 부가 가치가 낮은 산업이 발달함 →

상대적으로 경쟁력이 약하기 때문에 선진국과의 경쟁에서 밀려남

12 　　　　　　　　　　　　　　정답_④
국제 사회의 행위 주체(정부 간 국제기구)

- 국가 : 일정한 영토와 국민을 바탕으로 하며 주권을 가진 집단, 가장 기본적인 주체
- 정부 간 국제기구 : 각 국가의 정부를 회원으로 하는 국제 사회의 행위 주체
- 국제 비정부 기구(NGO) : 개인이나 민간 단체를 회원으로 하는 자발적 시민 단체
- 국제적으로 영향력 있는 개인 : 세계의 정치, 문화 등 특정 분야에서 권위를 가진 개인
- 국가 내부적 행위체 : 한 국가에 속해 있지만 독자적인 영역에서 국제적으로 활동하는 행위 주체

13 　　　　　　　　　　　　　　정답_①
정보 사회의 문제점(정보 격차)

- 사생활 침해 및 개인 정보 유출 : 사이버상의 개인의 사적 정보가 다른 사람에게 공개되는 현상
- 인터넷 중독 : 인터넷을 과다 사용하여 가정이나, 직장 등 일상생활에 심각한 지장을 받게 되는 현상
- 정보 격차 : 새로운 정보에 접근할 수 있는 능력을 보유한 사람과 그렇지 못한 사람 사이에 경제적·경제적 격차가 심화되는 현상
- 사이버 폭력 및 범죄 : 정보 통신망을 통해 타인의 명예를 침해하는 행위
- 전자 감시 사회 : 정부와 기업 등이 보유하고 있는 개인 정보를 활용하여 개인을 감시하는 사회
- 지식 재산권 침해 : 각종 소프트웨어, 음악, 영화, 사진, 서적 등의 저작물을 불법으로 유통시키는 행위

14 　　　　　　　　　　　　　　정답_④
건조 기후 지역

연 강수량이 500mm 이하인 지역으로, 강수량보다 증발량이 크다. 특히 사막은 적은 강수량으로 인한 평평한 지붕, 큰 일교차를 극복하기 위한 두꺼운 벽, 모래바람을 막기 위해 작은 창문을 가진 흙집이 지었고, 대추야자, 밀, 목화 등을 재배하는 오아시스 농업이 발달하였다.

ㄱ. 한대 기후, ㄴ. 열대 또는 한대 기후

15 정답_③

자연재해(홍수)

홍수는 특정 지역에 높은 강수 강도로 집중 호우가 발생하여 강이나 하천의 물이 크게 불어나는 것을 말한다.

16 정답_①

도시화

- 의미 : 도시의 수가 증가하거나 도시에 거주하는 인구 비율이 높아지는 현상
- 특징 : 2·3차 산업 종사자 비중 확대, 도시적 생활 양식 확대, 인공 건축물 증가, 지표의 포장 면적 증가

17 정답_②

생태 통로

야생 동물의 이동을 돕기 위하여 설치되는 인공 구조물 또는 식생과 같은 생태적 공간으로, 도로나 댐 등의 건설로 야생 동물이 서식지를 잃는 것을 방지하기 위하여 야생 동물이 지나는 길을 인공적으로 만든 것을 말한다.

18 정답_④

종교 문화권(힌두교)

- 힌두교 문화권 : 다신교, 선행과 고행 통한 수련 중시, 소 숭배, 주로 인도 지역 등
- 불교 문화권 : 탑, 불상, 사찰(절), 승려, 연등 등
- 크리스트교 문화권 : 유일신(하나님), 사랑, 성당, 교회 등
- 이슬람 문화권 : 유일신(알라), 쿠란(경전), 모스크, 성지 순례(메카), 술·돼지고기 금기 등

19 정답_④

석유 수출국 기구(OPEC)

현재 세계에서 가장 많이 사용되는 에너지 자원인 석유의 주요 산유국들이 석유 생산량과 가격을 조절하기 위해 1960년대 결성한 국제기구로 사우디아라비아, 이란 등 총 13개국이 가입되어 있으며, 전 세계 매장량의 81%, 생산량의 43%를 차지하고 있다. 이들 국가들은 자민족이 나 자국의 이익을 위해 보유하고 있는 석유를 전략적으로 사용하는 자원 민족주의의 모습을 보여주기도 한다.

20 정답_②

중국과 관련된 영토·국경 분쟁(남중국해)

- 센카쿠 열도(댜오위다오) : 중국과 일본, 타이완의 영토 분쟁 지역이며, 현재 일본이 실효 지배중임
- 남중국해의 시사 군도 : 석유, 천연 가스 등의 자원 및 해상 교통로 확보를 둘러싼 중국, 베트남 간의 갈등 지역으로, 현재 중국이 실효 지배중임
- 남중국해의 난사 군도 : 중국, 타이완, 필리핀, 베트남, 브루나이 등이 50개의 섬을 각각 나누어 실효 지배 중임

21 정답_②

아프리카 문화권

아프리카 문화권(B)은 사하라 사막 이남 아프리카 지역에 해당하며, 부족 단위의 공동체 문화와 토속 신앙이 발달하였고, 다양한 언어와 부족이 분포한다. 원시 농업, 이동식 화전 농업, 플랜테이션 농업이 발달하였고, 과거 유럽 식민 지배의 영향으로 부족의 구분과 국경선이 일치하지 않아 잦은 분쟁이 발생하고 있다.

A. 유럽 문화권, C. 오세아니아 문화권, D. 앵글로 아메리카 문화권

22 정답_①

슬로 시티

공해 없는 자연 속에서 전통문화와 자연을 잘 보호하면서 '느림의 삶'을 추구하려는 국제 운동으로, 1999년 이탈리아에서 시작되었다. 느린 삶, 느리게 흘러가는 시간 속에서 찾을 수 있는 가치를 회복하고자 하는 운동이다.

예 전북 전주(한옥마을), 전남 완도군(청산도)·신안군(증도)·담양군(창평면), 경남 하동군(악양면)·김해시(봉하마을) 등

23 정답_③

고령화

- 원인 : 의학 기술 발달로 평균 수명 연장, 출산율 감소

- 문제점 : 생산 가능 인구 감소로 경기 침체, 노인 복지 등을 위한 정부 지출 증가, 청장년층의 노인 부양 부담 증가, 세대 갈등 심화 등
- 대책 : 정년 연장, 연금 제도 등 안정적 노후 생활 보장을 위한 사회 보장 제도 확충, 실버산업 확충, 노인 일자리 창출, 노인 복지 시설 확충 등
ㄱ. 투표율을 높이기 위한 대책이다.
ㄹ. 출산율을 낮추기 위한 대책이다.

24
정답_③

공정 무역

공정 무역은 개발 도상국 생산자의 경제적 자립과 지속 가능한 발전을 위해 생산자에게 보다 유리한 무역 조건을 제공하는 무역 형태로, 국가 간 동등한 위치에서 이루어지는 무역을 말한다. 공정 무역을 통해 생산자의 근로자에게 정당한 노동력의 대가를 지급하고, 직거래를 통해 소비자에게 더 저렴한 상품을 제공할 수 있다.

25
정답_④

온실가스 배출권 거래제

온실 가스 감축의무가 있는 사업장 혹은 국가 간 배출권한 거래를 허용하는 제도이자 탄소배출권을 시장에서 거래할 수 있게 하는 제도로 '탄소 배출권 거래제'라고도 한다.

▶2023년 1회◀

01	④	06	②	11	③	16	④	21	②
02	③	07	①	12	③	17	③	22	①
03	③	08	①	13	④	18	①	23	④
04	①	09	②	14	②	19	②	24	③
05	②	10	④	15	③	20	④	25	①

01
정답_④

헌법

모든 국가의 법의 체계적 기초로서 국가의 조직, 구성 및 작용에 관한 근본법이며 다른 법률이나 명령으로써 변경할 수 없는 한 국가의 최고법이다.

02
정답_③

국민의 기본권(청구권)

- 자유권 : 국가의 간섭을 받지 않고, 자신의 의사에 따라 행동할 수 있는 권리, 가장 오래된 권리, 소극적 권리 예 신체의 자유, 언론·출판·집회·결사의 자유 등
- 평등권 : 법 앞에 차별을 받지 않을 권리(다른 기본권 보장의 전제 조건)
- 참정권 : 주권자인 국민이 정치에 능동적으로 참여할 수 있는 권리, 적극적 권리 예 선거권, 공무 담임권, 국민 투표권 등
- 사회권 : 인간다운 생활을 국가에 요구할 수 있는 적극적 권리, 오늘날 복지 국가에서 중요 예 근로권, 환경권, 교육권 등
- 청구권 : 국민이 국가에 대하여 일정한 청구를 할 수 있는 권리, 다른 기본권 보장을 위한 수단적 권리 예 청원권, 재판 청구권, 국가 배상 청구권, 형사 보상 청구권 등

03
정답_③

인권

- 의미 : 인간이면 누구나 누려야 할 기본적인 권리, 모든 사람이 인간의 존엄성을 유지하며 살아갈 수 있도록 누려야 할 권리
- 특징 : 천부성, 보편성, 항구성, 불가침성

- 국가의 법으로 보장되기 이전부터 자연적으로 주어진 권리
- 현대 사회에서는 과거에 비해 인권의 영역이 확대되고 있음

04　　　　　　　　　　　　　정답_①
편익

어떤 경제적 선택을 통해 얻게 되는 만족이나 이익으로, 물질적·금전적인 것뿐만 아니라 즐거움이나 성취감 같은 비금전적인 것도 모두 해당된다.

05　　　　　　　　　　　　　정답_②
국제 사회의 행위 주체(국제기구)

- 국가 : 일정한 영토와 국민을 바탕으로 하며 주권을 가진 집단, 가장 기본적인 주체
- (정부 간) 국제기구 : 각 국가의 정부를 회원으로 하는 국제 사회의 행위 주체 예 유럽 연합(EU), 세계 무역 기구(WTO), 경제 협력 개발 기구(OECD), 아시아·태평양 경제 협력체(APEC), 국제 통화 기금(IMF) 등
- 국제 비정부 기구(NGO) : 개인이나 민간 단체를 회원으로 하는 자발적 시민 단체 예 그린피스
- 국제적으로 영향력 있는 개인 : 세계의 정치, 문화 등 특정 분야에서 권위를 가진 개인
- 국가 내부적 행위체 : 한 국가에 속해 있지만 독자적인 영역에서 국제적으로 활동하는 행위 주체

06　　　　　　　　　　　　　정답_②
시장 실패

시장의 기능이 제대로 작동하지 않아 자원이 효율적으로 배분되지 못한 상태를 말한다. 독과점 횡포 등의 불완전 경쟁, 공공재의 공급 부족, 어떤 경제 주체의 행동이 제3자에게 의도하지 않은 혜택이나 피해를 주고도 이에 대한 대가를 받거나 보상을 하지 않는 외부 효과, 경제적 불평등 발생이 대표적인 사례이다.

07　　　　　　　　　　　　　정답_①
권력 분립 제도

- 의미 : 입법부, 행정부, 사법부로 분리하여 서로 독립된 기관이 국가 권력을 나누어 맡도록 함
- 목적 : 견제와 균형을 통해 각 권력을 행사하는 주체가 다른 기관을 견제함으로써 권력 남용을 방지하고 국민의 기본권을 보장

08　　　　　　　　　　　　　정답_①
사회 복지 제도(공공 부조)

- 사회 보험 : 일정 소득이 있는 국민에게 보험 방식을 적용하여 사회적 위험(질병, 실업)에 대비하도록 하는 제도 예 국민 건강 보험, 국민 연금, 고용 보험, 산업 재해 보상 보험, 노인 장기 요양 보험 등
- 공공 부조 : 생계 유지 능력이 부족한 사람들에게 최저 생활을 보장하고 자립하도록 지원하는 제도 예 국민 기초 생활 보장 제도, 의료 급여 제도 등
- 사회 서비스 : 도움이 필요한 사회적 약자에게 상담, 재활 등 비금전적으로 지원 예 장애인·여성·실업자 등에 대한 직업 소개, 복지 시설 이용 기회 제공 등

09　　　　　　　　　　　　　정답_②
자산 관리의 원칙(수익성)

- 안전성 : 투자한 자산이 얼마나 안전하게 보호될 수 있는가
- 수익성 : 투자한 자산으로부터 기대할 수 있는 이익의 정도
- 유동성 : 보유한 자산을 얼마나 쉽게 현금으로 바꿀 수 있는가

10　　　　　　　　　　　　　정답_④
문화 절대주의

- 문화 절대주의 : 문화 간에 우열이 있다고 보고 문화를 평가의 대상으로 이해하며 문화의 다양성과 상대성을 인정하지 않는 태도 예 문화 사대주의, 자문화 중심주의
- 문화 사대주의 : 타문화를 동경·숭상하여 타문화는 무조건 좋고 자기 문화는 무조건 나쁘다는 식으로 보는 태도

- 자문화 중심주의 : 다른 문화를 자기 문화의 관점에서 일방적으로 판단하고 평가하는 태도

11 정답_③
윤리적 소비

인간, 동물, 환경에 해를 끼치거나 사회적 책임을 다하지 않는 기업의 상품을 사지 않고, 윤리적인 상품을 구매하는 것(착한 소비)을 말한다.

12 정답_③
세계 인권 선언(1948)

제1·2차 세계 대전 이후 인권 침해에 대한 반성과 인권 문제를 해결하기 위해 인류 공동의 노력이 필요하다는 인식이 확산되면서 국제 연합(UN) 총회에서 채택한 문서로, 인권 보장을 인류의 보편적 가치로 선포하고, 인권 보장의 국제적 기준을 제시한 문서이다.

13 정답_④
문화 변동(문화 접변)의 결과

- 문화 동화 : 한 문화가 다른 문화 체계 속에 흡수되어 정체성을 상실하는 현상 예 백인 문화에 흡수된 아메리카 원주민 문화, 가로쓰기 형식의 도입으로 세로쓰기 형식이 사라진 경우 등
- 문화 병존 : 서로 다른 두 문화 요소들이 한 사회의 문화 체계 속에서 고유한 정체성을 유지하면서 공존하는 현상 예 우리나라에 있는 이슬람 사원, 화교들의 차이나타운 등
- 문화 융합 : 서로 다른 문화가 결합하여 어느 문화에도 속하지 않는 제3의 문화가 나타나는 현상 예 돌침대, 간다라 양식, 퓨전 음식(불고기 피자, 떡 케이크) 등

14 정답_②
한대 기후

가장 따뜻한 달의 평균 기온이 10℃ 미만의 기후로 겨울이 길고 몹시 추워 인간 거주에 불리하다. 주로 극 주변에 분포하여, 순록 유목, 털가죽 의복, 폐쇄적 가옥 구조 등의 전통 생활양식을 갖는다.

15 정답_③
지진 해일(쓰나미)

지진이나 화산 활동이 바다 밑에서 일어나 바닷물이 육지까지 밀려오는 현상으로 발생 지점으로부터 수천km 떨어진 곳까지 인명 피해와 각종 시설의 침수 등 재산상의 막대한 피해를 입힌다.

16 정답_④
에너지 자원(화석 연료)

- 석탄 : 매장량이 풍부하고 채굴 가능한 기간도 길어, 18세기 산업 혁명의 바탕이 된 에너지 자원이지만 환경 문제를 발생시킴
- 석유 : 세계에서 가장 많이 사용되는 에너지 자원으로 주로 화학 공업의 원료, 자동차와 비행기 등의 연료로 이용됨, 지역적 편재성이 크고, 주로 생산지와 소비지가 달라서 국제적 이동량이 많음
- 천연가스 : 석유와 함께 매장되어 있으며, 석유보다 공해가 적고 열효율이 높으며 매장량도 비교적 많음

17 정답_③
이슬람교의 전통 여성 의상

- 히잡 : 이슬람 여성의 전통 복식으로 머리에 두르는 스카프
- 차도르 : 집 밖에 나갈 때 착용하는 전신 망토로 안에는 작은 헤드 스카프를 두름
- 니캅 : 눈을 제외한 얼굴 전체를 가리는 일종의 얼굴 가리개
- 부르카 : 눈 부위를 망사로 대고 전신을 가리는 통옷

18 정답_①
대도시권

대도시와 그 영향권에 있는 교외 지역, 위성 도시들을 통들어 대도시권이라고 말한다. 교통의 발달에 따라 도시의 인구나 기능, 시설 등이 대도시 주변으로 확산되고 대도시와 그 주변 도시가 하나의 생활권을 이루며 형성된다.

19

정답_②

열섬 현상

열섬 현상은 도시화에 따른 인구 증가, 각종 인공 시설물의 증가, 도로포장 증대, 공장에서 배출되는 인공열, 고층 건물의 바람 순환 방해, 자동차 통행의 증가로 인해 도심의 기온이 주변보다 높게 나타나는 현상을 말한다.

20

정답_④

인구 분포에 영향을 미치는 요인

- 자연적 요인 : 지형, 기후, 식생, 토양 등 → 농경 사회에서 중시하는 요인
- 인문·사회적 요인 : 정치, 경제, 산업, 교통, 문화, 종교 등 → 산업화 이후 중시하는 요인

21

정답_②

카슈미르 분쟁

카슈미르 지방을 둘러싼 인도(힌두교)와 파키스탄(이슬람교) 간의 갈등으로 대표적인 종교 분쟁 지역이다. 1947년, 1964년, 1971년 세 차례에 걸쳐 대규모 전쟁을 벌였으며, 국제 연합(UN) 중재로 분할통치 중에 있지만 여전히 양국 간의 분쟁이 끊이지 않아 현재까지도 최대의 분쟁 지역 중 하나로 남아 있다.

22

정답_①

정보화로 인한 생활 양식의 변화

정보화 사회는 지식과 정보가 사회의 가장 중요한 자원이 되고, 이를 중심으로 운영·발전하는 사회를 말한다. 원격 진료나 원격 교육이 가능해지고, 전자 상거래를 통해 물건을 쉽게 구매할 수 있고, 전자 투표, 인터넷 시민 운동 등 온라인상에서 정치 참여의 기회가 확대되었고, 소셜 네트워크 서비스(SNS)를 통한 쌍방향 소통이 가능해지면서 보다 민주적인 사회로 변화하였다.

23

정답_④

산업화로 인한 변화

산업화는 농업 중심 사회가 공업 중심 사회로 변모하는 현상으로, 생산 활동의 분업화와 기계화로 2차, 3차 산업의 비율이 높아지고, 직업의 다양성이 증가하였다. 도시화가 촉진되어 도시를 중심으로 대량 생산과 대량 소비가 이루어졌지만 급속한 산업화·도시화로 인해 노동 문제, 이촌향도로 인한 주택 부족 문제, 환경 문제, 교통 문제, 실업, 범죄 문제 등의 여러 가지 도시 문제도 발생하였다.

24

정답_③

환경 영향 평가

친환경적이고 지속 가능한 발전과 건강하고 쾌적한 국민 생활을 도모하기 위하여 환경에 영향을 미치는 계획 또는 사업을 수립·시행할 때에 해당 계획과 사업이 환경에 미치는 영향을 미리 예측·평가하고 환경 보전 방안 등을 마련하도록 하는 제도이다.

25

정답_①

그린피스

1971년 설립된 국제 환경보호 단체로서 핵실험 반대와 환경 보호 운동 등을 통하여 지구의 환경을 보존하고 평화를 증진시키기 위한 활동을 펼치고 있는 국제 비정부 기구(NGO)이다.

▶2022년 2회◀

01	③	06	②	11	①	16	③	21	③
02	②	07	①	12	④	17	④	22	①
03	③	08	②	13	④	18	②	23	②
04	③	09	④	14	④	19	④	24	①
05	④	10	②	15	①	20	②	25	①

01　　　　　　　　　　　　　　정답_③
질 높은 정주 환경
- 정주 환경 : 인간이 일정한 공간에 자리잡고 살아가는 주거지와 주변 환경 등 일상생활의 전 영역
- 요건 : 쾌적하고 깨끗한 자연환경, 편리한 교통·통신 시설, 낮은 범죄율, 높은 수준의 교육, 의료 혜택이 보장된 곳, 문화·예술 공간 시설이 잘 갖추어진 곳 등

02　　　　　　　　　　　　　　정답_②
인권
- 의미 : 인간이면 누구나 누려야 할 권리
- 특징 : 기본권, 보편적·항구적·불가침적·불가양적 권리

03　　　　　　　　　　　　　　정답_③
문화 이해의 태도
- 자문화 중심주의 : 다른 문화를 자기 문화의 관점에서 일방적으로 판단하고 평가하는 태도
- 문화 사대주의 : 타문화를 동경·숭상하여 타문화는 무조건 좋고, 자기 문화는 무조건 나쁘다는 식으로 보는 태도
- 문화 상대주의 : 문화의 상대성을 인정하고, 어떤 사회의 문화를 그 사회의 맥락에서 이해하고 평가하려는 태도

04　　　　　　　　　　　　　　정답_③
사회적 소수자
- 의미 : 신체적 또는 문화적 특징 때문에 사회의 다른 구성원에게 차별을 받고 있으며, 차별받는 집단에 속해 있다고 인식하는 사람들의 집단

- 사례 : 장애인, 이주 외국인(결혼 이민자, 외국인 근로자 등), 노인, 여성, 비정규직 근로자, 북한 이탈 주민 등

05　　　　　　　　　　　　　　정답_④
헌법 재판소
- 헌법 재판소 : 법률이나 공권력이 헌법에 보장된 국민의 기본권을 침해하였는지 판단하여 구제하는, 국민의 기본권이 충실히 보장되도록 하는 독립된 헌법 기관
- 권한 : 위헌 법률 심판, 탄핵 심판, 정당 해산 심판, 헌법 소원 심판, 기관 쟁의 심판

06　　　　　　　　　　　　　　정답_②
기회비용
경제 활동에서 여러 가지 선택 가능한 것 중에서 하나를 선택할 때 포기하는 것들 중에서 가장 가치가 큰 것으로, 모든 경제적 선택에는 기회비용이 따르기 때문에 이를 고려한 선택이 이루어지도록 해야 한다.

07　　　　　　　　　　　　　　정답_①
공공재
- 의미 : 대가를 지불하지 않아도 누구든지 사용할 수 있고, 한 사람이 사용하여도 다른 사람이 사용할 수 있는 공동의 재화나 서비스
- 사례 : 국방, 철도, 도로, 항만, 치안 서비스, 공원, 가로등 등

08　　　　　　　　　　　　　　정답_②
주식
- 의미 : 주식회사가 투자자에게 자금을 투자한 대가로 발행하는 증서로, 회사 소유권의 일부를 투자자에게 주는 증표
- 특징 : 수익성이 높은 반면, 위험성이 높아 안전성이 낮은 편

09　　　　　　　　　　　　　　정답_④
사회 보험
- 의미 : 일정 소득이 있는 국민에게 보험 방식을 적용하여 사회적 위험(질병, 실업)에 대비하도록 하는 사회 보장 제도

- 특징 : 국가 또는 기업이 수혜자와 함께 비용을 부담하여 운영되는 상호 부조의 성격, 강제 가입 원칙, 수혜자가 부담하는 보험료는 소득의 크기에 비례함
- 사례 : 국민 건강 보험 제도, 국민 연금 제도, 고용 보험 제도, 산업 재해 보상 보험 제도, 노인 장기 요양 보험 제도 등

10 　　　　　　　　　　　　 정답_②
문화 변동의 요인
- 발명 : 존재하지 않았던 새로운 문화 요소를 만들어 내는 것 예 컴퓨터, 한글 등
- 발견 : 이미 존재하고 있었지만 알려지지 않았던 것을 찾아내거나 알아내는 것 예 불, 비타민 등
- 전파 : 한 사회의 문화 요소들이 다른 사회로 전해져서 그 사회의 문화 과정에 통합되어 정착되는 것 예 한자, 불교, 커피, 청바지 등

11 　　　　　　　　　　　　 정답_①
규모의 경제
- 의미 : 생산량이 늘어나거나 생산 규모가 커질수록 평균 생산 단가가 하락하는 것
- 효과 : 생산비의 하락으로 인해 기업은 더 큰 이익을 얻을 수 있음

12 　　　　　　　　　　　　 정답_④
다문화 사회의 이민자 정책 이론(샐러드 볼 정책)
샐러드 볼 정책은 이민 과정을 커다란 샐러드 볼 안에서 각기 다른 맛과 색을 가진 다양한 채소와 과일들이 고유한 맛을 지키면서 섞인 샐러드에 비유하여, 모든 문화가 자기만의 독특한 특성을 유지하면서도 하나의 새로운 문화로서 의의를 가지도록 하려는 이론이다.

13 　　　　　　　　　　　　 정답_④
자유주의적 정의관
개인은 합리적인 사고력을 바탕으로 자기 삶을 선택하고 공정하게 경쟁할 수 있는 독립적인 존재이므로 사회적 불평등 문제는 국가보다 개인의 노력으로 해결해야 한다고 주장한다. 공동체(국가, 사회)는 개인의 자유와 권리를 최대한 보장하되 개입은 최소화해야 하고, 공동체는 개인의 선택과 자율성을 허용하고 특정한 가치를 개인에게 강요해서는 안 된다는 입장이다.

오답 ④ 개인보다 국가나 사회가 우선한다는 공동체주의적 정의관에 해당한다.

14 　　　　　　　　　　　　 정답_④
아마존 강 유역
적도 주변의 저지대에 발달한 열대림은 아마존 강 유역, 콩고 분지 일대, 보르네오 섬 등지에 분포하고 있고, 이곳에는 전 세계 생명체 종의 절반 이상이 살고 있다. 하지만 현재 열대림은 지나친 벌목과 농경 및 목축을 위한 개간, 동식물의 서식지 파괴, 환경 오염, 무분별한 남획, 외래종의 침입 등으로 급속도로 파괴되고 있다. 열대림 파괴로 이곳에 서식하던 생물 종이 감소하게 되며, 인간이 이용 가능한 생물 자원의 수도 감소하고, 생물 종의 감소로 먹이 사슬이 끊겨 생태계가 빠르게 파괴된다. 또한 대기 중 이산화 탄소 농도가 높아져 지구 온난화에 영향을 미친다.

15 　　　　　　　　　　　　 정답_①
도시화로 인한 변화
도시화로 인해 도시의 인구 밀도는 높아지고, 도시적 생활양식이 확대되었으며, 2·3차 산업 종사자의 비중이 높아졌다. 인공 구조물과 아스팔트, 콘크리트 등의 포장 면적이 증가하여 녹지 면적이 감소하였고, 도심의 기온이 주변보다 높게 나타나는 열섬 현상이 나타나며, 빗물이 토양에 잘 흡수되지 않아 도시 홍수의 발생 위험도가 높아졌다. 그 밖에 도시의 일자리 부족 문제(실업), 노사 갈등 문제, 인간을 기계의 부속품처럼 여기는 인간 소외 현상, 이촌향도로 인한 주택 부족 문제, 교통 문제, 범죄 문제 등의 각종 사회 문제가 발생하기도 한다.

16 　　　　　　　　　　　　 정답_③
이슬람교
유일신 알라를 섬기며, 경전인 쿠란의 규율대로 살아가고자 한다. 모스크 양식 사원, 5대 의무 강조(신앙 고백, 예배, 자선, 라마단 기간의 금식, 성지 순례), 종교가 일상생활 지배(술과 돼지고기 금기) 등을 특징으로 한다.

17

정답_④

열대 기후

- 의생활 : 얇고 간편한 옷차림이나 헐렁한 옷을 입음
- 식생활 : 음식이 쉽게 상하기 때문에 기름에 볶거나 튀기고, 향신료를 많이 사용함
- 주생활 : 개방적 가옥 구조(통풍이 잘 되도록 큰 창문), 고상 가옥(열기와 해충을 피하기 위해), 지붕의 경사가 급함(강수량이 많기 때문)
- 농업 : 플랜테이션(커피, 카카오, 바나나, 사탕수수 등), 이동식 경작(카사바, 얌 등)

[오답] ㄱ은 한대 기후, ㄴ은 건조 기후에 대한 설명이다.

18

정답_②

자원 분쟁 지역(북극해)

미국, 캐나다, 러시아, 덴마크, 노르웨이가 석유와 천연가스 지대의 영유권을 두고 분쟁하는 지역이다. 기후 변화로 빙하가 녹으면서 접근이 용이해져 석유, 천연가스 등의 자원 개발 가능성이 커지면서 벌어지고 있다.

19

정답_④

지속 가능한 발전

- 의미 : 환경적으로 건전하고 지속 가능한 발전(ESSD), 미래 세대가 그들의 필요를 충족시킬 수 있는 가능성을 저해하지 않으면서 현재 세대의 필요를 충족시키는 발전
- 방향 : 생태계의 수용 능력 내에서 개발(→ 자원 남용 및 환경 파괴 억제), 계층 간·세대 간의 형평성과 지역 간의 균형 고려, 환경과 경제의 통합적 차원에서의 발전 추구(→ 삶의 질 향상 추구)

20

정답_②

생태 도시

- 의미 : 인간과 자연이 공존할 수 있는 친환경적이며, 지속 가능한 도시이다. 도시 공간을 자연 친화적으로 계획하고 개발한 곳으로, 도시 녹지의 보존뿐만 아니라 도시 시설이 조화를 이루고, 사람과 자연환경 및 문화가 어우러진 환경 친화적인 도시

- 사례 : 전남 순천만, 제주특별자치도 서귀포시, 울산 광역시 태화강, 경북 상주시, 브라질 쿠리치바, 스웨덴 예테보리, 독일 프라이부르크 등

21

정답_③

자연을 바라보는 관점

- 생태 중심주의 자연관 : 자연의 본래적·내재적 가치를 인정하고, 인간의 이익보다 자연의 존재를 더 중요시 여기는 관점
- 인간 중심주의 자연관 : 자연을 인간의 이익을 위해 이용해야 할 대상으로 보고, 오직 인간만이 본래적 가치를 지니고 있는 존재로 바라보는 관점

22

정답_①

에너지 자원(석유, 태양광)

석유는 현재 세계에서 가장 많이 사용되는 에너지 자원으로, 자동차와 비행기 등의 연료, 석유 화학 공업의 원료 등으로 이용된다. 최대 생산지는 서남아시아의 페르시아만으로, 비교적 좁은 지역에 분포하여 지역적 편재성이 크고, 주요 생산지와 소비지가 달라서 국제적 이동량이 많은 자원이다. 국제 경제 및 정치에 미치는 영향력도 매우 큰 자원이다. 신·재생 에너지는 기존의 석유, 석탄, 천연가스 등의 연료를 변환하여 이용하거나 햇빛, 물, 바람 등을 이용하는 에너지를 말한다. 자연환경의 영향을 크게 받지만 고갈되지 않고, 오염 물질 배출이 적어 환경친화적이다. 태양광, 풍력, 수력, 조력, 조류, 지열 등의 종류가 있다.

23

정답_②

저출산

결혼 연령 상승, 육아 지원 제도 부족, 자녀 양육비 부담 증가 등으로 인한 지속적인 저출산은 장기적으로 일손 부족, 국력 약화로 이어지기 때문에 이에 대비하기 위해서는 출산 장려금 지원, 육아 휴직 제도 확대 등 출산 장려 정책을 펴야 한다.

24

정답_①

자연재해

- 태풍 : 열대 해상에서 발생하는 저기압으로 강한 바람과 비를 동반하여 막대한 인명·재산 피해, 홍수·해일을 유발하며, 풍수해를 입힌다. 미리 하천과 제방을 점검하고, 배수시설을 정비하며, 일기예보를 확인하고, 발생 시 신속한 대피를 해야 한다.
- 지진 : 지각판의 경계 지역에서 지구 내부 에너지의 작용에 의해 발생한다. 건물과 도로 등 각종 시설의 파괴, 화재·해일·산사태 등의 피해가 발생하기 때문에 정확한 예보 체계를 구축하고, 내진 설계를 의무화하며, 대피 훈련과 복구 체계를 마련하여 대비해야 한다.

25

정답_①

국제 사회의 행위 주체

- 국가 : 일정한 영토와 국민을 바탕으로 하며 주권을 가진 집단, 가장 기본적인 주체(예 한국, 미국, 영국 등)
- 정부 간 국제기구 : 각 국가의 정부를 회원으로 하는 국제 사회의 행위 주체(예 국제연합, 세계 무역 기구 등)
- 국제 비정부 기구(NGO) : 개인이나 민간 단체를 회원으로 하는 자발적 시민 단체(예 그린피스, 국경 없는 의사회 등)
- 국제적으로 영향력 있는 개인 : 세계의 정치, 문화 등 특정 분야에서 권위를 가진 개인
- 국가 내부적 행위체 : 한 국가에 속해 있지만 독자적인 영역에서 국제적으로 활동하는 행위 주체

▶2022년 1회◀

01	②	06	④	11	④	16	①	21	①
02	②	07	①	12	④	17	③	22	③
03	①	08	①	13	③	18	③	23	④
04	④	09	③	14	②	19	②	24	④
05	③	10	②	15	④	20	②	25	③

01

정답_②

행복한 삶을 위한 조건

- 질 높은 정주 환경
- 경제적 안정
- 민주주의의 실현
- 도덕적 실천과 성찰

02

정답_②

국민의 기본권

- 자유권 : 국가의 간섭을 받지 않고, 자신의 의사에 따라 행동할 수 있는 권리, 가장 오래된 권리, 소극적 권리
 예 신체의 자유, 언론·출판·집회·결사의 자유 등
- 평등권 : 법 앞에 차별을 받지 않을 권리(다른 기본권 보장의 전제 조건)
- 참정권 : 주권자인 국민이 정치에 능동적으로 참여할 수 있는 권리, 적극적 권리
 예 선거권, 공무 담임권, 국민 투표권 등
- 청구권 : 국민이 국가에 대하여 일정한 청구를 할 수 있는 권리, 다른 기본권 보장을 위한 수단적 권리
 예 청원권, 재판 청구권, 국가 배상 청구권, 형사 보상 청구권 등
- 사회권 : 인간다운 생활을 국가에 요구할 수 있는 적극적 권리, 오늘날 복지 국가에서 중요
 예 근로권, 환경권, 교육권 등

03

정답_①

권력 분립 제도

국가 권력을 나누어 각각 다른 기관에 분담시켜 상호 견제와 균형을 이루도록 하는 원리이다. 입법권은 국회, 행정권은 정부, 사법권은 법원에 속한다.

04
정답_④

시민 불복종
- 의미 : 사회의 정의롭지 못한 법률이나 정책 등을 개정하려는 목적에서 행하는 시민의 의도적 위법 행위
- 정당화 조건 : 정당성, 공개성, 비폭력성, 최후의 수단, 처벌 감수
- 사례 : 소로의 세금 납부 거부 운동, 간디의 소금 행진, 마틴 루서 킹의 흑인 차별 철폐 운동 등

05
정답_③

근로 3권
- 단결권 : 근로자가 근로 조건 개선을 위하여 노동조합을 결성하고 가입하여 활동할 수 있는 권리
- 단체 교섭권 : 근로자가 사용자와 노동조합을 통해 자주적으로 근로 조건에 관하여 협의할 수 있는 권리
- 단체 행동권 : 협정이 원만하게 이루어지지 않아 일정한 절차를 거쳐 파업이나 합법 시위를 할 수 있는 권리

06
정답_④

시장 실패의 유형
- 불완전 경쟁 : 독과점의 횡포로 새로운 경쟁자가 시장에 들어올 수 없도록 진입 장벽을 만들어 자유롭고 공정한 경쟁을 방해함
- 공공재의 부족 : 공공재 공급을 시장에만 맡겨둘 경우 아무도 생산하려 하지 않아 사회적으로 필요한 국방, 치안 등과 같은 서비스나 재화가 시장에서 필요한 만큼 충분히 공급되지 않음
- 외부 효과 : 어떤 경제 주체의 행동이 제3자에게 의도하지 않은 혜택이나 피해를 주고도 이에 대한 대가를 받거나 보상을 하지 않는 경우로, 재화나 서비스가 사회가 필요로 하는 것보다 적게 생산되거나 많이 생산되어 자원이 비효율적으로 배분됨
- 경제적 불평등 발생 : 경제 활동으로 발생한 이익이 사회 구성원들에게 공평하게 배분되지 못하는 경우로, 계층 간 위화감이 발생하여 사회 통합을 저해함

07
정답_①

자산 관리의 원칙
- 안전성 : 투자한 자산이 얼마나 안전하게 보호될 수 있는가
- 수익성 : 투자한 자산으로부터 기대할 수 있는 이익의 정도
- 유동성 : 보유한 자산을 얼마나 쉽게 현금으로 바꿀 수 있는가

08
정답_①

수정 자본주의
세계 대공황 이후 자유 방임주의의 모순을 보완하기 위해 등장하였다. 자본주의 본질을 유지하면서 그 한계점을 극복하고자 시장과 국민 경제에 정부가 적극적으로 개입하는 것을 말한다.

오답풀이
ㄷ. 상업 자본주의
ㄹ. 산업 자본주의에 대한 설명이다.

09
정답_③

사회 복지 제도
사회 구성원들이 질병, 실업, 빈곤, 재해 등 다양한 사회적 위험으로부터 벗어나 인간다운 생활을 누릴 수 있도록 지원하는 제도이다.
- 사회 보험 : 국민 건강 보험 제도, 국민연금 제도, 고용 보험 제도, 산업 재해 보상 보험 제도, 노인 장기 요양 보험 제도 등 → 금전적 지원
- 공공 부조 : 국민 기초 생활 보장 제도, 의료 급여 제도, 기초 연금 제도 등 → 금전적 지원
- 사회 서비스 : 장애인·여성·실업자 등에 대한 직업 소개, 복지 시설 이용 기회 제공, 심리 상담 지원 사업 등 → 비금전적 지원

10
정답_②

정의의 실질적 기준
- 업적에 따른 분배 : 성취한 성과에 비례하여 소득이나 사회적 지위 등을 분배하는 것
  - 예 판매 우수 사원 성과급 지급, 성적 우수자 장학금 지급
- 능력에 따른 분배 : 신체적·정신적 능력에 따라 분배와 보상이 이루어지는 것
  - 예 기업에서 능력을 중심으로 사원을 선발하는 것, 대학 입시에서 잠재력과 재능을 보고 학생을 선발하는 것
- 필요에 따른 분배 : 기본적 욕구 충족이 어려운 사람들에게 재화나 가치를 우선적으로 분배하는 것
  - 예 실업 수당 제도, 장애인 고용 촉진 제도, 저소득층 교육비 지원 제도 등

11
정답_④

문화 접변의 결과
- 문화 병존 : 서로 다른 두 문화 요소들이 한 사회의 문화 체계 속에서 고유한 정체성을 유지하면서 공존하는 현상
  - 예 우리나라에 있는 이슬람 사원, 화교들의 차이나타운 등
- 문화 융합 : 서로 다른 문화가 결합하여 어느 문화에도 속하지 않는 제3의 문화가 나타나는 현상
  - 예 돌침대, 간다라 양식, 퓨전 음식(불고기 피자, 떡케이크) 등
- 문화 동화 : 한 문화가 다른 문화 체계 속에 흡수되어 정체성을 상실하는 현상
  - 예 백인 문화에 흡수된 아메리카 원주민 문화, 가로쓰기 형식의 도입으로 세로쓰기 형식이 사라진 경우 등

12
정답_④

극단적 문화 상대주의
생명 존중, 인간 존엄성과 같은 인류의 보편적 가치를 무시하는 문화에 대해서도 그 문화가 처한 상황 속에서 이해해야 한다는 극단적인 태도를 말한다.

13
정답_③

국제 사회의 행위 주체
- 국가 : 일정한 영토와 국민을 바탕으로 하며 주권을 가진 집단, 가장 기본적인 주체
- 정부 간 국제기구 : 각 국가의 정부를 회원으로 하는 국제 사회의 행위 주체
- 국제 비정부 기구(NGO) : 개인이나 민간 단체를 회원으로 하는 자발적 시민 단체
- 국제적으로 영향력 있는 개인 : 세계의 정치, 문화 등 특정 분야에서 권위를 가진 개인
- 국가 내부적 행위체 : 한 국가에 속해 있지만 독자적인 영역에서 국제적으로 활동하는 행위 주체

14
정답_②

생태 중심주의 자연관
- 의미 : 자연의 본래적·내재적 가치를 인정하고 인간의 이익보다 자연의 존재를 더 중요시 여기는 관점
- 특징 : 전일론적 관점(인간을 포함한 자연 전체를 하나로 바라보는 관점), 인간과 자연은 서로 조화와 균형을 이루어야 한다고 주장함, 인간은 자연 전체에 대한 도덕적 의무를 지님
- 학자(레오폴드의 대지 윤리) : 공동체의 범위를 식물, 동물, 토양, 물을 포함하는 대지로 확대시켜 대지를 지배와 이용의 대상으로 간주하는 인간 중심주의와 달리 공동체로 존중할 것을 강조함

15
정답_④

도시화로 인한 변화
도시화로 인해 도시의 인구 밀도는 높아지고, 도시적 생활양식이 확대되었으며, 2·3차 산업 종사자의 비중이 높아졌다. 또한 인공 구조물과 아스팔트, 콘크리트 등의 포장 면적이 증가하여 녹지 면적이 감소하였고, 도심의 기온이 주변보다 높게 나타나는 열섬 현상이 나타났으며, 빗물이 토양에 잘 흡수되지 않아 도시 홍수의 발생 위험도가 높아졌다. 그 밖에 도시의 일자리 부족 문제(실업), 노사 갈등 문제, 인간을 기계의 부속품처럼 여기는 인간 소외 현상, 이촌향도로 인한 주택 부족 문제, 교통 문제, 범죄 문제 등의 각종 사회 문제가 발생하기도 한다.

16
정답_①

정보화 사회
지식과 정보가 사회의 가장 중요한 자원이 되고, 이를 중심으로 운영·발전하는 사회를 말한다. 전자 투표, 인터넷 시민운동 등 온라인상에서 정치 참여의 기회가 확대되었고, 소셜 네트워크 서비스(SNS)를 통한 쌍방향 소통이 가능해지면서 보다 민주적인 사회로 변화하였다.

17
정답_③

세계의 기후
- 열대 기후 : 적도 부근으로 연중 기온이 높고 강수량이 많아 인간 거주에 불리함
- 건조 기후 : 강수량이 매우 적어 인간 거주에 불리함
- 온대 기후 : 계절의 변화가 뚜렷하고 기온이 온화해 인간 거주에 유리함
- 냉대 기후 : 겨울이 길고 추우며 기온의 연교차가 큼. 인간 거주에 유리함
- 한대 기후 : 극 주변으로 겨울이 매우 길고 몹시 추워 인간 거주에 불리함
- 고산 기후 : 해발 고도가 높기 때문에 연중 봄과 같이 온화한 기후가 나타나 인간 거주에 유리함

18
정답_③

신·재생 에너지
- 태양광 에너지 : 일사량이 풍부하고 건조한 지역
  예 에스파냐, 사우디아라비아 등
- 풍력 에너지 : 바람이 강하며 지속적으로 부는 산지나 해안 지역　예 네덜란드, 덴마크 등
- 수력 에너지 : 유량이 풍부하고 낙차가 큰 하천 지역
  예 브라질 등
- 조력 에너지 : 조석 간만의 차가 큰 해안 지역
  예 우리나라 등
- 조류 에너지 : 바닷물의 유속이 빠른 지역
- 지열 에너지 : 지하의 고온 증기를 이용하기 때문에 판의 경계에 있어 지각 활동이 활발한 지역
  예 뉴질랜드, 일본, 아이슬란드 등
- 바이오 에너지 : 동물의 배설물이나 옥수수 등의 식물을 분해해서 얻는 에너지로, 원료를 대량 생산할 수 있는 지역　예 독일 등

19
정답_②

자연재해(지진)
지각판의 경계 지역에서 지구 내부 에너지의 작용에 의해 발생한다. 건물과 도로 등 각종 시설의 파괴, 화재·해일·산사태 등의 피해가 발생하기 때문에 정확한 예보 체계를 구축하고, 내진 설계를 의무화하고, 대피 훈련과 복구 체계를 마련하여 대비하여야 한다.

20
정답_②

종교 문화권
- 힌두교 문화권 : 다신교, 선행과 고행을 통한 수련 중시, 소 숭배, 주로 인도 지역 등
- 불교 문화권 : 탑, 불상, 사찰(절), 승려, 연등 등
- 크리스트교 문화권 : 유일신(하나님), 사랑, 성당, 교회 등
- 이슬람 문화권 : 유일신(알라), 쿠란(경전), 모스크, 성지 순례(메카), 술·돼지고기 금기 문화 등

21
정답_①

자원의 특성
- 편재성 : 자원이 지구상에 고르게 분포하지 않고, 일부 지역에 집중되어 분포하는 특성
- 자원 민족주의 : 석유 등과 같은 천연 자원을 보유하고 있는 국가가 자원의 가격 인상 또는 국유화 등을 통하여 자원에 대한 독점적인 권리를 주장하는 것

22
정답_③

지역화
- 의미 : 어떤 지역이 그 지역만이 가지고 있는 독특한 사회적·전통적·문화적 특성을 살려 세계적인 경쟁력을 갖추게 되는 현상
- 지역화 전략 : 지리적 표시제(보성 녹차, 이천 쌀), 지역 브랜드(I♥NY(뉴욕), I·SEOUL·U(서울)), 장소 마케팅(중국 베이징의 만리장성, 미국 뉴욕의 자유의 여신상), 지역 축제(보령 머드 축제, 함평 나비 축제)

23
정답_④

이스라엘 – 팔레스타인 분쟁
이슬람교와 유대교 간의 오랜 갈등이다. 제2차 세계 대전이 끝나면서 국제 연합은 팔레스타인을 유대인(유대교) 구역과 아랍인(이슬람교) 구역으로 분할하였다. 이후, 1948년 팔레스타인 지역에 유대인들이 이스라엘을 건국하면서 유대인과 아랍인 간에는 팔레스타인 지방의 영유권을 둘러싸고 심한 대립이 나타났으며, 이는 수차례에 걸친 중동 전쟁으로 이어졌다. 몇 차례의 전쟁을 겪으면서 이스라엘은 아랍인 구역을 장악하였으며, 이 과정에서 팔레스타인 사람들이 이스라엘을 떠나 주변 국가에서 난민 생활을 하게 되었다.

24
정답_④

저출산·고령화
출산율이 낮고 전체 인구에서 노인 인구 비율이 증가하는 현상으로 주로 선진국의 인구 문제이다.

25
정답_③

국제 환경 협약
- 몬트리올 의정서 : 오존층 파괴 물질의 생산 및 사용을 단계적으로 감축하기 위한 국제 협약
- 파리 기후 변화 협약 : 지구 온난화의 대책으로 선진국뿐만 아니라 개발도상국에게도 감축 의무를 부여한 국제 협약

▶2021년 2회◀

01	④	06	④	11	①	16	②	21	③
02	①	07	①	12	①	17	④	22	①
03	③	08	④	13	②	18	②	23	③
04	①	09	②	14	②	19	③	24	①
05	④	10	④	15	③	20	④	25	②

01　　　　　　　　　　　　　　　정답_④

행복

- 아리스토텔레스 : "행복은 삶의 궁극적 목적이자 최고의 선이며, 참된 행복은 이성의 기능을 잘 발휘할 때 달성된다."
- 모든 국민은 인간으로서의 존엄과 가치를 가지며, 행복을 추구할 권리를 가진다(헌법 제10조).

02　　　　　　　　　　　　　　　정답_①

인권 보장의 역사

- 자유권 및 평등권의 보장(근대 시민혁명의 발생) : 영국 명예혁명(권리 장전), 미국 독립 혁명(미국 독립 선언), 프랑스 혁명(인권 선언)
- 참정권의 보장 : 차티스트 운동(인민 헌장), 여성 참정권 운동, 흑인 참정권 운동
- 사회권의 보장 : 독일의 바이마르 헌법
- 연대권의 보장 : 국제 연합(UN)의 세계 인권 선언

03　　　　　　　　　　　　　　　정답_③

담합은 비슷한 상품을 생산하는 소수의 기업들끼리 서로 짜고 상품의 가격을 올리거나 생산량을 조절하는 등 부당하게 이익을 챙기는 행위로 시장 실패 유형 중 불완전 경쟁에 해당한다. 이로 인해 소비자는 높은 가격에 질 낮은 상품을 소비하게 되고, 생산자는 높은 가격을 유지하며 사회에서 필요로 하는 양을 충분히 공급하지 않기 때문에 자원이 비효율적으로 배분된다.

04　　　　　　　　　　　　　　　정답_①

대공황 발생 당시 미국의 루스벨트 대통령은 수정 자본주의에 입각한 뉴딜 정책을 통해 국가의 경제적 위기를 타개해 나갔다. 재기 가능한 은행에 자금을 빌려줌으로써 파산을 막았고, 농산물 가격 폭락을 막기 위해 자금을 지원하였으며, 대규모 공공사업을 통해 일자리를 만들어 유효 수요를 창출하였다.

05　　　　　　　　　　　　　　　정답_④

특화는 다른 나라에 비해 생산하기에 유리한 상품을 전문적으로 생산하여 경쟁력을 갖추는 것을 말한다. 자신이 가지고 있는 생산 자원을 특정 재화나 서비스에 집중시켜 자신이 잘할 수 있는 분야에 역량을 집중하여 경쟁력을 갖출 수 있다. 생산 조건에 따라 분업 및 특화를 통해 상품을 생산하고 무역을 하면 거래 당사자 국가 모두 이익을 얻을 수 있다.

06　　　　　　　　　　　　　　　정답_④

권력 분립 제도란 국가 권력을 나누어 각각 다른 기관에 분담시켜 상호 견제와 균형을 이루도록 하는 원리이다. 입법권은 국회, 행정권은 정부, 사법권은 법원에 속한다.

07　　　　　　　　　　　　　　　정답_①

생애 주기별 금융 설계 : 재무 설계는 생애 주기 전체를 고려하여 설계하며, 인생의 목표 달성을 위해 연령대에 맞게 자금 계획을 세우는 것을 말한다. 제한된 소득을 현재와 미래에 배분함으로써 안정적인 삶을 살기 위해서 자산, 부채, 수입, 지출 등의 개인적 자료를 수집하고 분석한 후 자신이 원하는 목표에 도달할 수 있도록 계획, 실행, 평가한다.

08　　　　　　　　　　　　　　　정답_④

문화 접변의 결과(문화 병존)

- 문화 병존 : 서로 다른 두 문화 요소들이 한 사회의 문화 체계 속에서 고유한 정체성을 유지하면서 공존하는 현상 예 우리나라에 있는 이슬람 사원, 화교들의 차이나타운 등
- 문화 융합 : 서로 다른 문화가 결합하여 어느 문화에도 속하지 않는 제3의 문화가 나타나는 현상 예 돌침대, 간다라 양식, 퓨전 음식(불고기 피자, 떡 케이크) 등
- 문화 동화 : 한 문화가 다른 문화 체계 속에 흡수되어 정체성을 상실하는 현상 예 백인 문화에 흡수된 아메리카 원주민 문화, 가로쓰기 형식의 도입으로 세로쓰기 형식이 사라진 경우 등

09　　　　　　　　　　　　　　　정답_②

유리 천장(여성 차별)은 여성이라는 이유로 자격과 능력을 갖추었음에도 조직의 상층부로 올라가지 못하도록

가로막는, 보이지 않는 장벽을 이르는 말이다. 2016년 우리나라의 유리 천장 지수는 경제 협력 개발 기구(OECD) 국가 중 최하위인 29위를 기록하였다.

10　정답_④

문화 이해의 태도(문화 사대주의)

- 자문화 중심주의 : 다른 문화를 자기 문화의 관점에서 일방적으로 판단하고 평가하는 태도
- 문화 사대주의 : 타문화를 동경·숭상하여 타문화는 무조건 좋고 자기 문화는 무조건 나쁘다는 식의 태도
- 문화 상대주의 : 문화 상대성을 인정하고 어떤 사회의 문화를 그 사회의 맥락에서 이해하고 평가하는 태도

11　정답_①

외부 효과

어떤 경제 주체의 행동이 제3자에게 의도하지 않은 혜택이나 피해를 주고도 이에 대한 대가를 받거나 보상을 하지 않는 경우를 말한다.

- 외부 경제(긍정적 외부 효과) : 어떤 경제 주체의 행동이 다른 사람에게 의도하지 않은 이익을 가져다주지만 그에 대한 대가를 받지 않는 경우 → 사회에서 필요로 하는 양보다 적게 생산됨
- 외부 불경제(부정적 외부 효과) : 어떤 경제 주체의 행동이 다른 사람에게 의도하지 않은 손해를 끼치지만 그에 대한 대가를 치르지 않는 경우 → 사회에서 필요로 하는 양보다 많이 생산됨

12　정답_①

용광로 정책은 기존 문화에 이주민의 문화를 흡수하여 단일한 정체성을 이루어야 한다는 동화주의적 관점이다. 이민 과정을 용광로에 비유하여 금, 철, 구리 등과 같은 서로 다른 여러 물질을 용광로에 넣으면 모두 녹아 하나가 되는 것처럼, 이민자들도 자신의 언어나 정체성이 약화되고 이민 사회의 문화에 완전히 동화되어야 한다는 정책이다.

13　정답_②

자유주의적 정의관에서는 개인은 합리적인 사고력을 바탕으로 자기 삶을 선택하고 공정하게 경쟁할 수 있는 독립적인 존재이므로 사회적 불평등 문제는 국가보다 개인의 노력으로 해결해야 한다고 주장한다. 공동체(국가, 사회)는 개인의 자유와 권리를 최대한 보장하되 개입은 최소화해야 하고, 공동체는 개인의 선택과 자율성을 허용하고 특정한 가치를 개인에게 강요해서는 안 된다는 입장이다.

14　정답_②

건조 기후 지역은 연 강수량이 500mm 이하인 지역으로, 강수량보다 증발량이 크다. 특히 사막은 적은 강수량으로 인한 평평한 지붕, 큰 일교차를 극복하기 위한 두꺼운 벽, 모래 바람을 막기 위해 작은 창문을 가진 흙집이 발달했으며, 대추야자, 밀, 목화 등을 재배하는 오아시스 농업이 주로 이루어진다.

15　정답_③

태풍은 열대 해상에서 발생하는 저기압으로 강한 바람과 비를 동반하여 막대한 인명·재산 피해, 홍수·해일을 유발하며 풍수해를 입힌다. 미리 하천과 제방을 점검하고, 배수시설을 정비하며, 일기예보를 확인하고, 발생 시 신속한 대피를 해야 한다.

16　정답_②

도시화로 인해 도시의 인구 밀도는 높아지고, 도시적 생활양식이 확대되었으며, 2·3차 산업 종사자의 비중이 높아졌다. 인공 구조물과 아스팔트, 콘크리트 등의 포장 면적이 증가하여 녹지 면적이 감소하였고, 도심의 기온이 주변보다 높게 나타나는 열섬 현상이 나타났으며, 빗물이 토양에 잘 흡수되지 않아 도시 홍수의 발생 위험도가 높아졌다. 그 밖에 도시의 일자리 부족 문제(실업), 노사 갈등 문제, 인간을 기계의 부속품처럼 여기는 인간 소외 현상, 이촌향도로 인한 주택 부족 문제, 교통 문제, 범죄 문제 등의 각종 사회 문제가 발생하기도 한다.

17　정답_④

화석 에너지는 먼 옛날 지구상에 살았던 생물의 잔해에 의해 생성된 에너지 자원으로 지하에서 형성된다. 이 중 천연가스는 석유와 함께 매장되어 있으며, 공해가 적은 청정 에너지로 열효율이 높고 매장량도 비교적 많다. 최근 액화 기술의 발달로 소비량이 증가하고 있다.

18 정답_②

누리 소통망(SNS, 소셜 네트워크 서비스)은 인맥 구축을 목적으로 개설된 커뮤니티형 웹사이트이다. 다양한 1인 미디어와 정보 공유 등을 포괄하는 개념이며 사회 관계망 서비스라고도 부른다. 온라인상에서 사람과 사람을 연결해 주어 정보를 공유할 수 있는 서비스로, 이를 통해 인간관계 방식의 다양화와 쌍방향 소통이 가능해지면서 보다 정치 참여의 기회가 확대되어 민주적인 사회로 변화하였다.

19 정답_③

이슬람교는 유일신 알라를 섬기며, 경전인 쿠란의 규율대로 살아가고자 한다. 모스크 양식 사원, 5대 의무 강조(신앙 고백, 예배, 자선, 라마단 기간의 금식, 성지 순례), 종교가 일상생활 지배(술과 돼지고기 금기) 등을 특징으로 한다.

20 정답_④

라틴 아메리카 문화권
• 역사 : 과거 남부유럽(포르투갈, 에스파냐)의 식민 지배를 받은 리오그란데강 이남 지역 국가들이 해당함
• 언어 : 대부분 에스파냐어를 사용하지만 브라질은 포르투갈어를 사용함
• 종교 : 주로 크리스트교(가톨릭교)를 믿음
• 인종(민족) : 원주민(인디오)과 아프리카인(흑인), 유럽인(백인) 간의 문화 융합으로 혼혈 인종이 많고 다양한 문화가 나타남

21 정답_③

세계화에 따라 지역 간 교류와 협력이 강화되면서 뉴욕, 런던, 도쿄, 파리 등과 같이 전 세계적으로 정치, 경제, 문화, 정보 등 다양한 측면에서 중심지 역할을 하는 세계 도시들이 등장하였다. 이들 세계 도시는 다국적 기업의 본사, 국제 금융 업무 기능, 회계, 법률, 금융, 보험, 부동산 임대업 등의 생산자 서비스업, 국제기구의 본부 등이 집중되어 있다.

22 정답_①

사막화
• 정의 : 사막 주변의 초원 지역이 사막으로 변하는 현상(건조 지대의 토지 황폐화)
• 원인 : 자연적 원인(지속적 가뭄), 인위적 원인(인간의 과도한 농경과 목축, 인구 증가 등)
• 대표 지역 : 사하라 사막 주변의 사헬(sahel) 지대

23 정답_③

중국과 관련된 영토·국경 분쟁(난사 군도)
• 센카쿠 열도(댜오위다오) : 중국과 일본, 타이완의 영토 분쟁 지역이며, 현재 일본이 실효 지배중임
• 남중국해의 시사 군도 : 석유, 천연가스 등의 자원 및 해상 교통로 확보를 둘러싼 중국, 베트남 간의 갈등 지역으로, 현재 중국이 실효 지배중임
• 남중국해의 난사 군도 : 원유 및 천연가스 등의 자원 분쟁으로 중국, 타이완, 필리핀, 베트남, 브루나이, 말레이시아 등이 50개의 섬을 각각 나누어 실효 지배중임

24 정답_①

결혼 및 자녀에 대한 가치관 변화, 여성의 사회 진출 증가, 결혼 연령 상승, 육아 지원 제도 부족, 자녀 양육비 부담 증가 등으로 인한 지속적인 저출산은 장기적으로 일손 부족, 인구 감소, 국력 약화로 이어지기 때문에 이에 대비하기 위해서는 출산 장려금 지원, 육아 휴직 제도 확대 등 출산 장려 정책을 펴야 한다.

25 정답_②

국제 사회의 행위 주체(국제기구)
• 국가 : 일정한 영토와 국민을 바탕으로 하며 주권을 가진 집단, 가장 기본적인 주체
• (정부 간) 국제기구 : 각 국가의 정부를 회원으로 하는 국제 사회의 행위 주체
  예 유럽 연합(EU), 국제 통화 기금(IMF) 등
• 국제 비정부 기구(NGO) : 개인이나 민간 단체를 회원으로 하는 자발적 시민 단체 예 그린피스
• 국제적으로 영향력 있는 개인 : 세계의 정치, 문화 등 특정 분야에서 권위를 가진 개인
• 국가 내부적 행위체 : 한 국가에 속해 있지만 독자적인 영역에서 국제적으로 활동하는 행위 주체

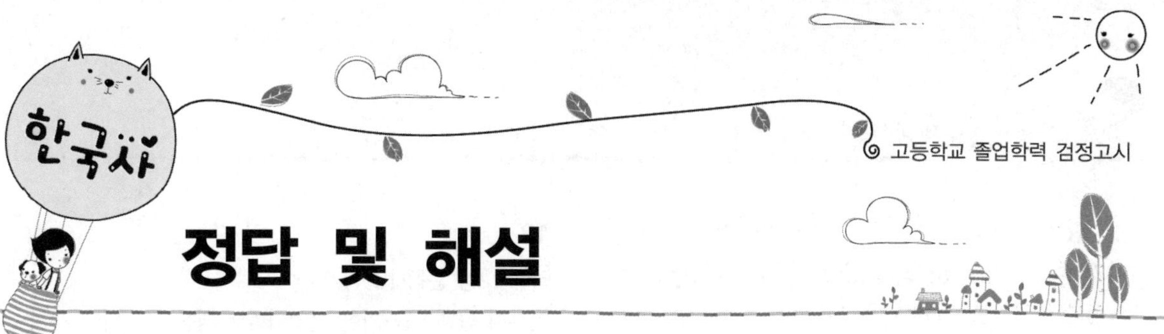

정답 및 해설

2025년 2회 ▶한국사◀

01	③	06	②	11	③	16	②	21	③
02	③	07	①	12	③	17	②	22	②
03	②	08	②	13	④	18	④	23	④
04	①	09	④	14	③	19	①	24	④
05	②	10	④	15	①	20	③	25	②

01　　　　　　　　　　　정답_③

신석기 시대(빗살무늬 토기)

농경과 목축의 시작(신석기 혁명)으로 움집을 만들어 정착 생활을 하였다. 간석기를 도구로 이용하며, 음식 조리와 저장을 위해 빗살무늬 토기 등을 사용하였고, 가락바퀴와 뼈바늘을 통해 의복과 그물을 제작하였다.

02　　　　　　　　　　　정답_③

일연의 『삼국유사』

고려 후기의 승려 일연이 편찬한 역사서로 고구려·백제·신라·가야의 역사와 여러 고대 국가의 흥망성쇠 및 신화·전설·신앙이 수록되어 있으며, 특히 신라와 불교 이야기를 중심으로 기록되었다. 단군 신화를 비롯하여 이두(吏讀)로 쓰인 향가 14수(首)도 담겨 있어 한국 고대어 연구를 하는데 기여하고 있다.

03　　　　　　　　　　　정답_②

고구려의 장수왕

고구려의 전성기인 장수왕 때 평양으로 천도하고 남진 정책을 추진한 결과 백제와 신라는 이에 대응하기 위해 나·제 동맹을 체결하였다. 백제를 공격하여 한강 유역을 차지하고, 충주(중원) 고구려비를 세웠다.

04　　　　　　　　　　　정답_①

균역법

균역법은 조선 영조 때 백성들의 군역 부담을 덜어 주기 위해 마련한 세금 제도이다. 군대에 직접 가지 않는 대신 내던 군포 2필의 의무를 1필로 줄였다.

05　　　　　　　　　　　정답_②

고려의 광종

노비안검법과 과거 제도를 실시하고, 독자적 연호(광덕, 준풍)를 사용하였으며, 호족 세력을 숙청하여 왕권 강화에 기여하였다.

ㄴ. 흥선 대원군, ㄷ. 세종 때의 업적이다.

06　　　　　　　　　　　정답_②

원효

통일 신라 때의 승려로, 일심 사상, 화쟁 사상(다양한 종파와 이론적 대립을 더 높은 차원에서 통합하려는 불교 사상), 아미타 신앙을 통해 불교의 대중화에 힘썼다.

07　　　　　　　　　　　정답_①

을사의병

을사의병은 1905년 강제로 체결된 을사늑약으로 독립국으로서의 자주권을 상실하게 되자 이를 회복하기 위하여 양반 유생과 민중이 일으킨 항일 무력투쟁이다. 을사늑약(1905)은 일본이 대한 제국에 강요하여 체결한 조약이다.

08　　　　　　　　　　　정답_②

임진왜란

조선 선조 때 1592~1598년 7년 동안 2차에 걸쳐서 우리나라를 침입한 일본과의 싸움이다. 초반에는 조선이 열세였으나, 이순신이 이끄는 수군과 의병의 활약으로 조선의 승리로 끝이 났다. 이순신 장군은 학익진 전법과 같은 뛰어난 전략으로 한산도 대첩, 명량대첩, 노량해전 등에서 큰 승리를 거두었다.

09 정답_①

병인양요(1866)

- 배경 : 병인박해(천주교 박해로 프랑스 선교사 9명, 8천여 명의 천주교 신자 처형)
- 경과 : 프랑스 함대의 강화도 침략 → 양헌수의 활약(정족산성), 한성근의 활약(문수산성) → 프랑스군 격파
- 결과 : 강화읍 파괴, 프랑스 군대의 철수, 프랑스군의 외규장각의 도서와 의궤와 각종 문화재 약탈

10 정답_④

별기군(1881)

개항 이후 정부가 개화 정책을 펼치면서 우리나라 최초로 만들어진 신식 군대이다. 하지만 구식 군인에 대한 차별 대우가 심화되고, 정부의 개화 정책에 대한 불만으로 구식 군인들이 봉기하는 임오군란(1882)이 발생하였다.

11 정답_③

동학 농민 운동(1894)

전라도 고부 군수 조병갑의 횡포와 착취에 대한 항거에서 발단해 전봉준을 중심으로 고부에서 농민군을 조직해 한때는 관군을 무찌르고 삼남 지방을 휩쓸었으나, 결국 청과 일본의 개입으로 실패로 끝났다. 폐정 개혁안을 제시하고, 집강소를 설치하는 등 사회 개혁을 추구하였으며, 갑오개혁과 청·일 전쟁의 계기가 되었다. 후에 항일 의병 투쟁과 3·1 운동으로 계승되었다.

12 정답_③

회사령(1910)

국권 피탈 후 한국인의 회사 설립을 억제하기 위해 조선 총독부의 허가를 받도록 제정한 법령이다.

13 정답_④

국채 보상 운동(1907)

일본이 근대화를 위한 사업이라는 명분으로 이권 사업에 필요한 시설비를 일본 정부로부터 차관을 얻어 부담하도록 강요하여 우리 정부가 일본에 많은 빚을 지자, 1907년 일본에 진 빚을 국민들이 갚자는 경제적 구국 운동으로 서상돈을 중심으로 대구에서 시작되어 전국으로 확산되었다.

14 정답_③

원산 총파업(1929)

원산 일대에서 2,200여 명의 노동자들이 참여하여 단행한 1920년대 노동 운동 사상 최대 규모의 총파업으로, 일본인 현장 감독이 조선인 노동자를 구타한 사건으로 촉발되었다.

15 정답_①

독립신문

독립 협회의 서재필, 윤치호가 1896년에 창간한 우리나라 최초의 민간 신문으로, 순한글 신문으로 영자판과 함께 발간하여 처음에는 격일간으로 펴내던 것이 1898년 7월부터 매일 발간하다가 1899년에 폐간되었다. 《독립신문》은 개화기 우리 민족의 정신을 일깨우는데 선구적 역할을 하였고, 백성들에게 신학문·신사고를 유도하여 민족 계몽에 중대한 역할을 하였다.

16 정답_②

물산 장려 운동

1920년 조만식 등이 평양에서 평양 물산 장려회를 창립하고 서울에서 조선 물산 장려회를 조직하여 전국으로 확산시킨 경제적 자립 운동이다. 민족 자본과 민족 산업의 육성을 목적으로 일본 상품 배척, 국산품 애용 등을 주장하였다. 1920년대 경제 불황과 수요에 비해 생산이 부족했던 점, 사회주의자들의 비난, 일제의 방해 등으로 실패하였다.

17   정답_②

3 · 1 운동(1919)

1919년 3월 1일 일본의 식민지 지배에 항거하여 거족적으로 일어난 민족 해방 운동이다. 우리 민족의 독립 결의와 자주정신을 보여주어 이후 중국과 인도 등 아시아 각국의 대규모 민족 운동에 영향을 주었으며, 대한민국 임시 정부가 수립하게 되었고, 일본의 통치 방식을 무단 통치에서 문화 통치로 바꾸는 계기가 되었다.

18   정답_④

국가 총동원법(1938)

일제가 인적 · 물적 자원의 총동원을 위해 제정 · 공포한 전시 통제의 기본법으로, 광산, 군수 공장, 전쟁 시설에 강제로 노동력을 동원하기 위해 징용제를, 전쟁터에 동원하기 위해 징병제를 실시하고, 식민지와 점령지에 있는 수많은 여성들을 일본군 '위안부'로 강제로 끌고가 성 노예 역할을 강요하는 만행을 저질렀다.

19   정답_①

독도

독도는 울릉도에 딸린 섬으로, 6세기 지증왕 때 신라에 복속되었다. 조선 숙종 때는 안용복이 이 곳을 왕래하는 일본 어부들을 쫓아내고 일본에 가서 우리 영토임을 확인하였고, 개항 이후에도 울릉도에 관청을 두어 주민 이주를 장려하고, 독도까지 관할하였다. 일본도 「태정관 지령」으로 조선의 영토로 인정하였고, 대한 제국은 「칙령 제41호」를 공포하여 우리 영토임을 명백하게 밝혔다. 러 · 일 전쟁 중에 일본이 일방적으로 자신들의 영토로 편입시켰으나, 광복과 함께 되찾은 우리의 영토이다.

20   정답_③

카이로 회담(1943)

제2차 세계 대전 때 이집트 카이로에서 열린 두 차례의 회담으로, 미국의 루스벨트, 영국의 처칠, 중국의 장제스가 전후 일본이 차지한 섬의 반환 문제, 한국의 독립 문제 등을 논의하였다. 한국에 대한 특별 조항을 넣음으로써 한국의 독립이 처음으로 국제적인 보장을 받은 회담이었다.

21   정답_③

6 · 25 전쟁(1950~1953)의 전개 과정

- 북한군의 남침(1950.6.25.) : 38도선 이남으로 무력 침공 → 3일 만에 서울 점령 → 이승만 정부 부산 피란(부산을 임시 수도로 정함), 국군은 낙동강 부근까지 후퇴
- 유엔군 참전 : 유엔 안전 보장 이사회 긴급 소집 → 유엔군(16개국) 참전 결의
- 인천 상륙 작전(1950.9.15) : 성공 → 국군의 서울 수복, 38도선 돌파, 평양을 거쳐 압록강까지 진격
- 중국군 개입 : 국군 · 유엔군 후퇴, 1 · 4 후퇴(1951.1.4) → 국군과 유엔군의 반격 → 서울 재탈환 → 38도선 부근에서 공방전
- 정전의 성립(1953.7.27) : 전쟁이 장기화되자 정전 협정 시작 → 정전 성립

22   정답_②

반민족 행위 처벌법

이승만 정부 때 친일파를 청산하기 위해서 반민족 행위 처벌법을 제정(1948)하였다. 반민족 행위 특별 조사 위원회(반민특위)를 설치하여 최린, 이광수 등 친일 인사를 소환하였지만 이승만 정부의 비협조, 친일 세력들의 방해로 별 성과없이 끝났다.

23   정답_④

경제 개발 5개년 계획

박정희 정부의 경제 개발 5개년 계획은 1962년 시작된 대한민국의 첫 국가 주도 경제 개발 계획으로, 산업화 · 농업 발전 · 인프라 구축을 목표로 하였다. 이 계획은 중공업 육성, 수출 확대, 외자 유치 등을 통해 "한강의 기적"으로 불리는 경제 성장을 이끌어냈고, 총4차에 걸쳐 진행되었다.

- 제1, 2차 경제 개발 5개년 계획(1962~1971) : 수출 주도형의 성장 우선 정책 추진, 노동 집약적인 경공

업 중심, 기간 산업 및 사회 간접 자본 확충, 경부 고속 국도 개통(1970)
- 제3, 4차 경제 개발 5개년 계획(1972~1981) : 중화학 공업 육성, 중동 건설 산업에 진출, 수출 주도형 지속, 1차 산업의 비중 축소, 2·3차 산업의 비중 증가

24
정답_④

5·18 민주화 운동(1980)

12·12 사태를 계기로 전두환을 중심으로 하는 신군부 세력이 병력을 동원해서 정치적 실권을 장악하자, 민주화를 요구하며 광주를 중심으로 학생과 시민들은 시민군을 조직하여 저항하였고, 이를 진압하는 과정에서 수많은 희생자가 발생한 사건이다.

25
정답_②

김대중 정부

분단 이후 최초로 한국의 김대중 대통령과 북한의 김정일 국방위원장이 만난 남북 정상 회담(2000)을 계기로 6·15 남북 공동 선언을 발표하기도 하였다. 2001년에 국제 통화 기금(IMF)의 지원금을 상환하였다.

2025년 1회 ▶한 국 사◀

01	①	06	②	11	②	16	④	21	②
02	④	07	①	12	③	17	②	22	③
03	①	08	①	13	②	18	④	23	④
04	②	09	③	14	④	19	①	24	②
05	④	10	②	15	③	20	④	25	④

01
정답_①

청동기 시대

청동기 시대에는 벼농사가 시작되었고, 농업의 발달과 함께 빈부 격차가 발생하면서 계층 사회가 성립되었다. 지배 계급의 무기나 장식품으로 청동기를 사용하며, 야산이나 구릉 지대에 직사각형이나 원형의 움집을 짓고 거주하며, 민무늬 토기를 사용한다. 비파형 동검은 비파처럼 생긴 청동기 시대의 대표적인 무기의 하나인 동검이다. 고인돌·돌널 무덤은 청동기 시대의 대표적인 무덤으로 무덤의 규모를 통해 당시 군장의 세력을 짐작해 볼 수 있다.
② 칠지도 : 백제 근초고왕이 왜왕에게 하사한 것
③ 혼천의 : 조선 세종 때 장영실이 만든 천체 관측 기기
④ 팔만대장경 : 고려의 뛰어난 목판 인쇄술(세계 기록 문화 유산에 등재)

02
정답_④

고구려의 장수왕

고구려의 전성기인 장수왕 때 평양으로 천도하고 남진 정책을 추진한 결과 백제와 신라는 이에 대응하기 위해 나·제 동맹을 체결하였다. 백제를 공격하여 한강 유역을 차지하고, 충주(중원) 고구려비를 세웠다.
① 고려의 광종, ② 조선의 정조, ③ 통일 신라의 문무왕

03
정답_①

통일 신라의 신문왕

왕권을 강화시키고, 귀족의 경제력을 약화시키기 위해 관료전을 지급하고 녹읍을 폐지하였고, 집사부 시중의 권한을 강화시키며, 국학을 설립하여 유학 교육을 실시하였다.

② 고종 때 설치된 신식 군대
③ 조선 정조가 만든 왕의 친위 부대
④ 조선 세조 때 편찬을 시작해서 성종 때 완성한 조선의 기본 법전

04
정답_②

대각국사 의천

고려 문벌 귀족기에 해동 천태종 창시하고, 교종 중심으로 선종 통합 운동을 전개하며 교관겸수 교리를 제시하였다.

05
정답_④

거란의 침입(고려)

서희는 거란(요)의 1차 침입을 맞아 거란 장수 소손녕과 외교 담판을 벌여 고구려의 옛 영토인 강동 6주를 회복하였다. 이로써 고려의 영토가 압록강 유역까지 확대되었다. 거란의 2차 침입에는 양규가 물러가는 거란군을 격파하였고, 거란의 3차 침입 때는 강감찬이 귀주에서 거란군을 대파하였다.

06
정답_②

조광조의 개혁 정치

조광조는 중종반정 후 조정에 출사, 사림의 지지를 바탕으로 유교적 이상 정치를 현실에 구현하려는 다양한 개혁을 시도하였다. 천거를 통해 인재를 등용하는 현량과를 주장하여 사림 28명을 선발했으며 중종을 왕위에 오르게 한 공신들의 공을 삭제하는 위훈 삭제 등 개혁 정치를 서둘러 단행하였다. 시대를 앞서간 개혁 정책은 기묘사화로 비록 물거품 되었다.

① 흥선 대원군, ③ 일제 강점기, ④ 고려 공민왕

07
정답_①

대동법

- 배경 : 특산물(공물) 납부 시 생산, 운반, 보관의 어려움이 있었고, 방납의 폐단으로 농민의 부담 증가
- 내용 : 토산물 대신 토지 1결당 쌀 12두씩(대동미) 납부 (삼베·무명·돈으로도 납부 가능) → 광해군 때 시작
- 영향 : 관청에서 미리 물건 값을 받아 필요한 물건을 사서 납부하는 공인의 등장으로, 조선 후기 상품 화폐 경제의 발달에 기여

08
정답_①

흥선 대원군

세도 정치로 인해 약화된 왕권을 강화하고, 국가 재정을 확충하기 위해 경복궁 중건, 안동 김씨 축출, 서원 정리, 양전 실시, 호포제 실시, 사창제 실시 등 개혁을 단행하였다. 대외 정책으로는 통상 수교 거부 정책을 폈으며, 병인양요와 신미양요 이후 전국에 척화비를 세웠다.

ㄷ. 일제 강점기(1920), ㄹ. 조선 세종

09
정답_③

강화도 조약(1876)

일본과 맺은 최초의 근대적 조약으로 일본이 조선을 침략하는 시발점이 되었고, 일본의 해안 측량권과 치외법권 등을 인정하는 불평등 조약이었다.

10
정답_②

동학 농민 운동(1894)

전라도 고부 군수 조병갑의 횡포와 착취에 대한 항거에서 발단해 전봉준을 중심으로 고부에서 농민군을 조직해 한때는 관군을 무찌르고 삼남 지방을 휩쓸었으나, 결국 청과 일본의 개입으로 실패로 끝났다. 폐정 개혁안을 제시하고, 집강소를 설치하는 등 사회 개혁을 추구하였으며, 갑오개혁과 청·일 전쟁의 계기가 되었다. 후에 항일 의병 투쟁과 3·1 운동으로 계승되었다.

11
정답_②

독립 협회(1896)

서재필, 이상재 등을 비롯한 진보적 지식인이 중심이 되고 광범위한 시민층이 참여하여 만든 최초의 시민 단체이다. 민중 계몽을 위한 만민 공동회 및 각종 강연회 개최, 독립 신문 발간 및 독립문 건립 등의 활동을 하였다.

12
정답_③

민족 말살 통치

일제는 1930년대 침략 전쟁에 필요한 인적, 물적 자원을 효율적으로 동원하기 위해 민족 말살 정책을 실시하였다. 황국 신민화를 구호로 내세웠고 중·일 전쟁(1930년대 후반) 이후 더욱 강화되었다. 내선 일체, 일선 동조론 등을 강조하고, 신사 참배 강요, 황국 신민의 서사 암송, 궁성 요배 등을 강요하였으며 우리말 사용을 금지하고 학술·언론 단체를 해산시켰다. 또한 일본식 성명을 강요하고 개명하지 않을 경우 그 자제의 상급 학교 진학을 거부했으며 공직에 채용하지 않았다. 또한 우선 징용 대상이 되었고 식량 배급 제외 등 불이익을 주었다.

13
정답_②

을미의병(1895)

명성 황후가 러시아와 연결하여 일본을 견제하려 하자 일본은 명성 황후를 시해한 을미사변을 일으켰다. 이후 개화파 정부는 단발령을 포함한 을미개혁을 추진하였는데 이에 항거하여 전국의 유생들이 대대적으로 을미의병(1895)을 일으켰다.

14
정답_④

조선 형평사

백정들이 일으킨 신분 해방 운동인 형평 운동(1923)을 위해 설립되었다. 백정은 도살업 등에 종사하는 천민층으로, 주로 삼남 지방에 거주하고 있었다. 1894년 갑오개혁으로 법제상 해방되었으나, 당시의 백정은 호적상 도한이나 붉은 점으로 표시하게 하는 등 실질적으로 여러 가지 차별 대우를 받고 있었다.
① 별무반 : 윤관이 여진 정벌을 위해 신기군, 신보군, 항마군으로 편성한 고려의 군대
② 신민회(1907) : 안창호, 양기탁, 신채호 등이 조직한 비밀 애국 계몽 단체, 실력 양성을 통한 애국 계몽 운동 전개
③ 화랑도 : 원시 사회의 청소년 집단에서 기원하여 신라 진흥왕 때 국가적인 조직으로 정비되어 군사 훈련을 하면서 삼국 통일에 공헌하였다.

15
정답_③

조선어 학회(1931)

이희승, 최현배 등이 중심이 되어 한글 맞춤법 통일안과 표준어를 제정하였고, 「우리말 큰사전」 편찬을 시도하지만 조선어 학회 사건(1942)으로 강제 해산되어 편찬에 실패하였다.

16
정답_④

광주 학생 항일 운동(1929)

1929년 11월 3일 광주에서 일어난 학생들의 항일 만세 운동으로, 나주 역에서 광주 중학교 3학년 후쿠다 슈조 등 일본인 학생들이 광주 여고보 3학년인 박기옥 등을 희롱하는 것을 목격한 박준채(박기옥의 사촌 동생) 등이 후쿠다를 때리자 일본 학생과 한국 학생 간의 충돌로 발전하였다. 경찰에서는 광주 고보와 광주 농업 공업 학교 학생들을 구속하였다. 이것이 발단이 된 광주 학생 항일 운동은 광주 신간회 지부 청년들의 후원으로 개천절인 음력 10월 3일에 항일 독립 만세 운동으로 발전하였다. 전국 194개 학교와 5만 4,000명의 학생들이 참여하여 580명이 퇴학 처분을 당하였다.

17
정답_②

새마을 운동(1970)

박정희 정부 때 생활 환경 개선과 소득 증대를 위해 실시한 운동으로, 근면·자조·자립 정신을 강조하였다

18
정답_④

국민 대표 회의(1923)

대한민국 임시 정부의 내부적인 많은 문제를 해결하기 위한 조직 개편에 관한 논의를 하려고 중국 상하이에서 열린 국민의 대표 회의이다.

19
정답_①

독도

독도는 울릉도에 딸린 섬으로, 6세기 지증왕 때 신라에 복속되었다. 조선 숙종 때는 안용복이 이 곳을 왕래하는 일본 어부들을 쫓아내고 일본에 가서 우리 영토임을

확인하였고, 개항 이후에도 울릉도에 관청을 두어 주민 이주를 장려하고, 독도까지 관할하였다. 일본도 「태정관 지령」으로 조선의 영토로 인정하였고, 대한 제국은 「칙령 제41호」를 공포하여 우리 영토임을 명백하게 밝혔다. 러·일 전쟁 중에 일본이 일방적으로 자신들의 영토로 편입시켰으나, 광복과 함께 되찾은 우리의 영토이다.

20 　　　　　정답_④

6·25 전쟁(1950~1953)의 전개 과정

- 북한군의 남침(1950.6.25.) : 38도선 이남으로 무력 침공 → 3일 만에 서울 점령 → 이승만 정부 부산 피란(부산을 임시 수도로 정함), 국군은 낙동강 부근까지 후퇴
- 유엔군 참전 : 유엔 안전 보장 이사회 긴급 소집 → 유엔군(16개국) 참전 결의
- 인천 상륙 작전(1950.9.15) : 성공 → 국군의 서울 수복, 38도선 돌파, 평양을 거쳐 압록강까지 진격
- 중국군 개입 : 국군·UN군 후퇴, 1·4 후퇴(1951.1.4) → 국군과 유엔군의 반격 → 서울 재탈환 → 38도선 부근에서 공방전
- 정전의 성립(1953.7.27) : 전쟁이 장기화되자 정전 협정 시작 → 정전 성립

21 　　　　　정답_②

4·19 혁명(1960)

학생과 시민들이 3·15 부정 선거, 자유당 정권의 부정부패와 독재 등을 규탄하는 대규모 시위를 전개하여 이승만 대통령이 하야하고, 자유당 정권이 막을 내린 사건이다.

22 　　　　　정답_③

봉오동 전투(1920)

중국 봉오동에서 홍범도가 이끄는 대한 독립군이 일본군을 대파한 전투이다. 봉오동 골짜기에 800명의 독립군을 매복시키고 독립군을 추격해 온 일본군 제19사단의 1개 대대를 3면에서 총격을 가해 크게 승리하였다.

일본군은 157명 사망, 200명 중상, 경상 100명이고, 독립군 측 피해는 4명 전사, 중상 2명으로 경미하였다.

23 　　　　　정답_④

남북 기본 합의서(1991)

남한과 북한 사이에 불가침 및 상호 교류·협력에 관한 합의서로 상대방의 체제를 존중하고 있다. 노태우 정부 시기에는 북방 외교 추진, 남북한 유엔 동시 가입, 남북 기본 합의서 발표, 서울 올림픽 대회 개최 등의 일이 있었다.

24 　　　　　정답_③

윤봉길

김구의 한인 애국단에 가입한 윤봉길은 1932년 4월 29일 상하이 홍커우 공원에서 열린 일본 천황의 생일을 기념하는 축하식장에 폭탄을 던져 시라카와 요시노리 대장을 죽이고 일본 요인에게 부상을 입힌 뒤 일본 경찰에게 붙잡혀 오사카에서 순국하였다.

25 　　　　　정답_④

6월 민주 항쟁(1987)

우리나라에서 전국적으로 벌어진 민주화 운동이다. 대통령 선거인단이 대통령을 뽑는 간접 선거를 골자로 한 기존 헌법에 대한 대통령 전두환의 호헌 조치, 경찰의 박종철 고문 치사 사건, 시위 도중 이한열이 최루탄에 맞아 사망한 사건 등이 도화선이 되어 6월 10일 이후 전국적인 시위가 발생하였고, 이에 6월 29일 노태우의 수습안 발표로 대통령 직선제로의 개헌이 이루어졌다.

▶2024년 2회◀

01	②	06	①	11	④	16	①	21	③
02	④	07	①	12	③	17	③	22	④
03	②	08	②	13	①	18	①	23	③
04	③	09	④	14	④	19	③	24	③
05	②	10	④	15	②	20	①	25	④

01 　　　　　　　　　　　　　　　정답_②

제시된 설명 농경과 목축을 시작하여 식량 생산, 대표적인 유물 빗살무늬 토기 등은 "신석기 시대"에 해당한다.

① 구석기 시대 : 채집 생활, 뗀석기

③ 청동기 시대 : 벼 재배 시작, 민무늬 토기, 미송리식 토기, 청동제 무기

02 　　　　　　　　　　　　　　　정답_④

㉠에 들어갈 국왕은 신라의 "진흥왕"이다. 진흥왕(6C)은 한강 유역의 확보, 대가야를 정복하였다. 그리고 정복한 영토에 4개의 순수비를 건립하였다.

① 세종 : 조선의 국왕, 훈민정음 창제, 4군과 6진 개척, 자격루, 측우기 등 제작

② 공민왕 : 고려의 국왕, 개혁정치 추진

③ 광해군 : 조선의 국왕, 중립외교, 대동법 실시

03 　　　　　　　　　　　　　　　정답_②

제시된 내용에서 설명하는 불교의 종파는 "선종"이다. 교종은 교리 중시, 경전 연구를 위주로 하였으나, 선종은 경전 공부보다 참선 수행을 강조하였으며 지방 호족 세력들의 후원을 받았다. 대표적인 사원으로 '9산선문'이 있다.

① 서학 : 천주교

③ 대종교 : 1909년 나철이 창시, 단군 숭배, 무장 독립 투쟁에 활발히 참여

④ 천도교 : 동학, 손병희가 천도교로 개칭, 3·1 운동에 적극 참여

04 　　　　　　　　　　　　　　　정답_③

㉠에 들어갈 내용은 "서경 천도"이다. 고려 시대 인종 때 서경 세력들은 칭제 건원, 금국 정벌, 서경 천도 등을 주장하였으나 좌절이 되자 묘청이 반란을 일으켰다. 개경파였던 김부식에 의해 묘청의 반란은 진압되었다.

① 개항 반대 : 위정척사파(왜양일체론), 최익현, 유인석 등

② 녹읍 폐지 : 통일신라 신문왕(689년) 때 왕권강화, 진골 귀족 세력 약화

④ 반민족 행위자 처벌 : 1948년 9월, 제헌국회에서 제정

05 　　　　　　　　　　　　　　　정답_②

제시된 내용의 책은 고려 시대 승려 일연이 편찬한 "삼국유사"이다.

| 삼국사기 | 김부식 | 고려 중기, 유교적 합리주의 바탕, 정치사 위주 |
| 삼국유사 | 일연 | 원 간섭기, 신이사관 바탕, 단군이야기 최초 수록 |

① 택리지 : 조선 후기, 이중환 저술, 인문 지리서

③ 홍길동전 : 조선 중기, 허균이 지은 고전소설

④ 대동여지도 : 조선 후기, 김정호 간행

06 　　　　　　　　　　　　　　　정답_①

㉠에 들어갈 내용은 조선 후기 정조의 개혁 정치와 관련한 "규장각 설치"이다. 규장각은 왕실의 도서관으로서 학문 연구를 장려하고, 백성을 위한 정책을 연구하는 곳이었다. 그밖에 장용영 설치, 초계문신제, 수원화성 건설, 금난전권 폐지 등의 개혁 정치가 추진되었다.

② 유신 헌법 제정 : 1972년 박정희 정부

③ 수선사 결사 결성 : 고려 시대, 승려 지눌이 불교 개혁 시도

④ 통리기무아문 설치 : 조선 고종, 1880년대 개화 정책을 추진하기 위하여 설치한 기구

07 　　　　　　　　　　　　　　　정답_①

다음에서 설명하는 정책은 조선 중기 광해군 때 방납의 폐단을 시정하기 위해 실시한 "대동법"이다. 공납을 토산물 대신 쌀, 옷감, 동전 등으로 납부하도록 하였다. 그 결과 공인의 등장, 상품 화폐 경제 발달에 영향을 미쳤다.

② 양천제 : 조선 시대 신분제도, 양인(양반, 중인, 상민)과 천민으로 구분

③ 전시과 : 고려 시대의 토지제도, 관직과 직역에 복무하는 사람에게 그 대가로 토지를 지급

④ 호포제 : 조선 시대, 흥선대원군 실시, 군역의 폐단 시정을 위해 집집마다 군포를 납부하도록 한 제도

08 정답_②

제너럴셔먼호 사건(1866년)을 계기로 미국이 1871년 강화도를 침공하여 신미양요가 발생하였다. 광성보와 갑곶 등지에서 미군과 전투를 벌여 격퇴하였고, 이후 전국에 척화비가 건립되었다. 일본과 강화도 조약(1876년)을 체결한 이후 조선이 서구 열강 중 최초로 미국과 조·미 수호 통상 조약(1882년)을 체결하였다.
① 독일 : 오페르트의 도굴 사건(독일 상인, 1868년)
③ 영국 : 거문도 점령 사건(1885년)

09 정답_④

밑줄 친 '개혁 정강'은 1884년 급진 개화파가 갑신정변을 일으킨 후 공포한 14개조의 정강으로 청에 대한 사대 폐지, 문벌 폐지, 조세제도의 개혁, 인민 평등권 보장 등을 주요 내용으로 하고 있다. 갑신정변은 근대 국민 국가 건설을 목표로 한 최초의 정치 개혁 운동이었다.
② 모내기법 보급 : 고려말에 모내기법(이앙법)이 남부 지방 일부에 보급
③ 정동행성 설치 : 원의 간섭기 내정간섭 기구

10 정답_④

제시된 내용의 일제의 국권 침탈 과정에서 ㉠ 시기는 1904년 러·일 전쟁 발발에서 1910년 한국 병합 조약 체결 사이이다. ㉠ 시기에 들어갈 사건으로는 1905년 을사늑약 체결(외교권 박탈), 1907년 고종 퇴위, 한·일 신협약(정미 7조약) 등이 있다.
① 붕당 형성 : 조선 시대, 선조
② 예송 논쟁 : 조선 시대, 현종(서인과 남인)
③ 무신 정권 수립 : 고려 시대, 명종(1170년)

11 정답_④

제시된 내용에서 설명하는 단체는 "신민회"이다. 1907년에 조직된 신민회는 사회 각계 각층의 인사들을 망라하여 조직한 비밀 결사 단체로서 실력을 양성하여 국권의 회복과 공화 정체의 국민 국가를 수립하고자 하는 것이 목표였다. 표면적으로는 문화적·경제적 실력 양성 운동을 전개하면서 내면적으로는 독립군 기지 건설에 의한 군사력을 양성하는 활동을 하였다.
① 별기군 : 개화기의 신식 군대

② 비변사 : 조선 후기의 최고 기구
③ 승정원 : 조선 시대 국왕의 비서기관

12 정답_③

제시된 내용에서 설명하는 인물은 동학 농민 운동을 주도한 "전봉준"이다. 별칭은 녹두 장군으로 우금치 전투 이후 체포되어 1895년 처형을 당하였다.
① 이황 : 조선의 유학자
② 강감찬 : 고려의 문관 출신 장군, 거란의 제3차 침략 때 귀주대첩 승리
④ 을지문덕 : 고구려 장군, 수나라 침입 격퇴(살수대첩)

13 정답_①

㉠에 들어갈 내용은 "교육입국 조서"이다. 교육입국 조서 반포(1895년) 이후 많은 관립 학교가 세워지면서 근대적 교육 제도가 마련되었다.
② 신라 촌락 문서 : 통일신라 당시 촌락의 경제 상황과 국가의 세무 행정의 자료
③ 조선 혁명 선언 : 의열단 선언서, 신채호가 작성(1923년)
④ 7·4 남북 공동 성명 : 1972년 남북한이 발표한 공동성명

14 정답_④

㉠에 들어갈 내용은 "조선 총독부"이다. 일제가 1910년 대한 제국을 강제로 병합하고 설치한 식민 통치의 최고 기구이다.
① 삼별초 : 고려 무신정권 때 좌별초, 우별초, 신의군의 총칭, 대몽항쟁 전개
② 도병마사 : 고려 시대 최고 회의 기구
③ 제가 회의 : 고구려의 귀족회의 기구

15 정답_②

㉠에 들어갈 인물은 민족주의 사학자인 "신채호"이다. 신채호는 1908년 대한매일신보에 〈독사신론〉을 발표하여 민족주의 사학의 토대를 마련하였다. 또한, 조선사연구초(1925년), 조선상고사(1931년)를 저술하였다.
① 궁예 : 후고구려 건립
③ 이성계 : 조선왕조 건국
④ 정약용 : 조선 후기의 문신, 실학자

16 　　　　　　　　　　　　　　　　　정답_①

3·1 운동(1919년)은 민족 독립의 의지를 전 세계에
천명한 거족적 항일 운동으로 민족의 저력을 국내외에
과시하여 한국의 독립 문제를 올바르게 인식시키는 계
기가 되었다. 일제가 통치 방식을 문화 통치로 바꾸었
고, 민족 독립 운동이 보다 조직적이고 체계적인 운동
으로 발전하였다. 또한, 대한민국 임시 정부 수립의 계
기가 되었으며 무장 독립 투쟁이 본격화 되었다. 아울
러 중국의 5·4 운동과 인도의 반제국주의 민족 운동
등에도 영향을 주었다.

① 운요호 사건(1875년)을 계기로 강화도 조약 체결
　(1876년)이 체결되었다. 최초의 근대적 조약이었으
　나 불평등 조약이다.

17 　　　　　　　　　　　　　　　　　정답_③

㉠에 들어갈 민족 운동은 러시아어로 '민중 속으로'라는
뜻의 "브나로드 운동"이다. 1931년 동아일보는 문맹
퇴치와 미신 타파를 목표로 농촌 계몽 운동을 전개하였
다. 조선일보는 문맹 퇴치 운동으로 문자 보급 운동을
전개하였다.

① 북벌 운동 : 병자호란 후 조선 효종 때
② 새마을 운동 : 1970년에 시작된 지역사회 개발운동
④ 금 모으기 운동 : 외환위기 이후 1998년에 전개

18 　　　　　　　　　　　　　　　　　정답_①

㉠에 해당하는 단체는 1919년 만주 길림성에서 일제
요인 암살과 식민 통치 기관 파괴를 목적으로 김원봉을
중심으로 결성된 "의열단"이다. 활동으로 김익상의 총
독부 투탄 의거(1921년), 김상옥의 종로 경찰서 폭탄
투척(1923년), 김지섭의 일본 황궁 투탄 의거(1923
년), 나석주의 조선 식산 은행과 동양 척식 주식회사에
폭탄 투척(1926년) 등의 의거가 있다.

② 보안회 : 1904년 일제의 황무지 개간권 요구에 저항
③ 황국 협회 : 독립협회에 대항하고자 정부가 조직한
　단체
④ 통일 주체 국민 회의 : 1972년 유신헌법에 의해 공
　포·조직된 헌법기관

19 　　　　　　　　　　　　　　　　　정답_③

제시된 설명에 해당하는 것은 "좌우 합작 운동"이다.
제1차 미·소 공동 위원회 결렬 이후 중도 좌파 여운형

과 중도 우파 김규식을 중심으로 한반도 통일 정부 수
립을 목적으로 추진되었다. 그러나 1947년 여운형이
암살당하면서 약화되어 결국 실패로 끝났다.

① 형평 운동 : 1923년 진주에서 전개된 백정들의 신분
　해방 운동
② 위정 척사 운동 : 반외세적 자주 운동
④ 국채 보상 운동 : 1907년 대구에서 시작, 국채를
　국민들의 모금으로 갚기 위하여 전개된 국권 회복
　운동

20 　　　　　　　　　　　　　　　　　정답_①

㉠에 들어갈 내용은 조소앙의 "삼균주의"이다. 삼균주
의는 정치, 경제, 교육에서의 균등을 바탕으로 개인과
개인, 민족과 민족, 국가와 국가 간의 균등을 추구하자
는 주장이다. 1941년 대한민국 임시 정부는 삼균주의
를 기초로 하여 건국 강령을 발표하였다.

② 돈오점수 : 고려 시대, 승려 지눌, 꾸준한 수행 강조
③ 시무 28조 : 고려 성종, 최승로가 제시한 개혁안
④ 최혜국 대우 : 조·미 수호 통상 조약(1882년)에서
　처음으로 규정

21 　　　　　　　　　　　　　　　　　정답_③

제시된 내용의 밑줄 친 전쟁은 "6·25 전쟁"이다.
1950년 북한 공산군의 불법 남침으로 일어난 전쟁으로
동족 상잔의 비극이 초래되었다. 유엔의 지원 결의로
유엔군이 참전하였고, 중공군이 개입하였다. 1953년 7
월 27일 판문점에서 정전 협정이 체결되었고, 이후 미
국과 한·미 상호 방위 조약 체결(10월)이 체결되었다.

① 임오군란 : 1882년 구식 군인들이 일으킨 난
② 임진왜란 : 조선 선조(1592년) 때 일본이 조선을 침
　략한 전쟁
④ 청산리 대첩 : 1920년 김좌진이 이끄는 북로군정서
　군과 홍범도가 이끄는 대한독립군 등이 주축이 되어
　일본군을 대파한 전투

22 　　　　　　　　　　　　　　　　　정답_④

㉠에 들어갈 내용은 박정희 정부가 추진한 "경제 개발
5개년 계획'이다. 1962년부터 실천에 옮겨지게 되었다.

① 사창제 : 민간에서 곡식을 저장해두고 백성들에게
　대여해주던 제도, 흥선대원군
② 진대법 : 고구려에서 흉년이나 춘궁기에 농민에게
　양곡을 대여해 준 제도

③ 친명배금 정책 : 조선 인조 때 명나라를 중시하고 후
　금을 멸시한 정책. 이로 인해 정묘호란이 일어남

23
정답_③

1980년대 대한민국의 민주주의 발전 과정에서 12 · 12
사태(신군부 세력 등장) → 5 · 18 민주화 운동(1980
년) → 제5공화국 출범(전두환 정부) → 6월 민주 항쟁
(1987년) → 대통령 직선제 개헌(1987년)으로 전개되
었다. ㉠에 들어갈 내용은 "6월 민주 항쟁"이다.
① 아관파천 : 1896년 고종과 왕세자가 러시아 공사관
　으로 피신한 사건
② 5 · 10 총선거 : 1948년 제헌국회를 구성하기 위하
　여 실시된 국회의원 총선거
④ 모스크바 3국 외상 회의 : 1945년 미 · 영 · 소 3국
　외상회의에서 한국에 임시 민주 정부를 수립하기 위
　하여 미 · 소 공동 위원회를 설치하고, 한국을 최고
　5년간 미 · 영 · 중 · 소 4개국의 신탁통치하에 두기
　로 결정

24
정답_③

제시된 설명에 해당하는 제도는 "금융 실명제"이다. 김
영삼 정부에서 투명한 금융 거래 정착과 부당한 정치
자금 거래 근절 등을 목적으로 금융 거래에서 실제 이
름을 사용해야 하는 제도이다. 김영삼 정부에서 지방
자치제 전면적 실시, 경제 협력 개발 기구(OECD) 가
입, 외환 위기 발생(1997년) 등이 있었다.
① 농지 개혁 : 이승만 정부, 농민의 토지 소유를 확립
② 노비안검법 : 고려 광종 때 양인이었다가 억울하게
　노비가 된 사람을 풀어주는 법

25
정답_④

1990년부터 남북 고위급 회담이 열리고 문화 · 체육의
교류가 이루어져 5차 남북 고위급 회담에서 남북 사이
의 화해와 불가침 및 교류 · 협력에 관한 합의서(남북
기본 합의서, 1991)가 채택되었다. ㉠에 들어갈 내용은
"남북 기본 합의서"이다.
① 과전법 : 고려 말 공양왕(1391년) 때 실시한 토지제도
② 전주 화약 : 1894년 동학 농민 운동 당시 농민군이
　전주를 점령하고 정부와 맺은 조약
③ 국가 총동원법 : 1938년 일제가 인력과 물자를 총동
　원하기 위해 제정한 법

▶2024년 1회◀

01	②	06	①	11	④	16	③	21	④
02	①	07	③	12	③	17	①	22	②
03	①	08	④	13	②	18	④	23	③
04	③	09	①	14	③	19	③	24	②
05	②	10	④	15	①	20	④	25	④

01
정답_②

설명하는 유물은 구석기 시대에 사용된 뗀석기인 주먹
도끼이다. 구석기 시대에는 사냥과 채집 생활을 하였으
며 동굴이나 강가에 막집을 짓고 살았다.
① 해국도지 : 청나라 위원이 지은 세계 지리서로 개화
　기에 개화파에 영향을 주었다.
③ 수월관음도 : 고려시대의 불화
④ 임신서기석 : 삼국시대 신라에서 두 명의 화랑이 유
　학을 공부하자고 맹세한 내용을 기록

02
정답_①

고려시대 ㉠에 들어갈 이민족의 격퇴는 '거란'이다. 거
란의 1차 침입 시 서희의 외교 담판, 2차 침입 시 양규
가 귀주에서 승리하였으며 3차 침입 시에 강감찬이 귀
주대첩으로 거란을 크게 물려쳤다.

03
정답_①

㉠에 해당하는 인물은 고려 무신 집권기 보조국사 지눌
이다. 지눌은 정혜쌍수와 돈오점수를 내세우며 수선사
를 중심으로 결사 운동을 펼쳤다.
② 원효 : 통일신라의 승려로서 불교의 대중화에 크게
　기여하였다.
③ 이순신 : 조선시대 임진왜란 시 명량해전, 한산도 대
　첩, 노량해전 등으로 일본군을 격퇴하였다.
④ 장수왕 : 고구려의 왕으로 남하정책을 실시하여 평
　양천도하고 한반도의 주도권을 장악하였다.

04
정답_③

동학 농민 운동의 전개 과정에서 1차 봉기는 반봉건 투
쟁이고, 1894년 2차 봉기는 남 · 북접이 연합하여 전개
한 항일 구국 투쟁이다. 공주 우금치 전투에서 동학 농

민군이 패배하면서 동학 농민 운동이 실패하는 계기가
되었다.
① 국학 설치 : 통일신라 시기 신문왕 때 설치된 교육기
　관이다.
② 사비 천도 : 백제 성왕 때 부흥을 위해 웅진에서 사
　비로 천도하였다(538년).
④ 고구려 멸망 : 나·당 연합군의 공격으로 668년에
　고구려가 멸망하였다.

05　　　　　　　　　　　　　정답_②

세도 정치 시기의 삼정의 문란으로 백성들의 삶이 매우
어려워졌다.　삼정은 전정(토지세)·군정(군포 납부)·
환곡(곡식 대여)으로 관리들의 부패로 인하여 백성들의
부담이 매우 커지게 되었다.
① 회사령 : 1910년 조선총독부가 한국인의 회사 설립
　을 억제하기 위해 제정한 법령이다.
③ 발췌 개헌 : 1952년 이승만 대통령이 재선을 위해
　직선제로 헌법을 고쳐 강압적으로 통과시킨 개헌안
　이다.
④ 정읍 발언 : 1946년 이승만이 정읍에서 남한만의 단
　독정부수립을 주장한 발언이다.

06　　　　　　　　　　　　　정답_①

제시된 자료와 관련된 정책은 흥선 대원군의 서원 철폐
이다.　조선시대 서원은 우리나라의 선현을 배향하고,
유생들을 가르치던 사학교육기관이다. 점차 많은 폐단
이 발생하게 되자 흥선 대원군이 서원은 '붕당의 소굴'
이라 하면서 모든 특혜를 철폐하면서 유생들이 반발하
였다.
② 녹읍 설치 : 신라가 귀족층으로 편입된 세력을 관료
　로 편제하는 과정에서 마련된 제도.
③ 교정도감 폐지 : 교정도감은 고려 후기의 무신 집권
　기 최고의 권력기관으로 무신정권의 붕괴와 함께 소
　멸되었다(1270).
④ 동·서 대비원 설치 : 고려시대와 조선시대의 국립
　의료기관

07　　　　　　　　　　　　　정답_③

설명하는 정치 세력은 개화파로서 김옥균, 박영효 등은
급진 개화파, 김윤식, 김홍집 등은 온건 개화파의 인물
이다.
① 호족 : 신라 말 고려 초의 사회변동을 주도한 지방세
　력이다.
② 무신 : 무관(武官)의 신하를 말한다.
④ 오경박사 : 백제시대 다섯 경서에 능통한 사람에게
　준 관직이다.

08　　　　　　　　　　　　　정답_④

설명하는 유물은 충남 부여 능산리에서 출토된 '백제
금동 대향로'이다.
① 택리지 : 조선 후기 실학자 이중환이 쓴 지리책
② 상평통보 : 조선 후기에 사용된 화폐
③ 곤여만국전도 : 마테오 리치가 제작한 세계지도로서
　조선 후기(1603년) 청나라를 통해서 우리나라에 전
　해졌다.

09　　　　　　　　　　　　　정답_①

임진왜란 이후 명과 후금 사이에서 실리적 중립외교를
실시한 조선의 국왕은 '광해군'이다.
② 혜공왕 : 통일신라의 제36대 왕
③ 법흥왕 : 신라의 왕으로 불교를 공인하고, 율령을 반
　포하였다.
④ 고국천왕 : 고구려의 제9대 왕으로 을파소를 등용하
　여 진대법을 실시하였다.

10　　　　　　　　　　　　　정답_④

고종이 1905년에 체결된 을사늑약의 불법성을 알리기
위해 1907년 네덜란드의 헤이그에서 개최된 제2회만국
평화회의에 이준, 이위종, 이상설 등을 특사로 파견하
였다. 그러나 특사는 회의에 참석하지를 못하였고, 이
사건의 영향으로 고종 황제가 퇴위하게 되는 배경이 되
었다.
① 중추원 : 고려시대 왕명의 출납·군국기무의 정무
　등을 관정하는 기구
② 도병마사 : 고려시대의 최고 의사 결정 기구
③ 중서문하성 : 고려시대 최고 중앙 정치 기구

11
정답_④

1920년대 농민들은 소작료 인하, 소작권 이동 반대 등을 요구하는 쟁의를 벌였다. 대표적 쟁의는 1923년 8월부터 1년간 전개된 '암태도 소작 쟁의'이다. 농민들은 쟁의를 전개하여 소작료를 낮추는데 성공하였다.

① 6 · 3 시위 : 1964년 정부의 한일회담 진행에 반대하여 시민들이 대규모로 시위를 벌였다.

② 이자겸의 난 : 고려시대 문벌 귀족 이자겸이 일으킨 난으로 당시의 문벌 귀족 사회의 모순과 폐단이 드러난 사건이다(1126년).

③ 강조의 정변 : 고려 전기 목종 때 강조가 목종을 폐위시키고, 현종을 왕위에 올린 정변이다. 이 사건은 거란의 2차 침입의 계기가 되었다.

12
정답_③

다음에서 설명한 신문은 〈대한매일신보〉이다. 〈대한매일신보〉는 1904년 양기탁이 영국인 베델과 함께 한글과 영문으로 발간한 일간 신문으로 대표적 항일 신문이었다.

① 독사신론 : 1908년 신채호가 〈대한매일신보〉에 연재한 국한문체 논설이다.

② 동경대전 : 동학의 경전이다.

13
정답_②

일제는 3 · 1 운동을 계기로 식민 지배 방식을 무단 통치에서 기만된 정치 행위인 '문화 통치'로 바꾸었다.

① 기인제도 : 고려와 조선시대 지방 유력자의 자식을 인질로 중앙에 머물게 한 제도이다.

④ 친명 배금 정책 : 조선 인조 때 명을 가까이 하고, 후금을 멀리한 외교 정책으로 정묘호란의 배경이 되었다.

14
정답_③

다음에서 설명한 인물은 '유관순'이다. 1919년 3 · 1 운동이 일어나자 천안에서 만세 운동을 주도하다가 일본에 체포되어 서대문 형무소에서 복역 중 모진 고문으로 순국하였다.

① 김흠돌 : 신라의 진골 귀족으로 신문왕 때 반란을 일으켰으나 실패하였다.

② 나운규 : 일제강점기의 독립운동가이자 영화인으로 민족의식을 고취한 대표적 영화 '아리랑'을 제작 · 출연하였다.

④ 윤원형 : 조선 중기의 문신으로 문정왕후의 동생이자 명종의 삼촌으로 을사사화를 계기로 권력을 장악했던 외척이다.

15
정답_①

㉠에 들어갈 내용은 개항 이후 일본으로 곡물 수출이 늘어나자 곡물 가격이 오르고 사람들의 피해가 커지게 되면서 일부 지방관들이 곡물 유출을 막고자 선포한 '방곡령'이다.

② 봉사 10조 : 고려시대 무신정권기 최충헌이 국왕에게 올린 시무책이다.

③ 교육 입국 조서 : 1895년 고종이 조칙으로 발표한 교육에 관한 특별 조서로서 교육에 의한 입국의 의지를 천명하였다.

④ 좌우 합작 7원칙 : 좌우합작운동으로 좌우 합작 위원회가 좌우 합작 7원칙을 세웠으나 주도한 여운형이 피살되면서 결과적으로 좌우합작운동은 무산되었다.

16
정답_③

다음 설명에 해당하는 활동은 대한민국 임시정부의 한국광복군이 국내 침투를 위한 '국내 진공 작전'이다. 그러나 일본이 연합군에 항복함으로써 작전은 무산되고 말았다.

① 위화도 회군 : 고려 우왕 때 명나라의 요동정벌을 위해 출정한 이성계 등이 위화도에서 회군하여 정변을 일으킨 사건이다.

② YH 무역 사건 : 1979년 YH 무역의 여성 노동자들이 회사폐업조치에 항의하여 벌인 농성 시위이다.

④ 서경 천도 운동 : 고려 시대 승려 묘청이 개경의 문벌 귀족 세력에 맞서 서경 천도 운동을 추진하였다.

17
정답_①

㉠에 들어갈 내용은 '신탁통치'이다. 모스크바 3국 외상 회의(1945년)에서 한반도에 임시 민주 정부를 수립과 이를 위한 미 · 소 공동 위원회 설치, 미 · 영 · 중 · 소에

의한 최대 5년간의 '신탁 통치'가 결정되었다. 이후 반탁과 찬탁의 대립이 나타나게 되었다.

② 제가 회의 : 고구려 초기 국정의 주요 사항을 심의·의결한 정치회의이다.

③ 나·제 동맹 : 삼국시대에 신라와 백제가 고구려의 남진을 막기 위해 체결한 동맹이다.

④ 독서삼품과 : 통일신라 원성왕 때부터 시행된 관인 선발제도이다.

18 정답_④

다음에서 설명한 기구는 '반민족 행위 특별 조사 위원회'이다. 1948년 10월에 설치되어 반민족 행위자 조사 및 처벌을 위한 기구였다.

① 정당성 : 발해의 3성 가운데 국가의 행정을 총괄하던 관청이다.

② 식목도감 : 고려시대 법제 및 격식 제정에 관한 문제를 의논한 재신과 추신의 회의기관

③ 건국 준비 위원회 : 광복 이후 여운형이 중심이 되어 조직한 최초의 건국 준비 단체

19 정답_③

㉠에 들어갈 내용은 1920년대 조선 물산 장려회가 전개한 물산 장려 운동으로 '조선 사람 조선 것'라는 구호를 내걸고 우리 민족 경제의 자립을 주장하였다.

① 선 건설 후 통일 : 1961년 5·16군사정변 이후 군사혁명위원회가 내건 통일론

② 유신 헌법 철폐하라 : 박정희 정부 시기에 제정(1972년)된 유신 헌법의 폐지를 주장

④ 근로 기준법 준수하라 : 1970년 전태일 열사가 "근로기준법을 준수하라! 우리는 기계가 아니다!"등의 구호를 외치며 분신하였다.

20 정답_④

㉠에 들어갈 내용은 1960년 3·15 부정선거에 반발해 학생들이 주도하여 일으킨 4·19 혁명으로 시민들이 참여하는 전국적 시위 발생으로 인하여 결국 '이승만 대통령의 하야'가 이루어지게 되었다.

① 집강소 설치 : 동학 농민 운동에서 동학농민군이 정부와 전주화약을 맺은 후 개혁안 착수를 위해 전라

도 53개 군에 설치하였다.

② 기묘사화 발생 : 조선 중종 때 조광조 등 신진사류의 혁신정치에 반발한 훈구파들에 의해 발생한 사화이다.

③ 노비안검법 실시 : 고려 광종 때 왕권 강화를 목적으로 양인이었다가 노비가 된 사람을 안검하여 풀어준 정책이다.

21 정답_④

6·25 전쟁의 전개 과정에서 ㉠에 들어갈 내용은 선전 포고 없이 감행한 '북한군의 남침'이다.

① 자유시 참변 : 1921년 러시아령 자유시에서 한국독립군 부대와 러시아 적군이 교전을 벌인 사건이다.

② 미쓰야 협정 : 1925년 조선총독부 경무국장 미쓰야가 만주군벌 세력과 만주 지역 독립군의 활동을 탄압한다는 내용을 담은 협정이다.

③ 별기군 창설 : 1881년 개화정책에 의해 신식 군대인 별기군이 창설되었다.

22 정답_②

'김대중 정부' 시기에 햇볕 정책 추진, 남북 정상 회담 개최와 6·15 남북 공동 선언 발표가 있었다.

① 장면 내각 : 'UN감시 하 인구비례에 의한 자유총선거를 통한 남북통일'을 추진

③ 노태우 정부 : '한민족공동체통일방안'을 제안

④ 이명박 정부 : '상생과 공영의 대북정책'

23 정답_③

전두환 등 신군부 세력이 불법적으로 병력을 동원하여 군의 주요 지휘관을 몰아내고 군권을 장악한 사건은 '12·12 군사 반란'이다.

① 3포 왜란 : 조선 중종 때 삼포에서 일어난 일본거류민들의 폭동 사건이다.

② 거문도 사건 : 1885년 영국이 조선의 영토인 거문도를 불법으로 점령한 사건이다.

④ 임술 농민 봉기 : 조선 후기 철종(1862년) 때 여러 지역에서 발생한 농민 봉기이다.

24
정답_②

㉠에 해당하는 운동은 IMF시기 국민들이 자발적으로 전개한 '금 모으기 운동'이다. 국민들의 협조로 외환 위기 극복과 IMF 지원금 200억 달러 전액 상환이 이루어지게 되었다.

① 형평 운동 : 1923년부터 일어난 백정들의 신분해방 운동이다.

③ 교조 신원 운동 : 동학 교도들이 교조 최제우의 신원을 회복하기 위해 전개한 운동이다.

④ 문자 보급 운동 : 일제의 민족 말살 정책에 대항하여 전개된 문맹 퇴치 및 한글 보급 운동이다.

25
정답_④

박정희 정부 시기에 경제 개발 5개년 계획 추진과 함께 '경부 고속 국도 건설'이 이루어졌다. 1968년 2월에 착공하여 1970년 7월 7일에 완공되었다.

① 원산 총파업 : 1929년 원산노동연합회 산하 전 노동 조합원이 벌인 총파업이다.

② 상평창 설치 : 고려 성종 때 상평창을 설치되어 구황 업무를 담당하였다.

③ 당백전 발행 : 조선 고종 때 주조되어 6개월여 동안 유통되었던 화폐이다. 당시 화폐가치가 하락하여 물가 폭등에 영향을 미쳤다.

▶2023년 2회◀

01	③	06	④	11	④	16	①	21	④
02	①	07	②	12	④	17	②	22	④
03	②	08	③	13	③	18	④	23	③
04	③	09	①	14	④	19	③	24	②
05	④	10	①	15	②	20	②	25	①

01
정답_③

청동기 시대

청동기 시대에는 벼농사가 시작되었고, 농업의 발달과 함께 빈부 격차가 발생하면서 계층 사회가 성립되었다. 지배 계급의 무기나 장식품으로 청동기를 사용하며, 야산이나 구릉 지대에 직사각형이나 원형의 움집을 짓고 거주하며, 민무늬 토기를 사용한다. 고인돌·돌널 무덤은 청동기 시대의 대표적인 무덤으로 무덤의 규모를 통해 당시 군장의 세력을 짐작해 볼 수 있다. 비파형 동검은 비파처럼 생긴 청동기 시대의 대표적인 무기의 하나인 동검이다.

02
정답_①

신문왕

통일 신라의 신문왕은 왕권을 강화시키고, 귀족의 경제력을 약화시키기 위해 관료전을 지급하고 녹읍을 폐지하였고, 집사부 시중의 권한을 강화시키며, 국학을 설립하여 유학 교육을 실시하였다.

②, ④ 고구려의 전성기, ③ 백제의 전성기

03
정답_②

『삼국사기』

유교적 합리주의 사관에 따라 고려 전기 김부식이 왕명을 받아 편찬한 현존하는 가장 오래된 역사서이다.

① 『경국대전』 : 조선의 기본 법전

③ 『조선책략』 : 청의 황쭌셴이 러시아의 남하 정책에 대비하기 위해 조선, 일본, 청 3국의 외교 정책에 대해 서술한 책

④ 팔만대장경 : 고려의 뛰어난 목판 인쇄술을 보여주는 팔만대장경은 몽골 침입 때 부처의 힘으로 위기를 극복하고자 조판하게 되었다. 현재 경남 합천 해안사 장경판전에 보관되어 있으며, 세계 기록 문화유산에 등재되어 있다.

04
정답_③

고려 공민왕

- 반원 개혁 : 정동행성 폐지, 영토 회복(쌍성 총관부 공격 → 철령 이북의 영토 회복), 친원파 숙청, 관제 복구, 몽골풍 금지
- 왕권 강화 : 정방 폐지, 신돈의 등용(전민변정도감 설치)

① 조선의 정조, ② 신라의 법흥왕, ④ 일제가 반정부·반체제, 사회주의 운동을 탄압하기 위해 제정한 법(1925)

05
정답_④

조선 세종

집현전을 설치하여 학문을 장려하고, 훈민정음을 창제하였다. 왕권과 신권의 조화를 추구하여 6조의 업무를 의정부를 거쳐 국왕에게 올라가게 한 의정부 서사제를 실시하였다. 여진족이 조선의 북쪽 지방을 약탈하자, 여진족을 정벌하고 4군 6진을 설치하여 현재 국경선이 형성되었다.

① 골품제 : 신라인의 사회 활동과 정치 활동 및 일상 생활까지 골품에 따라 규제한 엄격하고 폐쇄적인 신분 제도로 중앙 집권화 과정에서 지방의 부족장들을 세력의 크기에 따라 등급을 두어 중앙 귀족으로 편입하는 과정에서 성립하였다.
② 6조 직계제 : 왕권을 강화하기 위해 왕의 명령을 의정부를 거치지 않고, 6조에 직접 하달하여 실행하였고, 6조도 왕에게 직접 보고하였다.
③ 헌병 경찰제 : 1910년대 일제가 헌병으로 하여금 군사, 경찰뿐 아니라 일반 치안 유지를 위한 경찰 업무도 담당하게 한 제도로, 강압적인 무단 통치를 뒷받침한다.

06
정답_④

원산 학사(1883)

개항 이후 함경도 덕원 사람들을 중심으로 일본에 대응하기 위해 주민들에 의해 원산에 세워진 우리나라 최초의 근대식 사립 학교이다. 산수, 과학, 기계, 농업 등 실용적인 과목과 특수과목으로 문예반에는 경서를, 무예반은 병서를 가르쳤고, 그밖에 일본어 등의 외국어, 법률, 국제법, 지리 등 근대 학문도 포함하여 가르쳤다.

① 태학 : 고구려 최고의 국립 교육 기관
② 국자감 : 고려 최고의 국립 교육 기관
③ 성균관 : 고려 최고의 국립 교육 기관

07
정답_②

세도 정치

조선의 세도 정치로 정치 기강이 문란해지자 지방에 탐관오리가 득세하게 되었다. 이들은 사리사욕을 채우기 위해 농민을 착취하였고, 그 결과 세도 정치 하에 전국적으로 농민의 봉기가 발생하였다.

① 도병마사 : 고려 시대의 국가의 중대사(주로 국방과 외교)를 결정하는 회의 기관으로, 중서문하성과 중추원의 고위 관리들이 모여 의논
③ 무신 정권 : 고려 중기에 오랫동안 계속되어 온 차별 대우와 문신 위주의 정치에 불만을 품고 무신들이 일으킨 무신 정변(1170) 이후 무신들이 정권을 잡은 시기
④ 동북공정 : 중국 국경 안에서 전개된 모든 역사를 중국 역사로 만들기 위해 2002년부터 중국이 추진한 동북쪽 변경 지역의 역사와 현상에 관한 연구 프로젝트로, 고구려와 발해의 역사를 중국의 역사라 왜곡하고 있다.

08
정답_③

국채 보상 운동(1907)

일본이 근대화를 위한 사업이라는 명분으로 이권 사업에 필요한 시설비를 일본 정부로부터 차관을 얻어 부담하도록 강요하여 우리 정부가 일본에 많은 빚을 지자, 1907년 일본에 진 빚을 국민들이 갚자는 경제적 구국 운동으로 서상돈을 중심으로 대구에서 시작되어 전국으로 확산되었다.

① 형평 운동(1923) : 백정들의 신분 해방 운동
② 북벌 운동 : 병자호란의 치욕을 씻고자 조선의 군사력을 길러 청을 정벌하자는 운동
④ 서경 천도 운동(1135) : 문벌 귀족의 정치 독점에 대한 반발과 금과 사대의 예를 맺은 것에 대한 불만, 풍수지리설의 성행으로 묘청을 중심으로 벌인 운동

09
정답_①

을사늑약(1905)

일본이 대한 제국에 강요하여 체결한 조약이다. 이로 인해 통감부가 설치되어 조선의 내정에 간섭하였으며, 외교권을 박탈하여 통감부가 대행하였다. 초대 통감으

로 이토 히로부미가 부임하였다. 고종은 이 조약의 부당함을 알리기 위해 헤이그에 특사를 파견하였다.
② 헌의 6조(1898) : 독립협회가 나라의 개혁을 위해 관민 공동회를 개최하고 결의한 6가지 개혁 사항
③ 남북 협상(1948) : 남북 통일 정부 수립을 위해 남북의 정치가들이 모인 회담으로, 남한의 김구와 김규식, 북한의 김일성이 만났지만 아무런 성과를 얻지 못했다.
④ 간도 협약(1909) : 을사조약 이후 일본이 철도 부설권을 얻는 대가로 청의 영토로 인정하는 협약을 체결하면서 간도는 청의 영토로 귀속되고 말았다.

10 정답_①

을미개혁(1895)

을미사변(명성황후 시해 사건, 1985) 이후 친일 내각인 김홍집 내각이 단행한 근대적 개혁 운동이다. 개혁 내용은 단발령 시행, 태양력 사용, 종두법 시행, 우편제도 실시, 연호(건양) 제정 등이다. 단발령은 을미사변과 함께 을미의병의 원인이 되었다.
ㄷ. 고려 광종의 업적이다.
ㄹ. 신라 원성왕의 업적이다.

11 정답_④

흥선 대원군의 정책

흥선 대원군은 세도 정치로 인해 약화된 왕권을 강화하고, 국가 재정을 확충하기 위해 경복궁 중건, 안동 김씨 축출, 서원 정리, 양전 실시, 호포제 실시, 사창제 실시 등 개혁을 단행하였다. 당백전을 발행하여 물가가 상승하는 부작용이 초래하기도 하였다.
① 서희 : 거란(요)의 1차 침입을 맞아 거란 장수 소손녕과 외교 담판을 벌여 고구려의 옛 영토인 강동 6주를 회복함
② 안향 : 고려말 문신·학자로, 유학의 진흥에 힘썼으며, 처음으로 성리학을 도입함
③ 정약용 : 실학을 집대성한 학자로『목민심서』,『경세유표』,『흠흠신서』,『여유당전서』등 수많은 저서와 거중기 등을 제작함

12 정답_④

4·19 혁명(1960)

학생과 시민들이 3·15 부정 선거, 자유당 정권의 부

정부패와 독재 등을 규탄하는 대규모 시위를 전개하여 이승만 대통령이 하야하고, 자유당 정권이 막을 내린 사건이다.
① 아관 파천(1896) : 1일부터 1897년 2월 20일까지 친러 세력에 의하여 고종과 세자가 러시아 공사관으로 옮겨서 거처한 사건으로, 이로 인해 친일 내각이 붕괴되었으며 각종 경제적 이권이 열강에 넘어갔다.
② 위화도 회군(1388) : 고려 말 요동 정벌을 위해 출정했던 이성계가 압록강의 위화도에서 군대를 돌려 권력을 잡은 사건으로 이후 이성계는 조선을 건국하고, 스스로 임금이 되었다.
③ 국내 진공 작전 : 일제 강점기에 항일 독립운동의 일환으로 외국에서 군대를 양성하여 국내로 진공하는 형식으로 진행된 작전

13 정답_③

통리기무아문

1880년대 개화 정책을 추진하기 위하여 설치한 조선 최초의 근대적 개혁 기구로, 임오군란(1882)으로 인해 폐지되었다.
① 집현전 : 조선 세종 때 궁중에 설치한 학문 연구 기관
② 교정도감 : 고려 최충헌 이래 무신 정권의 최고 정치 기관
④ 동양 척식 주식회사 : 1908년 일본이 조선의 토지와 자원을 빼앗기 위해 만든 기구

14 정답_①

회사령(1910)

국권 피탈 후 한국인의 회사 설립을 억제하기 위해 조선 총독부의 허가를 받도록 제정한 법령
② 균역법 : 조선 영조 때 군역의 부담을 경감하기 위하여 1년에 군포를 2필에서 1필로 줄여준 제도
③ 공명첩 : 국가에서 부유한 사람들에게 재물을 받고 형식상의 관직을 부여하기 위해 발급해주었던 이름이 비어 있는 임명장
④ 대동법 : 조선 중기·후기에, 여러 가지 공물을 쌀로 통일하여 바치게 한 납세 제도

15 정답_②

청산리 대첩

1920년 10월에 김좌진을 총사령으로 한 북로 군정서군을 중심으로 여러 독립군 부대가 만주 청산리에서 지형을 이용한 효과적인 작전과 동포들의 협력으로 일본군을 대파한 싸움으로, 일제강점기에 우리 민족이 독립 전쟁 과정에서 거둔 가장 큰 승리이다. 이로써 우리 겨레에게 용기와 함께 독립에 대한 희망을 갖게 하였다.

① 병자호란(1636) : 후금이 청으로 국호를 변경한 후 조선에 군신 관계를 요구하자, 조선이 이를 거절해 청이 조선을 침략한 전쟁

③ 한산도 대첩(1592) : 임진왜란 때 한산도 앞바다에서 이순신 장군이 이끄는 조선 수군이 일본 수군을 크게 무찌른 전투

④ 황토현 전투(1894) : 동학 농민 운동 당시 농민군이 전북 정읍 황토현 일대에서 관군을 무찌르고 첫 승리를 거둔 전투

16   정답_①

3·1 운동(1919)

1919년 3월 1일 일본의 식민지 지배에 항거하여 거족적으로 일어난 민족 해방 운동이다. 우리 민족의 독립 결의와 자주정신을 보여주어 이후 중국과 인도 등 아시아 각국의 대규모 민족 운동에 영향을 주었으며, 대한민국 임시 정부가 수립하게 되었고, 일본의 통치 방식을 무단 통치에서 문화 통치로 바꾸는 계기가 되었다.

② 제주 4·3 사건 : 1947년 3월 1일을 기점으로 하여 1948년 4월 3일에 발생한 소요사태 및 1954년 9월 21일까지 제주도에서 발생한 무력 충돌과 진압 과정에서 주민들이 희생당한 사건

③ 금 모으기 운동(1997) : 국제 통화 기금 구제 금융을 요청하던 당시, 우리나라의 외채를 갚기 위하여 국민들이 자발적으로 나라에 금을 기부하던 운동

④ 부·마 민주 항쟁(1979) : 부산 및 마산 지역을 중심으로 벌어진 박정희의 유신 독재에 반대한 시위 사건

17   정답_④

민립 대학 설립 운동

1920년대 초반 일제 강점기의 실력 양성 운동의 일환으로 이상재·윤치호 등이 고등 교육 기관인 민립 대학을 설립하려고 전개한 운동이다. 민립 대학 설립 운동은 일제의 식민지 우민화 교육에 맞서 고등 교육을 통한 민족의 역량을 강화하는 것이었다. 우선 조선 민립 대학 기성회를 조직하고(1922) 대학 설립을 위해 국내외에서 모금 운동을 전개하였다. 이를 정치 운동으로 판단한 일제의 탄압과 가뭄, 홍수로 인한 모금의 어려움으로 실패하였다. 일제는 한국인의 불만을 무마하기 위해 경성 제국 대학을 설립하였다.

① 만민 공동회(1898) : 독립 협회가 열강의 이권 침탈에 대항하여 자주 독립의 수호와 자유 민권의 신장을 위해 조직·개최되었던 민중 대회

② 서울 진공 작전(1908) : 전국의 의병들이 연합군을 조직하고, 서울로 진격하여 일본군을 몰아내기 위해 수립한 작전

③ 토지 조사 사업(1910) : 일제가 근대적 토지 소유 제도 확립한다는 명분으로 기한부 신고제 방식을 이용해 토지를 약탈한 제도

18   정답_④

미·소 공동 위원회

모스크바 3국 외상 회의(1945년 12월)) 결정에 따라 한국의 임시 정부 수립을 지원할 목적으로 설치된 미국과 소련의 대표자 회의이다. 이후 2차례 개최되었지만, 모두 의견 차이로 결렬되었다.

① 신간회(1927) : 비타협적 민족주의 세력과 사회주의 세력의 협력을 통해 창립된 일제 강점기 최대 규모의 정치·사회 단체

② 조선 형평사(1923) : 백정들의 신분 해방 운동(형평 운동)을 위해 설립

③ 국민 대표 회의(1923) : 대한민국 임시 정부의 내부적인 많은 문제를 해결하기 위한 조직 개편에 관한 논의를 하려고 중국 상하이에서 열린 국민의 대표 회의

19   정답_③

민족 말살 정책

일제는 1930년대 침략 전쟁에 필요한 인적, 물적 자원을 효율적으로 동원하기 위해 민족 말살 정책을 실시하였다. 황국 신민화를 구호로 내세웠고 중·일 전쟁

(1930년대 후반) 이후 더욱 강화되었다. 내선 일체, 일선 동조론 등을 강조하고, 신사 참배 강요, 황국 신민의 서사 암송, 궁성 요배 등을 강요하였으며 우리말 사용을 금지하고 학술·언론 단체를 해산시켰다. 또한 일본식 성명을 강요하고 개명하지 않을 경우 그 자제의 상급 학교 진학을 거부했으며 공직에 채용하지 않았다. 또한 우선 징용 대상이 되었고 식량 배급 제외 등 불이익을 주었다.

① 호포제 : 조선 후기 고종 때 흥선 대원군이 실시한 군역 제도로, 농민 장정에게 부과하였던 군역의 의무를 양반에게까지 확대하였다.

② 금융 실명제(1993) : 금융 기관과 거래를 함에 있어 가명이나 차명이 아닌 실명으로 거래해야 하는 제도로 김영삼 정부 때부터 실시되었다.

④ 4·13 호헌 조치(1987) : 제5공화국 대통령 전두환이 군사 독재 정권의 유지를 위해 일체의 개헌 논의를 중단시키고 현행 헌법을 유지한다고 선언한 조치

20   정답_②
백범 김구(1876~1949)
3·1 운동 이후 중국 상하이의 대한민국 임시 정부 조직에 참여하였다. 한인 애국단을 결성하여 이봉창, 윤봉길 등의 의거를 지휘하였고, 1944년 임시 정부 주석으로 선임되었고, 8·15 광복 이후에는 신탁 통치와 남한 단독 총선을 반대하며 남북 협상을 제창하다가 1949년 안두희에게 암살당하였다. 저서에는 「백범일지」가 있다.

① 궁예 : 신라 왕족 출신으로 후고구려를 건국한 왕

③ 박제가 : 청나라를 돌아보고 쓴 『북학의』를 통해 청의 선진 기술을 받아들여야 한다고 주장한 조선 후기의 실학자

④ 연개소문 : 고구려의 정치가·장군으로, 대대로가 된 후 영류왕을 죽이고 보장왕을 추대하고 스스로 대막리지가 되어 정권을 장악하였다. 보장왕 4년 (645)에 당태종의 17만 대군을 안시성에서 격파하였다.

21   정답_④
반민족 행위 처벌법
이승만 정부 때 친일파를 청산하기 위해서 반민족 행위 처벌법을 제정(1948)하였다. 반민족 행위 특별 조사 위원회(반민특위)를 설치하여 최린, 이광수 등 친일 인사를 소환하였지만 이승만 정부의 비협조, 친일 세력들의 방해로 별 성과없이 끝났다.

① 시무 28조 : 고려 시대 문신 최승로가 성종에게 건의한 정치 개혁안

② 미쓰야 협정(1925) : '만주에서 활약하는 독립군을 체포하여 일본에게 넘길 것과 이 때 일본은 대가로 상금을 지불할 것'을 내용으로 조선 총독부 경무 국장 미쓰야와 중국 장쭤린이 체결한 협약

③ 남북 기본 합의서(1991) : 노태우 정부 때 남한과 북한 사이에 불가침 및 상호 교류·협력에 관한 합의서로 상대방의 체제를 존중하고 있다.

22   정답_④
5·18 민주화 운동(1980)
12·12 사태를 계기로 전두환을 중심으로 하는 신군부 세력이 병력을 동원해서 정치적 실권을 장악하자, 민주화를 요구하며 광주를 중심으로 학생과 시민들은 시민군을 조직하여 저항하였고, 이를 진압하는 과정에서 수많은 희생자가 발생한 사건이다.

① 갑신정변(1884) : 김옥균 등 급진 개화파의 주도로 이루어진 근대적 개혁 운동

② 교조 신원 운동 : 동학 교조 최제우가 혹세무민의 죄명으로 처형당한 뒤, 동학교도들이 그의 죄명을 벗기고 교조의 원을 풀어 줌으로써 종교상의 자유를 얻기 위해 벌인 운동

③ 물산 장려 운동(1920) : 조만식이 평양에서 시작하여 전국적으로 확산된 국산품 애용, 일본 상품 배척 등의 경제적 자립 운동

23   정답_③
6·25 전쟁(1950)
북한의 남침으로 시작된 6·25 전쟁은 휴전 협정을 맺을 때까지 1950년부터 1953년까지 같은 민족인 남한과 북한이 싸운 전쟁으로 약 3년간 지속되었다. 이 전쟁으로 많은 사람이 죽고, 시설이 파괴되었다. 많은 군인과 민간인이 희생되었고, 이산가족과 전쟁고아가 발생했으며 남북 분단이 고착화되었다.

① 임진왜란 : 조선에 침입한 일본과의 싸움(1592~
1598)으로 초반에는 조선이 열세였으나, 이순신이
이끄는 수군과 의병의 활약으로 조선이 승리함
② 귀주 대첩 : 거란의 3차 침입 때 고려에 침입한 거
란군을 강감찬이 귀주에서 크게 물리친 싸움
④ 쌍썽보 전투 : 1932년 만주 쌍성보에서 한·중 연
합군과 일본군이 벌인 전투

24
정답_②

박정희 정부

1961년 박정희가 5·16 군사 정변으로 정권을 잡은
후 1979년 10·26 사건으로 사망할 때까지의 정부이
다. 경제 개발 5개년 계획 실시, 베트남 파병, 한·일
협정 체결, 외국 차관 도입, 새마을 운동 전개 등 다양
한 정책을 추진하였고, 영구 집권을 위해 유신 헌법
(1972)을 제정하여 독재 정권을 이어 나갔다.

ㄴ. 전주 화약(1894) : 전주성을 함락한 동학 농민군은
외국 군대의 파병 소식을 접한 뒤 정부군과 외국
군대 철수와 폐정 개혁을 조건으로 체결하고 해산
하였다.
ㄹ. 서울 올림픽(1988) : 한국의 서울에서 성공리에 개
최된 제24회 하계 올림픽 경기 대회

25
정답_①

독도

울릉도에 딸린 섬으로, 6세기 지증왕 때 신라에 복속되
었다. 조선 숙종 때는 안용복이 이 곳을 왕래하는 일본
어부들을 쫓아내고 일본에 가서 우리 영토임을 확인하
였고, 개항 이후에도 울릉도에 관청을 두어 주민 이주
를 장려하고, 독도까지 관할하였다. 러·일 전쟁 중에
일본이 일방적으로 자신들의 영토로 편입시켰으나, 광
복과 함께 되찾은 우리의 영토이다.

▶2023년 1회◀

01	③	06	③	11	①	16	③	21	①
02	①	07	②	12	④	17	④	22	②
03	④	08	②	13	①	18	③	23	①
04	②	09	④	14	③	19	②	24	④
05	②	10	①	15	④	20	④	25	④

01
정답_③

신석기 시대

농경과 목축의 시작(신석기 혁명)으로 움집을 만들어
정착 생활을 하였다. 간석기를 도구로 이용하며, 음식
조리와 저장을 위해 빗살무늬 토기 등을 사용하였고,
가락바퀴와 뼈바늘을 통해 의복과 그물을 제작하였다.

① 상평통보 : 조선의 화폐
② 비파형 동검 : 비파처럼 생긴 청동기 시대의 대표적
무기
④ 불국사 3층 석탑(석가탑) : 통일 신라 때 만들어진
불국사 내의 화강암 석탑

02
정답_①

신라의 법흥왕(6세기)

• 제도 정비 : 율령 반포, 17관등과 관리의 공복 제정,
골품제 정비, 병부 설치, 화백 회의 의장(상대등) 설치
• 불교 공인(이차돈의 순교), 독자적 연호 사용(건원),
김해의 금관 가야 정복

② 조선 세종, ③ 고려 태조 왕건, ④ 고려 공민왕 때의
업적이다.

03
정답_④

신라 촌락 문서(신라 민정 문서)

• 목적 : 조세 부과, 노동력 징발, 생산 자원 파악
• 작성자 : 촌주가 3년마다 조사하여 직접 작성
• 내용 : 촌락마다 토지의 크기, 인구(성별 및 연령 구
분), 소와 말의 수, 특산물 등을 조사하여 기록

04
정답_②

삼국 통일 과정

나·당 연합군에 의해 660년 백제가 멸망하였고 668
년 고구려가 멸망하였다. 백제와 고구려 멸망 후 한반
도의 영토 문제로 신라와 당이 대립하게 되었고, 결국
전쟁으로 비화되었다. 나·당 전쟁의 분수령은 매소성

전투(675)였으며, 이 전투에서 신라가 승리하면서 전세는 신라로 기울었다. 이후 기벌포 전투(676)를 끝으로 전쟁은 마무리되었고, 신라는 이 전쟁의 승리로 삼국을 통일하였다.

① 귀주 대첩 : 거란의 3차 침입 때 고려에 침입한 거란군을 강감찬이 귀주에서 크게 물리친 싸움

③ 봉오동 전투 : 중국 봉오동에서 홍범도가 이끄는 대한 독립군이 일본군을 대파한 전투

④ 한산도 대첩 : 임진왜란 때 한산도 앞바다에서 이순신 장군이 이끄는 조선 수군이 일본 수군을 크게 무찌른 전투

05 정답_②
대각국사 의천

고려 문벌 귀족기에 해동 천태종 창시하고, 교종 중심으로 선종 통합 운동을 전개하며 교관겸수 교리를 제시하였다.

06 정답_③
을미의병(1895)

명성 황후가 러시아와 연결하여 일본을 견제하려 하자 일본은 명성 황후를 시해한 을미사변을 일으켰다. 이후 개화파 정부는 단발령을 포함한 을미개혁을 추진하였는데 이에 항거하여 전국의 유생들이 대대적으로 을미 의병(1895)을 일으켰다.

07 정답_②
고려의 광종

노비안검법과 과거 제도를 실시하고, 독자적 연호(광덕, 준풍)를 사용하였으며, 호족 세력을 숙청하여 왕권 강화에 기여하였다.

08 정답_②
세도 정치

조선의 세도 정치로 정치 기강이 문란해지자 지방에 탐관오리가 득세하게 되었다. 이들은 사리사욕을 채우기 위해 농민을 착취하였고, 그 결과 세도 정치 하에 전국적으로 농민 봉기가 발생하였다.

• 홍경래의 난(1811) : 몰락 양반 홍경래와 빈농, 광부, 품팔이꾼 등이 함께 평안도에 대한 차별 대우, 삼정의 문란 등에 항거하여 일으킨 농민 봉기

• 임술 농민 봉기(1862) : 진주를 시작으로 삼남(충청·경상·전라) 지역에서 일어난 전국적인 농민 봉기

① 고려, ③ 신라 말기, ④ 일제 강점기 때의 일이다.

09 정답_④
고려의 신분 제도

• 귀족 : 지배층으로 음서·공음전을 통해 정치적·경제적 특권을 누림

• 중류층 : 향리, 군반, 서리, 남반, 기술관 등의 하급 지배층으로 행정 실무를 담당함

• 양민 : 농민(백정), 상인, 수공업자, 향·소·부곡 주민이 포함, 대부분 조세·공납·역의 의무를 지며, 법제적으로 과거 응시가 가능함 → 향·소·부곡민은 예외적으로 과거 응시와 거주 이전에 제한이 있었고, 일반 군현민에 비해 많은 세금을 부담함

• 천민 : 대부분 노비로 매매·상속·증여의 대상이 되었고, 과거 응시 자격 없음

① 천민, ②, ③ 중류층에 해당한다.

10 정답_①
서원

조선 중기 이후 선현에 대한 제사(유학자 추모)를 지내고 후학을 양성하기 위해 전국 곳곳에 세운 사설 교육기관으로 향약과 함께 사림의 세력 기반이 된다. 중종 때 안향을 추모하기 위해 주세붕이 세운 백운동 서원이 최초이며, 국가로부터 면세·면역, 토지·노비·서적 등을 하사받는 등의 특권을 누려 국가 재정이 악화되기도 하였다. 학문과 교육 발전에 기여하였고, 자기 당파의 결속을 강화하여 붕당 형성의 토대가 되었다.

11 정답_①
조선의 3사

• 사간원 : 국왕에 대한 간쟁(비판)을 맡았던 기구

• 사헌부 : 관리 감찰 기구

• 홍문관 : 왕의 자문 기구

② 비변사 : 중종 때 비상시 국방 문제를 의논하던 임시 기구였으나 임진왜란을 거치면서 행정을 총괄하는 최고 기구 역할을 함

③ 식목도감 : 각종 제도, 규칙 제정에 관한 문제를 의논한 고려희 회의 기구

④ 군국기무처 : 1차 갑오개혁 때 정치·군사에 관한 일체의 사무를 맡아보던 관아

12 정답_④

병인양요(1866)

• 배경 : 병인박해(천주교 박해로 프랑스 선교사 9명, 8천여 명의 천주교 신자 처형)
• 경과 : 프랑스 함대의 강화도 침략 → 양헌수의 활약(정족산성), 한성근의 활약(문수산성) → 프랑스군 격파
• 결과 : 강화읍 파괴, 프랑스 군대의 철수, 프랑스군의 외규장각의 도서와 의궤와 각종 문화재 약탈

① 고려 공민왕 때의 일이다.
② 고구려 장수왕 때 백제와 신라가 체결하였다.
③ 조선 숙종 때 조선의 영토(서쪽으로는 압록강, 동쪽으로는 토문강)를 표시하였다.

13 정답_①

집강소

동학 농민 운동(1894) 때 정부군과 전주 화약을 체결하고, 농민군이 호남 지방의 각 군현에 설치하였던 농민 자치 기구이다. 정부는 교정청을 설치하였다.

② 성균관 : 조선 시대에 인재 양성을 위하여 서울에 설치한 국립 대학의 유학 교육 기관
③ 국문 연구소 : 주시경, 지석영 등이 구성하여 국어 통일에 관한 토의를 한 국문 연구 기관
④ 조선 총독부 : 일본이 일제 강점기 때 우리나라를 지배하기 위해 설치한 최고 행정 관청. 입법, 사법, 행정 및 군대 통수권을 집행할 수 있는 막강한 권한을 행사함

14 정답_③

6·10 만세 운동(1926)

1926년 6월 10일 순종의 장례식에 일어난 만세 시위로 학생 중심의 민족 독립 운동이다. 순종의 장례식 날에 백성들이 참배할 것을 예상해 3·1 운동 때처럼 격문을 작성하고 태극기를 만들어 만세 운동을 주도하였다. 민중의 호응으로 전국적으로 확대되었다. 이 사건으로 전국에서 1,000여 명이 체포되었다.

① 새마을 운동(1970) : 박정희 정부 때 생활 환경 개선과 소득 증대를 위해 실시한 운동으로, 근면·자조·자립 정신을 강조함
② 서경 천도 운동(1135) : 문벌 귀족의 정치 독점에 대한 반발과 금과 사대의 예를 맺은 것에 대한 불만, 풍수지리설의 성행으로 묘청을 중심으로 벌인 운동
④ 5·18 민주화 운동(1980) : 12·12 사태를 계기로 전두환을 중심으로 하는 신군부 세력이 병력을 동원해서 정치적 실권을 장악하자, 민주화를 요구하며 광주를 중심으로 학생과 시민들은 시민군을 조직하여 저항하였고, 이를 진압하는 과정에서 수많은 희생자가 발생한 사건

15 정답_④

1910년대 일제의 식민 통치

• 무단 통치 : 조선 총독부(식민 통치 최고 기구), 헌병 경찰제, 조선 태형령, 애국 운동 단체 해산, 우민화 교육, 경제 수탈(토지 조사 사업, 회사령 공포) 등
• 헌병 경찰제 : 일제가 헌병으로 하여금 군사, 경찰뿐 아니라 일반 치안 유지를 위한 경찰 업무도 담당하게 한 제도로, 강압적인 무단 통치를 뒷받침함

① 골품제 : 신라인의 사회 활동과 정치 활동 및 일상생활까지 골품에 따라 규제한 엄격하고 폐쇄적인 신분 제도로 중앙 집권화 과정에서 지방의 부족장들을 세력의 크기에 따라 등급을 두어 중앙 귀족으로 편입하는 과정에서 성립하였다.
② 삼청 교육대 : 1980년 8월부터 1981년 1월까지 국가보위비상대책위원회 위원장이었던 전두환이 만든 반인륜적 불법 기구로서, 각종 사회악을 단시일 내에 효과적으로 정화하고 사회 개혁을 이룬다는 명분으로 신군부에 저항할 수 있는 모든 세력을 제거하고자 평범하게 살아가는 국민을 향한 살인적인 국가 폭력을 행사하였다.
③ 사사오입 개헌(1954) : 이승만 정부 때 제3대 국회에서 국회의 표결 결과 찬성이 1표 부족한 135표로 나와 부결되었으나, 여당은 재적 의원 수인 203명의 3분의 2를 반올림하면 135명이 되어 의결 정족수를 충족한다고 주장하며 억지로 헌법 개정안을 통과시켰다.

16

정답_③

윤봉길

3·1 운동이 계기가 되어 애국 운동을 벌이다가 탄압을 받게 되자 1930년 상하이로 가서 김구의 한인 애국단에 가입, 1932년 4월 29일 홍커우 공원에서 열린 일본 천황의 생일을 기념하는 축하식장에 폭탄을 던져 시라카와 요시노리 대장을 죽이고 기타 요인에게 부상을 입힌 뒤 일본 경찰에게 붙잡혀 오사카에서 순국하였다.

17

정답_④

산미 증식 계획

1920년대 일제는 공업의 발달과 도시 인구의 증가로 식량 생산이 부족하게 되었다. 이 문제를 해결하기 위해 한국을 식량 공급 기지로 만들려는 계획이 바로 산미 증식 계획이다. 1920년~1934년에 실시되어 주로 품종 개량이나 수리 시설 확대 등의 사업이 진행되었다. 그러나 이 과정에서 한국의 농민들은 비싼 값으로 종자를 사야 했고, 수리 시설 이용료도 내야 했다. 또한 곡식 생산량은 목표치를 밑돌았지만, 수탈은 계획대로 진행되어 식량 부족을 겪었다. 즉, 증산된 쌀보다 더 많은 양의 쌀이 일본으로 반출되어 우리의 식량 사정은 더욱 악화되었다.

① 대동법 : 여러 가지 공물을 쌀로 통일하여 내게 한 조선의 납세 제도

② 탕평책 : 어느 한 곳에 치우치지 않고 여러 붕당에서 인재를 고루 등용하는 조선 시대 영조, 정조의 정책

③ 의정부 서사제 : 조선 시대 6조의 업무를 의정부를 거쳐 국왕에게 올라가게 한 제도

18

정답_③

방정환

방정환은 우리나라 최초의 아동 문화 운동 단체인 '색동회' 등을 조직하여 소년 운동을 주창하고, 천도교 소년회를 조직하고, 어린이날을 제정하였으며, 잡지 ≪어린이≫를 창간하였다.

① 현량과 : 조선 중종 때 조광조의 건의에 따라 학문과 덕행이 뛰어난 인재를 천거하여 시험한 관리 등용 제도

② 『삼국사기』 : 유교적 합리주의 사관에 따라 고려 전기 김부식이 저술한 현존하는 가장 오래된 역사서

④ 이토 히로부미 : 일본의 정치가로서 제국주의에 의한 아시아 침략에 앞장서 조선에 을사늑약을 강요하고, 조선 식민지화를 주도한 원흉으로서 1909년 중국 하얼빈에서 안중근에게 저격당하여 사망함

19

정답_②

6월 민주 항쟁

1987년 우리나라에서 전국적으로 벌어진 민주화 운동이다. 대통령 선거인단이 대통령을 뽑는 간접 선거를 골자로 한 기존 헌법에 대한 대통령 전두환의 호헌 조치, 경찰의 박종철 고문 치사 사건, 시위 도중 이한열이 최루탄에 맞아 사망한 사건 등이 도화선이 되어 6월 10일 이후 전국적인 시위가 발생하였고, 이에 6월 29일 노태우의 수습안 발표로 대통령 직선제로의 개헌이 이루어졌다.

① 3·1 운동(1919) : 일본의 식민지 지배에 항거하여 거족적으로 일어난 민족 해방 운동

③ 국채 보상 운동(1907) : 일본의 간섭에서 벗어나기 위해 일본에 진 빚을 국민의 힘으로 갚자는 운동

④ 금 모으기 운동(1997) : 국제 통화 기금에 구제 금융을 요청하던 당시, 우리나라의 외채를 갚기 위하여 국민들이 자발적으로 나라에 금을 기부하던 운동

20

정답_④

모스크바 3국 외상 회의

1945년 12월 미국·영국·소련의 3국이 제2차 세계 대전 전후 문제 처리를 위하여 모스크바에서 개최한 외무 장관 회의로, 이 회의에서 한국에 임시 민주 정부를 수립하기 위해 미·소 공동 위원회를 설치하고, '한국은 정부 수립 능력이 없으므로 5년간 미·영·중·소 4개국이 신탁 통치한다.'라는 내용을 결정하였다.

① 신민회(1907) : 안창호, 양기탁, 신채호 등이 조직한 비밀 애국 계몽 단체, 실력 양성을 통한 애국 계몽 운동 전개

② 화백 회의 : 국가의 중요 사항을 만장일치로 합의한 신라의 귀족 회의

③ 조선 물산 장려회 : 1920년대에 국산품 장려 운동을 통하여 경제 자립 정신을 함양하기 위하여 조직한 민족 운동 단체

21

정답_①

6·25 전쟁(1950)

북한의 남침으로 시작된 6·25 전쟁은 휴전 협정을 맺을 때까지 1950년부터 1953년까지 같은 민족인 남한과 북한이 싸운 전쟁으로 약 3년간 지속되었다. 이 전쟁으로 많은 사람이 죽고, 시설이 파괴되었다. 많은 군인과 민간인이 희생되었고, 이산가족과 전쟁고아가 발생했으며 남북 분단이 고착화되었다.

① 강화도 조약(1876) : 운요호 사건(1875) 이후에 체결한 일본과 맺은 최초의 근대적 조약으로 일본의 해안 측량권과 치외법권 등을 인정하는 불평등 조약이었고, 일본이 조선을 침략하는 시발점이 되었다.

22

정답_②

박정희 정부

1961년 박정희가 5·16 군사정변으로 정권을 잡은 후 1979년 10·26 사건으로 사망할 때까지의 정부이다. 경제 개발 5개년 계획 실시, 베트남 파병, 한·일 협정 체결, 외국 차관 도입, 새마을 운동 전개 등 다양한 정책을 추진하였고, 영구 집권을 위해 유신 헌법(1972)을 제정하여 독재 정권을 이어 나갔다.

① 별기군(1881) : 조선 고종 때 개화 정책을 펼치면서 우리나라 최초로 만들어진 신식 군대

③ 독서삼품과 : 신라 원성왕 때 국학의 학생들을 독서 능력에 따라 상·중·하로 구분하여 임용하려는 관리 선발 제도였지만 골품제 때문에 그 기능을 제대로 발휘하지 못함

④ 한·일 월드컵 대회 개최(2002) : 한국과 일본이 공동으로 개최한, 축구 경기의 국제 선수권 대회로 아시아에서 최초로 개최되었고, 국제 축구 연맹 사상 최초로 공동 개최된 월드컵

23

정답_①

이승만 정부

• 삼백 산업 : 1950년대 한국 산업에서 중추적 역할을 했던 산업으로서, 제품이 흰색을 띠는 세 가지 즉, 밀가루(제분)·설탕(제당)·면직물(면방직 공업)을 지칭하는 말

• 4·19 혁명(1960) : 학생과 시민들이 3·15 부정 선거, 자유당 정권의 부정부패와 독재 등을 규탄하는 대규모 시위를 전개하여 이승만 대통령이 하야하고, 자유당 정권이 막을 내린 사건

24

정답_④

한국 광복군

대한민국 임시 정부 직속 군대로 1940년 충칭에서 조직되었다. 일본에 선전 포고, 인도·미얀마 전선에 참전, 연합군과 함께 항일 독립 전쟁 전개 등을 전개하였고, 미군과 합동으로 국내 침투 작전 계획을 세웠으나 끝내 실행에 옮기지 못하였다.

① 별무반 : 고려 윤관이 여진 정벌을 위해 기병 부대인 신기군, 보병 부대인 신보군, 승려들로 구성된 항마군으로 편성한 군대

② 삼별초 : 고려 무신 정권 때 설립된 세 개의 특수 부대(좌별초, 우별초, 신의군)

③ 장용영 : 조선 정조가 만든 왕의 친위 부대

25

정답_④

김영삼 정부

• 정책 : 공직자 재산 등록, 공직자 윤리법 제정, 금융 실명제, 부동산 실명제, 지방 자치제 전면 실시, 역사 바로 세우기 운동, 경제 협력 개발 기구(OECD) 가입, 외환 위기 초래(1997) 등

• 금융 실명제(1993) : 금융 기관과 거래를 함에 있어 가명이나 차명이 아닌 실명으로 거래해야 하는 제도로 김영삼 정부때부터 실시됨

① 당백전 : 조선 시대 경복궁 중건으로 인한 재정적 궁핍을 해결하기 위하여 흥선 대원군이 만든 화폐

② 방곡령 : 개항 이후 일본의 경제 침탈에 맞서 시행한 정책, 조선에서 재배한 곡물이 일본으로 흘러나가는 것을 막는 조치

③ 진대법 : 고구려 고국천왕 때(2C) 봄에 곡식을 빌려주었다가 가을에 추수한 것으로 갚게 하는 구휼 제도로, 가난한 농민을 구제하여 노비로 몰락하는 것을 방지함

▶2022년 2회◀

01	①	06	④	11	③	16	②	21	③
02	④	07	③	12	②	17	③	22	③
03	③	08	①	13	③	18	②	23	①
04	①	09	①	14	②	19	①	24	②
05	④	10	④	15	①	20	④	25	④

01 정답_①

구석기 시대(주먹도끼)

구석기 시대는 주먹도끼, 찍개 등 뗀석기를 도구로 이용하여 사냥, 채집, 수렵, 어로 생활 등을 하면서, 동굴이나 강가의 막집에서 살며 이동 생활을 하였다.

02 정답_④

광개토 대왕

광개토 대왕 때는 고구려의 전성기로, 요동 지방을 포함한 만주 대부분의 땅과 한강 이북을 차지할 정도로 영토를 넓혔고, 5만의 군사를 신라에 보내 왜군을 물리치기도 하였다. 광개토 대왕릉비에 그의 업적이 잘 나와 있다.

03 정답_③

도병마사

고려 시대의 국가의 중대사(주로 국방과 외교)를 결정하는 회의 기관으로, 중서문하성과 중추원의 고위 관리들이 모여 논의하였다.

04 정답_①

조선 성종(경국대전)

조선의 기본 법전인 경국대전은 세조 때 편찬을 시작해서 성종 때 완성하였다. 유교 법치 국가의 기틀로서 국가 행정 질서 체제를 확립하였다.

05 정답_④

경주 석굴암

경상북도 경주시 토함산 동쪽에 있는 우리나라의 대표적인 통일 신라의 석굴 사원으로 1996년에 유네스코 세계 문화 유산으로 지정되었다. 둥근 천장과 불상의

배치 등에 수준 높은 신라인의 수학적 지식이 반영되어 있다.

06 정답_④

④ 세종의 업적이다.

흥선 대원군의 정책

흥선 대원군은 세도 정치로 인해 약화된 왕권을 강화하고, 국가 재정을 확충하기 위해 경복궁 중건, 안동 김씨 축출, 서원 정리, 양전 실시, 호포제 실시, 사창제 실시 등 개혁을 단행하였다. 당백전을 발행하여 물가가 상승하는 부작용이 초래하기도 하였다.

07 정답_③

상평통보

조선 후기에 사용했던 구리로 만든 화폐이다. 흔히 '엽전'이라고도 부르며, 조선 숙종 때 만들어진 이후 상업이 발달하면서 화폐가 널리 쓰이기 시작했는데, 이때 전국적으로 사용된 화폐가 상평통보이다.

08 정답_①

강화도

• 강화도 천도(1232) : 고려에 몽골이 침입하여 수도를 개경에서 강화도로 옮긴 사건
• 병인양요(1866) : 흥선 대원군의 가톨릭 탄압으로 프랑스 함대가 강화도를 침범한 사건이다.

09 정답_①

독립신문

독립 협회의 서재필, 윤치호가 1896년에 창간한 우리나라 최초의 민간 신문이다. 순한글 신문으로 영자판과 함께 발간하여 처음에는 격일간으로 펴내던 것이 1898년 7월부터 매일 발간하다가 1899년에 폐간되었다. 《독립신문》은 개화기 우리 민족의 정신을 일깨우는 데 선구적 역할을 하였고, 백성들에게 신학문·신사고를 유도하여 민족 계몽에 중대한 역할을 하였다.

10 정답_④

동학 농민 운동

1894년 전라도 고부 군수 조병갑의 횡포와 착취에 대한 항거에서 발단하여 전봉준을 중심으로 고부에서 농민군을 조직하였다. 한때는 관군을 무찌르고 삼남 지방을 휩쓸었으나, 결국 중국 청나라와 일본의 개입으로

실패로 끝났다. 폐정 개혁안을 제시하고, 집강소를 설치하는 등 사회 개혁을 추구하였으며, 갑오개혁과 청·일 전쟁의 계기가 되었다. 후에 항일 의병 투쟁과 3·1 운동으로 계승되었다.

11 정답_③

국채 보상 운동(1907)

일본은 근대화를 위한 사업이라는 명분으로 이권 사업에 필요한 시설비를 일본 정부로부터 차관을 얻어 부담하도록 강요하였다. 우리 정부가 일본에 많은 빚을 지자, 1907년 일본에 진 빚을 국민들이 갚자는 경제적 구국 운동으로 서상돈을 중심으로 대구에서 시작되어 전국으로 확산되었다.

12 정답_②

5·10 총선거

1948년 5월 10일에 우리 역사상 처음으로 국민의 대표인 200명의 국회 의원을 선출하는 총선거가 이루어졌다. 총선거를 통해 당선된 국회 의원들은 국회를 구성하여 제헌 헌법을 만들고 이승만을 대통령으로 선출했다. 이어 1948년 8월 15일에는 대한민국 정부가 수립되었다.

13 정답_③

토지 조사 사업

• 목적 : (명분상) 근대적 토지 소유 제도 확립, (실제적) 토지의 합법적 약탈

• 방법 : 기한부 신고제

• 결과 : 총독부 전 국토 40% 소유 → 농민 몰락(소작농 증가)

14 정답_②

신간회(1927)

비타협적 민족주의 세력과 사회주의 세력의 협력을 통해 창립된 신간회는 일제 강점기 최대 규모의 정치·사회 단체이다. 정치·경제적 각성, 민족 단결, 기회주의자 배격을 강령으로 내세우며, 일제의 식민 통치 정책을 비판하였으며, 민족 의식을 고취시키고 민족의 권익을 지키기 위한 활동을 전개하였다.

15 정답_①

3·1 운동(1919)

1919년 3월 1일 일본의 식민지 지배에 항거하여 거족적으로 일어난 민족 해방 운동이다. 우리 민족의 독립 결의와 자주정신을 보여 주어 이후 중국과 인도 등 아시아 각국의 대규모 민족 운동에 영향을 주었으며, 대한민국 임시 정부가 수립하게 되었고, 일본의 통치 방식을 무단 통치에서 문화 통치로 바꾸는 계기가 되었다.

16 정답_②

갑오개혁

1894년 7월부터 1896년 2월 사이에 추진되었던 개혁 운동으로, 개화당이 정권을 잡아 3차에 이르는 개혁을 통하여, 재래의 문물 제도를 근대식으로 고치는 등 정치·경제·사회 전반에 걸쳐 혁신을 단행하였다.

17 정답_③

민족 말살 정책

일제는 1930년대 침략 전쟁에 필요한 인적·물적 자원을 효율적으로 동원하기 위해 민족 말살 정책을 실시하였다. 황국 신민화를 구호로 내세웠고 중·일 전쟁(1930년대 후반) 이후 더욱 강화되었다. 내선 일체, 일선 동조론 등을 강조하고, 신사 참배 강요, 황국 신민의 서사 암송, 궁성 요배 등을 강요하였으며 우리말 사용을 금지하고 학술·언론 단체를 해산시켰다. 또한 일본식 성명을 강요하고 개명하지 않을 경우 그 자제의 상급 학교 진학을 거부했으며 공직에 채용하지 않았다. 또한 우선 징용 대상이 되었고 식량 배급 제외 등 불이익을 주었다.

18 정답_②

전태일의 노동 운동

한국의 노동 운동가로, 봉제 노동자로 일하면서 열악한 노동 조건 개선을 위해 노력하였다. 1970년 11월 서울 청계천 평화시장에서 노동자는 기계가 아니라고 외치며 노동자들의 근로 조건 개선을 요구하면서 분신자살해 생을 마감했다. 그의 죽음은 한국 노동 운동 발전에 중요한 계기가 되었다.

19　　　　　　　　　　정답_①

김영삼 정부

- 정책 : 공직자 재산 등록, 공직자 윤리법 제정, 금융 실명제, 부동산 실명제, 지방 자치제 전면 실시, 역사 바로 세우기 운동, 경제 협력 개발 기구(OECD) 가입, 외환 위기 초래(1997)
- 대한민국 정부 : 이승만 정부 → 장면 내각 → 박정희 정부 → 최규하 정부 → 전두환 정부 → 노태우 정부 → 김영삼 정부 → 김대중 정부 → 노무현 정부 → 이명박 정부 → 박근혜 정부 → 문재인 정부

20　　　　　　　　　　정답_④

카이로 회담(1943)

제2차 세계 대전 때 이집트 카이로에서 열린 두 차례의 회담으로, 미국의 루스벨트, 영국의 처칠, 중국의 장제스가 전후 일본이 차지한 섬의 반환 문제, 한국의 독립 문제 등을 논의하였다. 한국에 대한 특별 조항을 넣음으로써 한국의 독립이 처음으로 국제적인 보장을 받은 회담이었다.

21　　　　　　　　　　정답_③

5·18 민주화 운동(1980)

12·12 사태를 계기로 전두환을 중심으로 하는 신군부 세력이 병력을 동원해서 정치적 실권을 장악하자, 민주화를 요구하며 광주를 중심으로 학생과 시민들은 시민군을 조직하여 저항하였고, 이를 진압하는 과정에서 수많은 희생자가 발생한 사건이다.

22　　　　　　　　　　정답_③

대종교

1909년 나철과 오기호 등이 창시한 민족 종교로 단군을 모시는 종교이다. 처음에는 단군교라 불렀지만 후에 대종교로 개칭했다. 단군을 숭배한다는 이유로 일제의 많은 탄압을 받았다. 이러한 탄압은 곧 활발한 독립 운동으로 이어져 중국 본토와 만주에도 많은 신도가 진출했다. 특히 청산리 대첩의 주요 부대인 북로 군정서군은 상당수가 대종교인이었다. 나철은 대종교의 창시자이며, 을사조약을 주도한 5명의 매국 대신들을 암살하기 위해 오적암살단(을사오적)을 조직하였다.

23　　　　　　　　　　정답_①

6·25 전쟁(1·4 후퇴)

6·25 전쟁의 전개 과정(1950~1953)

- 북한군의 남침(1950.6.25.) : 38도선 이남으로 무력 침공 → 3일 만에 서울 점령 → 이승만 정부 부산 피란(부산을 임시 수도로 정함), 국군은 낙동강 부근까지 후퇴
- 유엔군 참전 : 유엔 안전 보장 이사회 긴급 소집 → 유엔군(16개국) 참전 결의
- 인천 상륙 작전(1950.9.15) : 성공 → 국군의 서울 수복, 38도선 돌파, 평양을 거쳐 압록강까지 진격
- 중국군 개입 : 국군·UN군 후퇴, 1·4 후퇴(1951.1.4) → 국군과 유엔군의 반격 → 서울 재탈환 → 38도선 부근에서 공방전
- 휴전의 성립(1953.7.27) : 전쟁이 장기화되자 휴전 협정 시작 → 휴전 성립

24　　　　　　　　　　정답_②

의열단(1919)

일제의 주요 시설과 요인에 대한 테러를 목표로 조직된 비밀 조직으로 1919년 11월 만주에서 김원봉이 설립하였다. 신채호의 '조선 혁명 선언'을 행동 강령으로 삼고, 주요 활동으로는 1921년 김익상의 조선 총독부 폭탄 투척, 1923년 김상옥의 종로 경찰서 폭탄 투척, 1925년 나석주의 동양 척식 주식 회사 습격 사건 등이 있다.

25　　　　　　　　　　정답_④

7·4 남북 공동 성명(1972)

1970년대 초 미국 대통령 닉슨의 중국 방문을 계기로 중국과 미국 및 일본의 관계가 개선되면서 국제적 분위기가 냉전에서 화해의 분위기로 바뀌는 여건에 맞추어 남북한도 1972년에 분단 이후 최초로 7·4 남북 공동 성명을 발표하였다. 그 내용의 핵심은 '자주, 평화, 민족 대단결'이라는 통일의 기본 원칙이었고, 아직도 남북 통일과 관련된 협상에서 통일의 기본 원칙으로 인정되고 있다.

▶2022년 1회◀

01	③	06	②	11	②	16	②	21	④
02	①	07	③	12	③	17	④	22	①
03	④	08	④	13	②	18	①	23	②
04	④	09	④	14	③	19	③	24	④
05	①	10	③	15	①	20	②	25	①

01　　　　　　　　　　　　　　　　정답_③
청동기 시대(고조선)

고조선은 환웅과 웅녀 사이에 낳은 단군왕검이 건국한 우리나라 최초의 국가이다. 농경 중심의 청동기 문화를 바탕으로 개인의 생명과 재산을 중시하고 사회 질서를 유지하기 위해 8조법을 제정하였으며, 지배 계급과 피지배 계급이 분화된 계급 사회였다. 만주와 한반도 북부에 집중적으로 분포하는 탁자식 고인돌, 비파형 동검, 미송리식 토기를 통해 고조선의 문화 범위를 추정할 수 있다.

02　　　　　　　　　　　　　　　　정답_①
원효

통일 신라 때의 승려로, 일심 사상, 화쟁 사상(다양한 종파와 이론적 대립을 더 높은 차원에서 통합하려는 불교 사상), 아미타 신앙을 통해 불교의 대중화에 힘썼다.

오답풀이

② 일연 : 자주적 역사서인 「삼국유사」를 지은 고려 후기의 승려

③ 김부식 : 현존하는 최고의 역사서인 「삼국사기」를 지은 고려 전기의 문벌 귀족

④ 정약용 : 실학을 집대성한 조선 후기의 학자로 「목민심서」, 「경세유표」, 「흠흠신서」, 「여유당전서」 등 수많은 저서 집필 및 거중기 제작

03　　　　　　　　　　　　　　　　정답_④
신진 사대부

신진 사대부는 고려 말 유교 지식(성리학)을 바탕으로 과거를 통해 중앙 관리로 진출한 세력이다. 대부분 지방의 향리, 중소 지주 출신으로 불교의 부패와 권문세족을 비판하면서 새로운 사회 건설을 주장하였다.

오답풀이

① 6두품 : 신라의 삼국 통일 직후에는 학문적 능력을 바탕으로 왕의 정치적 조언자로 활동하거나 행정 실무를 맡았지만, 신라 말 골품제의 모순으로 사회의 불만을 느끼고 사회 변화를 주도한 세력

② 보부상 : 봇짐 장수(보상)와 등짐 장수(부상)를 아울러 부르는 말로, 지방 장시를 돌면서 상업에 종사한 상인

③ 독립 협회 : 1896년 서재필, 이상재 등을 비롯한 진보적 지식인이 중심이 되고 광범위한 시민층이 참여하여 만든 최초의 시민 단체로, 민중 계몽을 위한 만민 공동회 및 각종 강연회 개최, 독립 신문 발간 및 독립문 건립 등의 활동을 펼침

04　　　　　　　　　　　　　　　　정답_④
임오군란(1882)

구식 군대의 군인들이 신식 군대인 별기군과의 차별 대우와 밀린 급료에 불만을 품고 군제 개혁에 반대하며 일으킨 사건이다. 이를 계기로 다시 정권을 잡은 흥선 대원군은 여러 가지 개혁을 단행하는 등 사태 수습에 노력하였으나 결국 실패하여 청나라에 압송되었으며, 조정은 일본과 제물포 조약을 맺게 되었다.

05　　　　　　　　　　　　　　　　정답_①
임진왜란

조선 선조 때 1592~1598년 7년 동안 2차에 걸쳐서 우리나라를 침입한 일본과의 싸움이다. 초반에는 조선이 열세였으나, 이순신이 이끄는 수군과 의병의 활약으로 조선의 승리로 끝이 났다. 이순신 장군은 학익진 전법과 같은 뛰어난 전략으로 한산도 대첩, 명량대첩, 노량해전 등에서 큰 승리를 거두었다.

오답풀이

② 살수 대첩 : 중국 수나라의 군대를 고구려의 을지문덕 장군이 살수(지금의 청천강)에서 크게 격파한 싸움

③ 만적의 난 : 고려 최씨 무신 정권기에 천민 만적이 중심이 되어 일으킨 노비 해방 운동

④ 봉오동 전투(1920) : 중국 봉오동에서 홍범도가 이끄는 대한 독립군이 일본군을 대파한 전투

06
정답_②

대동법

- 배경 : 특산물(공물) 납부 시 생산, 운반, 보관의 어려움이 있었고, 방납의 폐단으로 농민의 부담 증가
- 내용 : 토산물 대신 토지 1결당 쌀 12두씩(대동미) 납부(삼베·무명·돈으로도 납부 가능)
  → 광해군 때 시작

오답풀이

① 골품제 : 신라인의 사회 활동과 정치 활동 및 일상 생활까지 골품에 따라 규제한 엄격하고 폐쇄적인 신분 제도
③ 단발령 : 을미사변으로 수립된 친일 내각이 단행한 을미개혁(1895)의 내용 중 하나
④ 진대법 : 고구려 고국천왕 때(2C) 가난한 농민을 구제하여 노비로 몰락하는 것을 방지하기 위한 구휼 제도(봄에 곡식을 빌려주었다가 가을에 추수한 것으로 갚게 함)

07
정답_③

척화비

흥선 대원군은 대외 정책으로는 통상 수교 거부 정책을 폈으며, 병인양요와 신미양요 이후 전국 각지에 척화비를 세웠다. 서양 제국주의 세력의 침략을 경계하기 위해 세운 비석으로 통상 수교 거부 의지를 널리 알렸다.

오답풀이

① 규장각 : 조선 정조 때 설치한 왕실 도서관이자 학술과 정책을 연구하는 기관
② 독립문 : 독립 협회에서 독립사상을 고취하기 위해 영은문을 헐고 그 자리에 파리의 개선문을 본받아 세운 문
④ 임신서기석 : 신라 시대 때 두 화랑이 맹세한 내용을 담은 비석

08
정답_④

강화도 조약(1876)

일본과 맺은 최초의 근대적 조약으로 일본이 조선을 침략하는 시발점이 되었고, 일본의 해안 측량권과 치외법권 등을 인정하는 불평등 조약이었다.

오답풀이

① 간도 협약(1909) : 을사조약 이후 일본이 철도 부설권을 얻는 대가로 청의 영토로 인정하는 협약을 체결하면서 간도는 청의 영토로 귀속됨
② 전주 화약(1894) : 전주성을 함락한 동학 농민군은 외국 군대의 파병 소식을 접한 뒤 정부군과 외국 군대 철수와 폐정 개혁을 조건으로 체결하고 해산함
③ 톈진 조약(1884) : 갑신정변 후 일본과 청이 맺은 조약으로, 청·일 전쟁의 구실이 됨

09
정답_④

팔만대장경판

고려의 뛰어난 목판 인쇄술을 보여주는 팔만대장경판은 몽골 침입 때 부처의 힘으로 위기를 극복하고자 조판하게 되었다. 현재 경남 합천 해인사 장경판전에 보관되어 있으며, 세계 기록 문화 유산에 등재되어 있다.

오답풀이

① 석굴암 : 경상북도 경주시 토함산 동쪽에 있는 통일 신라의 석굴 사원으로 1996년에 유네스코 세계 문화 유산으로 지정
② 경국대전 : 세조 때 편찬을 시작해서 성종 때 완성한 조선의 기본 법전
③ 무령왕릉 : 무령왕 사후에 벽돌무덤 양식의 능에 안장

10
정답_③

을사늑약(1905)

일본이 대한 제국에 강요하여 체결한 조약이다. 이로 인해 통감부가 설치되어 조선의 내정에 간섭하였으며, 외교권을 박탈하여 통감부가 대행하였다. 초대 통감으로는 이토 히로부미가 부임하였다. 고종은 이 조약의 부당함을 알리기 위해 헤이그에 특사를 파견하였다.

오답풀이

① 삼별초 : 고려 무신 정권 때 설립된 세 개의 특수 부대(좌별초, 우별초, 신의군)
② 집현전 : 조선 세종 때 궁중에 설치한 학문 연구 기관
④ 화랑도 : 원시 사회의 청소년 집단에서 기원하여 신라 진흥왕 때 국가적인 조직으로 정비되어 군사 훈련을 하면서 삼국 통일에 공헌함

11
정답_②

독도

독도는 울릉도에 딸린 섬으로, 6세기 지증왕 때 신라에 복속되었다. 조선 숙종 때는 안용복이 이 곳을 왕래하는 일본 어부들을 쫓아내고 일본에 가서 우리 영토임을 확인하였고, 개항 이후에도 울릉도에 관청을 두어 주민 이주를 장려하고, 독도까지 관할하였다. 러·일 전쟁 중에 일본이 일방적으로 자신들의 영토로 편입시켰으나, 광복과 함께 되찾은 우리의 영토이다.

오답풀이

① 진도 : 무신 최씨 정권 몰락 후 몽골과 강화를 체결하려 하자 배중손의 지휘로 삼별초는 강화도, 진도, 제주도로 이동하며 대몽 항쟁을 펼쳐 고려인의 자주 정신을 보여줌

③ 벽란도 : 고려 시대의 예성강 하구에 위치한 국제 무역항

④ 청해진 : 828년 통일 신라 시대 장보고가 완도에 설치했던 것으로, 장보고는 중국인들이 우리나라 사람들을 잡아 노비로 삼는 데 격분하여 청해진을 설치하고 해적을 소탕하는 한편, 동방 무역의 패권을 장악함. 그 결과 청해진은 중계 무역항으로서 해로의 요충지가 됨

12
정답_③

광혜원

우리나라 최초의 서양식 병원은 미국인 선교사가 1885년에 만든 광혜원이다. 알렌은 갑신정변 때 부상을 입은 명성황후의 조카 민영익을 치료해 준 인연으로 고종의 총애를 받게 되었고, 고종의 도움으로 광혜원을 세워 운영할 수 있었다. 이 병원은 나중에 제중원으로 이름이 바뀌었다.

오답풀이

① 서원 : 조선 중기 이후 선현에 대한 제사(유학자 추모)를 지내고 후학을 양성하기 위해 전국 곳곳에 세운 사립 교육 기관

② 향교 : 고려, 조선 시대의 지방에서 유학을 교육하기 위하여 설립된 관학 교육 기관

④ 성균관 : 조선 시대에 인재 양성을 위하여 서울에 설치한 국립 대학격의 유학 교육 기관

13
정답_②

형평 운동(1923)

형평 운동은 백정들이 일으킨 신분 해방 운동이다. 백정은 도살업·제혁(製革)·유세공 등에 종사하는 천민층으로, 주로 삼남 지방에 거주하고 있었다. 1894년 갑오개혁으로 법제상 해방되었으나, 당시의 백정은 호적상 도한(짐승을 도살하는 자)이나 붉은 점으로 표시하게 하는 등 실질적으로 여러 가지 차별 대우를 받았다.

오답풀이

① 병인박해(1866) : 천주교 박해로 프랑스 선교사 9명, 8천여 명의 천주교 신자 처형

③ 거문도 사건 : 러시아의 남하정책을 저지하기 위해 영국의 동양함대가 1885년 4월부터 1887년 2월까지 거문도를 불법 점령한 사건

④ 서경 천도 운동(1135) : 문벌 귀족의 정치 독점에 대한 반발과 금과 사대의 예를 맺은 것에 대한 불만, 풍수지리설의 성행으로 묘청을 중심으로 벌인 운동

14
정답_③

1910년대 일제의 식민 통치

- 무단 통치 : 조선 총독부(식민 통치 최고 기구), 헌병 경찰제, 조선 태형령, 애국 운동 단체 해산, 우민화 교육, 경제 수탈(토지 조사 사업, 회사령 공포) 등
- 헌병 경찰제 : 일제가 헌병으로 하여금 군사, 경찰뿐 아니라 일반 치안 유지를 위한 경찰 업무도 담당하게 한 제도로, 강압적인 무단 통치를 뒷받침함
- 토지 조사 사업 : 일제가 근대적 토지 소유 제도를 확립한다는 명분으로 기한부 신고제 방식을 이용해 토지를 약탈한 제도

오답풀이

① 선대제 : 상인이 독립된 수공업자들에게 원료나 도구, 임금 등을 지불하여 필요한 물품을 생산시키는 체계로 상품 화폐 경제의 발달 과정에서 나타남

② 기인 제도 : 고려 태조 왕건 때 시행된 지방 호족의 자제를 볼모로 중앙에 머물게 하는 제도로, 신라의 상수리 제도에서 유래하였으며, 지방 호족 세력의 억제가 목적이었음

④ 나·제 동맹 : 신라와 백제가 고구려 장수왕을 견제하기 위해 맺은 동맹

15   정답_①

3·1 운동(1919)

1919년 3월 1일 일본의 식민지 지배에 항거하여 거족적으로 일어난 민족 해방 운동이다. 우리 민족의 독립 결의와 자주정신을 보여주어 이후 중국과 인도 등 아시아 각국의 대규모 민족 운동에 영향을 주었으며, 대한민국 임시 정부가 수립하게 되었고, 일본의 통치 방식을 무단 통치에서 문화 통치로 바꾸는 계기가 되었다.

오답풀이

② 무신 정변(1170) : 고려 중기에 오랫동안 계속되어 온 차별 대우와 문신 위주의 정치에 불만을 품고 무신들이 일으킨 정변

③ 이자겸의 난(1126) : 고려 때 권력을 독점하던 경원 이씨 가문 이자겸이 난을 일으켰으나 결국 인종에 의해 실패함

④ 임술 농민 봉기(1862) : 진주를 시작으로 삼남(충청·경상·전라) 지역에서 일어난 전국적인 농민 봉기

16   정답_②

청산리 대첩

1920년 10월에 김좌진을 총사령으로 한 북로 군정서 군을 중심으로 여러 독립군 부대가 만주 청산리에서 지형을 이용한 효과적인 작전과 동포들의 협력으로 일본군을 대파한 싸움으로, 일제강점기에 우리 민족이 독립 전쟁 과정에서 거둔 가장 큰 승리이다. 이로써 우리 겨레에게 용기와 함께 독립에 대한 희망을 갖게 하였다.

오답풀이

① 명량 대첩 : 정유재란 때인 1597년 이순신이 명량(울돌목 : 전라남도 진도와 육지 사이의 해협)에서 일본 수군을 대파한 해전

③ 홍경래의 난(1811) : 몰락 양반 홍경래와 빈농, 광부, 품팔이꾼 등이 함께 평안도에 대한 차별 대우, 삼정의 문란, 세도 정치에 항거하여 일으킨 농민 봉기

④ 6·10 만세 운동(1926) : 순종의 장례식에 일어난 만세 시위로 학생 중심의 민족 독립 운동

17   정답_④

일본군 '위안부'

국가 총동원법(1938)은 일제가 인적·물적 자원의 총동원을 위해 제정·공포한 전시 통제의 기본법으로, 광산, 군수 공장, 전쟁 시설에 강제로 노동력을 동원하기 위해 징용제를, 전쟁터에 동원하기 위해 징병제를 실시하고, 식민지와 점령지에 있는 수많은 여성들을 일본군 '위안부'로 강제로 끌고 가 성 노예 역할을 강요하는 만행을 저질렀다.

18   정답_①

남북 협상(1948)

남한 단독 총선을 반대하며 남북통일 정부 수립을 위해 남북의 정치가들이 모인 회담으로, 남한의 김구와 김규식, 북한의 김일성이 만났지만 아무런 성과를 얻지 못했다.

오답풀이

② 아관 파천(1896) : 1896년 2월 11일부터 1897년 2월 20일까지 친러 세력에 의하여 고종과 세자가 러시아 공사관으로 옮겨서 거처한 사건으로, 이로 인해 친일 내각이 붕괴되었으며 각종 경제적 이권이 열강에 넘어감

③ 우금치 전투(1894) : 동학 농민 운동 당시 농민군과 조선, 일본 연합군이 공주 우금치에서 벌인 전투

④ 쌍성총관부 공격 : 고려 공민왕의 반원 개혁 중 하나로 쌍성총관부를 공격하여 철령 이북의 영토 회복함

19   정답_③

대한민국 임시 정부

1919년 3·1운동이 일어난 후에 중국 상하이에서 조직·선포된 대한민국 임시정부는 우리나라 최초의 삼권 분립에 기초한 민주 공화제 정부였고, 독립 운동을 총지휘하는 중추적 역할을 수행했다. 한국 광복군은 대한민국 임시 정부 직속 군대로 1940년 충칭에서 조직되었다. 일본에 선전 포고, 인도·미얀마 전선에 참전, 연합군과 함께 항일 독립 전쟁 전개 등의 활약상을 세웠고, 미군과 합동으로 국내 침투 작전 계획을 세웠으나 끝내 실행에 옮기지 못하였다.

오답풀이

① 9산선문 : 중국에서 유입된 불교 종파인 선종(禪宗)이 신라 말에 번성하여 형성된 9개의 문파
② 급진 개화파 : 조선 후기에 나라의 문을 열고 서양의 문물을 받아들이자고 주장한 정치 세력으로 김옥균, 박영효, 서광범 등이 중심이 되어 개화 정책을 추구함
④ 동양 척식 주식회사 : 1908년 일본이 조선의 토지와 자원을 빼앗기 위해 만든 기구

20 정답_②

반민족 행위 특별 조사 위원회
이승만 정부 때 친일파를 청산하기 위해서 반민족 행위 처벌법을 제정(1948)하였다. 반민족 행위 특별 조사 위원회(반민특위)를 설치하여 최린, 이광수 등 친일 인사를 소환하였지만 이승만 정부의 비협조, 친일 세력들의 방해로 별 성과 없이 끝났다.

오답풀이

① 과거제 실시 : 고려 광종 때부터 시행된 관리 등용 제도로 왕권 강화에 기여함. 유교 지식을 바탕으로 시험을 통해 관리로 진출
③ 황무지 개간 : 일제의 황무지 개간권 탈취에 대항하기 위해 애국 계몽 단체 보안회(1904)가 결성됨
④ 방곡령 시행 : 개항 이후 일본의 경제 침탈에 맞서 시행한 정책으로 조선에서 재배한 곡물이 일본으로 흘러나가는 것을 막고자 함

21 정답_④

6·25 전쟁(1950~1953)의 전개 과정
• 북한군의 남침(1950.6.25.) : 38도선 이남으로 무력 침공 → 3일 만에 서울 점령 → 이승만 정부 부산 피란(부산을 임시 수도로 정함), 국군은 낙동강 부근까지 후퇴
• 유엔군 참전 : 유엔 안전 보장 이사회 긴급 소집 → 유엔군(16개국) 참전 결의
• 인천 상륙 작전(1950.9.15) : 성공 → 국군의 서울 수복, 38도선 돌파, 평양을 거쳐 압록강까지 진격
• 중국군 개입 : 국군·UN군 후퇴, 1·4 후퇴(1951.1.4) → 국군과 유엔군의 반격 → 서울 재탈환 → 38도선 부근에서 공방전

• 휴전의 성립(1953.7.27) : 전쟁이 장기화되자 휴전 협정 시작 → 휴전 성립

오답풀이

① 녹읍 폐지 : 통일 신라의 신문왕은 왕권을 강화시키고, 귀족의 경제력을 약화시키기 위해 관료전을 지급하고 녹읍을 폐지하였고, 집사부 시중의 권한을 강화시키며, 국학을 설립하여 유학 교육을 실시함
② 후삼국 통일(936) : 고려를 건국한 태조 왕건은 발해, 신라, 후백제를 통합하여 후삼국을 통일함
③ 자유시 참변(1921) : 대한 독립 군단과 이르쿠츠크파 공산당이 시베리아 지역에서의 주도권을 둘러싸고 벌인 싸움으로, 대한 독립 군단이 이르쿠츠크파 공산당과 러시아 동맹군에게 무장 해제를 당하였으며 많은 한국인 사상자가 발생한 사건

22 정답_①

4·19 혁명(1960)
학생과 시민들이 3·15 부정 선거, 자유당 정권의 부정부패와 독재 등을 규탄하는 대규모 시위를 전개하여 이승만 대통령이 하야하고, 자유당 정권이 막을 내린 사건이다.

오답풀이

② 제주 4·3 사건 : 1947년 3월 1일을 기점으로 하여 1948년 4월 3일에 발생한 소요사태 및 1954년 9월 21일까지 제주도에서 발생한 무력 충돌과 진압 과정에서 주민들이 희생당한 사건
③ 12·12 사태(1979) : 전두환·노태우 등이 주동하고 군부 내 사조직인 하나회가 중심이 되어 신군부 세력이 일으킨 군사 반란
④ 5·18 민주화 운동(1980) : 12·12 사태를 계기로 전두환을 중심으로 하는 신군부 세력이 병력을 동원해서 정치적 실권을 장악하자, 학생과 시민들은 민주화를 요구하며 광주를 중심으로 시민군을 조직하여 저항하였고, 이를 진압하는 과정에서 수많은 희생자가 발생한 사건

23 정답_②

박정희 정부
1961년 박정희가 5·16 군사정변으로 정권을 잡은 후 1979년 10·26 사건으로 사망할 때까지의 정부이다.

경제 개발 5개년 계획 실시, 베트남 파병, 한·일 협정 체결, 외국 차관 도입, 새마을 운동 전개 등 다양한 정책을 추진하였고, 영구 집권을 위해 유신 헌법(1972)을 제정하여 독재 정권을 이어 나갔다.

24 정답_④

6월 민주 항쟁(1987)

우리나라에서 전국적으로 벌어진 민주화 운동이다. 대통령 선거인단이 대통령을 뽑는 간접 선거를 골자로 한 기존 헌법에 대한 전두환 대통령의 호헌 조치, 경찰의 박종철 고문 치사 사건, 시위 도중 이한열이 최루탄에 맞아 사망한 사건 등이 도화선이 되어 6월 10일 이후 전국적인 시위가 발생하였고, 이에 6월 29일 노태우의 수습안 발표로 대통령 직선제로의 개헌이 이루어졌다.

오답풀이

① 집강소 설치(1894) : 동학 농민 운동 때 농민군이 호남 지방의 각 군현에 설치하였던 농민 자치 기구
② 정전 협정 체결(1953.7.27.) : 6·25 전쟁이 장기화되자 정전 협정 시작 → 이승만 정부의 반대 → 유엔군·북한군·중국군 대표가 정전 협정 체결
③ 노비안검법 실시 : 고려 광종이 신라 말부터 호족들이 불법적으로 소유한 노비들을 조사해 다시 평민으로 돌려놓은 법

25 정답_①

외환 위기(1997)

외환 보유액이 부족하고 경제가 어려워지면서 국제 통화 기금(IMF, International Monetary Fund)의 도움을 받는 IMF 구제 금융 사태가 발생하였다.

오답풀이

② 베트남 파병 : 1964년 9월부터 1973년 3월까지 한국 정부가 베트남 전쟁에 전투 부대를 파병하여 참전한 사건
③ 원산 총파업(1929) : 원산 일대에서 2,200여 명의 노동자들이 참여하여 단행한 1920년대 노동 운동 사상 최대 규모의 총파업으로, 일본인 현장 감독이 조선인 노동자를 구타한 사건으로 촉발됨
④ 서울 진공 작전(1908) : 전국의 의병들이 연합군을 조직하고, 서울로 진격하여 일본군을 몰아내기 위해 수립한 작전

▶2021년 2회◀

01	③	06	①	11	②	16	④	21	④
02	④	07	①	12	②	17	②	22	③
03	④	08	②	13	①	18	④	23	③
04	①	09	①	14	②	19	①	24	④
05	②	10	③	15	①	20	③	25	③

01 정답_③

신석기 시대

농경과 목축의 시작(신석기 혁명)으로 움집을 만들어 정착 생활을 하였다. 간석기를 도구로 이용하며, 음식 조리와 저장을 위해 빗살무늬 토기 등을 사용하였고, 가락바퀴와 뼈바늘을 통해 의복과 그물을 제작하였다.

오답풀이

① 조선 후기, ② 삼국 시대, ④ 철기 시대

02 정답_④

고조선의 8조법

고조선은 환웅과 웅녀 사이에 낳은 단군왕검이 건국한 우리나라 최초의 국가이다. 농경 중심의 청동기 문화를 바탕으로 개인의 생명과 재산을 중시하고 사회 질서를 유지하기 위해 8조법을 제정하였으며, 지배 계급과 피지배 계급이 분화된 계급 사회였다.

03 정답_④

살수 대첩(612)

중국 수나라의 군대를 고구려의 을지문덕 장군이 살수(지금의 청천강)에서 크게 격파한 싸움이다.

오답풀이

① 기묘사화(1519) : 조선 중종 때 훈구파가 성리학에 바탕을 둔 이상 정치를 주장하던 조광조 등을 죽이거나 귀양보낸 사화
② 신미양요(1871) : 미국 상선 제너럴 셔먼 호가 대동강을 거슬러 와 평양에서 통상을 요구하며 난동을 일으켰다가 평양 관민이 제너럴 셔먼 호를 소각시킨 일을 계기로 미국 함대가 강화도를 침범한 사건
③ 무신 정변(1170) : 고려 중기에 오랫동안 계속되어 온 차별 대우와 문신 위주의 정치에 불만을 품고 무신들이 일으킨 정변

04
정답_①

발해

698년 대조영이 고구려 유민과 말갈인을 모아 고구려 계승 의식을 바탕으로 건국하였다. 9세기 선왕 때에는 발해의 전성기로 중국에서 '해동성국'이라고 불렀다. 926년 거란족에 의해 멸망당했다.

오답풀이

ㄷ. 신라 진흥왕 때의 일이다.

ㄹ. 이성계는 조선을 건국하였다.

05
정답_②

고려 공민왕

- 반원 개혁 : 정동행성 폐지, 영토 회복(쌍성 총관부 공격 → 철령 이북의 영토 회복), 친원파 숙청, 관제 복구, 몽골풍 금지
- 왕권 강화 : 정방 폐지, 신돈의 등용(전민변정도감 설치)

오답풀이

① 백제의 성왕, ③ 고구려의 장수왕, ④ 신라의 진흥왕

06
정답_①

고려의 토지 제도

- 전시과 제도 : 관리의 등급(18등급)에 따라 토지(전지)와 임야(시지)를 지급, 관리의 복무 대가로 세금을 거둘 수 있는 수조권만 인정, 퇴직·사망 시에는 반납
- 공음전 : 5품 이상 관료에게 지급한 토지로 세습 가능

07
정답_①

고려 청자

고려 청자는 세계적으로 예술적인 아름다움을 인정받고 있는 푸른빛의 자기이다. 만드는 과정에서 흙과 잿물의 특정 성분이 작용하여 푸른빛을 띤다. 송나라의 자기 제작 기술을 받아들인 이후 고려의 독창적인 기술을 적용하여 만든 비취색의 자기이다.

오답풀이

② 활구(은병) : 국토 모양을 본뜬 병으로, 고려 시대에 은으로 만든 화폐

③ 거중기 : 정약용이 수원 화성을 짓기 위해 발명한 무거운 돌을 들어올릴 수 있는 기계

④ 신기전 : 조선 세종 때 제작된 병기로 화약 달린 화살(로켓추진 화살)

08
정답_②

고려의 지눌

보조국사 지눌은 고려 무신 집권기에 최씨 정권의 후원 아래에 교종과 선종의 갈등 속에서 선종 중심으로 교종을 통합하는 불교 통합 운동을 하였다. 조계종을 창시하고, 정혜쌍수·돈오점수로 대표되는 한국 불교 전통의 사상적 기초를 성립하였다.

오답풀이

① 계백 : 의자왕 때 나당 연합군이 백제로 쳐들어오자, 결사대 오천을 이끌고 황산벌에서 신라 장수 김유신과 네 차례 싸운 끝에 전사한 백제의 장군

③ 김유신 : 태종 무열왕 때 당의 소정방과 함께 백제를 멸망시키고, 문무왕 때 고구려를 정벌한 후 당나라 군사를 축출하는 데 힘써 삼국 통일의 기반을 다진 신라의 장군

④ 김좌진 : 3·1 운동 때에 만주에 들어가 북로 군정서를 조직하고 총사령이 되어 사관 양성소를 설립하고 병력을 양성하였으며 1920년에 청산리 대첩에서 일본군을 크게 무찌른 독립 운동가이자 장군

09
정답_①

경국대전

조선의 기본 법전인 경국대전은 세조 때 편찬을 시작해서 성종 때 완성하였다. 유교 법치 국가의 기틀로서 국가 행정 질서 체제가 되었다.

오답풀이

②『농사직설』: 세종 때 농민들의 실제 경험을 토대로 우리 실정에 맞는 농업 방법을 소개한 농업 서적

③『목민심서』: 조선 후기의 실학자 정약용이 목민관, 즉 수령이 지켜야 할 지침을 밝히면서 관리들의 폭정을 비판한 저서

④『삼국사기』: 유교적 합리주의 사관에 따라 고려 전기 김부식이 저술한 현존하는 가장 오래된 역사서

10
정답_③

조선 정조의 정책

- 왕권 강화 : 탕평책 계승, 규장각 설치(문예 부흥과 개혁 정치의 중심), 장용영 설치(왕의 친위 부대), 수원 화성 축조
- 경제 개혁 : 상업 활동의 자유화, 광산 개발 장려
- 서적 편찬 : 대전통편, 동문휘고, 탁지지, 규장전운 등

편찬
• 사회 개혁 : 서얼과 노비의 차별 완화

오답풀이

① 신라 진흥왕, ② 조선 세종, ④ 고려 광종

11 정답_②

병자호란

후금이 청으로 국호를 변경한 후 조선에 군신 관계를 요구하자, 조선이 이를 거절해 청이 조선을 침략한 것이 병자호란(1636)이다. 한양을 점령당하고 인조가 남한산성으로 피란하여 45일간 항전을 하였지만 결국 청에 굴복하여 강화를 맺고 군신 관계를 수립하였다.

오답풀이

① 방곡령 : 개항 이후 일본의 경제 침탈에 맞서 시행한 정책으로 조선에서 재배한 곡물이 일본으로 흘러나가는 것을 막는 조치
③ 을미사변(1895) : 일본군과 일본 낭인들이 궁궐에 침입하여 명성 황후를 시해하는 만행을 저지른 사건
④ 홍경래의 난(1811) : 몰락 양반 홍경래와 빈농, 광부, 품팔이꾼 등이 함께 평안도에 대한 차별 대우, 삼정의 문란, 세도 정치에 항거하여 일으킨 농민 봉기

12 정답_②

균역법

균역법은 조선 영조 때 백성들의 군역 부담을 덜어 주기 위해 마련한 세금 제도이다. 군대에 직접 가지 않는 대신 내던 군포 2필의 의무를 1필로 줄였다.

오답풀이

① 과전법 : 신진 사대부의 경제적 기반을 마련하기 위해 고려 말에 시행한 토지 제도로 경기 지방에만 한정하여 전·현직 관리 모두에게 수조권을 지급하였다.
③ 진대법 : 고구려 고국천왕 때 봄에 곡식을 빌려주었다가 가을에 추수한 것으로 갚게 하는 구휼 제도로 가난한 농민을 구제하여 노비로 몰락하는 것을 방지하였다.
④ 호패법 : 조선 태종 때 전국의 인구 동태를 파악하고 조세 징수와 군역 부과에 활용하기 위해서 실시한 현재의 주민등록증과 같은 것이다.

13 정답_①

갑신정변(1884)

• 중심 인물 : 김옥균, 박영효, 서광범, 홍영식 등 급진 개화파
• 경과 : 우정국 개국 축하연을 이용하여 정변을 일으킴 → 개화당 정부 구성, 개혁 정치 추진, 근대 국가 수립 개혁 실시
• 결과 : 청군의 개입으로 실패(3일 천하, 김옥균·박영효 일본에 망명)

오답풀이

② 묘청의 난(1135) : 문벌 귀족의 정치 독점에 대한 반발과 금과 사대의 예를 맺은 것에 대한 불만, 풍수지리설의 성행으로 묘청을 중심으로 서경 천도 운동을 벌였으나, 김부식이 이끄는 관군에 의해 진압되었다. 하지만 고려인의 자주 의식을 보여준 사건이었다.
③ 삼별초 항쟁 : 무신 최씨 정권 몰락 후 몽골과 강화를 체결하려 하자 배중손의 지휘로 삼별초는 강화도, 진도, 제주도로 이동하며 대몽 항쟁을 펼쳐 고려인의 자주 정신을 보여주었다.
④ 위화도 회군(1388) : 고려 말 요동 정벌을 위해 출정했던 이성계가 압록강의 위화도에서 군대를 돌려 권력을 잡은 사건으로 이후 이성계는 조선을 건국하고, 스스로 임금이 되었다.

14 정답_②

동학

• 창시 : 최제우(경주 지방의 몰락 양반)
• 내용 : 민간 신앙 + 유교·불교·도교
• 사상 : 인내천 사상(사람이 곧 하늘이다), 평등 사상
• 성격 : 반봉건·반외세
• 정부의 탄압 : 세상을 어지럽히고 백성을 속이는 종교라 하여 교조 최제우 처형

오답풀이

① 도교 : 무위자연, 불로장생을 강조하며 삼국 시대에 산천 숭배, 신선 사상과 결합하여 귀족 사회를 중심으로 널리 퍼졌다.
③ 대종교 : 1909년 나철과 오기호 등이 창시한 단군을 모시는 민족 종교

④ 원불교 : 1916년 박중빈이 창시한 한국의 신 불교로 일원상의 진리와 함께 불교의 생활화, 대중화, 시대화를 추구한다.

15   정답_①

흥선 대원군의 경복궁 중건

조선의 경복궁은 태조 이성계 때 건설된 정궁으로 임진 왜란 때 소실되었으나 세도 정치로 인해 약화된 왕권을 강화하고 왕실의 위엄을 회복하기 위해 고종 때 흥선 대원군에 의하여 중건되었다. 그러나 재정이 부족하여 원납전을 강제로 걷고 고액 화폐인 당백전을 발행하여 물가가 상승하는 부작용이 초래되었으며, 백성을 공사 에 강제로 동원하여 양반과 농민의 불만이 높아졌다.

오답풀이

② 우산국 정복 : 신라 지증왕 때 우산국(울릉도) 일대 를 정벌한 이후 독도도 부속 섬으로 다스렸다.

③ 삼국유사 : 고려 후기의 승려 일연이 편찬한 역사서 로 단군 신화를 비롯하여 고구려·백제·신라·가 야의 역사와 여러 고대 국가의 흥망성쇠 및 신화· 전설·신앙이 수록되어 있으며, 특히 신라와 불교 이야기를 중심으로 기록되었다.

④ 독서삼품과 : 신라 원성왕 때 국학의 학생들을 독서 능력에 따라 상·중·하로 구분하여 임용하려는 관 리 선발 제도였지만 골품제 때문에 그 기능을 제대 로 발휘하지 못하였다.

16   정답_④

신민회(1907)

안창호, 양기탁, 신채호 등이 조직한 비밀 애국 계몽 단체로 실력 양성을 통한 애국 계몽 운동을 전개하였 다. 1911년 105인 사건으로 신민회가 해산되자 만주 로 활동 무대를 옮겨 독립운동 기지 건설에 앞장섰다. 만주의 독립운동 기지는 1920년대 독립군 활동의 기반 이 되었다.

오답풀이

① 강동 6주 회복 : 서희는 거란의 1차 침입을 맞아 거 란 장수 소손녕과 외교 담판을 벌여 고구려의 옛 영 토인 강동 6주를 회복하였다. 이로써 고려의 영토가 압록강 유역까지 확대되었다.

② 대동여지도 : 조선 후기 김정호가 목판본으로 제작 한 우리나라에서 가장 큰 전국지도이면서 보기 쉽고 가지고 다니기 쉽게 만든 지도이다.

③ 남북 기본 합의서(1991) : 노태우 정부 때 남한과 북한 사이에 불가침 및 상호 교류·협력에 관한 합 의서로 상대방의 체제를 존중하고 있다.

17   정답_②

독립 협회(1896)

서재필, 이상재 등을 비롯한 진보적 지식인이 중심이 되 고 광범위한 시민층이 참여하여 만든 최초의 시민 단체 로, 민중 계몽을 위한 만민 공동회 및 각종 강연회 개최, 독립신문 발간 및 독립문 건립 등의 활동을 하였다.

오답풀이

① 의열단 : 1919년 김원봉이 일제의 주요 시설과 요 인에 대한 테러를 목표로 만든 비밀 조직

③ 북로 군정서 : 김좌진이 이끄는 독립군으로 홍범도 의 대한 독립군과 함께 청산리 대첩에서 일본군을 대파함

④ 미·소 공동 위원회 : 모스크바 3국 외상 회의 결정 에 따라 한국의 임시 정부 수립을 지원할 목적으로 설치된 미소 대표자 회의

18   정답_④

대한민국 임시 정부

1919년 3·1 운동이 일어난 후에 중국 상하이에서 조 직·선포된 대한민국 임시정부는 우리나라 최초의 삼 권 분립에 기초한 민주 공화제 정부였고, 독립 운동을 총지휘하는 중추적 역할을 수행했다. 대한민국 임시 정 부 직속 군대인 한국 광복군은 1940년 충칭에서 조직 되었다.

오답풀이

① 삼정이정청 : 1862년 세도 정치로 인한 삼정의 폐 단을 고치기 위하여 임시로 만든 관청

② 통리기무아문 : 1880년대 개화 정책을 추진하기 위 하여 설치한 기구

③ 문맹 퇴치 운동(농촌 계몽 운동) : 글을 모르는 사람 에게 글을 가르치자는 것으로 무지한 민중을 가르쳐 힘을 기르자는 애국 계몽 운동의 일환이었으며, 청 년, 학생, 지식인을 중심으로 전개되었다. 조선일보 의 문자 보급 운동, 동아일보의 브나로드 운동이 대

표적이다.

19   정답_①

일제의 식민 통치(1930년대)

일제는 1930년대 민족 말살 정책을 실시하였다.

- 미곡 공출 제도 : 태평양 전쟁의 발발로 일제가 전시 군량을 확보하기 위하여 1940년부터 강제적으로 시행한 농산물 수탈 정책으로, 식량의 자유로운 유통을 통제하고 농민으로 하여금 할당받은 일정량의 농산물을 정부에 의무적으로 팔도록 한 제도
- 국가 총동원법(1938) : 일제가 인적·물적 자원의 총동원을 위해 제정·공포한 전시 통제의 기본법으로, 광산, 군수 공장, 전쟁 시설에 강제로 노동력을 동원하기 위해 징용제를, 전쟁터에 동원하기 위해 징병제를 실시하고, 식민지와 점령지에 있는 수많은 여성들을 일본군 '위안부'로 강제로 끌고가 성 노예 역할을 강요하는 만행을 저질렀다.

오답풀이

② 만적의 난(1198) : 고려 최씨 무신 정권 때 최충헌의 노비(천민) 만적이 중심이 되어 일으킨 신분 해방 운동
③ 강화도 조약(1876) : 일본과 맺은 최초의 근대적 조약으로 일본이 조선을 침략하는 시발점이 되었고, 일본의 해안 측량권과 치외법권 등을 인정하는 불평등 조약
④ 척화비 건립 : 흥선 대원군이 서양 제국주의 세력의 침략을 경계하기 위해 전국 각지에 세운 비석

20   정답_③

한인 애국단

김구가 중국 상하이에서 일본 요인 암살을 목적으로 조직한 독립 운동 단체이다. 단원 중에는 일본 국왕에게 폭탄을 던진 이봉창, 1932년 상하이 홍커우 공원에서 폭탄을 던진 윤봉길 의사 등이 활약하였다.

오답풀이

① 별기군(1881) : 조선 고종 때 개화 정책을 펼치면서 우리나라 최초로 만들어진 신식 군대
② 교정도감 : 고려 최충헌 이래 무신 정권의 최고 정치 기관
④ 조선어 학회 : 1931년에 우리말과 글을 연구하기 위해 만든 단체로, 한글 맞춤법 통일안, 표준어를 제정하고, 「우리말 큰사전」 편찬을 시도하였지만 실패하였다. 조선어 학회 사건으로 1942년 강제 해산되었다.

21   정답_④

신채호

일제 강점기의 독립 운동가, 역사학자, 언론인이다. 《황성신문》, 《대한매일신보》 등에서 활약하며 내외의 민족 영웅전과 역사 논문을 발표하여 민족 의식 고취에 힘썼다. '역사라는 것은 아(我)와 비아(非我)의 투쟁이다.'라는 명제를 내걸어 민족사관을 수립, 한국 근대사학의 기초를 확립했다. 『독사신론』을 통해 민족주의 사학의 연구 방향을 제시하고, 일제의 역사 왜곡이 심한 고대사 연구에 주력하여 『조선상고사』 등을 저술하였다.

오답풀이

① 동의보감 : 허준이 쓴 우리나라와 중국의 의서를 모아 엮은 의서
② 임오군란(1882) : 구식 군대의 군인들이 신식 군대인 별기군과의 차별 대우와 밀린 급료에 불만을 품고 군제 개혁에 반대하며 일으킨 난리
③ 대각국사 의천 : 고려 문벌 귀족기에 해동 천태종을 창시하고, 교종 중심으로 선종 통합 운동을 전개하며 교관겸수 교리를 제시하였다.

22   정답_③

박정희 정부

1961년 박정희가 5·16 군사정변으로 정권을 잡은 후 1979년 10·26 사건으로 사망할 때까지의 정부이다. 경제 개발 5개년 계획 실시, 베트남 파병, 한·일 협정 체결, 외국 차관 도입, 새마을 운동 전개 등 다양한 정책을 추진하였고, 영구 집권을 위해 유신 헌법(1972)을 제정하여 독재 정권을 이어 나갔다.

오답풀이

① 서원 철폐 : 흥선 대원군은 국가 통제에서 벗어난 지방 토호의 근거지이자 정쟁의 중심지였던 서원을 전국 600여개 중 47개소만 남기고 철폐하였다. 이로써 국가 재정이 확충되고 민생이 안정되었으나, 양반 유생들의 반발이 심해졌다.
② 자유시 참변(1921) : 대한 독립 군단과 이르쿠츠크파 공산당이 시베리아 지역에서의 주도권을 둘러싸고 벌인 싸움으로, 대한 독립 군단이 이르쿠츠크파

공산당과 러시아 동맹군에게 무장 해제를 당하였으며 많은 한국인 사상자가 생겼다.

④ 금난전권 폐지 : 조선 정조가 강력히 실시한 정책으로 특정 상품의 독점 판매권을 가졌던 시전의 특권을 폐지함으로써 사상의 자유로운 상업 활동이 어느 정도 보장되었다.

23 정답_③

물산 장려 운동

1920년 조만식 등이 평양에서 평양 물산 장려회를 창립하고 서울에서 조선 물산 장려회를 조직하여 전국으로 확산시킨 경제적 자립 운동이다. 민족 자본과 민족 산업의 육성을 목적으로 일본 상품 배척, 국산품 애용 등을 주장하였다. 1920년대 경제 불황과 수요에 비해 생산이 부족했던 점, 사회주의자들의 비난, 일제의 방해 등으로 실패하였다.

오답풀이

① 형평 운동(1923) : 백정들이 일으킨 신분 해방 운동

② 서경 천도 운동(1135) : 문벌 귀족의 정치 독점에 대한 반발과 금과 사대의 예를 맺은 것에 대한 불만, 풍수지리설의 성행으로 묘청을 중심으로 벌인 운동

④ 좌·우 합작 운동(1947) : 중도 세력(여운형 등의 좌익과 김규식 등의 우익)이 연대하여 한반도 내 단일 정부 수립을 목표로 전개한 운동이지만 성과를 거두지 못했다.

24 정답_④

5·18 민주화 운동(1980)

12·12 사태를 계기로 전두환을 중심으로 하는 신군부 세력이 병력을 동원해서 정치적 실권을 장악하자, 민주화를 요구하며 광주를 중심으로 학생과 시민들은 시민군을 조직하여 저항하였고, 이를 진압하는 과정에서 수많은 희생자가 발생한 사건이다.

① 병인박해(1866) : 프랑스 선교사 9명, 8천여 명의 천주교 신자를 처형한 천주교 박해 사건

② YH 무역 사건(1979) : 회사 폐업 조치에 항의하며 야당 신민당 당사에서 농성 시위를 벌이던 YH 무역 여성 노동자들 중 1인이 경찰의 강제 진압에 의해 사망한 사건

③ 교조 신원 운동 : 동학 교조 최제우가 혹세무민의 죄명으로 처형당한 뒤, 동학교도들이 그의 죄명을 벗기고 교조의 원을 풀어 줌으로써 종교상의 자유를 얻기 위해 벌인 운동

25 정답_③

6·15 남북 공동 선언(2000)

분단 이후 최초로 남북 정상 회담을 통해 한국의 김대중 대통령과 북한의 김정일 국방위원장이 합의하여 발표한 5개항의 합의 내용을 담고 있는 공동 선언. 그 내용은 첫째, 통일 문제의 자주적 해결, 둘째, 1국가 2체제의 통일방안 협의, 셋째, 이산가족 문제의 조속한 해결, 넷째, 경제 협력 등을 비롯한 남북 간 교류의 활성화 등 두 정상 간에 합의된 사항이다. 또 합의사항을 조속히 실천에 옮기기 위한 실무회담을 열 것과 북한의 김정일 국방위원장의 서울 방문 등에 관한 합의 사항도 포함하고 있다.

오답풀이

① 홍범 14조(1895년) : 갑오개혁이 이루어지고 있던 때에 고종이 발표한 개혁안

② 교육입국 조서(1895) : 갑오개혁 이후 고종이 발표한 것으로, '국가의 부강은 국민의 교육에 있다.'는 내용의 교육에 관한 특별조서

④ 조·청 상민 수륙 무역 장정(1882) : 조선과 청 사이 상인의 수륙 양면에 걸친 통상에 관한 규정으로 조선에 대한 청나라의 종주권을 명문화하였고, 이후부터 조선에 대한 청나라 상인의 경제 침투가 본격화되었다.

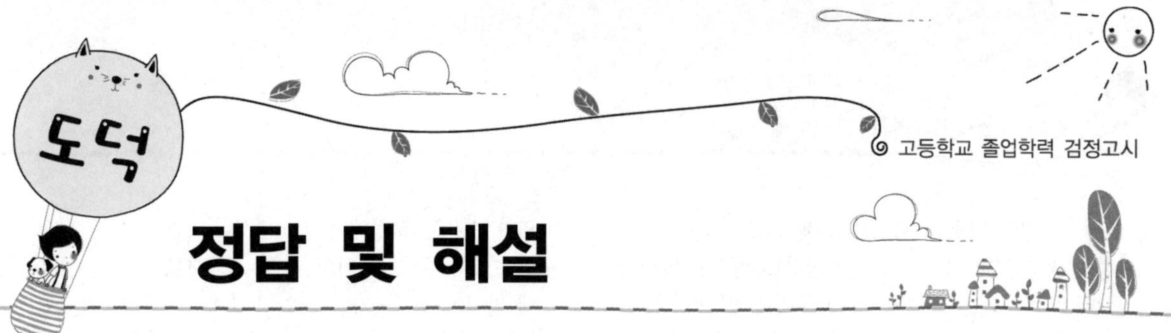

정답 및 해설

2025년 2회 ▶도 덕◀

01	①	06	③	11	④	16	③	21	①
02	②	07	①	12	④	17	②	22	②
03	③	08	④	13	①	18	④	23	②
04	③	09	①	14	①	19	②	24	③
05	②	10	③	15	③	20	④	25	④

01　　　　　　　　　　　　　　정답_①

정보 윤리 영역의 쟁점

사생활 침해, 저작권 침해, 사이버 범죄, 사이버 폭력, 사이버 따돌림, 악성 댓글, 온라인 사기, 해킹과 바이러스 유포, 정보 통신 기술과 미디어 매체의 발달에 따른 문제, 사이버 공간, 표현의 자유 등

02　　　　　　　　　　　　　　정답_②

불교(보살)

- 연기(緣起) : 모든 존재와 현상은 원인(因)과 조건(條)의 결합, 즉 인연에 의해 생겨나 상호 의존하고 있다고 보았다. 세상 모든 존재는 서로 의자한다는 불교의 근본 교리 → "인연이 없으면 결과도 없다."
- 해탈 : 연기를 깨달으면 자비(慈悲)의 마음이 저절로 생기게 되어 누구나 고통에서 벗어나 열반 또는 해탈이라는 이상적 경지에 이를 수 있다고 보았다.
- 보살 : 깨달음을 얻어 자비를 실천하여 중생을 구제하고자 하는 사람으로, 대승 불교에서 제시한 이상적 인간상이다.
- 불살생(不殺生)의 계율에 근거하여 생명을 해치는 것을 금지

ㄱ. 유교, ㄷ. 도가, ㄹ. 유교(맹자)가 말한 이상적 인간상이다.

03　　　　　　　　　　　　　　정답_③

윤리학의 구분(메타 윤리학)

- 규범 윤리학 : 인간이 어떻게 행동해야 하는가에 대한 보편적 원리를 탐구하는 것을 주된 목표로 하는 윤리학
  - 이론 윤리학 : 도덕적 행위에 대한 이론적 탐구와 정당화를 통해 현실의 윤리적 문제 해결을 위한 토대 제공
  - 실천 윤리학(응용 윤리학) : 이론 윤리의 내용을 구체적인 삶의 문제에 응용하거나 삶의 구체적인 상황에서 발생하는 문제에 대한 해결 모색
- 메타 윤리학 : 도덕적 언어의 의미를 분석하고, 도덕적 추론의 타당성을 입증하며, 학문적 가능성을 연구함
- 기술 윤리학 : 도덕적 풍습이나 관습에 대해 묘사하거나 객관적으로 기술하는 것을 주된 목표로 함

04　　　　　　　　　　　　　　정답_③

유교 사상

- 사상 : 도덕적 인격 완성 중시, 도덕적 공동체 추구, 정명 사상, 인간과 자연의 조화 추구(천인합일)
- 이상 사회 : 대동 사회(개인들이 자신의 능력을 충분히 발휘하고, 누구에게나 기본적인 삶의 보장과 범죄가 발생하지 않는 사회)
- 이상적 인간상 : 성인, 군자(도덕적 수양과 사회적 실천을 통해 이상적 인격에 도달한 사람)

ㄱ. 도가, ㄷ. 불교에 대한 설명이다.

05　　　　　　　　　　　　　　정답_②

칸트의 의무론

- 도덕 법칙 : 이성적이고 자율적인 인간은 보편적인 도덕 법칙을 인식할 수 있다. 따라서 도덕 법칙은 그 자체가 선(善)이기 때문에 무조건적으로 수행해야 한

다. → '정언 명령'의 형식으로 제시
- 정언 명령 : "네 의지의 준칙이 항상 보편적인 입법의 원리가 될 수 있도록 행위 하라."(보편 법칙의 정식), "너 자신의 인격에서나 다른 모든 사람의 인격에서 인간을 단지 수단으로만 대우하지 말고 항상 동시에 목적으로 대우하도록 행위하라."(목적의 정식)
- 도덕적 행동 : 아무런 조건이나 제약 없이 그 자체만으로 선한 '선의지'의 지배를 받아야 하며, 도덕 법칙을 존중하는 '의무 의식'에서 나와야 한다. → 도덕성을 판단할 때 행위의 결과보다 동기를 중시

06 　　　　　　　　　　　　정답_③

평화 통일을 위한 노력
- 통일에 대한 관심 : 통일은 언제든지 현실로 다가올 수 있다는 것을 인식해야 한다.
- 소통과 배려 : 통합 과정에서 발생할 수 있는 갈등에 대해 열린 마음으로 이해하고자 노력해야 한다.
- 공존의 노력 : 남북한의 차이를 인정하면서 동질성을 느낄 수 있도록 한다.
- 북한에 대한 올바른 인식 : 북한은 군사·안보적 측면에서 경계의 대상이지만, 북한 주민은 동반자이자 동포라는 점을 인식해야 한다.
- 안보에 기반을 둔 남북 간 신뢰 형성 : 북한의 위협에 대비한 안보 기반을 구축하고, 교류와 협력으로 서로에 대한 신뢰를 쌓아야 한다.
- 통일을 위한 체계적 준비 : 통일에 대한 국민적 이해와 합의를 도출하고, 남남 갈등 해결 노력 등 장기적이고 계획적인 준비가 필요하다.

07 　　　　　　　　　　　　정답_①

노직의 소유 권리로서의 정의(교정의 원칙)
- 개인의 소유권 강조 : 취득, 이전(양도), 교정의 과정이 정당하다면, 그 과정을 통해 얻은 소유물에 대한 소유권은 정당하다.
- 취득의 원칙 : 최초의 정당한 취득 행위로 소유권을 가짐
- 이전(양도)의 원칙 : 자유로이 양도된 것에 대해서도 정당한 소유권을 가짐
- 교정의 원칙 : 취득과 양도시 과오나 그릇된 절차에 의한 소유는 교정해야 함
- 자유 지상주의 : 재화의 분배는 최대한 개인의 자유에 맡겨야 함, 국가는 개인의 소유권을 보호하는 최소한의 역할만 수행(최소 국가, 국가에 의한 재분배 반대)해야 한다.

08 　　　　　　　　　　　　정답_④

배려 윤리
- 사랑과 모성적 배려를 강조하고, 사람들 사이에 공동체적 관계에 주목하였다.
- 역지사지의 태도로 상대방이 어떤 감정을 가지고 생각을 하고 있는지 살펴야 한다.
- 이성보다는 감성을 인간의 본성으로 보고, 사랑, 자비, 배려, 공감, 감수성, 돌봄, 책임 및 사회적 관계와 특수한 맥락을 중시한다.
- 대표적 사상가 : 길리건, 나딩스

09 　　　　　　　　　　　　정답_①

시민 불복종
- 의미 : 정의롭지 못한 법이나 제도를 폐지하거나 바꾸기 위해 공개적이고 평화적인 방법으로 법을 위반하는 행위
- 시민 불복종의 정당화 조건 : 정당성, 공개성, 비폭력성, 최후의 수단, 처벌 감수
- 사례 : 소로의 세금 납부 거부 운동, 간디의 소금 행진, 마틴 루서 킹의 흑인 차별 철폐 운동 등

10 　　　　　　　　　　　　정답_③

자연을 바라보는 관점(생명 중심주의 관점)
- 인간 중심주의 : 자연은 인간의 이익을 위한 도구이다. 인간은 자연보다 우월한 존재이다.
- 동물 중심주의 : 고통을 느낄 수 있는 동물의 복지와 권리 향상을 강조한다.
- 생명 중심주의 : 살아있는 모든 생명체는 내재적 가치를 지닌다.
- 생태 중심주의 : 인간과 자연(생태계)을 동등하게 고려해야 한다. 자연 전체가 도덕적 고려의 대상이다.

11
정답_④

뇌사의 윤리적 쟁점

- 찬성 논거 : 뇌 기능이 정지하면 인간으로서 고유한 활동이 중단됨을 의미함, 뇌사자의 장기 이식을 통해 다른 생명을 살릴 수 있음, 환자 가족의 경제적·정신적·심리적 고통을 줄여 줄 수 있음
- 반대 논거 : 인공 장치에 의해 호흡을 유지할 수 있는 상태는 죽음에 이른 상태라고 보기 어려움, 뇌사 판정의 오류 가능성이 있음, 장기 이식을 위해 뇌사 판정이 오·남용될 수 있음, 생명 연장을 위한 수단으로 취급된 우려가 있음

12
정답_④

성 상품화

- 의미 : 성을 직접 사고 팔거나 성적 이미지를 소비 충동의 도구로 사용하는 등 인간의 성이나 성적 매력을 직·간접적으로 이용하여 이윤을 추구하는 활동
- 성 상품화의 윤리적 쟁점
  - 찬성 : 성의 자기 결정권과 표현의 자유 인정, 자본주의 사회의 이윤 추구 논리는 정당, 소비자의 선호를 반영하는 것으로 허용 가능
  - 반대 : 인간의 성이 지닌 본래의 가치와 의미를 훼손, 왜곡된 성의식을 갖게 하며, 외모 지상주의를 조장, 성 상품화는 인간을 도구화하는 것

13
정답_①

동물 중심주의(레건)

- 기본 입장 : 인간을 포함해 고통을 느낄 수 있는 모든 존재를 도덕적 고려의 대상으로 삼고, 인간과 동물을 다르게 대우하는 종(種) 차별을 반대하고, 동물의 복지와 권리 향상을 강조한다.
- 싱어(동물 해방론) : 종(種) 차별주의 반대(동물도 인간과 동일하게 쾌락과 고통을 느끼는 능력을 지니고 있으며, 동물을 인간과 다르게 대우하는 것을 반대한다), 이익 평등 고려의 원칙(고통은 그 자체로 나쁜 것이며, 고통을 감소시키는 데 있어 인간과 동물을 차별해서는 안된다(동물 복지 강조) → 공리주의에 근거

- 레건(동물 권리론) : 동물의 지위 강조(동물도 도덕적 지위를 지니며, 동물을 인간을 위한 도구로 취급하는 것은 옳지 않다), 동물의 권리 강조(동물도 삶의 주체로서 자신만의 삶을 영위할 권리가 있으며, 인간을 위한 수단이 되어서는 안 된다) → 의무론에 근거

14
정답_①

공리주의(벤담)

- 특징 : '최대 다수의 최대 행복'을 추구(사회 전체의 이익 증대), 결과론적 윤리설(유용성의 원리)
- 벤담의 양적 공리주의 : 쾌락을 산출하고, 고통을 피하는 결과를 낳는 행위를 옳다고 본다. 쾌락은 질적으로 동일하고, 양적인 차이만 있다고 본다. → 쾌락 계산 가능
- 밀의 질적 공리주의 : 쾌락의 양뿐만 아니라 질적 차이까지 고려한다.

15
정답_③

하버마스의 담론 윤리

- 등장 배경 : 현대 다원주의 사회에서 다양한 가치들이 충돌하였을 때, 이를 합리적으로 해결하기 위한 대화와 소통이 필요하게 되었다.
- 특징 : 이성적인 존재인 인간은 합리적인 담론을 통하여 윤리적 문제와 갈등을 해결할 수 있다고 보았다. 담론 과정을 통해 규범의 정당성 확보에 관심을 두고, 의사소통의 합리성 실현을 강조하였다.
- 이상적인 담화 조건 : 진리성, 정당성, 진실성, 이해 가능성

16
정답_③

윤리적 성찰

- 의미 : 생활 속에서 자기가 가지는 마음, 하는 일이나 행동, 발생한 문제에 대해 윤리적 관점에서 깊게 생각하고 살피는 태도
- 중요성 : 도덕적 자각 계기, 인격의 함양, 올바른 가치관 형성
- 실천 방법 : 일기 쓰기, 좌우명 만들기, 성찰 독서 감상문 쓰기, 토론 등

17　　　　　　　　　　　　　정답_②

죽음에 대한 관점(장자)

- 도가 : 죽음을 자연적이고, 필연적인 과정으로 이해함, 장자는 삶과 죽음을 기(氣)가 모이고 흩어지는 순환 과정으로 봄
- 유교 : 죽음을 애도하는 것은 마땅한 일로 여김, 죽음에 대한 관심보다는 현세의 도덕적 실천의 삶을 강조함
- 불교 : 삶과 죽음은 하나임, 죽음은 생(生), 노(老), 병(病)과 더불어 인간의 고통 중 하나임, 죽음은 윤회의 과정으로 현세의 업보에 따라 윤회(輪廻)함
- 플라톤 : 죽음은 육체에 갇혀 있는 영혼이 해방되어 '이데아'의 세계로 되돌아가는 것
- 에피쿠로스 : 죽음은 원자가 흩어지는 것으로, 죽음을 경험할 수 없기 때문에 두려워할 필요가 없다.

18　　　　　　　　　　　　　정답_④

국제 관계를 바라보는 관점

- 현실주의 : 인간은 이기적인 존재이며, 국가는 힘의 논리에 의해 자국의 이익만을 추구한다. 국가 간의 갈등 해결은 세력 균형을 통해서 가능하다.
- 이상주의 : 인간은 이성적 존재이며, 평화는 이성적 대화와 협력을 바탕으로 도덕·여론·법률·제도를 통해 만들어 질 수 있다. 국제 사회의 다양한 행위 주체(국가, 국제기구, 국제 비정부 기구 등)들의 능동적인 노력을 강조한다.

19　　　　　　　　　　　　　정답_②

다문화 이론(샐러드 볼 이론)

- 용광로 이론 : 서로 다른 여러 금속을 용광로에 넣으면 모두 녹아 하나가 되는 것처럼, 하나의 용광로에 다양한 문화가 융합되어 새로운 문화를 형성한다는 이론 → 동화주의
- 샐러드 볼 이론 : 샐러드 그릇 안에서 다양한 채소가 고유한 맛을 지키면서도 조화를 이루는 것처럼 모든 문화가 자기만의 특성을 유지하면서 기존 문화와 공존할 수 있다는 이론 → 다문화주의
- 모자이크 이론 : 여러 조각들인 다양한 문화가 모여 하나의 모자이크를 만든다는 이론 → 다문화주의
- 국수 대접 이론 : 주류 문화는 국수와 국물처럼 중심 역할을 하며, 이주민의 문화는 색다른 맛을 더해 주는 고명이 되어 자신의 문화적 정체성을 유지하면서 공존한다는 이론 → 문화 다원주의

20　　　　　　　　　　　　　정답_④

직업에 대한 관점

- 공자 : 자신이 맡은 사회적 임무와 역할을 충실해야 한다는 '정명(正名) 사상'을 강조함 → '임금은 임금다워야 하고, 신하는 신하다워야 하며, 부모는 부모다워야 하고, 자식은 자식다워야 한다.'
- 맹자 : 직업 간의 귀천과 우열을 따지기 보다는 직업 간의 상호 보완적 관계를 강조하고, 직업의 도덕적 성격을 중시하였다. → '항산(恒産)이 없으면 항심(恒心)도 없다'
- 순자 : 예(禮)를 통해 인간의 욕망을 절제해야 하고, 능력에 따른 역할 분담을 강조하였다.

21　　　　　　　　　　　　　정답_①

사회 갈등 해결을 위한 자세

- 상대방 존중 : 다른 사람의 생각과 가치 존중 → 역지사지(입장 바꿔 상대방의 처지에서 생각해 보는 것), 관용(서로의 다름을 포용하는 열린 자세)
- 이성적 사고 : 감정을 잘 조절하고 상황을 이성적으로 판단하는 태도를 가져야 함
- 대화를 통한 양보와 타협 : 합의한 결과를 수용하고, 서로의 의견 차이를 좁혀 나가야 함

22　　　　　　　　　　　　　정답_②

사형 제도에 대한 관점(루소)

- 루소 : 사회 계약론의 관점 → 살인자가 된다는 것은 자신이 사형을 당해도 좋다는 것에 동의한 것으로 보고, 사형 제도에 대해 찬성
- 칸트 : 사형은 동등성의 원리(평등의 원리)에 부합 → 인간의 존엄성을 존중하는 것이다(살인한 범죄자의 인격 존중)
- 베카리아 : 공리주의적 관점 → 사형보다 종신 노역

형이 범죄 예방에 효과적임

23

정답_②

예술에 대한 도덕주의

- 예술의 목적 : 올바른 품성을 기르고 도덕적 교훈이나 모범을 제공하는 도덕성 함양에 기여해야 한다.
- 참여 예술론 : 예술은 사회적 모순을 비판하고, 사회 발전에 이바지해야 한다.
- 예술과 윤리의 관계 : 예술에 대한 적절한 윤리적 규제가 필요하다.

24

정답_③

윤리적 소비

- 의미 : 윤리적인 가치 판단에 따라 상품이나 서비스를 구매하고 사용하는 것
- 특징 : 소비자의 이익을 넘어 인권, 복지, 평화, 환경, 정의 등 인류의 보편적 가치를 적극적으로 고려함 → 착한 소비
- 실천 방법 : 환경 마크나 공정 무역 마크가 부착된 제품을 구입, 친환경 제품 소비, 재사용 가능한 상품 구매, 사회 공헌 활동에 적극 참여하는 기업 제품을 구입 등

25

정답_④

환경 문제의 특징

- 전 지구적 문제 : 환경 문제는 국경을 초월하여 연쇄적으로 영향을 미치고 있다.
- 지구의 자정 능력 초과 : 지구 생태계가 다시 회복되기 어려울 정도로 환경이 파괴되었다.
- 책임 소재 불분명 : 시간적·공간적 문제로 가해자와 피해자를 구분하기 어렵다.
- 미래 세대에 영향 : 현 세대에만 국한되지 않고, 미래 세대에까지 영향을 미친다.

2025년 1회 ▶도 덕◀

01	④	06	③	11	①	16	①	21	①
02	④	07	③	12	②	17	④	22	①
03	④	08	④	13	②	18	②	23	③
04	①	09	④	14	③	19	②	24	②
05	②	10	③	15	①	20	④	25	①

01

정답_④

환경 윤리 영역의 쟁점

동서양의 자연관, 다양한 환경 문제(지구 온난화, 오존층 파괴, 사막화, 토양·수질·대기 오염), 기후 변화와 환경 문제 극복을 위한 인간과 자연과의 관계, 미래 세대에 대한 책임 등

02

정답_④

도가의 장자

- 도가의 대표 사상가인 노자의 사상을 계승함
- 제물(濟物) : 세상 만물을 차별하지 않고, 한결같이 바라보는 평등적 세계관
- 수양법 : 좌망(坐忘, 조용히 앉아서 자신을 구속하는 일체의 것을 잊어버리는 것), 심재(心齋, 마음을 비워서 깨끗이 하는 것) → 정신적으로 자유로운 경지인 소요(逍遙)에 이를 수 있다

03

정답_④

도덕적 탐구의 방법

- 논리적 사고 : 전제로부터 결론 혹은 주장을 타당하게 도출하거나 어떤 주장에 논리적 모순 또는 오류가 있는지 검토하는 것
- 합리적 사고 : 자신의 사고가 이치에 맞는 것인지 따져 보고, 자신의 사고와 행위가 참된 근거와 원칙을 따르고 있는지 검토하는 것
- 비판적 사고 : 주장의 근거와 그 적절성을 따져보는 것, 도덕적 추론 과정에서 사용된 전제와 결론이 타당한지를 검토하는 것
- 배려적 사고 : 다른 사람의 욕구나 감정이 무엇인지에 관심을 갖고 그것을 존중해 주는 것

04 정답_①

소수자 우대 정책

- 의미 : 사회적 약자에 대한 차별을 시정하기 위하여 그동안 차별받아 온 집단의 구성원에게 고용이나 교육 등 다양한 측면에서 우선적으로 기회를 부여하는 정책
- 사례 : 장애인 의무 고용제, 농어촌 학생 특별 전형, 여성 고용 할당제, 지역 균형 선발 등

05 정답_②

칸트의 의무론

- 도덕 법칙 : 이성적이고 자율적인 인간은 보편적인 도덕 법칙을 인식할 수 있다. 따라서 도덕 법칙은 그 자체가 선(善)이기 때문에 무조건적으로 수행해야 한다. → '정언 명령'의 형식으로 제시
- 정언 명령 : "네 의지의 준칙이 항상 보편적인 입법의 원리가 될 수 있도록 행위 하라."(보편 법칙의 정식), "너 자신의 인격에서나 다른 모든 사람의 인격에서 인간을 단지 수단으로만 대우하지 말고 항상 동시에 목적으로 대우하도록 행위하라."(목적의 정식)
- 도덕적 행동 : 아무런 조건이나 제약 없이 그 자체만으로 선한 '선의지'의 지배를 받아야 하며, 도덕 법칙을 존중하는 '의무 의식'에서 나와야 한다. → 도덕성을 판단할 때 행위의 결과보다 동기를 중시

06 정답_③

남북한 통일에 대한 입장

- 찬성 : 이산가족의 고통 해소, 전쟁의 공포 해소, 경제적 번영, 민족의 동질성 회복 등
- 반대 : 이질화 심화, 평화와 공존 우선, 통일 비용과 조세 부담 증가, 갈등과 혼란 발생 등

07 정답_③

청렴

- 의미 : 성품과 행실이 깨끗하고 맑으며 탐욕이 없는 것
- 실천 방법 : 맡은 일을 공정하게 처리하기, 청탁 금지법 준수하기, 부패에 대한 신고 정신 함양 등

- 청렴과 관련된 전통 윤리 : 청백리 정신, 견리사의, 멸사봉공, 선공후사의 자세

08 정답_④

해외 원조에 대한 관점(롤스)

- 노직(자선의 관점) : 원조나 기부는 의무가 아니라 자발적인 선택에 따른 자선 행위 → 의무 요구는 개인의 권리 침해이고, 개인의 부에 대한 이용은 개인의 자유
- 싱어(의무의 관점) : 공리주의 입장에서 가난한 사람들의 고통을 줄여주고 인류의 이익을 증진시키기 위해 원조하는 것은 윤리적 의무, 이익 평등 고려의 원칙에 따라 누구나 차별 없이 도움을 받아야 하며 지구적 차원의 분배가 이루어져야 함을 주장
- 롤스(의무의 관점) : 해외 원조는 정의 실현을 위한 의무임을 강조, 원조의 목적은 불리한 여건으로 인해 고통 받는 사회를 '질서 정연한 사회'로 만드는 것, 즉 사회 구조와 체제의 개선이지, 모든 인류의 부의 재분배나 복지 수준을 향상시키는 것은 아님, 차등의 원칙을 국제 사회에 적용하는 것을 반대 → 빈곤국의 문제는 능력의 부재이고, 가난한 국가라도 '질서 정연한 사회'에 대해서는 원조할 필요가 없음

09 정답_④

국제 관계를 바라보는 관점

- 현실주의 : 인간은 이기적인 존재이며, 국가는 힘의 논리에 의해 자국의 이익만을 추구한다. 국가 간의 갈등 해결은 세력 균형을 통해서 가능하다.
- 이상주의 : 인간은 이성적 존재이며, 평화는 이성적 대화와 협력을 바탕으로 도덕·여론·법률·제도를 통해 만들어 질 수 있다. 국제 사회의 다양한 행위 주체(국가, 국제기구, 국제 비정부 기구 등)들의 능동적인 노력을 강조한다.

10 정답_③

인공 임신 중절에 대한 찬성(선택 옹호주의)

- 소유권 근거 : 태아는 여성 몸의 일부이므로 여성은 태아에 대한 권리를 지님

- 자율권 근거 : 인간은 자신의 신체에 대해 자율적으로 선택할 권리를 지님
- 정당방위 근거 : 여성은 자기 방어와 정당방위의 권리를 지님

11 정답_①

가족 간의 도리

- 효도 : 자녀가 부모의 은혜에 보답하는 것, 정성을 대해 부모를 공경하는 것
- 자애 : 부모의 자녀에 대한 헌신적인 사랑, 잘못에 대해 엄하게 꾸짖기도 함
- 우애 : 형제자매 간의 도리, 형은 아우를 사랑하고 아우는 형을 공경하는 것
- 책임과 존중 : 부부간에 서로 존중하고 자신에게 주어진 책임을 다하는 것
- 가족 간에 서로 존중, 배려, 대화 등 필요함

12 정답_②

윤리적 소비

- 의미 : 윤리적인 가치 판단에 따라 상품이나 서비스를 구매하고 사용하는 것
- 특징 : 소비자의 이익을 넘어 인권, 복지, 평화, 환경, 정의 등 인류의 보편적 가치를 적극적으로 고려함 → 착한 소비
- 실천 방법 : 환경 마크나 공정 무역 마크가 부착된 제품을 구입, 친환경 제품 소비, 재사용 가능한 상품 구매, 사회 공헌 활동에 적극 참여하는 기업 제품을 구입 등

13 정답_②

종교 갈등의 극복 방안

- 종교의 자유를 인정한다.
- 상호 인정과 수용의 자세를 지니도록 종교적 관용이 필요하다
- 종교 간의 대화와 협력을 통해 다른 종교에 대한 이해를 높인다.
- 사랑, 평화와 같은 가치를 실천하고자 노력한다.

14 정답_③

프롬(사랑의 4요소)

- 존경 : 사랑하는 사람을 있는 그대로 받아들이고 인정하며 존경하는 것
- 책임 : 사랑하는 사람의 욕구를 배려하면서 자신의 행동에 책임을 지는 것
- 이해 : 사랑하는 사람의 고유한 특성을 알고 그에 대해 제대로 이해하는 것
- 보호 : 사랑하는 사람의 생명과 성장에 대해 지속적인 관심을 가지고 돌보는 것

15 정답_①

과학 기술의 긍정적 영향

- 과학 기술의 긍정적 영향 : 물질적 풍요와 편리, 건강 증진과 수명 연장, 사람들 사이의 교류 확대, 지식과 문화의 확산 등
- 과학 기술의 문제점 : 과학 기술에 지나친 의존·종속, 인권 및 사생활 침해, 디지털 범죄 발생, 환경 파괴 가속화, 생명의 존엄성 훼손, 인류의 평화 위협

16 정답_①

저작권에 대한 두 입장(정보 공유)

- 저작권 보호(정보 사유론) : 개인의 재산으로 인정하고 보호해야 한다. 경제적 이익을 보장함으로써 의욕과 수준이 높아지고, 더 많은 지적 산물의 창조에 기여할 수 있다.
- 정보 공유론 : 개인의 자산인 동시에 인류의 공동 자산(공공재)이다. 정보를 공동의 이익을 위해서 사용해야 한다. 정보에 대한 자유로운 접근을 허용해야 한다. 개인이나 기업의 소유로 되면 정보의 지속적 발전이 어려워질 수 있다.

17 정답_④

시민의 정치 참여의 필요성

개인의 권리 보장, 대의 민주주의 한계 보완, 공공의 이익 증진, 공동체의 발전 등을 이루기 위해 민주 시민의 적극적인 정치 참여가 필요하다.

18
정답_②

음식과 관련된 운동

- 로컬 푸드 운동 : 지역에서 생산된 먹거리를 그 지역에서 소비하는 것으로 장거리 운송을 거치지 않은 안전하고 건강한 지역 농산물을 구매하려는 운동이다.
- 슬로푸드 운동 : 비만 등을 유발하는 패스트푸드의 문제를 해결하고자 가공하지 않고 사람의 손맛이 들어간 음식

19
정답_②

책임 윤리(요나스)

- 등장 배경 : 과학 기술의 발달과 그것을 따라가지 못하는 윤리 사이의 차이인 '윤리적 공백'이 발생함에 따라 필요성 제시됨
- 인간 중심적 자연관을 비판하며 의도한 행위의 결과뿐만 아니라 예견 가능한 모든 결과에 대한 책임 및 의도하지 않은 행위의 결과까지 책임의 범위를 확장할 것을 요구함
- 책임의 범위를 현 세대뿐만 아니라 미래 세대 및 자연과 생태계 전체로 확대할 것을 요구함

20
정답_④

다문화 이론(동화주의)

- 용광로 이론 : 서로 다른 여러 금속을 용광로에 넣으면 모두 녹아 하나가 되는 것처럼, 하나의 용광로에 다양한 문화가 융합되어 새로운 문화를 형성한다는 이론 → 동화주의
- 샐러드 볼 이론 : 샐러드 그릇 안에서 다양한 채소가 고유한 맛을 지키면서도 조화를 이루는 것처럼 모든 문화가 자기만의 특성을 유지하면서 기존 문화와 공존할 수 있다는 이론 → 다문화주의
- 모자이크 이론 : 여러 조각들인 다양한 문화가 모여 하나의 모자이크를 만든다는 이론 → 다문화주의
- 국수 대접 이론 : 주류 문화는 국수와 국물처럼 중심 역할을 하며, 이주민의 문화는 색다른 맛을 더해 주는 고명이 되어 자신의 문화적 정체성을 유지하면서 공존한다는 이론 → 문화 다원주의

21
정답_①

생태 중심주의

- 레오폴드의 대지 윤리 : 도덕 공동체의 범위를 흙, 물, 불, 동식물 등 포함하여 대지로 확대하였다.
- 인간은 대지의 지배자가 아니라 대지의 구성원이며, 자연 전체가 도덕적 고려의 대상이 되어야 한다.
- 자연은 본래적 가치를 지닌다는 견해로, 인간은 자연의 일부, 자연은 인간의 이익과 상관없이 그 자체로 가치를 지님, 자연도 인간과 동등하며 우리가 존중하고 보호해야 함, 지구 생태계의 조화를 유지하도록 노력해야 함

22
정답_①

예술 지상주의(심미주의)

- 예술의 유일한 목적은 예술 그 자체의 미(美)에 있으며, 도덕적·사회적 효용성을 배제해야 한다. → 예술의 자율성 강조
- 예술에 대한 윤리적 규제에 대하여 반대한다.
- 예술은 예술 이외의 다른 것을 위한 수단이 될 수 없다.

23
정답_③

정명(正名) 사상

- 공자의 직업관 : 자신이 맡은 사회적 임무와 역할에 충실해야 한다는 것을 강조함
- "임금은 임금다워야 하고 신하는 신하다워야 하며, 부모는 부모다워야 하고 자식은 자식다워야 한다."
① 겸애(兼愛) : 자기와 남을 구별하지 않고 모든 사람을 똑같이 사랑하라는 묵가의 사상
② 무위(無爲) : 자연에 따라 행하고 인위를 가하지 않는 것. 인간의 지식이나 욕심이 오히려 세상을 혼란하게 한다고 여기고 자연 그대로를 최고의 경지로 여기는 도가의 사상
④ 해탈(解脫) : 불교에서 인간의 속세적인 모든 속박으로부터 벗어나 자유롭게 되는 상태

24
정답_②

동물 실험 반대 입장

- 동물 중심주의 : 동물의 권리 침해, 동물에게 고통을 줌, 동물도 삶의 주체로서 도덕적 고려의 대상에 포함됨
- 인간과 동물의 존재 지위에는 차이가 없고, 동물을 도구로의 활용은 옳지 않음
- 동물 실험의 결과가 인간에게 동일하게 나타나지 않을 수 있음
- 다른 가능한 연구의 기회를 막아 의학 발전이 저해될 수 있음
- 인간 세포와 조직의 이용, 모의실험 등의 대안적 방법 등이 존재

25
정답_①

갈퉁의 평화

- 소극적 평화 : 전쟁, 테러, 범죄, 폭행과 같은 물리적 · 직접적 폭력이 없는 상태 → 전쟁이 없는 상태, '국가 안보'의 개념
- 적극적 평화 : 물리적 · 직접적 폭력뿐만 아니라 빈곤, 기아, 종교적 차별과 같은 구조적 폭력과 문화적 폭력까지 완전히 제거되어 인간다운 삶을 영위할 수 있는 상태 → '인간 안보'의 의미

▶2024년 2회◀

01	①	06	①	11	①	16	②	21	④
02	③	07	③	12	①	17	④	22	②
03	②	08	③	13	④	18	④	23	④
04	③	09	②	14	②	19	④	24	②
05	①	10	①	15	③	20	①	25	④

01
정답_①

현실의 구체적인 문제 원인을 분석하고 타당한 해결책을 제시하는 것을 목표로 하는 윤리학은 실천 윤리학이다(예 : 생명 윤리, 정보 윤리, 문화 윤리 등).
② 기술 윤리학 : 도덕현상과 문제의 명확한 기술, 기술된 현상들 간의 인과 관계를 설명하는 데 관심을 두는 학문이다.
③ 이론 윤리학 : 윤리적 판단과 행위 원리를 탐구하고 이에 대한 정당화에 초점을 두는 학문이다(예 : 의무론, 공리주의, 덕 윤리론 등).
④ 메타 윤리학 : 도덕적 언어의 의미 분석과 논리 분석에 관심을 두는 학문이다.

02
정답_③

환경 윤리는 인간은 자연으로부터 독립된 존재가 아니라 자연의 일부이며, 다른 생명체와 상호 보완적 관계가 있는 것이다. 쟁점으로는 자연은 개발의 대상인가, 보존의 대상인가? 또는 탄소 배출 방안과 관련하여 어떻게 할 것인가 등이 해당할 수 있다.
① 생명 윤리의 쟁점
② 성과 가족 윤리의 쟁점
④ 평화 윤리의 쟁점

03
정답_②

제시된 도덕 인물 카드의 윤리 사상가는 맹자이다. 맹자는 사단(四端, 측은지심, 수오지심, 사양지심, 시비지심)에 근거한 성선설과 일정한 생업(恒産)이 있어야 바른 마음(恒心)을 지킬 수 있다고 주장하였다.
① 도가, 무위자연을 존중
③ 성악설
④ 묵가, 겸애 사상

04 정답_③

제시된 설명에 해당하는 윤리 이론은 "공리주의"이다. 가장 좋은 결과를 가져오는 행위가 옳다고 보는 결과론적 윤리설로서 행위의 결과가 가져다 줄 쾌락과 행복이 행위의 기준이 된다고 본다. 벤담의 행위 공리주의는 양적 공리주의이고, 밀의 행위 공리주의는 질적 공리주의에 해당한다.

① 의무론 : 행위의 옳고 그름은 그 행위가 주어진 의무나 도덕 법칙을 준수하느냐에 따라 결정된다고 보는 이론으로서 칸트의 의무론적 윤리설이 대표적이다.

② 덕 윤리 : 의무, 규칙, 혹은 행위의 결과보다는 도덕 행위자의 품성과 덕을 강조한다.

④ 진화 윤리 : 진화 이론이 윤리나 도덕에 대한 우리의 이해에 어떻게 관련될 수 있는지를 탐구하는 영역이다.

05 정답_①

(가)에 들어갈 용어로 적절한 것은 "죽음"이다. 제시된 탐구 주제는 장자, 플라톤, 에피쿠로스 등의 죽음에 대한 관점을 제시하였다. 그밖에 공자는 죽음보다는 현실적 삶에 충실할 것을 강조하였고, 불교에서는 죽음이 고통 중 하나이며 다른 세계로 윤회하는 계기로 본다.

③ 성찰 : 자기의 마음을 반성하고 살 핌

④ 희망 : 원하는 것이 이루어 진대는 기대

06 정답_①

제시된 내용 좌망(坐忘, 조용히 앉아서 시비 분별을 잊는다.)과 심재(心齋, 마음을 깨끗이 비워 가지런히 한다.)는 도교의 수행 방법으로 제물(齊物)의 경지에 이르기 위한 방법으로 제시하였다. 도교는 세상 만물을 차별하지 않고 한결같이 보는 상태로 무위자연을 강조하고 있다.

① 제물(齊物) : 도(道)의 관점에서 만물을 평등하게 바라본다는 의미

② 오륜(五倫) : 유교 실천 강목, 친애(親愛), 의리(義理), 분별(分別), 차서(次序), 신의(信義)

③ 효제(孝悌) : 유교, 부모에게 효도하고 형제자매 간에 우애있게 지내는 것

④ 충서(忠恕) : 유교, 속임이나 꾸밈없이 온 정성을 다하는 것

07 정답_③

제시된 설명에 해당하는 사상가는 인간과 자연, 미래 세대에 대한 책임 윤리를 강조한 "요나스"이다. 요나스는 인간은 자연 안에서 책임을 질 수 있는 유일한 존재라고 하였다.

① 밀 : 질적 공리주의

② 벤담 : 양적 공리주의

④ 베이컨 : 경험주의, 인간 중심주의

08 정답_③

㉠에 들어갈 내용은 시민 불복종의 정당화 조건 가운데 자신의 위법 행위에 대한 책임을 져야 한다는 "처벌 감수"이다. 시민 불복종의 정당화 조건으로는 비폭력성, 목적의 정당성, 공개성, 처벌·제재의 감수, 최후의 수단 등이 있다. 이러한 시민 불복종의 사례로서는 여성의 참정권 운동, 간디의 소금법 폐지 행진, 마틴 루서 킹의 흑인 민권 운동, 베트남 전쟁 반대 운동 등이 있다.

① 익명성 : 어떤 행위를 한 사람이 누구인지 드러나지 않는 것

④ 공동선 추구 : 사회 공동체 전체를 위한 선으로, 공동의 이익이나 공동체를 위한 가치를 추구하는 것

09 정답_②

㉠에 공통으로 들어갈 용어는 프롬(Fromm)의 "사랑"이다. 프롬은 사랑이 보호, 책임, 존경, 이해의 요소를 포함한다고 보았다. 프롬(Fromm)은 "사랑은 적극적인 과정이자 끊임없이 학습하고 노력하여 개발되는 기술(art)이다."라고 하였다.

③ 정의 : 진리에 맞는 올바른 도리

④ 책임 : 맡아서 해야 할 임무나 의무

10 정답_①

(가) 인간 중심주의는 인간만이 도덕적 고려의 대상이라고 보며, (나) 동물 중심주의는 인간과 동물들을 도덕적 고려의 대상으로 보고 있다. 따라서 B에 들어갈 공통적인 내용은 "인간은 도덕적 고려의 대상이다."라 할 수 있다.

② 생명 중심주의(슈바이처, 테일러 등)
③ 생태 중심주의(레오폴드)
④ 환경 파시즘

11 정답_①

제시된 설명에 해당하는 직업 윤리 의식은 칼뱅(Calvin, J.)의 "소명 의식"이다. 칼뱅은 자신의 직업에 충실히 종사하는 것이 바로 신의 명령에 따르는 것이라고 말하였다.
② 경로 사상 : 노인을 공경하는 생각
③ 장인 의식 : 한 가지 기술에 통달할 만큼 오랫동안 전념하고 작은 부분까지 심혈을 기울이고자 노력하는 정신
④ 특권 의식 : 정치 · 사회 · 정치적으로 특별한 권리를 누리고자 하는 태도

12 정답_①

교사의 질문은 과학 기술자가 지녀야 할 윤리적 책임이다. 과학 기술자는 연구 결과가 인간의 존엄성을 침해해서는 안되며, 과학 기술의 부작용을 충분히 검토해야 한다. 또한, 자신이 연구하는 정보나 자료를 위조해서는 안되며 다른 연구자들이 신뢰할 수 있는 검증 절차를 활용해야 한다.

과학 기술자의 책임 한계에 대한 견해

오펜하이머	과학 기술 자체에 대한 책임만 강조
하이젠베르크	과학 기술과 관련한 사회적 책임까지 강조

13 정답_④

제시된 내용이 설명하는 국가 권위의 정당화 근거는 "사회 계약"이다. 사회계약설은 생명과 자유, 재산을 보장받기 위해 개인 간 합의를 통해 국가를 수립한다는 주장이다.
① 겸애 : 묵가의 묵자가 주장한 차별없는 사랑을 의미
② 중용 : 아리스토텔레스가 주장한 내용으로 많음과 적음의 어느 쪽에도 치우치지 않는 적당함을 취하는 용기를 말함

14 정답_②

제시된 내용에서 설명하는 윤리적 문제는 경제적 차이 또는 빈부 격차에서 발생할 수 있는 "식량 불평등 문제"라고 할 수 있다.
① 동물 복지는 동물학대, 살상 등을 못하게 하고 그 동물의 특성에 알맞게 다룰 수 있도록 노력하는 것
③ 사이버 폭력은 사이버상에서 특정인을 의도적 · 지속적 · 반복적으로 괴롭히는 행동 또는 현상

15 정답_③

예술에 대한 도덕주의 입장에서는 미적 가치만을 추구하는 것이 아니라 도덕적 교훈이나 본보기를 제공해야 하며 예술이 사회의 도덕적 성숙에 기여해야 한다고 본다(플라톤, 톨스토이).

예술과 윤리의 상호 연관성

	도덕주의	심미주의
주장	도덕적 가치 〉 미적 가치	도덕적 가치 〈 미적 가치
강조점	예술의 사회성	예술의 자율성
	참여 예술론 지지	순수 예술론 지지

16 정답_②

갈퉁(Galtung, J.)의 평화에 대한 내용 중 (가)는 소극적 평화, (나)는 적극적 평화이다.

소극적 평화	전쟁, 테러, 범죄, 폭행 등과 같은 직접적 폭력이 없는 상태
적극적 평화	직접적 폭력은 물론 가난, 차별 등 구조적 · 문화적 폭력도 사라져 인간다운 삶을 누릴 수 있는 상태

폭력의 종류

직접적 폭력	물리적 폭력	전쟁, 테러, 범죄, 폭행 등 직접적이고 의도적인 폭력
간접적 폭력	구조적 폭력	정치, 법률, 사회제도나 관습 등에서 생기는 간접적, 정신적이고 의도되지 않은 폭력
	문화적 폭력	종교, 언어, 예술 등을 통해서 직접적 폭력 행위와 구조적 폭력을 용인하고 정당화하는 기능을 수행하는 상징적인 폭력

17 정답_④

롤스(Rawls, J.)의 정의관은 절차적 정의, 정의의 원칙(동등한 자유의 원칙, 차등의 원칙과 기회 균등의 원칙), 공정으로서의 정의 등으로 설명될 수 있다.

① 절차적 정의로서 절차가 공정하면 그 결과도 공정하다고 보았다.

② 정의의 원칙 제1원칙인 동등한 자유의 원칙이다.

③ 무지의 베일은 개인의 사회적 지위, 계층 상의 위치, 소질과 능력, 지능, 체력, 심지어 가치관, 심리적 성향에 관해서도 모르게 하는 것으로, 자연적·사회적 우연성을 배제하기 위한 것이다. 이러한 원초적 입장에서 제2원칙인 차등의 원칙와 기회 균등의 원칙에 합의할 수 있다고 보았다.

④ 노직(Nozick, R.)의 사상이다.

18 정답_④

처벌에 대한 응보주의적 관점에서는 자신의 행위에 책임을 질 수 있는 자율적인 주체를 전제로 한다. 따라서 처벌이 위법 행위에 대한 '응분의 대가'로 시행될 때 사회 정의는 실현된다고 본다. 그러나 공리주의적 관점의 일반 예방주의의 베카리아는 사형제를 반대하는 입장에서 사형은 공익에 이바지하는 바가 적으며, 사형보다 종신 노역형이 사회 이익에 부합한다고 주장하였다.

19 정답_④

㉠에 들어갈 용어로 적절한 것은 정보의 "자기 결정권"이다. 정보의 자기 결정권은 자신의 개인 정보를 누구에게 어떤 범위까지 얼마 동안 어떤 형식으로 공개할 것인가, 언제 폐기할 것인가 등에 대해서 정보의 주인이 스스로 통제할 수 있는 권리를 말한다.

20 정답_①

제시된 설명에 해당하는 용어는 "통일 비용"이다. 통일 비용은 통일 과정과 통일 이후의 남북한 격차를 해소하기 위해 부담해야할 비용을 말한다.

④ 통일 편익 : 통일로 얻을 수 있는 편리함과 이익을 뜻하는 것

분단 비용, 평화 비용, 통일 비용

분단 비용	분단 상태가 계속되면서 남북한 사이의 대결과 갈등으로 지출되는 유·무형의 비용 (예 : 국방비, 물류비, 이산가족의 고통)	소모되는 비용 (지속적으로 소모)
평화 비용	현재의 평화 상태를 유지하고 관계를 발전시켜 통일로 나아갈 수 있는 기반을 마련하기 위한 비용(예 : 남북 교류 비용)	투자 비용 (초기 비용은 크지만 일정 기간이 지나면 감소)
통일 비용	통일 과정과 통일 이후 남북한의 격차를 해소하기 위해 부담해야 할 비용	

21 정답_④

사회 윤리에 대한 니부어(Niebuhr, R.)의 기본 입장은 개인의 도덕성과 집단의 도덕성을 구분하였으며, 집단의 도덕성은 개인의 도덕성보다 현저히 떨어진다는 점을 주장하였다. 개인이 양심적이고 도덕적일지라도 사회는 이기적이며 비도덕적일 수 있다고 보았다. 따라서 니부어는 사회 문제 해결을 위해서는 개인의 도덕성 함양과 더불어 사회구조와 제도를 바로잡는 노력을 해야 한다고 강조하였다.

22 정답_②

소수자 우대 정책의 윤리적 쟁점

찬성 입장	반대 입장
• 사회 갈등 완화, 사회 전체의 이익 극대화 • 과거 부당한 차별을 보상 • 자연적, 사회적 운으로 발생한 불평등을 시정하여 기회의 평등 보장	• 특정 집단에 부당한 특혜 • 소수 집단에 부정적 낙인 • 과거의 피해와 현재의 보상 간 불일치 문제 • 역차별로 새로운 사회 갈등 유발

23 정답_④

하버마스(Habermas, J.)는 이상적 담화 상황의 조건으로 이해 가능성, 진리성, 진실성, 정당성 등을 제시하였다. 또한, 하바마스는 합리성을 보장받기 위해서는 제안된 주장이 보편적으로 타당해야하며 대화에 참여한 모든 사람이 동의하여 합의에 도달할 경우 담론의 합리성이 인정된다고 하였다.

24

정답_②

종교 간 갈등 해결을 위한 자세로는 종교의 자유를 인정하고 타 종교에 대한 관용의 태도를 지녀야 한다. 또한, 종교 간 차이를 이유로 타인을 억압하지 않아야 하며, 종교 간의 대화를 통해 타 종교에 대한 이해를 높이도록 해야 한다. 한스 큉은 "종교 간의 대화없이 종교 간의 평화 없고, 종교 평화 없이는 세계 평화도 없다."고 하였다.

25

정답_④

공직자는 공권력을 지니므로 공직자에게는 투철한 사명감과 책임감, 그리고 더 높은 도덕성이 요구된다. 공직자가 지녀야 할 바람직한 태도로서는 청렴, 봉공(奉公), 봉사의 자세를 지녀야 한다. 청탁과 비리는 공직자가 가져서는 안되는 태도에 해당한다.

▶2024년 1회◀

01	①	06	③	11	④	16	①	21	③
02	④	07	①	12	①	17	②	22	③
03	②	08	③	13	②	18	②	23	①
04	④	09	③	14	④	19	③	24	④
05	④	10	①	15	③	20	②	25	①

01

정답_①

제시된 설명에 해당하는 용어는 '딜레마'이다. 딜레마는 윤리적 문제 상황에서 두 가지 이상의 도덕 원칙 사이에 갈등과 충돌이 전개되는 상황을 말하는 것이다.
② 이데아 : 플라톤 철학의 중심 개념으로 순수한 이성에 의하여 얻어지는 최고 개념이다.
③ 가상 현실 : 실제와 유사하지만 실제가 아닌 인공 환경을 의미한다.
④ 정언 명령 : 칸트가 제시한 개념으로 마땅히 해야 할 무조건적 명령의 형태로 지시하는 것으로 '~하라'의 형태로 표현이 된다.

02

정답_④

제시된 사단(四端), 오륜(五倫), 효제(孝悌), 충서(忠恕) 등과 관련된 윤리 사상은 '유교'이다.
① 도가 : 노자의 무위자연, 장자의 제물과 좌망, 심재 등
② 불교 : 연기(緣起), 자비(慈悲), 불살생과 살생유택 등
③ 법가 : 법에 따른 엄격한 통치 확립

03

정답_③

제시된 주제 '통일', '국제 사회의 분쟁 해결' 등을 다루는 실천 윤리 분야는 '평화 윤리'이다.
① 성 윤리 : 성 차별, 성 상품화 등
③ 직업 윤리 : 소명 의식, 직분 의식, 전문 의식 등
④ 생명 윤리 : 인공 임신 중절, 안락사 등

04

정답_④

도덕 원리 검사 방법으로 도덕 원리를 모든 사람에게 적용했을 때 나타나는 결과에 문제가 없는지 확인하는 방법은 '보편화 결과 검사'이다.
① 포섭 검사 : 선택한 도덕원리를 더 일반적이고 포괄적인 도덕 원리에 따라 판단해 보는 방법

② 기술 영향 검사 : 다른 분야에 미치는 영향을 미리 확인해 보는 검사

③ 사실 판단 검사 : 사실 판단이 '참'인지 '거짓'인지를 확인하는 검사

05 정답_④

제시된 내용에서 설명하는 사회 갈등의 종류는 '연령 및 시대별 경험의 차이'로 인해 젊은 세대와 기성 세대 간에 발생할 수 있는 '세대 갈등'이다.

① 지역 갈등 : 지역 간의 갈등

② 남녀 갈등 : 남성과 여성 간의 갈등

③ 노사 갈등 : 노동자와 사용자 간의 갈등

06 정답_③

바람직한 토론의 자세로는 토론의 규칙과 절차 준수, 논리적으로 타당한 근거 제시, 자기 생각의 오류 가능성 인정, 타인의 의견과 인격을 존중하는 태도 등을 가져야 한다.

07 정답_①

제시된 도덕 인물 카드에서 설명하고 있는 '동물 해방론' 주장, '해외 원조의 필요성' 강조와 관련된 윤리 사상가는 동물중심주의 학자인 '싱어'이다.

② 칸트 : 인간중심주의

③ 슈바이처 : 생명중심주의

④ 아리스토텔레스 : 인간중심주의

08 정답_③

공리주의 입장에 대한 비판점으로는 '내면적 동기에 소홀', '소수의 권리가 침해될 수 있다' 등이 있다.

①, ② 칸트의 의무론

④ 공리주의는 사익과 공익의 조화를 추구

09 정답_③

제시된 탐구 주제에 해당하는 것은 '분배적 정의'이다. 각자에게 자신의 정당한 몫을 누릴 수 있게 하고 아무도 불만을 제기하지 않는 방식으로 분배함으로써 정의를 실현하는 것을 말한다.

① 규범적 정의 : 규범 자체가 정의로운지 판단하는 것

② 교정적 정의 : 잘못이 있을 때는 공정하게 처벌, 피해가 발생했을 때는 합당하게 배상하는 것

④ 형벌적 정의 : 범죄자의 행위에 상응하는 처벌을 하는 것

10 정답_①

프롬의 진정한 사랑의 요소로는 '책임', '이해', '존경', '보호' 등이 있다. '존경'은 사랑하는 사람을 지배하고 소유하는 것이 아니라 있는 그대로 받아들이고 인정하며 존경하는 것을 말한다.

② 이해

③ 책임

④ 보호

11 정답_④

'시민 불복종'은 사회의 정의롭지 않은 법률이나 정책 또는 명령을 개정하려는 목적으로 행하는 의도적인 위법 행위를 말한다. '시민 불복종' 사례로 간디의 소금법 폐지 운동, 소로의 납세 거부 운동, 마틴 루서 킹의 흑인 차별 철폐 운동, 참정권 확대 운동, 베트남전쟁 반대 운동 등이 있다. 그리고 시민 불복종의 정당화 조건으로는 공개성, 행위 목적의 정당성, 비폭력성, 최후의 수단, 처벌 감수 등이 있다.

① 공정 무역 : 생산자들이 생산원가와 생계비를 보장받을 수 있도록 공정한 가격을 지불하는 무역

12 정답_①

생명 복제는 동일한 유전 형질을 가진 생명체를 만드는 기술이다. 생명 복제를 반대하는 입장으로는 생명의 존엄성 훼손, 자연 질서 위배, 종의 다양성 훼손, 동물을 인간의 유용성을 위한 도구로 사용함 등이 있다.

13 정답_②

공직자가 지녀야 할 덕목으로는 성실, 정직, 책임, 청렴, 봉사의 자세, 공익 실현의 자세 등이 있다

14 정답_④

과학 기술자가 지녀야 할 윤리적 자세로는 연구 윤리를 준수하며 연구 자체에 대한 책임을 져야 한다는 것이다. 따라서 위조, 변조, 표절, 부당한 저자 표기 등을 해서는 안되며 또한, 과학 기술의 위험성과 부작용을 충분히 검토를 해야 한다.

15   정답_③

사회 윤리학자 '니부어'는 "집단의 도덕성은 개인의 도덕성보다 현저히 떨어진다"고 보았으며, 정의로운 사회가 되려면 "개인의 도덕성 함양뿐만 아니라 사회 정책과 제도의 개선이 필요하다"고 주장하였다..

① 벤담 : 공리주의 사상가

④ 베카리아 : 사형제도 반대

16   정답_①

바람직한 통일 한국의 모습으로는 자유로운 민주 국가, 창조적인 문화 국가, 정의로운 복지 국가 등이 있다.

17   정답_②

자연을 바라보는 서양의 관점에는 인간 중심주의, 동물 중심주의, 생명 중심주의, 생태 중심주의 등이 있다. 제시된 B에 들어갈 내용은 (가)의 동물 중심주의(인간, 동물)와 (나)의 생명 중심주의(인간, 동물, 식물)의 공통점에 해당하는 것이다. 따라서 도덕적 고려의 범위에 인간과 동물이 포함될 수 가 있다.

①, ③ 인간 중심주의 : 인간만이 직접적인 도덕적 고려의 대상으로 보는 입장

④ 생태 중심주의 : 무생물을 토함한 생태계 전체를 도덕적 고려의 대상으로 여기는 입장

18   정답_②

제시된 내용 '인터넷에서 불법으로 노래 파일을 내려받는 행위'에 해당하는 윤리 문제는 '저작권 침해'이다.

① 정보 격차 : 정보에 접근할 수 있는 기회와 능력의 차이를 말한다.

③ 보이스 피싱 : 불법적으로 개인의 금융 정보를 빼내 범죄에 사용하는 범법 행위

④ 사이버 따돌림 : 특정인을 온라인 상에서 집단적으로 집요하게 괴롭히는 행위

19   정답_③

"대중문화를 윤리적으로 규제해야 하는가?"라는 주제에 대한 찬성 논거와 반대 논거가 적절한가를 판단한다.

① 규제를 통해 (성 상품화를 예방)할 수 있다.(○)

② 규제를 통해 (청소년을 폭력 문화로부터 보호) 할 수 있다.(○)

③ 규제를 하면 (다양한 문화가 폭넓게 창조)된다.(×)

④ 규제를 하면 (창작자의 표현할 자유와 권리가 침해)된다.(○)

20   정답_②

제시된 설명에 해당하는 것은 '다문화주의'이다. 다문화를 바라보는 관점으로는 다문화주의 이외에도 동화주의(이주민의 문화 등 소수 문화를 주류 문화에 적응시키고 통합하려는 입장, 용광로 모형), 문화다원주의(주류 문화를 바탕으로 문화 다양성을 인정하는 입장, 국수대접 모형) 등이 있다. 문화 사대주의와 자문화 중심주의는 문화에 대한 이해 태도로서 문화적 편견은 지양해야 하며 다른 나라의 문화를 상대의 관점에서 인정하고 존중하는 태도가 바람직하다.

21   정답_③

의복 문화와 관련된 윤리적 문제로는 유행 추구 현상, 명품 선호 현상 등을 들 수 있다. 그리고 바람직한 의복 문화 형성을 위한 자세로서 패스트패션 기업들은 사회적 책임 의식을 지니고 윤리 경영을 실천해야 하며 소비자는 인권과 생태 환경을 고려하는 윤리적 소비를 하는 것이 바람직하다고 할 수 있다.

① ㉠ 유행 추구 현상 : 긍정적 - 개인의 선택권 존중, 개성과 미적 감각 표현, 문화 발전의 바탕, 부정적 - 몰개성화 초래, 패스트패션은 자원 낭비, 환경 문제, 노동 착취 등 초래

② ㉡ 명품 선호 현상 : 긍정적 - 개인의 자유로운 소비는 정당, 심리적 만족감과 품격을 높임, 부정정 - 과시적 소비(베블런 효과), 사회적 위화감 조성 등

22   정답_③

제시된 설명에 해당하는 것은 롤스가 주장한 '원초적 입장'이다.

① 판옵티콘 : 벤담이 고안한 원형의 감옥 형태

② 윤리적 공백 : 기존의 윤리와 과학 기술 발달에 따라 새롭게 요구되는 윤리 사이에는 간극이 발생한다. (요나스)

④ 공유지의 비극 : 공공자원을 구성원의 자율에 맡길 경우 자원이 고갈될 위험에 처할 수 있다는 것을 설명하는 이론이다.

23
정답_①

예술과 윤리의 관계에서 "예술은 인간에게 올바른 품성을 함양하게 하고 도덕적 교훈이나 모범을 제공해야 한다"는 입장은 '도덕주의'이다.
③ 예술 지상주의(심미주의) : 미적 가치와 도덕적 가치는 독립된 영역으로 보아야 한다는 입장이다.

24
정답_④

㉠에 들어갈 용어로 적절한 것은 '미래 세대'이다. 책임 윤리를 강조한 요나스는 기존의 전통적인 책임 윤리가 현대의 과학 기술 사회에 적합하지 않다고 보고, 과학 기술이 발전한 시대에 새로운 책임 윤리를 확립해야 한다고 주장하였다.

25
정답_①

해외 원조에 대한 노직의 관점은 해외 원조는 의무가 아니라 자발적인 선택에 따른 행위라 하였고, 자선의 관점에서 가난한 사람들을 도울 수는 있지만 이를 의무로 요구하는 것은 개인에 대한 권리 침해라고 보았다. 그리고 의무의 관점으로 본 사상가로는 싱어와 롤스 등이 있다. 특히, 롤스는 가난한 나라일지라도 질서정연한 사회에 진입했다면 원조할 필요가 없다고 보았다.

▶2023년 2회◀

01	③	06	④	11	②	16	④	21	④
02	①	07	④	12	①	17	③	22	①
03	③	08	②	13	③	18	②	23	④
04	④	09	③	14	①	19	①	24	②
05	①	10	②	15	③	20	②	25	④

01
정답_③

윤리학 구분(규범 윤리학)
• 규범 윤리학 : 인간이 어떻게 행동해야 하는가에 대한 보편적 원리를 탐구하는 것을 주된 목표로 하는 윤리학
 − 이론 윤리학 : 도덕적 행위에 대한 이론적 탐구와 정당화를 통해 현실의 윤리적 문제 해결을 위한 토대 제공
 − 실천 윤리학(응용 윤리학) : 이론 윤리의 내용을 구체적인 삶의 문제에 응용하거나 삶의 구체적인 상황에서 발생하는 문제에 대한 해결 모색
• 메타 윤리학 : 도덕적 언어의 의미를 분석하고, 도덕적 추론의 타당성을 입증하며, 학문적 가능성을 연구함
• 기술 윤리학 : 도덕적 풍습이나 관습에 대해 묘사하거나 객관적으로 기술하는 것을 주된 목표로 함

02
정답_①

유교의 이상적 인간(군자)
• 사상 : 도덕적 인격 완성 중시, 도덕적 공동체 추구, 정명 사상, 인간과 자연의 조화 추구(천인합일)
• 이상 사회 : 대동 사회(개인들이 자신의 능력을 충분히 발휘하고, 누구에게나 기본적인 삶의 보장과 범죄가 발생하지 않는 사회)
• 이상적 인간상 : 성인, 군자(도덕적 수양과 사회적 실천을 통해 이상적 인격에 도달한 사람)

03
정답_③

사이버 폭력
• 의미 : 사이버 공간에서 상대방이 원하지 않는 언어, 이미지, 영상 등을 이용하여 정신적·심리적 피해를 주는 행위

04

정답_④

윤리적 성찰

- 의미 : 생활 속에서 자기가 가지는 마음, 하는 일이나 행동, 발생한 문제에 대해 윤리적 관점에서 깊게 생각하고 살피는 태도
- 중요성 : 도덕적 자각 계기, 인격의 함양, 올바른 가치관 형성
- 실천 방법 : 일기 쓰기, 좌우명 만들기, 성찰 독서 감상문 쓰기, 토론 등

05

정답_①

덕 윤리

- 행위자 중심 : 도덕 원리가 아니라 행위자의 성품과 인간관계의 맥락에 중점을 둔다. → '품성의 바름'을 추구(행위자의 성품을 먼저 평가하고, 이를 근거로 행위의 옳고 그름을 판단해야 한다.)
- 아리스토텔레스 → 중용(中庸, 지적인 덕과 품성적인 덕이 조화를 이룬 덕이 완성된 인간을 이상적으로 보고, 덕을 실천하려는 의지와 태도를 강조)
- 공동체의 삶 강조 : 공동체와 분리된 개인이 아닌 공동체 구성원으로서의 삶을 강조하였다. → 매킨타이어(Mclntyre, A.) : 개인의 자유와 선택보다는 공동체와 그 공동체의 전통과 역사를 중시함
- 윤리적 의사 결정 : "보편타당한 규칙을 따르라."고 하기보다는 "정직한 사람이 되어라.", "정직한 사람이 할 법한 행위를 하라."고 요구한다.

06

정답_④

정보화 시대의 도덕적 자세

- 인간 존중의 원칙 : 사이버 공간에서 타인의 인격과 사생활, 다른 사람의 저작물을 존중해야 한다.
- 책임의 원칙 : 사이버 공간에서 정보를 자유롭게 제작·유통할 때 자신의 행동이 가져올 결과를 신중히 생각하고 책임 있게 행동해야 한다.
- 정의의 원칙 : 사이버 공간에서 규칙과 법을 준수하고, 정보화 혜택의 차별 없는 분배가 이루어져야 한다.
- 해악 금지의 원칙 : 사이버 공간에서 다른 사람과 사회에 해악(사이버 폭력, 피싱, 파밍, 해킹, 바이러스 유포 등)을 끼치지 않아야 한다.

07

정답_④

가족 간의 윤리

- 효도 : 자녀가 부모의 은혜에 보답하는 것, 정성을 다해 부모를 공경하는 것
- 자애 : 부모의 자녀에 대한 헌신적인 사랑, 잘못에 대해 엄하게 꾸짖기도 함
- 우애 : 형제자매 간의 도리, 형은 아우를 사랑하고 아우는 형을 공경하는 것
- 책임과 존중 : 부부간에 서로 존중하고 자신에게 주어진 책임을 다하는 것

08

정답_②

동물 중심주의(싱어)

동물이 쾌락과 고통을 느끼고 받아들일 수 있는 능력(쾌고 감수 능력)을 갖고 있기 때문에 동물의 이익도 평등하게 고려되어야 하고(이익 평등 고려의 원칙), 종(種)이 다르다는 이유로 차별하는 것은 인종 차별이나 성차별과 다를 바 없다고 주장(종 차별주의 반대)하였다.

09

정답_③

플라톤

고대 그리스의 대표 철학자로, 소크라테스의 제자로 이데아론(죽음은 육체에 갇혀 있는 영혼이 해방되어 '이데아'의 세계로 되돌아가는 것)을 주장하였고, 각자의 계급에 맞는 역할을 충실히 수행해야 이상적인 국가가

실현된다고 보았다. → 철인 통치자는 지혜, 수호자 계급은 용기, 생산자 계급은 절제의 덕을 지녀야하며, 이 세 가지 덕이 조화를 이룰 때 정의의 덕이 실현된다고 주장함

10 정답_②

양성평등

- 남녀 모두의 인권을 동등하게 보장함
- 성별에 따른 차별, 편견, 비하, 폭력이 없음
- 남녀의 차이를 인정하고 다양성과 개성을 존중함

11 정답_②

칸트의 의무론(정언 명령)

- 도덕 법칙 : 이성적이고 자율적인 인간은 보편적인 도덕 법칙을 인식할 수 있다. 따라서 도덕 법칙은 그 자체가 선(善)이기 때문에 무조건적으로 수행해야 한다. → '정언 명령'의 형식으로 제시
- 정언 명령 : 행위의 결과와 상관없이 행위 자체가 옳기 때문에 무조건 수행해야 하는 도덕적 명령
  - 보편 법칙의 정식 : "네 의지의 준칙이 항상 보편적인 입법의 원리가 될 수 있도록 행위 하라."
  - 목적의 정식 : "너 자신의 인격에서나 다른 모든 사람의 인격에서 인간을 단지 수단으로만 대우하지 말고 항상 동시에 목적으로 대우하도록 행위하라."
- 도덕적 행동 : 아무런 조건이나 제약 없이 그 자체만으로 선한 '선의지'의 지배를 받아야 하며, 도덕 법칙을 존중하는 '의무 의식'에서 나와야 한다. → 도덕성을 판단할 때 행위의 결과보다 동기를 중시

12 정답_①

안락사

- 의미 : 극심한 고통을 받고 있는 불치의 환자가 고통이 적은 방법으로 죽음에 이르도록 하는 행위
- 반대 입장 : 모든 인간의 생명은 존엄하며, 인간이 죽음을 선택할 권리를 가지고 있지 않음, 죽음을 인위적으로 앞당기는 행위는 자연의 질서에 부합하지 않음 등
- 찬성 입장 : 환자는 치료를 거부할 권리와 고통에서 벗어날 권리가 있음, 환자 가족의 경제적·정신적·

심리적 고통을 줄여 줄 수 있고, 의료 자원의 효율적인 사용이 가능해짐(공리주의 관점)

13 정답_③

청렴 의식

- 의미 : 성품과 행실이 깨끗하고 맑으며 탐욕이 없는 것
- 실천 방법 : 맡은 일을 공정하게 처리하기, 청탁 금지법 준수하기, 부패에 대한 신고 정신 함양 등
- 청렴과 관련된 전통 윤리 : 청백리 정신, 견리사의, 멸사봉공, 선공후사의 자세

14 정답_①

윤리에 대한 관점(윤리적 상대주의)

- 윤리 상대주의 : 행위의 도덕적 옳음과 그름은 사회마다 다양하기 때문에 도덕 기준은 존재하지 않는다는 입장이다. → 인류의 보편 윤리를 위반하는 문화까지 인정할 위험이 있음 예 노예 제도, 인종 차별, 명예 살인 등
- 문화 상대주의 : 다른 나라의 문화를 상대의 관점에서 인정하고 존중할 것을 강조하는 입장 → 문화적 차이에 따른 갈등을 예방할 수 있음

15 정답_③

바람직한 문화적 정체성을 유지하기 위한 노력

- 전통문화의 창조적 계승 : 전통문화를 현대 사회에 맞게 새롭게 정립하여 발전시키고, 창조적으로 계승해야 한다.
- 타 문화의 개방적·주체적 수용 : 자기 문화의 정체성을 확립한 상태에서 타 문화를 수용해야 하고, 타 문화를 열린 마음을 받아들이고 다양한 문화에 대한 견문을 넓힌다.
- 문화 사대주의나 자문화 중심주의에 빠지지 않는 화이부동(남과 사이좋게 지내되 의를 굽혀 쫓지는 아니함), 구동존이(서로 다른 점을 인정하면서 같은 점을 추구함)의 자세를 가지고 타 문화를 수용해야 한다. → 공자 "군자는 다른 사람들과 화합하되 동화되지는 않는다."

16 정답_④

종교 갈등의 극복 방안(원효)

종교 간의 이해와 존중을 바탕으로 대화와 협력을 통해

갈등을 해소하고자 노력해야 한다.
- 원효의 화쟁 사상 : 다양한 불교 종파들의 대립을 극복하고 통합을 강조
- 한스 큉 : "종교 간의 대화 없이 종교 간의 평화 없고, 종교 평화 없이는 세계 평화도 없다." 참된 종교는 '신적인 것'의 바탕에 반드시 '인간적인 것'을 두고 있어야 한다.
- 뮐러 : "하나만을 아는 자는 아무것도 모르는 자이다."

17   정답_③

부정부패가 사회에 미치는 영향
- 부패 : 자신의 직위를 이용하여 금전적·사회적으로 부당한 이익을 얻는 위법 행위 예 공직자의 뇌물수수, 정치인의 부정선거
- 문제점 : 개인의 권리를 부당하게 침해하고, 사회적 비용 낭비로 사회 발전을 저해할 수 있으며, 또한 시민 의식의 발달을 저해하며 국가 신인도의 하락을 초래할 수 있다.
- 해결 방안 : 청렴의 윤리 실천, 내무 공익 신고 제도의 활성화, 부패 방지법

18   정답_②

노직의 분배적 정의(소유 권리로서의 정의)
- 개인의 소유권 강조 : 취득, 이전(양도), 교정의 과정이 정당하다면, 그 과정을 통해 얻은 소유물에 대한 소유권은 정당하다.
- 자유 지상주의 : 재화의 분배는 최대한 개인의 자유에 맡겨야 함, 국가는 개인의 소유권을 보호하는 최소한의 역할만 수행(최소 국가, 국가에 의한 재분배 반대)해야 한다.
- 해외 원조에 대한 관점(자선의 관점) : 원조나 기부는 의무가 아니라 자발적인 선택에 따른 자선 행위 → 의무 요구는 개인의 권리 침해이고, 개인의 부에 대한 이용은 개인의 자유

19   정답_①

유전자 치료
- 의미 : 질병을 치료하기 위해 체세포 또는 생식 세포 안에 정상 유전자를 넣어 유전자의 기능을 바로잡거나 이상 유전자 자체를 바꾸는 치료법

- 찬성 : 유전적 치료와 다음 세대의 유전 질환을 예방할 수 있음(유전적 질병으로 인한 고통 해소), 유전 질환을 물려주지 않으려는 부모의 자율적 선택을 존중, 새로운 치료법 개발을 통한 경제적 효용 가치를 산출할 수 있음
- 반대 : 미래 세대의 동의 여부가 불확실함, 의학적으로 불확실성과 부작용의 가능성이 있음(임상적으로 위험함), 인간의 유전자를 조작하려는 우생학을 부추길 수 있음(인간의 유전적 다양성이 상실될 수 있음), 고가의 치료비로 혜택이 일부에게 치중될 수 있음, 유전 정보 활용으로 사생활 침해 문제 발생

20   정답_②

통일과 관련된 개념(분단 비용)
- 분단 비용 : 남북 분단과 갈등으로 인해 지출되는 유·무형의 모든 비용 → 소모성 비용 예 국방비, 이념적 갈등과 대립, 외교적 경쟁 비용
- 평화 비용 : 현재 한반도의 평화를 유지하고, 정착을 위해 필요한 비용 → 투자 비용
- 통일 비용 : 통일 이후 남북한의 격차 해소와 통합 과정에서 필요한 비용 → 투자 비용
- 통일 편익 : 통일로 얻을 수 있게 되는 경제적·비경제적 보상과 혜택 → 통일 이후 지속적으로 발생하기 때문에 한시적으로 발생하는 통일 비용보다 더 큼

21   정답_④

소수자 우대 정책
- 의미 : 사회적 약자에 대한 차별을 시정하기 위하여 그동안 차별받아 온 집단의 구성원에게 고용이나 교육 등 다양한 측면에서 우선적으로 기회를 부여하는 정책
- 사례 : 장애인 의무 고용제, 농어촌 학생 특별 전형, 여성 고용 할당제, 지역 균형 선발 등

22   정답_①

국제 관계에 대한 관점(현실주의)
- 현실주의 : 인간은 이기적인 존재, 국가는 힘의 논리에 의해 자국의 이익만 추구, 국가 간의 갈등 해결은 세력 균형 통해 가능

- 이상주의 : 인간은 이성적 존재, 평화는 이성적 대화와 협력을 바탕으로 도덕·여론·법률·제도를 통해 만들어짐, 국제사회 행위 주체(국가, 국제기구, 국제비정부기구 등)들의 능동적 노력 강조
- 구성주의 : 자국과 상대국과의 관계 정립과 상호작용에 따라 국익 좌우됨, 자국과 상대국 간의 긍정적인 상호작용을 통해 분쟁 해결

23 정답_④

시민 불복종

- 의미 : 정의롭지 못한 법이나 제도를 폐지하거나 바꾸기 위해 공개적이고 평화적인 방법으로 법을 위반하는 행위
- 시민 불복종의 정당화 조건 : 정당성, 공개성, 비폭력성, 최후의 수단, 처벌 감수
- 사례 : 소로의 세금 납부 거부 운동, 간디의 소금 행진, 마틴 루서 킹의 흑인 차별 철폐 운동 등

24 정답_②

갈퉁의 적극적 평화

- 소극적 평화 : 전쟁, 테러, 범죄, 폭행과 같은 물리적·직접적 폭력이 없는 상태 → 전쟁이 없는 상태, '국가 안보'의 개념
- 적극적 평화 : 물리적·직접적 폭력뿐만 아니라 빈곤, 기아, 종교적 차별과 같은 구조적 폭력과 문화적 폭력까지 완전히 제거되어 인간다운 삶을 영위할 수 있는 상태 → '인간 안보'의 의미

25 정답_④

자연을 바라보는 관점(생태 중심주의 관점)

- 인간 중심주의 : 자연은 인간의 이익을 위한 도구이다. 인간은 자연보다 우월한 존재이다.
- 동물 중심주의 : 고통을 느낄 수 있는 동물의 복지와 권리 향상을 강조한다.
- 생명 중심주의 : 살아있는 모든 생명체는 내재적 가치를 지닌다.
- 생태 중심주의 : 인간과 자연(생태계)을 동등하게 고려해야 한다. 자연 전체가 도덕적 고려의 대상이다.

▶2023년 1회◀

01	①	06	①	11	④	16	②	21	②
02	②	07	②	12	①	17	③	22	③
03	④	08	③	13	④	18	③	23	②
04	②	09	④	14	①	19	①	24	④
05	④	10	③	15	③	20	③	25	①

01 정답_①

윤리학 구분(메타 윤리학)

- 이론 윤리학 : 도덕적 행위에 대한 이론적 탐구와 정당화를 통해 현실의 윤리적 문제 해결을 위한 토대 제공 → 규범 윤리학
- 실천 윤리학(응용 윤리학) : 이론 윤리의 내용을 구체적인 삶의 문제에 응용하거나 삶의 구체적인 상황에서 발생하는 문제에 대한 해결 모색 → 규범 윤리학
- 메타 윤리학 : 도덕적 언어의 의미를 분석하고, 도덕적 추론의 타당성을 입증하며, 학문적 가능성을 연구함
- 기술 윤리학 : 도덕적 풍습이나 관습에 대해 묘사하거나 객관적으로 기술하는 것을 주된 목표로 함

02 정답_②

노자의 무위(無爲)

자연에 따라 행하고 인위를 가하지 않는 것을 말한다. 인간의 지식이나 욕심이 오히려 세상을 혼란하게 한다고 여기고 자연 그대로를 최고의 경지로 여기는 도가의 사상이다.

03 정답_④

도덕적 탐구

- 의미 : 도덕적 사고를 통해 도덕적 의미를 새롭게 구성하는 지적 활동이며, 윤리 문제 해결을 위한 최선의 대안을 끌어내는 전 과정
- 특징 : 다양한 윤리 문제 해결을 위한 규범에 주목하여 행위를 정당화하고, 도덕 실천을 하는데 중점을 둠, '윤리적 딜레마'를 활용한 도덕적 추론의 과정으로 이루어짐, 이성적 사고의 과정뿐만 아니라 정서적 측면도 함께 고려하여 탐구함

04   정답_②

불교

- 연기(緣起) : 모든 존재와 현상은 원인(因)과 조건(條)의 결합, 즉 인연에 의해 생겨나 상호 의존하고 있다고 보았다. 세상 모든 존재는 서로 의지한다는 불교의 근본 교리 → "인연이 없으면 결과도 없다."
- 해탈 : 연기를 깨달으면 자비(慈悲)의 마음이 저절로 생기게 되어 누구나 고통에서 벗어나 열반 또는 해탈이라는 이상적 경지에 이를 수 있다고 보았다.
- 보살 : 깨달음을 얻어 자비를 실천하여 중생을 구제하고자 하는 사람으로, 대승 불교에서 제시한 이상적 인간상이다.
- 불살생(不殺生)의 계율에 근거하여 생명을 해치는 것을 금지

05   정답_④

공리주의

- 특징 : '최대 다수의 최대 행복'을 추구(사회 전체의 이익 증대), 결과론적 윤리설(유용성의 원리)
- 행위 공리주의 : '어떤 행위가 최대의 유용성을 낳는가'가 결정의 기준, 결과가 좋은 행위가 도덕적(벤담의 양적 공리주의, 밀의 질적 공리주의)
- 규칙 공리주의 : 행위가 따르고 있는 규칙의 결과를 중시하고, '어떤 규칙이 최대의 유용성을 낳는가?'가 결정의 기준, 도덕 규칙을 따른 행위의 결과가 좋으면 도덕적

06   정답_①

자연을 바라보는 관점(인간 중심주의)

- 인간 중심주의 : 자연은 인간의 이익을 위한 도구이다. 인간은 자연보다 우월한 존재이다.
- 동물 중심주의 : 고통을 느낄 수 있는 동물의 복지와 권리 향상을 강조한다.
- 생명 중심주의 : 살아있는 모든 생명체는 내재적 가치를 지닌다.
- 생태 중심주의 : 인간과 자연(생태계)을 동등하게 고려해야 한다. 자연 전체가 도덕적 고려의 대상이다.

07   정답_②

시민 불복종

- 의미 : 정의롭지 못한 법이나 제도를 폐지하거나 바꾸기 위해 공개적이고 평화적인 방법으로 법을 위반하는 행위
- 시민 불복종의 정당화 조건 : 정당성, 공개성, 비폭력성, 최후의 수단, 처벌 감수
- 사례 : 소로의 세금 납부 거부 운동, 간디의 소금 행진, 마틴 루서 킹의 흑인 차별 철폐 운동 등

08   정답_③

과학 기술자의 사회적 책임

- 내적 책임 : 연구 윤리 준수, 위조·변조·표절 등의 연구 부정행위를 하지 말아야 함, 연구 자체에 대한 책임과 엄격한 자기 검증 자세를 가져야 함
- 외적 책임 : 연구 결과가 사회에 미칠 영향에 대한 책임을 져야 함, 연구 활동의 결과와 목적에 대해 성찰하는 자세를 가져야 함, 인류에게 해악을 끼칠 위험성이 있다고 판단되면 연구를 중단해야 함

09   정답_④

대중문화의 건전한 발전을 위한 자세

- 소비자 : 대중문화를 주체적으로 선별하여 받아들이고, 비판적으로 수용해야 한다.
- 생산자 : 지나친 이윤 추구에서 벗어나 유익하고 의미 있는 건전한 대중문화를 생산해야 한다.
- 법적·제도적 측면 : 방송법 등을 통하여 공적 책임을 부여하고, 자율적인 자정 노력을 위한 사회적 기구들을 구성해야 한다.

10   정답_③

남북통일 실현을 위한 올바른 자세

- 통일에 대한 관심 : 통일은 언제든지 현실로 다가올 수 있다는 것을 인식해야 한다.
- 소통과 배려 : 통합 과정에서 발생할 수 있는 갈등에 대해 열린 마음으로 이해하고자 노력해야 한다.
- 공존의 노력 : 남북한의 차이를 인정하면서 동질성을 느낄 수 있도록 한다.

- 북한에 대한 올바른 인식 : 북한은 군사·안보적 측면에서 경계의 대상이지만, 북한 주민은 동반자이자 동포라는 점을 인식해야 한다.
- 안보에 기반을 둔 남북 간 신뢰 형성 : 북한의 위협에 대비한 안보 기반을 구축하고, 교류와 협력으로 서로에 대한 신뢰를 쌓아야 한다.
- 통일을 위한 체계적 준비 : 통일에 대한 국민적 이해와 합의를 도출하고, 남남 갈등 해결 노력 등 장기적이고 계획적인 준비가 필요하다.

11　　　　　　　　　　　　　　　　정답_④

부부 간의 바람직한 윤리

- 음양론 : 부부는 균형과 조화를 이루는 상호 보완적인 관계이며, 대등한 관계로 서로 공경해야 한다.
- 유교 : 부부는 모든 사회관계의 시작이며, 부부 간 예를 지키는 것에서 군자의 도(道)가 시작된다. → 부부유별, 부부상경, 상경여빈
- 양성평등의 관점에서 각자의 역할에 최선을 다하고, 서로를 동등한 주체로서 존중하며 신의를 지켜야 한다.

12　　　　　　　　　　　　　　　　정답_①

다문화 이론(용광로 이론)

- 용광로 이론 : 서로 다른 여러 금속을 용광로에 넣으면 모두 녹아 하나가 되는 것처럼, 하나의 용광로에 다양한 문화가 융합되어 새로운 문화를 형성한다는 이론 → 동화주의
- 샐러드 볼 이론 : 샐러드 그릇 안에서 다양한 채소가 고유한 맛을 지키면서도 조화를 이루는 것처럼 모든 문화가 자기만의 특성을 유지하면서 기존 문화와 공존할 수 있다는 이론 → 다문화주의
- 모자이크 이론 : 여러 조각들인 다양한 문화가 모여 하나의 모자이크를 만든다는 이론 → 다문화주의
- 국수 대접 이론 : 주류 문화는 국수와 국물처럼 중심 역할을 하며, 이주민의 문화는 색다른 맛을 더해 주는 고명이 되어 자신의 문화적 정체성을 유지하면서 공존한다는 이론 → 문화 다원주의

13　　　　　　　　　　　　　　　　정답_④

롤스의 정의의 원칙

- 평등한 자유의 원칙(1원칙) : 모든 사람은 평등한 기본적 자유를 최대한 누려야 한다.
- 차등의 원칙(2원칙) : 사회적·경제적 불평등은 최소 수혜자에게 최대의 이익이 되도록 편성될 때 정당화된다. (예 : 농어촌 자녀 특례 입학제, 여성 고용 할당, 지역 균형 선발, 국가 유공자 특별 대우 등)
- 기회 균등의 원칙(2원칙) : 사회적·경제적 불평등의 계기가 되는 직책과 지위는 공정한 기회 균등의 원칙에 따라 모든 사람에게 개방되어야 한다.
→ 분배 절차가 공정하면 분배 결과도 공정하다.

14　　　　　　　　　　　　　　　　정답_①

칸트의 도덕 법칙

- 도덕 법칙 : 이성적이고 자율적인 인간은 보편적인 도덕 법칙을 인식할 수 있다. 따라서 도덕 법칙은 그 자체가 선(善)이기 때문에 무조건적으로 수행해야 한다. → '정언 명령'의 형식으로 제시
- 정언 명령 : "네 의지의 준칙이 항상 보편적인 입법의 원리가 될 수 있도록 행위 하라."(보편 법칙의 정식), "너 자신의 인격에서나 다른 모든 사람의 인격에서 인간을 단지 수단으로만 대우하지 말고 항상 동시에 목적으로 대우하도록 행위하라."(목적의 정식)
- 도덕적 행동 : 아무런 조건이나 제약 없이 그 자체만으로 선한 '선의지'의 지배를 받아야 하며, 도덕 법칙을 존중하는 '의무 의식'에서 나와야 한다. → 도덕성을 판단할 때 행위의 결과보다 동기를 중시

15　　　　　　　　　　　　　　　　정답_③

인공 임신 중절에 대한 반대(생명 옹호주의)

- 존엄성 근거 : 모든 생명은 존엄하며, 태아는 생명을 가진 인간임
- 신성불가침 근거 : 잘못이 없는 인간인 태아를 해치는 행위는 옳지 않음
- 잠재성 근거 : 태아는 성숙한 인간으로 발달할 잠재성을 가지고 있음

16
정답_②

윤리적 소비

- 의미 : 윤리적인 가치 판단에 따라 상품이나 서비스를 구매하고 사용하는 것
- 특징 : 소비자의 이익을 넘어 인권, 복지, 평화, 환경, 정의 등 인류의 보편적 가치를 적극적으로 고려함 → 착한 소비
- 실천 방법 : 환경 마크나 공정 무역 마크가 부착된 제품을 구입, 친환경 제품 소비, 재사용 가능한 상품 구매, 사회 공헌 활동에 적극 참여하는 기업 제품을 구입 등

17
정답_③

예술에 대한 도덕주의

- 예술의 목적 : 올바른 품성을 기르고 도덕적 교훈이나 모범을 제공하는 도덕성 함양에 기여해야 한다.
- 참여 예술론 : 예술은 사회적 모순을 비판하고, 사회 발전에 이바지해야 한다.
- 예술과 윤리의 관계 : 예술에 대한 적절한 윤리적 규제가 필요하다.

18
정답_③

하버마스의 이상적 담화 조건

- 진리성 : 담화 내용은 옳은 것(참)이어야 하고, 진리에 바탕을 두어야 한다.
- 정당성 : 정당한 사회 규범에 따르며 논쟁 절차를 준수해야 한다.
- 진실성 : 남을 속이려는 의도 없이 진실하게 표현해야 한다.
- 이해 가능성 : 대화자의 발언을 타인이 이해할 수 있어야 한다.

19
정답_①

전문직 윤리

직업적 양심, 책임 의식을 가진 높은 수준의 도덕성과 직업 윤리가 필요하고, 사회 지도층으로서의 '노블레스 오블리주(높은 사회적 신분에 상응하는 도덕적 의무)'를 실천해야 한다.

20
정답_③

사이버 폭력

- 사이버 폭력 : 사이버 공간에서 상대방이 원하지 않는 언어, 이미지, 영상 등을 이용하여 정신적·심리적 피해를 주는 행위
- 사례 : 사이버 따돌림(불링), 사이버 모욕, 해킹, 바이러스 유포, 악성 댓글 작성, 허위 사실 유포 등
- 해결 노력 : 폭력임을 인식하기, 예방을 위한 교육 실시, 가해자를 공정하게 처벌하는 법과 제도 마련 등

21
정답_②

형벌에 대한 관점(공리주의)

- 응보주의 : 처벌을 통해 도덕적 형평성 회복, 처벌의 본질은 범죄 행위에 상응하는 동등의 처벌, 칸트(인간은 자신의 행위를 자유롭게 결정할 수 있는 이성적 존재이므로 자신의 행동에 책임을 져야 함)
- 공리주의 : 처벌의 목적은 범죄자의 행동 통제와 교화, 범죄 예방, 처벌의 본질은 사회적 이익을 증진하기 위한 수단, 벤담(처벌은 범죄를 예방하여 사회 전체의 행복을 증진할 때 가치가 있음)

22
정답_③

윤리적 성찰

- 의미 : 생활 속에서 자기가 가지는 마음, 하는 일이나 행동, 발생한 문제에 대해 윤리적 관점에서 깊게 생각하고 살피는 태도
- 중요성 : 도덕적 자각 계기, 인격의 함양, 올바른 가치관 형성
- 실천 방법 : 일기 쓰기, 좌우명 만들기, 성찰 독서 감상문 쓰기, 토론 등
- 증자의 일일삼성 : 하루에 세 번씩 자신의 행동이나 생각을 반성하고 개선함
- 불교의 참선 : 인간의 참된 삶과 맑은 본성을 깨닫기 위한 수행법
- 소크라테스 : "반성하지 않는 삶은 살 가치가 없다."

23
정답_②

사랑과 성에 대한 관점

- 보수주의 입장 : 결혼과 출산 중심의 성 윤리를 제시, 성이 부부 간의 신뢰와 사랑을 전제로 할 때만 도덕적이라고 주장, 혼전·혼외 성적 관계는 부도덕함
- 중도주의 입장 : 사랑 중심의 성 윤리를 제시, 성을 결혼과 결부시키지 않으며, 사랑을 동반한 성적 관계는 허용될 수 있다고 주장
- 자유주의 입장 : 자발적인 동의 중심의 성 윤리를 제시, 성숙한 성인의 자발적 동의에 따라 이루어지는 성적 관계를 허용, 성에 관한 개인의 자유로운 선택을 중시(해악 금지의 원칙이 전제됨)

24
정답_④

기후 변화

- 의미 : 일정 기간에 걸쳐 평균적으로 나타나던 기후가 평균 상태에서 벗어나 변화하는 것
- 문제점 : 지구 생태계 파괴, 인간 삶에 위협, 자연재해 증가, 새로운 질병의 유행, 저개발 국가의 피해 심화 등

25
정답_①

국제 관계에 대한 입장(이상주의)

- 현실주의 : 인간은 이기적인 존재, 국가는 힘의 논리에 의해 자국의 이익만 추구, 국가 간의 갈등 해결은 세력 균형 통해 가능
- 이상주의 : 인간은 이성적 존재, 평화는 이성적 대화와 협력을 바탕으로 도덕·여론·법률·제도를 통해 만들어짐, 국제사회 행위 주체(국가, 국제기구, 국제 비정부기구 등)들의 능동적 노력 강조
- 구성주의 : 자국과 상대국과의 관계 정립과 상호작용에 따라 국익 좌우됨, 자국과 상대국 간의 긍정적인 상호작용을 통해 분쟁 해결

▶2022년 2회◀

01	③	06	①	11	④	16	④	21	①
02	②	07	④	12	②	17	③	22	③
03	③	08	①	13	③	18	②	23	①
04	②	09	③	14	②	19	④	24	②
05	①	10	③	15	①	20	③	25	②

01
정답_③

윤리학의 구분(실천 윤리학)

- 이론 윤리학 : 도덕적 행위에 대한 이론적 탐구와 정당화를 통해 현실의 윤리적 문제 해결을 위한 토대 제공 → 규범 윤리학
- 실천 윤리학(응용 윤리학) : 이론 윤리의 내용을 구체적인 삶의 문제에 응용하거나 삶의 구체적인 상황에서 발생하는 문제에 대한 해결 모색 → 규범 윤리학
- 메타 윤리학 : 도덕적 언어의 의미를 분석하고, 도덕적 추론의 타당성을 입증하며, 학문적 가능성을 연구함
- 기술 윤리학 : 도덕적 풍습이나 관습에 대해 묘사하거나 객관적으로 기술하는 것을 주된 목표로 함

02
정답_②

칸트의 의무론

- 도덕 법칙 : 이성적이고 자율적인 인간은 보편적인 도덕 법칙을 인식할 수 있다. 따라서 도덕 법칙은 그 자체가 선(善)이기 때문에 무조건적으로 수행해야 한다. → '정언 명령'의 형식으로 제시
- 정언 명령 : "네 의지의 준칙이 항상 보편적인 입법의 원리가 될 수 있도록 행위하라."(보편 법칙의 정식), "너 자신의 인격에서나 다른 모든 사람의 인격에서 인간을 단지 수단으로만 대우하지 말고 항상 동시에 목적으로 대우하도록 행위하라."(목적의 정식)
- 도덕적 행동 : 아무런 조건이나 제약 없이 그 자체만으로 선한 '선의지'의 지배를 받아야 하며, 도덕 법칙을 존중하는 '의무 의식'에서 나와야 한다. → 도덕성을 판단할 때 행위의 결과보다 동기를 중시

03
정답_③

도가

무위(無爲)는 자연에 따라 행하고 인위를 가하지 않는 것을 말한다. 인간의 지식이나 욕심이 오히려 세상을 혼란하게 한다고 여기고 자연 그대로를 최고의 경지로 여기는 도가의 사상이다.

04　　　　　정답_②

동물 실험 반대 입장

- 인간과 동물의 존재 지위에는 차이가 없고, 동물을 도구로의 활용은 옳지 않음
- 동물 실험의 결과가 인간에게 동일하게 나타나지 않을 수 있음
- 다른 가능한 연구의 기회를 막아 의학 발전이 저해될 수 있음
- 인간 세포와 조직의 이용, 모의실험 등의 대안적 방법 등이 존재

05　　　　　정답_①

공리주의

- 학자 : 벤담, 밀
- 특징 : '최대 다수의 최대 행복'을 추구(사회 전체의 이익 증대), 결과론적 윤리설(유용성의 원리)
② 칸트의 의무론에 대한 설명이다.
③ 덕 윤리에 대한 설명이다.
④ 사회 전체의 행복을 개인의 행복 추구보다 중시한다.

06　　　　　정답_①

사랑과 성의 관계에 대한 관점(자유주의)

- 보수주의 입장 : 결혼과 출산 중심의 성 윤리를 제시, 성이 부부 간의 신뢰와 사랑을 전제로 할 때만 도덕적이라고 주장, 혼전·혼외 성적 관계는 부도덕함
- 중도주의 입장 : 사랑 중심의 성 윤리를 제시, 성을 결혼과 결부시키지 않으며, 사랑을 동반한 성적 관계는 허용될 수 있다고 주장
- 자유주의 입장 : 자발적인 동의 중심의 성 윤리를 제시, 성숙한 성인의 자발적 동의에 따라 이루어지는 성적 관계를 허용, 성에 관한 개인의 자유로운 선택을 중시(해악 금지의 원칙이 전제됨)

07　　　　　정답_④

국가의 의무

국가는 시민의 기본적인 욕구를 충족시키고, 다양한 영역에서 시민의 복지를 제공해야 한다. 또한 시민의 인권을 보호해야 하며, 인간다운 삶을 보장해야 한다.

08　　　　　정답_①

레오폴드의 대지 윤리

- 대지 윤리 : 도덕 공동체의 범위를 흙, 물, 불, 동식물 등을 포함하여 대지로 확대하였다.
- 인간은 대지의 지배자가 아니라 대지의 구성원이며, 자연 전체가 도덕적 고려의 대상이 되어야 한다. → 생태 중심주의

09　　　　　정답_③

사형 제도의 찬성 근거

- 범죄 억제 효과가 매우 큼
- 국민의 생명, 자유, 재산을 지키기 위한 사회 방어 수단임
- 처벌의 목적은 인과응보적 응징
- 종신형은 경제적 부담이 크고, 비인간적임

10　　　　　정답_③

윤리적 성찰

- 의미 : 자신의 도덕적 경험을 바탕으로 현재 자신의 삶을 반성적으로 사고함
- 실천 방법 : 일기 쓰기, 좌우명 만들기, 성찰 독서 감상문 쓰기, 토론 등
- 증자의 일일삼성 : 하루에 세 번씩 자신의 행동이나 생각을 반성하고 개선함
- 불교의 참선 : 인간의 참된 삶과 맑은 본성을 깨닫기 위한 수행법
- 소크라테스 : "반성하지 않는 삶은 살 가치가 없다."

11　　　　　정답_④

청렴

- 의미 : 성품과 행실이 깨끗하고 맑으며 탐욕이 없는 것
- 실천 방법 : 맡은 일을 공정하게 처리하기, 청탁 금지법 준수하기, 부패에 대한 신고 정신 함양 등

12　　　　　정답_②

과학 기술 지상주의

- 입장 : 과학 기술이 인류의 발달을 이끌어 왔으며 모든 문제를 해결할 수 있다고 봄, 과학 기술의 유용성을 강조하고 낙관적으로 바라봄

• 문제점 : 과학 기술의 부정적 측면을 간과하고 인간의 반성적 사고 능력을 훼손할 수 있음

13　　　　　　　　　　　　　　　　정답_③
통일과 관련된 개념
• 분단 비용 : 남북 분단과 갈등으로 인해 지출되는 유·무형의 모든 비용 → 소모성 비용
• 평화 비용 : 현재 한반도의 평화를 유지하고, 정착을 위해 필요한 비용 → 투자 비용
• 통일 비용 : 통일 이후 남북한의 격차 해소와 통합 과정에서 필요한 비용 → 투자 비용
• 통일 편익 : 통일로 얻을 수 있게 되는 경제적·비경제적 보상과 혜택 → 통일 이후 지속적으로 발생하기 때문에 한시적으로 발생하는 통일 비용보다 더 큼

14　　　　　　　　　　　　　　　　정답_②
예술 지상주의(심미주의)
• 예술의 유일한 목적은 예술 그 자체의 미(美)에 있으며, 도덕적·사회적 효용성을 배제해야 한다. → 예술의 자율성 강조
• 예술에 대한 윤리적 규제에 대하여 반대한다.
• 예술은 예술 이외의 다른 것을 위한 수단이 될 수 없다.

15　　　　　　　　　　　　　　　　정답_①
안락사
• 의미 : 극심한 고통을 받고 있는 불치의 환자가 고통이 적은 방법으로 죽음에 이르도록 하는 행위
• 반대 입장 : 모든 인간의 생명은 존엄하며, 인간이 죽음을 선택할 권리를 가지고 있지 않음, 죽음을 인위적으로 앞당기는 행위는 자연의 질서에 부합하지 않음 등
• 찬성 입장 : 환자는 치료를 거부할 권리와 고통에서 벗어날 권리가 있음, 환자 가족의 경제적·정신적·심리적 고통을 줄여 줄 수 있고, 의료 자원의 효율적인 사용이 가능해짐(공리주의 관점)

16　　　　　　　　　　　　　　　　정답_④
정의(절차적 정의)
• 절차적 정의 : 공정한 과정을 통해 발생한 결과는 정당하다는 정의관, 분배의 결과보다는 분배를 위한 공정한 순서나 방법을 강조하는 관점

• 분배적 정의 : 사회적 합의에 따라 각자의 몫을 누릴 수 있게 분배하는 것
• 교정적 정의 : 국가가 법 집행을 통해서 불법 행위나 부정의를 바로 잡는 것(법적 정의)

17　　　　　　　　　　　　　　　　정답_④
시민 불복종
• 의미 : 사회의 정의롭지 못한 법률이나 정책 등을 개정하려는 목적에서 행하는 시민의 의도적 위법 행위
• 정당화 조건 : 정당성, 공개성, 비폭력성, 최후의 수단, 처벌 감수
• 사례 : 소로의 세금 납부 거부 운동, 간디의 소금 행진, 마틴 루서 킹의 흑인 차별 철폐 운동 등

18　　　　　　　　　　　　　　　　정답_②
벤담(양적 공리주의)
결과론적 윤리설(유용성의 원리), ‘최대 다수의 최대 행복’을 추구한다. 쾌락을 산출하고, 고통을 피하는 결과를 낳는 행위를 옳다고 본다. 쾌락은 질적으로 동일하고, 양적인 차이만 있다고 본다.(→ 쾌락 계산 가능)

19　　　　　　　　　　　　　　　　정답_④
잊힐 권리
온라인상에서 자신과 관련된 모든 정보의 삭제 및 확산 방지를 요구할 수 있는 정보 주체의 자기 결정권 및 통제 권리를 말한다.

20　　　　　　　　　　　　　　　　정답_③
유교(대동 사회)
• 사상 : 도덕적 인격 완성 중시, 도덕적 공동체 추구, 정명 사상, 인간과 자연의 조화 추구(천인합일)
• 이상 사회 : 대동 사회(개인들이 자신의 능력을 충분히 발휘하고, 누구에게나 기본적인 삶의 보장과 범죄가 발생하지 않는 사회)
• 이상적 인간상 : 성인, 군자

21　　　　　　　　　　　　　　　　정답_①
합리적 소비, 윤리적 소비
• 합리적 소비 : 자신의 욕구를 정확히 알고 가격, 품질, 사후 서비스 등 상품에 대한 충분한 정보를 습득한 뒤 자신의 한정된 소득 내에서 가장 좋은 제품을 구입하는 것

- 윤리적 소비 : 윤리적인 가치 판단에 따라 상품이나 서비스를 구매하고 사용하는 것으로, 소비자의 이익을 넘어 인권, 복지, 평화, 환경, 정의 등 인류의 보편적 가치를 적극적으로 고려함 → 착한 소비

22

정답_③

불교의 죽음관
삶과 죽음은 하나이고, 죽음은 생(生), 노(老), 병(病)과 더불어 인간의 고통 중 하나로써 죽음은 윤회의 과정으로 현세의 업보에 따라 윤회(輪廻)한다.

23

정답_①

직업 윤리(장인 정신)
장인 정신은 자신의 직업에 자부심을 가지고 사회적 책임을 다하려는 직업 의식이자, 자기 일에 긍지를 가지고 평생 전념하거나 한 가지 기술에 정통하려고 노력하는 것이다.

24

정답_②

국제 관계를 바라보는 관점
- 현실주의 : 인간은 이기적인 존재이며, 국가는 힘의 논리에 의해 자국의 이익만을 추구한다. 국가 간의 갈등 해결은 세력 균형을 통해서 가능하다.
- 이상주의 : 인간은 이성적 존재이며, 평화는 이성적 대화와 협력을 바탕으로 도덕·여론·법률·제도를 통해 만들어 질 수 있다. 국제 사회의 다양한 행위 주체(국가, 국제기구, 국제 비정부 기구 등)들의 능동적인 노력을 강조한다.

25

정답_②

공직자 윤리
- 청렴 정신 : 직무를 통해 부당한 이득을 취하지 않는 청백리 정신을 함양해야 함 → 견리사의, 멸사봉공, 선공후사의 자세
- 공정함 : 공직의 직무를 수행할 때 민주적이고 공정한 방법으로 처리해야 함
- 봉사·봉공 : 투철한 사명감과 책임감을 가지고 공익 실현을 위한 노력을 해야 함

▶2022년 1회◀

01	②	06	②	11	③	16	③	21	②
02	④	07	①	12	①	17	③	22	③
03	②	08	③	13	④	18	③	23	④
04	①	09	②	14	①	19	①	24	③
05	②	10	①	15	④	20	④	25	④

01

정답_②

윤리학의 구분
- 이론 윤리학 : 도덕적 행위에 대한 이론적 탐구와 정당화를 통해 현실의 윤리적 문제 해결을 위한 토대 제공 → 규범 윤리학
- 실천 윤리학(응용 윤리학) : 이론 윤리의 내용을 구체적인 삶의 문제에 응용하거나 삶의 구체적인 상황에서 발생하는 문제에 대한 해결 모색 → 규범 윤리학
- 메타 윤리학 : 도덕적 언어의 의미를 분석하고, 도덕적 추론의 타당성을 입증하며, 학문적 가능성을 연구
- 기술 윤리학 : 도덕적 풍습이나 관습에 대해 묘사하거나 객관적으로 기술하는 것을 주된 목표로 함

02

정답_④

칸트의 의무론
- 도덕 법칙 : 이성적이고 자율적인 인간은 보편적인 도덕 법칙을 인식할 수 있음. 따라서 도덕 법칙은 그 자체가 선(善)이기 때문에 무조건적으로 수행해야 함 → '정언 명령'의 형식으로 제시
- 정언 명령 : "네 의지의 준칙이 항상 보편적인 입법의 원리가 될 수 있도록 행위 하라."(보편 법칙의 정식), "너 자신의 인격에서나 다른 모든 사람의 인격에서 인간을 단지 수단으로만 대우하지 말고 항상 동시에 목적으로 대우하도록 행위하라."(목적의 정식)
- 도덕적 행동 : 아무런 조건이나 제약 없이 그 자체만으로 선한 '선의지'의 지배를 받아야 하며, 도덕 법칙을 존중하는 '의무 의식'에서 나와야 함 → 도덕성을 판단할 때 행위의 결과보다 동기를 중시

오답풀이
②·③은 공리주의에 대한 설명이다.

03

정답_②

윤리적 소비

• 의미 : 윤리적인 가치 판단에 따라 상품이나 서비스를 구매하고 사용하는 것
• 특징 : 소비자의 이익을 넘어 인권, 복지, 평화, 환경, 정의 등 인류의 보편적 가치를 적극적으로 고려함 → 착한 소비
• 실천 방법 : 환경 마크나 공정 무역 마크가 부착된 제품을 구입, 친환경 제품 소비, 재사용 가능한 상품 구매, 사회 공헌 활동에 적극 참여하는 기업 제품을 구입 등

04 　　　　　　　　　　　　정답_①

맹자의 사단(四端)

• 맹자의 성선설 : 인간은 누구나 선한 본성(사단)을 가지고 있어 지속적으로 수양하면 도덕적으로 완성된 인간인 성인(聖人), 군자(君子)가 될 수 있음
• 4단 : 측은지심(남을 불쌍히 여기는 마음), 수오지심(옳지 못함을 부끄러워하고, 착하지 못함을 미워하는 마음), 사양지심(겸손하여 양보하는 마음), 시비지심(옳고 그름을 가려내는 마음)
• 4덕 : 인(仁), 의(義), 예(禮), 지(智)

오답풀이

② 삼학(三學) : 인간은 누구나 주체적으로 삼학(三學, 계·정·혜)의 수행 방법을 통하여 진리를 깨달을 수 있는 존재임 → 불교
③ 정명(正名) : 공자의 직업관으로 자신이 맡은 사회적 임무와 역할에 충실해야 한다는 것을 강조함 → 유교
④ 삼독(三毒) : 불교에서 깨달음에 장애가 되는 근본적인 세 가지의 번뇌(탐·진·치) → 탐욕(본능적 욕구를 포함해서 탐내어 구하는 것), 진에(뜻에 맞지 않을 때 일어나는 증오심이나 노여움), 우치(탐욕과 진에에 가려 사리분별에 어두운 것)

05 　　　　　　　　　　　　정답_②

도덕 원리 검사 방법

• 포섭 검사 : 선택한 도덕 원리를 더 일반적인 도덕 원리에 따라 판단해 보는 방법
• 역할 교환 검사 : 상대방의 주장을 받아들일 경우 고통 받을 사람의 입장에서 생각해 보는 방법
• 반증 사례 검사 : 상대방의 원리 근거나 가치관에 반대되는 사례를 제시해 보는 방법
• 보편화 결과 검사 : 상대방의 주장을 모든 사람에게 보편적으로 적용했을 때 나타날 수 있는 결과를 예상하여 검토해 보는 방법

06 　　　　　　　　　　　　정답_②

종교 갈등의 극복 방안

• 종교의 자유를 인정하기
• 종교 간의 대화와 협력을 통해 다른 종교에 대한 이해를 높이기
• 사랑, 평화와 같은 가치를 실천하고자 노력하기

07 　　　　　　　　　　　　정답_①

프롬(사랑의 4요소)

• 존경 : 사랑하는 사람을 있는 그대로 받아들이고 인정하며 존경하는 것
• 책임 : 사랑하는 사람의 욕구를 배려하면서 자신의 행동에 책임을 지는 것
• 이해 : 사랑하는 사람의 고유한 특성을 알고 그에 대해 제대로 이해하는 것
• 보호 : 사랑하는 사람의 생명과 성장에 대해 지속적인 관심을 가지고 돌보는 것

08 　　　　　　　　　　　　정답_③

시민 불복종

• 의미 : 정의롭지 못한 법이나 제도를 폐지하거나 바꾸기 위해 공개적이고 평화적인 방법으로 법을 위반하는 행위
• 시민 불복종의 정당화 조건 : 정당성, 공개성, 비폭력성, 최후의 수단, 처벌 감수
• 사례 : 소로의 세금 납부 거부 운동, 간디의 소금 행진, 마틴 루서 킹의 흑인 차별 철폐 운동 등

09 　　　　　　　　　　　　정답_②

노자의 무위(無爲)

자연에 따라 행하고 인위를 가하지 않는 것을 말한다. 인간의 지식이나 욕심이 오히려 세상을 혼란하게 한다고 여기고 자연 그대로를 최고의 경지로 여기는 도가의 사상이다.

오답풀이

① 충서(忠恕) : 유교의 인(仁)을 실천하는 덕목 → 충(忠, 거짓이나 꾸밈없이 참된 마음에 최선을 다하는 것), 서(恕, 내 마음을 미루어 다른 사람을 헤아리는 것)
③ 열반(涅槃) : 불교에서 수행으로 진리를 체득해 미혹과 집착을 끊고 일체의 속박에서 해탈한 최고의 경지
④ 효제(孝弟) : 부모에 대한 효도와 형제에 대한 우애

10 　　　　　　　　　　　　정답_①

저작권에 대한 두 입장

- 저작권 보호(정보 사유론) : 개인의 재산으로 인정하고 보호해야 한다. 경제적 이익을 보장함으로써 의욕과 수준이 높아지고, 더 많은 지적 산물의 창조에 기여할 수 있다.
- 정보 공유론 : 개인의 자산인 동시에 인류의 공동 자산(공공재)이다. 정보를 공동의 이익을 위해서 사용해야 한다. 정보에 대한 자유로운 접근을 허용해야 한다. 개인이나 기업의 소유로 되면 정보의 지속적 발전이 어려워질 수 있다.

11 정답_③
자연법 윤리
- 자연법 : 모든 인간에게 자연적으로 주어지는 보편적인 법, 인간의 본성에 기초한 절대적인 법
- 자연법 윤리 : 자연법에 따르는 행위는 옳고, 그것을 어기는 행위는 그르다고 보는 것
- 아퀴나스 : 인간의 세 가지 자연적인 본성인 자기 보존, 종족 보존, 신과 사회에 대한 진리 파악 제시 → '선을 행하고, 악을 피하라'
- 시사점 : 인간의 존엄성, 생명의 불가침성, 만민 평등의 자연법적 권리를 이끌어 냄

12 정답_①
책임 윤리
- 등장 배경 : 과학 기술의 발달과 그것을 따라가지 못하는 윤리 사이의 차이인 '윤리적 공백'이 발생함에 따라 책임 윤리의 필요성이 제시됨
- 인간 중심적 자연관을 비판하며 의도한 행위의 결과뿐만 아니라 예견 가능한 모든 결과에 대한 책임 및 의도하지 않은 행위의 결과까지 책임의 범위를 확장할 것을 요구함
- 책임의 범위를 현 세대뿐만 아니라 미래 세대 및 자연과 생태계 전체로 확대할 것을 요구함

13 정답_④
자연을 바라보는 관점
- 인간 중심주의 : 자연은 인간의 이익을 위한 도구이다. 인간은 자연보다 우월한 존재이다.
- 동물 중심주의 : 고통을 느낄 수 있는 동물의 복지와 권리 향상을 강조한다.
- 생명 중심주의 : 살아있는 모든 생명체는 내재적 가치를 지닌다.
- 생태 중심주의 : 인간과 자연(생태계)을 동등하게 고

려해야 한다. 자연 전체가 도덕적 고려의 대상이다.

①·③ 인간 중심주의, ② 생태 중심주의에 대한 설명이다.

14 정답_①
공자
- 중국 춘추 시대의 사상가로 유교를 체계화함
- 도덕성 회복을 위해 인(仁), 예(禮), 효제(孝悌), 충서(忠恕) 등의 실천을 강조함
- 제자들이 엮은 「논어」에 그의 언행과 사상이 잘 나타나고 있음

15 정답_④
우대 정책
- 의미 : 사회적 약자에 대한 차별을 시정하기 위하여 그동안 차별받아온 집단의 구성원에게 우선적으로 기회를 부여하는 정책
- 사례 : 장애인 의무 고용제, 농어촌 학생 특별 전형, 여성 고용 할당제, 지역 균형 선발 등

16 정답_③
기업가의 윤리적 자세
- 법적 테두리 내에서 건전한 이윤 추구, 소비자와 근로자의 권리 존중, 공익 실현을 위한 사회적 책임 이행 등
- 기업가의 경제 활동은 기업의 유지와 발전뿐만 아니라 근로자를 포함한 사회 구성원에게 미치는 영향이 큼

17 정답_③
동물 중심주의(싱어)
동물이 쾌락과 고통을 느끼고 받아들일 수 있는 능력(쾌고 감수 능력)을 갖고 있기 때문에 동물의 이익도 평등하게 고려되어야 하고(이익 평등 고려의 원칙), 종(種)이 다르다는 이유로 차별하는 것은 인종 차별이나 성차별과 다를 바 없다고 주장(종 차별주의 반대)하였다.

18 정답_③
③ 칸트의 의무론에 대한 설명이다.
공리주의
- 학자 : 벤담, 밀
- 특징 : '최대 다수의 최대 행복'을 추구(사회 전체의 이익 증대), 결과론적 윤리설(유용성의 원리)

19
정답_①

동양의 죽음관(윤회, 기)

- 불교 : 삶과 죽음은 하나이며, 죽음은 생(生), 노(老), 병(病)과 더불어 인간의 고통 중 하나임. 죽음은 윤회의 과정으로 현세의 업보에 따라 윤회(輪廻)함
- 도가 : 죽음을 자연적이고, 필연적인 과정으로 이해함. 장자는 삶과 죽음을 기(氣)가 모이고 흩어지는 순환 과정으로 봄

20
정답_④

롤스의 해외 원조

- 해외 원조는 정의 실현을 위한 의무임을 강조함
- 원조의 목적은 불리한 여건으로 인해 고통 받는 사회를 '질서 정연한 사회'로 만드는 것, 즉 사회 구조와 체제의 개선이지, 모든 인류의 부의 재분배나 복지 수준을 향상시키는 것은 아님
- 차등의 원칙을 국제 사회에 적용하는 것을 반대
  → 빈곤국의 문제는 능력의 부재이고, 가난한 국가라도 '질서 정연한 사회'에 대해서는 원조할 필요가 없음

21
정답_②

예술에 대한 도덕주의

- 예술의 목적 : 올바른 품성을 기르고 도덕적 교훈이나 모범을 제공하는 도덕성 함양에 기여해야 함
- 참여 예술론 : 예술은 사회적 모순을 비판하고, 사회 발전에 이바지해야 함
- 예술과 윤리의 관계 : 예술에 대한 적절한 윤리적 규제가 필요함

22
정답_③

사회 통합 실현 노력

- 개인 : 개인의 이익과 공동선의 조화를 추구, 서로의 다름을 포용하는 열린 자세 갖기(다양성 인정, 관용과 역지사지의 자세), 대화와 토론을 통해 의사를 결정하는 성숙한 시민 자세
- 시민 사회 : 집단 간 상호 존중과 소통으로 신뢰 형성, 갈등 해결을 위한 국가의 노력을 지지하거나 조정해야 함
- 국가 : 국민의 의견 수렴, 민주적 절차 마련, 사회적 분열이 구조적으로 심화되지 않도록 노력, 사회 통합을 위한 제도와 정책 마련

23
정답_④

다문화 이론

- 용광로 이론 : 서로 다른 여러 금속을 용광로에 넣으면 모두 녹아 하나가 되는 것처럼, 하나의 용광로에 다양한 문화가 융합되어 새로운 문화를 형성한다는 이론 → 동화주의
- 샐러드 볼 이론 : 샐러드 그릇 안에서 다양한 채소가 고유한 맛을 지키면서도 조화를 이루는 것처럼 모든 문화가 자기만의 특성을 유지하면서 기존 문화와 공존할 수 있다는 이론 → 다문화주의
- 모자이크 이론 : 여러 조각들인 다양한 문화가 모여 하나의 모자이크를 만든다는 이론 → 다문화주의
- 국수 대접 이론 : 주류 문화는 국수와 국물처럼 중심 역할을 하며, 이주민의 문화는 색다른 맛을 더해 주는 고명이 되어 자신의 문화적 정체성을 유지하면서 공존한다는 이론 → 문화 다원주의

24
정답_③

하버마스의 담론 윤리

- 등장 배경 : 현대 다원주의 사회에서 다양한 가치들이 충돌하였을 때, 이를 합리적으로 해결하기 위한 대화와 소통이 필요하게 됨
- 특징 : 이성적인 존재인 인간은 합리적인 담론을 통하여 윤리적 문제와 갈등을 해결할 수 있다고 봄. 담론 과정을 통해 규범의 정당성 확보에 관심을 두고, 의사소통의 합리성 실현을 강조함
- 이상적인 담화 조건 : 진리성, 정당성, 진실성, 이해 가능성

25
정답_④

분단 비용, 통일 비용, 통일 편익

- 분단 비용 : 남북 분단과 갈등으로 인해 지출되는 유·무형의 모든 비용 → 소모성 비용
- 통일 비용 : 통일 이후 남북한의 격차 해소와 통합 과정에서 필요한 비용 → 투자 비용
- 통일 편익 : 통일로 얻을 수 있게 되는 경제적·비경제적 보상과 혜택 → 통일 이후 지속적으로 발생하기 때문에 한시적으로 발생하는 통일 비용보다 더 큼

▶2021년 2회◀

01	②	06	③	11	③	16	②	21	①
02	③	07	①	12	④	17	④	22	①
03	③	08	①	13	④	18	②	23	②
04	①	09	③	14	②	19	②	24	③
05	④	10	④	15	①	20	④	25	③

01　정답_②
사회 윤리 영역의 쟁점 : 공정한 분배 기준, 준법과 시민 불복종, 사회 참여, 직업 윤리 문제, 우대 정책과 역차별, 사회 정의 실현 등

02　정답_③
사랑과 성의 관계에 대한 관점(보수주의)
- 보수주의 입장 : 결혼과 출산 중심의 성 윤리를 제시, 성이 부부 간의 신뢰와 사랑을 전제로 할 때만 도덕적이라고 주장, 혼전·혼외 성적 관계는 부도덕함
- 중도주의 입장 : 사랑 중심의 성 윤리를 제시, 성을 결혼과 결부시키지 않으며, 사랑을 동반한 성적 관계는 허용될 수 있다고 주장
- 자유주의 입장 : 자발적인 동의 중심의 성 윤리를 제시, 성숙한 성인의 자발적 동의에 따라 이루어지는 성적 관계를 허용, 성에 관한 개인의 자유로운 선택을 중시(해악 금지의 원칙이 전제됨)

03　정답_③
윤리적 성찰
- 의미 : 생활 속에서 자기가 가지는 마음, 하는 일이나 행동, 발생한 문제에 대해 윤리적 관점에서 깊게 생각하고 살피는 태도
- 중요성 : 도덕적 자각 계기, 인격의 함양, 올바른 가치관 형성

04　정답_①
덕 윤리
- 행위자 중심 : 도덕 원리가 아니라 행위자의 성품과 인간관계의 맥락에 중점을 둔다. → '품성의 바름'을 추구

- 아리스토텔레스 → 중용(中庸, 지적인 덕과 품성적인 덕이 조화를 이룬 덕이 완성된 인간을 이상적으로 보고, 덕을 실천하려는 의지와 태도를 강조)
- 공동체의 삶 강조 : 공동체와 분리된 개인이 아닌 공동체 구성원으로서의 삶을 강조하였다. → 매킨타이어(Mclntyre, A.) : 개인의 자유와 선택보다는 공동체와 그 공동체의 전통과 역사를 중시함
- 윤리적 의사 결정 : "보편타당한 규칙을 따르라."고 하기보다는 "정직한 사람이 되어라.", "정직한 사람이 할 법한 행위를 하라."고 요구한다.

05　정답_④
동물 복제에 대한 찬반 논쟁
- 찬성 : 동물 복제를 통해 우수한 품종을 개발·유지할 수 있음, 희귀 동물을 보존하고, 멸종 동물을 복원할 수 있음
- 반대 : 동물 복제는 자연의 질서에 어긋나는 행위임, 종의 다양성 훼손과 인간의 유용성을 위한 도구로 이용될 수 있음

06　정답_③
처벌에 대한 관점(응보주의)
- 응보주의 : 처벌을 통해 도덕적 형평성 회복, 처벌의 본질은 범죄 행위에 상응하는 동등의 처벌, 칸트(인간은 자신의 행위를 자유롭게 결정할 수 있는 이성적 존재이므로 자신의 행동에 책임을 져야 함)
- 공리주의 : 처벌의 목적은 범죄자의 행동 통제와 교화, 범죄 예방, 처벌의 본질은 사회적 이익을 증진하기 위한 수단, 벤담(처벌은 범죄를 예방하여 사회 전체의 행복을 증진할 때 가치가 있음)

07　정답_①
롤스의 정의의 원칙
- 평등한 자유의 원칙(1원칙) : 모든 사람은 평등한 기본적 자유를 최대한 누려야 한다.
- 차등의 원칙(2원칙) : 사회적·경제적 불평등은 최소 수혜자에게 최대의 이익이 되도록 편성될 때 정당화된다. 예 농어촌 자녀 특례 입학제, 여성 고용 할당, 지역 균형 선발, 국가 유공자 특별 대우 등

- 기회 균등의 원칙(2원칙) : 사회적·경제적 불평등의 계기가 되는 직책과 지위는 공정한 기회 균등의 원칙에 따라 모든 사람에게 개방되어야 한다.

08   정답_①

오륜(五倫)

오륜이란 유교에서 말하는 기본적인 인간관계에서 지켜야 할 다섯 가지 도덕규범을 말한다.

- 부자유친 : 어버이와 자식 사이에는 친함이 있어야 한다.
- 군신유의 : 임금과 신하 사이에는 의로움이 있어야 한다.
- 부부유별 : 부부 사이에는 분별이 있어야 한다.
- 장유유서 : 어른과 아이 사이에는 차례와 질서가 있어야 한다.
- 붕우유신 : 친구 사이에는 믿음이 있어야 한다.

오답풀이

② 충서(忠恕) : 인(仁)을 실천하는 덕목 – 충(忠, 거짓이나 꾸밈없이 참된 마음에 최선을 다하는 것), 서(恕, 내 마음을 미루어 다른 사람을 헤아리는 것) → 유교

③ 삼학(三學) : 인간은 누구나 주체적으로 삼학(三學, 계·정·혜)의 수행 방법을 통하여 진리를 깨달을 수 있는 존재이다. → 불교

④ 좌망(坐忘) : 조용히 앉아서 자신을 구속하는 일체의 것을 잊어버리는 것 → 도가의 수양법

09   정답_③

양성평등

- 남녀 모두의 인권을 동등하게 보장함
- 성별에 따른 차별, 편견, 비하, 폭력이 없음
- 남녀의 차이를 인정하고 다양성과 개성을 존중함

오답풀이

① 성차별 : 남성 혹은 여성이라는 이유로 사회적·경제적·문화적으로 부당한 대우를 하거나, 권리를 침해당하여 불이익을 받는 것

② 성폭력 : 성을 매개로 상대방의 의사에 반해 이뤄지는 모든 가해행위로 성희롱, 성추행, 성폭행 등을 모두 포괄함

④ 성 상품화 : 성을 직접 사고 팔거나 성적 이미지를 소비 충동의 도구로 사용하는 등 인간의 성이나 성적 매력을 직·간접적으로 이용하여 이윤을 추구하는 활동

10   정답_④

시민 불복종의 정당화 조건

- 정당성 : 개인이나 집단의 이익이 아닌 사회 정의 원리를 따라야 함
- 공개성 : 정당성을 알리기 위하여 공개적으로 저항해야 함
- 비폭력성 : 도덕적·평화적인 방법으로 이루어져야 함
- 최후의 수단 : 합법적인 노력 후에 마지막 수단으로 사용되어야 함
- 처벌의 감수 : 전체적인 법질서의 준수를 전제해야 함

11   정답_③

청렴

- 의미 : 성품과 품행이 맑고 깨끗하며 탐욕을 부리지 않는 상태
- 부패의 문제점 : 개인의 권리를 부당하게 침해하고, 시민 의식의 발달을 저해하며 국가 신인도의 하락을 초래할 수 있다.
- 부패 해결 방안 : 청렴의 윤리 실천, 부패 방지법, 부정 청탁 및 금품 수수 금지에 관한 법률, 내부 공익 신고 제도의 활성화 등
- 청렴과 관련된 전통 윤리 : 청백리 정신, 견리사의, 멸사봉공, 선공후사의 자세

12   정답_④

소크라테스

- 고대 그리스 철학자
- "너 자신을 알라.", "성찰하지 않는 삶은 살 가치가 없다."
- 자기 성찰, 반성적으로 검토하는 삶의 중요성 강조(산파술)

오답풀이

① 밀(질적 공리주의) : 쾌락의 양뿐만 아니라 질적 차이까지 고려한다.

② 베이컨(인간 중심주의) : 인간에게는 자연을 이용할 수 있는 권한과 능력이 있으며, 인간은 과학적 지식을 통해 자연을 정복하여 인류의 물질적 혜택을 얻고 복지를 향상시킬 수 있다.

③ 데카르트(인간 중심주의) : 인간은 인식의 주체로서 인간의 정신은 물질적인 것으로 환원되지 않는 존엄한 것이며, 자연은 정신이 결여된 인식의 대상일 뿐이고 단지 하나님이 창조한 기계에 불과하다.

13 정답_④

과학 기술자의 윤리적 자세

- 내적 책임 : 연구 윤리 준수, 위조·변조·표절 등의 연구 부정행위를 하지 말아야 함, 연구 자체에 대한 책임과 엄격한 자기 검증 자세를 가져야 함
- 외적 책임 : 연구 결과가 사회에 미칠 영향에 대한 책임을 져야 함, 연구 활동의 결과와 목적에 대해 성찰하는 자세를 가져야 함, 인류에게 해악을 끼칠 위험성이 있다고 판단되면 연구를 중단해야 함

14 정답_②

자연을 바라보는 관점(생태 중심주의 관점)

- 인간 중심주의 : 자연은 인간의 이익을 위한 도구이다. 인간은 자연보다 우월한 존재이다.
- 동물 중심주의 : 고통을 느낄 수 있는 동물의 복지와 권리 향상을 강조한다.
- 생명 중심주의 : 모든 생명체는 내재적 가치를 지닌다.
- 생태 중심주의 : 인간과 자연(생태계)을 동등하게 고려해야 한다. 자연 전체가 도덕적 고려의 대상이다.

15 정답_①

정보 사회의 윤리적 문제점(정보 격차)

- 정보 격차 : 지역 간, 계층 간의 정보 소유 및 접근 정도의 차이가 커지는 현상 → 소득 수준의 격차로 이어져 사회·경제적 양극화가 심화될 수 있다.
- 사생활 침해 : 사이버상에 자신의 의사와 무관하게 개인 정보가 다른 사람에게 노출되거나 악용되는 것
- 저작권 침해 : 저작권법에 의해 배타적으로 보호되는 저작물을 무단으로 이용하여 자작권자의 권리를 침해하는 행위 → 저작권자의 창작 의욕을 감소시키고, 좋은 정보의 생산을 저해할 수 있다.

- 사이버 스토킹 : 인터넷을 통하여 상대방이 원하지 않는데도 지속적이고 반복적인 접근을 시도하여 공포심이나 두려움 따위를 유발하는 행위 → 사이버 따돌림(불링), 사이버 모욕, 사이버 명예 훼손, 사이버 성폭력 등과 함께 사이버 폭력에 해당한다.

16 정답_②

불교

- 연기설 : 모든 현상은 원인(因)과 조건(條)의 결합으로 생겨나 상호 의존하고 있다고 보았다. → "인연이 없으면 결과도 없다."
- 해탈 : 연기를 깨달으면 자비(慈悲)의 마음이 저절로 생기게 되어 누구나 고통에서 벗어나 열반 또는 해탈이라는 이상적 경지에 이를 수 있다고 보았다.
- 보살 : 깨달음을 얻어 자비를 실천하여 중생을 구제하고자 하는 사람으로, 대승 불교에서 제시한 이상적 인간상이다.
- 불살생(不殺生)의 계율에 근거하여 생명을 해치는 것을 금지하였다.

17 정답_④

예술의 상업화(반대)

- 의미 : 상품을 사고파는 행위를 통해 이윤을 얻는 일이 예술 작품에도 적용되는 현상
- 찬성 : 예술에 대한 일반 대중의 접근성이 확대되었다. 예술가의 안정적 창작 활동 기반을 제공해 줄 수 있다.
- 반대 : 예술의 본질을 왜곡하고, 부의 축적 수단으로 전락할 수 있다. 예술의 질적 저하를 가져올 수 있다.

18 정답_②

뉴 미디어

- 의미 : 기존의 매체들이 제공하던 정보를 인터넷을 통해 가공, 전달, 소비하는 포괄적 융합 매체들을 말한다. 예 인터넷 신문, 인터넷 방송, 디지털 위성 방송, SNS, 블로그 등
- 상호 작용화 : 송수신자 간 쌍방향 정보 교환이 이루어지며, 정보 생산자와 소비자가 비교적 수평적 관계로 상호 작용함
- 비동시화 : 정보 교환에서 송수신자가 동시에 참여하지 않아도 수신자가 원하는 시간에 정보를 확인할 수

있음
- **탈대중화** : 대규모 집단에 획일적 메시지를 전달하는 방식에서 벗어나 특정 상대와 특정 정보의 상호 교환이 가능함
- **디지털화** : 정보의 디지털화로 정보에 대한 수집·전달이 신속히 처리·수정될 수 있어 이용자가 능동적으로 활동할 수 있음
- **종합화** : 이전에 개별적으로 존재했던 매체들이 하나의 정보망으로 통합되어 멀티미디어화가 됨

19　　정답_②
칸트의 의무론
- **도덕 법칙** : 이성적이고 자율적인 인간은 보편적인 도덕 법칙을 인식할 수 있다. 따라서 도덕 법칙은 그 자체가 선(善)이기 때문에 무조건적으로 수행해야 한다. → '정언 명령'의 형식으로 제시
- **정언 명령** : "네 의지의 준칙이 항상 보편적인 입법의 원리가 될 수 있도록 행위 하라."(보편 법칙의 정식), "너 자신의 인격에서나 다른 모든 사람의 인격에서 인간을 단지 수단으로만 대우하지 말고 항상 동시에 목적으로 대우하도록 행위하라."(목적의 정식)
- **도덕적 행동** : 아무런 조건이나 제약 없이 그 자체만으로 선한 '선의지'의 지배를 받아야 하며, 도덕 법칙을 존중하는 '의무 의식'에서 나와야 한다. → 도덕성을 판단할 때 행위의 결과보다 동기를 중시

오답풀이
① 벤담(양적 공리주의) : 결과론적 윤리설(유용성의 원리), '최대 다수의 최대 행복' 추구, 쾌락을 산출하고, 고통을 피하는 결과를 낳는 행위를 옳다고 본다. 쾌락은 질적으로 동일하고, 양적인 차이만 있다고 본다.(→ 쾌락 계산 가능)
③ 플라톤 : 고대 그리스의 대표 철학자, 죽음은 육체에 갇혀 있는 영혼이 해방되어 '이데아'의 세계로 되돌아가는 것, 각자의 계급에 맞는 역할을 충실히 수행해야 이상적인 국가가 실현된다. → 철인 통치자는 지혜, 수호자 계급은 용기, 생산자 계급은 절제의 덕을 지녀야 하며, 이 세 가지 덕이 조화를 이룰 때 정의의 덕이 실현된다고 주장
④ 에피쿠로스 : 죽음은 원자가 흩어지는 것으로, 죽음을 경험할 수 없기 때문에 두려워할 필요가 없다.

20　　정답_④
합리적 소비와 윤리적 소비
- **합리적 소비** : 자신의 욕구를 정확히 알고 가격, 품질, 사후 서비스 등 상품에 대한 충분한 정보를 습득한 뒤 자신의 한정된 소득 내에서 가장 좋은 제품을 구입하는 것
- **윤리적 소비** : 윤리적인 가치 판단에 따라 상품이나 서비스를 구매하고 사용하는 것, 소비자의 이익을 넘어 인권, 평화, 환경, 정의 등 인류의 보편적 가치를 적극적으로 고려함

21　　정답_①
하버마스의 담론 윤리
- **등장 배경** : 현대 다원주의 사회에서 다양한 가치들이 충돌하였을 때, 이를 합리적으로 해결하기 위한 대화와 소통이 필요하게 되었다.
- **특징** : 이성적인 존재인 인간은 합리적인 담론을 통하여 윤리적 문제와 갈등을 해결할 수 있다고 보았다. 담론 과정을 통해 규범의 정당성 확보에 관심을 두고, 의사소통의 합리성 실현을 강조하였다.
- **이상적인 담화 조건** : 진리성, 정당성, 진실성, 이해 가능성

22　　정답_①
다문화 이론(샐러드 볼 이론)
- **용광로 이론** : 서로 다른 여러 금속을 용광로에 넣으면 모두 녹아 하나가 되는 것처럼, 하나의 용광로에 다양한 문화가 융합되어 새로운 문화를 형성한다는 이론 → 동화주의
- **샐러드 볼 이론** : 샐러드 그릇 안에서 다양한 채소가 고유한 맛을 지키면서도 조화를 이루는 것처럼 모든 문화가 자기만의 특성을 유지하면서 기존 문화와 공존할 수 있다는 이론 → 다문화주의
- **모자이크 이론** : 여러 조각들인 다양한 문화가 모여 하나의 모자이크를 만든다는 이론 → 다문화주의
- **국수 대접 이론** : 주류 문화는 국수와 국물처럼 중심 역할을 하며, 이주민의 문화는 색다른 맛을 더해 주는 고명이 되어 자신의 문화적 정체성을 유지하면서 공존한다는 이론 → 문화 다원주의

23
정답_②

인간의 특성(종교적 존재) : 인간은 삶의 유한성과 불완전성을 깨닫고 영원한 삶에 대해 동경하며, 초월적인 대상에 대한 믿음을 통해 마음의 평화와 행복을 추구하려고 한다.

24
정답_③

해외 원조에 대한 관점(싱어)
- 의무의 관점 : 공리주의 입장에서 가난한 사람들의 고통을 줄여주고 인류의 이익을 증진시키기 위해 원조하는 것은 윤리적 의무임, 이익 평등 고려의 원칙에 따라 누구나 차별 없이 도움을 받아야 하며 지구적 차원의 분배가 이루어져야 함을 주장
- 동물 중심주의(동물 해방론) : 동물이 쾌락과 고통을 느끼고 받아들일 수 있는 능력(쾌고 감수 능력)을 갖고 있기 때문에 동물의 이익도 평등하게 고려되어야 하고(이익 평등 고려의 원칙), 종(種)이 다르다는 이유로 차별하는 것은 인종 차별이나 성차별과 다를 바 없다고 주장(종 차별주의 반대)

25
정답_③

남북통일 실현을 위한 올바른 자세
- 통일에 대한 관심 : 통일은 언제든지 현실로 다가올 수 있다는 것을 인식해야 한다.
- 소통과 배려 : 통합 과정에서 발생할 수 있는 갈등에 대해 열린 마음으로 이해하고자 노력해야 한다.
- 공존의 노력 : 남북한의 차이를 인정하면서 동질성을 느낄 수 있도록 한다.
- 북한에 대한 올바른 인식 : 북한은 군사·안보적 측면에서 경계의 대상이지만, 북한 주민은 동반자이자 동포라는 점을 인식해야 한다.
- 안보에 기반을 둔 남북 간 신뢰 형성 : 북한의 위협에 대비한 안보 기반을 구축하고, 교류와 협력으로 서로에 대한 신뢰를 쌓아야 한다.
- 통일을 위한 체계적 준비 : 통일에 대한 국민적 이해와 합의를 도출하고, 남남 갈등 해결 노력 등 장기적이고 계획적인 준비가 필요하다.

고졸 검정고시
과목별 기출문제집

2026년 1월 12일 개정판 발행
2016년 6월 8일   초판 발행

편 저 자 검정고시 학원연합회

발 행 인 전 순 석

발 행 처 정훈사

주   소 서울특별시 중구 마른내로72 421호

등   록 2-3884

전   화 737-1212

팩   스 737-4326

ISBN 978-89-6129-835-3